W0395782

Über dieses Buch

Henri Pirenne hat mit diesem Werk seine Sicht der wesentlichen Entwicklungslinien und Ereignisse in Europa vom Zerfall des römischen Reiches und dem Ansturm des Islam bis zu Renaissance und Reformation gegeben. Die Kontinuitäten und Brüche dieser rund tausend Jahre europäischer Geschichte finden eine prägnante Darstellung. Einen breiten Raum nehmen dabei die wirtschaftlichen und sozialen Aspekte ein.

Das Buch ist erst 1936 postum veröffentlicht worden. Geschrieben hat es Pirenne in deutscher Internierung während des Ersten Weltkrieges, ohne eine Bibliothek zur Verfügung zu haben. Und diesen außergewöhnlichen Entstehungsbedingungen verdankt das Buch seinen Charakter: nämlich aus einem Guß zu sein, anschaulich zu erzählen. Golo Mann hat es als eine »sehr schön zu lesende, tiefe, breit und stetig fließende Geschichte Europas« bezeichnet und Pirenne, weil »er wunderbar zu veranschaulichen weiß«, in die Reihe »der großen Erzähler, der Schiller, Macaulay, Ranke« gestellt.

Der Autor

Henri Pirenne, einer der großen Historiker Europas, wurde am 23. Dezember 1862 in Verviers, im wallonischen Teil Belgiens, als Sohn eines Industriellen geboren. Er studierte in Lüttich, Leipzig, Berlin und Paris und erhielt schon als Zweiundzwanzigjähriger eine Berufung an die Universität von Lüttich. Er war von 1886 bis 1930 Ordinarius für mittelalterliche Geschichte an der Universität Gent, Mitglied einer Reihe von Akademien und Ehrendoktor zahlreicher Universitäten. Pirenne starb am 24. Oktober 1935 in Uccle bei Brüssel.

Zu seinen Hauptwerken zählen neben dem vorliegenden Buch eine siebenbändige »Histoire Belgique« (1900–1930, deutsch nur teilweise), »Les villes du Moyen Age« (1927), »Sozial- und Wirtschaftsgeschichte Europas im Mittelalter« (1933, deutsch 1946) und »Mahomet und Karl der Große« (postum 1937, deutsch 1963). Mit seinen Büchern und mehreren hundert wissenschaftlichen Aufsätzen hat Pirenne sehr oft bahnbrechende Beiträge zum historischen Denken geleistet und die wissenschaftliche Diskussion für Jahrzehnte angeregt.

HENRI PIRENNE

Geschichte Europas

Von der Völkerwanderung bis zur Reformation

FISCHER TASCHENBUCH VERLAG

FISCHER WISSENSCHAFT

Titel der französischen Originalausgabe:
»Histoire de l'Europe. Des invasions au XVIe siècle«
Übersetzt von Wolfgang Hirsch

Ungekürzte Ausgabe
Für die Taschenbuchausgabe vom Übersetzer neu bearbeitet
und in den Anmerkungen ergänzt
Fischer Taschenbuch Verlag
Oktober 1982
Fischer Taschenbuch Verlag GmbH, Frankfurt am Main
Lizenzausgabe mit freundlicher Genehmigung
der S. Fischer Verlag GmbH, Frankfurt am Main
Für die deutsche Ausgabe:
© S. Fischer Verlag GmbH, Frankfurt am Main 1956
Für die überarbeitete Taschenbuchausgabe:
© Fischer Taschenbuch Verlag GmbH, Frankfurt am Main 1982
Umschlaggestaltung: Mendell & Oberer
Satz: Fotosatz Otto Gutfreund, Darmstadt
Druck und Bindung: Clausen & Bosse, Leck
Printed in Germany
2980-ISBN-3-596-27321-8

INHALT

Drittes Buch

DER FEUDALISMUS IN EUROPA

Viertes Buch

DER INVESTITURSTREIT UND DIE KREUZZÜGE

Fünftes Buch

DAS ENTSTEHEN DES BÜRGERTUMS

Achtes Buch

DIE EUROPÄISCHE KRISE [1300–1450]

Das Papsttum in Avignon, das große Schisma und der Hundertjährige Krieg

Neuntes Buch

RENAISSANCE UND REFORMATION

Geleitwort des Übersetzers

Als Henri Pirenne am 24. Oktober 1935 in Uccle (bei Brüssel) starb, wußte man weit über die Grenzen Belgiens hinaus, daß mit ihm eine der bedeutendsten Erscheinungen unserer Zeit dahingegangen war: gleich groß als Historiker und als Mensch.
Pirenne, der einer Familie von Gelehrten und Textilindustriellen in der Provinz Lüttich entstammte, wurde am 23. Dezember 1862 in Verviers geboren. Der Vater, ein Fabrikant mit wissenschaftlichen Neigungen, hatte in Verviers die fortschrittliche Zeitung »Le Progrès« gegründet und war Mitglied einer liberalen Splittergruppe mit sozialer Tendenz; die Mutter dagegen, die der im siebzehnten Jahrhundert aus Westfalen nach Belgien eingewanderten und dort wallonisierten Familie Duesberg entstammte, war streng katholisch. Henri Pirenne, der in Walloniens altem Industriegebiet aufwuchs, zeigte schon früh Verständnis für wirtschaftliche Entwicklungen. Sein historisches Gefühl hat ihn nicht nur über die vertrauten Gedankengänge des Liberalismus und der katholischen Weltanschauung, sondern auch über die sozialistischen Strömungen gerecht und maßvoll urteilen lassen.
Es ist kein Zufall, daß an der Bahre dieses großen Historikers Menschen der verschiedensten geistigen und politischen Richtungen trauerten. Der katholische Forscher P. Delehaye und der bedeutende Sozialistenführer Emile Vandervelde nahmen an seinem Begräbnis teil, und im belgischen Parlament huldigten alle Mitglieder dem Manne, der in einer Rede auf dem Brüsseler Historikerkongreß (1923) gesagt hatte, daß es die »erste Pflicht des Historikers sei, jedes Vorurteil in sich zu unterdrücken«.
Schon als Gymnasiast wandte Henri Pirenne der Geschichte großes Interesse zu, das seinem Studium sehr bald die entscheidende Richtung gab. Er studierte zuerst in Lüttich, wo der Historiker und Geschichtsphilosoph Godefroid Kurth sein Lehrer war. Dann setzte er seine Studien an den Universitäten Leipzig, Berlin und Paris fort.
Obgleich Gelehrte von Weltruf – beispielsweise Wilhelm Arndt,

Harry Breßlau und Gabriel Monod – zu seinen Lehrern gehörten, erstreckt sich ihr Einfluß weniger auf seine Geistesrichtung als auf seine Arbeitsmethoden. Zwei bedeutende belgische Historiker, der bereits erwähnte streng katholische Godefroid Kurth (Lüttich) und der flämische Liberale Paul Fredericqu (Gent), standen Pirenne menschlich besonders nahe. Er war aber von Anfang an eine sehr eigenwillige Individualität, und der geistige Kontakt mit seinen Lehrern und späteren Amtsgenossen berührte den Kern seines wissenschaftlichen Denkens nur wenig. Schon früh eignete sich Henri Pirenne ein über jedes Spezialistentum weit hinausreichendes Wissen an, das sich auch auf die Künste, die Rechtsgeschichte und die Volkswirtschaftslehre erstreckte. Zu seiner unvergleichlichen Belesenheit in der lateinischen Urkundenliteratur des Mittelalters kam noch seine genaue Kenntnis der modernen Sprachen: Niederländisch (Flämisch) und Deutsch beherrschte er fast so gut wie seine französische Muttersprache. Aber auch seine Kenntnis des Englischen, später auch des Russischen, war für viele seiner Besucher überraschend.

Nachdem Pirenne schon als Dreiundzwanzigjähriger einen Lehrauftrag der Universität Lüttich erhalten hatte, wurde er im Jahre 1886, also mit vierundzwanzig Jahren, außerordentlicher Professor an der Universität Gent. In Gent heiratete er Jenny-Laure Vanderhaegen, die Tochter eines hohen Juristen, und wurde bald Ordinarius für mittelalterliche Geschichte. Dieses Genter Ordinariat bekleidete er von 1889 bis 1930. Pirennes Arbeitskraft war außerordentlich groß; mehr als 320 Schriften: Zeitschriftenbeiträge, Rezensionen und Bücher erschienen von seiner Hand. Unter ihnen befinden sich bahnbrechende Werke. Wir nennen an dieser Stelle nur seine siebenbändige Geschichte Belgiens (Brüssel 1900–1932); sein Buch über die Städte des Mittelalters (Brüssel 1927); den Beitrag über die wirtschaftliche und soziale Entwicklung im Mittelalter in der von G. Glotz redigierten »Histoire Générale« (Paris 1933); ferner den Beitrag über die abendländische Kultur des Mittelalters in der von Pirenne zusammen mit G. Cohen und H. Focillon herausgegebenen Geschichte des Mittelalters (Paris 1933). Schließlich sei noch das bedeutende, erst nach Pirennes Tode erschienene Werk »Mahomet et Charlemagne« genannt.

Schon in dem Jahrzehnt vor dem Ersten Weltkriege war Henri Pirennes Ruf international geworden. Zu seinen Schülern gehörten bald zahlreiche belgische, englische und amerikanische Historiker, von denen manche später berühmt geworden sind. Seine Vortrags-

reisen führten ihn – vor allem nach dem Ersten Weltkrieg – an viele große Universitäten in England, Skandinavien, den Vereinigten Staaten und Nordafrika (Algier, Kairo). Dem wachsenden Ruhm entsprachen auch viele äußere Ehrungen. König Albert von Belgien ernannte ihn zum Großoffizier des Leopoldordens und verlieh ihm im Jahre 1926 das Großkreuz des belgischen Kronenordens. Pirenne wurde auch Ehrendoktor berühmter Universitäten, wie beispielsweise Paris, Oxford, Cambridge, Brüssel und Groningen, und außerdem Mitglied der Schwedischen Akademie der Wissenschaften. Alle diese Auszeichnungen änderten aber nichts an Pirennes sozialem Empfinden und an seiner von jeder Eitelkeit freien Persönlichkeit.

Die Universität Gent wurde in den Jahren 1930 und 1931 in eine rein flämische Hochschule umgewandelt. Pirenne wurde nun emeritiert (1930) und lebte seitdem in Uccle bei Brüssel.

Die Universität der belgischen Hauptstadt nahm ihn in ihren Lehrkörper auf; doch hielt er – da Universitäten und gelehrte Gesellschaften des Auslandes ihn immer wieder zu Vorlesungen einluden – in Brüssel nur einen einzigen Kursus ab.

Der Schmerz über den Verlust seines im Jahre 1931 verstorbenen Sohnes Robert, der die juristische Laufbahn gewählt hatte, milderte sich allmählich. Als aber im Mai 1935 auch noch sein ältester Sohn Henri-Edouard starb, der als Professor für Philosophie an der Universität Gent erfolgreich gewirkt hatte, zeigte sich bald, daß die Kraft Henri Pirennes gebrochen war. Als Zweiundsiebzigjähriger hatte er nicht mehr die Widerstandskraft, so schwere Schicksalsschläge zu ertragen. Er starb am 24. Oktober 1935 in Uccle.

Den großen Einschnitt in Pirennes Leben, das sich durch seine verständnisvolle und feinsinnige Gattin Jenny-Laure auch persönlich glücklich gestaltet hatte, bildete der Erste Weltkrieg. Schon im November 1914 fiel sein Sohn Pierre als neunzehnjähriger Freiwilliger in der Schlacht an der Yser. Pirenne war kein Feind der deutschen Kultur, hatte er doch längere Zeit in Deutschland studiert und die ersten Teile seiner »Geschichte Belgiens« zuerst in einem deutschen Verlag publiziert. Als aber sein Vaterland im Jahre 1914 besetzt wurde, zeigte er sich als konsequenter Gegner jeder Zusammenarbeit mit den militärischen und zivilen Besatzungsbehörden. Diese deportierten ihn denn auch im März 1916 nach Deutschland, wo er (nach kurzer Zwischenstation in Krefeld) in das große Internierungslager bei Holzminden überstellt wurde. Da bedeutende Persönlichkeiten und Institutionen – beispielsweise

Papst Benedikt XV., die Niederländische Akademie der Wissenschaften, die Universität Princeton und König Alfons XIII. von Spanien – für Pirenne eintraten, milderten die deutschen Behörden seine Haft. Sie entließen ihn zwar nicht, wiesen ihm aber zunächst Jena und dann das Städtchen Kreuzburg an der Werra als Aufenthaltsort an.

In Kreuzburg, wo Henri Pirenne vom Januar 1917 bis zum Kriegsende verblieb, versuchte er, erfüllt von dem Gram über den Tod seines Sohnes Pierre und über die Trennung von seiner Familie, durch die Arbeit Ablenkung zu finden. Er faßte die wirtschaftsgeschichtlichen Vorlesungen zusammen, die er im Lager Holzminden vor anderen Internierten gehalten hatte. Diese Zusammenfassung ist die Grundlage des hier übertragenen Werkes, das von Pirennes einzigem ihn überlebenden Sohn Jacques im Jahre 1936 aus dem Nachlaß herausgegeben wurde. Die Bedeutung des Buches wurde in Belgien, Frankreich, England und Holland sogleich erkannt. In Belgien haben zwei weltanschaulich so verschiedene Gelehrte wie Léon van der Essen (Löwen) und Joseph Bidez (Brüssel) das Werk als eine Synthese von Pirennes Gedanken über die europäische Geschichte betrachtet.

Die Übertragung ins Deutsche stellte gerade bei diesem inhaltlich tiefen, in der Diktion aber leichten Werk komplizierte Anforderungen. Das Problem, ob eine bestimmte Stelle wörtlich, frei oder – zur Ermöglichung des Verständnisses für nichtbelgische Leser – kommentatorisch übertragen werden muß, stellt sich für den Übersetzer fast auf jeder Seite. Nur in jahrelangem Ringen mit dem Originaltext ließen sich die hierbei jeweils auftauchenden Fragen nach bestem Gewissen entscheiden.

Henri Pirenne hatte bei der Niederschrift des Originals in Kreuzburg kein wissenschaftliches Hilfsmaterial zur Verfügung. Darauf sind gelegentliche Ungenauigkeiten zurückzuführen, die freilich der Gesamtbedeutung des Werkes keinen Abbruch tun. Kleinere Versehen im Originaltext wurden bei der Übertragung stillschweigend, größere unter besonderem Hinweis berichtigt. Die Übertragung erfolgte nach der 15. Auflage des Originals.

Wolfgang Hirsch

Geleitwort des Übersetzers zur Taschenbuchausgabe

Fünfundzwanzig Jahre nach Erscheinen der deutschen Ausgabe von Henri Pirennes »Geschichte Europas« hat sich der Übersetzer zu einer vollständigen Bearbeitung entschlossen und dabei auch die Anmerkungen ergänzt.
Die seit dem Erscheinen vergangene Zeit hat diesem bereits klassischen Werk nichts von seiner Frische und Ausstrahlung genommen. Gerade in ihm sind Pirennes unvergleichliche Darstellungskraft und seine umfassende Sicht historischen Geschehens exemplarisch vereint. Seine »Geschichte Europas« zählt zu den großen Leistungen der Geschichtsschreibung.
Dem angemessen ist die Veröffentlichung der neubearbeiteten Übertragung als Taschenbuch.

Aachen, im März 1982 *Wolfgang Hirsch*

Vorwort

Ich bin hier mit meinen Gedanken allein und kann sie nicht bannen. Sie werden mich durch meinen Gram, die Öde meines gegenwärtigen Lebens und die Sorgen um meine Familie noch so beherrschen, daß ich nervenkrank oder verzweifelt werde. Dagegen muß ich kämpfen. Meine liebe Frau schrieb mir, daß das Unglück die einen zerschmettert, die anderen aber stählt, und daß man zu den letzteren gehören müsse. Ich will es für sie und für mich versuchen.*
In Holzminden drückten die russischen Studenten, denen ich ohne Vorbereitung einen Kursus der Wirtschaftsgeschichte hielt, den aufrichtigen Wunsch aus, ich solle diese Vorlesung veröffentlichen. Weshalb sollte ich nicht versuchen, hier in großen Linien etwas zu entwerfen, was eine »Geschichte Europas« genannt werden könnte? Mein Mangel an Büchern kann mich dabei nicht sehr behindern, denn es handelt sich ja um eine große Skizze. Ich dachte schon in Jena an dieses Werk und machte Aufzeichnungen. Noch erinnere ich mich, wie mir bestimmte Linien deutlich wurden. In jedem Fall aber wird meine Arbeit mich ablenken. Meine Fähigkeit zu denken ist, wie ich glaube, ziemlich geschwächt, und mein Gedächtnis hat wohl gelitten; aber vielleicht wird die Arbeit selbst mir wohltun. Es ist wesentlich, die Zeit zu töten und sich nicht von ihr töten zu lassen.
Ich widme dieses Werk dem Andenken meines inniggeliebten Sohnes Pierre, meiner lieben Frau und meinen lieben Söhnen.

Henri Pirenne

Kreuzburg an der Werra, 31. Januar 1917
Gasthof »Zum Stern«

* Henri Pirenne hatte seinen Sohn Pierre verloren, der als belgischer Freiwilliger mit neunzehn Jahren in der Schlacht an der Yser am 3. November 1914 gefallen war.

Erstes Buch

DER UNTERGANG DES RÖMISCHEN IMPERIUMS

Bis zu den Eroberungen der Moslems

Erstes Kapitel

DIE BARBARENREICHE IM RÖMISCHEN IMPERIUM

1. Die Besetzung des römischen Kaiserreiches

Es wäre sehr irrig, sich die Germanen, die sich im fünften Jahrhundert für dauernd im Römischen Reiche einrichteten, mit den Merkmalen ihrer Landsleute aus der Zeit des Tacitus vorzustellen. Sie hatten durch ihren Kontakt mit Rom viel gelernt. Das Kaiserreich, das ihnen nicht mehr so furchtbar erschien, seitdem sie erst einmal seine Grenzen überschritten hatten, wurde ihnen vertrauter. Sie gewöhnten sich an das Reich, seit es ihnen nicht mehr unzugänglich war. Und auch das Reich, das seinen Stolz gegenüber den Germanen nicht mehr wahren konnte, zeigte sich ihnen geneigter. Der zukünftige Kaiser Julian hatte den vom Niederrhein vorgedrungenen Franken im Jahre 358 erlaubt, sich als Militärpflichtige in Toxandrien (einem von der Dommel durchflossenen Gebiet in Nordbrabant) anzusiedeln. Wieviel römische Einflüsse mögen diese Franken von jenseits des Rheins schon erfahren haben! Das östliche Ende des Reiches am Ufer der Donau zeigte eine noch größere Annäherung zwischen Germanen und Römern. Der Gote Ulfilas hatte das Christentum aus Byzanz in seine Heimat gebracht und unter seinen Landsleuten verbreitet. Es handelt sich dabei um das arianische Christentum, das damals im römischen Osten vorherrschte, aber die Folgen dieser Tatsache traten erst spät zutage. Wesentlich war es, daß das mächtigste der germanischen Völker, die Goten, schon vor dem Eintritt in die Welt Roms das Heidentum aufgegeben und damit die Möglichkeit verloren hatte, den ursprünglichen Charakter des Stammes zu bewahren.

Das Römische Reich selbst wimmelte von Barbaren, die in den Legionen Dienst genommen hatten und denen es dort gut gegangen war. Soldaten wie Stilicho waren Barbaren, und doch war er neben Aetius der letzte große Feldherr des Weltreiches.[1*] Man stelle sich einmal vor, wieviele Landsleute der germanischen Feldherren durch deren Protektion in die zivilen und militärischen

* Die Anmerkungen befinden sich am Ende des Bandes (Seite 621 ff.).

Ämter des Römischen Reiches geschlüpft sein mögen! Sogar am kaiserlichen Hof oder in Rom traf man die Söhne germanischer Könige. Sie wollten sich die lateinische Sprache und die Zivilisation Roms aneignen. Die gegenseitige Gewöhnung der Römer und der Barbaren ging unmerklich vor sich. Man lernte einander kennen. Zwar bestand die fremde Gefahr für Rom weiter, aber sie war doch weniger drückend geworden.

Der Einfall der Hunnen in Europa (375) machte diese Gefahr jedoch wieder in aller Schwere deutlich. Die Goten, die sich in Osteuropa niedergelassen hatten – die Ostgoten vorwiegend zwischen Dnjepr und Dnjestr, die Westgoten hauptsächlich westlich des Pruth –, versuchten nicht einmal, diesen asiatischen Reitern Widerstand zu leisten, denn schon ihr Äußeres erfüllte sie mit Entsetzen.[2] Die Ostgoten flohen in voller Verwirrung nach Westen, und die Westgoten, die durch diese Flucht verdrängt wurden, fluteten zur Grenze des Römischen Reiches an der unteren Donau. Dort baten sie um Durchzug. Die Westgoten zogen nun mehrere Tage lang – Männer, Frauen, Kinder und Vieh – über die untere Donau. Sie zogen unter der Beobachtung der römischen Grenzposten auf Flößen und Booten hinüber, manche an Planken, andere an gefüllte Schläuche oder an Tonnen gebunden. Ein ganzes Volk wanderte da, geführt von seinem König.

Aber gerade darin lag die Gefahr. Was sollte man mit diesen Ankömmlingen tun? Es war unmöglich, sie auf die römischen Provinzen zu verteilen. Man hatte ein Volk vor sich, das ohne Ausnahme sein Gebiet verlassen hatte, um ein neues Vaterland in Besitz zu nehmen. Dieses Vaterland mußte man ihm also im römischen Kaiserreich schaffen und damit gestatten, daß unter der römischen Souveränität ein Volk lebte, das seine eigenen Lebensformen und seinen eigenen König hatte. Solche Probleme hatten sich in Rom noch nicht gestellt, und es versuchte, sie durch eine Spitzfindigkeit zu lösen. Der König der Westgoten wurde zum römischen General ernannt, so daß er zwar der Führer seines Volkes blieb, aber in römische Dienste trat. Diese Lösung war jedoch nicht weniger seltsam und zwiespältig als das Problem selbst.

Die erste Folge war, daß die Römer sich über den kurz danach erfolgten Aufstand der Westgoten (378) ein ziemlich verwirrtes Urteil bilden mußten.[3] In Wahrheit handelte es sich um die Erhebung eines fremden Volkes, das innerhalb des Römischen Reiches Gebiet und festen Wohnsitz forderte, andererseits aber konnte man die Erhebung auch als eine militärische Meuterei ansehen, so daß man verhandeln durfte, ohne Krieg zu führen. Um eine Plünderung Thrakiens zu vermeiden, beauftragte der Kaiser Arcadius, der im Osten regierte, die Westgoten mit der Besetzung Illyriens. Dort regierte sein Bruder Honorius, der Herrscher des Westreiches, und Arcadius behauptete, dies sei eine Usurpation und bedeute eine Mißachtung seines Rechtes. Die aufständischen Goten suchten von dem »Befehl« des Kaisers nur zu profitieren. Sie besetzten zwar Illyrien gewissenhaft, aber diese rauhe Gegend entsprach ihren Wünschen nicht. Italien war ganz nahe, sie setzten sich in Bewegung und marschierten an den Ufern des Adriatischen Meeres entlang. Die germanische Gefahr, die bisher sowohl dem Osten als auch dem Westen gedroht hatte, verlagerte sich nun stark in den westlichen Teil des römischen Imperiums. Die griechische Welt brauchte eine Berührung mit den Germanen nicht mehr zu fürchten.[4]

Um das bedrohte Italien zu retten, konzentrierte der Westen seine Kräfte zu einer höchsten Anstrengung. Stilicho sammelte aus Gallien, Norikum und Rätien die Legionen, die den Durchzug am Rhein und an der Donau verhindern sollten. In zwei großen Schlachten, bei Pollentia und bei Verona – die erste Schlacht brachte noch keine Entscheidung –, schlug er die Goten und warf sie nach Friaul zurück. Die Schmeichler konnten es nicht unterlassen, ihn mit Marius zu vergleichen. Ein Gedicht zu seinen Ehren, das erhalten ist, setzt uns noch heute in melancholisches Staunen über die Begeisterung, die damals noch für die Größe Roms glüht, und ebenso erstaunen wir über die allgemeine Zuversicht in die Unsterblichkeit des Römischen Reiches.[5]

Aber dieses Reich war nun einmal verloren. Seine Mittel erlaubten es ihm schon nicht mehr, an seinen Grenzen feste Heere zu unterhalten, die den Vorstoß der überall einströmenden Germanen aufhalten konnten. Diese Germanen trieb Attila vor sich her, dessen Horden ständig siegend nach Westen zogen und ein Volk nach dem anderen verjagten. Stilicho hatte Italien nur gerettet, indem er die nördlich der Alpen gelegenen Provinzen von der Verteidigung entblößt hatte. Bald traten die Folgen ein.

Die Vandalen gingen am Ende des Jahres 406 bei Mainz über den Rhein und führten suebische sowie burgundische Horden mit sich. Sie eilten raubend durch Gallien, überquerten die Pyrenäen und hielten erst am Ufer des Mittelländischen Meeres an, wo sie sich im Süden Spaniens und an den Küsten Afrikas niederließen. Die Brugunder folgten dem Lauf der Rhône und breiteten sich im Rhônebecken bis zum Golfe du Lion aus.

Indessen begnügten sich die Alamannen, die offenbar weniger abenteuerlustig waren, damit, das Elsaß zu kolonisieren. Die Franken haben sich im ersten Jahrzehnt des 5. Jahrhunderts wahrscheinlich noch friedlich verhalten.

Aber ein zweiter Angriff ging damals über Italien nieder. Germanische Scharen, die von Norikum und Rätien kamen, überquerten im Jahr 405 unter Führung des Radagais die Alpen, brandschatzten die Po-Ebene und marschierten auf Rom zu. Sie forderten Land. Ein zweites Mal versperrte Stilicho dem Zug den Weg, die Scharen der Eindringlinge wurden auseinandergesprengt und bei Fiesole niedergemacht (406). Danach aber wurde der Sieger – wegen seiner selbstbewußten Versuche, die Thronfolge in Konstantinopel zu beeinflussen – am Hofe gestürzt und ermordet (408). Die Westgoten spielten sich nun als die Rächer Stilichos auf und nahmen wieder den Weg nach Rom. Sie nahmen die Bestrafung der Mörder Stilichos zum Vorwand. Noch bestand das Heer Stilichos; aber als echtes Söldnerheer wollte es nicht gegen die Rächer seines Heerführers vorgehen. Es erhob sich also kein Widerstand. Kaiser Honorius schloß sich in Ravenna ein, während Alarich in Rom einzog. Das erste Mal seit der Eroberung Roms durch die Gallier (380 v. Chr.) durchschritten nun wieder Barbarenheere die Tore der Ewigen Stadt. Als echte Primitive begnügten sie sich damit, die goldenen Ornamente und die Edelmetalle abzureißen, die am Forum und an den Giebeln der öffentlichen Bauten glänzten. Sie fühlten aber keine Erbitterung Rom gegenüber und mißhandelten die Bevölkerung nicht. Sie suchten Land. Der Zauber der Landschaft wurde um so größer, je mehr die Barbaren nach Süden kamen. So zogen sie durch das herrliche Campanien. Alarich wollte die Goten nach Sizilien führen; aber er starb (schon auf dem Rückweg befindlich, da seine Transportflotte durch einen Sturm vernichtet war) plötzlich in Cosenza (410). Seine Begleiter begruben ihn feierlich. Man versteckte den Sarg des Kriegsherrn im Flußbett des Busento, dessen Wasser man abgelenkt hatte. Dann wurden die Wellen über die letzte Stätte Alarichs zurückgeleitet, und man erdrosselte die Sklaven, die man mit der Grablegung beschäftigt hatte. So blieb das Geheimnis des Ortes gewahrt, an dem Alarich begraben wurde: es ist bis heute nicht enthüllt.

Als Nachfolger des Alarich erkannten die Westgoten seinen Schwager Athaulf an. Man kann sich den hohen Grad der Romanisierung der Barbaren vorstellen, wenn man den leidenschaftlichen Wunsch Athaulfs vernimmt, zu der Familie des römischen Kaisers zu gehören. Die Schwester des Honorius, Galla Placidia, die einige

Jahre zuvor in die Hände Alarichs gefallen war, wurde seine Frau. Die Hochzeit wurde mit großer Pracht und dem gebräuchlichen Hochzeitsgedicht gefeiert, das Venus und Amor aufforderte, den verheirateten Gatten ihre Gaben zu schenken. Athaulf versuchte offenbar, seine Herkunft vergessen zu machen: sowohl vor seiner Frau als auch vor dem römischen Volk. Er wünschte, wie er sagte, die Kräfte seiner Barbaren nur in den Dienst Roms zu stellen, und er erhielt den Auftrag, die Vandalen, die den Süden Galliens noch verheerten, zu vertreiben. Er führte seine Goten nun nach Aquitanien, wo sie, ebenso wie im nördlichen Spanien, seßhaft wurden.

Nun erhob sich die Frage, ob das Römische Reich den Germanen zufallen würde; aber Römern und Germanen drohte jetzt ein Schicksal, durch das beide unter das Joch asiatischer Hunnen fallen konnten, denn damals zeigte sich in Europa zum ersten Mal eine gelbe Gefahr. Attila kam näher und versklavte die germanischen Völker, auf die er bei seinem Vormarsch stieß. Viele, die flohen, jagte er auch vor sich her. Schon überschritten die Hunnen den Rhein, und die Horden, die Attila nach Südwesten führte, drangen in Nordgallien ein. Unweit von Troyes auf den katalaunischen Feldern lieferte der letzte Feldherr der Antike, Aetius, dem Attila eine entscheidende Schlacht (451). Ein Teil der Franken, die Burgunder und die Westgoten halfen den Römern, und das Heer des Aetius war ein getreues Abbild des von Germanen überschwemmten Römischen Reiches, das trotz allem nicht freiwillig vom Schauplatz der Geschichte abtreten wollte. Rom leistete der Welt vor seinem Untergang noch einen großen Dienst, als es den Angriff der Hunnen zurückschlug. Die überlegene Taktik verdankte Aetius der römischen Kultur, die er verteidigte, und dies rettete sie vor der Vernichtung durch die Hunnen. Nach einer Schlacht von zwei Tagen brach Attila sein Lager ab und nahm den Weg in germanisches Gebiet. Das war aber kein Rückzug, denn schon im folgenden Jahr brandschatzte die »Geißel Gottes« Oberitalien. Doch dann zog sich Attila zurück und starb plötzlich im Jahre 453, vielleicht nach einer Orgie.

Das Reich dieses Vorläufers Dschingis Khans löste sich so schnell auf wie acht Jahrhunderte später das seines Nachfolgers. Er hinterließ der Welt nur Ruinen. Eine Erinnerung an das ausgestandene Entsetzen aber blieb für dauernd in den literarischen Überlieferungen der Völker zurück.

Aetius, der Sieger, wurde im Jahre 454 auf Befehl des Kaisers Valentinian III. ermordet. Mit diesem Feldherrn – er wurde das Opfer einer Palastintrige – »entschwand dem römischen Staat im

Okzident«, wie ein Chronist jener Zeit sagte, »das Glück«. Rom wurde dann im Jahre 455 von den Vandalen eingenommen und geplündert. Dem edlen Kaiser Maiorianus wäre es beinahe geglückt, sie dafür zu strafen, doch er scheiterte und wurde ermordet (461). Immer mehr glitt die Macht in die Hände der germanischen Führer. Rikimer, Orestes und der Skire Odoaker stellten sich nacheinander an die Spitze des Heeres und der zahlreichen germanischen Abenteurer, die nach dem Abzug der Hunnen landgierig nach Italien strömten.

Die letzten Kaiser wurden abgesetzt. Der allerletzte, Romulus Augustulus, ein Sohn des Orestes, wurde nach Campanien verbannt, und der Barbar Odoaker, der es nicht wagte, den Kaisertitel anzunehmen, bezeichnete sich als König. Dies war ja der einzige Titel, den die Germanen kannten.

Während dieser traurigen Wirren überschritt ein anderer König, der ein ganzes Volk hinter sich führte, die Alpen: Theoderich, dem seine Ostgoten folgten. Sie waren durch Attila vom Dnjestr nach der oberen Donau getrieben und unterworfen worden. Als die Ostgoten aber von Attila frei wurden, forderten auch sie ihren Anteil an Italien. Zwischen ihnen und den anarchischen Scharen Odoakers entschied das Schicksal schnell. Der skirische Abenteurer wurde im offenen Felde geschlagen (489) und flüchtete nach Ravenna. Theoderich, der ihn durch die Belagerung nicht bezwingen konnte, lud ihn unter eidlicher Zusage seiner Sicherheit zu einer Besprechung ein und tötete ihn dann eigenhändig (493). Nunmehr beherrschte Theoderich Italien. Die letzte Welle der Eroberungen durch die Germanen brandete damit auf. Das gesamte römische Imperium des Westens war nun überflutet. Zahlreiche germanische Königreiche nahmen den Raum sämtlicher römischer Provinzen in Westeuropa ein: angelsächsische Königreiche in Britannien; das fränkische Königreich im Norden des Imperiums; das burgundische Königreich in der Provence; das westgotische Königreich in Aquitanien und Spanien; das Königreich der Vandalen in Afrika und auf den Inseln des westlichen Mittelmeeres; schließlich das ostgotische Königreich in Italien. Das römische Kaiserreich, das auf diese Weise zerstückelt war, hat den germanischen Eindringlingen aber in Wirklichkeit keinen Fußbreit seines Bodens abgetreten. De jure waren sie nur Fremde, die das Römische Reich besetzt hatten, und ihr Königstitel hatte nur für die Stämme Geltung, die ihnen gefolgt waren. Diese Tatsache war so evident, daß die germanischen Fürsten, obwohl ihre römischen Untertanen wesentlich zahlreicher waren als die von ihnen beherrschten Germanenstämme, sich dennoch nicht als Könige von Gallien oder Italien, sondern als Könige der Franken, der Ostgoten und so weiter bezeichneten. Solche rechtlichen Differenzen hatten freilich gegenüber der tatsächlichen Herrschaft der Germanenfürsten nur geringe Bedeutung, da es ja keinen Kaiser mehr gab. Das römische Imperium des Westens verschwand gleichsam nach jenem Grundsatz des römischen Rechtes, der manchmal aus tatsächlicher Besitzergreifung neue Eigentumsrechte entstehen läßt.[6]

2. *Die neuen Staaten*

Vergleicht man eine Karte des westlichen Römischen Reiches mit einer Karte, in die das moderne Europa und seine Sprachen eingezeichnet sind, so wird man finden, daß das germanische Sprachgebiet im Raum des einstigen Imperiums sich trotz dessen gänzlicher Beherrschung durch die Germanen nur geringfügig erweitert hat. Wenn man von dem insularen Britannien absieht, haben nur fünf Grenzprovinzen ganz oder zum Teil germanische Sprachen angenommen: das flämische Sprachgebiet der Belgica secunda, die am Rhein gelegenen Gebiete Niedergermaniens sowie das Elsaß in Obergermanien; ferner Rätien (unter anderem die schwäbisch-bayerische Hochebene südlich der Donau, das Ries, die Nordostschweiz, Vorarlberg und Nordtirol) sowie Norikum (Osttirol, das Salzburger Gebiet, Oberösterreich, fast ganz Niederösterreich, Kärnten und die Steiermark).[7] Überall sonst in den westlichen Gebieten des ehemaligen römischen Kaiserreiches hat sich das Latein bis heute in der Form romanischer Sprachen erhalten: Französisch, Provenzalisch, Spanisch, Portugiesisch, Rätoromanisch und Italienisch. Nur die äußersten Grenzgebiete im westlichen Imperium sind von den Massen der Germanen berührt worden; nur dort ist die lateinische Bevölkerung (die in diesen stark bedrohten Gegenden wohl schon sehr vermindert war) im Germanentum aufgegangen. In den anderen westlichen Gebieten des Römischen Reiches verhielt es sich umgekehrt. Die Germanen, die weiter in das Innere des Kaiserreiches vorgedrungen waren, waren dort in der Minderheit und wurden von den römischen Provinzialen absorbiert. Im Verlauf von zwei oder drei Generationen war ihre Sprache verschwunden, und auch die Mischehen trugen dazu entscheidend bei. Die Zahl französischer oder provenzalischer Wörter germanischen Ursprungs geht kaum über fünfhundert hinaus. Heute würde man bei den Bewohnern der Provence, Spaniens oder Italiens die blauen Augen und blonden Haare der Eroberer des fünften Jahrhunderts vergeblich suchen, und was man etwa davon findet, ist vielleicht gallischen Ursprungs. Die Sitten und Gewohnheiten dieser Eroberer widerstanden der Latinisierung in keinem höheren Maße als ihre Sprachen. Beispielsweise zeigen uns die Reste des westgotischen Rechtes, die noch erhalten sind, ein Volk, das seit dem sechsten Jahrhundert völlig romanisiert ist. Aus diesen Tatsachen geht hervor, daß die Germanisierung des Römischen Reiches – als Ganzes gesehen – oberflächlich gewesen ist. Es ist also ungenau, von einer Germanisierung des Römischen Reiches zu sprechen. Es handelt sich vielmehr um eine Barbarisierung, und das ist etwas anderes.

Außer den Angelsachsen Britanniens hat kein germanisches Volk seine politischen Lebensformen in das Römische Reich hineingebracht. Diese Ausnahme bestätigt denn auch nur die Regel: In Britannien hatten sich nämlich die römischen Provinzialen tatsächlich vor den germanischen Eroberern zurückgezogen, und diese regierten sich natürlich in der gleichen Weise weiter wie in ihrer alten Heimat; denn sie fanden sich ja allein. Aber überall sonst blieb die römische Bevölkerung nicht nur auf ihrem Platz, sondern lebte auch ungefähr auf die gleiche Art weiter wie vor der germanischen Eroberung. Es gab freilich viele Plünderungen, Metzeleien und persönliche Verbrechen, aber es gab keine systematische Beraubung und Versklavung. Es gab (abgesehen von ehrenvollen Ausnahmen in Gallien und Britannien) ebensowenig Widerstand seitens der römischen Provinzialen wie Feindschaft seitens der Germanen. Vielleicht war auf der einen Seite ein gewisser Hochmut, auf der anderen eine gewisse Achtung zu erkennen; aber im übrigen wußte man oft nicht, ob die Germanen die Eroberer oder nur die Soldaten des Römischen Reiches waren.

Außerdem waren die Germanen Christen wie die Römer selbst, und wenn sie als Sieger in das Römische Reich kamen, unterwarfen sie sich der Kirche, die Germanen und Römer umfaßte.

Das Christentum, zu dem sich die Germanen bekannten, war sicherlich eine der wichtigsten Ursachen ihrer unmittelbaren Annäherung an die besiegten Römer. Da zudem auch die Kirchensprache Lateinisch war, wurde es den Germanen wohl nicht schwer, ihre Sprache aufzugeben.

Die Germanen wollten sich den Römern nicht überordnen, sondern gleichordnen. Im Süden Galliens richteten sich die Westgoten nach dem Prinzip, das bei der Einquartierung der römischen Heere angewandt wurde. Dieses Prinzip (die *tertia*) bedeutete, daß der Soldat über den dritten Teil der Wohnung verfügen durfte. Man wandte das Prinzip der »tertia« auch auf den Landbesitz an, und so kam es zu einer friedlichen Enteignung, von der wir übrigens nur wenig Einzelheiten kennen. Im Norden Galliens wurden die Germanen auf staatlichem oder eigentumslosem Boden einquartiert. Die Rechtsgeltung blieb bei den Germanen und Römern ganz so, wie sie vor der Völkerwanderung gewesen war: jedes Volk bewahrte sein nationales Recht und seine besonderen Sitten, vor allem hinsichtlich des Eigentums, der Familie und der Erbfolge. Das der persönlichen Abstammung gemäße Recht des einzelnen war für jeden entscheidend. Ein für alle geltendes Recht des Landes, dem eine Bevölkerung territorial zugehört, kam erst im Laufe des neunten Jahrhunderts auf, als Römer und Germanen völlig verschmolzen waren.

Diese Verkettung zweier verschiedener, aber gleichberechtigter Nationalitäten schloß die Möglichkeit aus, daß den zivilisierten und zahlreicheren Römern die politischen Lebensformen der Germanen aufgedrungen wurden. Auch konnten die ursprünglichen germanischen Institutionen, die für ein primitives Leben geschaffen waren, bei den neuen Lebensumständen der Germanen nicht mehr angewendet werden. Die altgermanischen politischen Sitten und Rechte fielen von selbst fort, und niemand dachte daran, sie wieder zu beleben.

Die Veränderung, welche sich hierin im Laufe des fünften und sechsten Jahrhunderts zeigt, wird deutlich, wenn man das Königtum betrachtet.

Bekanntlich hatten die Germanen Könige, aber die königliche Macht war der Versammlung des Volkes ganz untergeordnet, und diese Versammlung verfügte über das Königtum, denn sie wählte den Herrscher selbst. Seit der Besetzung des Imperiums aber hörte das auf, der König war nun nicht mehr ein Gleicher unter Gleichen. Er erhielt die absolute Macht, und es gab keine andere mehr. Die Rechtsordnung lief nun auf eine persönliche Herrschaft des Königs hinaus, der nichts mehr von seiner ursprünglichen primitiven Stellung bewahrte. Er ähnelte nun nicht mehr seinen germanischen Vorgängern, sondern den römischen Kaisern; zumindest hat er von ihnen die unbeschränkte Selbstherrschaft übernommen.

Der germanische König gab sich im römischen Imperium gern als regionaler Vertreter des Kaisers aus. Während er gegenüber seinen germanischen Untertanen als König des Stammes auftrat, war er für die Römer nur ein Feldherr ihres Reiches. Die Titel, welche der König sich beilegte oder vom Kaiser erbat, gestatteten es diesem, ihn als bloßen Vertreter der kaiserlichen Gewalt zu betrachten. Theoderich, der nach der Niederlassung der Ostgoten in Norditalien dort (in Ravenna) verblieb, setzte die römische Tradition fort und wurde vom Volk wie von der Kirche als Vertreter der legalen Ordnung anerkannt. Geiserich, der an der Spitze der Vandalen mit Afrika die reichste und zugleich die blühendste der weströmischen Provinzen erobert hatte, stellt sich uns trotz seines Bruches mit Rom als ein romanisierter König dar. Sein Absolutismus, an der blutigen Beseitigung der Unabhängigkeitsgelüste des germanischen Adels deutlich erkennbar, bediente sich römischer Institutionen. Der westgotische Hof, der seinen Sitz zuerst in Toulouse und dann in Toledo hatte, war ebenfalls ganz römisch. Die nichtgermanische Bevölkerung der alten Provinzen, die von Germanen erobert waren, behielt römische Institutionen und römische Beamte, sie wurden von den neuen Herren nicht abgeschafft oder abgesetzt. Die ältere Bevölkerung unterstand auch weiterhin den römischen Richtern und blieb der Besteuerung unterworfen wie bisher.

Das germanische Heer, das nach dem Prinzip der »Hospitalität« bei der Bevölkerung der eroberten Gebiete einquartiert war, hat sich in weniger als einem Jahrhundert mit ihr vermischt und stand im Begriff, seine ganzen Stammesinstitutionen, seine Sprache und sogar seine soldatische Verfassung zu verlieren.

Das kurzlebige burgundische Königreich, das im Jahre 534 in der merowingischen Francia aufging, zeigte als erstes eine vollkommene Verschmelzung des siegenden Volkes mit der besiegten römischen Bevölkerung. Dies geschah unter der absoluten Herrschaft eines Barbarenkönigs, der von hoher Achtung für das Römische Reich erfüllt war und sich auf dieses Reich berief. In Lyon und Vienne berücksichtigte er die römischen Gemeindeinstitutionen.

Nur die Franken im Norden Galliens konnten ihre Sitten, ihre Sprache und ihre politischen Einrichtungen bewahren. Aber von der Hauptstadt ihrer Könige entfernt und plötzlich Herren eines ungeheuren galloromischen Reiches, konnten sie vor der Zeit der Karolinger noch keinen Einfluß auf die Geschicke der Francia nehmen. Von allen Barbarenkönigen waren die der Franken am meisten von der römischen Auffassung der Macht entfernt. Sie behandelten das Königreich wie ihr angestammtes Land, d. h. wie privates fränkisches Grundeigentum, und wandten auf die Thronfolge die Prinzipien des salischen Immobiliarrechtes an: nach dem Tode des Königs teilten sich also die Söhne das Land in Gebiete von gleichem Umfang. Man sieht hier unerwartet die rohe Idee einer despotischen Monarchie, die sich von den germanischen Sitten nicht minder abhebt als vom Absolutismus der römischen Kaiser. Dennoch muß man feststellen, daß der fränkische König wie der römische Kaiser der höchste Feldherr sowie der höchste und souveräne Richter des Königreiches war, und daß ihm die Aufgabe zufiel, den inneren Frieden zu gewährleisten.

Die fränkischen Könige mußten sich schnell romanisieren. Sie waren gezwungen, sogleich nach ihrer Niederlassung im Römischen Reich gegen die Germanen eine defensive Haltung einzunehmen, so daß sie ihren an der nördlichen Grenze des Reiches liegenden Bezirk kaum mehr beachteten; die dort wohnende Bevölkerung bewahrte daher noch bis zum siebenten Jahrhundert die heidnische Religion. Die römische Verwaltung, welche die fränkischen Könige in Gallien vorfanden, veranlaßte diese Herrscher dazu, auch die politische Konzeption Roms zu übernehmen.

Freilich bediente sich der fränkische König für die Verwaltung seiner Güter und Gebiete der Personen seines Hofes. Dieser setzte sich aus einigen Würdenträgern zusammen, deren Titel uns anzeigen, daß es sich ursprünglich um Sklavenbezeichnungen handelte; das Halten von Sklaven findet man bei allen Großen germanischen Ursprungs. Beispielsweise der Marschall (Sklave der Pferde); der Seneschall (der alte Sklave); der »buticularius« (Sklave des Kellers); der Majordomus (der Chef der Dienerschaft). Diese Diener, deren Funktionen häuslicher Art waren, nahmen jedoch am Vermögen ihrer Herren teil und wurden ganz unwillkürlich zu Ministern, denn das, was königlich war, war auch öffentlich-rechtlichen Charakters. Neben diesen Ministern gab es noch einen Beamten römischer Art: den Referendarius. Er stand an der Spitze der Schreiber; man entnahm ihn der römischen Bürokratie. Der Referendarius beglaubigte die Erlasse und Urkunden des Königs.

Zwar geriet die Verwaltung des Landes in Verfall, weil sie zu Rom und daher zu der Zentrale, von der das Ganze abhing, keinen Kontakt mehr hatte, aber sie hielt sich – so gut es eben ging – doch aufrecht.

Der König vertraute die Regierung der Provinzen, die fast immer mit den früheren römischen *civitates* identisch waren, besoldeten Grafen *(comites)*, Herzögen *(duces)* und Präfekten *(praefecti)* an. Die meisten waren galloromischer Abstammung. Sie waren im allgemeinen Günstlinge des Königs und zuweilen von niedrigster Herkunft. Diese Männer wurden weder überwacht noch kontrolliert. Es genügte, daß sie jährlich den königlichen Schatz um einige

Geldsummen bereicherten. Im übrigen konnten sie das Volk nach Belieben auspressen, und das taten sie auch. Gregor von Tours gibt uns ein Bild von der Brutalität und Grausamkeit der merowingischen Grafen. Sie hätten freilich ihre Willkür und Unsittlichkeit mit einem Hinweis auf das Beispiel des königlichen Hofes entschuldigen können.

Vielleicht gab es niemals ein trostloseres Schauspiel als die zwei Jahrhunderte, welche der germanischen Eroberung der antiken Welt folgten! In der allzu raschen Berührung der Germanen mit den Römern übernahmen die Barbaren begierig deren Laster, und die Römer, nicht mehr durch einen starken Staat gehemmt, übernahmen die Roheit der Germanen. Man gewahrt eine Entfesselung wildester Leidenschaften und niedrigster Triebe. Die Primitivität dieser Zeit war von Falschheit und Grausamkeit begleitet.

Trotzdem blieb die dekadente und barbarisierte Verwaltung der germanischen Königreiche in vollem Umfange römisch. Nur im Norden Galliens gab es Beamte, die mit germanischen Worten bezeichnet wurden: *grafio, tunginus* oder *rachimburgi.*

Auch die Finanzen dieser Reiche blieben römisch. Das private Vermögen des Königs war streng vom Vermögen des Staates (Fiskus) getrennt. Das Münzsystem und die Besteuerung waren auch weiterhin die wirtschaftlichen Stützen der königlichen Macht. Die Goldmünze blieb überall im Gebrauch; mehr noch, die Prägung von Goldmünzen ging weiter. Freilich konnte der Staat das Recht dieser Prägung weder regeln noch garantieren, und der fränkische König überließ denn auch die Prägung privaten Personen, ohne sich über die Verschiedenheit des Geldes in seinem Lande weiter zu beunruhigen.

So weisen alle Barbarenreiche, denen das römische Imperium im Westen zugefallen war, gemeinsame Züge auf: Züge, die aus ihnen keine wirklichen Barbarenstaaten mit eigenen Institutionen, sondern nur barbarisierte römische Königreiche machen. Alle hatten die germanischen Sprachen ihrer Vorfahren und ihren heidnischen Kult aufgegeben. Durch ihr Christentum waren diese Völker gehorsame und treue Mitglieder der Kirche geworden, die von römischer Kultur getragen war. Trotzdem waren die Königreiche der Barbarenvölker im wesentlichen weltlich, ebenso wie das römische Imperium es gewesen war. Die Bischöfe, die theoretisch vom Klerus gewählt werden mußten, wurden tatsächlich vom König ernannt. Mag ihr Einfluß auch groß gewesen sein, er ging über das religiöse Gebiet nicht hinaus. Kein Bischof erfüllte vor der Zeit der Karolinger öffentliche Funktionen. Der König leitete seine Macht aus eigenem Rechte ab, und die Kirche hatte damit nichts zu tun. Er herrschte absolut wie der römische Kaiser und war frei von jeder Kontrolle durch das Volk. Obwohl die Heere zuweilen einen *conventus* abhielten, erinnerte nichts mehr an die frühere Volksversammlung der Germanen.

Wesentlich ist, daß die neuen Staaten eine fiskale Organisation und einen bedeutenden Staatsschatz hatten. Der Fiskus besaß ernorme Mittel. Zu ihnen gehörte der kaiserliche Besitz mit seinen Landhäusern, Wäldern, Bergwerken, Häfen, Wegen und seinem Schatz gemünzten Goldes. Zu den Mitteln des Fiskus in den neuen Staaten gehörten ferner die Steuern. Ihr Ertrag verminderte sich freilich täglich, blieb aber noch lange bedeutend.

Die Finanzverwaltung mit ihren Büros und ihren Registern leistete auch weiterhin geistige Arbeit und fand stets wieder, wenn auch immer schwerer, Beamte, die dem Laienstande angehörten und auf römische Weise ausgebildet waren.

Die finanzielle Kraft der Barbarenkönige war bis zum Verfall der Merowingerherrschaft weit bedeutender als die aller westlichen Staaten in späterer Zeit (bis zum Ende des dreizehnten Jahrhunderts).

Diese Königreiche waren nicht nur deshalb römisch, weil die römische Kultur ihnen den Rahmen gegeben hatte, in welchem und durch welchen sie entstehen konnten, sondern sie wollten auch römisch sein. Der König sprach von seinem *Palatium* und von seinem *Fiscus.* Er verlieh seinen Beamten Titel, die er der Hierarchie Konstantins entnahm, und ließ durch seine Kanzlei die Form und den Stil der kaiserlichen Edikte nachahmen. In Italien ernannte Theoderich den Cassiodor zu seinem höchsten Minister und förderte den Philosophen Boethius lange Zeit hindurch. Theoderich stellte die römische Wasserleitung der Campagna wieder her, veranstaltete Zirkusspiele und ließ in Ravenna in rein byzantinischem Stil die Kirchen San Apollinare und San Vitale erbauen.

Die vandalischen und westgotischen Könige ahmten ihn nach – so gut es ging. Noch die Söhne Chlodwigs machten sich eine Ehre daraus, den armen Dichter Venantius Fortunatus zu fördern, der sein Glück an ihrem Hofe suchte.

Andererseits blieb auch eine gebildete Schicht bestehen. Zu ihr gehörten die römischen Juristen, die für die Barbarenkönige die germanischen und römischen Gesetze ihrer Untertanen kodifizierten. Allerdings sank das Niveau der weltlichen Schulen sehr tief. Außerhalb Italiens blieben nur wenige übrig, und diese vegetierten eigentlich nur noch. Sie wurden aber bald durch Schulen der

Kirchen und danach auch durch solche, die den Klöstern angegliedert waren, ersetzt. Jedenfalls verfügten die merowingischen Könige trotz aller Anzeichen eines bedeutenden Verfalls der Kultur und des Unterrichtes immer über gebildete Beamte.

Die Kulturwelt, wie sie sich nach den germanischen Eroberungen zeigt, bietet nicht den Anblick neuer Jugend, sondern zeigt uns ein Bild der Entartung der alten römischen Kultur. Ein Chronist, der sogenannte »Pseudofredegar«, der inmitten dieser Entartung lebte und über sie entsetzt war, hat seine Eindrücke in den melancholischen, von tiefer Entmutigung eingegebenen Worten zusammengefaßt: *Mundus iam senescit* (die Welt wird schon alt).

Zweites Kapitel

JUSTINIAN – DIE LANGOBARDEN

1. Justinian

Nach dem Wegfall der westgotischen Gefahr hatten die östlichen Provinzen des Römischen Reiches nichts mehr von den Germanen zu fürchten. Attila hatte sie nach Westen getrieben und dadurch – mindestens für den Augenblick – weit von den östlichen Provinzen des Reiches vertrieben. Andere Barbaren aber, die Slawen, begannen, vom sechsten Jahrhundert an, am linken Ufer der Donau zu erscheinen. Sie waren Konstantinopel näher als die Germanen Rom, und die große Stadt zog die Slawen sogleich an. Immer zahlreicher kamen sie nach Konstantinopel. Sie traten dort als Arbeiter oder Soldaten in Dienst, und manche unter ihnen machten dabei ihr Glück.

Man pflegt die letzte Periode des Römischen Reiches, die man sehr exakt als die byzantinische bezeichnet, von der Regierung Justinians ab zu datieren. Dennoch hatte schon Konstantin den Diokletian, dessen Residenz Nikomedia war, nachgeahmt und aus Byzanz die Hauptstadt der kaiserlichen Regierung im Osten gemacht. Seitdem war zwar Rom durch die Nachfolger des Theodosius als Sitz der Kaiser aufgegeben und mit Mailand oder Ravenna vertauscht worden, aber Konstantinopel blieb bis zu seiner Eroberung durch die Türken (1453) die Residenz der Kaiser, die Cäsarenstadt, das »Zargrad« der noch im 19. Jahrhundert nach den Dardanellen strebenden Russen. Das Vorrecht, den Hof und damit die zentrale Regierung zu beherbergen, sowie die Gunst einer unvergleichlichen geographischen Lage hatten bald dahin geführt, daß aus Konstantinopel die bedeutendste Stadt des Ostens wurde. Man kann sogar sagen, daß nach den Eroberungen der Araber Konstantinopel die einzige große Stadt der christlichen Welt wurde. Während die städtischen Zentren des Westens sich seit den Einfällen der Barbaren entvölkerten, bewahrte diese Stadt noch eine Bevölkerung von ungefähr einer Million Menschen, die ernährt werden mußten, und die von den Ländern beliefert wurden, welche an das Schwarze Meer, das Ägäische Meer und die Adria grenzten. Konstantinopel gab dem Handel und der Schiffahrt Impulse, und

die Anziehungskraft, die die Stadt auf das ganze Oströmische Reich ausübte, war der stärkste Faktor, der das Reich zusammenhielt. Durch Konstantinopel erhielt das oströmische Kaiserreich einen, wenn man es so formulieren darf, viel mehr städtischen Charakter als das frühere römische Imperium, das den Osten und Westen umfaßte; denn Rom hatte die Ausfuhr der Provinzen an sich gezogen, ohne selbst etwas zu liefern, und sich auf den Konsum beschränkt, während Kontantinopel nicht nur Konsument war, sondern auch vieles hervorbrachte. Die Stadt war nicht nur der Sitz der Kaiser, sondern auch eine Handelsstadt von höchstem Rang, in welche die Waren Europas und Asiens hineinströmten; es war zudem eine gewerblich sehr aktive Stadt. Sprachlich blieb Konstantinopel griechisch, im übrigen aber war es stark orientalisiert. Die Provinzen Kleinasiens waren reicher, blühender und stärker bevölkert als Thrakien oder das eigentliche Griechenland und übten dadurch auf Konstantinopel einen unwiderstehlichen Einfluß aus. Die aktivste unter diesen Provinzen war Syrien. Es nahm im Reiche eine überragende Position ein. Die byzantinische Kunst beispielsweise ist nur eine Umwandlung der griechischen Kunst unter dem maßgebenden Einfluß der syrischen.
Von der griechischen Philosophie und Wissenschaft blieb freilich nur das Wenige übrig, was dem Christentum zulässig schien. Bekanntlich hat Justinian die Athener Akademie, in der noch ein gedämpftes Echo der klassischen Philosophie zu hören war, schließen lassen; aber die Dogmen und Mysterien des Christentums lieferten der Leidenschaft für die Dialektik, die seit Jahrhunderten für das griechische Denken charakteristisch war, Stoff genug. Seit dem Erscheinen des Christentums wucherten im Osten Ketzereien, die in den großen Städten zu Straßenkämpfen führten, die Konzile gegeneinander in Aufruhr brachten und die drei Patriarchen von Konstantinopel, Antiochia und Alexandria in Streitigkeiten stürzten. Alle diese Differenzen hatten in Byzanz selbst ihre Auswirkungen, und der Kaiser mußte zu jedem Fall Stellung nehmen; denn die antike Auffassung, die den Kaiser nicht nur zum Herrn des Staates, sondern auch zum Herrn der Religion gemacht hatte, setzte sich in Konstantinopel fort. Jeder Streit unter Theologen wurde hier eine staatliche Angelegenheit. Die Parteien in diesen Streitfällen bearbeiteten den Hof und suchten die Unterstützung des allmächtigen Kaisers zu gewinnen. Ob der Kaiser nun den orthodoxen oder den ketzerischen Standpunkt einnahm, die von ihm gebilligte Lehre wurde jeweils zur Staatsreligion.
Obwohl das Reich auf den Osten beschränkt war, war es seiner

Struktur nach tatsächlich das römische Kaiserreich geblieben und wurde auch dafür angesehen. Der Titel »βασιλεύς τῶν Ρωμαίων« (König der Römer) war seit dem neunten Jahrhundert sogar der offizielle Titel des byzantinischen Kaisers. Seit Diokletian war die Regierung des Römischen Reiches oft zwischen beiden Kaisern geteilt; aber durch diese Teilung wurde die Einheit des Imperiums nicht aufgehoben.

Man spricht der Einfachheit wegen von einem Weströmischen und einem Oströmischen Reich; aber diese Ausdrücke sind nicht genau. Die Trennung der Verwaltung des Westens von der des Ostens berührte die Einheit des Römischen Reiches nicht. Sobald der Herrscher über die eine Hälfte wegfiel, fiel die Regierung von selbst an den anderen Kaiser. Dies aber war bei der Eroberung des Westens durch die Germanen geschehen. Der verschwundene Kaiser der westlichen Gebiete des Imperiums wurde durch den oströmischen Kaiser ersetzt, der seither an der Spitze der Welt stand. Wir sahen bereits, daß er keinen Fußbreit römischen Bodens abtrat. Sein Recht auf den Besitz des ganzen Weltkreises blieb als Anspruch unberührt. Selbst nach der Eroberung des Westens durch die Germanen war die Erinnerung an dieses Recht nicht verschwunden. Die germanischen Könige räumten dem Kaiser eine Art Primat über sich an. Obwohl sie das nicht deutlich formulierten, zeigte sich dieser Vorrang in der Achtung, mit der sie den Kaiser behandelten. Auch für den Papst blieb der Kaiser der legitime Monarch, und die päpstliche Kanzlei datierte die Bullen nach dem »Konsulatsjahr« und also entsprechend dem Jahr der Besteigung des Thrones durch den byzantinischen Kaiser. In der Kirche erhielt sich zudem die geistige Überlieferung, daß Rom unentbehrlich und ewig sei. Tertullian und Augustinus sahen das als den Willen der Vorsehung an.

Die Römer beklagten das Erlöschen des Kaisertums im Westen auch deshalb, weil ihre neuen Herren, die germanischen Könige, nicht katholisch waren. Die Franken hatten sich allerdings seit der Eroberung Galliens durch Chlodwig zum Katholizismus bekehrt; aber die Westgoten, Ostgoten und Vandalen waren Arianer. Diese Ketzerei, die im vierten Jahrhundert noch außerordentlich gefährlich war, und um derentwillen im Osten Ströme von Blut geflossen waren, wurde von den Germanen hartnäckig beibehalten, als sie im Gebiet des Oströmischen Reiches schon verschwunden war. In Wahrheit war sie nicht mehr sehr bedrohlich. Die arianische Kirche versuchte nicht, die Römer zu bekehren, und man kann annehmen, daß dieser Kirche um so mehr Menschen verlorengingen, je mehr die Germanen sich mit den Römern vermischten; doch trat die arianische Kirche andererseits, gerade wegen ihrer Ohnmacht, unduldsam und feindselig gegen die katholischen Priester auf, zumal da sie der Germanenkönige sicher war und bei ihnen in Gunst stand. Man kann das als Theologenstreitigkeiten bezeichnen, muß aber beachten, daß die katholische Masse der Bevölkerung dadurch gekränkt und erregt wurde. In Italien spitzte sich der geistige Streit so zu, daß der Papst in seiner Verzweiflung den byzantinischen Kaiser um Intervention bat. König Theoderich ließ den Papst aber zur großen Entrüstung der Gläubigen einkerkern, als dieser Konstantinopel zwar zu einem Entgegenkommen, nicht aber zu totaler Toleranz gegenüber den Arianern bewegen konnte.

Das alles wußte man in Byzanz, und man wußte dort auch, daß die Macht der germanischen Könige nicht beunruhigend war, da sie sich durch innere Streitigkeiten und Verwandtenmorde selbst zerstörte. Bei den Vandalen und den Westgoten baten die verschiedenen Kronprätendenten den Kaiser um Hilfe. Nach dem Tode König Theoderichs ließ der Ostgote Theodat seine Frau Amalaswintha, die Tochter Theoderichs, ermorden, um allein zu herrschen. Religiöse Verfolgungen und politische Verbrechen lieferten Byzanz willkommene Vorwände, um in den germanischen Königreichen zu intervenieren.

Justinian (527–565) nutzte das aus. Er hatte den Frieden in seinen Staaten erzwungen. Die Wirtschaft, das Heer und die Flotte waren reorganisiert, und der Kaiser bediente sich dieser Vorteile, um das Römische Reich wieder zu errichten. Der erste Stoß richtete sich gegen die Vandalen, fünfhundert Schiffe setzten fünfzehntausend Mannschaften unter Führung Belisars an der afrikanischen Küste ab (533). Der Feldzug verlief kurz und glänzend. Das vandalische Königreich wurde in einigen Monaten erobert und sein König als Gefangener nach Byzanz gesandt, um den Triumph des Kaisers zu erhöhen. Die Westgoten, die dem Untergang des vandalischen Nachbarn gleichgültig zusahen, erlitten bald dasselbe Schicksal. Das ganze von ihnen bewohnte Gebiet am Mittelländischen Meer wurde besetzt und ohne Schwierigkeiten unterworfen. Die Byzantiner machten sich nicht einmal die Mühe, die westgotische Königsfamilie auf ihrer Flucht in die Berge der Pyrenäen zu verfolgen. Der ostgotische Staat widerstand dem byzantinischen Heer länger. Nach einem Krieg von achtzehn Jahren aber entschied sich auch sein Schicksal. Die letzten ostgotischen Truppen unterlagen in einer blutigen Schlacht nördlich von Salerno (553).

Das Mittelländische Meer wurde nun wieder ein römischer oder vielmehr ein byzantinischer See. Überall nahmen Exarchen und Herzöge von der Verwaltung der wieder eroberten Provinzen Besitz, und, wie einst in glücklicheren Zeiten, wurden die Befehle des römischen Kaisers bis zu den Säulen des Herkules gehört.
Es schien, als ob die byzantinische Kultur nach diesen glänzenden Taten die europäische Kultur überhaupt werden würde. Konstantinopel, wo Justinian die Hagia Sophia wie einen Triumphbau errichtete, schien den ganzen Westen in seinen Bereich zu ziehen.[8]

2. *Die Langobarden*

Diese Erfolge waren aber mehr glänzend als dauerhaft. Als Justinian starb (565), hinterließ er ein Imperium, das mit erdrückenden Steuern belastet war und keine weitere Anstrengung vertrug; doch dieses Imperium hatte andererseits seine Aufgabe nicht vollendet, denn es konnte sich die Herrschaft am Mittelländischen Meer nur sichern, wenn es den einzigen unabhängigen Staat niederkämpfte, der an die Ufer dieses Meeres grenzte: das fränkische Königreich. Die provenzalische Küste war von den Waffen Justinians verschont geblieben. Das war eine Lücke, die ausgefüllt werden mußte, wenn man das Werk dieses Kaisers hätte beenden und sichern wollten. Aber sogar nach einer eventuellen Unterwerfung der Provence hätte man nicht ruhen können; denn zur Sicherung der Eroberung wäre es dann noch nötig gewesen, die Politik Cäsars aufzunehmen und den Norden Galliens zu erobern. Dann erst hätte man von neuem, auf den Rhein und die Alpen gestützt, eine römische Welt um das Mittelländische Meer gruppieren können, die, wie einst, jedem Angriff standgehalten hätte. Ein Kampf mit den Franken hätte für die Byzantiner jedoch die Notwendigkeit bedeutet, sich mit viel furchtbareren Gegnern als den bisherigen zu messen.
Wie hätte Justinus II., der als Neffe Justinians sein Nachfolger wurde (565–578), hieran denken können? Seine Finanzen waren ungeordnet, und gerade jetzt erschienen neue Feinde an der Donau. Sie kamen von den Steppen Rußlands, wo sie die Slawen auf die Karpaten und nach Süden zurückgeworfen hatten. Im Osten rückten die wilden Stämme der Awaren vor. Im Westen besetzten die germanischen Völker der Gepiden und Langobarden den Mittellauf der Donau, und an dem anderen Ende des Reiches, in

Kleinasien, nahmen die Perser eine drohende Haltung an. Der Kaiser konnte nicht an ferne Eroberungen im Westen denken und mußte sich der Verteidigung seines Reiches widmen. Justinus glaubte, besonders geschickt zu handeln, als er die Langobarden und Awaren gegen die Gepiden aufhetzte. Dieses unglückliche Volk wurde zwar vernichtet, aber die Awaren besetzten unmittelbar darauf das Gebiet der Gepiden, und die Langobarden, die sich viel zu schwach wußten, räumten den Awaren den Platz. Die Langobarden zogen – wie die Ostgoten es hundert Jahre früher getan hatten – nach Italien und eroberten die Gallia cisalpina, die seither Lombardei genannt wurde (568). Die langobardischen Züge dauerten bis zur Herrschaft des Königs Rothari (636–652), der Genua und die ligurische Küste eroberte.

Die Byzantiner wurden in Italien durch den Angreifer überrascht. Sie leisteten keinen Widerstand und flohen in die Städte, die nach und nach ebenfalls von den Langobarden erobert wurden. Die Byzantiner konnten schließlich nur die Küste Istriens, das Gebiet von Ravenna, die Pentapolis und Rom mit seiner näheren Umgebung halten. Ferner behielten sie noch einen Teil Italiens, der südlich von Spoleto und Benevent liegt: zwei süditalienische Gebiete, die künftig lange Zeit von langobardischen Herzögen regiert wurden.

Die Langobardenzüge nach Italien waren ein Epilog zu den germanischen Eroberungen in Westeuropa und wurden in ihren Folgen geschichtlich bedeutsam.

Die Niederlassung der Langobarden zwischen dem Byzantinischen und dem Fränkischen Reich machte einen Konflikt zwischen diesen beiden Staaten unmöglich. Ein solcher Konflikt wäre aber sicherlich ausgebrochen, wenn sie eine gemeinsame Grenze gehabt hätten. Übrigens bestimmte der Zug der Langobarden über die Alpen das Schicksal Italiens bis in das neunzehnte Jahrhundert hinein. So weit war es mit dem Lande gekommen, das einst die Einheit der Antike geschaffen hatte. Der Kampf der Langobarden und Byzantiner um den Besitz Italiens war nur das erste Kapitel einer leidvollen Entwicklung. Italien wurde im Laufe der Zeit von Deutschen, Normannen, Spaniern, Franzosen und Österreichern zerrissen oder besetzt und erobert. Es hat erst in der Gegenwart das Joch der Fremden abgeschüttelt und den Wunsch verwirklicht, den seine Patrioten Jahrhunderte hindurch gehegt hatten. Erst im neunzehnten Jahrhundert hat es sein *Risorgimento* erlebt: seine Auferstehung. Die italienische Frage, die in verschiedenen Formen die europäische Geschichte dauernd beeinflußt hat, begann mit dem Einfall der Langobarden. Freilich war der Erfolg der langobardischen Eroberungen in Italien zunächst noch nicht konsolidiert; denn Byzanz war zwar zurückgewichen, aber es hatte den Kampf noch nicht endgültig aufgegeben und konnte hoffen, später von neuem anzugreifen. Trotz aller Erfolge der Langobarden besaß Byzanz ja im Westen noch einen bedeutenden Teil Italiens, Sizilien, Nordafrika und die Küsten Spaniens; noch durfte es auf die Zukunft bauen. Aber eine neue Erschütterung – die tiefste und jäheste, die Europa jemals erlebt hat – führte eine entscheidende Änderung der Lage herbei.

Drittes Kapitel

DER VORSTOSS DES ISLAMS

1. Der Angriff

Die Weltgeschichte kennt kein Beispiel, das an Universalität und jähen Folgen mit der Ausbreitung des Islams im siebten Jahrhundert verglichen werden könnte.
Die blitzartige Schnelligkeit seiner Verbreitung ist ebenso erstaunlich wie seine ungeheuren Eroberungen. Schon achtzig Jahre nach Mohammeds Tod (632) breitete sich der Islam vom Indusbecken bis zum Atlantischen Ozean aus. Nichts konnte seiner Expansion standhalten. Mit dem ersten Stoß stürzte er das persische Reich (637–644); dann nahm er dem Byzantinischen Reich hintereinander alle Provinzen weg: Syrien (634–636), Ägypten (640–642); Afrika (698), Spanien (711). Die Westgoten hatten den Byzantinern freilich Spanien bereits entrissen, als der Islam es angriff; der letzte König der Westgoten, Roderich, verscholl in der Schlacht am Wadi Bekka (einem nicht identifizierten Fluß), an dem die Araber nördlich von Vejer de la Frontera siegten (711).
Der Angriff der Araber endete erst zu Beginn des achten Jahrhunderts. Die große Bewegung, durch die sie Europa gleichzeitig von zwei Seiten her bedrohten, scheiterte vor Konstantinopel (718) und brach sich im Westen an den Soldaten Karl Martells in der Ebene von Poitiers (732). Dann hörte der Vorstoß der Araber auf. Die erste Kraft der Expansion war erschöpft; aber sie hatte genügt, um das Antlitz der Erde zu verändern. Wohin der Vorstoß des Islams auch gelangte, überall hat er die alten Staaten, deren Wurzeln in graue Zeiten zurückreichten, wie ein Zyklon hinweggefegt. Die traditionelle Form der antiken Geschichte ist durch den Islam zerbrochen worden. Zu diesem Bruch kam es im alten Reich der Perser, das der Erbe Assyriens und Babylons gewesen war, und das gleiche Schicksal ereilte die hellenisierten Gebiete Asiens, die zum Reich Alexanders des Großen gehört hatten und seitdem dauernd im Bannkreis Europas geblieben waren; so erging es auch dem alten Ägypten, dessen Vergangenheit sich noch unter der griechischen Schicht erhalten hatte, von der es seit den Ptolemäern überzogen war; ebenso radikal veränderte der Islam die Provinzen,

welche die Römer einst Karthago entrissen hatten. Alle diese Länder waren künftig religiös und politisch dem mächtigsten Herrn aller Epochen unterworfen: dem Kalifen, der anfangs in Damaskus und später – seit dem Jahre 762 – in Bagdad residierte.

Alles dies war das Werk eines Nomadenvolkes, das bis dahin in steinigen Wüsten gelebt hatte, und, beinahe unbekannt geblieben, von allen Eroberern verachtet und verschmäht worden war.

Dieses Volk hatte viel weniger Menschen als Germanien, aber es war kurz vorher von einem Propheten bekehrt worden, der aus seiner Mitte hervorgegangen war. Das arabische Volk hatte die alten Götzen zerbrochen und sich plötzlich dem denkbar reinsten Monotheismus zugewandt. Von den Pflichten gegen Gott hatte es eine Auffassung, deren Einfachheit den anderen Völkern höchst gefährlich wurde: man müsse Gott gehorchen und auch die Ungläubigen zu diesem Gehorsam zwingen. Der Heilige Krieg war für dieses Volk eine sittliche Pflicht, welche die Belohnung in sich trug. Die Krieger, die mit den Waffen in der Hand fallen, werden nach Meinung der Mohammedaner die Freuden des Paradieses genießen; für die anderen Krieger aber wird die Beute der reichen Fürstentümer, die das arme Arabien überall umgeben, der gerechte Lohn ihres militärischen Apostolates sein. Zweifellos war der religiöse Fanatismus oder – wenn man so will – die religiöse Begeisterung die eigentliche Quelle der Offensive der Araber auf die damalige Welt. Der geistige Gegensatz zwischen diesen von ihrem Glauben beherrschten Fanatikern, die unter Anrufung Allahs vorwärts stürmten, und den Germanen, die wanderten, um fruchtbarere Gebiete zu erlangen, ist bedeutend. In jedem Fall steht es fest, daß die sozialen Verhältnisse der Araber sie zu ihrer Rolle ausgezeichnet befähigten. Als arme Nomaden waren sie bedingungslos bereit, den Befehlen Allahs zu folgen. Sie brauchten nur die Pferde zu satteln und zu reiten. Sie waren keine Auswanderer wie die Germanen, die ihre Frauen und Kinder, ihre Sklaven und ihr Vieh mit sich führten; die Araber waren Reiter, die von Kindheit an mit dem Viehraub vertraut waren, und denen Allah nur vorgeschrieben hatte, in seinem Namen die Welt an sich zu reißen.

Man kann nicht leugnen, daß den Arabern die Erfüllung dieser Aufgabe durch die Schwäche ihrer Gegner erleichtert wurde. Weder das Byzantinische noch das Persische Reich, die durch die Plötzlichkeit des Angriffs überrascht wurden, konnten dem Sturm standhalten. Nach Justinian II. (685–698) war die Regierung, die in

Konstantinopel saß, dauernd schwächer geworden, und in dem Gebiet von Syrien gab es kein Heer. Der jähe Vorstoß der Araber stieß überall nur auf Verwirrung. Von den Eroberungen Justinians I. war im Jahre 698 nur Italien übriggeblieben. Das Christentum, das an allen Küsten des Mittelländischen Meeres geherrscht hatte, hielt sich nur noch an dessen nördlichen Gestaden. Drei Viertel der Ufer dieses Meeres, das einst für ganz Europa der Mittelpunkt der römischen Kultur gewesen war, gehörten nunmehr dem Islam.

Dies bedeutete für die eroberten Mittelmeerländer eine Herrschaft nicht nur durch Besetzung, sondern auch durch religiöse und politische Durchdringung. Die Araber hatten nicht, wie die Germanen, die Zustände bei den besiegten Völkern unverändert gelassen, sondern das Alte gestürzt. Dies konnte auch gar nicht anders sein; denn die Germanen hatten ihre Religion mit dem Christentum vertauscht und waren dadurch sogleich in engere Beziehungen zu den Römern getreten, aber die Araber erschienen als Verkünder eines neuen Glaubens, der exklusiv und unduldsam war. Man mußte ihm den Platz räumen. Überall wo die Moslems herrschten, wurde die Religion zur Grundlage ihrer staatlichen Ordnung. Die religiöse und die staatliche Ordnung war bei den Arabern nicht geschieden, Kirche und Staat bildeten bei ihnen eine Einheit.

Die Ungläubigen durften ihren Gottesdienst nur als bloße Untertanen ausüben, denen alle eigenen Rechte genommen waren. Alles wurde den Grundsätzen des Korans von Grund auf angepaßt. Von der früheren Verwaltung, Justiz, Wirtschaft und von dem früheren Heer blieb nichts mehr übrig. Kadis und Emire ersetzten nun die regionalen Exarchen, die Byzanz einst überall eingesetzt hatte. Das islamische Recht trat an die Stelle des römischen. Die arabische Sprache verdrängte die griechische und lateinische, wie diese ihrerseits seit langem die alten Sprachen Syriens, Spaniens und Afrikas verdrängt hatten.

Die Religion und die Sprache der Araber waren ihr Beitrag zur Kultur des Islams. Diese Kultur war trotz ihres Glanzes während der ersten Jahrhunderte des Islams wenig ursprünglich. Die besiegten Völker waren kultivierter als die siegenden Nomaden, und diese nahmen vieles von ihnen an. Die Araber übersetzten die Hauptwerke der antiken Philosophen. Sie wurden von der Kunst der besiegten Völker angeregt und übernahmen ihre landwirtschaftlichen, handelsmäßigen und gewerblichen Methoden, um sie den eigenen Lebensformen anzupassen. Die Ausdehnung und Verschiedenheit der Länder und Völker, über welche die Araber herrschten, machte die Sieger vielen Einflüssen zugänglich, die dann bei ihnen miteinander verschmolzen. So wurde die mohammedanische Kultur reich an feinen Nuancen, aber sie ging nicht sehr tief. Bei den Einflüssen, denen diese Zivilisation ausgesetzt war, wetteiferte der hellenistische mit dem persischen Geist. Das ist nicht verwunderlich, denn die Araber hatten gerade die reichsten und am dichtesten bevölkerten Gebiete der damaligen griechischen Welt: Ägypten und Syrien, erobert. Die arabischen Bauten zeigten ziemlich genau, wie mannigfaltig und verhältnismäßig bedeutend die künstlerischen Einflüsse waren, welche die Araber von den besiegten Völkern erfuhren. Man bemerkt zwar in der Ornamentik deutlich Motive, die aus Persien und Indien stammen, aber die allgemeine Auffassung und die wesentlichen Teile des Baues verraten eine ebenso deutliche Verwandtschaft mit der byzantinischen Architektur. Vorzugsweise zeigt sich die Herrschaft des griechischen Denkens über die Araber in der Philosophie: Aristoteles wurde zum Meister der arabischen Philosophie, die ihm nichts Wesentliches hinzufügte. Im ganzen gesehen, hat also die Kultur des Islams auf geistigem Gebiet keinen tiefen Einfluß auf die europäischen Völker gehabt. Das zeigt sich deutlich in den künstlichen Elementen dieser Kultur und in der Tatsache, daß die meisten Quellen, aus denen sie schöpfte, in Europa lagen.

Anders war es aber auf wirtschaftlichem Gebiet. Hier waren die Araber durch ihren Kontakt sowohl mit dem Westen als auch mit dem Fernen Osten unentbehrliche Vermittler. Sie haben aus Indien das Zuckerrohr nach Sizilien und Afrika gebracht, den Reis nach Sizilien und Spanien. (Die Spanier brachten ihn von dort viel später, im fünfzehnten und sechzehnten Jahrhundert, nach Italien.) Die Araber brachten aus Indien ferner die Baumwolle nach Sizilien und Afrika. Sie lernten von den Chinesen die Herstellung von Seide und brachten diese Produktion in ihre asiatischen Gebiete. Durch die Chinesen lernten die Araber auch das Papier kennen. Sie verbreiteten in ihren Ländern das Papier, ohne das die Erfindung des Druckes später nutzlos gewesen oder wahrscheinlich gar nicht gemacht worden wäre. Aus China führten sie zudem den Kompaß ein. Diese und andere Neuerungen gelangten viel später zu den christlichen Völkern. Zunächst dienten sie nur dazu, den Islam für seine europäischen Nachbarn um so gefährlicher zu machen, da er ja dadurch reicher ausgestattet und besser militärisch gerüstet wurde als das Abendland. Vom siebten bis zum elften Jahrhundert beherrschte er unbestritten das Mittelmeer. Die Moslems schufen Häfen wie Kairo, das, Fustat in sich aufnehmend, die

Nachfolge Alexandrias antrat, Tunis und Sousse; auch bauten sie Städte wie Kairuan[9] zu Waffenplätzen oder Handelszentren aus. Die Häfen wurden Stapelplätze für den Handel. Dieser Handel aber reichte von Gibraltar bis zum Chinesischen Meer und ging über die Häfen Ägyptens, die mit dem Roten Meer verbunden sind, und über die Häfen Syriens, von wo der Weg nach Bagdad und zum Persischen Golf führte. Die Seefahrt der Christen dagegen war auf eine schüchterne Küstenfahrt beschränkt, die längs den Ufern der Adria und des südlichen Italien und zwischen den Inseln des griechischen Archipels vor sich ging.

Alle großen Seewege waren damals in den Händen der Moslems.

2. *Die Folgen*

Jedes plötzliche historische Ereignis löst Katastrophen aus, die seiner Bedeutsamkeit entsprechen. Es wirft sich gleichsam in den Verlauf des geordneten geschichtlichen Lebens, unterbricht die Kette von Ursachen und Wirkungen, aus denen dieses Leben besteht, und hebt gleichsam die normalen Kausalverhältnisse auf. Ein solches Ereignis stürzt die natürliche Ordnung der Dinge durch die von ihm verursachten Erschütterungen und lenkt den Strom der Geschichte in gänzlich andere Bahnen. So war es auch mit den mohammedanischen Eroberungen. Das Zentrum Europas war seit Jahrhunderten das Mittelmeer. Durch dieses Meer standen die verschiedenen Länder der Antike miteinander in Verbindung. An allen seinen Ufern gab es im wesentlichen die gleiche gesellschaftliche Gliederung und die gleiche Religion, die gleichen oder zumindest sehr nah verwandten Sitten und Ideen, ohne daß die germanischen Eroberungen daran viel geändert hätten. Alles in allem kann man sagen, daß Europa noch im siebten Jahrhundert, wie in den Zeiten des Römischen Reiches, eine durch das Mittelmeer bestimmte Einheit bildete.

Unter dem jähen Vorstoß des Islams aber zerbrach diese Einheit plötzlich. Das den Europäern vertraute und fast familiäre Meer, das die Römer »unser Meer« *(mare nostrum)* genannt hatten, erhielt zum größten Teil einen der Christenheit fremden und feindlichen Charakter. Der Verkehr, der durch dieses Meer zwischen dem Westen und dem Osten lief, war unterbrochen, so daß beide Welten getrennt waren. Die Gemeinsamkeit , in welcher der Westen und der Osten so lange gelebt hatten, endete für viele

Jahrhunderte, und noch die Gegenwart spürt die Folgen dieser Trennung.

Byzanz mußte sich im Osten verteidigen und konnte sich an der Donau nicht mehr wehren. Die Bulgaren, Serben und Kroaten verbreiteten sich nun über den Balkan, und nur die Städte blieben dort noch griechisch; aber diese Völker verschmolzen nicht mit der besiegten Bevölkerung, wie es die Germanen taten. Das byzantinische Universalreich selbst verwandelte sich durch seine Verluste in einen griechischen Staat.

Die Bulgaren unterwarfen im Jahre 677 die slawischen Stämme in Mösien und vermischten sich mit ihnen. Um die Mitte des neunten Jahrhunderts – um das Jahr 865 – wurde ihr Fürst Boris zum Christentum bekehrt und nahm den Namen Michael an.

Das Byzantinische Reich war nunmehr von der illyrischen Küste und dem Oberlauf des Euphrat begrenzt und verwendete den besten Teil seiner Kraft zum Widerstand gegen den Druck des Islams. Seine lange Geschichte endete schließlich in der Mitte des fünfzehnten Jahrhunderts unter den Schlägen der Türken. Vorher hat es noch glanzvolle Momente gekannt und eine Kultur entwikkelt, deren Eigenart eine Verschmelzung antiker Traditionen mit dem orthodoxen Christentum und mit dem zunehmenden Einfluß gewinnenden Orient war; aber während der längsten Zeit seiner Geschichte blieb Byzanz der Welt des Westens doch fremd. Nur Venedig behielt Kontakt mit Byzanz und fand in seiner Rolle als Vermittler zwischen West und Ost die Wurzel seiner künftigen Größe. Wenn auch Byzanz aufhörte, sich aktiv um den Westen zu kümmern, übte es doch Jahrhunderte hindurch seinen Einfluß aus: es bekehrte die Slawen des Südens und Ostens – die Serben, Bulgaren und Russen – zum Christentum. Die Byzantiner schüttelten erst im neunzehnten Jahrhundert das vierhundertjährige Joch des Türkentums ab und bildeten von neuem die griechische Nation.

Das Abendland kam durch die Trennung von Byzanz in eine ganz veränderte Lage. Es schien durch diese Trennung von der Kultur ausgeschaltet zu werden; denn der alte Osten hatte ihm seit Urzeiten die Formen seines kulturellen Lebens und alle sozialen Fortschritte gebracht. Zwar rückte der Orient durch die islamische Bevölkerung in Spanien und an den nordafrikanischen Küsten nun Europa näher; aber der geistige Kontakt zwischen dem christlichen Europa und dem islamischen Osten wurde durch die religiöse Verschiedenheit trotz aller materiellen Beziehungen verhindert. Seit der Entstehung des Römischen Reiches war Westeuropa zum ersten Male von dem Rest der Welt isoliert. Das Mittelmeer, das den Westen bisher mit der Kultur verbunden hatte, verschloß sich ihm jetzt. Das war vielleicht das bedeutendste weltgeschichtliche Ergebnis der arabischen Eroberungen; denn das christliche Abendland, dessen traditionelle Wege gesperrt waren, wurde nun eine abgesonderte Welt: es konnte nur auf sich selbst zählen und war daher genötigt, die eigenen Kräfte zu entwickeln.[10] Zur Abwendung vom Mittelmeer gezwungen, richtete das christliche Abendland seine Aktivität auf die Länder der Barbaren jenseits des Rheins und im Nordseegebiet. Es war Westeuropa bestimmt, groß zu werden und schließlich sogar über die alten Grenzen des Römischen Reiches hinauszugelangen.

Ein neues Europa bildete sich mit dem Fränkischen Reiche. Dort kristallisierte sich die westliche Kultur heraus, die dazu berufen war, später die Welt zu beherrschen.

Zweites Buch

DIE ZEIT DER KAROLINGER

Erstes Kapitel

DIE KIRCHE

1. Erschlaffung vom fünften bis zum siebten Jahrhundert

Was wurde aus der katholischen Kirche, der künftigen großen Kraft, in den drei Jahrhunderten, da Europa zwischen den Germanen, dem Römischen Reich und dem Islam hin und her geworfen wurde? Sie begnügte sich damit, zu leben oder eigentlich nur zu vegetieren. Ihr Einfluß auf die Ereignisse war gleich Null oder doch beinahe gleich Null, ihre sittliche Macht in der Gesellschaft nicht mehr wahrnehmbar. Trotzdem blieb sie inmitten der Trümmer des Römischen Reiches intakt und konnte sich ihre Organisation, ihre Hierarchie und ihren unermeßlichen Grundbesitz erhalten. Zudem hatte sie keine Feinde. Die Germanen waren ihr ebenso ergebene Söhne geworden wie die Römer; denn wir sahen bereits, daß die arianische Ketzerei, die der Kirche niemals wirklich gefährlich wurde, nicht lange gewährt hat. Die Mattheit der Kirche offenbarte sich indes, und dies erklärt sich ohne weiteres. Es erging ihr, wie es der Gesellschaft überhaupt nach den germanischen Eroberungen erging: sie barbarisierte sich, wenn auch nicht in gleichem Grade wie die Laienwelt. Die lateinische christliche Literatur war im vierten Jahrhundert, der entscheidenden Zeit für Augustinus, noch durchaus lebendig; aber sie zeigte im fünften Jahrhundert nur noch Epigonen wie etwa Salvianus. Mehr noch: das geistige Leben der Kirche erlosch, und die Quelle, die von den Kirchenvätern erschlossen worden war, versandete einfach. Zwar schrieben noch einige Kleriker biographische oder historische Berichte, aber erst mit Gregor von Tours belebten sich – übrigens in völlig anderem Geiste als früher – die Theologie und das Studium der religiösen Moral. Besonders erstaunlich ist die Untätigkeit der Kirche gegenüber den heidnischen oder primitiv-ketzerischen Barbaren innerhalb des einstigen Imperiums und an seinen Grenzen. Wenn sie sich bekehrten, beispielsweise die Franken seit der Taufe Chlodwigs, so geschah es einfach nach dem Beispiel ihrer Könige. Diese aber taten es aus politischen Interessen oder um den Römern nachzuahmen, und die Kirche hatte keinen Anteil daran. Die Germanen im Norden Galliens und östlich des Rheins bewahrten ihren alten nationalen Gottesdienst, ohne daß die Kirche auch nur versucht hätte, sie zu bekehren. Die Apostel der salischen Franken, der heilige Amandus und der heilige Remaclus, handelten aus persönlicher Begeisterung. Sie wurden zwar von den Königen unterstützt, aber nicht von den kirchlichen Behörden. Diese überließen ausländischen Christen die Mission, die eigentlich ihnen obgelegen hätte, und blieben gleichgültig. Das Christentum, das im Laufe des vierten Jahrhunderts nach Irland gekommen war, hatte sich dort schnell entfaltet. Es hatte auf der abgelegenen Insel, die keine Beziehungen zum Kontinent unterhielt, eine besondere Organisation entwickeln können: zahlreiche Mönchsgemeinschaften bildeten dort den Kern eines hingebungsvollen religiösen Lebens. In diesen Gemeinschaften gab es viele Asketen und viele Proselyten; seit dem sechsten Jahrhundert suchten sie fern von ihrem Vaterland entweder die unzugängliche Einsamkeit, oder aber Seelen, die zu bekehren waren. Als die Normannen im neunten Jahrhundert Island entdeckten, fanden sie zu ihrer Verwunderung an den nebligen Gestaden dieser Insel irische Mönche als die einzigen Bewohner vor. Iren waren es auch, die sich mit Begeisterung der Bekehrung Nordgalliens und Germaniens zuwandten. Die Geschichte der Heiligen zur Zeit der Merowinger wimmelt förmlich von Iren, und auf sie geht die Gründung vieler Klöster im Norden Frankreichs und in Belgien zurück. Der heilige Columban und der heilige Gallus sind die hervorragendsten Beispiele für diese Missionare, deren geistige Kultur, Uneigennützigkeit und religiöser Eifer einen Gegensatz zu der bedauerlichen Roheit der merowingischen Kleriker bilden. Sie konnten den merowingischen Klerus übrigens auch nicht von seiner Erstarrung befreien. Obwohl die Bischöfe im Fränkischen Reiche formell von den Geistlichen der Diözese und nur faktisch von den Herrschern ernannt wurden, verdankten sie ihren Sitz meistens ausschließlich der Gunst des Königs. Erst wenn man die Schilderungen liest, die Gregor von Tours von vielen seiner Amtsgenossen entwirft, kann man sich ihre Unbildung und ihre Unsittlichkeit vorstellen. Viele von ihnen konnten kaum lesen und gaben sich öffentlich dem Trunk und der Ausschweifung hin. Der ehrenhafte Gregor entrüstet sich darüber, aber an seinen Worten merken wir, daß diese Entrüstung sonst kaum geteilt wurde. Trotz seiner bedeutenden Überlegenheit über seine Amtsgenossen können wir auch an Gregor selbst den Verfall der Kirche beobachten. Sein Latein war, wie er selbst wußte, nur ein barbarisches Idiom, das die Grammatik, die Syntax und die Vokabeln vergewaltigt. Seine sittlichen Auffassungen waren, ohne daß es ihm überhaupt bewußt wurde, merkwürdig lax, und man findet bei ihm ziemlich befremdende moralische Urteile. Nach der Zeit Gregors wurde alles aber noch ärger. Am Ende des siebten Jahrhunderts und zu Beginn des achten Jahrhunderts erscheint nicht nur die Sprache, sondern auch das Denken wie gelähmt. Die sogenannte »Chronik Fredegars« und gewisse Lebensbeschreibungen von Heiligen sind geradezu urkundliche Beweise für die Unfähigkeit, auch nur die einfachsten Dinge auszudrücken.

Obwohl die Kirche so tief gesunken war, blieb sie doch die große oder vielmehr die einzige kulturelle Macht jener Zeit. Durch sie allein setzte sich die römische Tradition wirksam fort, und dies verhinderte den Rückfall Europas in die Barbarei. Die weltliche Macht wäre unfähig gewesen, die kostbare Erbschaft der Antike aus sich selbst heraus zu bewahren. Trotz des guten Willens der Könige war ihre ungeschickte und rohe Verwaltung den Aufgaben, die sie sich gestellt hatten, nicht gewachsen; die Kirche dagegen hatte die geschulten Menschen, die dem Staat damals fehlten. In der Form, in welcher sich die Kirche im Römischen Reich entwikkelt hatte, blieb sie auch nach den germanischen Eroberungen weiter bestehen. Die Hierarchie blieb bei allen damit zusammenhängenden Erschütterungen intakt. Da die Organisation der römischen Verwaltung einst das Vorbild für die Entwicklung der kirchlichen Hierarchie gewesen war, bewahrte diese inmitten der wachsenden Wirren ihre einfache und feste Struktur. Die Sitze der Erzbischöfe an den wichtigsten Orten der Provinzen, die Bischofssitze an den wichtigsten Orten der »civitates« verschwanden nur im Norden zeitweise. Überall wurden diese Residenzen von den Eroberern achtungsvoll geschont. Während die staatliche Verwaltung in Verfall geriet, blieb die kirchliche unerschüttert und behielt die gleichen Verwaltungsbezirke, die gleichen Würdenträger, die gleichen Grundsätze, das gleiche Recht und die gleiche Sprache wie in der Zeit des Römischen Reiches. Die Kirche blieb also inmitten der Anarchie ihrer Umgebung und trotz der zersetzenden Wirkung, welche diese Anarchie auch auf sie ausübte, unzerstört. Trotz ihres zeitweiligen Verfalls blieb sie bestehen. Die Geistlichkeit wurde durch die mächtige Organisation, die sie beschirmte, und durch die Diszplin, der sie sich trotz allem unterwarf, geschützt. So unwissend, nachlässig und sittenlos manche Bischöfe auch waren, sie mußten doch die wesentlichen Pflichten ihres Amtes erfüllen. So mußten sie zur Heranbildung junger Schüler für den Klerus eine neben der Hauptkirche gelegene Schule unterhalten. Während der weltliche Unterricht verschwand und der

Staat dadurch nur ganz unwissende Beamte erhielt, hatte die Kirche, für deren Existenz dies notwendig war, noch immer einen Stand, der wenigstens Lateinisch lesen und schreiben konnte. Schon dadurch übte sie auf die weltliche Gesellschaft einen unwiderstehlichen Einfluß aus. Die Kirche besaß, ohne dies gewollt oder erstrebt zu haben, ein Monopol des Wissens: ihre Schulen waren mit wenigen Ausnahmen die einzigen Schulen, ihre Bücher beinahe die einzigen Bücher jener Zeit. Die Schrift, eine Voraussetzung jeder Kultur, war seit dem Ende der Merowingerzeit so ausschließlich den Geistlichen bekannt, daß in einigen europäischen Sprachen der Geistliche noch heute durch das gleiche Wort wie der Schreiber bezeichnet wird: *clerc* im Französischen, *clerk* im Englischen, *klerk* im Flämischen sowie im mittelalterlichen Deutsch, und *diaka* in altrussischer Sprache. Im Lauf des achten Jahrhunderts beschränkte sich die geistige Kultur auf die Priester, und dadurch erlangte der katholische Klerus eine Stellung wie kein Priestertum vorher; denn er wurde einerseits nicht nur aus religiösen Gründen geehrt und genoß andererseits bei den Laien mehr als die bloße Achtung, die das Wissen den Unwissenden einflößt. Der Klerus wurde für die Gesellschaft nunmehr eine unentbehrliche Hilfe, ohne die der Staat nicht mehr funktionierte. In der Zeit der Karolinger verschwanden die letzten weltlichen Schulen, und der Staat war dadurch gezwungen, Geistliche als Schreiber, als Leiter seiner Kanzleien und für alle amtlichen und beratenden Funktionen, welche geistige Bildung voraussetzen, zu erbitten. Damit klerikalisierte sich der Staat, um nicht in Barbarei zu verfallen; denn nur in der Kirche konnte er Männer finden, die staatliche Aufgaben begreifen und ausführen konnten. Wenn der Staat nur in der Kirche Menschen für seine Aufgaben fand, so lag das nicht an der religiösen Eigenschaft der Kleriker, die sie als Apostel des Christentums für staatliche Dienste etwa besonders geeignet hätte machen können. Nicht von Christus, der gesagt hat, sein Reich sei nicht von dieser Welt, haben seine geistlichen Diener die Handhabung weltlicher Angelegenheiten lernen können, sondern von Rom; denn die Kirche, der die Geistlichen zugehörten, hatte den Untergang der Antike überlebt, und diese setzte sich in der Kirche fort, um die neu entstandene Welt zu erziehen.

Kurz gesagt, nicht ihre christlichen, sondern ihre römischen Eigenschaften ermöglichten es der Kirche, noch Jahrhunderte nach dem Untergang der Antike die Gesellschaft zu beherrschen und diese Herrschaft aufrechtzuerhalten. Man kann also sagen, daß die Kirche auf die moderne Kultur nur deshalb so lange eingewirkt hat, weil sie eine ältere und höher entwickelte Kultur hatte. Sie hat diese Lage selbstverständlich benutzt, um ihre religiösen Ideale zu verwirklichen und den Staat, der sie zu Hilfe rief, unter ihren Willen zu beugen. Die notwendige Zusammenarbeit zwischen Kirche und Staat kam bald zustande, und sie enthielt von vornherein den Keim zu furchtbaren Kämpfen; aber niemand konnte diese Kämpfe voraussehen, als die Zusammenarbeit zwischen beiden Mächten begann.

Obwohl die Kirche sich dem Staat zur Verfügung stellte, unterwarf sie sich ihm nicht. Zwar machte sie dem Staat in manchen geschichtlichen Augenblicken freiwillige oder unfreiwillige Konzessionen, aber sie blieb ihm gegenüber eine unabhängige Macht, die ihr im römischen Kaiserreich und noch mehr in Byzanz fehlte. Das liegt weniger daran, daß die Monarchen im Westen niemals die Macht der römischen Kaiser erlangten als an einer anderen Ursache. Die Kirche befand sich im Westen von Anfang an in einer wirtschaftlichen Lage, die ihr gestattete, aus eigenen Mitteln zu leben und sich zu entwickeln. Auch darin ist sie die Erbin Roms. Die Kirche verdankte ihren Reichtum Konstantin dem Großen und seinen Nachfolgern; denn diese Kaiser hatten ihr die Güter der heidnischen Tempel übertragen. Die Kaiser hatten aus der Kirche nicht nur den größten Eigentümer gemacht, sondern dieses Eigentum auch noch bevorrechtet, indem sie die Geistlichen von persönlichen Steuern und das Eigentum der Kirche von der Grundsteuer befreiten. Sowohl das Eigentum der Kirche als auch die Bevorrechtung dieses Eigentums wurden aber von den Königen der Barbaren anerkannt, so daß die Kirche schon zu Beginn der Geschichte der modernen Völker beispiellos reich an Grundeigentum war. Dadurch konnte sie die Krise der Eroberung des Römischen Reiches durch die Germanen überstehen, ohne schwächer zu werden. Die Kirche konnte so in dem vollständigen Umsturz des Staates und der Gesellschaft ihre Organisation erhalten; sie konnte also stets Geistliche ausbilden und versorgen.

Unter welchem Gesichtspunkt man auch die Kirche betrachtet man wird deutlich gewahr, daß sie trotz ihres Verfalls, der vom fünften bis zum siebten Jahrhundert währte, kraftvoll und zukunftsreich blieb. Ihr Verfall ging ja nicht auf innere Mängel, sondern auf die Zeitverhältnisse zurück. Wenn man von dem Verfall der Kirche in jener Zeit spricht, denkt man nur an die offizielle Kirche: an die Weltgeistlichkeit, den einzigen Klerus, welcher damals sichtbar hervortrat. Aber langsam, zunächst noch unbemerkt, breitete sich noch ein Klerus aus, der allmählich seinen besonderen Platz einnahm und, zuerst noch undeutlich, seine künftige Rolle schon ankündigte: das in geistlichen Gemeinschaften organisierte Mönchtum.

2. *Das Mönchtum und der Aufstieg der Päpste zu geschichtlicher Macht*

Das Asketentum, das sich aus einer exklusiven Auffassung vom Christentum notwendig ergibt, hatte sich seit dem zweiten Jahrhundert in den östlichen Provinzen des Römischen Reiches schnell entwickelt. Lange Zeit waren seine Anhänger einfache Laien, die dem Treiben der Welt und ihren Gütern entsagt hatten, um sich in der Einsamkeit ihrem Seelenheil zu widmen. Diese Einsiedler waren die ersten Mönche (griechisch: μοναχος, μόνος). Der heilige Pachomius (gestorben 346) faßte den Gedanken, ihnen eine Regel aufzuerlegen und zu diesem Zweck eine Gemeinschaft zu organisieren. Die Mönche, die diese neue Form des Lebens annahmen, gruppierten sich in abgeschlossenen Einfriedigungen, welche die Form von Zellen hatten und um eine Kapelle als Mittelpunkt gebaut waren. Um sie von den Eremiten zu unterscheiden, nannte man die Bewohner dieser frommen Kolonien »Zönobiten« (Gemeinschaftssiedler). An solche Gemeinschaften knüpften die abendländischen Klöster an, deren erstes im sechsten Jahrhundert bei Neapel auf dem Monte Cassino durch den heiligen Benedikt gegründet wurde.

Die Eigenart und das Ziel der Arbeit des heiligen Benedikt, der um das Jahr 543 starb, bestand darin, den Mönch dem Leben in der Laienwelt zu entziehen und aus ihm einen ausschließlich religiösen Menschen zu machen, der durch die drei Gelübde des Gehorsams, der Armut und der Keuschheit ewig an seine Berufung gebunden war. Der heilige Benedikt legte den Mönchen auch die Pflicht auf, Priester zu werden. So trat neben den Weltgeistlichen, deren Anfänge auf die Bildung der Urkirche zurückgehen, ein neuer Klerus in Erscheinung: eine Geistlichkeit, welche vom Asketentum ausging und Persönlichkeiten aufnahm, die das Ideal christlichen Lebens in dieser Welt verwirklichen wollten. Die Regel, der dieser »regulare« Ordensklerus seinen Namen verdankt, bezog sich nicht nur auf Gebete und fromme Übungen, sondern verpflichtete ihn auch, Gott durch körperliche oder geistige Arbeit zu ehren.

Die Zahl der Klöster nahm anfänglich nur langsam zu. Allmählich breiteten sie sich in Italien aus, und die Institution gelangte von dort aus nach dem Süden Galliens; ziemlich viele entstanden dann dank der irischen Mission während des siebten und achten Jahrhunderts in Nordgallien.[1] Die Klöster standen nicht in Verbindung miteinander und führten außerhalb ihrer Mauern kein aktives Leben. Auch scheinen die Bischöfe, die nicht viel mit diesen neuen Klerikern anfangen konnten, sie nicht gern in ihren Diözesen gesehen zu haben.

Das Papsttum aber wußte die große Kraft der Klöster zu benutzen, obwohl diese selbst ihre Macht noch nicht erkannten. Die Päpste stellten die Klöster in den Dienst der Kirche, um aus ihnen gleichsam eine dauernde Reservearmee zu bilden, die der Kirche zur Verfügung stehen sollte. Es war der erste bedeutende Papst, Gregor der Große (590–604), der diesen genialen Gedanken verwirklichte.

Bis zu Gregor war die besondere Stellung des Papsttums nicht deutlich umschrieben und bestand beinahe nur in der doppelten Eigenschaft des Papstes, Nachfolger des heiligen Petrus und Bischof von Rom zu sein. Die hervorragende Stellung des Papstes zeigte sich mehr in der Achtung, die man ihm entgegenbrachte, als in der Autorität, die er ausübte. Die Bischöfe, die in den verschiedenen Königreichen der Barbaren von den Herrschern ernannt worden waren, hatten keine formellen oder bindenden Beziehungen zum Papst; sie zeigten höchstens eine gewisse Ergebenheit für ihn. Die Patriarchen von Alexandria, Antiochia und Jerusalem betrachteten den Papst nur als ihresgleichen. Schließlich behielt sich der Kaiser von Byzanz ebenso wie bei diesen Patriarchen das Recht vor, auch die Wahl des Papstes zu bestätigen oder (nach dem Tode Justinians) die Wahl durch den Exarchen von Ravenna bestätigen zu lassen. Die Lage in Italien und besonders in Rom hemmte seit den Gebietseroberungen durch die Germanen die Tätigkeit der Päpste oder beanspruchte sie in Angelegenheiten, die nichts mit der eigentlichen Funktion der Kirche zu tun hatten. Seitdem der Kaiser nicht mehr in »der Stadt« residierte, war der Papst tatsächlich die mächtigste Persönlichkeit in Rom geworden. Wenn keine weltlichen Autoritäten vorhanden oder zur Stelle waren, mußte er mit den Eroberern unterhandeln, die Verwaltung sichern, die Zufuhr von Lebensmitteln und die Befestigungen überwachen lassen. Je mehr sich Rom entvölkerte und je mehr es verarmte, desto schwerer wurde die Aufgabe, die enormen Wälle und die Bauwerke der Stadt im Stande zu erhalten. Die Päpste

sahen sich vor allem seit den Eroberungen der Langobarden genötigt, gegen die mannigfaltigsten Schwierigkeiten und Gefahren zu kämpfen, und es gelang ihnen nur mit Aufbietung aller Energie, diese zu bezwingen; denn die Kaiser mußten die Grenzen Syriens und der Donau verteidigen und den Päpsten die Sorge überlassen, sich den neuen Feinden, die Rom um jeden Preis erobern wollten, zu widersetzen. Freilich sandten die Kaiser zuweilen einige Truppen und etwas Geld; aber die Hilfe aus Byzanz blieb ungenügend. Der Exarch von Ravenna war ja selbst bedroht und konnte Rom keine wirksame Unterstützung leisten. Als Gregor der Große – ein Abkömmling des vornehmen römischen Geschlechts der Anicier – im Jahre 590 den Stuhl des heiligen Petrus bestieg, verzweifelte er offenbar an der Zukunft und verglich Rom mit einem vom Sturm geschlagenen Schiff, das im Begriff ist unterzugehen.
Man kann zwar Gregor den Großen als den ersten Vertreter des religiösen Gedankens seit den Kirchenvätern ansehen, aber er setzte ihr Werk nicht fort. Ihn interessierten keine dogmatischen Fragen, denn diese Fragen waren für ihn endgültig gelöst. Für Gregor waren die sittlichen Folgerungen wichtig, die man aus dem Christentum ziehen mußte, und er kümmerte sich um die Organisation des christlichen Lebens im Hinblick auf die letzten Ziele. Diese Ziele liefen für Gregor auf die furchtbare Alternative von Himmel und Hölle hinaus. Gregors geistiger Blick war auf sie gerichtet, und die Bilder, die er von Himmel und Hölle entwarf, haben dazu beigetragen, die mittelalterliche Religiosität mit ihrer düsteren und angstvollen Haltung zu schaffen. Sie halfen dazu mit, den Schrecken und den Qualen der ewigen Strafen, wie sie in Dantes »Göttlicher Komödie« ihren unsterblichen Ausdruck fanden, Gestalt zu geben. Bei Gregor ist die Kirche das Werkzeug des ewigen Heils: ihr Einfluß mußte verstärkt werden, damit sie die Seelen vor dem Abgrund retten könne. Hierbei zeigt sich bei Gregor wie bei anderen großen Mystikern, beispielsweise bei Bernhard von Clairvaux oder Ignatius von Loyola, ein praktischer Geist, der zur Erreichung seines überirdischen Zieles die Dinge der im innersten verachteten irdischen Welt mit glänzender Begabung organisiert. Vielleicht war Gregors Abstammung von römischen Patriziern, die traditionell an der Verwaltung der Stadt beteiligt waren, nicht ohne Einfluß auf diese Seite seines Wesens. Wenn man Gregors Briefe liest, glaubt man kaum, daß sie von dem Verfasser der *»Moralia«* und des *»Dialogus miraculorum«* stammen. Diese Briefe Gregors zeigen uns sein Bestreben, das »Patrimonium Petri« wiederherzustellen: jenen riesigen Grundbesitz,

der über Italien verstreut war und teilweise auch an den Küsten Siziliens und Illyriens lag; die Wirren der barbarischen Eroberungen hatten diesen Grundbesitz zerstückelt, zertrümmert und seine Organisation zerstört. Man sieht bei der Lektüre von Gregors Briefen, wie er die verkauften oder besetzten Territorien zurückforderte, Beamte ernannte, ihnen allgemeine Anweisungen gab, und ihnen Maßnahmen zur Erhebung und Zentralisierung der Einkünfte vorschrieb. Er verdient so die doppelte und merkwürdige Ehre, sowohl der älteste Mystiker als auch der älteste Nationalökonom des Mittelalters genannt zu werden. Die wirtschaftliche Wirksamkeit Gregors war übrigens ganz von römischen Methoden durchdrungen und hat bedeutend dazu beigetragen, durch Vermittlung der Kirche die rechtlichen Institutionen, die Rom für den Grundbesitz ausgebildet hatte, im Mittelalter zu erhalten und zu verbreiten. Nach einigen Jahren erreichte Gregor sein Ziel, und das Papsttum verfügte seither über regelmäßige Einkünfte und reichliche Mittel. Es war die bedeutendste finanzielle Macht jener Zeit geworden.

Zu dieser Macht fügte Gregor eine weitere, indem er die Mönche zu sich heranzog. Gregor fühlte sich durch sein Asketentum und durch seinen klaren Blick für die Wirklichkeit zu ihnen hingezogen und sah deutlich, welchen Aufschwung das Papsttum von den überall verbreiteten Klöstern erhalten würde, wenn er sie schützte. Gregor gründete nicht nur neue Klöster in der Ewigen Stadt, sondern gab vielen von ihnen auch ein besonderes Privileg, durch das sie der Autorität des Heiligen Stuhles unmittelbar unterstellt wurden. Seit der Ordensgründung des heiligen Benedikt gehörten die Mönche zur Geistlichkeit, seit Gregor dem Großen nahmen sie am Werke der Kirche teil.

Gregor vertraute tatsächlich Mönchen, die von ihm herangebildet und ausgesandt wurden, das große Werk seines Pontifikates an: die Bekehrung der Angelsachsen.[2] Dieses Bekehrungswerk aber wäre unmöglich gewesen, wenn Gregor nicht die wirtschaftlichen Mittel für seine Verwirklichung zur Verfügung gehabt hätte. So sieht man deutlich, wie die beiden großen Reformen Gregors, die Wiederherstellung des »Patrimonium Petri« und sein Bündnis mit dem Mönchtum, auf harmonische Weise dazu beigetragen haben, sein Unternehmen erfolgreich zu machen. Dieses Unternehmen entsprach zugleich dem religiösen Ideal und dem praktischen Geiste Gregors.

Die Bekehrung der Angelsachsen war ein Meisterwerk, das mit Takt, Vernunft und überlegter Methode vollbracht wurde. Der heilige Augustinus von Canterbury und seine Begleiter waren durch den Papst lange für ihre Aufgabe vorbereitet worden und gingen nach reiflich überlegten Anweisungen vor, die alle von Nächstenliebe, Nachsicht, Duldsamkeit und gesundem Menschenverstand getragen waren. Nichts ist denn auch von der leidenschaftlichen und begeisterten Art der keltischen Missionare so weit entfernt wie die geduldige und umsichtige Art der Missionare Gregors. Bevor die Mönche sich nach England begaben, hatten sie erst die Sprache, die Sitten und die Religion der Angelsachsen studiert. Sie hüteten sich, die angelsächsischen Vorurteile zu verletzen, einen zu schnellen Erfolg oder gar ein Martyrium zu erstreben. Bevor sie dem Christentum die Seelen eroberten, suchten sie Vertrauen, und sie gewannen es rückhaltlos. Schon im Laufe von sechzig Jahren waren die Angelsachsen nicht nur Christen, sondern begannen auch schon, der Kirche Missionare zu liefern: ebenso würdige Männer wie die, von welchen sie bekehrt worden waren. Hundertundzwanzig Jahre nach der Ankunft des heiligen Augustinus von Canterbury am Strande von Richborough (597) unternahm ein angelsächsischer Christ, der heilige Bonifatius, die Bekehrung der heidnischen Germanen jenseits des Rheins (716).

Die Christianisierung Englands war ein entscheidendes Ereignis in der Geschichte des Papsttums. Die angelsächsische Kirche war als unmittelbare Gründung des Papstes von Anfang an der unmittelbaren Leitung Roms unterstellt. Die angelsächsische Kirche war somit in keiner Weise national, sondern apostolisch im vollen Sinn dieses Wortes; die Kirche aber, die jenseits des Rheins von den Angelsachsen organisiert wurde, erhielt durch sie die gleiche apostolische Grundlage. Man kann sich vorstellen, wie das Prestige und der Einfluß des Papsttums dadurch an Kraft und Glanz zunahmen. Während die Päpste in Rom seitens der Kaiser von Byzanz und der Exarchen von Ravenna nur als Patriarchen des Römischen Reiches angesehen wurden und der Verpflichtung unterworfen blieben, von jenen die Zustimmung zu ihrer Wahl zu erbitten, verehrten die neuen Christen des Nordens in ihnen die Vertreter Christi und Gottes auf Erden. So hat sich das Papsttum für die Zukunft eine Stellung geschaffen, die mit der formellen Unterordnung, in der es bisher zu den römischen Kaisern gestanden hatte, nicht zu vereinen war. Früher oder später mußten die Päpste das traditionelle Band zwischen sich und den Kaisern zerschneiden; denn seit es im Westen keinen Kaiser mehr gab, wurde die Verbindung mit dem Kaiser von Byzanz zu einer Last, welche die Päpste als drückend, demütigend und behindernd empfanden. Wenn der oströmische Kaiser ein tatkräftiger Beschützer gewesen wäre oder wenigstens Wohlwollen gezeigt hätte, so wäre die Lage erträglich gewesen; aber der Kaiser verhielt sich nicht nur gleichgültig gegen Rom, sondern ließ es während der Langobardenzüge ohne Hilfe und wurde sogar zum Gegner der Päpste.[3]

In Byzanz, wo die theologischen Leidenschaften wucherten, entstand jetzt eine neue Ketzerei – der Ikonoklasmus (der sich gegen den Bilderdienst richtete). Kaiser Leo III. der Isaurier bekannte sich zu ihr (726) und wollte sie auch Rom einfach vorschreiben. Diese Zumutung war jedoch zu stark, und der Papst unterwarf sich dem Herrscher nicht, der die Willfährigkeit der Päpste offenbar für ebenso groß gehalten hatte wie die der Patriarchen von Konstantinopel oder von Antiochia. Schon Gregor II. (715–731) ließ damals drohende Worte hören. Wenn sich der Bruch trotzdem noch nicht vollzog, so lag das an der Stärke der römischen Tradition, die den entscheidenden Schritt noch verhinderte. Außerdem begab man sich auf unbekannte Wege und setzte sich Vergeltungsmaßregeln aus, wenn man sich von dem byzantinischen Kaiser trennte, und damit konnte die Kirche in die größte Gefahr geraten.

Nur wenn das Papsttum einen mächtigen und gläubigen Beschützer zu finden vermochte, konnte es dem Kaiser gleichberechtigt und sogar überlegen gegenübertreten. Nur dann konnte es mit dem ketzerischen Osten brechen, im Westen die Grundlage eines universalen Christentums schaffen und dadurch nicht mehr römisch im alten Sinne dieses Wortes, sondern katholisch sein. Nur dann konnte der Papst die geistliche Macht von den Fesseln befreien, welche die weltlichen Machthaber ihr auferlegten. Wer kam aber im damaligen Europa als ein solcher Beschützer des Papsttums in Betracht? Nur ein einziger Mann, der einen Bundesgenossen suchte, welcher ihm die Krone in legaler Form übertragen könnte: der Hausmeier der merowingischen Könige.

Zweites Kapitel

DAS FRÄNKISCHE KÖNIGREICH

1. Die Auflösung des Staates

Das fränkische Königreich war unter allen von den Barbaren gegründeten Reichen auf römischem Boden das einzige, in dessen Grenzen ein fester Block germanischer Menschen lebte. Seit den Eroberungen Chlodwigs in Gallien hatten die Franken sowie die Alamannen in Massen das ganze linke Rheinufer besiedelt. Die östlich des Rheins sitzenden Franken hatten das (damals nur linksrheinische) Köln um das Jahr 456 endgültig erobert. Die Franken waren zudem tief in die Täler der Mosel, der Maas und der Schelde vorgedrungen; sie hatten in dem Jahrzehnt von 451 bis 461 Städte wie Tournai und Cambrai mit Waffengewalt an sich gerissen. Chlodwig war ursprünglich nur einer der vielen kleinen Könige, unter deren Herrschaft die salischen Franken lebten. Sein Königreich, dessen Ausdehnung ungefähr der des einstigen römischen Bezirkes von Tournai entsprochen haben muß, gab ihm nicht die nötige Macht, um den von ihm geplanten Angriff gegen Syagrius allein durchzuführen: einen römischen Offizier, dem noch mitten in dem von germanischen Völkern in Besitz genommenen Gallien das Gebiet zwischen der Loire und der Seine gehorchte; daher führte Chlodwig den Feldzug zusammen mit den Königen von Thérouanne und von Cambrai. Diese Könige, mit denen er sich jetzt verband, waren seine Verwandten; aber nur Chlodwig benutzte den Sieg und eignete sich das Land des besiegten Syagrius an. Schließlich benutzte Chlodwig seine gewaltige Übermacht dazu, sich mit List oder mit Gewalt der Könige zu entledigen, die ihm bis dahin im Range gleichstanden. Er stürzte oder vernichtete diese Herrscher, wurde von ihren Völkern anerkannt und dehnte innerhalb einiger Jahre seine Macht über das Gebiet zwischen Köln und dem Meer aus. Die Alamannen, die im Elsaß und an der Eifel saßen, bedrohten die Flanke des neuen Königreiches mit einem Angriff; aber Chlodwig schlug sie und eroberte ihr Gebiet. So hatte sich der König der Franken Nordgallien vom Rhein bis zur Loire gesichert und konnte sein Streben auf die Eroberung des reichen Aquitaniens richten. Aquitanien gehörte damals den Westgoten. Chlodwig, der um das Jahr 498 die katholische Religion angenommen hatte, nahm die arianische Ketzerei der Westgoten zum Vorwand, schlug sie bei Vouillé (507) und erweiterte seine Grenzen bis zu den Pyrenäen. Jetzt trennte ihn nur noch die Provence vom Mittelmeer; aber König Theoderich wollte das fränkische Königreich nicht an der Grenze Italiens dulden, und Chlodwig verzichtete auf die Provence, die Theoderich zur Sicherheit seinen eigenen Staaten eingliederte. Die Söhne Chlodwigs setzten das erfolgreich begonnene Werk ihres Vaters fort und bemächtigten sich des burgundischen Königreiches im Rhônetal (532). Schließlich nahmen sie die Provence vom Golfe du Lion bis zur Rhône in Besitz, so daß das frühere Gallien sich nunmehr mit Ausnahme von Septimanien (Südgallien westlich der Rhônemündung bis zu den Pyrenäen) ganz in Händen der merowingischen Dynastie befand.[4]

Entsprechend der Orientierung auf das Mittelmeer, die Westeuropa noch bis zum Ende des siebten Jahrhunderts behielt, suchte das Fränkische Reich sich im Süden zu vergrößern. Seine Heere kämpften einige Zeit mit den Langobarden um Oberitalien; aber der Vorstoß der Araber hatte, wie wir schon sahen, die übliche Wendung der nördlichen Völker nach Süden plötzlich unmöglich gemacht. König Dagobert I. (629–639), der letzte merowingische Eroberer neuer Gebiete, wandte sich nach Germanien und erreichte sogar die Donau. Dann aber endete die Expansion, und der Verfall begann.

Die Schließung des Mittelmeeres durch die Mohammedaner bedeutet nicht nur eine neue Wendung in der europäischen Politik, sondern auch das Ende der Antike.

Bis zur Regierung Dagoberts I. hatte sich der merowingische Staat tatsächlich nicht von der römischen Tradition getrennt. Die sozialen Verhältnisse nahmen nach den Wirren, von denen die germanischen Eroberungen begleitet waren, ihren früheren römischen Charakter wieder an. Zwar waren die Ländereien des kaiserlichen Fiskus Eigentum des Königs geworden; aber die großen galloromischen Eigentümer hatten, mit seltenen Ausnahmen, ihren Grundbesitz so bewahrt, wie er sich in den Zeiten des Römischen Reiches entwickelt hatte. Man bemerkt mit Überraschung, daß Papst Gregor der Große zur Wiederherstellung der Verwaltung des gewaltigen kirchlichen Grundbesitzes nur das römische System der Domänen wieder aufzubauen brauchte.

Nachdem Ruhe eingetreten war, nahm der Handel erneuten Aufschwung. Marseille, der Mittelpunkt eines großen Seehandels mit dem Osten, nahm syrische Kaufleute auf, die man in den wichtigsten Städten des südlichen Galliens findet, und die (mit den Juden) die bedeutsamsten Händler des Landes waren. Die Städte im Binnenlande hatten noch immer ein Handel treibendes Bürgertum; unter den Kaufleuten, die dieser Schicht angehörten, findet man noch in der Mitte des sechsten Jahrhunderts reiche und mächtige Persönlichkeiten.

Dank dem regelmäßigen Handel, der bei der Bevölkerung einen bedeutenden Warenverkehr und einen erheblichen Umlauf von Geld aufrechterhielt, empfing der König Zölle (Binnenzölle an den Verkehrspunkten). Der Schatz des Herrschers verfügte dadurch über ansehnliche Einkünfte, die nicht weniger bedeutend, vielleicht sogar bedeutender waren als die Einnahmen aus dem königlichen Grundbesitz und der eroberten Kriegsbeute.

Die Kultur des Römischen Reiches befand sich, soweit sie die Völkerwanderung überlebt hatte, zwar in tiefem Verfall, aber sie hat ihre wesentlichen Züge doch bewahren können.

Die hohen Beamten, die dem Kreis der fränkischen Großen entnommen wurden, zeigten gegenüber der Staatsmacht eine merkwürdige Unabhängigkeit. Der fränkische Graf besteuerte die Freien nicht selten bloß zu seinem persönlichen Nutzen; das drückt sich auch in der Bezeichnung exactio (im Sinne von Erpressung) aus, die in der Sprache jener Zeit aufkam.

Die Schwäche der einstigen römischen Verwaltung, die ja von Rom losgelöst war und in ihren letzten Spuren vom fränkischen König mühsam aufrechterhalten wurde, gestattete es der Aristokratie der großen Grundeigentümer, gegenüber dem König und zugleich gegenüber den unteren Schichten eine immer stärkere Stellung einzunehmen. Vor allem im Norden, in Austrasien, wo die Romanisierung beinahe völlig aufgehört hatte, sicherte sich die Aristokratie seit dem siebten Jahrhundert ein absolutes Übergewicht über den König.

Diese Aristokratie, deren Einfluß unaufhörlich zunahm, hatte freilich nichts von einem Adelsstande an sich. Sie unterschied sich von dem übrigen Teil des fränkischen Volkes nicht in juristischer, sondern nur in sozialer Hinsicht. Ihre Mitglieder wurden von den Zeitgenossen als Große *(maiores)*, als Magnaten *(magnates)* oder als Mächtige *(potentes)* bezeichnet; ihre Macht leitete sich von ihrem Vermögen ab: sie waren sämtlich große Grundeigentümer.

Manche stammten von gallorömischen Familien ab, die schon vor der fränkischen Eroberung des Landes reich waren, andere waren

Günstlinge, die von den Königen mit Ländereien ausgestattet wurden, und wieder andere waren Grafen, die ihre Stellung dazu benutzt hatten, viel Land zu erwerben. Alle Mitglieder dieser Aristokratie aber – ganz gleichgültig, ob sie germanischer oder gallorömischer Abkunft waren – waren durch ihre gemeinsamen Interessen miteinander verbunden. Bei diesen Großgrundbesitzern des Fränkischen Reiches bildeten sich die gleichen Gewohnheiten und Sitten aus, wodurch die Verschiedenheit der Abkunft bald unerkennbar wurde. Je unfähiger der Staat wurde, dessen Beamte ja der Schicht der großen Grundherren selbst entstammten, und je weniger er seine wichtige und ursprüngliche Aufgabe: die Garantie der persönlichen Freiheit und des Eigentums der Untertanen, erfüllen konnte, desto stärker befestigte sich das Übergewicht der mächtigen Grundherren. Ihre persönliche Lage wurde bei der allgemeinen Unordnung immer günstiger, und die öffentliche Unsicherheit vermehrte ihren privaten Einfluß unaufhörlich. Als hohe Beamte des Königs nutzten die Grafen ihre Stellung aus, um die armen Leute, die von ihnen beschützt werden sollten, zu plagen und zu erpressen; aber von dem Tage an, da diesen armen Leuten nichts anderes übrigblieb, als dem Grafen ihr Land und ihre Person zu übergeben, und sich damit seinem Besitz anzugliedern, schützte sie der gleiche Graf in seiner Eigenschaft als Grundherr. So arbeiteten die Beamten gegen ihren Staat und dehnten ihre Schutzherrschaft wie ihr Privateigentum unaufhörlich über die Menschen und den Boden des Fränkischen Reiches aus. Auf diese Weise nahmen sie dem König mit erstaunlicher Schnelligkeit seine unmittelbaren Untertanen und seine Steuerzahler weg.

Die Beziehung zwischen den Mächtigen und Schwachen war hier nämlich nicht die einfache wirtschaftliche Beziehung zwischen einem Großgrundbesitzer und seinem Pächter. Zwischen beiden entstand vielmehr durch die Notwendigkeit eines Schutzes, der in einer ungeordneten Gesellschaft funktionieren mußte, eine Unterordnung des Schwachen unter den Starken. Diese Bindung, die sich auf die ganze Person des Schwachen erstreckte, erinnert durch ihren engen und intimen Charakter an eine familienrechtliche Bindung. Der Kontrakt der Unterwerfung oder »commendatio«, der vom sechsten Jahrhundert an häufig formuliert wird, nennt den geschützten Menschen Vasallen *(vassus)* oder Diener, der Schutzherr wird der Ältere *(senior)* oder Herr *(Seigneur)* genannt. Der Schutzherr hatte die Pflicht, dem Vasallen nicht nur die Existenz, sondern auch ständige Hilfe, Beistand und gerichtliche Vertretung zu sichern; der freie Mensch, der sich in die Schutzherrschaft begab, konnte einen Schein von Freiheit bewahren. Tatsächlich ist er aber ein Höriger, ein *sperans* des Herrn, geworden.

Die Schutzherrschaft des Herrn wurde jedoch nicht nur über Freie geübt. Der Herr übte sie mit noch größerer Macht über Menschen, die zu seiner Domäne gehörten: frühere römische Kolonen, die der Scholle zugeschrieben waren, oder Unfreie, die von römischen oder germanischen Sklaven abstammten; denn diese Menschen gehörten durch ihre Geburt auch persönlich zum privaten Vermögen der großen fränkischen Herren. Die Herren besaßen gegenüber der von ihnen abhängigen Bevölkerung eine Macht, die patriarchalisch und zugleich grundherrenmäßig war: eine Macht, die sowohl auf der friedensrichterlich disziplinierenden Gewalt des Hausvorstandes als auch auf der Rechtsprechungsgewalt des Domänenherrn beruhte. Ursprünglich handelte es sich freilich nur um eine rein tatsächliche Lage; aber der Staat sah sich gezwungen, diese Lage auch rechtlich anzuerkennen und zeigte damit deutlich seine Ohnmacht. Der König verlieh vom sechsten Jahrhundert ab immer mehr Herren das Privileg der Immunität. Darunter muß man das Vorrecht verstehen, das den großen Grundbesitzer von jedem Eingriff eines öffentlichen Beamten auf seinem Boden freistellte. Der Inhaber dieses Privilegs ersetzte so auf seinem Boden den Staatsbeamten. Seine ursprünglich rein private Befugnis erhielt also die Weihe des Gesetzes. Damit kapitulierte der Staat vor den großen Grundherren. Je mehr von ihnen dieses Vorrecht der Immunität erhielten, desto mehr wuchs im fränkischen Königreich das Gebiet, auf dem der König kraft rechtlichen Verzichtes nicht intervenieren konnte. Schließlich standen nur noch kleine und wenige Gebiete, die von den großen Eigentümern noch nicht dem eigenen Grundbesitz angegliedert waren, unter der unmittelbaren Gewalt des Königs.

Die Lage der Dynastie war um so schwerer, als von ihrem Grundeigentum, das ursprünglich das ganze römische Staatseigentum umfaßt hatte, am Ende der Merowingerzeit nur noch unbedeutende Reste übriggeblieben waren. Stück für Stück war dieses Eigentum an die Aristokratie übertragen worden, um ihre Treue zu erkaufen. Die Monarchie wurde unter den Nachfolgern Chlodwigs dauernd geteilt; die Trennung und Vereinigung Austrasiens, Neustriens und Burgunds wechselten einander ab, die Grenzen wurden fortwährend geändert, und innere Kriege waren die Folge. Dies war für die fränkischen Großen eine glänzende Gelegenheit, den Königen, die durch den Zufall der Erbfolge jeweils über sie herrschten und für die Sicherung ihrer Krone das Grundeigentum der Dynastie gern weggaben, ihre Dienste möglichst teuer zu verkaufen.

Zuerst zeigte sich zwischen der romanisierten Aristokratie Neustriens und den Großen Austrasiens, die den germanischen Sitten und dem germanischen Recht weit näher geblieben waren, ein Gegensatz. Der Aufstieg der Aristokratie führte ganz von selbst dazu, daß örtliche Verschiedenheiten in den Vordergrund traten, und die Einheit des Königreiches wurde dadurch aufgelöst.

Diese Entwicklung auf politischem und sozialem Gebiet erhielt durch die Eroberung des Mittelmeers seitens der Mohammedaner einen jähen Auftrieb. Bis dahin hatten sich in einer Gesellschaft, die zu einer Herrschaft großer Grundeigentümer führte, die Städte noch erhalten können, und in ihnen gab es ein freies Bürgertum, das vom Handel lebte.

In der zweiten Hälfte des siebten Jahrhunderts aber hörte an den Küsten des westlichen Mittelmeeres jeder Handel auf. Marseille, seiner Schiffe beraubt, welkte dahin, und alle Städte des Südens verfielen in weniger als einem halben Jahrhundert. Im ganzen Lande erlosch der Handel, da ihn das Meer nicht mehr nährte, und mit dem Handel verschwand auch das Bürgertum. Kaufleute von Beruf gab es nicht mehr, und der Umlauf von Gütern hörte auf. So füllten auch die Binnenzölle nicht mehr den königlichen Schatz, und dieser konnte die Staatsausgaben nicht mehr tragen.

Die großen Grundherren des Fränkischen Reiches waren seitdem die einzige soziale Macht; denn sie besaßen mit dem Boden auch Reichtum und Ansehen gegenüber dem jeweiligen Merowingerkönig, der ja (durch den Verlust des dynastischen Grundeigentums) verarmt war. Sie brauchten nur noch die Staatsmacht zu übernehmen.

2. *Die Hausmeier*

Es ist seit jeher üblich, die merowingischen Könige als träge *(rois fainéants)* zu bezeichnen. Man sollte sie aber lieber machtlos nennen, denn ihre Untätigkeit zeigte sich nicht in Faulheit oder Apathie, sondern in Schwäche und Ohnmacht. Von der Mitte des siebten Jahrhunderts ab regierten sie wohl noch, aber die reichen Grundeigentümer verteilten die Untertanen des Königs unter sich und usurpierten seine Befugnisse. Diese Grundherren regierten auf den Trümmern der königlichen Macht, die von ihnen selbst zerstört worden war. In jedem der drei Teile des fränkischen Königreiches, das nach der dynastischen Erbfolge in Neustrien (das Gebiet zwischen Schelde und Loire), Austrasien und Burgund geteilt war, vertrat der Hausmeier die fränkische Aristokratie bei dem König. Der Hausmeier wurde durch die Aristokratie gestützt, die faktisch durch ihn regierte. Der Hausmeier von Burgund verschwand früh. Dann begann der Kampf zwischen den beiden anderen Hausmeiern. Die großen Grundherren Austrasiens waren mächtiger als die Neustriens, denn sie standen dem König und der früheren römischen Verwaltung lokal ferner und mußten in einem Staat, der in einem solchen Grad auf dem Reichtum an Grundbesitz beruhte wie der fränkische, notwendig siegen. Zwischen dem Hausmeier von Austrasien, Pippin, der die Mächtigen vertrat, und dem Hausmeier von Neustrien, Ebroin (welcher der früheren Auffassung vom Königtum treu geblieben war), zeigte sich ein entscheidender Gegensatz. Nach der Ermordung Ebroins und nach dem Siege des austrasischen Hausmeiers über ein Heer neustrischer Adeliger bei Tertry (687) gab es bald nur einen einzigen Hausmeier des ganzen fränkischen Königreiches, und dieser war ein Mitglied des Karolingerhauses.

Das Geschlecht der Karolinger besaß im Norden des Königreiches schon lange eine unvergleichliche Stellung, die es seinem Reichtum an Grundbesitz verdankte. Die Ländereien waren zahlreich und lagen vor allem in der halb germanischen, halb romanischen Gegend, deren Zentrum Lüttich war: damals ein einfaches Dorf. Auf beiden Seiten der Sprachgrenze, im Hesbaye (Hasbengau), im Condroz, in den Ardennen und an der Eifel lag der Grundbesitz des Karolingerhauses. Andenne und Herstal waren die Residenzen, und reiche Heiraten hatten den Aufstieg der Familie noch gefördert. Aus der Ehe, die der Sohn Arnulfs von Metz mit der Tochter Pippins von Landen geschlossen hatte, wurde Pippin von Herstal geboren. Er war der erste seines Geschlechtes, der eine deutlich erkennbare Rolle spielte. Pippin bekämpfte die heidnischen Friesen, deren Einfälle den fränkischen Norden unsicher machten, erfolgreich, und aus diesen Kämpfen war ihm und den Seinen ein volkstümlicher Ruhm erwachsen, der sie bekannt machte. Schließlich sandte Pippin seinen unehelichen Sohn Karl Martell gegen die Barbaren aus. Pippin selbst kämpfte an der Spitze seiner Vasallen und seiner Leute, die durch die rauhen Kämpfe an den Grenzen gestählt waren, gegen Ebroin, wurde aber von ihm besiegt und beherrschte erst nach schweren Rückschlägen und nach Ebroins Sturz faktisch die Monarchie. Für diese war es ein Glück, von einem rauhen Soldaten geleitet zu sein; denn die arabischen Reiter des Emirs Abd er-Rachman überschritten kurz nach dem Tode Pippins die Grenzen der Pyrenäen und drangen in Aquitanien ein. Karl Martell stellte sich ihnen in der Ebene bei Poitiers entgegen (732), und an seinen gepanzerten Kriegern brach sich der Schwung der leichten arabischen Reiterei. Der literarische Verfall der damaligen Zeit war so groß, daß wir von diesem entscheidenden Tage keinen Bericht haben; aber das Ergebnis der Schlacht bei Poitiers ist bedeutend genug, um ihren Tag unsterblich zu machen. Der Vorstoß der Moslems war aufgehalten, und sie fluteten zurück. In Gallien blieb nur die Umgebung von Narbonne in arabischer Hand, und Pippin der Kleine vertrieb die Moslems im Jahre 759 schließlich auch von dort.

Der Sieg in der Schlacht bei Poitiers machte Karl Martell endgültig zum Herrn des fränkischen Königreiches. Karl gab diesem Reich eine feste militärische Organisation. Bis dahin hatte das Heer aus freien Männern bestanden, die im Falle des Krieges in den Grafschaften ausgehoben wurden. Es war eine einfache Volkswehr, im wesentlichen Infanteristen, die auf eigene Kosten ausgerüstet waren. Man konnte sie nur schwer mobilisieren, und sie waren nicht sehr beweglich. Karl Martell beschloß nach der Schlacht bei Poitiers, dem Beispiel der Araber folgend, eine Kavallerie zu schaffen, die angesichts des Feindes schnell handeln konnte und fähig war, die geringe Anzahl der Kämpfer durch größere Schnelligkeit auszugleichen. Eine solche Reform aber erforderte eine radikale Veränderung der alten Kriegsverfassung. Man konnte freien Menschen in jener Zeit weder den Unterhalt eines Kriegspferdes noch die Anschaffung einer kostbaren Reiterrüstung auferlegen, und ebensowenig die lange und schwere Ausbildung für den Kampf zu Pferde.

Um sein Ziel zu erreichen, mußte Karl Martell erst eine Schicht von Kriegern schaffen, welche die Mittel für die Durchführung der Rolle, die sie spielen sollte, besaß.[5] Eine große Verteilung von Ländereien wurde zugunsten der kräftigsten Vasallen des Hausmeiers vorgenommen, und dieser scheute sich nicht, für seinen Zweck einen beträchtlichen Grundbesitz der Kirche zu säkularisieren. Jeder Soldat, der ein Lehen oder, wie man damals sagte, ein *beneficium* erhielt, war verpflichtet, auf ihm ein Streitroß zu halten und in jedem gewünschten Fall Kriegsdienst zu leisten. Ein Eid bekräftigte diese Verpflichtung. Der Vasall, ursprünglich nur ein Diener, wurde ein Soldat, dessen Unterhalt durch den Besitz eines

Grundstückes gesichert wurde. Diese Institution breitete sich schnell über das ganze fränkische Königreich aus. Der ungeheure Grundbesitz der Aristokratie gestattete es jedem ihrer Mitglieder, einen Trupp Reiter auszurüsten, und das geschah auch. Der ursprüngliche Name *beneficium* verschwand kurz danach und wurde durch das eigentliche Wort für Lehen *(feudum)* ersetzt; aber die feudale Organisation selbst findet sich in allen wesentlichen Zügen schon bei den Maßnahmen Karl Martells vor. Diese Maßnahmen waren die größte militärische Reform, die Europa vor den stehenden Heeren erlebte, und sie war – wie noch gezeigt werden wird – dazu bestimmt, die Gesellschaft und den Staat tief zu erschüttern. Im Grunde handelte es sich nur um die Anpassung des Heeres an eine Zeit, in der der Großgrundbesitz das ganze wirtschaftliche Leben beherrschte, und diese Anpassung hatte zur Folge, daß der Aristokratie von Grundherren, die schon die politische Macht besaßen, auch noch die militärische gegeben wurde.

Die alte Institution, die Wehrpflicht der Freien, verschwand zwar nicht, aber sie bedeutete nur noch eine Reserve, auf die man immer weniger zurückgriff.

Das Königtum duldete diese Umwandlungen, die das Heer vom Monarchen entfernten und dem Herrscher somit nur noch einen Schein von Macht ließen. Seitdem lebten die Könige so machtlos im Schatten ihrer mächtigen Hausmeier, daß man sie kaum voneinander unterscheiden kann, und die Gelehrten über ihre Namen streiten. Sicherlich drückt Einhard die Gefühle, die man den Königen in der Umgebung der Karolinger entgegenbrachte, ziemlich genau aus: er freut sich daran, sie als stumpfsinnige Fürsten zu karikieren, die ländlich wie die Bauern ihrer letzten Grundstücke geworden sind, ungepflegte Bärte und schlechte Kleider tragen und sich wie diese Bauern in einem einfachen Ochsenwagen fahren lassen. Mitleidlos und ohne Achtung vor diesen Merowingerherrschern verspottet Einhard sogar ihre langen Haare, einst bei den Germanen das Sinnbild der königlichen Macht.[6]

3. Das neue Königreich

Obwohl Karl Martell durch seinen Sieg bei Poitiers dem Christentum einen Dienst erwiesen hatte, zeigte die Kirche keine Sympathie für ihn.

Die Kirche grollte ihm wegen seiner Säkularisationen; auch hatte sie seine Weigerung nicht vergessen, ihr gegen die für sie stets gefährlichen Langobarden zu helfen. Karl Martell hatte diese Hilfe verweigert, obwohl Papst Gregor III. eine besondere Gesandtschaft zu ihm geschickt hatte, die ihm die Schlüssel zum Grabe der Apostel feierlich überreichte. Der Sohn Karl Martells war Pippin der Kleine. Er wurde als Nachfolger seines Vaters Hausmeier (741) und übernahm die Regierungsgewalt im Königreiche. Pippin der Kleine war weniger durch Kriege in Anspruch genommen als sein Vater; er knüpfte sehr schnell Beziehungen zum Papsttum an.

Als Pippin zur Macht kam, hatten nicht lange zuvor, im Jahre 719, unter der Leitung des heiligen Bonifatius (im Jahre 754 in Friesland ermordet) die Versuche der Angelsachsen eingesetzt, die heidnischen Germanen jenseits des Rheins zu bekehren. Pippin zeigte dafür sogleich großen Eifer und ein Wohlwollen, das die Missionare des Christentums überraschte; aber die Motive von Pippins Verhalten waren politisch. Er hatte nämllich erkannt, daß die Bekehrung der Thüringer, Bayern, Sachsen und Friesen, sämtlich Nachbarn der Franken, diese Völker weniger gefährlich machen und ihre künftige Eingliederung ermöglichen würde. Pippin interessierte sich deshalb auch für die Pläne des Bonifatius und unterstützte diesen Missionar. Aus den gleichen politischen Gründen förderte er das Bistum in Mainz; das Zentrum der neuen, auf deutschem Gebiet gegründeten Kirche. Mainz sollte diese Kirche von Anfang an mit der fränkischen Kirche verbinden.

Bonifatius, als Angelsachse ein treuer Sohn des Papsttums, hatte die Einwilligung sowie die Richtlinien von Rom erbeten und erhalten, bevor er an sein Bekehrungswerk heranging.

So wurde er durch seine engen Beziehungen zum Hausmeier auch zum gegebenen Vermittler zwischen diesem und dem Papst. Da der Papst und der Hausmeier einander nötig hatten, wünschten beide eine Annäherung; denn Pippin, der tatsächlich königliche Macht besaß, wollte auch de jure König sein, aber er zögerte noch, die Krone ihrem rechtmäßigen Träger, in dem sich eine lange dynastische Tradition verkörperte, einfach wegzunehmen. Um diese notwendig gewordene Umwälzung ohne Hemmung zu vollziehen, mußte sich Pippin auf die höchste Autorität seiner Zeit stützen, das heißt die offizielle Zustimmung des Papstes erlangen. Der Papst war ebenfalls in einer unhaltbar gewordenen Lage, die geklärt werden mußte. Für ihn war der Augenblick gekommen, da er mit dem byzantinischen Kaiser brechen mußte; denn das ketzerische Cäsarentum dieses Kaisers wurde immer anmaßender, er ließ sogar die Langobarden aus Ohnmacht oder Bosheit vor die

Tore Roms ziehen. Der König der Langobarden, Aistulf, hatte sich gerade, kurz nach dem Jahre 744, des Exarchates bemächtigt. Auch hier stand also eine Umwälzung der Machtverhältnisse bevor, und die Hilfe, die Karl Martell einige Jahre zuvor dem Papst verweigert hatte, erbat nun ein anderer Papst von Karls Sohn.
Das Bündnis, das durch die Ereignisse gegeben war, kam von selbst zustande. Die Abgesandten Pippins fragten Papst Zacharias im Jahre 751 mit würdevollem Ernst, ob der Titel des Königs nicht eher dem gebühre, der die höchste Macht habe, als demjenigen, der nur noch ihren Anschein besitze. Nicht weniger würdevoll bekräftigte der Papst die Meinung der Gesandten in dieser Angelegenheit politischer Moral. Einige Wochen später ließ sich Pippin dann durch eine Versammlung der Großen krönen. Der letzte Abkömmling Chlodwigs, Childerich, mußte seine Tage in dem Kloster beschließen, in das man ihn verbannt hatte. Man kennt nicht einmal das Datum seines Todes, und niemals verschwand eine Dynastie bei so großer Gleichgültigkeit des Volkes, niemals war ein Staatsstreich so einfach und so folgerichtig.
Der erste karolingische König war mit Unterstützung des Papstes auf den Thron gelangt und zahlte die Dankesschuld an ihn sehr bald zurück. Papst Stephan II. forderte zwei Jahre später (753) persönlich von Pippin Hilfe gegen die Langobarden. Seit der Gründung der katholischen Kirche hatte sich noch kein Papst in das Gebiet nördlich der Alpen begeben. Jetzt geschah es zum ersten Mal. Das Schicksal nahm nun seinen Lauf: Rom brach mit Konstantinopel und verband sein Schicksal mit der Dynastie, die der Papst soeben geweiht hatte. Pippin versprach feierlich, gegen die Langobarden zu kämpfen und der Kirche das Gebiet von Rom zu geben, wenn er die Langobarden besiegt haben werde. Weder er noch Stephan hielten sich bei dem Gedanken auf, daß sie damit über ein Gebiet verfügten, dessen rechtmäßiger Herr der Kaiser war. Die Franken siegten in dem Feldzug, der im Jahre 754 geführt wurde.[7] Der Papst erhielt die Gebiete, wie es mit Pippin vereinbart war, und der Kirchenstaat war damit gegründet. Die Hauptstadt der Antike wurde als wiederhergestellte Hauptstadt der Christenheit zwar nur noch vom Nachfolger des heiligen Petrus regiert, aber sogleich mußte sich, voller Komplikationen und Widersprüche, die Frage der weltlichen Souveränität des Papstes erheben. Der Kirchenstaat war klein und schwach. Nur wenn der Papst auf den Schutz dessen, der den Staat für ihn erobert hatte, rechnen konnte, konnte er eine Vernichtung dieses Staates durch neue Angriffe der Langobarden vermeiden. Wie aber vertrug sich die

päpstliche Unabhängigkeit mit der dringenden Notwendigkeit militärischen Schutzes? Nur an eine vorläufige Lösung dieser Frage dachte Papst Stephan, als er so schnell wie möglich Pippin den Titel eines *Patricius Romanorum* gab. Dieser Titel konnte zwar je nach den Umständen mehrdeutig sein, aber er schuf zwischen Pippin und Rom wenigstens eine dauernde Verbindung.

Der erste Krieg des neuen Königreiches wurde also im Interesse der Kirche geführt, und das entsprach so recht der Art, die diesem Reich von Anfang an eigen war. Die monarchische Gewalt der Merowinger war ganz weltlich, während die der Karolinger einen stark religiösen Einschlag hatte. Die Königsweihe, die mit der Krönung Pippins bei den Franken zum ersten Mal stattfand, machte aus dem Herrscher in gewissem Maße eine priesterliche Person. Er selbst unterstrich seine Unterwerfung unter die Befehle Gottes und seinen Willen, Gott zu dienen; denn er ließ nicht nur das Kreuz unter die Embleme aufnehmen, sondern nannte sich aus christlicher Demut »König von Gottes Gnaden«. Mit dem karolingischen Königtum beginnt noch eine andere Tradition. In Zukunft nämlich – und das setzt sich durch die Jahrhunderte fort – will der König nicht mehr ein Cäsar sein, der seine Macht nur aus irdischen Quellen schöpft; das Ideal des Königs besteht künftig vielmehr darin, die göttlichen Gebote auf Erden durchzuführen und gemäß christlicher Sittlichkeit (also im Einverständnis mit der Kirche) zu herrschen. Dieses Ideal konnten der heilige Bonifatius und Stephan II. Pippin dem Kleinen vermitteln, der es dann Karl dem Großen vermacht hat.[8] Man findet einen Abglanz davon in allen Abhandlungen, die im neunten Jahrhundert über die köngliche Macht geschrieben worden sind, beispielsweise in der *Via regia* des Smaragdus sowie in *De rectoribus christianis* des aus Irland stammenden Gelehrten und Dichters Sedulius Scotus, der um das Jahr 850 in Lüttich wirkte. Tatsächlich machte jenes Ideal aus der Religion eine Angelegenheit des Staates. Nur die Christen konnten seither der sozialen Ordnung zugehören, und die Exkommunikation machte künftig die von ihr betroffenen Menschen auch rechtlos.

Drittes Kapitel

DIE WIEDERHERSTELLUNG DES ABENDLÄNDISCHEN KAISERTUMS

1. Karl der Große (768–814)

Karl der Große hat sich selbst den Großen genannt, und die Nachwelt hat diesen Titel so vollständig bestätigt, daß sie ihn mit seinem Namen untrennbar verbunden hat *(Charlemagne, Carolus magnus)*. Nur Cäsar und Alexander erlangten einen Ruhm, der so allgemein ist wie der seine. Wie in den germanischen Sprachen Cäsar und Kaiser gleichbedeutende Worte geworden sind, hat Karl in den slawischen Sprachen und, ihnen entnommen, auch im Ungarischen die Bedeutung des Königs (kral, carol, kiral). Die karolingische Sage und Legende war im Mittelalter eine der reichsten Quellen der Literatur in den Volkssprachen. Aus ihr entstand das älteste französische Epos, das »Rolandslied«. Noch in der Hochrenaissance wurden Tasso und Ariost von den Sagen um Karl den Großen angeregt.

Wenn man aber die Herrschaft Karls des Großen genau betrachtet, bemerkt man, daß sie in jeder Beziehung nur eine Verlängerung und Fortsetzung der Regierung seines Vaters ist. Nichts Neues ist in der Regierung Karls des Großen zu bemerken; denn das Bündnis mit der Kirche, der Kampf gegen die Heiden, Langobarden und Araber, Reformen in der Regierung sowie der Versuch, das Schulwesen aus seiner Stumpfheit zu erwecken – alles dies fand sich im Keim schon unter Pippin. Wie alle großen Reformatoren der Geschichte hat Karl nur die Entwicklung beschleunigt, die für seine Zeit aus sozialen und politischen Gründen notwendig geworden war. Die Rolle Karls paßt sich den neuen Tendenzen seiner Zeit so vollkommen an, daß er geradezu als deren Werkzeug erscheint, und man nur mit großer Mühe unterscheiden kann, was seine Person leistete und was auf die Umstände zurückgeht.

Als er seinem Vater folgte (768), drängte die religiöse Frage, die damals von der kirchlichen Frage nicht zu unterscheiden war, einer Lösung zu; denn dieses Problem beherrschte alle anderen Fragen. Weder war die Bekehrung der heidnischen Germanen vollendet, noch regelte ein endgültiger modus vivendi die Beziehungen zwischen dem König der Franken und dem stets von den Langobarden bedrohten Papsttum. Man kann sagen, daß Karl in der ersten Zeit seiner Herrschaft seine besten Kräfte diesen beiden Aufgaben widmete.

Jenseits des Rheins war noch ein Volk mächtig und unabhängig genug, seinem angestammten Gottesdienst die Treue zu wahren. Es waren die Sachsen, die zwischen Ems und Elbe lebten, vom Nordseegebiet bis zum Harz. Sie waren die einzigen Germanen, die in der Zeit der großen Völkerwanderungen das Meer befahren hatten, um neues Land zu suchen. Ihre Schiffe hatten während des fünften Jahrhunderts nicht nur die Küste Galliens, sondern auch Britannien beunruhigt. Sächsische Niederlassungen, die man noch heute an ihren Namen erkennt, gab es beispielsweise an den Mündungen der Canche und der Loire; aber die Sachsen und die ihnen eng verwandten Angeln, die aus dem Süden Jütlands kamen, haben nur in Britannien Dauerndes erreicht. Sie drängten dort die keltische Bevölkerung in den gebirgigen Westen zurück: nach Cornwall und Wales. Hier waren die Kelten nun auf einen zu engen Raum beschränkt, und viele wanderten im sechsten Jahrhundert nach Armorica aus. Dieses Gebiet wurde nachher als die Bretagne bezeichnet, während Britannien von seinen anglischen Eroberern den Namen England erhielt. Auf dem angelsächsischen, von den keltischen Bewohnern verlassenen Gebiet der Insel entstanden sieben kleine Königreiche, deren Namen zum Teil noch in den englischen Grafschaften zu finden sind. Die Sachsen Britanniens verloren ihre Beziehungen zu den Sachsen, die auf dem Kontinent geblieben waren, und vergaßen sie bald. Nach ihrer Bekehrung durch Gregor den Großen bekehrten die Angelsachsen, die bald selbst Missionare wurden, denn auch nicht die Niedersachsen, sie wandten sich vielmehr der Bekehrung Oberdeutschlands zu.

In der Mitte des achten Jahrhunderts waren die Sachsen des Kontinents noch immer nicht vom römischen Geist oder vom Christentum beeinflußt. Während ihre Nachbarn sich romanisierten oder sich bekehrten, blieben sie in ihren Sitten rein germanisch. Während der langen Jahrhunderte ihrer Isolation hatten sich ihre ursprünglichen Institutionen und ihre angestammte Religion immer mehr entwickelt. Das fränkische Königreich, an welches die sächsischen Gebiete grenzten, war außerstande, sie durch jene Autorität und Anziehungskraft zu beeinflussen, die einst Rom für die Barbaren gehabt hatte. So bewahrten die Sachsen auch als Nachbarn des Fränkischen Reiches ihre Unabhängigkeit. Sie hingen an dieser Unabhängigkeit um so mehr, als sie ihnen ermöglichte, unter dem Vorwand von Kriegen die angrenzenden Provinzen zu plündern. An ihrer alten heidnischen Religion hielten die Sachsen fest; sie sahen in ihr das Wahrzeichen und die Bürgschaft für ihre Unabhängigkeit.

Man kann die Feldzüge, die Karl in den Jahren 779 bis 804 gegen die Sachsen führte, als die ersten Religionskriege in Europa ansehen, denn bis dahin hatte sich das Christentum friedlich unter den Germanen verbreitet. Den Sachsen aber wurde es mit Gewalt auferlegt: das Volk wurde gezwungen, die Taufe anzunehmen, und die Todesstrafe wartete derer, die den »Abgöttern« opferten.

Dieses neue Phänomen in der Geschichte Europas war sicher nur eine Folge des kirchlichen Einschlages, den das Fränkische Reich kurz zuvor erhalten hatte. Da der König seine Macht von Gott empfing, konnte er Verschiedenheiten des Kultes oder des Glaubens bei seinen Untertanen nicht dulden. Die Verweigerung der Taufe oder der Bruch der Gelöbnisse nach erhaltener Taufe bedeutete gleichzeitig die Ausscheidung aus der Kirche und den Verlust aller Rechte; denn das war Untreue gegen Kirche und Staat zugleich. Hieraus erklären sich die Gewalttätigkeiten und die Metzeleien gegen die Sachsen; aber auch die Ursachen, aus denen die Sachsen in diesen Kriegen ihre Götter so erbittert verteidigten, werden uns deutlich. Die Sachsen sahen in ihren Göttern die Beschützer ihrer Freiheit.

Zum ersten Male begegnete das Christentum bei den Heiden einem nationalen Widerstand, denn zum ersten Male war es selbst von einer erobernden Macht getragen. Die Angelsachsen waren der christlichen Predigt weniger Mönche gefolgt. Die Sachsen des Festlandes aber kämpften verzweifelt für die Erhaltung ihres Gottesdienstes, und damit begann jene Reihe blutiger Konflikte, welche die Lehre von der Staatsreligion im Laufe der Jahrhunderte hervorrufen sollte.

Freilich muß man zugeben, daß die Sicherheit des fränkischen Königreiches die Eroberung dieses Gebietes nötig machte; denn das sächsische Volk bildete für das Frankenreich eine dauernde Bedrohung. Die Angliederung und Bekehrung der Sachsen machte die europäische Kultur dem ganzen Gebiet der Germanen zugänglich. Nach der Angliederung Sachsens reichte die östliche Grenze des Karolingischen Reiches bis zur Elbe und Saale. Sie lief weiter über Böhmens Gebirge und eine Strecke an der Donau entlang, dann bog sie nach Süden bis zum Adriatischen Meer ab. Die Grenzen umschlossen auch das Land der Bayern, deren Herzog

Tassilo III. abgesetzt wurde (788) und sein Land an Karl verlor. Jenseits dieser Gebiete erst begann das Gebiet der von abendländischen Einflüssen noch ganz unberührten Barbaren: im Osten Slawen, und südlich von ihren Wohnsitzen Awaren.

Sogleich mußte man mit den Awaren kämpfen. Sie waren ein Reitervolk (ursprünglich nomadisierende Türkstämme und Mongolen in den Randgebieten der Wüste Gobi). Wir sahen bereits, daß dieses Volk im sechsten Jahrhundert zusammen mit den Langobarden die Gepiden vernichtet hatte. Seitdem hatten sich die Awaren im Donautal niedergelassen, von wo aus sie das Byzantinische Reich und Bayern belästigten. Mehrere Feldzüge der Franken waren nötig, um die Awaren zu schlagen. Es waren Vernichtungsfeldzüge; die Awaren wurden so geschlagen, daß sie als Volk verschwanden. Noch heute zeigt die russische Redewendung: »Spurlos verschwunden wie die Awaren«, welchen Eindruck die Vernichtung der wilden und grausamen Räuber in Osteuropa hinterlassen haben muß. Die Awaren hatten ein Jahrhundert hindurch eine unerträgliche Tyrannei über die Slawen der Karpatengebiete ausgeübt.

Als der Kampf beendet war, zog Karl quer durch das Donautal eine »Mark«, um weitere Angriffe zu verhindern. Eine Mark war ein dem Schutz dienendes Gebiet unter militärischer Verwaltung. Die von Karl gegründete östliche Mark *(marca orientalis)* wurde zum Ausgangspunkt des späteren Österreich, dessen Name noch heute daran erinnert.

Schon vor dem Ende des siebten Jahrhunderts waren die Slawen in Mitteleuropa eingedrungen. Sie hatten das von den Germanen verlassene Gebiet zwischen Elbe und Weichsel besetzt. Ebenso besetzten sie das in Böhmen und Mähren liegende Gebiet, das von den Langobarden und Gepiden verlassen war. Von dort überschritten sie die Donau und fielen in Thrazien ein, wo sie sich bis zu den Küsten des Adriatischen Meeres ausbreiteten.

Nach dieser Seite hin mußte das Fränkische Reich ebenfalls gesichert werden. Seit dem Jahre 807 wurden noch andere Marken längs der Elbe und der Saale errichtet und versperrten den slawischen Stämmen der Wenden, Sorben und Obotriten den Zugang.

Diese Flüsse waren in jener Zeit die Grenze zwischen dem christlichen Europa und dem Heidentum, ebenso wie es im vierten und fünften Jahrhundert der Rhein gewesen war. Für die Beurteilung der religiösen Ideen der damaligen Zeit ist es bemerkenswert, daß es dort ein kurzes Aufleben der Sklaverei gab. Da das Heidentum

der Slawen ihnen nach diesen Ideen den Anspruch, Mensch zu sein, nahm, wurden die slawischen Gefangenen einfach wie Vieh verkauft. Selbst das Wort, das in allen westeuropäischen Sprachen den Sklaven bezeichnet *(esclave, Sklave, slaaf)* ist nur der Name der slawischen Stämme. Der Slawe war für die Menschen des neunten und zehnten Jahrhunderts dasselbe, was »der Neger« für die Menschen zwischen dem siebzehnten und dem neunzehnten Jahrhundert war. Die wirtschaftliche Verfassung der Karolingerzeit bedurfte freilich, wie wir noch sehen werden, der Sklavenarbeit nicht, und daraus erklärt sich die schwache Entwicklung des Sklavenhandels und der Sklaverei als Institution.
Im Westen Europas stand das fränkische Königreich zwar nicht mit heidnischen Barbaren, aber mit den Moslems in den Pyrenäengebieten in Kontakt. Diese hatten seit ihrer Niederlage bei Poitiers Gallien nicht mehr bedroht. Die Nachhut, die die Araber noch bei Narbonne gelassen hatten, war von Pippin dem Kleinen vertrieben worden (759). Spanien aber, wo sie das Kalifat von Cordoba gegründet hatten, richtete den Blick nicht mehr nach Norden; die glänzende Kultur, die sich unter den ersten Omaijaden entfaltete, orientierte sich vielmehr auf die Niederlassungen der Moslems am Mittelmeer. Die Schnelligkeit, mit welcher der Islam in den Wissenschaften und Künsten, im Gewerbe und im Handel fortschritt, ist beinahe so erstaunlich wie das Tempo seiner Eroberungen. Diese Fortschritte mußten ihn freilich von den Zügen zur Bekehrung der Ungläubigen ablenken. So konzentrierte der Islam sich mehr auf sich selbst. Während sich die Wirtschaft entwickelte und die Kunst blühte, entstanden auf religiösem und politischem Gebiet Streitigkeiten und Kämpfe. Die spanischen Regionen blieben davon ebensowenig verschont wie die übrigen Gebiete des Islams. Eine von diesen Streitigkeiten veranlaßte den Zug Karls über die Pyrenäen. Drei arabische Emire hatten ihn gegen den von Bagdad unabhängigen Kalifen von Cordoba um Hilfe gebeten. Karl erschien in Spanien (778) und warf mit seinem Heer die Moslems hinter den Ebro zurück. Trotzdem mißglückte die Belagerung von Saragossa, und Karl eilte nach einem wenig ruhmvollen Feldzug über die Pyrenäen zurück.[9]
Das einzige Ergebnis des Feldzuges war die Errichtung der »spanischen Mark«, die zwischen dem Ebro und den Pyrenäen lag. Später diente sie den kleinen christlichen Königreichen, die sich in den asturischen Bergen gebildet hatten, für ihre langen Kämpfe gegen die Araber als Vorposten. Diese Kämpfe endeten erst im fünfzehnten Jahrhundert mit der Befreiung Spaniens.[10] Die Zeitge-

nossen bemerkten den Feldzug Karls kaum. Die Erinnerung an Graf Roland und seinen Tod in einem Gefecht gegen christliche Basken, die sich bei dem Hügel von Roncevalles auf die Nachhut des Heeres geworfen hatten, hielt sich zuerst nur unter den Bewohnern seiner Heimat: der Grafschaft Coutances. Es bedurfte erst der religiösen und kriegerischen Leidenschaft des ersten Kreuzzuges, um überall im Abendlande aus Roland den heldenhaftesten Ritter des französischen und sogar des christlichen Epos überhaupt zu machen und den Feldzug, in dem er fiel, in einen durch »Charles li reis nostre emperere magne« unternommenen gewaltigen Kampf gegen den Islam umzudichten.
Die wichtigsten Feldzüge Karls des Großen sind wegen der politischen Folgen seine Kriege gegen die Langobarden geworden. Hier zeigt Karls Verhalten, wie eng es mit dem seines Vaters zusammenhing: die Kriege Pippins des Kleinen und Karls gegen die Langobarden wurden durch das Bündnis mit dem Papsttum notwendig, und sie wurden nicht nur im Landesinteresse, sondern auch im persönlichen Interesse der beiden fränkischen Könige geführt. Pippin hatte freilich am Ende seiner Regierungszeit eine friedliche Übereinkunft mit den Langobarden angestrebt, und Karl heiratete deshalb die Tochter des Königs Desiderius; aber mit dieser Ehe ging es wie mit allen fürstlichen Ehen, die mit den Konzeptionen und Interessen der Politik nicht im Einklang stehen. Die dynastische Verbindung blieb ohne Nutzen: die Langobarden bedrohten Rom immer wieder, und Desiderius intrigierte mit dem Herzog der Bayern gegen seinen Schwiegersohn. Der Langobardenkönig schmiedete sogar mit der eigenen Schwägerin Karls Ränke. Karl verstieß daraufhin seine Gemahlin und zog im Jahre 773 über die Alpen. Er setzte schließlich die langobardische Dynastie ab und erklärte sich selbst zum König der Langobarden. Desiderius leistete in Pavia noch lange Widerstand und wurde schließlich in ein Kloster gebracht.
So führte der langobardische Staat, dessen Gründung ja die politische Einheit Italiens zerstört hatte, durch seinen Untergang zur Eroberung des Landes durch Fremde, denn Italien war künftig nur ein Anhang der fränkischen Monarchie. Es gelang Italien im neunten Jahrhundert, sich frei zu machen, doch war es nicht imstande, seine bald erfolgende Beherrschung durch Deutsche zu verhindern. Italien, das sich in der Antike die Länder nördlich der Alpen angegliedert hatte, wurde jetzt in einer vollkommenen geschichtlichen Umkehrung dem Norden eingegliedert, und dieses Schicksal war in gewissem Sinne nur eine Folge der politischen

Veränderungen, die das Schwergewicht des Abendlandes vom Mittelmeer nach Nordgallien verschoben hatten.
Trotzdem hat Rom – freilich das Rom der Päpste – über Italiens Schicksal entschieden. Hätte das Bündnis mit dem Papsttum die Franken nicht genötigt, das Königreich der Langobarden zu erobern, so wäre diese Eroberung sinnlos gewesen; denn ein spezifisches Interesse des Fränkischen Reiches an der Eroberung der Lombardei ist nicht ersichtlich. Der Einfluß der Kirche, die sich von der Vormundschaft des Byzantinischen Reiches frei gemacht hatte, zeigte sich nun zum ersten Mal in vollem Lichte. Der Staat konnte bei seinen politischen Aktionen die Kirche künftig nicht mehr entbehren, und zwischen beiden bildete sich eine Verbindung gegenseitiger Hilfe. Diese Verbindung verschmolz die staatlichen mit den kirchlichen Interessen so untrennbar, daß sich immer wieder religiöse Fragen mit weltlichen mischten. Das machte die Religion zu einem bedeutenden Faktor der Politik. Die Wiederherstellung des römischen Kaiserreiches im Jahre 800 gab dieser Entwicklung einen unveränderlichen Charakter und führte dazu, daß es auch in Zukunft so blieb.

2. *Das Kaiserreich*

Im Osten reichte die fränkische Monarchie nach ihren Eroberungen bis zur Elbe und Donau, im Süden bis zur Nordgrenze des Herzogtums Benevent und bis zum Ebro. So umschloß sie am Ende des achten Jahrhunderts in ihren Grenzen fast das gesamte christliche Abendland. Die kleinen angelsächsischen und spanischen Königreiche, die außerhalb der fränkischen Monarchie lagen, waren unbedeutende Mächte und erwiesen ihr außerdem eine Unterwürfigkeit, die praktisch auf die Anerkennung des Frankenreiches als einer Schutzmacht hinauslief. Die tatsächliche Macht Karls erstreckte sich auf alle Menschen und Länder, die im Papst den Stellvertreter Christi auf Erden und das Oberhaupt der Kirche erblickten. Außerhalb dieser Macht befanden sich nur noch die barbarische Welt der Heiden, die feindliche Welt des Islams und schließlich das alte Byzantinische Reich, das zwar christlich, aber von einer dogmatisch äußerst labilen Orthodoxie beherrscht war. Das Christentum der Byzantiner konzentrierte sich immer mehr um den Patriarchen von Konstantinopel und schaltete das Papsttum gänzlich aus. Der Herrscher der ausgedehnten fränkischen

Monarchie hingegen war Schutzherr der Kirche und ihr zugleich verpflichtet. Sein Glaube war fest, sein kirchlicher Eifer glühend. Bei der Macht des Frankenreiches lag es nahe, daß die Kirche auf den Gedanken kam, den günstigen Augenblick zu nutzen und das Römische Reich wiederherzustellen; aber diesmal erstrebte sie ein Imperium, dessen Monarch im Namen Gottes vom Papst gekrönt werden und seine Macht nur der Kirche verdanken sollte. Dieses Reich sollte alles tun, um die Sendung der Kirche zu unterstützen, und nicht von weltlichem Ursprung sein. Das neue Römische Reich sollte also den Menschen nichts verdanken und keinen Staat im eigentlichen Sinne bilden, es sollte mit der Gemeinschaft der Gläubigen verschmelzen und ihre weltliche Organisation sein, die von der geistigen Autorität des Nachfolgers des heiligen Petrus inspiriert und geleitet wird. Die Autorität des Papstes und die des Kaisers sollten zwar ganz verschieden voneinander bleiben, aber sie sollten doch so eng verbunden werden wie die Seele im Menschen mit seinem Leibe. So sollte sich nach der Wiederherstellung des Römischen Reiches der Wunsch des heiligen Augustinus erfüllen und der irdische Staat nur den Weg zum himmlischen vorbereiten. Diese Auffassung war großartig, aber rein kirchlich, und Karl scheint niemals die ganze Tragweite und alle Folgen einer solchen Konzeption begriffen zu haben. Sein einfacher und konkret denkender Geist konnte nicht verstehen, daß die ihm dabei zugeteilte Rolle viel mehr sein sollte als die eines Schützers der Päpste und der Religion. Trotzdem ist es möglich, daß Karl etwas davon ahnte; er zauderte vor dem entscheidenden Schritt, den er für die Kirche tun sollte, und erbat vom Papste Erklärungen. Der Papst, der selbstsicher handelte, machte jedoch allem Schwanken durch einen kühnen Schachzug ein Ende.

Am Ende der Weihnachtsmesse des Jahres 800 trat Papst Leo III. in der Laterankapelle auf den König der Franken zu, setzte ihm unter dem Jubel des Volkes die Krone auf und begrüßte ihn als Kaiser. Der Papst warf sich vor Karl nieder und bezeugte ihm nach byzantinischem Zeremoniell seine Verehrung. So wurde der entscheidende Schritt getan und das römische Imperium neu gegründet. Diesmal geschah es durch die Hand des Nachfolgers Petri.

Karl nahm das nicht ohne einige Verstimmung hin. Ihm mußte es merkwürdig erscheinen, von jemandem die Krone zu empfangen, den er als seinen Schützling ansah; denn Karl war nur nach Rom gekommen, um einen Aufstand zu beenden, und hatte noch einige Tage zuvor zwischen dem Papst und den Großen der Stadt richterlich entschieden. Karl ließ daher im Jahre 813 die Zeremonie der

Krönung, die ihn verletzt hatte, bei der Krönung seines Sohnes Ludwig ändern. Die Kaiserkrone wurde auf den Altar gelegt, und Karl setzte sie, wie Einhard berichtet, seinem Sohn und künftigen Mitherrscher ohne Vermittlung des Papstes auf das Haupt. Diese Veränderung geriet später in Vergessenheit. Sie änderte zudem nichts an dem Wesen des Kaisertums, das in jedem Fall eine Schöpfung der Kirche blieb. Das Reich blieb als Gebilde unabhängig von den herrschenden Monarchen und Dynastien und stand über ihnen. In Rom war dieses Kaisertum entstanden, und nur der Papst verfügte darüber.

Freilich verfügte der Papst über das Kaisertum nicht als Staatsoberhaupt von Rom, sondern als Nachfolger und Vertreter des heiligen Petrus. Er selbst leitete seine Autorität von dem Apostel ab, und im Namen des Apostels übertrug er auch Karl die kaiserliche Macht. Beider Autorität leitete sich also von der gleichen göttlichen Quelle her, und das Mosaik der Kirche San Giovanni in Laterano stellt denn auch Leo III. und Karl den Großen auf den Knien vor dem heiligen Petrus dar: der eine empfängt von dem Apostel die Schlüssel, der andere das Banner. Diese Darstellung symbolisiert das Wesen der päpstlichen und kaiserlichen Gewalt sehr klar, denn beide Gewalten hatten den gleichen Ursprung und unterschieden sich dennoch deutlich in der Ausübung.[11]

Die Praxis des Kaiserreiches sollte der Theorie entsprechen: die geistliche Gewalt sollte nicht in die weltliche eingreifen, die weltliche nicht in die geistliche; besser gesagt, unvermeidliche Übergriffe sollten nicht zu Konflikten führen; sie sollten das majestätische, auf diesen Gewalten errichtete Gebäude nicht erschüttern. Daher sollten die beiden Gewalten durch ein vollkommenes und sehr enges gegenseitiges Vertrauen miteinander verbunden und in Einklang gebracht werden. Wer aber sollte die Kompetenzen der einen Gewalt, welche die Seelen lenkt, und der anderen Gewalt, welche die Körper regiert, genau voneinander abgrenzen? Diese Abgrenzung war um so weniger möglich, als damals noch nicht einmal die Autorität des Papstes über die katholische Kirche genau festgelegt war. Der Kaiser ernannte die Bischöfe und berief Synoden ein. Auch über die Kirchenzucht und den Religionsunterricht stellte er Regeln auf. Karl der Große lebte mit der Kirche in Frieden, aber bei späteren Kaisern war dies anders. Wie sollte der Papst gegen Übergriffe der Kaiser gesichert werden? Wer sollte andererseits die Kaiser gegen Übergriffe der Päpste sichern? In dem wiederhergestellten Römischen Reich hatte ja nicht nur der Staat eine unlösliche Bindung an die Kirche erhalten, sondern war auch die Kirche ihrerseits eng mit dem Staate verbunden worden. Und was sollte geschehen, wenn ein Nachfolger des heiligen Petrus sich einmal in die weltliche Regierung einmischen und es für notwendig erachten würde, sie auf den rechten Weg zu weisen oder sie gar zu leiten?

Diese furchtbaren Fragen stellten sich erst später, und erst später wurde um sie gekämpft. Zunächst war die Wiederherstellung des Römischen Reiches für die religiöse wie für die weltliche Gesellschaft von unverkennbarem Nutzen. Dank dem Eifer und der Wachsamkeit Karls genoß die Kirche mehr Ruhe, Einfluß und Achtung als jemals seit Konstantin. Karl erstreckte seine Sorge auf die äußeren Bedürfnisse des Klerus, auf seinen sittlichen Zustand und auf sein Apostolat. Er überhäufte die Bistümer und Klöster mit Schenkungen und ließ sie durch »advocati« (Vögte), die von ihm selbst ernannt wurden, beschirmen. Karl erklärte die Abgabe des Kirchenzehnten im ganzen Reich für obligatorisch. Er sorgte dafür, daß an die Spitze der Diözesen nur fromme Männer von reinen Sitten gestellt wurden. Er förderte die Bekehrung der Slawen an der Grenze des Reiches und mahnte die Bischöfe, den Unterricht der Geistlichen zu verbessern; aber der Kaiser, der hierbei durch Alkuin unterstützt wurde, legte den kirchlichen und klösterlichen Schulen auch die Sorge für eine genaue Regelung des Kirchengesanges sowie eine Reform der Schrift als Pflicht auf. Diese Schrift ist der Ursprung des karolingischen Kleinbuchstabens (Minuskel), dessen Formen so rein und klar sind, daß die italienischen Drucker der Renaissance ihm die wesentlichen Züge der modernen Druckschrift entnehmen konnten. Das Studium der Bibel und der antiken Literatur kam unter Karl wieder zu Ehren, und auf den Schulen bildete sich eine Generation von Geistlichen, die für die Barbarei des merowingischen Lateins die gleiche Verachtung empfand, wie sie sieben Jahrhunderte später die Humanisten für die scholastische Sprache der *magistri nostri* hegten. Einige Geistliche der karolingischen Generation machten sich sogar mit den höchst komplizierten Rhythmen der lateinischen Metrik vertraut, so daß die heutigen Gelehrten eine Sammlung von Poesien des neunten Jahrhunderts zusammenstellen konnten, von denen manche anmutig und geschmackvoll sind. Es handelt sich hier aber um Verse aus den Mußestunden gelehrter Kleriker, deren Inspiration und Ziele religiös waren. Die sogenannte Karolingische Renaissance steht im Gegensatz zu der eigentlichen Renaissance. Zwischen den beiden Richtungen gibt es außer der Erneuerung der geistigen Tätigkeit nichts Gemeinsames. Die eigentliche Renaissance war rein weltlich und kehrt zum antiken Denken zurück, um sich davon durchdringen zu lassen. Die karolingische Geistigkeit war dagegen ausschließlich kirchlich und christlich; sie sieht in den antiken Schriftstellern nur Vorbilder für den Stil. Für die karolingischen Schriftsteller war das Wissen nur durch religiöse Zielsetzungen gerechtfertigt. Man sagte damals, daß die drei Finger, welche die Feder halten, das Symbol der heiligen Dreieinigkeit seien. Die karolingischen Geistlichen schrieben nur zum Ruhm Gottes, ebenso wie die Jesuiten es später im sechzehnten Jahrhundert taten. Man kann, ohne die Analogie zu übertreiben, die Stellung der karolingischen Geistlichen zur Antike tatsächlich mit derjenigen der Jesuiten vergleichen.

Karl begünstigte die gelehrten Studien aber nicht nur aus Sorge für die Kirche. Auch die Sorge für die Regierung des Reiches bildete ein Motiv für die Maßnahmen, die er zur Förderung der Wissenschaft traf. Seitdem der weltliche Unterricht verschwunden war, war der Staat gezwungen, die bedeutendsten Posten der höheren Verwaltung mit Geistlichen zu besetzen, da er sonst in Barbarei zurückgefallen wäre. Schon unter Pippin dem Kleinen hatte die Kanzlei der fränkischen Monarchie nur noch aus Geistlichen bestanden. Als Karl befahl, grammatischen Unterricht zu erteilen und die Schrift zu reformieren, dachte er sicher nicht nur an Meßbücher und Gesangbücher, sondern auch an die Urkunden, die im Namen des Kaisers ausgefertigt wurden, und an die Verordnungen (Kapitularien), die er verkünden ließ. Karls klarer Blick reichte aber noch weiter; denn man findet bei ihm ganz deutlich den Gedanken, den Unterricht auf die weltlichen Beamten auszudehnen und sie durch die Kirche ausbilden, das heißt sie auf deren Schulen unterrichten zu lassen. So wie die Merowinger ihre Verwaltung der römischen anzugliedern gesucht hatten, wollte Karl für die Bildung der Staatsbeamten so weit wie möglich die Methoden nachahmen, die die Kirche bei der Ausbildung ihrer Geistlichen anwandte. Zweifellos hegte Karl das Ideal, den Staat in der gleichen Art zu organisieren, wie die Kirche sich organisiert hatte. Er wollte den Staat also mit einem Stab gebildeter Menschen versehen, die gleichartig erzogen waren und sich untereinander sowie im Gespräch mit dem Herrscher der lateinischen Sprache bedienten. Diese Sprache sollte zwischen Pyrenäen und Elbe der Verwaltung dienen, ebenso wie sie auch der Religion diente. Karls praktischer Geist mußte die Unmöglichkeit erkennen, die Einheit der Verwaltung seines ungeheuren Reiches, in dem so viele Sprachen gesprochen wurden, durch ungebildete Beamte zu erhalten;

es durfte nicht vorkommen, daß ein solcher Beamter nur die Sprache seiner engeren Heimat kannte. Dieser Nachteil konnte freilich in einem nationalen Staat nicht entstehen, in dem die Volkssprache, wie bei den angelsächsischen kleinen Königreichen, auch zur Sprache des Staates werden konnte; aber bei der Vielfalt von Völkern des Reiches, über das Karl herrschte, mußte die Struktur des Staates die gleiche Universalität erhalten wie der Katholizismus. Sie mußte alle Untertanen umfassen, wie die Kirche alle Gläubigen umfaßte. Zudem empfahl das enge Bündnis zwischen Kirche und Staat das Lateinische als Sprache der weltlichen Verwaltung. Von jedem Gesichtspunkt aus ergab sich, daß ohne das Lateinische als Amtssprache damals keine auf die Schrift gegründete Verwaltung möglich war. Das von Karl beherrschte große Reich erforderte die Anwendung dieser Sprache. So kam es, daß das Lateinische während vieler Jahrhunderte zur Sprache der Politik, der Verwaltung und der Wissenschaft wurde.

Karl glückte es freilich nicht, gebildete und latinisierte Beamte, wie er sie seinen Nachfolgern vermachen wollte, heranzubilden. Diese Aufgabe war zu umfangreich und zu schwer; aber der Kaiser widmete ihr in rührender Weise seinen guten Willen und seine ernste Arbeit. Er selbst schonte sich nicht und versuchte im Mannesalter, schreiben zu lernen. Nichts zeigt vielleicht so deutlich die Energie und Beharrlichkeit dieses großen Mannes, wie die Darstellung Einhards, wonach Karl seine schlaflosen Nächte damit zubrachte, Buchstaben auf eine Tafel zu malen. An seinem Hof gab es eine kleine Akademie, in der Alkuin junge Leute heranbildete. Diese Jünglinge waren dazu bestimmt, später entweder in der Kirche als Bischöfe oder im Staat als Grafen, als Vögte der Bistümer und Klöster oder als *missi dominici* ihren Weg zu machen. Alle Kinder Karls erhielten den grammatischen und rhetorischen Unterricht, aus dem damals die höhere Bildung überhaupt bestand, und das hohe Beispiel fand in der Aristokratie gewiß oftmals Nachahmung.[12] Ein paar weltliche, der hohen Aristokratie angehörende Männer und Frauen wie der Geschichtsschreiber Nithard und Dhuoda von Septimanien, Verfasserin eines anmutigen erzieherischen Büchleins, schrieben während der Regierungszeit Ludwigs des Frommen und seiner Söhne Bücher in lateinischer Sprache; vereinzelte regionale Machthaber wie Herzog Eberhard von Friaul (der eine vergleichende Darstellung der einzelnen Themen des langobardischen Rechts anfertigen ließ) und Graf Robert von Namur hatten wenigstens Interesse für die Wissenschaft. Aus alledem ersieht man, daß nicht alle Bemühungen Karls des Großen um den Unterricht für die Laien fruchtlos waren. Der Versuch, den kirchlichen Unterricht auf die Erziehung der oberen Schichten auszudehnen, entsprang aber der Notwendigkeit, die Organisation des Karolingischen Reiches zu vervollkommnen, und endete, als diese Organisation verfiel.

Die Institutionen der Kirche haben Karl den Großen noch zu mancher anderen Reform angeregt. Seine Kapitularien, im Stil der Entscheidungen der Konzile und Synoden gehalten, enthielten und fixierten viele Reformversuche. Sie wollten Mißstände verbessern und strebten auf allen Gebieten des zivilen Lebens und der Verwaltung Vervollkommnung oder Reformen an. Karl ersetzte in seinem Hofgericht den primitiven und formalistischen Gang des germanischen Rechts durch die Untersuchungsmethode, die er dem Verfahren der kirchlichen Gerichte entnahm. Ferner ordnete Karl die Kontrolle der Verwaltung durch Ernennung der *missi dominici* an: reisender Kommissare, die das Verhalten der Beamten überwachen sollten. Auch diese Reform hat Karl wohl einer kirchlichen Praxis entnommen und den Bedürfnissen des Staates angepaßt.

Das Streben nach Verbesserungen und Reformen ist charakteristisch für die Gesetzgebung Karls. Dieses Streben ist aber nur die Fortsetzung oder vielmehr die Weiterentwicklung von Tendenzen, die man schon bei Pippin dem Kleinen findet. Schon Pippin hatte versucht, dem Chaos abzuhelfen, das ganz allmählich im Geldwesen entstanden war, und Karl der Große vollendete das Werk, das sein Vater begonnen hatte. Er gab die Prägung von Goldmünzen auf. Das Gold war in Westeuropa zu selten geworden, um den Prägestätten das Material für ihre Arbeit zu liefern. Seitdem gab es faktisch nur noch Silbermünzen. Das Verhältnis, das Karl zwischen den Münzen festsetzte, blieb in Europa bis zur Annahme des metrischen Systems bestehen und lebt in England noch heute fort. Die Einheit ist hierbei das Pfund, das in zwanzig »Solidi« von je zwölf Denaren eingeteilt ist. Nur die Denare waren wirkliche Münzen. Der (kaum mehr geprägte) Solidus und das Pfund waren dagegen bloße Rechnungseinheiten. Anders wurde es erst mit den großen Reformen des Geldwesens im dreizehnten Jahrhundert.

Natürlich ist es ganz unmöglich, an dieser Stelle von dem Inhalt der Kapitularien Karls des Großen auch nur eine annähernde Vorstellung zu geben. Sie waren zum größten Teil programmatisch und erhielten nur wenige wirksame Reformen. Es wäre ganz irrig, zu glauben, daß die zahllosen Entscheidungen dieser Kapitularien hätten verwirklicht werden können; selbst diejenigen, welche verwirklicht wurden, wie beispielsweise die Einrichtung der Schöffengerichte, sind keineswegs in allen Teilen des Reiches durchgeführt worden. Die Kapitularien bleiben zwar das schönste Wahrzeichen der Karolingerzeit; aber es ist unverkennbar, daß die Kräfte dieser Monarchie den hohen Zielen, die sie sich gesetzt hatte, nicht entsprachen. Die Beamten der Monarchie waren ungenügend vorgebildet und fanden in der lokalen Macht der Aristokratie eine Grenze, die weder überschritten noch beseitigt werden konnte. Die Verwirklichung des politisch-religiösen Ideals des Karolingers hätte eine Autorität und Mittel erfordert, die bei der sozialen und wirtschaftlichen Struktur jener Zeit für die Monarchie Karls nicht zu erlangen waren.

Viertes Kapitel

DIE WIRTSCHAFTLICHE UND SOZIALE STRUKTUR

1. Das Verschwinden der Städte und des Handels

Vom sozialen Gesichtspunkt aus ist das bedeutendste Phänomen, das in die Zeit zwischen den arabischen Eroberungen und der Herrschaft der Karolinger fiel, die schnelle Verminderung und nachher das fast völlige Verschwinden der städtischen Bevölkerung. Im Römischen Reich hatten von Anfang an die Städte die Grundlage des Staates gebildet, und die politische Struktur war im wesentlichen städtisch. Das Land war nur das Außengebiet der Stadt, existierte nicht unabhängig von ihr; es produzierte nur für die Stadt und wurde von ihr regiert. Überall, wo der römische Staat herrschte, hatte er Städte gegründet und aus ihnen Verwaltungszentren gemacht. Im römischen Kaiserreich waren die Distrikte so eng mit den Städten, von denen sie abhingen, verbunden, daß Distrikt und Stadt durch das gleiche Wort *civitas* bezeichnet wurden. Diese Verbindung blieb im Byzantinischen Reich noch bis zu seinem Ende bestehen.

Die soziale und verwaltungsmäßige Struktur verlor nun ihren, dem städtischen Charakter des römischen Staates entsprechenden Charakter: ein Phänomen, das in Westeuropa ganz neu und sehr merkwürdig war. Das Ende des städtischen Typus im frühen Mittelalter ergab sich, zumindest für die Verwaltung, daraus, daß die Eroberer des Römischen Reiches außerstande waren, dessen Institutionen in der alten Form weiterfunktionieren zu lassen; denn nur die Institutionen des römischen Staates hatten in den durch Barbaren eroberten Provinzen – in Gallien, Spanien, Italien, Afrika und Britannien – einst die Existenz der Städte gesichert. Allerdings trieben einige Städte an den Küsten des Mittelmeeres auch noch nach den Völkerwanderungen einen mehr oder weniger bedeutenden Seehandel, beispielsweise war dies in Marseille, Narbonne, Neapel und Cartagena der Fall. Daher gab es auch in beinahe allen Städten im Innern des Landes noch einen regelmäßigen Handel, und die Mehrzahl der Bevölkerung setzte sich aus Handwerkern und Ladenbesitzern zusammen. Aber keine dieser Städte war mit den großen Häfen und gewerblichen Zentren des

Ostens, wie Alexandria, Konstantinopel und Antiochia zu vergleichen. Die Städte in Westeuropa hielten sich viel weniger durch eigene Kräfte als durch die allgemeine politische und wirtschaftliche Struktur der römischen Welt. Ihre Bedeutung bestand seit der Antike in der Stellung, die sie im Staat einnahmen: in ihrer Eigenschaft als Verwaltungszentren, in der Anwesenheit zahlreicher Beamter und in den Beziehungen, welche die Bevölkerung der betreffenden Regionen notwendig zu ihnen unterhielt. Man kann also sagen, daß die abendländischen Städte in römischer Zeit in ihrer Stellung den modernen Städten ähnelten, die ja vorwiegend als Residenz eines fürstlichen Hofes oder als Sitz einer bedeutenden Staatsinstitution emporgestiegen sind. Rom selbst unterschied sich von den provinzialen Städten nur durch den Glanz und die Bedeutung, die es der Anwesenheit des Kaisers und der zentralen Regierung verdankte. Die Geschichte des Verfalls der Stadt Rom, seitdem Konstantin der Große sie ihres Ranges und der Vorteile als Hauptstadt der Welt beraubt hatte, wiederholte sich in kleinerem Maßstabe später in allen Städten des Westens. Dies geschah in der Form, daß die Beamten während der Wirren der Völkerwanderung und später unter germanischer Herrschaft die Städte verließen, die Ämter, Gerichte und Schulen sich schlossen und die Post nicht mehr funktionierte; durch die Apathie und Unfähigkeit der Verwaltung verfielen die Brücken und Wasserleitungen, die öffentliche Ordnung und die Zufuhr von Nahrungsmitteln hörten auf.

Der Seehandel in den Küstenstädten hielt sich noch bis zu den Eroberungen der Araber, und das nützte auch dem Nachbargebiet dieser Zentren. Freilich hatte dieser Handel seinen Hauptmarkt für den Export verloren, als das verarmte und entvölkerte Rom das Getreide der Provinz nicht mehr abnehmen konnte. Trotzdem hatten jüdische und syrische Kaufleute bis zur Mitte des siebten Jahrhunderts noch fleißig die westlichen Häfen am Mittelmeer besucht. In Clermont-Ferrand bestand zur Zeit des Gregor von Tours eine ansehnliche jüdische Kolonie. Der Papyrus der merowingischen Kanzlei kam aus Sizilien, und daran kann man erkennen, daß die Schiffahrt noch stets Konsumgüter lieferte. Diese Beziehung zu Byzanz hörte aber auf, als die feindliche Macht des Islams es den christlichen Kaufleuten zunächst unmöglich machte, sich in Gebiete zu wagen, die jenseits der griechischen Gewässer und jenseits Süditaliens lagen. Seitdem regte das Meer die westeuropäischen Länder nicht mehr zu wirtschaftlicher Aktivität an. Man sah nur noch mit Schrecken, wie die Segel der Feinde am Horizont des Meeres auftauchten. Während das Mittelmeer in den

Händen der Moslems war, wurde die Nordsee nur noch von skandinavischen Schiffen, den Schiffen der Normannen, durchkreuzt.

Das Karolingerreich war im Süden, Norden und Westen vom Meer umspült, aber es entfaltete nicht mehr die geringste Aktivität zur See. Seine einzigen Häfen, Quentovic (in der Nähe von Etaples) an der Mündung der Canche und Duurstede[13] am Rhein (nahe der heutigen Stadt Wijk bij Duurstede in Holland), behielten sie bis zum neunten Jahrhundert noch eine gewisse Handelsregsamkeit. Dann wurden sie von den Normannen verwüstet und gerieten in völligen Verfall. Vom achten Jahrhundert ab lebte Westeuropa dreihundert Jahre hindurch von allen überseeischen Ländern getrennt.

Daraus aber mußte sich ein fast vollkommener Stillstand des Handels ergeben; auch das Gewerbe verschwand fast ganz, wenn man von einigen lokalen Erscheinungen wie der in Flandern noch aufrechterhaltenen Tuchweberei absieht. Der Umlauf von Geld wurde äußerst schwach.

Seitdem verfielen in den fast entvölkerten Städten die verlassenen Viertel und dienten den wenigen Einwohnern, die sich auf einen Winkel des früheren Stadtinnern beschränkten und dort hausten, als Steinbrüche. Diese Bewohner benutzten das Material, das ihnen die verlassenen Gebäude lieferten. In Nîmes dienten die Mauern des früheren römischen Zirkus als Schutzwälle für den Marktflecken, der sich inmitten der Ruinen einnistete. In Trier richtete man ein Fenster des früheren kaiserlichen Palastes, so gut es ging, für die Verteidigung her und machte aus ihm eines der Stadttore. Auch die dortige *Porta nigra*, deren steinerne Blöcke zu schwer für den Transport waren, wurde beraubt; sie mußte dem örtlichen Schmied die eisernen Klammern liefern, mit denen ihre Blöcke verbunden waren. Obwohl der Verfall in Italien nicht so tief war, war er auch dort traurig. Inmitten der Aurelianischen Mauer, die das, was an bewohnten Vierteln von Rom noch übriggeblieben war, in ungeheurem Kreise umgab, lag die Ewige Stadt wie verloren da. Papst Leo IV. mußte im Jahre 848 die bewohnten Teile am linken Ufer des Tiber einfriedigen lassen, um die Stadt gegen einen Handstreich zu schützen; so entstand die sogenannte »Leoninische Stadt«. Der Papst verwandelte dabei das Grab des Kaisers Hadrian in eine Festung: die Engelsburg.

In Gallien erlosch das städtische Leben so völlig, daß die Herrscher nicht mehr in den Städten residierten; denn der vollkommene Mangel eines Handelsverkehrs ermöglichte es ihnen nicht mehr, dort genügend Lebensmittel zum Unterhalt ihres Hofes zu finden. Sie verbrachten das Jahr auf ihren Domänen und zogen von einer zur anderen, je nachdem sie die Speicher und Scheuern geleert hatten. Ebenso wie die Herrscher lebten auch die Beamten auf dem Lande. Sie lebten entweder auf ihren eigenen Gütern oder auf denen von Menschen, die ihnen unterstellt waren, und von denen sie Gewährung des Unterhaltes für die betreffende Zeit erzwangen. In einer merkwürdigen Rückbildung der Verhältnisse verlor die Verwaltung mit dem städtischen Charakter auch die Seßhaftigkeit und erhielt dadurch einen nomadenhaften Zug.

Obwohl die Städte weithin entvölkert und wirtschaftlich zugrunde gerichtet waren, verloren sie dennoch nicht jede Bedeutung; sie blieben noch Mittelpunkte der religiösen Organisation, nachdem die bürgerliche Verwaltung sie verlassen hatte. Die Bischofssitze waren im römischen Kaiserreich in die wichtigsten Distriktsorte gelegt worden und blieben dort. Die starke römische Willenskraft der Kirche erhob sich von neuem – inmitten der Trümmer des Staates. So erhielt sich in der Gesellschaft, die nun ganz ländlich geworden war, dank der Kirche ein Rest von dem städtischen Charakter des antiken Staates. Nur durch die Kirche verschwanden die Städte nicht gänzlich; aber der Tag war noch fern, da sie zu Ausgangspunkten eines neuen Bürgertums werden sollten.

Ebenso wie der Papst es übernahm, die Bewohner Roms zu schützen, nachdem die Kaiser die Ewige Stadt verlassen hatten, erstreckte der Bischof in jeder Stadt seine Autorität auf die kleine Zahl der Einwohner, die sich um das Gebäude der Kirche gruppierten und für die äußersten Bedürfnisse der Geistlichen sorgten. So wurde durch das religiöse Leben und seine kirchlichen Organisationen inmitten der antiken Städte eine kleine Zahl von Laien unterhalten, die das Handwerk und die Technik der Römer, so gut es ging, weiter ausübten; doch dieses Bürgertum hatte weder in seiner Mentalität noch in seinen Verwaltungsformen etwas mit der städtischen Bevölkerung der Antike gemeinsam.

2. *Die großen Domänen*

Das Verschwinden der Städte veränderte die ganze Struktur der Wirtschaft in den ländlichen Gebieten. Die Agrarprodukte, die früher auf den städtischen Märkten abgesetzt wurden, verloren allmählich ihre Käufer. Die soziale Teilung der Arbeit stellt in

jeder fortgeschrittenen Gesellschaft zwischen den Städten und dem Lande die Beziehungen gegenseitiger Produktion und Konsumtion her. Dies aber hörte nun auf. Die ländliche Bevölkerung produzierte künftig nur noch für ihre eigenen Bedürfnisse. Da die Nation nun ausschließlich aus der ländlichen Bevölkerung bestand, kann man sie zugleich als den Produzenten und Konsumenten der Bodenschätze ansehen. Jetzt gab es nur noch eine Art des Reichtums: den Reichtum an Grundbesitz. Nur eine Art von Arbeitern bestand noch: die Bebauer des Landes. Die einzigen wirtschaftlichen Beziehungen zwischen den Menschen beruhten auf ihrer Eigenschaft als Eigentümer oder als zinspflichtige Leute.
Man kann sich von der landwirtschaftlichen Krise, die durch die Beschränkung und später durch den völligen Wegfall der Städte als Märkte notwendig entstanden sein muß, mangels schriftlicher Quellen keine genaue Vorstellung machen. Wahrscheinlich ruinierte diese Krise die kleinen Eigentümer, die noch übrig waren. Die Krise hatte hinsichtlich der großen Domänen sicherlich zur Folge, daß sie an Größe zunahmen und daß sich ihre Struktur und Verwaltung veränderte. Die Größe der Domänen wuchs, denn der kleine Bauer war seiner städtischen Märkte und also seiner Einkünfte nun beraubt; er war also gezwungen, sich der nächsten Domäne anzuschließen und ihrem Herrn sein Land abzutreten, wofür ihm selbst die Nutzung dieses Landes als Pächter verblieb. Die Domänen änderten durch die Krise, die mit dem Verschwinden der Städte eintrat, ihre Organisation, denn die Domäne mußte sich einer Wirtschaftslage anpassen, in der es eine Produktion für den Verkauf nicht mehr gab. Diese Umwandlung der Domänen begann im fünften Jahrhundert und war gegen Ende des achten Jahrhunderts vollendet. Die große Domäne aus der Zeit der Karolinger, wie sie im Pfründenregister des Abtes Irminon und im *»Capitulare de villis«* deutlich dargestellt wird, ist das Ergebnis dieser Veränderung.
Ihr Vorbild war die große kirchliche Domäne; denn diese war besser organisiert, weil die Männer der Kirche die Fähigkeit des Schreibens stets behalten hatten. Sicherlich waren die kirchlichen Domänen jenseits des Rheines die ersten Vorbilder der Organisation von Domänen überhaupt.
Die Domäne war ein ganz neues wirtschaftliches Phänomen. Das griechisch-römische Altertum kannte nichts Ähnliches. Allerdings steht die Domäne in unmittelbarer geschichtlicher Verbindung mit dem großen Grundbesitz aus den letzten Zeiten des römischen Kaiserreiches, denn sie enthielt wesentliche Züge der römischen

villa, deren Namen sie trug, und das Prinzip des Kolonates beherrschte die rechtliche Stellung des Pächters in überwiegendem Maße. Trotzdem ist das Prinzip und die Praxis der Domäne etwas völlig Neues. Man kann das Wesen der Domäne durch den Hinweis darauf charakterisieren, daß ihrer Struktur der Gedanke des Profites fremd ist. Das wird sogleich deutlich, wenn man bedenkt, daß die Domäne die Produktion nicht unter dem Gesichtspunkt der Ausfuhr und des Verkaufes außerhalb ihres Gebietes regeln konnte und sie daher unter dem Gesichtspunkt der Verteilung und der Konsumtion innerhalb ihres eigenen Gebietes organisierte. Ihr Ziel und Zweck bestand darin, sich selbst zu genügen und sich aus eigenen Mitteln und Hilfsquellen zu erhalten, ohne etwas zu verkaufen und ohne etwas zu kaufen. Gewöhnlich bezeichnet man dies als »geschlossene Wirtschaft«, aber besser würde man von einer »Wirtschaft ohne echte Absatzmärkte« sprechen.

Dieser Mangel an echten Absatzmärkten führte nämlich dazu, daß sich die Domäne ihrem ganzen Charakter nach auf sich selbst zurückzog. Viele bedeutende Folgen für die Wirtschaft des Mittelalters bis zum zwölften Jahrhundert ergaben sich daraus, und diese Wirtschaft begann in Wahrheit erst mit den Auswirkungen des Domänenprinzips. Die Produktion ging selbstverständlich zurück. Es wurde ja überflüssig, den Bodenertrag höher zu steigern als bis zu dem Grade, den die Bedürfnisse des Bebauers erforderten. Ein Überschuß über diese Bedürfnisse hinaus war nicht zu verkaufen und hätte also weder das Leben dessen, der den Boden bearbeitete, verbessert noch auch die Einkünfte aus dem Eigentum am Grundstück vermehrt. So begnügte man sich mit einem Minimum von Pflege und Mühe, und allmählich geriet die Wissenschaft vom Landbau in Vergessenheit. Dies alles endete erst in einer Zeit, in der die Möglichkeit, eine Ernte zu verkaufen, die Besitzer des Bodens wieder zur Anwendung vollkommenerer und daher gewinnbringender Methoden anregen konnte. Erst dann hielt man den Boden wieder für einen wirtschaftlichen Wert und nicht mehr für ein bloßes Mittel zum Lebensunterhalt.

Ein anderes Kennzeichen der Domänenwirtschaft besteht darin, daß die Geldzahlungen fast völlig durch Naturalzahlungen ersetzt wurden. Das war eine natürliche und unausbleibliche Folge der Tatsache, daß die Erzeugnisse der Domäne nicht außerhalb ihrer selbst verkauft wurden. Der Eigentümer, dessen Lebensunterhalt von seiner Domäne abhing, setzte die Teilquote, die jede Pacht ihm gleichsam als Unterhaltsrente liefern mußte, in Naturalprodukten und zuweilen sogar in (von seinen Bauern verfertigten)

Handwerksprodukten fest. Zu bestimmten Zeiten mußten ihm seine Pächter also, gemäß einer unveränderlichen Verteilung, bestimmte Mengen von Korn, Eiern, Käse, Rauchfleisch und Ellen Tuches abliefern. Man würde sich jedoch sehr irren, wenn man in diesem Zustand eine Rückkehr zu Epochen sähe, die vor der Erfindung des Geldes lagen, und der übliche Ausdruck »Naturalwirtschaft« kennzeichnet das Wesen dieser Wirtschaft sehr schlecht; denn das Geld blieb auch in jener Zeit ein Tauschmittel und der Maßstab des Wertes. Vom neunten bis zum zwölften Jahrhundert hat sicher kein einziges Naturprodukt das Geld ersetzt und dessen Funktionen erfüllt. Man kann nur sagen, daß innerhalb der Domäne durch die Lieferung von Lebensmitteln eine Praxis notwendig geworden war, die den Gebrauch von Geld ausschloß; doch außerhalb der Domäne behielt das Geld seine Rechte. Die wenigen Lebensmittel, Eier und Geflügel, die von den Bauern wöchentlich zu den (für keine Gesellschaft ganz entbehrlichen) kleinen lokalen Märkten gebracht wurden, wurden mit Denar und Obolus in barer Münze bezahlt.

Die Leistung jedes Pächters war, wie man nicht vergessen darf, unveränderlich festgesetzt, und er genoß, solange er diese Leistung erbrachte, ein vererbliches Recht auf den Boden, den er bearbeitete. Auch dies war das zwangsläufige Ergebnis einer Wirtschaftsverfassung, welcher der Gedanke an Profit fremd blieb. Dem Grundherrn kam es auf die jährliche Regelmäßigkeit seines Unterhaltes an, und das beste Mittel, diese zu garantieren, bestand darin, dem Unterhalt die Form einer permanenten Abgabe zu geben. Zwischen dem Herrn der Domäne und seinen Leuten bestand keine Beziehung, die mit der Unterordnung des Arbeiters unter einen Kapitalisten vergleichbar wäre. Die Domäne beutete nichts aus: weder den Boden noch die Menschen. Sie war eine Institution der Gesellschaft, aber keine wirtschaftliche Unternehmung. Die Verpflichtungen auf der Domäne entstanden nicht durch persönliche Verträge, sondern beruhten auf dinglichen Rechten und Traditionen. Jede Domäne hatte ihr eigenes Recht, das durch seine traditionelle Übung eingebürgert war. Der Herr war zugleich weniger und mehr als ein Grundbesitzer im römischen oder im heutigen Sinne: er war weniger, weil sein Eigentum durch die vererblichen Rechte seiner Pächter an dem gepachteten Boden beschränkt war, und er war mehr, weil der Grundbesitzer eine viel größere persönliche Macht über seine Pächter besaß als ein römischer oder moderner Landeigentümer.

Tatsächlich war der Eigentümer der Domäne der Herr über die

Pächter, sie waren seine Leute. Viele dieser Pächter stammten von freigelassenen Sklaven ab und bildeten einen Teil seines Vermögens. Andere wiederum waren als Abkömmlinge von Kolonen der Scholle zugehörig. Wieder andere Leute hatten sich freiwillig in die Abhängigkeit des Herrn der Domäne begeben und wurden von ihm dafür geschützt. Er übte über alle eine patriarchalische Autorität aus und erlangte auch die Rechtsprechungsgewalt über sie. Durch die vertraute Schar seiner Pächter war der Grundherr mächtig, denn in jener Zeit war die Bevölkerung zahlenmäßig klein, und die Menschen waren weit wichtiger als das Land. Land war in jener Zeit im Überfluß vorhanden, aber die Menschen waren selten, und das Wichtigste war, die Menschen zu behalten, die man besaß. Der Herr besaß denn auch das Recht, seine unfreien Leute mit Gewalt zurückzuholen, wenn sie sich ohne seinen Willen von der Domäne entfernt hatten. Sie konnten auch ohne Zustimmung ihres Herrn keine Frau heiraten, die außerhalb der Domänengemeinschaft stand. Die Gebundenheit an die Scholle, anfangs nur auf die Abkömmlinge von Sklaven und Kolonen beschränkt, wurde allmählich auch auf die freien Menschen ausgedehnt, die unter der Autorität des Grundherrn standen. Die allmähliche Ausbreitung der Hörigkeit auf die ganze Landbevölkerung ist das bemerkenswerteste Phänomen im sozialen Leben des neunten Jahrhunderts und der darauf folgenden zweihundert Jahre. Im allgemeinen war der Bauer jener Zeit unfrei. Dies ging so weit, daß in den Urkunden die Bezeichnungen des Bauern *(rusticus, villanus)* und die des Hörigen *(servus)* die gleiche Bedeutung erhielten.

Man darf jedoch nicht glauben, daß diese Unfreiheit den Menschen, die von ihr betroffen waren, drückend erschienen wäre. Dieser Status war seinem ganzen Charakter und seiner Gestaltung nach ihnen als Erbpächtern und Leuten, die durch einen Mächtigen geschützt wurden, besser angepaßt; daher betrachteten die Menschen ihre Unfreiheit als natürlich und unterwarfen sich ihr spontan. Die Struktur und Verfassung der Domänen brachte die Unfreiheit der Leute, die zu ihnen gehörten, geradezu mit sich. Dieser Status war überhaupt nur die unvermeidliche rechtliche Konsequenz aus der Struktur der Domänen. Welchen Wert hätte die Freiheit für die Leute auf den Domänen auch haben können? Ihr Unterhalt war schließlich nur durch den Wohnsitz gesichert, den sie auf der Domäne unter der Gerichtsbarkeit ihres Herrn hatten. Ihre persönliche Sicherheit hing von dem Grad ab, in dem sie der Domäne eingegliedert waren.

Der kirchliche und weltliche Großgrundbesitz in den ersten Jahrhunderten des Mittelalters (vor dem dreizehnten Jahrhundert) hat nichts mit einer Bodennutzung im großen Stil zu tun. Schon am Ende des römischen Kaiserreiches waren die mit Sklaven arbeitenden Latifundien verschwunden, und wahrscheinlich wandten sich die Grundeigentümer schon damals von der großen Landwirtschaft ab und teilten ihr Land in kleinere Pachtstellen ein. Natürlich hat das völlige Ende des Handels mit Landwirtschaftsprodukten diese Tendenz begünstigt: die große Domäne aus der Zeit der Karolinger und in den folgenden Jahrhunderten zeigt uns den beinahe vollständigen Sieg des Domänenprinzips. Die Domäne wurde in zwei Teile von erheblicher Ungleichheit geteilt: das Land des Herrn *(terra indominicata)* und das Land der Hufen *(terra mansionaria).* Das Land des Herrn war viel kleiner als das Land der Hufen und wurde unmittelbar seitens der Leute des Grundherrn und nur zu seinem Nutzen bearbeitet. Dort wurde die Arbeit durch die Knechte, die keine Pächter waren und daher modernen Landarbeitern ähneln, oder durch Pächter verrichtet, die Frondienste zu leisten hatten. Diesen Pächtern selbst war wiederum das Land der Hufen vorbehalten. Es war in Einheiten zur Nutzung geteilt. Der Umfang dieser Einheiten hing von der Qualität des Bodens ab; aber jede genügte, um eine Familie zu erhalten. Diese Einheiten waren die Hufen *(mansa).* Der Besitz seitens des Pächters war erblich, und dafür erwuchs ihm die Pflicht, für den Herrn Naturalleistungen zu erbringen (Produktenlieferung) oder Arbeit zu verrichten. Das Ganze bildete eine *villa.* Der Mittelpunkt der *villa* war der Hof des Herrn *(cour seigneuriale, curtis),* in welchem der Beamte des Herrn als Meier *(maire, maior, villicus)* residierte, um die Leute *(villani)* zu beaufsichtigen und die Jurisdiktion namens des Grundherrn über sie auszuüben. Der Hof, der von einem Graben und von Pfahlwerk umgeben war, diente als Wohnung des Herrn, sobald er auf seinem Grundstück residierte; dort gab es auch Speicher und Scheuern, in denen die Ernten und die anderen Einkünfte bewahrt wurden. Da tagte auch das Gericht der Domäne. Es wurde von einigen Pächtern gebildet und von dem Meier oder von dem Herrn selbst geleitet. Eine Kapelle, die von dem Grundherrn erbaut wurde, und deren Geistlicher von ihm ernannt wird, findet man zuweilen schon im neunten Jahrhundert auf den Domänen, und in den folgenden Jahrhunderten werden die Kapellen, die für den Gottesdienst auf den Domänen sorgen, immer häufiger. Viele ländliche Parochien haben ihren Ursprung in diesen Kapellen der Domänen, und viele

Grundherren hielten an dem Recht fest, den Pfarrer vorzuschlagen, der berufen werden soll. Dieses Recht bestand noch bis zur Französischen Revolution, und in einigen Ländern, die durch sie wenig beeinflußt wurden, erhielten sich Spuren davon bis in unsere Zeit. Die Wälder, Wiesen und Sümpfe, die um das bebaubare Land der Domäne lagen, dienten der Nutzung des Herrn und seiner Bauern je nach dem Anteil, den sie am bebauten Boden hatten. Wenn ein Wasserlauf das unbebaute Land durchquerte, baute der Grundherr nicht selten zu seinem und seiner Leute Nutzen eine Mühle. Ein Teil des Mehles von jedem Sack, das vom Müller gemahlen wurde, stand ihm dann als Entgelt zu. In solchen Beziehungen liegt der Ausgangspunkt des Rechtes der Bannmühlen, das bis zur Französischen Revolution bestand.
Trotz aller regionalen Verschiedenheiten findet man die wesentlichen Züge des eben beschriebenen Systems sowohl bei dem kirchlichen als auch bei dem weltlichen Grundeigentum. Dieses System hat die Gesellschaft so tief beeinflußt, daß die geographischen Bezeichnungen und die Bezeichnungen der Personennamen noch in deutlichen Spuren daran erinnern. Man denke an die Orte, die in Frankreich mit *ville* oder mit *court* enden. Man denke ferner an die Orte, die in den germanischen Sprachen mit *hof* enden oder an die Häufigkeit von Familiennamen wie Lemaire, Mayer, Meyer, Le Mayeur und so weiter.
Eine große Domäne setzte sich meist aus mehreren *villae* zusammen. So hatte die Domäne der Abtei St. Germain des Prés zur Zeit Karls des Großen eine ganze Reihe von solchen *villae;* sie verteilten sich über ein weites Gebiet, das von der Bretagne bis zur Mosel reichte. Fast alle Klöster der nördlich gelegenen Gebiete suchten in den weinbauenden Ländern am Rhein, an der Mosel oder an der Seine eine *villa* zu erwerben, die ihnen den im Handel nicht mehr erhältlichen Wein liefern konnte.[14]
Diese Zusammensetzung kennzeichnet deutlich die ländliche Wirtschaft ohne echte Absatzmärkte, wie sie in der Domäne während der ersten Zeit des Mittelalters ihren Ausdruck fand. Hier liegt es ähnlich wie später bei den Handwerkerzünften, die für die gewerbliche Wirtschaft der mittelalterlichen Städte charakteristisch sind; denn trotz der bedeutenden Unterschiede, die sich aus der Natur dieser beiden Wirtschaftsformen ergeben, ähneln sie einander doch in einem Punkte: beide beruhten auf kleiner Wirtschaftsnutzung und hatten das Ergebnis, den kleinen Landmann und den kleinen Handwerker Jahrhunderte hindurch zu erhalten. Es erscheint paradox und ist doch die Wahrheit, daß das große Grund-

eigentum den Bauernstand zu erhalten hat. In einer Zeit, da der Staat ohnmächtig war, und der Boden nur für die Bedürfnisse der Menschen reichte, gab die Hörigkeit den Bauern Schutz und sicherte ihnen den Besitz eines Teiles des Bodens. Da die Domäne nicht unter dem Gesichtspunkt des Nutzens organisiert war, legte sie den Bauern nur geringe Abgaben auf und gewährte ihnen dafür ansehnliche Vorteile. Da sie dem Vermögen des Grundherrn zugehörten, war er an ihrer Erhaltung interessiert. Er verteidigte sie im Kriege und unterhielt sie während der Hungersnöte aus seinen eigenen Vorräten. Krieg und Hunger waren tatsächlich die beiden Geißeln, von denen die Bauern in fortwährendem Wechsel geschlagen wurden. Der Krieg entsprang der zunehmenden Schwäche des damaligen Staates, die Hungersnöte aber ergaben sich unvermeidlich aus der Stockung des Handels. Jede Mißernte war in einer Zeit, da ein Land einen Mangel an Nahrungsmitteln nicht durch Überschüsse eines benachbarten Landes ausgleichen konnte, ein unheilbares Unglück. Die Wirtschaftsgeschichte Europas vom neunten bis zwölften Jahrhundert ist ein sehr charakteristisches Beispiel für eine Epoche voller Ernährungskrisen. Sie traten mit der Regelmäßigkeit eines Naturereignisses im Abstand weniger Jahre immer wieder auf.

Die Hungersnöte waren damals zwar viel zahlreicher als in späteren Jahrhunderten, aber weniger grausam. Das erklärt sich sowohl aus dem Fehlen einer städtischen Bevölkerung als auch aus der sehr kleinen Zahl der Landbevölkerung. Die Domänenwirtschaft, deren Struktur wir oben beschrieben haben, konnte bei ihrer schwachen Produktion und einem fast ganz aus hörigen Zinsleuten bestehenden Bauernstande nur eine sehr beschränkte Anzahl Menschen ernähren. Zweifellos gab es auch landlose Leute: »Arme«, wie die Texte sich ausdrücken; sie waren Menschen, die nicht seßhaft waren, sich von Kloster zu Kloster durchbettelten und sich den Bauern zur Zeit der Ernte verdingten. Aber diese Leute, die in einer auf Grundbesitz beruhenden Gesellschaft im Elend lebten, bildeten weder eine Last noch eine Gefahr, und daraus läßt sich schließen, daß es nur wenige waren.

Man muß freilich auf eine genaue Beurteilung der Bevölkerungsdichte in jener Zeit verzichten, da die Grundlage für eine solche Schätzung fehlt.

Alles, was man darüber sagen kann, besteht darin, daß die Bevölkerung im Karolingerreiche zahlenmäßig sehr schwach war; die Bevölkerungsziffer war dadurch, daß die Städte verödeten und menschenleer wurden, sicher tiefer gesunken als je zuvor. Die

Anzahl der Menschen scheint bis zum Beginn des elften Jahrhunderts fast unverändert geblieben zu sein. Der Zuwachs füllte nur die Lücken, die durch Hungersnöte, Kriege, innere Wirren und andere Katastrophen entstanden; denn Katastrophen jeder Art brachen seit der Mitte des neunten Jahrhunderts unaufhörlich über die westliche Welt herein.

Drittes Buch

DER FEUDALISMUS IN EUROPA

Erstes Kapitel

DIE AUFLÖSUNG DES REICHES

1. Die inneren Ursachen

Der Ruhm Karls des Großen darf uns nicht dazu verleiten, sein politisches Werk für einen festen Bau zu halten. Tatsächlich war das Kaiserreich höchst gebrechlich. Die Schwäche Ludwigs des Frommen, die Streitigkeiten zwischen seinen Söhnen, die Einfälle der Normannen, Slawen und Sarazenen haben nur eine Auflösung überstürzt, deren wahre Ursachen auf die Struktur des Reiches zurückgingen. Diese Ursachen für die Auflösung des Karolingerreiches zeigen sich dem Beobachter ganz deutlich.

Dem ungeheuren Gebiet, das von den »Marken« an der Elbe und der Donau bis zu der spanischen Mark am Ebro und zu den unter der Herrschaft des Papstes stehenden Ländern in Italien reichte, fehlten die wesentlichen Merkmale eines wirklichen Staates. Das Merowingerreich hatte wenigstens versucht, die Formen des römischen Verwaltungswesens zur Grundlage des Staates zu machen. Obwohl diese Monarchie nur roh organisiert war, verkörperte ihre absolutistische Verwaltung im großen und ganzen doch ein politisches System. Man sucht im Karolingerreiche vergebens nach etwas Ähnlichem. Dort erscheint alles unzusammenhängend; die Macht des Herrschers, welche das Ganze aktivieren sollte, drang nicht durch. Pippin der Kleine und Karl mußten mit der Aristokratie rechnen, der sie ihre Krone verdankten, und konnten ihr einen Platz in der Regierung nicht verweigern. Die Großen des Fränkischen Reiches berieten mit diesen Königen und versammelten sich hierzu gewöhnlich zu Ostern und zu Weihnachten in einem *conventus* am Hofe. Die Zuständigkeit und die Aufgaben dieser Ratgeber waren jedoch ebenso undeutlich und wechselnd wie die Zusammensetzung ihrer Versammlungen. Die Versammlungen waren nur ein Zusammenströmen von Geistlichen und Laien, die als Vertreter des Volkes angesehen wurden, obwohl sie weder einen Rechtstitel noch ein Mandat hatten. Ein Kapitulare sagt: *»lex fit consensu populi et constitutione regis«* (das Gesetz entsteht durch die Zustimmung des Volkes und durch Verordnung des Königs). Eine schöne Formel, in Wahrheit aber bedeutete sie nichts! Tatsächlich wurden viele Kapitularien den Versammlungen gar nicht vorgelegt, und von denen, welche ihr vorgelegt wurden, weiß man nicht, in welchem Grad die Versammlung an ihnen mitwirkte. Man kann diese Kapitularien nicht Gesetze nennen. Sie waren ein verschiedenartig zusammengesetztes Gemisch von Entscheidungen über Verwaltungsfragen, Satzungen, prinzipiellen Erklärungen, Maßnahmen für besondere Gelegenheiten oder ewigen Edikten. Von den meisten kennt man weder das Datum noch weiß man, ob sie durchgeführt wurden, und ob sie sich auf das ganze Reich oder nur auf ein bestimmtes Gebiet bezogen haben. Die Kapitularien wimmeln zudem von Widersprüchen, und man weiß niemals, ob die späteren Texte die früheren aufgehoben haben oder ob sie, so gut es eben ging, mit deren Inhalt in Einklang gebracht werden mußten. Man gewinnt von dieser ungeordneten Anhäufung den allgemeinen Eindruck eines königlichen Willens, der von Eifer für das Gute beseelt war und Fortschritt, Ordnung und Gerechtigkeit erstrebte; aber man fühlt zugleich, daß diesem Willen, der sich so bemühte, die Verwirklichung seiner Ziele nicht gelang. Die Macht des Monarchen erscheint in den Kapitularien Karls zwar fast immer als die Gewalt eines absoluten Herrschers, aber dieser Absolutismus zeigt sich in doppelter Hinsicht beschränkt: in erster Linie durch die christliche Moral, die der Kaiser akzeptierte. Daneben aber auch durch die Notwendigkeit, die Aristokratie zufriedenzustellen. Diese Beschränkung aber wurde durch den Kaiser nur widerwillig geduldet. Man bemerkt deutlich, daß die Kaiser der karolingischen Dynastie sich bloß Gott verantwortlich fühlten. Wenn ein solcher Herrscher dennoch ein Eingreifen der Aristokratie in seine Gewalt duldete, so lag das daran, daß er nicht anders handeln konnte. Zwischen dem Kaiser und den Großen, mit denen er Beratungen abhielt, fehlte das gegenseitige Vertrauen von Anfang an, und bald vergiftete der Mangel an gutem Glauben ihre Beziehungen. Man kann also zusammenfassend sagen, daß die Verfassung des Karolingerreiches auf irrigen Voraussetzungen ruhte; die beiden Gewalten, die in ihr scheinbar verbündet waren, waren in Wahrheit Gegner.

Die mächtigste dieser Gewalten war unter Karl dem Großen immer noch die des Kaisers; sie stand im Glanze seiner Siege und der neuen imperialen Würde. Aber die Macht der Aristokratie war durch die Umstände und durch die gesellschaftliche Struktur des Reiches die mehr begünstigte und energischere der beiden Gewalten. Diese Aristokratie behauptete, das Volk selbst zu sein, und hatte in gewissem Grade damit auch recht; denn das Volk war von diesem freien Stande im wesentlichen aufgesogen worden. Der Aristokratie auf den Domänen war es möglich geworden, das Volk zu absorbieren. Sie gewährte ja allen, die von ihr abhingen, also dem weitaus größten Teil der Bevölkerung, einen privaten Schutz und eine private Rechtsprechung und leistete damit das, was die öffentliche Gewalt des Staates nicht mehr vollbrachte. Dem Kaiser blieben nur wenige Untertanen, die seinem Schutz und der Rechtsprechung seines Staates noch unmittelbar unterstanden, und die Zahl dieser Untertanen wurde von Jahr zu Jahr kleiner. Karl der Große hat diese Gefahr gesehen und hat selbst versucht, sie zu beheben. Er war bestrebt, die an Zahl immer geringer gewordenen Menschen, die ihre Freiheit noch bewahrt hatten, als Freie zu erhalten, und hat deshalb die Lasten vermindert, die ihnen die Wehrpflicht und die Pflicht der Teilnahme an den Gerichtssitzungen auferlegten. Karls Maßnahmen teilten aber das Schicksal aller Versuche, eine gesellschaftliche Entwicklung aufzuhalten, die durch bestimmte Interessen und Bedürfnisse zwangsläufig eintrat; seine Anordnungen haben das Unvermeidliche nicht verhindern können. Die Bauern übertrugen den Großen denn auch weiter ihr Land und gliederten sich und ihren Besitz auch weiterhin den Domänen ein.

Auch hier stößt man auf Gegensätze, welche die Grundlage der karolingischen Organisation erschütterten. Hinsichtlich der Erhaltung der bäuerlichen Freiheit standen die Interessen des Kaisers zu denen der Aristokratie in schärfstem Gegensatz; aber derselben Aristokratie mußte der Kaiser die Ausführung seiner Pläne anvertrauen, denn seine Beamten gehörten ihr an. Diese Beamten hatten zwischen dem eigenen Vorteil und dem ihres Kaisers zu wählen. Sie hätten den Plan des Kaisers nur zu ihrem eigenen Schaden verwirklichen können; es gab also keine Hoffnung, daß sie es tun würden.

Gegen ihre Nachlässigkeit und ihren bösen Willen gab es keine Hilfe. Rechtlich konnte der Kaiser aus dem Karolingerhause seine Grafen absetzen, da er sie auch ernannte; aber tatsächlich war er gegen sie nahezu ohnmächtig. Sie waren nicht einfach beamtete Werkzeuge seiner Macht; sie waren den Menschen, auf die sich ihre Verwaltung erstreckte, ja nicht fremd und eilten nicht etwa auf Befehl ihres Herrn von einem Verwaltungskreis zum anderen. Vielmehr kam jeder dieser Grafen aus dem Gebiet, das er als Beamter regierte; er war auf diesem Gebiet oft schon seit Generationen der größte Grundherr, der einflußreichste Bewohner. Die Güter seiner Familie waren über die ganze Grafschaft verteilt. Die

Bewohner waren dort vom Vater auf den Sohn die Hörigen oder Pächter des gräflichen Geschlechtes. Der Graf war in ihrer Mitte geboren und starb dort auch, wenn er nicht in der Ferne in einer Schlacht fiel. So glich sein Lebenslauf dem seines Vaters, dem er ja in den meisten Fällen auch im Amte gefolgt war. In dem Gebiet, dem ein Graf vorstand, wurde er somit mehr als Herr denn als Vertreter des Kaisers angesehen. Die Kaiser konnten einen Grafen nicht versetzen oder seines Amtes entheben, ohne den Nachfolger in den Augen des Volkes als einen Usurpator und Eindringling erscheinen zu lassen.[1]

Diese Ohnmacht des Staates gegenüber seinen Beamten erklärt sich aus den finanziellen Verhältnissen. Das, was von der römischen Steuer übriggeblieben war, verschwand gegen Ende der merowingischen Periode oder verwandelte sich in Zinsforderungen, welche die Großen durch Usurpation für sich selbst erhoben. Dem kaiserlichen Schatz flossen nur noch aus zwei Quellen Mittel zu. Die erste floß unregelmäßig und unzuverlässig: die Kriegsbeute. Die zweite Quelle dagegen floß regelmäßig und dauernd: die Einkünfte aus den Domänen, die der Dynastie gehörten. Nur diese Einkünfte lieferten die zur Befriedigung der laufenden Bedürfnisse erforderlichen Mittel. Karl der Große hat sich damit sorgfältig beschäftigt, und die Bedeutung, die er der Verwaltung seiner Güter beilegte, ist an der Genauigkeit bei der Bestimmung von Einzelheiten im *»Capitulare de villis«* zu erkennen; aber die Einkünfte aus den Domänen Karls lieferten ihm nur Leistungen in Naturalien, und diese genügten gerade, um seinen Hof zu unterhalten. Das karolingische Imperium hat in Wahrheit niemals öffentliche Finanzen gehabt, und das genügt, um die Primitivität seiner Verfassung zu erklären. Diese Primitivität wird besonders deutlich, wenn man die Struktur des Karolingerreiches mit der des Byzantinischen Reiches oder mit der des Reiches des Kalifen vergleicht; denn diese beiden Staaten erhoben Steuern in Geld, verfügten über eine Kontrolle der Finanzen und besaßen einen zentral verwalteten Staatsschatz. Aus ihm versahen Byzanz und das Reich des Kalifen ihre Beamten mit Gehältern, finanzierten die öffentlichen Arbeiten und unterhielten Heere und Flotten.

Der Kaiser aus dem Karolingerhause, der nichts als seine privaten Domänen besaß, konnte dagegen die Kosten für eine Verwaltung, die dieses Namens würdig gewesen wäre, nicht aufbringen. Um den Beamten vom Staat abhängig zu machen, muß der Staat ihn ja nicht nur ernennen, sondern auch bezahlen. Hier aber mußte der Staat, da er kein Geld hatte, die unentgeltlichen Dienste der

Aristokratie in Anspruch nehmen. Das brachte den karolingischen Staat in die paradoxe Lage, seine Mitarbeiter einer Schicht entnehmen zu müssen, deren Macht nur auf Kosten seiner Schwächung steigen konnte. Diese Gefahr aber war zu offensichtlich, als daß man nicht versucht hätte, sie zu beheben. Seit dem Ende des achten Jahrhunderts wurde vom Grafen bei Antritt seines Grafenamtes ein besonderer Treueid gefordert, der dem Eid der Vasallen ähnlich war; aber dieses Heilmittel war schlimmer als das Übel, das man mit ihm beseitigen wollte. Das Band eines Vasallentums, das den Beamten persönlich an den Kaiser binden sollte, mußte nämlich seine Funktionäre in ihrer Eigenschaft als Staatsdiener schwächen oder diese Eigenschaft sogar aufheben. Der Beamte neigte jetzt dazu, sein Amt wie ein Lehen und also wie ein Gut zur Nutzung anzusehen, ohne es als eine von der Krone übertragene und im Namen der Krone ausgeübte Funktion bloßer Verwaltungsmacht zu betrachten. Außerdem rief dieses System bei jedem Wechsel des Herrschers eine höchst gefährliche Krise hervor. Der neue Fürst hatte ja nur noch die Wahl, entweder die Getreuen seines Vorgängers in ihrer Stellung zu belassen oder sie durch seine eigenen Getreuen zu ersetzen. Im ersten Fall dieser Alternative war er dazu verurteilt, mit einem Personal, das er nicht kannte, zu arbeiten. Im zweiten Fall rief der neue Fürst vom ersten Tag seiner Regierung an eine gefährliche Unzufriedenheit hervor.

Unter welchen Gesichtspunkten man auch die Organisation der Verwaltung im Karolingischen Reich betrachtet, ihr fehlten wesentliche Kennzeichen jeder staatlichen Verwaltung: Unterordnung und Disziplin. Die Verwaltung des karolingischen Kaiserreiches war in grobe Willkür versunken, wenn man sie mit der Verwaltung der Kirche vergleicht, in deren Hierarchie die Rolle und Verantwortlichkeit eines jeden fest umgrenzt war. Die Einführung der *missi dominici* als reisende Kommissare hatte das deutliche Ziel, die Verwaltung des Karolingischen Reiches durch Kontrolle zu vervollkommnen. Die persönliche Initiative Karls des Großen und seine Neigung, die weltlichen Staatseinrichtungen durch die Anwendung von Institutionen der kirchlichen Verwaltung zu verbessern, erscheint hier in vollem Licht. Ebenso wie die Kirche in Erzbistümer geteilt war, deren jedes eine Anzahl von Diözesen enthielt, hatte Karl sein Reich in große Kreise *(missatica)* geteilt, deren jeder mehrere Grafschaften umfaßte. In jedem dieser Kreise residierten zwei kaiserliche Kommissare *(missi dominici)*: ein geistlicher und ein weltlicher. Sie sollten die Beamten überwachen, Mißbräuche der amtlichen Gewalt notieren, das Volk über die Verwaltung befragen und jedes Jahr über ihren Befund berichten. Nichts ist besser, nützlicher und heilsamer als eine solche Kontrolle, wenn sie Machtmittel hat, aber die *missi dominici* waren machtlos, da die sogenannten Beamten, zumindest nach dem Tode Karls des Großen, praktisch unabsetzbar waren. Wir bemerken in keinem Fall, daß die *missi dominici* die Mißstände beseitigen konnten, die ihnen ja überall in großer Zahl auffallen mußten. Die Wirklichkeit war stärker als der gute Wille des Kaisers.

Die Einführung der *missi dominici* beweist, daß Karl der Große – zweifellos unter dem Einfluß seiner dem geistlichen Stande angehörenden Berater – die Unvollkommenheit der Mittel, mit denen er herrschte, einsah. Es war Karls Ideal, diese Mittel nach dem Vorbild der kirchlichen Verwaltung zu reformieren, aber er besaß nicht die Macht, dieses Ideal zu verwirklichen. Man kann sagen, daß dieser Kaiser von einem ganz römischen Geiste beseelt war. Es ist völlig ungereimt, in Karl, wie man es oft getan hat, den Vorkämpfer eines (im übrigen verschwommenen) germanischen Gedankens zu erblicken. Man würde im Lebenswerke Karls vergeblich nach Spuren suchen, die in diese Richtung weisen. Die Legende sah Karl in dieser Hinsicht richtiger als viele Historiker. In der volkstümlichen Überlieferung Deutschlands ist Karl der Große das Vorbild für die Gesetzgeber, der Sieger über die Barbarei und der Gründer der gesellschaftlichen Ordnung geblieben. Für die heidnischen oder fast heidnisch gebliebenen Völker war er das tatsächlich, aber er war es nur durch seine kirchliche Politik. Die endgültige Aufrichtung der Kirche in Deutschland und die Unterordnung des Volkes unter ihre Dogmen und sittlichen Auffassungen war so sehr sein persönliches Werk, daß er in der Überlieferung der Völker wie ein Heiliger erscheint. Diese Überlieferung regte später noch Dürer dazu an, Karl dem Großen jenes merkwürdige und majestätische Aussehen zu verleihen, das mehr an einen weltlichen Papst als an einen Kaiser erinnert. Der Staat und die Kirche verbanden sich, die staatliche Gesellschaft wurde der christlichen gleichgesetzt, und daraus ergab sich das Prinzip der Staatsreligion. Dies ist das Wesentliche und Bleibende an Karls Werk und hat die Entwicklung der europäischen Gesellschaft viele Jahrhunderte hindurch bestimmt.

2. *Papst und Kaiser*

Der Tod Karls des Großen (28. Januar 814) verursachte nicht die geringste Krise. Im Jahre 813 hatte Karl durch fünf provinzielle Synoden eine Reihe von Verfügungen über die Organisation des Kaiserreiches getroffen. Sie wurden im gleichen Jahre durch eine Reichsversammlung, die nach Aachen einberufen wurde, bestätigt. Im Verlauf dieser Versammlung setzte Karl vorsichtshalber seinem Sohn Ludwig, dem einzigen Überlebenden seiner Söhne, die Krone aufs Haupt, und die Thronfolge Ludwigs fand keinen Gegner. Im Kaiserreich herrschte tiefer Friede, und äußerlich verriet nichts die kurz bevorstehende Entfesselung der Wirren, in denen sich dann das Kaiserreich Karls auflöste. Das im wesentlichen religiöse Ideal, das Karl von der kaiserlichen Macht hatte, zeigte sich in der Erziehung, die er seinen Söhnen geben ließ. Diese Erziehung war ganz lateinisch und kirchlich gehalten. So trug der zweite karolingische Kaiser seinen Beinamen der Fromme mit vollem Recht; aber die Frömmigkeit Ludwigs war, wenn man so sagen darf, hauptsächlich eine Frömmigkeit in der Politik. Sie hing mit einer Auffassung der weltlichen Macht zusammen, wonach diese als Erhalterin und Schützerin der Kirche gerechtfertigt war. Karl war in späterem Lebensalter Kaiser geworden und hatte noch bis zu seinem Ende manches von seiner Unabhängigkeit als Fürst, von seiner ursprünglichen Herrschereigenschaft als König der Franken also, bewahrt. Bei Ludwig verschwand dieser Zug, und er verzichtete seit seiner Thronfolge darauf, sich noch »König der Franken und Langobarden« zu nennen. Er trug nur noch den Kaisertitel und zeigte damit, daß seine Macht ebenso universal wie die des Papstes war und sich ebenfalls über alle Christen erstreckte. Diese Richtung mußte die karolingische Politik seit der Krönung im Jahre 800 zwangsläufig einschlagen. Zwischen Karl und Ludwig bestand kein Gegensatz der Richtung, sondern nur ein bedeutender Unterschied der Macht und der Persönlichkeit. Die kaiserliche Macht, wie Ludwig sie auffaßte, war nur die logische und vollständige Entwicklung der Konzeption, die Karl den Großen während der letzten Zeit seines Kaisertums beherrscht hatte. Der große Kaiser selbst hatte den Geist gewollt und vorbereitet, in dem sein schwacher Nachfolger dann regierte.

Ludwig stand sogleich vor einer Frage, die seinem Vater erspart geblieben war und die Festigkeit des Kaiserreiches auf die Probe stellen mußte. Er hatte drei Söhne: Lothar, Ludwig (den Deutschen) und Pippin. Wie sollte Ludwig der Fromme die Thronfolge regeln? Die Konzeption einer gleichen Teilung des Reiches unter die Söhne des Herrschers war vom Beginn der fränkischen Monarchie an verwirklicht worden. Andererseits war die kaiserliche Gewalt schon ihrem ganzen Wesen nach ebenso unteilbar wie die Gewalt des Papstes. Mußte man also das Kaisertum als so unlösbar mit dem Staat verbunden ansehen, daß die Nachfolge im Kaisertitel nach dem gleichen Prinzip zu geschehen hatte wie die Nachfolge im Staat? Oder sollte man beide Thronfolgen trennen und den Staat zwar als eine Erbschaft teilen, aber nur einem Erben die kaiserliche Macht vorbehalten? Ludwig traf eine Maßnahme, durch welche er die bis dahin übliche Erbteilung des Staatsgebietes zwar nicht völlig beseitigte, aber sie doch dem Prinzip der Einheit des Kaiserreiches opferte. Im Jahre 817 machte er Lothar, seinen ältesten Sohn, zum Mitregenten des Kaiserreiches und bezeichnete ihn als seinen Erben. Seine beiden jüngeren Söhne erhielten aber eine Art territorialer Abfindung mit den zugehörigen Königstiteln. Pippin erhielt Aquitanien und Ludwig Bayern. Indem Ludwig der Fromme die Erbfolge auf diese Weise regelte, sprach er sich gegen die alte Auffassung der teilbaren weltlichen Monarchie, wie sie die Merowinger gehandhabt hatten, und für die neue kirchliche Auffassung des universalen Kaisertums aus. Sicherlich hat Ludwig seine Verfügungen nach Beratung mit dem Papst getroffen. Die jüngeren Söhne Ludwigs, die dem universalen Prinzip geopfert wurden, betrachteten sich jedoch als Opfer einer Ungerechtigkeit und warteten nur auf eine Gelegenheit, sich zu rächen. Diese bot sich ihnen von selbst. Ludwig hatte als Witwer im Jahre 819 Judith, die Tochter eines schwäbischen Grafen, wegen ihrer Schönheit geheiratet. Da er, wie beinahe alle Karolinger der älteren Zeit, eine leidenschaftliche und sinnliche Natur hatte, ließ er sich bald von dieser Frau beherrschen. Als sie Ludwig im Jahre 823 zum Vater eines vierten Sohnes, Karls des Kahlen, machte, hatte er nicht die Kraft, dem leidenschaftlichen Drängen seiner Frau zu widerstehen und die Intrigen auszuschalten, mit denen sie diesem Sohn so viel wie möglich von der künftigen Erbschaft sichern wollte. Es fiel Judith nicht schwer, Ludwig den Deutschen und Pippin von Aquitanien zu gewinnen und beide gegen Lothar aufzuhetzen. Noch leichter aber fiel es ihr, die Hilfe eines Teils der Aristokratie durch Versprechungen künftiger Vorteile zu erlangen. So bildeten sich im Kaiserreiche zwei Parteien oder vielmehr zwei Cliquen: die eine wollte die Teilung der Thronfolge unter alle Söhne des Kaisers, die andere blieb dem Gedanken der Einheit treu.[2]

Die erste Partei siegte zunächst. Lothar wurde seines Titels als Regent beraubt und ging nach Italien, um den Streitfall dem Papst vorzulegen, während Ludwig der Fromme seiner Gemahlin nachgab und eine neue Verteilung der Monarchie unter seine vier Söhne entwarf. Die Vorteile, die er Karl zuerkannte, überwarfen ihn bald mit Ludwig dem Deutschen und mit Pippin, und diese näherten sich wieder Lothar. Lothar überschritt an der Spitze eines Heeres und begleitet von Papst Gregor IV. im Jahre 833 die Alpen, vereinigte sich mit seinen Brüdern und marschierte mit ihnen gegen ihren Vater. Auf der Rheinebene bei Kolmar kam es zum Kampf. Lothar blieb scheinbar Sieger, doch in Wahrheit siegte der Papst. Dieser beanspruchte das Recht, angesichts der Strittigkeit der Fragen einzugreifen; im Namen des Friedens der die Christenheit umfassenden Kirche, war doch das Kaiserreich nur ihre weltliche Form. Der Papst setzte Lothar wieder in seine ursprüngliche Würde ein und legte dem Kaiser wegen seiner Schuld, die Ruhe der Christenheit gestört zu haben, eine demütigende Buße auf. Hier zeigte sich in unerbittlicher Logik die erste Folge der engen Verbindung zwischen Papst und Kaiser. Der Papst erhöhte sich, indem er den Kaiser beugte, und das ursprüngliche Bündnis der beiden Mächte wich der Unterordnung des Kaisers unter den Papst.

Dies hatten indes weder Ludwig der Deutsche noch Pippin von Aquitanien gewünscht. Von neuem griffen sie zu den Waffen, und der erbitterte Kampf wurde von den rivalisierenden ehrgeizigen Mächten um die persönlichen Interessen der einzelnen Karolinger eigensinnig weitergeführt. Weder der Tod Pippins von Aquitanien (838) noch der des Kaisers (840) unterbrachen ihn. Dank der Erschöpfung aller endeten die Kämpfe schließlich im Jahre 843 mit dem Vertrag von Verdun.

Dieser Vertrag war ein Kompromiß; aber ein solcher, der die imperiale Einheitsidee weitgehend ausschaltete. Die ganze Monarchie wurde in drei gleiche Teile geteilt. Der mittlere Teil ging quer durch Europa und dehnte sich von Friesland bis zum Kirchenstaat in Italien aus, ohne daß man auf die natürlichen Grenzen oder auf die Natur der Völker, welche die Gebiete bewohnten, Rücksicht genommen hätte. Diesen Teil erhielt Lothar, der auch den Kaisertitel behielt. Ludwig der Deutsche erhielt den Osten und Karl der Kahle den Westen der Monarchie. So verschwand die Identität zwischen dem Kaiserreich und dem fränkischen Staat, wie sie unter Karl dem Großen und Ludwig dem Frommen bestanden hatte. Die Einheit des Reiches blieb nur noch theoretisch erhalten. Da der Kaiser jetzt nur noch ein Drittel der abendländischen Christenheit regierte, entsprach die Universalität des Kaisertums nicht mehr der Wirklichkeit. Nach dem Tode Lothars (855) wurde das noch schlimmer. Er hinterließ drei Söhne, die seine Länder wieder teilten: der älteste, Ludwig II., übernahm Italien und den Kaisertitel. Unter Lothar war der Kaiser wenigstens noch ebenso mächtig wie die beiden Könige gewesen. Unter Ludwig II. war er nur noch ein Fürst zweiten Ranges und von weit geringerer Macht als seine beiden Onkel, Ludwig der Deutsche und Karl der Kahle. Der Gegensatz zwischen dem, was der Kaiser hätte sein müssen, und dem, was er war, wurde immer größer. Man kann sagen, daß es damals noch einen Kaiser, aber kein Kaiserreich mehr gab.

Diesem dauernden Abstieg der kaiserlichen Macht entsprach ein ebenso bedeutender gleichzeitiger Aufstieg der Macht des Papsttums. Durch die Aufhebung des Gleichgewichtes zwischen den beiden Mächten, welche die Häupter der Christenheit waren, mußte die eine Macht notwendig an Einfluß so viel gewinnen, wie die andere verlor. Die Umstände hatten schon Papst Gregor IV. zum Richter zwischen Ludwig dem Frommen und seinen Söhnen gemacht. Unter Ludwig II. forderte Papst Nikolaus I. (858–867) die Vorherrschaft der päpstlichen Macht über die kaiserliche, und er erreichte sein Ziel auch wirklich. Mit diesem Papst endete die Politik der Partnerschaft von Kirche und Staat: eine Bündnispolitik, die unter Karl dem Großen begonnen hatte. Das Haupt der Kirche betrachtete sich auf Grund des göttlichen Ursprunges seiner Macht künftig als Schiedsrichter und Leiter der weltlichen Machtträger: der Könige oder des Kaisers selbst; da diese Herrscher in ihrer Eigenschaft als Christen vom Papst abhingen und als Sünder seiner sittlichen Beurteilung unterlagen, mußte eine religiöse Strafe ihren Gehorsam verbürgen. Nunmehr durfte und mußte der Papst, wenn er es im Dienste Gottes und der Kirche für notwendig hielt, in die Angelegenheiten der Fürsten eingreifen. Papst Nikolaus betrat ohne Zögern den Weg, den später Grogor VII. und Alexander II. verfolgten. Dieser Weg führte im Hochmittelalter Päpste wie Innozenz III. und Innozenz IV. zu jener theokratischen Vorherrschaft, die erst mit der Katastrophe Bonifaz' VIII. endete. Papst Nikolaus I. hatte freilich nicht viel Gelegenheit, sich in die große Politik zu begeben, und der Kirchenbann, mit dem er Lothar II., dem König von Lothringen, wegen dessen Trennung von seiner Gemahlin drohte, endete zwar mit einer Unterwerfung des Königs, aber dieses Eingreifen des Papstes war nur eine sittliche Manifestation. Ihr Widerhall war dennoch in ganz Europa zu hören.

Die »pseudoisidorischen Dekretalien«, die in der Mitte des neunten Jahrhunderts in Nordfrankreich verbreitet wurden, sprachen dem Papsttum eine Macht über die Bischöfe zu, die es bis dahin tatsächlich niemals ausgeübt hatte. Die Texte dieser Dekretalien waren ziemlich geschickte Fälschungen und trugen dazu bei, den Vorrang Roms zu befestigen. Papst Nikolaus wollte, daß dieser Vorrang sogar von der Kirche im Byzantinischen Reiche anerkannt werde, und verhängte über den Patriarchen Photius den Kirchenbann; aber er erreichte damit nur eine Verschärfung des religiösen Streites, der unaufhörlich und erbittert zwischen der griechischen und der lateinischen Hälfte der Christenheit geführt wurde.

Der Tod Ludwigs des Deutschen (876) gab dem Papsttum eine neue Gelegenheit, seine Überlegenheit über das Kaisertum zu beweisen und somit zu zeigen, daß die Dynastie vom Papst, nicht aber der Papst von der Dynastie abhängig sei. Da Kaiser Ludwig II. keinen Sohn hatte, hatte er seinen nächsten männlichen Verwandten zum Erben eingesetzt: Karlmann, den Sohn Ludwigs des Deutschen. Doch Papst Johann VIII. (872–882) entschied anders; er rief Karl den Kahlen nach Rom und krönte ihn zum Kaiser.

Seit der Mitte des neunten Jahrhunderts hatte die steigende Macht der Päpste diejenige der Kaiser ständig zurückgedrängt, aber diese Entwicklung konnte sich nur deshalb vollziehen, weil die Kaiser sie gebilligt hatten. Von sich aus war der Papst, der nur seinen kleinen römischen Staat besaß, ganz außerstande, auch nur dem geringsten äußeren Angriff zu widerstehen. Mehr noch: sogar die Autorität, die er genoß, und die er gerade jetzt so glänzend bewiesen hatte, verdankte er im wesentlichen den Karolingern, die er krönte, und die ihm dafür ihren Schutz gewährten. Die Lage war paradox, sie erlaubte dem Papst ja nur, den Kaiser in dem Maße zu beherrschen, in welchem der Monarch selbst die Freiheit des Papstes garantierte, die geistliche Gewalt konnte die weltliche nur deshalb herabdrücken, weil diese ihr half. Doch die politische Anarchie, in die Europa gegen Ende des neunten Jahrhunderts immer schneller hineinglitt, nahm dem Papst plötzlich diesen unentbehrlichen Beschützer. Karl der Kahle war der letzte dem Karolingerhause entstammende Kaiser, der noch Prestige genoß und wirkliche Macht besaß. Nach ihm löste sich auf, was von der karolingischen Struktur noch übriggeblieben war, und die Monarchen waren gleichermaßen machtlos, ob sie sich nun Könige oder Kaiser nannten. Zu gewaltig war die Stoßkraft der Normannen und Sarazenen, der Slawen und Ungarn geworden, zu groß die

Macht der Lehensleute, zu stark der Partikularismus der einzelnen Regionen, und allzu sehr herrschten Ehrgeiz, Intrige und persönliche Rivalität. Seitdem die Könige und Kaiser machtlos waren, war Rom seinem eigenen Schicksal überlassen und das Papsttum von einer Gefahr bedroht, die größer war als einst die langobardische; denn wenn auch die Langobarden beharrlich nach der Eroberung Roms gestrebt hatten, wollten sie doch dem Papst nichts antun. Jetzt war dagegen die Freiheit des Papsttums selbst bedroht. Da der Papst über die Kaiserwürde verfügte, genügte es künftig, ihm Gewalt anzutun und ihn in seiner Schwäche unter Drohungen zu zwingen, das Recht der Kaiserkrönung auszuüben. Damit aber fiel die Kaiserwürde dem weltlichen Machthaber zu, der den Papst bedrohte. Schon Karl der Dicke hat sich (nach dem Tode Karls des Kahlen) an der Spitze eines Heeres Rom genähert und Papst Johann VIII. gezwungen, ihn zum Kaiser zu krönen (881). Kurz darauf, nach der Absetzung Karls des Dicken, sieht man das traurige Schauspiel einer gleichzeitigen Erniedrigung des Papstes und des Kaisers. Nach dem endgültigen Zerfall der Einheit des Karolingerreiches stritten zwei italienische Großgrundbesitzer, Markgraf Berengar von Friaul und Herzog Wido von Spoleto, um die alte langobardische Krone und wurden beide in Pavia zu Königen gekrönt. Der Kaisertitel war nicht vergeben, und Wido beschloß, sich dessen zu bemächtigen. Er brauchte nur mit seinen Soldaten Rom zu betreten, um die Kaiserkrönung von Papst Stephan VI. zu erlangen (891). Kurz danach zwang Wido den Nachfolger Stephans, Formosus, die Kaiserwürde auch seinem Sohn Lambert zu übertragen. So tief waren das Kaisertum und das Papsttum in wenigen Jahren gesunken! Formosus fühlte, daß beide Institutionen nur mit Gewalt wiederhergestellt werden konnten. Herzog Arnulf von Kärnten hatte gerade die Normannen in einem glänzenden Siege geschlagen und schien eine ruhmreiche Herrschaft vor sich zu haben. So erbat der Papst seine Unterstützung gegen den verhaßten Zwang, dem er unterlag. Arnulf überschritt die Alpen, nahm Rom, das durch die Spoletaner verteidigt wurde, im Sturm und erhielt die Kaiserkrone (896). Dann ging Arnulf nach Deutschland zurück. Lambert konnte nun Rache nehmen. Sie war so widerwärtig und traurig wie die politischen und religiösen Sitten jener Zeit überhaupt geworden waren. Lambert ließ den bereits verstorbenen Formosus ausgraben, und eine Synode machte der Leiche einen fiktiven Prozeß. Die Synode verurteilte die Leiche des Papstes dazu, dem Pöbel ausgeliefert zu werden, der sie dann in den Tiber warf. Arnulf kehrte nicht nach Italien zurück, und das Papsttum war mehr denn je ein Spielball ehrgeiziger Intriganten, die um die Kaiserkrone stritten, wie so viele andere es um ein Lehen oder um eine Provinz taten. Die Welt kümmerte sich nicht darum. Als Lambert tot war, erhielt Berengar in Italien wieder die Oberhand. König Ludwig von Burgund bekämpfte und besiegte ihn. Ludwig nahm diese Gelegenheit wahr, sich von Benedikt IV. im Jahre 901 zum Kaiser krönen zu lassen. Vier Jahre danach bemächtigte sich aber Berengar in Verona dieses Kaisers, der wieder in Italien eingefallen war, ließ ihn blenden und verjagte ihn aus Italien. Im Jahre 915 ließ sich Berengar seinerseits von Papst Johann X. zum Kaiser krönen. Es war kaum möglich, den Titel, den Karl der Große als erster getragen hatte, noch tiefer zu erniedrigen, und tatsächlich sank er in seiner Verächtlichkeit auch nicht weiter. Nach der Ermordung Berengars von Friaul (924) gab es bis zur Krönung Ottos I. (962) keinen Kaiser mehr.

3. Die äußeren Feinde

Die normannischen und arabischen Feinde des Kaiserreiches, unter denen es im neunten Jahrhundert so grausam zu leiden hatte, griffen es nicht auf Grund seiner Schwäche an; sie richteten ihre Stöße überhaupt nicht nach einem überlegten Plan gegen das Reich. Die Aktivität der Normannen in der Nordsee und die der Araber im Mittelmeer umfaßte einen viel größeren Raum als die Meeresküsten des Imperiums. Die Angriffe auf das Reich bilden im ganzen nur eine Episode in der Geschichte dieser Einfälle zur See. Das Reich konnte diesen Angriffen nicht entgehen, aber es war weder das einzige noch (wenigstens im Anfang) das hauptsächliche Ziel der Angriffe. Die Ausdehnung der arabischen Herrschaft im westlichen Mittelmeer zu Beginn des neunten Jahrhunderts stand schon nicht mehr im Zusammenhang mit der großen religiösen Expansionsbewegung, die auf den Tod Mohammeds folgte; denn die politische Einheit des Islams war gebrochen, seitdem der Kalif von Bagdad nicht mehr von allen Gläubigen anerkannt wurde. In Spanien war seit dem Ende des achten Jahrhunderts unter den Omaijaden ein neues Kalifat errichtet worden, und die vom Element der Berber geprägte Bevölkerung Marokkos, Algeriens und Tunesiens hatte in Afrika eine faktische Unabhängigkeit erlangt. Als die Moslems Spaniens und Afrikas in ihren eroberten Gebieten endgültig heimisch geworden waren, wandten sie ihre Aktivität der Seefahrt zu. Tunis, das man unmittelbar neben den Trümmern Karthagos gegründet hatte, lag gegenüber Sizilien, wie einst Karthago selbst; und ebenso wie die Karthager in der Antike versuchten jetzt die Moslems von Tunis aus die schöne Insel zu besetzen, um die Europa und Afrika in der Geschichte stets gestritten haben. Die Byzantiner konnten das ferne Sizilien nicht allzu lange kraftvoll verteidigen und wurden zwischen 827 und 878 allmählich bis zur Meerenge von Messina zurückgedrängt. Schließlich mußten die Byzantiner sich auf die Herrschaft über die Küste Italiens beschränken. Die Moslems, schon im Besitz der Balearen, Korsikas und Sardiniens, besaßen nun alle Inseln des Mittelmeers. Sie dienten ihnen als Stützpunkte für die Schiffe und als Ausgangspunkte für Angriffe gegen die kontinentalen Küsten. Die Moslems unternahmen mit ihren Schiffen von Sizilien aus Eroberungszüge nach Calabrien und nahmen dort Bari und Tarent in Besitz. Andere arabische Flotten bedrängten die Gestade Mittelitaliens. Papst Leo IV. mußte das, was von Rom noch geblieben war, vor den räuberischen Sarazenen sichern, die mit ihren Schiffen an der Mündung des Tiber landeten, ohne Widerstand befürchten zu müssen. Die Rhônemündung, ebenfalls schlecht verteidigt, war den arabischen Angreifern noch stärker ausgesetzt. Die Sarazenen richteten schließlich militärische Vorposten längs der Corniche ein, ihre Schlupfwinkel in den Bergen bei Garde-Frainet sind dort noch heute erkennbar; aber sie versuchten nicht, sich im Landesinnern festzusetzen. Diesen neuen Herren des Mittelmeers war nur die Herrschaft über die Küsten wichtig, und da der Handel im christlichen Abendlande nicht mehr bestand, unterblieb auch jeder ernste Versuch, die Sarazenen von dort zu entfernen. Man überließ ihnen einfach die Seehäfen. Die christliche Bevölkerung zog sich weiter zurück, und die Bewohner der in Trümmern liegenden Städte in der Region von Nîmes errichteten so gut, wie sie es verstanden, Verteidigungswälle gegen die Moslems.[3]

Viel mehr Verwüstungen richteten die Einfälle der Normannen an, und ihre Angriffe hatten eine größere Bedeutung als die der Moslems. Mit den Einfällen tauchte plötzlich ein Volk auf, das bis dahin unbekannt geblieben war – so unbekannt, daß kein Name dafür bestand; die Bewohner der nördlichen Küsten nannten dieses Volk mangels einer eigentlichen Bezeichnung nach der Richtung, aus der es kam: Noordmannen, Normands und ähnliche Namen kamen auf. Man ist hinsichtlich der Motive für die Seezüge dieser Skandinavier auf bestimmte Vermutungen angewiesen, doch haben diese Mutmaßungen eine gewisse Wahrscheinlichkeit für sich. In erster Linie empfand wohl ein Teil des Volkes die Notwendigkeit, die Existenzmittel, welche der undankbare und karge Boden des Vaterlandes diesen energischen und gestählten Menschen nicht mehr ausreichend gewährte, außerhalb Skandinaviens zu suchen. Man kann ferner annehmen, daß zu dieser wirtschaftlichen Not auch noch innere Kämpfe zwischen den regionalen Führern kamen, und daß die Besiegten den Siegern nicht unterworfen bleiben wollten. Die besiegten Führer verließen die Heimat zusammen mit ihren Kampfgenossen; ein weiteres Motiv war für sie wohl auch die Hoffnung, einst nach beutereichen Abenteuern im Triumph zurückzukehren. Dies waren etwa die Ursachen, aus denen die Dänen, Norweger und Schweden seit ungefähr dem Ende des achten Jahrhunderts um die Wette die Nordsee, die Ostsee, die grünen Wogen des nördlichen Atlantischen Ozeans genauso wie das blaue Mittelmeer auf ihren Schiffen durchzogen. Die Schweden wurden noch durch ein weiteres Motiv getrieben, das für die Fahrten der westlichen Skandinavier nicht in Betracht kam. Von den beiden großen Kaiserreichen des Südens, Byzanz und dem Reich des Kalifen, waren Münzen wie eine Ausstrahlung des Goldes bis zu den nördlichen und kalten Gebieten Schwedens gelangt. Seit dem Ende des siebten Jahrhunderts begann sich der Handelsverkehr im Norden zu beleben. Der Handel lief einerseits zwischen der Ostsee und dem Kaspischen Meer über den Finnischen Golf, die Newa, den Ladogasee, den Onegasee und die Wolga; andererseits lief er zwischen der Ostsee und dem Schwarzen Meer (über die Düna und den Oberlauf des Dnjepr). Man fand auf schwedischem Boden etwa vierundzwanzigtausend arabische und byzantinische Münzen, von denen die ältesten aus dem Jahre 698 stammen. Ohne Zögern begaben sich die Schweden in das Glück verheißende Abenteuer und gingen die Wege, die zu den Ländern der Sonne und des Reichtums führten. Die Slawen bezeichneten diese Fremden mit dem etymologisch bisher nicht geklärten Namen »Rusj« oder »Rhos«. Diese skandinavischen Russen ließen sich bald in ziemlich großer Anzahl auf den *Pogosten* (Märkten) nieder. Dorthin kamen nämlich arabische oder chasarische Händler zu bestimmten Zeiten, um Sklaven, Honig und Pelze zu kaufen. Die Skandinavier verdrängten auf diesen Märkten bald alle anderen Kaufleute und beherrschten das Gebiet des Dnjepr so stark, daß die Gefälle dieses Flusses noch Jahrhunderte hindurch ihre skandinavischen Namen bewahrt haben. Gegen die Mitte des neunten Jahrhunderts machten sich diese Skandinavier zu Herren der Bevölkerung, die in der Nähe der *Pogosten* lebte. Nach der Überlieferung soll ihr Führer Rurik Nowgorod gegründet haben, doch gab es dort vielleicht schon früher ein slawisches Fürstentum; zwei seiner Gefolgsmänner, Askod und Dir, sollen Kiew, den wichtigsten Handelsplatz der großen südrussischen Ebene, schon vor dem Jahre 862 in Besitz genommen haben. Oleg (Helge), wahrscheinlich ein Mitglied der Sippe Ruriks, ließ sich etwa im Jahre 892 selbst in Kiew nieder, und diese Stadt begann seitdem, ihre politische Herrschaft über alle Nachbarn auszudehnen. Diesen Zeitpunkt kann man als den Beginn des russischen, das heißt von Schweden beherrschten Staates im Dnjeprtal betrachten. Die Fürsten und ihre Begleiter: Soldaten und Kaufleute, die bis zum Anfang des elften Jahrhunderts durch Ankömmlinge aus Skandinavien Zuzug erhielten, bewahrten sich bis zu dieser Zeit auch ihre skandinavische Sprache und ihre einheimischen Sitten.[4] Danach gingen sie jedoch in der Bevölkerung auf, die sie beherrschten und ausbeuteten, denn diese Bevölkerung war viel zahlreicher. So ging der Name der kühnen Abenteurer des neunten Jahrhunderts durch eine seltsame Fügung des wechselvollen historischen Geschicks auf das größte slawische Volk und das größte Reich der Erde über. Die Unternehmungen der Norweger und Dänen waren durch die Lage der beiden Länder nach Westen gerichtet. Ihren Zügen zu Schiff boten sich nur Länder dar, die nicht, wie das byzantinische oder das arabische Reich, blühende Staaten voller Städte und voll von einem fruchtbaren und Gewinn versprechenden Handel waren. Es waren vielmehr rein agrarische Länder, die nichts zu verkaufen und nichts zu kaufen hatten. Während die Schweden Beziehungen zu wirtschaftlich sehr fortgeschrittenen sozialen Gemeinschaften fanden und vor allem Handel mit ihnen zu treiben suchten, widmeten sich die Dänen und Norweger dem Seeraub, der Plünderung und der Kaperei.[5]

Während sie die Küsten des Südens und Westens angriffen, durchforschten sie auf ihren Schiffen auch die Gewässer des Nordens. So ließen sich die Norweger schon früh auf den Färöerinseln nieder und entdeckten im Jahre 874 Island, das sie kolonisierten. Hundert Jahre später gelangten sie bereits an die Küsten Grönlands. Aber in ihrer Hoffnung auf Beute wurden sie vor allem von den Kulturländern Europas angezogen. England wurde von den Wikingern zuerst angegriffen; so fand im Jahre 793 eine Landung von Normannen in Northumberland statt, wo die Klöster von Jarrow und von Lindisfarne (auf Holy Island) geplündert und niedergebrannt wurden. Seitdem wurden die normannischen Einfälle immer häufiger und furchtbarer. Den angelsächsischen Königen gelang es nicht, die Eindringlinge zurückzuschlagen. Diese beherrschten in der Mitte des neunten Jahrhunderts den größten Teil des Ostens der Insel. Alfred der Große war im Jahre 878 gezwungen, den Normannen das Gebiet, das nördlich und östlich einer von London bis Chester reichenden Linie lag, und das seitdem noch lange als *Danelaw* (dänisches Rechtsgebiet) bezeichnet wurde, in einem Vertrag zu überlassen. Auch Irland entging den Angriffen der Normannen nicht; Dublin war seit der Mitte des neunten Jahrhunderts eine Art normannischer Kolonie und blieb es bis zum Beginn des elften Jahrhunderts. Von diesem insularen Vorposten aus wandten sich die kühnen Abenteurer furchtlos nach Süden. Sie machten die Küsten Portugals und Spaniens unsicher und griffen Lissabon und Sevilla an (844). Sie überquerten die Meerenge von Gibraltar und plünderten dabei Algeciras sowie die Balearen. Die Normannen kamen bis zur Mündung der Rhône und landeten manchmal als ferne Rivalen der moslemischen Seeräuber an den italienischen Küsten. Das nahe gelegene Fränkische Reich mit seinen langen Meeresküsten und tiefen Flußmündungen hatte von den Normannen am meisten zu leiden. Von der Regierung Ludwigs des Frommen an bis zum Beginn des zehnten Jahrhunderts fielen die Normannen unaufhörlich in fränkisches Gebiet ein. Sie verwirrten die Verteidigung, indem sie bald auf diesem, bald auf jenem Punkt überraschend erschienen. Der Rhein, die Schelde, die Maas, die Seine und die Loire wurden von den Eindringlingen allmählich so weit befahren, wie die normannischen Schiffe von diesen Strömen überhaupt getragen werden konnten, und die Gebiete an den Ufern wurden völlig verwüstet. Als den Normannen später das Land näher bekannt wurde, gingen sie methodischer vor und hielten sich vor allem an das Gebiet, das vom Norden der Seine bis nach Friesland reicht. Der in der Folgezeit viermal (834–837) geplünderte Flußhafen Duurstede (Dorestad) war nachher nur noch ein Trümmerhaufen, und Utrecht wurde im Jahr 857 verwüstet. Es scheint, daß ein heidnischer Staat von Skandinaviern in Friesland gegründet werden sollte; denn Kaiser Lothar, der die Wikinger nicht zurückschlagen konnte, gab ihnen Walcheren und dessen Nachbargebiet als Lehen, und Karl der Dicke bestätigte dieses Recht im Jahre 882 zugunsten des Normannen Godofred. Im Jahre 879 erreichte die Krise ihren Gipfel. Ganze Heerscharen von Normannen landeten damals an den Ufern des Rheins und der Schelde. Sie stützten sich nacheinander auf verschanzte Lager in

Gent und in Kortrijk (Courtrai), später in Asselt (heute zur niederländischen Provinz Limburg gehörend) und schließlich in Löwen und beuteten mehrere Jahre hindurch das ganze Gebiet der Umgebung aus. König Karl der Dicke konnte den Feind nur durch den erwähnten demütigenden Vertrag von den Rheinlanden fernhalten. Das normannische Heer eilte zur Seine und versuchte hartnäckig, aber erfolglos, Paris zu belagern (885). Es schweifte dann verwüstend überall im Norden Frankreichs umher und erschien im Jahre 891 wieder in Löwen. Hier wurde es schließlich von König Arnulf von Kärnten angegriffen und vernichtet. Seitdem wagten die Normannen im niederländischen Gebiet zwar nur noch wenige Handstreiche, aber die Seine blieb noch lange ihr Ziel. König Karl der Einfältige, der die Normannen nicht vertreiben konnte, gab schließlich ihrem Führer Rollo die Länder zwischen Seine und Epte zu Lehen: das Gebiet, das seitdem das Herzogtum der Normandie bildete. Diese im Jahre 911 erfolgte Belehnung bedeutete das Ende der normannischen Einfälle. Skandinavien war durch die Anstrengungen erschöpft und hatte genug erobert. So hörte es auf, seinen Bevölkerungsüberschuß auf den Kontinent zu werfen.

Der Erfolg der normannischen Angriffe ist nur aus der Schwäche des karolingischen Staates und aus seiner zunehmenden Zersetzung zu erklären. Um den Barbaren Widerstand zu leisten, hätte man eine Flotte haben müssen, für deren Bau mangels eines Finanzwesens die Geldmittel fehlten. Und wie sollte man Festungen zum Schutz der Küsten bauen? Wie sollte man in einer Zeit der Kämpfe zwischen den Herrschern und der Auflösung der Monarchie die Verteidigung zusammenfassen und die Heere gegen den Feind führen? Tatsächlich gaben die Herrscher den Gedanken, sich an die Spitze einer organisierten Verteidigung zu stellen, auf und überließen es der Aristokratie, den beunruhigenden Einfällen die Stirn zu bieten. Die Aristokratie tat dies auch, so gut sie konnte: in rein lokalen, nicht zusammenhängenden Kämpfen. Die Geschichtsschreiber jener Zeit haben die Erinnerung an das Heldentum vieler feudaler Herren bewahrt, die in diesen Kämpfen ihren Ruhm begründeten; unter ihnen waren die Grafen von Paris, Robert der Tapfere und Odo. Andere große Vasallen aber sahen in der Normannengefahr nur ein Mittel, sich durch Erpressung eine größere Stellung und größeren Reichtum zu sichern; sie drohten den erschreckten Königen, sich sonst mit den Normannen zu verbünden. Doch auch ohne die Einfälle der Normannen wäre der große Bau des karolingischen Staatswesens zusammengebrochen.

Die Erschütterungen durch die Normannen haben seinen Untergang nur beschleunigt.

Die Übertragung der Normandie an Rollo liegt zeitlich nur wenige Jahre hinter der Eroberung von Kiew durch Oleg.[6] Ein Vergleich zwischen den beiden Staaten ist aufschlußreich. Die Normannen waren und blieben in Rußland die Herren. Sie führten dort ihre Herrschaft über die Slawen nach eigenen Gebräuchen und behandelten sie wie ihre Untertanen. Ganz anders handelten die Normannen in Frankreich, wo ihnen eine überlegene Kultur entgegentrat. Rollo und seine Leute traten zum Christentum über und assimilierten sich mit erstaunlicher Schnelligkeit den Franzosen. Fünfundzwanzig Jahre nach ihrer Ankunft in der Normandie sprach man Skandinavisch nur noch in Bayeux sowie an der Küste, wo die Ortsnamen auf *beuf* (vom normannischen »budh«, das heißt Behausung) noch heute daran erinnern, daß dort einmal eine Bevölkerung germanischer Sprache saß. Die Französierung war so vollständig, daß der gegenwärtige normannische Dialekt kein einziges skandinavisches Wort enthält. Die staatlichen Institutionen des Herzogtums Normandie enthielten kein skandinavisches Element, paßten sich ihrer Umgebung sogleich an und waren von denen der anderen großen Lehen nicht verschieden. Fünfzig Jahre nach Rollo trug die Normandie einen ebenso französischen Charakter wie die Bourgogne oder die Champagne. Man vergesse nicht, daß das französische Rolandslied gerade auf normannischem Gebiet entstanden ist, und daß sich dort einige der schönsten Denkmäler der romanischen Baukunst, wie die großen Kirchen von Caen und Bayeux, erheben. Von germanischem Wesen ist in der Normandie keine Spur mehr zu finden; es war dort so sehr verschwunden, daß die Normannen, die Sizilien und schließlich England (1066) eroberten, in diesen Gebieten schon als französische Eroberer auftraten. Von ihrer skandinavischen Wesensart behielten sie nur den Sinn für Kriegsabenteuer; daher gingen sie auch seit dem Beginn des elften Jahrhunderts in Massen nach Italien. Vierzig Normannen hatten eine Pilgerfahrt nach Italien unternommen und waren dort noch einige Zeit als Söldner geblieben. Nach ihrer Rückkehr hatten sie in der Normandie erzählt, daß in Italien viel zu gewinnen sei. Zweifellos muß man in der starken Einwanderung von Normannen in Italien, ebenso wie in den gleichzeitigen Abwanderungen aus Flandern und Brabant, die Folge einer Übervölkerung erblicken.

Zweites Kapitel

DIE TEILUNG EUROPAS

1. Der Vertrag von Verdun

An die Stelle der Einheit des römischen Imperiums waren in der Zeit der germanischen Eroberungen Staaten getreten, die voneinander unabhängig waren. Die erobernden Völker waren voneinander verschieden, und die Herrscher gehörten ihren Völkern an. Das damalige Europa stand wegen seiner politischen Einteilung dem modernen Europa viel näher, als es lange danach der Fall war, denn alle diese Staaten – außer dem westgotischen Staat in Spanien und den angelsächsischen Staaten – gingen im Staate der karolingischen Eroberer auf und gelangten im Kaiserreich zu einer großen politischen und religiösen Einheit. Erst auf den Trümmern dieser Einheit bildeten sich die Staaten des europäischen Kontinents. Der Vorgang dieser Staatenbildung unterschied sich jedoch bedeutend von den Ereignissen beim Untergang des Römischen Reiches. Bei den Teilungen der Monarchie unter den Söhnen Ludwigs des Frommen war kein nationaler Gesichtspunkt maßgebend. Die nationale Frage stellte sich für die Völker der karolingischen Monarchie überhaupt nicht. Wie hätte sie sich auch stellen können, da ja die Regierung, der diese Völker unterworfen waren, universale und kirchliche Züge trug? Die politischen Teilungen führten daher auch nicht etwa dazu, daß verschiedene Völker einer einzigen Nation unterworfen wurden. Die nationale Zugehörigkeit der Karolinger war belanglos. Sie konnten überall regieren, und ihr Volkstum war hierfür nicht wichtiger als das des Papstes für die Kirche. Die sehr reale Verschiedenheit zwischen Römern und Nichtrömern war aber den Völkern der Karolingerzeit ebenfalls nicht bewußt, und sie hat daher keine Rolle gespielt. Der Streit zwischen Lothar und seinen Brüdern bestand darin, daß er die Einheit zu seinem Vorteil aufrechterhalten wollte, während die anderen die Teilung wünschten; er endete mit einem Kompromiß: dem Vertrag von Verdun (843).

Es war der erste der großen Verträge in der europäischen Geschichte, und seine Folgen hatten bleibenden Charakter. Noch jetzt ist eine Spur davon in Westeuropa erkennbar; dort liegen

zwischen Frankreich und den deutschen Ländern Staaten wie Holland, Belgien und die Schweiz; alle diese Gebiete gehörten – ebenso wie Oberitalien – ganz oder teilweise zu Lothars Anteil.
Wir müssen jedoch sogleich hinzufügen, daß die Geschichte, nicht aber die Partner des Vertrages von Verdun ihm seine Bedeutung gegeben haben; denn diese Partner wollten nichts anderes als die Abgrenzung dreier gleicher Teile. Der Gesichtspunkt, unter dem sie handelten, war für sie durch die wirtschaftliche Verfassung jener Zeit zwangsläufig gegeben. Die Gesellschaft war rein agrarisch. Ein Handel existierte nicht, denn es gab ja keine Städte mehr. Daher konnte man nichts anderes tun als jedem ein Gebiet, das annähernd das gleiche einbrachte, zu geben. Man hatte damals weder auf die Verbindungswege noch auf die Ausdehnung der Küsten oder auf die anderen Gesichtspunkte Rücksicht zu nehmen, die eine Teilung wie die von Verdun in späteren Epochen unmöglich gemacht haben würden. Alles hing bei dieser Teilung davon ab, welche Gebiete Lothar erhalten sollte. Er war der älteste der Brüder und trug den Kaisertitel. Er erhielt den zentralen Teil. Dieser Teil enthielt Italien und wurde im Osten etwa vom Lauf des Rheins, im Westen etwa vom Lauf der Rhône, der Saône und der Maas, ferner durch eine Linie, die von Mézières bis Valenciennes ging, und schließlich durch den Lauf der Schelde begrenzt.
Nachdem dieser zentrale Teil für Lothar abgegrenzt worden war, verblieb der Rest seinen Brüdern. Karl der Kahle erhielt, was im Westen bis zum Meer übrigblieb. Ludwig der Deutsche den Osten bis zu den Grenzen der Marken, die einst gegen die Slawen errichtet worden waren. Rein zufällig nur war die Bevölkerung in dem an Ludwig gefallenen Teil germanisch, während beinahe alle Untertanen Karls Romanen waren.[7] Man braucht nur den Teil Lothars zu betrachten, um zu erkennen, wie wenig Rücksicht auf nationale Verschiedenheit genommen wurde. Dieses Gebiet war geradezu das Gegenteil einer geographischen und ethnographischen Einheit. Lothars Gebiet war von den Alpen und dem Juragebirge durchzogen, und die Bevölkerung dieses Gebietes bestand von Norden nach Süden aus Friesen, Flamen, Wallonen, Deutschen, Provenzalen und Italienern. Man interessierte sich für die Volkszugehörigkeit der Menschen damals ebensowenig, wie die modernen Staaten bei der Teilung Afrikas an die Verschiedenheit zwischen den Stämmen der Eingeborenen dachten. So war es übrigens in bester Ordnung. Niemand hatte Grund zur Klage; denn die Völker spürten ja nur die Regierung der Aristokraten, und diese war ja überall rein regional. Nationen gab es im neunten

Jahrhundert nicht; damals bestand nur die Christenheit. Man konnte Europa in Staaten teilen wie in Diözesen, ohne daß jemand darunter litt. Es handelte sich im Vertrag von Verdun um eine dynastische Teilung, die über die Völker hinwegging und doch von keinem Menschen bedauert wurde. Dieser Vertrag war also einem Europa angemessen, dessen Politik universale Züge trug, und dessen auf dem Grundbesitz beruhende Wirtschaft keine echten Absatzmärkte hatte. Das waren die beiden wesentlichen Voraussetzungen für die Verteilung des Reiches in der Form des Vertrages von Verdun.

Der erste Schritt auf einem mit vielem Blut gedüngten Wege, der Europa später zu einer Teilung in nationale Staaten führen sollte, wurde daher ohne die geringste Rücksicht auf die Nationalität, ja sogar im Widerspruch zu ihr getan. Dieser Geist zeigte sich während der ganzen Zeit, da das Karolingerreich verfiel.

Nach dem Tode Lothars (855) teilten seine drei Söhne das Reich, das er beherrscht hatte. Der älteste, Ludwig II., erhielt Italien und die Kaiserwürde, während der zweite Sohn, Karl von Burgund, das Land vom Juragebirge bis zum Mittelmeer erhielt. Der dritte Sohn, Lothar II., erhielt schließlich die Länder nördlich vom Juragebirge. Diese Teilung ist wohl durch geographische Rücksichten bestimmt worden, aber die stammesmäßige Zugehörigkeit der Bevölkerung wurde auch jetzt völlig vergessen. Das Königreich Lothars II. war nicht einheitlich, und daher konnte man diesem Reich keinen nationalen Namen geben. So nannte man es nach Lothar selbst und bezeichnete es als *Lotharingia* (Lothringen). Als Karl von Burgund kinderlos starb (863), teilten sich seine Brüder selbstverständlich seinen Anteil. Ludwig nahm den Süden und Lothar den Norden. Es ging jedoch nicht so korrekt zu, als auch Lothar II. ohne gesetzliche Erben starb (869). Wenn man nach dem Gesetz verfahren wäre, hätte Ludwig II. der Erbe sein müssen, aber dieser unglückliche Fürst war schwach, und seine beiden Onkel, Karl der Kahle und Ludwig der Deutsche, trachteten nach dem Erbe, das eigentlich ihm gebührte. Sie trafen sich in Meersen und verhandelten, ohne zu kämpfen. Lothringen wurde geteilt, und zwar dieses Mal beinahe nach der Sprachgrenze; das geschah aber nicht aus prinzipiellen Erwägungen, sondern deshalb, weil Lothringen auf diese Weise in zwei ganz gleiche Hälften geteilt werden konnte. Karl der Kahle suchte nach dem Tode seines Bruders Ludwig (876) dessen Staaten zu erobern und wurde von seinem Neffen, dem deutschen König Ludwig III., bei Andernach geschlagen. Dies ist die erste Schlacht, in der ein französisches und ein deutsches Heer um Lothringen kämpften, obwohl damals weder von Frankreich noch von Deutschland gesprochen werden kann. Frankreich und Deutschland existierten damals so wenig, daß die Schriftsteller jener Zeit sowohl das westliche als auch das östliche Königreich als Frankenreich *(Francia)* bezeichnen und nur »westlich« und »östlich« als Beiworte hinzufügen. Karl der Kahle starb (6. Oktober 877) und konnte also seinen Versuch, den Osten zu erobern, nicht mehr erneuern. Sein Sohn Ludwig der Stammler, der ihm auf den Thron folgte, starb bald (10. August 879). So konnte Ludwig III. die Wirren, die unter den Vasallen dieses Fürsten nach seinem Tode ausbrachen, geschickt ausnutzen und sich schließlich das ganze Gebiet, das Karl der Kahle erhalten hatte, übertragen lassen. Damit war ganz Lothringen dem östlichen Königreiche eingegliedert.

Während dieses Streites um den nördlichen Teil der einstigen Länder Lothars I. proklamierte ein anderer Teil im gleichen Jahre (879) sein Gebiet zu einem eigenen Königreich. Graf Boso von Vienne, ein Schwiegersohn Ludwigs II., ließ sich von einigen Bischöfen und großen Aristokraten zum König von Niederburgund oder der Provence wählen. Immer mehr wurde die Politik von der Aristokratie beherrscht. Diese Wahl war aber nur ein lokales Ereignis. Im Jahre 885 war die Dynastie der Karolinger fast ausgestorben.[8] Daher erkannte das ganze Reich – mit Ausnahme von Burgund – Karl den Dicken, einen der wenigen noch lebenden Karolinger, als Herrscher an. Auch diese Tatsache beweist, wie wenig die nationale Frage mit allen jenen Ereignissen zu tun hatte. Obwohl Karl der Dicke der letzte Sohn Ludwigs des Deutschen war, erkannte ihn ganz Frankreich an.

Aber seine Unfähigkeit und die demütigenden Zugeständnisse, die er den Normannen machte, erschöpften die Geduld der Aristokratie. Arnulf, der in Kärnten herrschte, erhob sich gegen Karl den Dicken. Dieser wurde im Jahre 887 abgesetzt und starb in einem Kloster, während Arnulf die Krone erhielt. Zwar gehörte Arnulf noch zur karolingischen Dynastie, aber er war nur der uneheliche Sohn Karlmanns, eines Sohns Ludwigs des Deutschen. Der gesetzliche Erbe der Karolinger war Karl der Einfältige, aber er war damals noch ein Kind, und niemand erkannte ihn an. Die großen westfränkischen Aristokraten handelten wie die von Burgund. Sie wählten einen König für ihr Gebiet: den Grafen Odo von Paris, der die Stadt im Jahre 886 gegen die Normannen verteidigt hatte, und dessen Vater, Graf Robert der Tapfere von Paris, schon im Kampf gegen sie gefallen war. Endlich errichtete die regionale

Hocharistokratie noch in Hochburgund (vom Juragebirge bis zu den Penninischen Alpen) ein neues Königreich für Graf Rudolf (888). Lothringen hatte Arnulf anerkannt, und dieser gründete dort im Jahre 895 für seinen außerehelichen Sohn Zwentibold ein Königreich. Wahrscheinlich hatten die lothringischen Großen dies verlangt.

Als Odo im Jahre 898 starb, wurde aber Karl der Einfältige, jetzt volljährig geworden, zum König von Frankreich ausgerufen. Der dynastische Gedanke war also noch nicht erloschen. Arnulf starb im folgenden Jahr (899), und Zwentibold wurde von der Aristokratie im Jahre 900 ermordet. Wie einst Karl der Dicke, so hätte jetzt Karl der Einfältige die karolingische Einheit wiederherstellen müssen; aber er blieb passiv. Die großen Aristokraten der *Francia orientalis* erkannten den Sohn Arnulfs an. Dieser Sohn, Ludwig das Kind, war erst sieben Jahre alt; er gehörte noch zum Geschlechte der Karolinger.

Kann man in diesen Vorgängen einen nationalen Gegensatz erblikken? Die Franzosen hatten im Jahre 887 Arnulf nicht anerkannt, und die Deutschen erkannten Karl den Einfältigen nicht an (899). Trotzdem wäre es irrig, darin den Ausdruck einer Trennung nach Nationen zu erblicken.

Die Franzosen hatten Karl den Dicken im Jahre 883 anerkannt, weil er seit 881 Kaiser war. Karl der Einfältige war es nicht, und Ludwig das Kind war Karolinger. Die Teilung der Monarchie wurde also innerhalb der Dynastie fortgesetzt. Doch die Position des Karolingerhauses war sehr erschüttert, und die kleinen Fürsten Italiens stritten miteinander um den erstrebten Kaisertitel. Die europäische Einheit ging unverkennbar zu Ende. Die Aristokratie verfügte nach eigenem Gutdünken über die Kronen. Zudem hatte man in den Randgebieten des Reiches jedes Interesse an den Ereignissen verloren, die sich im Zentrum: den alten historischen Ländern zwischen Seine und Rhein, abspielten. Man erkennt die Gleichgültigkeit der Randgebiete an der Trennung Burgunds und Italiens von diesem Zentrum. Die Fürsten, die Ludwig das Kind anerkannten, herrschten vor allem in den Ländern östlich des Rheins. Der Aristokratie war eine nationale Mentalität so fremd, daß nach dem Tode Ludwigs des Kindes (911) die großen Herren der vier deutschen Herzogtümer: Franken, Schwaben, Bayern und Sachsen, Konrad von Franken zum König ausriefen, während die deutschen und romanischen Großen von Lothringen sich von der *Francia orientalis,* mit der sie seit der Regierung Arnulfs von Kärnten verbunden waren, trennten und nach dem Tode ihres

Königs Zwentibold den König der *Francia occidentalis,* Karl den Einfältigen, anerkannten; denn dieser ließ der lothringischen Aristokratie unter Reginar Langhals ihre Autonomie. Die Aristokraten östlich des Rheins hatten durch ihre Wahl Konrads von Franken mit der karolingischen Dynastie offen gebrochen. Sie war in Zukunft nur noch eine lokale Dynastie und hatte ihre universalen Züge verloren. Man kann die endgültige Auflösung der Einheit des Karolingerreiches seit der Wahl Konrads datieren; der Zerfall hatte bereits einen schicksalsmäßigen Charakter angenommen, seit die Dynastie nicht mehr die Kaiserkrone trug. Die große *Francia* bestand nicht mehr. Der Name beschränkte sich, wie bemerkt werden muß, seitdem auf die Länder, in denen noch ein Karolinger herrschte, aber damit blieb er nur als eine Spezialbezeichnung lebendig. Man muß seither von einem Königreich Deutschland und einem Königreich Frankreich sprechen. Beide haben sich voneinander getrennt und folgen künftig ihren eigenen Schicksalen. Die beiden Völker haben dazu nichts beigetragen, und ihnen war es nicht einmal bewußt. Von der karolingischen Einheit her aber bewahrten die beiden Königreiche eine gemeinsame Erbschaft, die alles und selbst das Kaiserreich überlebt hat. Sie bestand in der untrennbaren Einheit der monarchischen Gewalt und der Kirche. Diese Einheit beruhte auf der geistigen Überlegenheit der Kirche und auf der damaligen Auffassung von den Pflichten der Könige.

2. *Die neuen Staaten*

Für die beiden getrennten Staaten, die aus der karolingischen Einheit als Frankreich und Deutschland hervorgingen, bestand kein zwingender Grund, sich innerlich zu verfeinden. Zwar waren die Völker voneinander verschieden, aber nicht mehr als die Stämme innerhalb eines jeden der Staaten selbst, also etwa die Bayern von den Sachsen oder die Bewohner Flanderns von den Südfranzosen. Eine Tradition der Feindseligkeit gab es zwischen den beiden Staaten nicht. Sie hatten ja miteinander gelebt und besaßen die gleichen Institutionen. Ihre wirtschaftliche Struktur trieb sie ebenfalls nicht dazu, einander Abbruch zu tun. Trotzdem erhob sich zwischen beiden Staaten sogleich die »belgische Frage«, die man auch die westeuropäische Frage schlechthin nennen könnte: eine Frage, die sich seitdem in den verschiedensten Formen durch die

ganze Geschichte Europas hinzieht. Damals tauchte dieses Problem in der Form der lothringischen Frage auf.
Die lothringische Aristokratie vergaß nicht, daß Lothringen ein Königreich gewesen war. Obwohl dort der Sprache nach verschiedene Völker lebten, war Lothringen durch seine soziale Struktur eine Einheit. In diesem Grenzgebiet, das die Heimat des Karolingergeschlechtes war, einst den äußersten Norden des römischen Imperiums gebildet hatte und einen Kreuzpunkt romanischer und germanischer Einflüsse darstellte, entstand bei den großen Aristokraten eine Neigung zur Autonomie. Sie hatten eigene Könige gehabt: Lothar II. und Zwentibold, und sie wollten diese Tradition fortsetzen. Konrad von Franken, der von den deutschen Stammesherzogtümern zum König gewählt worden war (911), wurde daher von der lothringischen Aristokratie nicht anerkannt, und sie unterstellte sich dem Königtum Karls des Einfältigen, der ihr die Autonomie unter ihrem Herzog Reginar ließ. Dieser nahm eine so unabhängige Stellung ein, daß schon sein Sohn Giselbert nach dem Königstitel strebte, und Konrad ihm große Machtbefugnisse einräumen mußte. Aber mit Heinrich dem Vogler erhielt Deutschland im Jahre 919 einen starken König, und er intervenierte sehr bald. Während Lothringen für die Karolinger seit Karl dem Einfältigen ein Teil Frankreichs war, war es für die deutschen Könige ein Teil Deutschlands. Lothringen gehörte dem Stärksten, und der Stärkste war damals Deutschland. Künftig gab es im Norden kein Verbindungsglied zwischen den beiden westlichen Königreichen mehr. Die französisch-deutsche Grenze war nun die lothringische Schelde-Maas-Linie, sie blieb es Jahrhunderte hindurch. Die neue Lage, die damit gegen den Willen Lothringens geschaffen war, barg den Keim künftiger Zwietracht in sich. Die Aristokratie, die in Lothringen mit der Herrschaft der deutschen Könige unzufrieden war, hatte schon genügende Machtgrundlagen, um sich behaupten zu können. Ihren Lebensformen und Sitten nach neigte sie mehr zum Westen als zum Osten. Die Zukunft war also nicht ohne Gefahr, und das Land wurde später durch die historischen Schwankungen der politischen Vorherrschaft über Europa immer wieder erschüttert. Lothringen wurde wider Willen ein deutsches Herzogtum; es kam zu Deutschland, weil dieses stärker als Frankreich war.
Die größere Macht Deutschlands lag nicht darin, daß es reicher oder mehr bevölkert gewesen wäre; sie stammt vielmehr daher, daß der deutsche König in seinem Reiche eine stärkere innerpolitische Macht besaß als der französische Herrscher in dem seinigen.

Diese Stärke des Königs in Deutschland hatte zwei Ursachen: die soziale Struktur war dort weniger entwickelt als in Frankreich, und die östlichen Grenzen Deutschlands wurden von primitiven Kriegerstämmen angegriffen.

Die soziale Struktur Deutschlands war damals in dem Sinne hinter derjenigen Frankreichs zurückgeblieben, daß die lokale Aristokratie in Deutschland eine kleinere Anzahl mächtiger Familien zählte als in Frankreich: je weiter man vom Rhein nach Osten blickt, um so weniger findet man das Domänenwesen. Die Bewohner, die ihren Stammesinstitutionen weit näher geblieben waren, lebten unter der Herrschaft lokaler Dynastien. Vor allem erhielt sich in Bayern und Sachsen das Stammesgefühl, beide Völker lebten ja fern den Zentren des Reiches. Die erblichen Herzöge wurden in diesen Gebieten als wirkliche örtliche Führer im nationalen Sinne anerkannt. In den Herzogtümern Schwaben und Franken, die näher am Rhein lagen, war die Lage komplizierter, und die stärker fortgeschrittene Entwicklung brachte es mit sich, daß die Macht der Herzöge dort weniger stammesmäßigen Charakter trug. Westlich davon, in Lothringen, gab es überhaupt keine Stammesherzöge. Dort war der Herzog nur der Führer der Aristokratie, seine Wurzeln lagen nicht in einer Stammesverfassung, da es ja eine im volksmäßigen Sinne einheitliche lothringische Nation nicht gab. So war die Lage in Deutschland recht einfach: statt einer großen Menge von Aristokraten verfügten dort höchstens vier oder fünf Herzöge über die Macht. Sobald sie die Notwendigkeit einsahen, sich einem von ihnen als König anerkannten Fürsten zu verbinden, konnten sie das ganze Land um ihn scharen.

Diese Notwendigkeit aber ergab sich bald; denn die Lage Deutschlands wurde sehr gefährlich – nicht im Westen, wo die lothringische Frage hauptsächlich dynastisch war, sondern im Osten, wo es eine nationale Frage gab. Im Osten grenzte Deutschland an Gebiete von Barbarenstämmen, und der Verfall des karolingischen Staates gab diesen eine gute Chance. Die Wenden begannen längs der Elbe und Saale, die Tschechen weiter südlich die Grenzgebiete Deutschlands anzugreifen. Bald erschien als letzter ein noch schrecklicherer Feind: die Magyaren oder Ungarn, die das späteste der europäischen Völker werden sollten.

Es war die letzte Überflutung Westeuropas durch uralaltaische Völker. Diese Völkerflut suchte Europa seit Attila ständig heim und hatte sich zuerst in den Awarenzügen gezeigt. Jetzt waren es die ursprünglich aus Asien stammenden Ungarn, die, wie einst die Awaren, die Steppen Rußlands durchquert hatten und schließlich

im Donaugebiet haltmachten. Sie waren von den Petschenegen dorthin verjagt worden.
Die ersten Raubzüge der Ungarn begannen am Ende des neunten Jahrhunderts; schon Arnulf von Kärnten hatte gegen sie kämpfen müssen. Ihr Erscheinen in Europa war für die Slawen im Westen von entscheidender Bedeutung; denn die Wohnsitze dieser Slawen wurden durch die Ungarn in zwei Teile gespalten. Die Magyaren zerstörten das Königreich Mähren, das von den böhmischen Tschechen gegründet worden war. Die Tschechen waren künftig von den Kroaten und Serben ebenso getrennt wie die Polen. Damit aber waren die Tschechen von dem byzantinischen Einfluß abgeschnitten, der nach Sendung der Missionare Methodios und Konstantin (Kyrillos) gerade hervorzutreten begann; denn beide Missionare – zwei Brüder aus Saloniki – waren um das Jahr 863 von dem mährischen Fürsten Rastislaw ins Land gerufen worden, der den deutschen (ostfränkischen) Einfluß auf sein Gebiet von vornherein ausschalten wollte. Die Ungarn stürzten sich von der Donau aus auf Deutschland und Italien, sie waren ebenso grausam und ebensosehr auf abenteuerliche Kriegszüge erpicht wie die Normannen. Einer ihrer Raubzüge führte sie bis zum Rhein, und bei ihrer Rückkehr plünderten sie Burgund. Konrad konnte gegen diese Gefahr nichts ausrichten, aber das änderte sich nach der im Jahre 919 erfolgten Wahl Heinrichs I. (des Voglers), des Herzogs von Sachsen. Man hätte vielleicht denken können, daß die königliche Macht immer schwächer werden würde, als nach einem Karolinger und nach Konrad ein sächsischer König gewählt wurde.[9] Heinrich war jedoch der mächtigste Herzog in Deutschland, und seine Herrschaft, die ganz militärisch war, erhöhte durch ihre großen Leistungen die Macht des Königtums. Heinrich schlug die Slawen und legte dem Herzog der Böhmen einen Treueid auf. Er schlug auch die Ungarn, die schon über Merseburg hinaus vorgestoßen waren (933). Heinrich hatte die königliche Macht so sehr befestigt, daß die Fürsten noch zu seinen Lebzeiten seinen Sohn Otto als Thronfolger anerkannten.
Heinrich war vor allem als sächsischer Herzog aufgetreten. Otto erschien von Anfang an als deutscher König. Bei seiner Thronbesteigung bedienten ihn die Stammesherzöge bei Tisch. Otto hat sie trotz ihrer Aufstände seinem militärischen Werk verbinden können. Damit setzte er die Arbeit Heinrichs fort. Otto befestigte wie einst sein Vater die deutsche Herrschaft über Lothringen, aber seine bedeutendsten Taten vollbrachte er im Osten. Die Ungarn wurden unweit Augsburg endgültig geschlagen (955). Seitdem

wurden sie seßhaft und gingen zum Christentum über, und damit traten sie der europäischen Gemeinschaft trotz ihrer asiatischen Abstammung bei. Man ersieht daraus, daß der Rassenunterschied bedeutungslos und das geschichtliche Milieu allein entscheidend ist. Bei den Slawen wurden die Bistümer Meißen, Merseburg, Zeitz, Brandenburg, Oldenburg und Havelberg gegründet; sie wurden dem Erzbistum Magdeburg angegliedert, das im Jahre 968 gegründet war. Man sandte auch ein Heer nach Polen, wo Herzog Mieszko I. den Treueid leistete, Tribut zahlte und Christ wurde (966). Das war ein bedeutendes Ereignis, da Polen seit dieser Zeit mit Rom religiös verbunden blieb. Im Norden wurde Harald Blauzahn, der König von Dänemark, in der zweiten Hälfte des 9. Jahrhunderts ebenfalls gezwungen, Bistümer zu gründen und Christ zu werden.

Die politische Richtung Deutschlands wies also deutlich nach Osten. Deutschland begann, den Slawen am rechten Ufer der Elbe wieder die Gebiete zu entreißen, welche die Germanen seit ihren großen Zügen nach Westen verlassen hatten. Eine deutsche Kolonisation gab es dort freilich noch nicht; denn Deutschland hatte damals keinen Bevölkerungsüberschuß. Otto wollte die Barbaren nur zu seßhaften Christen machen. Er knüpfte zwar nähere Beziehungen zur Kirche an, wie einst die Karolinger; aber er tat es auf eine von der ihrigen erheblich abweichende Weise. Bei den Karolingern hatte der Herr des Staates enge Beziehungen zum Haupt der Kirche. Für Otto konnte diese Lage nicht eintreten; denn das Papsttum seiner Zeit war tief im Rang gesunken, und Otto war außerdem noch nicht Kaiser. Er suchte seine Unterstützung daher nicht bei dem Papst, sondern bei den Bischöfen. Durch sie konnte Otto den weltlichen Großen künftig eine persönliche Politik entgegensetzen, und er suchte seine Ratgeber bei diesen Prälaten. Sein Bruder Bruno war Erzbischof von Köln, und Otto machte ihn zum Herzog von Lothringen. Dieses Beispiel ist kennzeichnend. Die Bischöfe wurden allmählich zu Territorialfürsten, und Otto betrachtete sie mehr unter diesen weltlichen als unter geistlichen Gesichtspunkten. Man könnte zur Kennzeichnung der Veränderung sagen, daß die Karolinger einst den Staat klerikalisiert hatten, während Otto einfach die Kirche verweltlichte. Die Kirche mußte freilich mächtig sein, um Otto wirksam stützen zu können. Daher schenkte er den Bischöfen viele Ländereien und Grafschaften. Der deutsche König konnte dies tun, während der französische es nicht konnte; denn viele Grafschaften hingen noch von Otto ab, der einfach die Länder der großen Aristokraten beschlagnahmte, die ihm Widerstand zu leisten gewagt hatten. Dies konnte geschehen, weil die Entwicklung in Deutschland weniger in feudalem Sinne fortgeschritten war. Nur so ist die Politik Ottos möglich geworden, die aus den Bischöfen Reichsfürsten machte. In ganz Deutschland und Lothringen wurden solche geistlichen Fürstentümer gegründet. Hier handelt es sich um eine besondere Art des Lehenswesens; denn über diese Lehen verfügte der König nach eigenem Gutdünken. Die Ausbildung in der Kapelle des Monarchen machte aus den künftigen bischöflichen Reichsfürsten eine Art geistlicher Pagen. Sie verdankten ihre Position nur Otto. Wo sie auch von Otto und seinen Nachfolgern eingesetzt wurden, unterschieden sie sich von den weltlichen Machthabern durch die ideelle Auffassung, die sie von den fürstlichen Rechten hatten. Ihre gelehrte Bildung und ihre Kultur gaben ihnen Verständnis ein für die Bedeutung der Disziplin. Durch diese dem Herrscher ergebenen Bischöfe wurde zwar die persönliche Macht des Herrschers stärker, nicht aber der Staat selbst, von dessen Gebiet sie ja einen Teil erhielten. Bischof Gerhard von Cambrai (1012–1031) weigerte sich, in seinem Bistum den von der Kirche angeordneten Gottesfrieden einzuführen, da nur der König den öffentlichen Frieden sichern dürfe. Die geistlichen Fürsten des Reiches erweckten im zehnten Jahrhundert bei den Lothringern Bewunderung für die deutsche Disziplin.

Je gebildeter die geistlichen Fürsten waren, desto mehr dienten sie dem König. Viele von ihnen unterhielten hervorragende Schulen; vor allem war die Domschule von Lüttich berühmt. Die karolingische Tradition wurde in diesen Unterrichtsstätten wieder aufgenommen. Doch mischten sich weder Otto noch seine Nachfolger in dogmatische Fragen ein; sie waren damit zufrieden, die Kirche fest in der Hand zu haben. Ihre Reichskirche ähnelte ein wenig den späteren lutherischen Landeskirchen.

Der völlig machtlose Papst ließ dieser großen bischöflichen Politik des deutschen Königs freie Hand und dachte nicht daran, einen Vorrang über ihn zu beanspruchen. Der Papst wollte von ihm nur Schutz. So rief Johann XII. den Herrscher zu Hilfe und erneuerte das Kaisertum, indem er am 2. Februar 962 Otto die Kaiserwürde übertrug. Diese Würde gab die Kirche noch mehr in die Hände des Herrschers, bis dann später der Investiturstreit in Deutschland ausbrach.

Otto war persönlich sehr mächtig, und sein Kaisertitel war nur eine Konsequenz dieser Macht. Markgraf Berengar von Ivrea hatte schon auf der Flucht vor König Hugo von Italien bei Otto Schutz gesucht, und im Jahre 951 ging Otto, damals noch nicht Kaiser, über die Alpen und nahm den Titel eines Königs von Italien an. Italien, das vorher einen Augenblick sich selbst überlassen gewesen war und diesen Augenblick nur dazu benutzt hatte, sich zu zerfleischen, war nunmehr für Jahrhunderte an Deutschland gebunden.

Dem Eingreifen Ottos in Italien lag das Motiv einer Verteidigung päpstlicher Interessen fern: jenes Motiv, das bei der Intervention der Karolinger maßgebend gewesen war. Ottos Beweggründe waren dynastischer Art; sie hatten denn auch nichts mit deutschen Interessen zu tun. Nichts, was es südlich der Alpen gab, hätte ja das damalige Deutschland locken können. Deutschlands Eingreifen in die Verhältnisse Italiens stand sogar im Widerspruch zu der deutschen Expansion im Osten. Dachte Otto schon an sein späteres Kaisertum, als er diesen ersten Zug nach Italien unternahm? Als er sich dazu einmal entschlossen hatte, mußte er auch nach Rom gehen und Kaiser werden; denn jede starke Macht, die damals wieder im Abendland auftrat, mußte ihren Schwerpunkt in Rom suchen.

Nachdem das Kaiserreich für Otto wieder errichtet worden war, nahmen Rom und Italien in der Politik der deutschen Herrscher einen immer größeren Platz ein. Aber konnten die Monarchen diese Bürde tragen? Nach der Regierung Ottos (der im Jahre 973 gestorben war) mußte Otto II. gegen die Sarazenen in Südeuropa zu Felde ziehen. Er wurde von ihnen am Capo Colonne (unweit Crotone) in Calabrien geschlagen und starb kurz darauf in Rom (983). Sein Sohn, Otto III., der sich in imperiale Träumereien verlor, verlegte seinen Wohnsitz nach Rom; dort verlor er Deutschland ganz aus den Augen; er starb schon im Jahr 1002. Aber in der Zwischenzeit hatte sich Boleslav Chrobry in Polen unabhängig gemacht, und die polnische und ungarische Kirche lösten sich unter den Erzbischöfen von Gnesen und Gran von der deutschen Kirche. Die Wenden hatten sich gegen die Herrschaft Ottos II. erhoben und ihr Joch abgeschüttelt. Unter Svend Gabelbart erstarkte das Heidentum in Dänemark wieder. Der letzte Herrscher aus der sächsischen Dynastie, Heinrich II. von Bayern, vernachlässigte die Wiederaufrichtung der kaiserlichen Macht an den Grenzen, um sich ausschließlich mit Italien zu beschäftigen, wo Markgraf Arduin von Ivrea sich zum König hatte ausrufen lassen (1014). Die kaiserliche Idee überwog deutlich die königliche, und in Wahrheit gab es keinen König von Deutschland. Der König nannte sich *Rex Romanorum* (König der Römer), wie er sich als Kaiser *Imperator Romanorum* (Kaiser der Römer) nannte. Damals gab es kein Wort, womit Deutschland bezeichnet wurde.[10] Man setzte es dem Kaiserreich gleich, und seine Könige erschöpften sich darin, diese Identifikation zu erhalten. Alle diese Könige waren Deutsche, aber sie führten keine deutsche Politik. Ihre Macht lag zwar nur nördlich der Alpen, aber Italien lockte sie immer wieder, und sie verbrauchten ihre Kräfte an dieser Politik. Deutschland wurde das Opfer des mittelalterlichen Kaisertums, und doch ist die Geschichte Deutschlands mit der Geschichte dieses Kaisertums untrennbar verbunden. Die deutschen Könige hatten offenbar eine Aufgabe übernommen, die für ihre Kräfte zu schwer war. Man kann die Frage stellen, wie das Schicksal Europas verlaufen wäre, wenn die mittelalterlichen Herrscher Deutschlands sich nicht in Italien erschöpft hätten, sondern stetig nach Osten vorgedrungen wären. Doch kann man nicht sagen, daß diese Herrscher das deutsche Volk im Stich gelassen hätten, denn das deutsche Volk hatte damals keinen nationalen Willen. Die Verteidigung der Grenzen war das einzige Bedürfnis, das die Deutschen nach Osten führte. Durch die wirtschaftliche Struktur der damaligen Zeit erschöpften die Züge nach Italien das deutsche Volk nicht. Die Kaiser des elften Jahrhunderts konnten sich keine andere Aufgabe stellen als die Verwirklichung des religiösen oder – wenn man so will – kirchlichen Ideals. Die Tradition der Karolinger beherrschte auch diese späteren Kaiser gänzlich, und man kann begreifen, daß Otto dieses Ideal nicht ändern wollte. Eine nationale Politik war noch nicht möglich; die einzige Konzeption, die ein kraftvoller Monarch in jener Zeit von seiner Gewalt haben konnte, ging von der Einheit der Christenheit aus. Da ein nationales Bewußtsein fehlte, konnte sich damals eine Regierung den geistigen Universalismus um so mehr erlauben, je primitiver der wirtschaftliche Zustand ihres Gebietes war. Besser gesagt: die damalige Politik, die sich noch nicht von Interessen leiten lassen konnte, mußte notwendig vorwiegend in der Welt der Ideen leben.

In Deutschland war die karolingische Dynastie mit Ludwig dem Kinde ausgestorben (911), aber sie hielt sich in Frankreich noch bis zum Jahre 987. Nach dem Tode Odos von Paris (898) griffen die großen Aristokraten des Königreiches auf die traditionelle Dynastie zurück und erkannten Karl den Einfältigen an. Sie hatten ihn nach dem Tode Karls des Dicken ja nur übergangen, weil er damals noch minderjährig war. Karl der Einfältige und seine Abkömmlinge wirken allerdings karolingisch nur noch durch ihre traditionellen Namen: Lothar, Ludwig, Karl. Keiner von ihnen hat den

Kaisertitel erworben, keiner daran gedacht, ihn zu beanspruchen. Lothar, der Enkel Karls des Einfältigen, hat die Krönung und Herrschaft Ottos ohne starken Widerstand geschehen lassen. Der einzige Gedanke, den diese Karolinger der Tradition ihrer Familie noch entnahmen, war die Hartnäckigkeit, mit der sie Anspruch darauf erhoben, Lothringen wiederzugewinnen. Lothar gelang es sogar, sich durch einen Vorstoß kurze Zeit Aachens zu bemächtigen, wo er beinahe Kaiser Otto II. überrascht hätte. Die Franzosen drehten die auf dem Giebel der Kaiserpfalz angebrachte Skulptur des Adlers in einer symbolischen Geste nach Osten: der Adler sollte den Blick nicht mehr nach Westen richten. Doch die Kräfte Lothars waren für seine Ziele zu schwach. Otto II. führte noch im gleichen Jahr (978) zur Vergeltung ein Heer bis vor Paris; Lothringen, das für eine kurze Weile erobert war, war nun für Frankreich verloren. Das Bistum Verdun blieb zwar noch einige Zeit in französischer Hand, aber auch dieses Gebiet kam bald an das Reich (987).

Der Sohn Lothars, Ludwig V., regierte nur ein Jahr. Nach seinem Tode blieb nur noch ein Karolinger übrig: sein Onkel Karl, ein Bruder Lothars. Otto II. hatte ihn zum Herzog von Lothringen gemacht; aber vergeblich versuchte er, die Krone Frankreichs zu gewinnen. Zwar wurde er von einigen Großen unterstützt, aber Hugo Capet setzte ihn im Jahre 991 gefangen. Karls Sohn Otto, der – wie schon sein Name beweist – Frankreich entfremdet war, folgte ihm als Herzog von Lothringen. Mit ihm erlosch die ruhmvolle Dynastie der Karolinger im Dunkel, denn man kennt nicht einmal sein Todesjahr genau. Er muß um das Jahr 1005 gestorben sein.

Die Ohnmacht der letzten Karolinger (die so ganz im Gegensatz zu den erfolgreichen Unternehmungen der deutschen Könige stand) ist keineswegs als Folge einer Unfähigkeit dieser Fürsten aufzufassen. Ludwig, der Sohn Karls des Einfältigen, und Lothar waren sogar willensstarke und wagemutige Persönlichkeiten; aber sie hatten keinen Boden unter den Füßen. Die Aristokratie hatte in den Gebieten, in denen sie regierten, ein vollkommenes Übergewicht gewonnen. Der König besaß nur so viel Macht, wie die Aristokratie ihm ließ; aber sie wollte ihm so wenig Macht wie möglich gewähren, um die Grafschaften leichter in die Hand zu bekommen und durch Angliederung dieser Länder ihre feudalen Fürstentümer zu bilden. Wäre es erforderlich gewesen, einem Angriff von außen Widerstand zu leisten, so hätten sich die Aristokraten vielleicht um die Krone geschart; aber seit der Ansiedlung der Normannen an der Küste (911) hatte Frankreich keine äußeren Feinde mehr. Die französische Aristokratie hatte gar kein Interesse an Lothringen, dessen Erwerb eine rein dynastische Frage war. Der König von Frankreich wünschte den Erwerb dieses Landes ja vor allem, um seine eigene Macht zu stärken; denn diese erstreckte sich de facto nur noch auf seine letzten Domänen und auf seine letzten Vasallen im Gebiet von Laon. Im Inneren des Landes vermochte der französische Herrscher von sich aus nichts mehr zu unternehmen. Wenn er einen seiner Vasallen durch eine Expedition bezwingen wollte, mußte er dazu die Unterstützung eines anderen Vasallen gewinnen.[11] Lothar versuchte vergeblich, den Grafen Arnulf von Flandern daran zu hindern, südlich der Lys vorzudringen. Die Treue der königlichen Vasallen wurde immer zweifelhafter. Ein Teil von ihnen ließ Karl den Einfältigen im Stich und machte den Grafen Robert den Tapferen von Paris zum König (922); doch wurde Robert schon im folgenden Jahr ermordet. Die Großen ersetzten ihn nun durch Herzog Rudolf von Burgund, und Karl der Einfältige starb in Gefangenschaft. Unter Ludwig V. wurde der Sohn Roberts, Hugo der Große, sehr mächtig. Ihm verdankte Ludwig seine Wahl, und Hugo hielt sich für berechtigt, den König zu bevormunden. Bald erhob sich Hugo offen gegen Ludwig, und der deutsche König Otto I. mußte dem rechtmäßigen König von Frankreich zu Hilfe kommen, damit ihm die Krone erhalten blieb (946). So ist es erklärlich, daß der König von Frankreich seine Bestrebungen nach außen richtete, um sich wieder eine Macht zu schaffen. Er war wegen seiner Schwäche dazu gezwungen, während Deutschlands König seine Macht gerade aufgrund seiner Stärke nach außen erweiterte. An den König von Frankreich wandten sich die Aristokraten immer wieder; er war einerseits nicht gefährlich, und anderseits wollten sich sogar die mächtigsten Vasallen auf ihn stützen, um andere Vasallen daran zu hindern, ihrer eigenen Macht Konkurrenz zu machen.

Nach dem Tode König Ludwigs V. gab es keinen geeigneten karolingischen Erben mehr, denn Karl, der Herzog von Lothringen, wurde von der Aristokratie nicht als König von Frankreich akzeptiert. Daher wurde die Wahl Hugo Capets (1. Juni 987) durch die Traditionen seiner Familie möglich. Zwei seiner Ahnen waren Könige gewesen, und der Erzbischof von Reims, Adalbero, stützte ihn. Als Hugo den Thron bestieg, entstand eine Dynastie von Königen; sie regierte Frankreich acht Jahrhunderte und erlangte die Hegemonie in Europa. Damals aber deutete nichts auf eine solche Zukunft. Die Wahl Hugo Capets ist ein bedeutendes

Datum der Geschichte; aber sie war kein bedeutendes Ereignis für die Zeitgenossen, denn nichts oder beinahe nichts änderte sich. Man hatte ja schon früher kapetingische Könige gewählt, diese Wahl war also nichts eigentlich Neues. Die geistige Konzeption vom Königtum blieb ebenfalls unverändert. Hugo und seine Nachfolger hatten von der Idee der Monarchie keineswegs andere Auffassungen als die letzten Karolinger. Weder der Titel noch die Embleme, noch auch die Organisation des Hofes erfuhren eine Veränderung. Noch immer war der König der von der Kirche Gesalbte, noch immer sah er sich als den weltlichen Hüter der Ordnung und als den Schutzherrn der Kirche an. Das karolingische Ideal blieb das königliche Ideal überhaupt. Mehr noch: die königliche Macht blieb theoretisch unbegrenzt, und nur die Kirche konnte interpretieren, wo diese Macht enden mußte. Alles hing tatsächlich von der Kraft des jeweiligen Königs und der Macht der Aristokratie ab. Es war eine Frage des feinsten Taktgefühls, die realen Grenzen der königlichen Macht zu sehen, und die Kapetinger haben die wirkliche Lage erkannt. Sie waren dabei keineswegs lehensoberherrliche Könige in dem Sinne, daß sie ihre Macht etwa als gesetzlich durch die Macht der Aristokratie beschränkt betrachtet hätten. Die Kapetinger waren vielmehr nur Opportunisten, die fühlten, wie weit sie gehen konnten. Sie fühlten das aus sogleich darzulegenden Gründen besser als die Karolinger. Seit den Kapetingern beruhte das Königtum nur auf der Wahl durch die geistliche und weltliche Aristokratie. Das war zwar bereits unter den späteren Karolingern der Fall; aber diese waren ja damals schon eine Dynastie, während die Kapetinger erst eine solche gründen mußten. Ihre Politik nötigte sie also von vornherein, die große Aristokratie zufriedenzustellen und kein Mißtrauen bei ihr zu erwecken. So vermieden die Kapetinger nach innen wie nach außen jede Schwierigkeit und ließen denn auch die lothringische Frage fallen. Die Könige begnügten sich damit, zu leben und zu ihrem Glück jedesmal einen Thronerben zu hinterlassen, den sie noch zu ihren Lebzeiten zu ihrem Nachfolger wählen ließen. So bürgerte sich die Erblichkeit der Thronfolge ebenso wie bei den ersten Ottonen hier tatsächlich ein; aber in Deutschland setzte sie sich durch die Macht, in Frankreich durch die Schwäche der Herrscher durch.

Die ersten Kapetinger befestigten ihre Stellung ohne jeden auf persönliches Prestige gerichteten Ehrgeiz. Philipp I. wurde von Robert dem Friesen, Grafen von Flandern, geschlagen (1071); aber er versöhnte sich mit ihm und heiratete sogar Roberts Stieftochter.

Die Könige stützten sich nur auf ihren eigenen Domänenbesitz bei Paris, Etampes, Orléans und Senlis. Sie hätten keine kirchlichen Bistümer errichten können wie die Ottonen, denn die weltliche Aristokratie hatte in Frankreich bereits alle Gebiete an sich gerissen. Die Kapetinger ließen es hingehen. Die Kirche, nicht der König organisierte in Frankreich den Gottesfrieden. Die Kapetinger begnügten sich damit, den Festen und Versammlungen der Großen beizuwohnen und den Abteien Bestätigungsurkunden zu geben. Sie waren so bescheiden, daß sie keine Hofhistoriographen hatten, und heirateten einfache Prinzessinnen. Diese Könige verließen ihre Paläste nicht oft, und man sah sie selten. Gesandtschaften empfingen und entsandten sie nicht. Robert der Fromme, Hugos Sohn (996–1031), lehnte die Krone Italiens ab, welche die Großen der Lombardei ihm anboten; Heinrich I. (1031–1060) duldete ruhig, daß Kaiser Konrad II. sich das Königreich Burgund aneignete. Von Philipp I. (1060–1108) hörte man weiter nichts. Trotzdem blieb die Dynastie der Kapetinger an der Spitze Frankreichs und verwurzelte sich dort immer tiefer. Damit wurde ihre Residenz Paris, die sie kaum verließen, allmählich zu einer Hauptstadt. Sie war die erste, die sich im mittelalterlichen Europa bildete. Früher hatten die Könige ihren Wohnsitz oft geändert; aber die Kapetinger setzten sich als Herrscher über ihren Besitz fest und gaben dem Land einen Mittelpunkt. Die einzige Ursache, aus der Paris die Hauptstadt Frankreichs wurde, ist darin zu suchen, daß es der Wohnsitz der Kapetinger war.[12]

Die deutschen Könige, die durch die Kraft einer primitiven Gesellschaftsordnung stark waren, verbrauchten diese Kraft in gewaltigen Unternehmungen und erfüllten die Christenheit mit ihrem Namen; aber sie verwurzelten sich nicht. Die Könige von Frankreich lebten zwar in einer weiter fortgeschrittenen Gesellschaft und waren dadurch in ihrer Macht beschränkt, aber in einfacher Bescheidenheit bauten sie ruhig an der Zukunft, ohne hervorzutreten. Im Vergleich zu ihren deutschen Zeitgenossen, die maßlos und romantisch waren, waren die Kapetinger praktisch und prosaisch. Sie waren Leute mit gesundem Menschenverstand, kannten die Grenzen ihrer Macht und erweiterten sie unmerklich. Als unter Ludwig VI., dem Sohn Philipps I., mit der Eroberung Englands durch Wilhelm den Eroberer (1066) eine gefahrvolle Zeit begann, erhob sich das französische Königtum, das nun genügend erstarkt war, und stellte sich dem Kampf, der die ganze folgende Zeit beherrschte.

Drittes Kapitel

DER FEUDALISMUS

1. Die Zersetzung des Staates

Gewöhnlich bezeichnet man das politische System, das nach dem Verschwinden der Karolinger in Europa geherrscht hat, als feudal. Diese Bezeichnung geht auf die Französische Revolution zurück. Die Französische Revolution legte dem Feudalismus unterschiedslos alle Rechte, Privilegien, Gebräuche und Traditionen zur Last, die der Verfassung des modernen Staates und dem Aufbau der modernen Gesellschaft widersprachen. Wenn man aber die Worte genau deuten will, kann man unter Feudalismus und unter feudalem System nur juristische Beziehungen verstehen, die sich aus dem Lehen oder aus der Bindung zwischen Herrn und Vasallen ergeben.[13]

Man mißbraucht die Sprache, wenn man die inhaltliche Bedeutung der Worte so weit ausdehnt, daß man in Begriffen wie »Feudalismus« und »feudales System« eine ganze politische Ordnung unterbringt, in der das feudale Element tatsächlich nur einen sekundären Faktor bildete: es trug innerhalb der politischen Ordnung mehr formellen als materiellen Charakter. Wir wollen zwar in unserer Darstellung den Sprachgebrauch im allgemeinen beibehalten, betonen aber, daß die wichtigste Folge und das bedeutendste Charakteristikum die Zersetzung des Staates war.

Alles trug zu dieser Zersetzung bei, nachdem schon in den Anfängen der Königreiche, die durch die germanischen Eroberungen gegründet waren, die materielle Unmöglichkeit deutlich wurde, das römische Staatswesen fortzusetzen. Diese Zersetzung bahnte sich schon am Ende der Merowingerzeit an. Allerdings erhielt das Königtum, auf welchem alles beruhte, sowohl durch die großen Eroberungen als auch durch sein Bündnis mit dem Papsttum seine Bedeutung für eine kurze Zeit wieder. Diese Eroberungen und die neue Macht der Monarchie konnten jedoch die begonnene Zersetzung nicht lange aufhalten; denn die Ursachen der Zersetzung lagen in der gesellschaftlichen Ordnung selbst. Nur der Herrscher konnte die politische Organisation aufrechterhalten. Theoretisch war der Staat eine Monarchie mit einem Verwaltungsapparat, aber tatsächlich war er sogar unter Karl dem Großen – wie wir gesehen haben – recht schwach; die politische Verfassung des Staates entsprach ja seiner wirtschaftlichen Struktur nicht. Seitdem der Handel und die Städte verschwunden waren, kam eine Zeit, in der die großen Domänen Menschen und Ländereien zugleich absorbierten; so standen die Arbeitsleistung der Menschen und die Erträge jetzt einer Schicht von großen Herren zur Verfügung. Diese großen Grundherren aber waren um so unabhängiger, als ihre wirtschaftliche Existenz unerschüttert blieb und die ganze von der Domäne ausgehende Erzeugung von Werten nur dem Unterhalt der Domäne selbst diente. Vom Staat hatten die Grundherren also weder etwas zu erwarten noch etwas zu fürchten, und dies entschied über das Schicksal des Königtums. Früher oder später, entsprechend dem Fortschritt der gesellschaftlichen Entwicklung, war das Königtum gezwungen, seine Rechte und Befugnisse auf diese »Mächtigen« übergehen zu lassen. Sie waren nun beinahe die einzigen Untertanen des Königs, da sie sich zwischen ihn und das Volk schoben, das er durch sie regieren lassen mußte. Die einzige noch wirksame Macht des Königs war die, welche er aus seinen eigenen Domänen gewann. Dort aber, wo diese Macht auf die rein politische Souveränität beschränkt war, herrschte er bald nur noch pro forma. Wie hätte sich auch das Königtum, das keine Steuern mehr erheben und also keine Beamten bezahlen konnte, als Machtfaktor halten sollen! Sollte es sich auf die Kirche stützen, wie es in Deutschland unter den Ottonen geschah? Dies war dort nur möglich, weil die weltliche Aristokratie in Deutschland damals ja noch nicht so stark war wie die Großen in Westeuropa. Zudem unterhöhlte die Institution der bischöflichen Territorialfürstentümer die deutsche Monarchie. Der Monarch wurde durch sie nur in militärischer Hinsicht gestärkt, aber seine Regierungsgewalt wurde es nicht, und der Staat wurde weiter zersetzt. Bei den wirtschaftlichen Verhältnissen jener Zeit mußte die Macht des Königs sinken, sobald er sich nicht mehr auf militärische Kraft oder eine von seinem persönlichen Einfluß getragene überragende Position stützen konnte. Tatsächlich verfiel die monarchische Macht seit Karl dem Großen schnell. Vor den Großen wurde die Stellung des Königs immer schwächer. Am Ende des neunten Jahrhunderts war das Königtum nicht mehr erblich, sondern gründete sich nur noch auf Wahl. Es hätte also verschwinden können, blieb aber doch bestehen, und dies kennzeichnet die ganze Lage.[14] Bei den großen Aristokraten kam der Gedanke an eine Abschaffung der Monarchie nicht auf, ein letztes Gefühl für die Einheit des Staates war bei ihnen noch vorhanden. Hierbei trat auch der Einfluß der Kirche hervor; denn sie erkannte die Großen nicht an und sah nur im König den Schutzherrn und Wächter der von der göttlichen Vorsehung gewollten irdischen Ordnung. Der König seinerseits schützte auch die Kirche und war der Garant ihres Besitzes an Gütern. Übrigens hatten auch die Großen selbst einen König als Richter und Schlichtungsinstanz bei Streitigkeiten nötig, so wie in den Gerichtssitzungen ein Vorsitzender nötig ist, der das Urteil vollstrecken läßt. Der König war für die gesellschaftliche Ordnung und den »öffentlichen Frieden« unentbehrlich. Selbstverständlich sollte er nicht wirklich herrschen, sondern nur formell regieren.

Trotzdem blieb seine Macht recht unbeschränkt. Er verzichtete auf kein Recht und auf keine Befugnis. Der König war also theoretisch ein absoluter Herrscher; aber seine Macht war gelähmt. Die Glieder gehorchten dem Haupt nicht mehr. Äußerlich hatte sich allerdings nichts geändert: die Könige wandten noch immer ihre alten Formeln an und nahmen in der offiziellen Sprache noch immer alle Zeichen der Ehrfurcht entgegen; aber sie hatten die wirkliche Macht in die Hände der Aristokraten gleiten lassen. Die heutigen Juristen theoretisieren über den Staat und die Rechte des Königs im hohen Mittelalter nicht ohne Geist; aber die Wirklichkeit war ganz anders. Der Staat zersetzte sich und zerfiel, um sich aus seinen Trümmern in einer anderen Form wieder zu bilden. Nach Karl dem Kahlen fertigten die Herrscher keine allgemeinen Verordnungen mehr aus, und erst im zwölften Jahrhundert brach eine neue Zeit an, in welcher der König wieder legislative Bedeutung erhielt.

Die Macht war von selbst aus den Händen des Königs in die der Aristokraten geglitten, die zugleich seine Beamten waren. In diesem Sinn kann man sagen, daß der Beamte die ihm obliegenden staatlichen Funktionen usurpiert hatte. Dies geschah von selbst, ohne besondere Beschlüsse und ohne heftige Erschütterungen; denn der Beamte beherrschte einen Teil der Menschen, über die er die Verwaltung ausübte, und besaß einen bedeutenden Teil der Ländereien seines Gebietes.

Dennoch machte man zwischen den privaten Rechten des Beamten über seine Ländereien und Menschen einerseits und der öffentlichen Macht andererseits (den königlichen Rechten, die der Beamte im Namen des Königs, aber nur noch zu seinem eigenen Vorteil ausübte) auch weiterhin einen deutlichen Unterschied. Die privaten Rechte übte er im eigenen Namen aus und besaß sie als

Bestandteile seines Vermögens; die öffentliche Macht dagegen besaß er nur kraft königlicher Übertragung. Wenn der Graf in seiner Grafschaft der höchste Gerichtsherr, der militärische Gewalthaber, der Empfänger dessen, was sich vom römischen *census* noch erhalten hatte, sowie Inhaber des Rechts auf Beherbergung und Verpflegung und schließlich auch noch Empfänger der Verkehrszölle war, so verdankte er diese Macht seiner Position als Beamter. Die Macht übte er zwar im Namen des Königs aus, aber er allein zog Nutzen daraus, und der König konnte seinen Beamten nicht daran hindern.

Die reale Macht der Aristokratie veränderte und durchbrach eigennützig die Grenzen der regionalen Verwaltungseinheiten des Staates. Der Staat war seit der Zeit der Merowinger in Grafschaften geteilt, und diese waren klein; auf diese Weise konnten die Grafen ihre Grafschaften in einem Tag durchreisen. Aber seit dem achten Jahrhundert begannen die einflußreichsten Grafen, sich die Macht auch in verschiedenen angrenzenden Grafschaften zuzueignen. Reiche Heiraten, gütliche Vereinbarungen und die Gunst oder Furcht der Könige brachten vielfach eine Anzahl mehr oder weniger großer früherer Bezirke zu einer einzigen Ländermasse zusammen. Die neue Grafschaft, die sich durch solche Eingriffe bildete, wurde ein Fürstentum, ihr Besitzer aus einem Grafen zu einem Fürsten. Die frühere Bezeichnung, die der römischen Verwaltung entnommen war *(comes* oder *comte)*, blieb zwar bestehen, aber dieser einstige Beamte der Zentralgewalt übernahm die ihm übertragene königliche Macht selbst, vergrößerte das Gebiet, in welchem er sie ausübte. Nunmehr wurde er ein kleiner örtlicher Souverän, und sein Geschlecht blieb es dann Jahrhunderte hindurch. Dies alles geschah unter Anwendung unerhörter Gewalttaten und beispielloser Falschheit. Das zehnte Jahrhundert war (ebenso wie später das fünfzehnte Jahrhundert) die Zeit des politischen Mordes. Die territoriale Gewalt der feudalen Fürsten war in der Wahl der Mittel ebenso gewissenlos wie diejenige der absoluten Monarchen oder der Tyrannen der Renaissance; nur war die Willkür der Fürsten noch brutaler und roher. Jeder versuchte sein Land auf Kosten seines Nachbarn auszudehnen, und alle Mittel waren ihm recht. Die Gier nach Land beherrschte alle diese feudalen Herren, und niemand gebot ihnen Einhalt. So stießen ihre Interessen aufeinander, und die ganze Roheit ihrer Instinkte trat dabei zutage. Der König war machtlos, und wenn er einmal versuchte, einzugreifen, so führte sein feudaler Beamter gegen ihn Krieg. So starb beispielsweise Karl der Einfältige im Gefängnis des Grafen von Vermandois.

Trotzdem – und hier zeigt sich das Charakteristikum des Lehenswesens – waren die Fürsten durch einen Eid an den König gebunden. In diese Bindung hatte sich die frühere Unterordnung der Beamten unter den König verwandelt. Die Großen waren die Männer des Königs und seine Getreuen. Theoretisch blieb der König der höchste Träger der Rechte, die man ihm tatsächlich genommen hatte, und der Treueid war die Bestätigung dieser Rechtsposition. Man darf also nicht sagen, daß das Lehenswesen den Staat zerstückelt habe. Im Gegenteil, es hielt wenigstens noch eine formelle Verbindung zwischen dem König und den regionalen Brocken des Königreiches aufrecht, dessen sich die großen Beamten, die nun Fürsten geworden sind, tatsächlich bemächtigt haben. Der Lehenseid machte aus diesen Fürsten nämlich Vasallen. Als später das Königtum wieder erstarkte, wurde aus dem Lehenswesen ein Prinzip, das von den Kronjuristen zum Vorteil des Herrschers ausgebaut wurde. Vorläufig aber ließ der König die Usurpation geschehen und erkannte sie an, da er sie nicht zu verhindern vermochte. Die Lehensleute betrachteten ihre Position als erblich. Der Sohn folgte dem Vater, und die Erblichkeit wurde seit dem elften Jahrhundert auch auf die weibliche Linie ausgedehnt.

Die Fürsten und die großen Vasallen betrachteten den König, der sich noch immer als den Träger aller Macht ansah, nur unter dem Gesichtspunkt des Lehensverhältnisses. Für sie war er nur ein Magnat, mit dem sie vertraglich verbunden waren. Sie schuldeten dem König Hilfe und Rat, er schuldete ihnen die Gewährung von Schutz. Wenn er sie in seiner Eigenschaft als König und Herr angriff, hielten sie sich für berechtigt, gegen ihn zu kämpfen. Die Fürsten betrachteten das Königtum anders als der König selbst; aber die Folgen dieses Unterschiedes wurden erst später fühlbar, und bis zum zwölften Jahrhundert fanden sich die Könige, abgesehen von seltenen Ausnahmen, mit dieser Situation ab.

So wurde der Staat seit dem Ende des neunten und dem Beginn des zehnten Jahrhunderts zu einer leeren Form. Die Provinzen waren Fürstentümer, die einstigen Regierungsbeamten Fürsten geworden. Der König war außerhalb seines Privateigentums nur noch der »Lehenssouverän« seines Königreiches. Eine Vielheit lokaler Souveränitäten hatte die frühere Einheit der Verwaltung, wie sie aus dem römischen Kaiserreich hervorging, ersetzt. Man muß aber zugeben, daß diese Situation weder abnormal noch ungesund war, denn sie entsprach den sozialen Gegebenheiten und daher auch einem Bedürfnis der damaligen Gesellschaft. Die rein agrarische, auf den Domänen beruhende Wirtschaft jener Zeit machte die

Aufrechterhaltung einer einheitlichen Verwaltung unmöglich, die ja selbst Karl der Große nicht wahrhaft hatte verwirklichen können. Die politische Macht konnte nicht in den Händen des Königs zentralisiert bleiben, da die Menschen jener Zeit sich in Mengen persönlich und besitzmäßig den Domänen angliederten und in ein Schutzverhältnis zu den großen Grundherren traten. Die politische Macht verlagerte sich zwangsläufig dahin, wo die tatsächliche Macht war, und kristallisierte sich also sozusagen um deren reale Träger; der Schutz der Menschen ist ja nicht nur die hauptsächliche Aufgabe, sondern auch das gestaltende Element der Staaten. Der König aber schützte seine Untertanen nicht mehr, dies taten die Großen. So war es notwendig und der Allgemeinheit nützlich, daß die Großen, die den Untertanen des Königs Schutz gewährten, auch den Staat zu ihrem Vorteil teilten und aufspalteten. Sie hatten hierbei sicher das für sich, was man die öffentliche Meinung nennen könnte: das Gefühl des Volkes. Man sieht nirgends, daß die kleinen Leute versucht hätten, das Königtum zu retten. Sie kannten es ja nicht einmal mehr.

In den engen Zentren der territorialen Fürstentümer hat sich damals zum erstenmal ein System der Regierung und der Verwaltung gebildet, das die Menschen wirklich erfaßte. Das Königreich war zu ausgedehnt, um ein solches System ausbilden zu können; es beschränkte sich zu seinem Unheil darauf, eine unkontrollierbare Verwaltung zu organisieren. Unter diesen Umständen erreichte der große Staat die Volksmassen überhaupt nicht. In den territorialen Fürstentümern aber war es anders. Die territorialen Fürsten hatten Kontakt mit der Wirklichkeit, und ihre außeramtliche Position ermöglichte es ihnen, ihre nur mittelgroßen Länder wirksam zu verwalten. Die Zahl ihrer Schutzbefohlenen und Vasallen entsprach dem Umfang ihres Gebietes, und sie konnten ihnen das Personal für die Verwaltung entnehmen. Jeder Territorialfürst ging an die organisatorische Arbeit, und obwohl sich der Aufbau hinsichtlich der Einzelheiten in regional verschiedenen Formen vollzog, war die große Linie in allen territorialen Fürstentümern die gleiche. Diese Arbeit in der Stille, für die damalige Entwicklung der Gesellschaft von höchster Bedeutung, wurde zuerst in den Niederlanden und in Frankreich vollendet; sie wurden dadurch zu den gesellschaftlich am meisten fortschrittlichen Gebieten. Die Könige thronten über dem Ganzen und standen im Vordergrund, die Kaiser machten große Politik; doch die Territorialfürsten bildeten die erste Form einer neuen politischen Organisation aus, wie sie Europa seit den Zeiten des römischen Kaiserreiches nicht mehr gekannt hat.

Dies alles entwickelte sich ohne irgendein theoretisches Prinzip und ohne bewußte Planung. Die Praxis paßte sich nur den tatsächlichen Verhältnissen an.

Das Werkzeug der territorialen Organisation des Fürsten war sein Grundbesitz, denn ihm entlehnte er seine Macht. Die fürstlichen »Höfe« oder die am günstigsten gelegenen Domänen des Fürsten wurden mit Verteidigungswerken versehen und entwickelten sich nun zu Schlössern (Burgen) und zu Zentren einer militärischen, wirtschaftlichen und gerichtlichen Organisation. Sie waren in den meisten Fällen ziemlich große, mit Mauern umgebene Räume, die Wohngebäude sowie Speicher für Lebensmittel und Quartiere für die Garnison der Berittenen enthielten. Ein Kastellan oder Burggraf, den der Fürst seinen Leuten entnommen hatte, vertrat in dem Bezirk, welcher den Namen Burggrafschaft (châtellenie, kasselrij und so weiter) trug. Der Burggraf (Kastellan) stand an der Spitze der Festung, überwachte die Verhältnisse im Land und war Vorsitzender des örtlichen Gerichtshofes. Damit er und die in der Burg garnisonierten Reiter leben konnten, mußte die Bevölkerung Naturalleistungen aufbringen. Dies war das Prinzip der Besoldung, auf dem der neue Staat beruhte, während die Könige einen festgelegten Zins zugunsten der öffentlichen Macht nicht kannten. Seit dem elften Jahrhundert findet man ferner Spuren einer Grafensteuer *(petitio, bede):* sie war ein neuer Fortschritt, wie primitiv zunächst noch die Erhebung dieser Steuer und ihre Festsetzung auch sein mochte. Während also der König außerhalb der Erträge seiner eigenen Domänen keine Einkünfte hatte, organisierte der Fürst die seinen. Ferner ließ der Fürst eigene Münzen schlagen; er hatte sich mit allen anderen Rechten des Königs auch das Münzrecht angeeignet und zog durch Verschlechterung des Münzgehaltes bedeutenden Gewinn daraus. Auch das Recht, Verkehrszölle zu erheben, war in die Hände der Territorialfürsten gelangt, und außerdem erhielt der Fürst natürlich seinen Anteil an den in seinem Gebiet verhängten Bußen.

Seine Macht war in jeder Hinsicht weit stärker als die des Königs. Während der König gewählt wurde, vererbte sich das Fürstentum, und glücklicherweise bürgerte sich das Recht der Erbfolge nur eines einzigen Nachfolgers schon im zehnten Jahrhundert ein, so daß die Fürstentümer nicht auch noch wie die Königreiche zerstückelt wurden. Es ist erstaunlich, wie stabil sie (zuletzt als Provinzen) bis zur Französischen Revolution geblieben sind. Die Fürsten hielten sich seit dem zehnten Jahrhundert ihre Geschichtsschreiber, die die Geschichte des landesherrlichen Geschlechts aufzeichnen mußten. Der Fürst hatte ferner einen Hof, welcher dem Hofe des Königs nachgebildet war und also Chargen wie den Kanzler, Marschall, Seneschall, Mundschenk kannte. Die Vasallen waren dem Fürsten treuer als er dem König; denn der Landesherr lebte ja in der Nähe seiner Vasallen und war viel mächtiger als sie. Er war der Vogt aller Klöster in seinem Gebiet, legte ihnen zu seinem Vorteil Zinsverpflichtungen oder Dienste auf. Die zeitgenössischen Schriften nennen den Fürsten: *princeps, monarcha, advocatus patriae, post Deum princeps.*

Er war in Wahrheit das Haupt des Landes, der *patria*. Dieses Wort wurde in den lateinischen Schriften des Mittelalters bemerkenswerterweise zuerst auf die kleinen regionalen »Vaterländer« angewandt. Dort taucht geschichtlich zuerst der Patriotismus auf, welcher später an die Stelle des von der Stadt her bestimmten Bürgersinns der Antike trat. Er ähnelte dem Familiengefühl und verkörperte sich in dem Manne, der für Väter und Söhne das Haupt und der Beschützer der Gruppe blieb. Das Wappen des Fürstengeschlechts wurde zum Wappen der Bevölkerung. Man war in der gemeinsamen Treue zu ihm vereinigt. Etwas Ähnliches gab es unter den Merowingern und Karolingern noch nicht, und erst viel später richtete sich dieses Gefühl auf den König. Der moderne Patriotismus wurde aus dem dynastischen Gefühl heraus geboren und hat zuerst in den Territorialfürstentümern Gestalt gewonnen.

Der Fürst schützte die Menschen seines Territoriums wirklich. Er setzte für sie sein Leben aufs Spiel, und seine Tätigkeit wie auch seine soziale Funktion waren wirksam und bedeutend. Er führte seine Leute im Krieg persönlich an und warf sich mit ihnen den Feinden entgegen; aber er leitete auch die Rechtspflege und rechnete mit seinen Steuereinnehmern ab. Der Fürst entschied persönlich in allen bedeutenden Fragen und überwachte die Aufrechterhaltung des öffentlichen »Friedens«. So sorgte er für die Sicherheit der Wege und beschützte die Armen sowie die Waisen, Witwen und Pilger. Der Fürst verfolgte die Straßenräuber an den Hauptwegen, ließ sie gefangennehmen und aufhängen. Er war der höchste Gerichtsherr seines Landes, der Wahrer und Garant der öffentlichen Ordnung, und insofern hatte seine Funktion vor allem sozialen Charakter. Wenn man von der »blutigen« Epoche des Feudalismus spricht, so kann sich das nur auf das Außen, auf den Kampf mit dem Feinde, nicht aber auf die Innenpolitik der Territorialherren beziehen. Sicherlich hat die politische Erziehung überhaupt erst innerhalb der feudalen Fürstentümer begonnen.

Der große Staat, dessen gesonderte Bruchstücke diese Fürstentümer ja waren, hatte die Menschen nicht erfaßt. Er war gleichsam über sie hinweggeschritten, ohne sie zu berühren. Die Monarchie hatte die Umrisse des politisch-staatlichen Lebens festgelegt, das Christentum zur allgemeinen Religion gemacht, sich mit der Kirche verbunden und ein Ideal vom Königtum geschaffen, das weiterlebte und später erstarkte; aber die Monarchie konnte damals die Menschen noch nicht erreichen. Um die Menschen zu erfassen und wirklich zu beherrschen, bedurfte es der örtlich nahen, festen und eingreifenden Macht lokaler Fürsten. Alle diese fürstlichen Bewahrer der Ordnung, diese rauhen Kämpfer mit den komisch klingenden Namen, verdienen trotz ihrer Verrätereien, ihrer Morde und ihrer Raubzüge gegen die Nachbarn einen Platz unter den Schöpfern der europäischen Kultur. Im politischen und sozialen Leben waren sie die ersten, welche die Institutionen und Formen dieser Kultur heranbildeten.

2. *Der Adel und das Rittertum*

Im zehnten Jahrhundert entstand in Europa ein juristisch abgegrenzter neuer Stand: der Adel. Um seine Bedeutung zu ermessen, braucht man nur die Tatsache zu erwähnen, daß damals innerhalb der Laienwelt ausschließlich der Adel politische Rechte hatte. Später nahm das Bürgertum einen immer größeren Platz neben dem Adel ein; aber dieser Platz wurde bis zur Französischen Revolution doch als zweitrangig angesehen. Der Adel spielte in der europäischen Geschichte beinahe die gleiche Rolle, die – freilich unter ganz anderen sozialen Umständen – die Patrizier in der römischen Geschichte gespielt hatten, und das Bürgertum übernahm hierbei die Rolle der römischen Plebejer. Erst in den modernen Staaten sind die Adeligen mit der Masse der Bürger verschmolzen: etwa so, wie die Verallgemeinerung der Bürgerrechte im römischen Kaiserreich die alte Verschiedenheit zwischen Patriziern und Plebejern verschwinden ließ.
Der Adel hat auf die Geschichte Europas einen so bedeutenden und allgemeinen Einfluß ausgeübt, daß man vergißt, was für ein eigenartiges, nur der christlichen Gesellschaft des Westens zugehöriges Phänomen er ist. Das Römische und Byzantinische Reich wie auch die mohammedanische Welt kennen nichts Ähnliches. Allerdings weisen alle primitiven Gesellschaften einen Adel von mytho-

logischer Abstammung auf; aber dieser verschwindet jeweils, sobald eine solche Gesellschaft zur Kultur gelangt. So war es auch mit dem alten germanischen Adel, der die Völkerwanderung nicht überlebte. Der Adel des Mittelalters ist von diesem germanischen Adel durch fünf Jahrhunderte getrennt; er ist eine ganz neue, von ihm wesensverschiedene Institution.

Der Vorgänger dieses Adels war die mächtige, teilweise noch römische, teilweise aber aus Emporkömmlingen und aus Beamten bestehende Aristokratie, deren Erscheinen und deren immer gewichtigere Rolle in den neuen Königreichen uns bereits bekannt ist. Diese alte Aristokratie war jedoch kein Adel im Sinn einer juristisch abgegrenzten Klasse, der man durch seine Geburt zugehört. Sie war vielmehr nur eine rein sozial abgehobene Schicht: die Gruppe der Mächtigen. Außerdem besaß diese Aristokratie, so groß ihre Macht auch tatsächlich war, keine juristischen Vorrechte, und in der Zeit Karls des Großen hatte selbst der größte Grundbesitzer vor Gericht nur die gleiche Stellung wie der einfachste freie Mann.

Zwei Ursachen trugen zu der Bildung des neuen rechtlich abgegrenzten Adelsstandes bei: die ständige Verminderung der Anzahl freier Menschen und die militärische Dienstpflicht in der Gestalt eines Lehensverhältnisses. Diese Dienstpflicht war für die Entstehung des Adels bedeutender als die Verminderung der Anzahl freier Menschen und hätte schon an sich genügt, den Adel entstehen zu lassen.

Als das System der Domänen sich verbreitete, wurde die bäuerliche Bevölkerung juristisch degradiert und zu einer mehr oder weniger vollkommenen Leibeigenschaft geführt. Wer die Freiheit behalten hatte, befand sich in einer bevorrechteten Lage, und seit dem zehnten Jahrhundert nahm das Wort *liber* (freier Mann) die Bedeutung von *nobilis* (Adeliger) an. Die alten Gewohnheitsrechte im Familienrecht und im Erbrecht wurden nur noch auf die freien Leute angewandt. Das allgemeine Recht der freien Bürger wurde zu einem Ausnahmerecht für wenige Freie. Das *connubium* des römischen Rechts war in der Antike immer mehr erweitert worden, während diese Institution im Beginn des Mittelalters eingeschränkt wurde. Das Familienrecht war schließlich nur noch das Privileg einer kleinen Zahl von Menschen, und ebenso war es mit dem freien vererblichen Eigentum *(allod, allodium)*.

Diese Freien, deren Anzahl wir nicht schätzen können, bewahrten natürlich das Recht, Waffen zu tragen. Ihr Eigentum gestattete

ihnen, ein Pferd für den Kriegsdienst zu unterhalten. Vor allem waren sie Krieger.
Neben diesen Freien und (wenigstens in Frankreich) weit zahlreicher als sie gab es noch eine andere Schicht von Freien: die Vasallen. Sie lebten nicht von ihrem persönlichen Eigentum, das heißt von ihrem Allod, sondern von dem Lehensgut, das ihnen in jenen agrarischen Zeitläuften als Sold diente. Sie waren – mehr noch sogar als die anderen Freien – Kriegsleute; aber sie waren im Gegensatz zu ihnen keine erblichen Besitzer; denn das Lehen vererbte sich nur dann vom Vater auf den Sohn, wenn dieser für den Krieg geeignet war. Wenn der Vater nur Töchter oder solche Söhne hinterließ, die für den Krieg ungeeignet waren, so fiel das Lehen nach seinem Tode an den Lehensherrn zurück; aber dieser Fall trat selten ein. In Frankreich waren die Lehen seit Karl dem Kahlen erblich, und obwohl diese Erblichkeit in Deutschland erst unter Kaiser Konrad II. anerkannt wurde, war sie auch dort sicherlich schon vor dieser Zeit üblich geworden.
Neben diesen freien Soldaten, von denen die einen Eigentümer allodialen Landes und die anderen Besitzer von Lehen waren, gab es noch die unfreien Krieger: kräftige und getreue Leibeigene, die von den großen Herren im Krieg als Leibgarden verwendet wurden. Im Frieden erhielten diese Dienstmannen *(ministeriales),* die vor allem in Deutschland zahlreich waren, Vertrauensposten. Sie bildeten die Aristokratie der unfreien Menschen.
Alle diese Freien und Unfreien aber waren durch den gemeinsamen Waffendienst verbunden und genossen bei dem Rest der Bevölkerung besondere Achtung; denn alle geistigen Funktionen waren Geistlichen anvertraut, so daß nur der Waffendienst einem Laien eine bevorrechtete Stellung in der Gesellschaft geben konnte. Erst als mündiger Mann trat man in den Militärstand, und hierfür bedurfte es einer besonderen Zeremonie: der Überreichung der Waffen durch den Herrn oder einen anderen Kriegsmann. Diese Weihe machte den Jüngling erst zum Ritter, das heißt ganz einfach zum berittenen Soldaten. Wer die Ritterweihe erhielt, erlangte damit die Vorteile und den Vorrang der ritterlichen Stellung. Anfangs mußte der Sohn eines Ritters sich ebenfalls zum Ritter schlagen lassen, sonst blieb er einfacher Bauer, und da die Töchter eines Ritters nicht zum Ritter geschlagen werden konnten, hatten sie keine besondere Position in der Gesellschaft. Aber dies alles war offenbar nur ein Übergang; die tatsächliche Entwicklung schuf allmählich das Recht. Im allgemeinen wurde der Sohn eines Ritters wieder zum Ritter. Bald wurde ein solcher Sohn von Geburt an für

ein Mitglied des militärischen Standes gehalten, und die Töchter eines Ritters nahmen an seiner gesellschaftlichen Stellung ebenfalls teil. Sobald dieser Punkt erreicht war – dies war, mindestens in Frankreich, seit dem zehnten Jahrhundert der Fall –, gab es den Geburtsadel. Er war somit ein vererblicher Stand, der im Staat einen besonderen Rang einnahm, welches auch seine soziale Stellung sonst sein mochte. *Nobiles* waren alle, die durch sich selbst oder ihre Vorfahren der *milicia* angehörten. Die Eigenschaft, frei zu sein, war für diese Zugehörigkeit nicht absolut nötig, da auf die Dauer auch die *ministeriales* als Adelige angesehen wurden.[15]
So fiel der Stand der Vasallen praktisch mit dem Adelsstande zusammen. Doch war die Grundlage des Adels das Lehensgut. Man konnte auch jemanden zum Ritter machen, der kein Lehen hatte, und erst ziemlich spät (im dreizehnten Jahrhundert) wurde ganz allgemein denen, die nicht adlig sind, der Besitz eines Lehens verboten. Die gesellschaftliche Funktion allein machte den Adel, aber sie war eine Funktion, die wirtschaftliche Unabhängigkeit dank eigenem Besitz (Allod) oder feudalem Besitz (Lehen) voraussetzte. Der Adel war in Wirklichkeit das Heer: ein Heer mit vererblicher Zugehörigkeit. Daraus erklären sich seine Vorrechte, welche die Gegenleistung für den militärischen Dienst bildeten. Der Adelige zahlte dem Grafen keine Abgabe für sein Land, da er ihm den Kriegsdienst leistete. Diese Steuerfreiheit war das eigentliche Vorrecht des Adels, die anderen Vorrechte hatten keinen spezifischen Charakter. Allerdings hatte der Adel rechtlich eine besondere Stellung, und es galt für ihn ein besonderes Familienrecht, auch genoß er vor Gericht eine Sonderposition; aber dies alles war nur ein Überrest von Rechten, die einst allen freien Menschen gemeinsam und dann für die Nichtadeligen weggefallen waren.
Die Bedeutung des Adels lag in seiner gesellschaftlichen Funktion. Durch seine militärischen Dienstleistungen war er über den Rest des Volkes hinausgehoben und stand in ständiger Beziehung zum Fürsten. Nur der Adel stellte die weltlichen Verwaltungsbeamten und bildete das Heer. Der Adel stellte auch die Burggrafen, die Leiter der Domänen (Meier) und alle Vertreter der Verwaltung. So erscheint der Adel nicht nur als militärischer, sondern auch als politischer Stand. Neben ihm gab es als Stand nur noch die Geistlichkeit, deren körperlichen Schutz der Adel übernahm, so daß die Stände füreinander wirkten. Dies ist übrigens nicht etwa eine nachträglich konstruierte Theorie, denn die zeitgenössischen Schriftsteller haben es durchaus bemerkt und deutlich formuliert.

Der Adel war sehr zahlreich; es wimmelte geradezu von Mitgliedern dieses Standes. Vor allem konnte sich dort, wo das System der Domänen stark ausgebildet war, auch die Bildung von Lehen leicht entwickeln. Man kann sagen, daß die gesellschaftliche Entwicklung sich in der Anzahl oder besser gesagt in der Dichtigkeit des Ritterstandes ausdrückt, und diese Dichtigkeit nahm von Frankreich nach Osten (bis zur Elbe hin) immer mehr ab. Man kann annehmen, daß in jeder Landstadt Frankreichs oder der Niederlande mehrere Ritter waren, und höchstwahrscheinlich stellten sie – mindestens in diesen Gebieten – den zehnten Teil der Bevölkerung dar.

Man darf sich freilich das Leben der Angehörigen des Ritterstandes nicht etwa luxuriös vorstellen. Ihre Lehen und kleinen Landgüter sicherten ihnen nur ein bescheidenes Leben. Ihre militärische Ausrüstung bestand aus einer Lanze, einem ehernen Helm, einem Schild und einem linnenen Waffenrock, nur die Reichsten unter ihnen hatten ein Panzerhemd. Sie waren Soldaten und übten sich, wenn der Krieg sie nicht in Anspruch nahm, in Turnieren, die wirklichen Schlachten ähnelten. Sie trafen sich auf diesen Turnieren zu Hunderten, gruppierten sich dort nach den Gebieten, aus denen sie kamen, und kämpften, bis ein paar von ihnen auf dem Felde blieben. Die Ritter waren äußerst kampflustig; sie waren ständig in private Fehden und Familienkämpfe verwickelt, in denen sie sich gegenseitig mit größter Leidenschaft zu vernichten strebten. Vergeblich versuchte die Kirche seit dem Ende des zehnten Jahrhunderts, zuerst in Frankreich und später in Deutschland, die Tage, an welchen gekämpft werden durfte, zu beschränken; die Gewohnheit war zu stark. Der Geschichtsschreiber Lambert von Waterloo erzählt im zwölften Jahrhundert, daß zehn Brüder seines Vaters in einem Treffen bei Tournai an einem einzigen Tage von ihren Feinden getötet wurden. Im gleichen Jahrhundert stellte Robert der Friese, Graf von Flandern, die Liste derer auf, die in der Umgebung von Brügge getötet worden waren, und erklärte, daß hierfür 10 000 Mark »Sühnegelder« aufzubringen seien. Natürlich konnte in einem solchen Milieu keine geistige Kultur gedeihen. Nur bei den reichsten Herren jener Zeit unterrichtete ein Geistlicher die Mädchen im Lesen. Die jungen Männer lehrte man, sobald sie reiten konnten, nur die Kriegskunst. Soldatische Lieder, wie Taillefer sie in der Schlacht von Hastings sang, waren die einzige Literatur, die sie kannten. Sie waren gewalttätig, unkultiviert und abergläubisch, aber andererseits ausgezeichnete Soldaten. Diese Fähigkeit sieht man an den Taten der Normannen in Sizilien und an ihrer Eroberung Englands, sie geht auch aus dem Staunen des Kaisers Alexios über die Ritter aus Flandern hervor, die durch Konstantinopel zogen. Vor allem aber zeigte sich die soldatische Fähigkeit der Ritter in dem unerhörten Unternehmen der Kreuzzüge. Durch diese Eigenschaft waren die aus Frankreich und aus den niederländischen Territorialfürstentümern stammenden Ritter die besten Krieger ihrer Zeit. Das hatte aber nichts mit ihrer Rasse zu tun, denn ihre soldatischen Eigenschaften waren das Ergebnis ihrer Erziehung. In Westeuropa wurde darin das Größte erreicht, weil die Ritter dort am zahlreichsten waren, und sie waren dies infolge der im Verhältnis zum übrigen Europa größeren Entwicklung des Domänenwesens.

Am Ende des elften Jahrhunderts war der Ritterstand sehr verbreitet; aber die ritterlichen Sitten, die für den Edelmann nach den Kreuzzügen einen Kodex der Höflichkeit und Ehrenhaftigkeit bildeten, gab es damals noch nicht. Um diese Regeln zu entwikkeln, bedurfte es erst einer größeren Verfeinerung. Doch die beiden Empfindungen, aus denen sich dann die Rittersitte entwikkelte, waren schon vor den Kreuzzügen vorhanden: Religiosität und Ehrgefühl. Diese Soldaten wurden trotz ihres Aberglaubens und ihrer Roheit von niemandem an Frömmigkeit übertroffen. Sorgfältig achteten sie das kirchliche Asylrecht, und sie hielten in der Verfolgung eines Feindes inne, sobald sie in der Ferne die Türme eines Klosters erblickten. Den Reliquien, welche die Mönche durch ihre Gebiete führten, folgten die Ritter mit vorbildlicher Andacht; weithin, nach Rom und Jerusalem machten sie ihre Pilgerfahrten. Auf diesen Zügen entstanden wohl auch die Lieder der Ritterzeit. Der Ehrbegriff, den die Ritter späteren Geschlechtern vererbt haben, war ganz militärisch. Das moderne Ehrgefühl trägt andere Züge als das der Ritter. Das ihrige beruhte hauptsächlich auf dem Gefühl für unwandelbare Treue. Sie verwendeten zwar allgemein die List als Kampfmittel, aber sie brachen keine Zusage. Das Wort *homagium* (in seiner Bedeutung für Huldigung oder Mannschaft) hat im späteren Sprachgebrauch allmählich seine ursprüngliche Gewichtigkeit verloren, aber für die Ritter besaß es noch seine ganze Kraft und drückte die Pflicht aus, sich uneingeschränkt für ihren Herrn einzusetzen. Der Verrat galt ihnen als das schlimmste der Verbrechen.[16] Die Ritter betrachteten alles vom persönlichen Standpunkt aus: als Angelegenheit von Mann zu Mann. Das Gefühl für Gehorsam und Disziplin war ihnen vollständig fremd. Wenn Ritter sich gekränkt fühlten, erhoben sie sich gegen den Beleidiger; ihre freie Sprache war in jener Zeit etwas ganz Ungewöhnliches. Die wirtschaftliche Unabhängigkeit der Ritter hat unter ihnen Tugenden verbreitet, die auch später, unter veränderten Umständen, in Europa bewahrt blieben und eine kultiviertere Form erhielten. Die geistige Grundlage, auf welcher der Adel sich später aufbaute, war also schon in jener Zeit gelegt; sie ist ohne weiteres aus den Verhältnissen zu erklären und unterscheidet sich sehr von der Grundlage, auf der sich nachher das Bürgertum erheben sollte. Der Adel bewahrte bis zu seinem Untergang als Stand noch die Spuren einer sozialen Schicht, welcher der Gedanke an wirtschaftlichen Profit ebenso fern lag wie produktive Arbeit. In gewisser Hinsicht findet man bei den Rittern den antiken Gedanken wieder, daß die Arbeit eines freien Mannes nicht würdig sei; aber der freie Mensch der Antike widmete die Muße, die er der Arbeit seiner Sklaven verdankte, den öffentlichen Angelegenheiten. Der Ritter des Mittelalters benutzte die Muße, die ihm sein Grundbesitz gewährte, zur Hingabe an die Vermehrung seines militärischen Rufes und an den Dienst für seinen Herrn. Jahrhunderte mußten noch vergehen, und der Adel mußte den Rang, den er früher eingenommen hatte, erst allmählich verlieren, bevor das Wort »nobel leben« das gleiche bedeutete wie »leben, ohne etwas zu tun«.

Viertes Buch

DER INVESTITURSTREIT UND DIE KREUZZÜGE

Erstes Kapitel

DIE KIRCHE

1. Das Papsttum

Als das Imperium der Karolinger in Verfall geraten war, hatte das Papsttum, wie wir sahen, vieles von dem gewonnen, was dieses Reich an Kraft und Glanz verlor. Dennoch konnte es sich auf der Höhe, zu der es emporgestiegen war, aus eigener Kraft nicht halten. Das Papsttum beruhte auf dem Kaisertum, es hatte sich gleichsam an ihm emporgezogen. Nachdem das Reich der Karolinger jedoch völlig zusammenbrach, mußte auch das Papsttum sinken. Zuerst wurde es bei den Kämpfen abenteuerlicher »Könige von Italien« vergewaltigt, die miteinander um die Halbinsel und sogar um die Kaiserkrone stritten, und schließlich, im Anfang des zehnten Jahrhunderts, wurde es eine Beute römischer Feudalherren. Die großen Grundbesitzer der römischen Campagna kämpften untereinander um die Ernennung eines Familienmitgliedes zum Papst. Allerdings wurde der Papst noch immer von den Geistlichen und der Bevölkerung Roms gewählt, aber es war leicht, die Wähler mit Gewalt zu zwingen, oder den gewählten Papst, welcher der mächtigsten Partei mißfiel, zu stürzen. Die Wahl des Papstes durch die Gemeinschaft des Klerus und der Gläubigen ging geordnet vor sich, solange dem Papsttum noch eine starke Macht zur Seite stand. Zuerst war die Wahl des Papstes durch den byzantinischen Exarchen, später durch die *missi dominici* überwacht worden. Aber seit dem Niedergang des Kaisertums wurde die Wahl des Papstes unter dem Druck der Adeligen vorgenommen. Die Päpste jener Zeit erschienen und verschwanden nach dem Belieben feudaler Cliquen. Einige Päpste wurden ermordet, andere starben im Gefängnis. In dieser römischen Umgebung, in der Roheit und Sittenlosigkeit wetteiferten, wurde die Tiara mehr als einmal durch die Intrigen von Frauen vergeben. Frauen wie Marozia und ihre Schwester Theodora spielten in Rom mit Hilfe ihrer wechselnden Gatten oder Liebhaber die päpstliche Würde ihren Söhnen zu. Die Legende von einer Päpstin Johanna beruht zwar auf einer Übertreibung, aber sie stellt in karikaturistischer Form Skandale dar, die in jener Zeit nur allzusehr Wirklichkeit waren.

Alberich von Tusculum, ein Sohn der Marozia, wurde schließlich Herr über Rom und entschied, wer Papst sein sollte. Er brachte es dahin, daß die Römer seinen Sohn Octavian als seinen Nachfolger und als künftigen Papst anerkannten. Dieser Sohn wurde nach dem Tode Alberichs sein Nachfolger als Beherrscher Roms und erhielt im Jahre 955 mit achtzehn Jahren die päpstliche Würde, als wäre sie ein Lehensgut. Dennoch sollte gerade dieser dem Stadtadel entstammende Papst, der den Namen Johann XII. führte, zum Werkzeug einer Wiederherstellung des Kaiserreichs werden. Natürlich trieb den Papst nur sein persönlicher Eigennutz dazu, und er sah in dieser bedeutenden Tat einen Vorteil für sich selbst. Wenn Johann XII. im Jahre 962 den deutschen König Otto I. nach Rom rief und ihm die Kaiserkrone auf das Haupt setzte, geschah es, weil dieser Papst die Hilfe Ottos gegen seinen Todfeind, den Markgrafen Berengar von Ivrea, brauchte, der sich »König von Italien« nannte. Die Tradition eines Leo I. und Karl des Großen war so sehr vergessen, daß Johann XII. nicht auf den Gedanken kam, daß Otto vom Kaisertum eine höhere Auffassung haben könne, als sie Johann selbst vom Papsttum besaß. Niemand verstand in Rom mehr den beherrschenden Einfluß, den die Begriffe »Kaiser« und »Papst« auf die Geschichte gehabt hatten. Als Johann bemerkte, daß der neue Kaiser seine Machtstellung ernst nahm und daß die eigene Herrschaft über Rom bedroht war, begann er sogleich Verrätereien und Intrigen gegen ihn. Otto kehrte nun nach Rom zurück, berief eine Synode ein und ließ Johann durch diese Synode absetzen. Dann erzwang Otto von den Römern einen Eid, künftig niemals ohne seine oder seines Sohnes Zustimmung einen Papst zu wählen. Leo VIII. wurde in Gegenwart Ottos gewählt, und erst dann verließ der Kaiser Rom; aber die Römer waren nur der kaiserlichen Gewalt gewichen. Kaum hatte Otto Rom verlassen, so verjagten sie Leo VIII. und riefen Johann XII. zurück; sie wählten nach dessen Tod einen neuen Papst, ohne sich an ihr durch Eid bekräftigtes Versprechen zu halten. Dieser neue Papst nannte sich Benedikt V. Otto mußte wieder nach Italien zurückkehren, um Rom zu belagern. Er nahm Benedikt V. gefangen, sandte ihn in die Verbannung nach Hamburg und setzte Leo VIII. von neuem als Papst ein. Aber Papst Leo starb, und danach erhielt unter deutschem Einfluß Johann XIII. die Tiara, aber bald wurde auch er durch einen Aufstand der Römer vertrieben. Der Kaiser mußte im Jahre 966 wieder über die Alpen ziehen und Johann von neuem auf den Papstthron setzen.
Gegenüber dem Kaiser erschien der Papst in allen diesen Kämpfen

nur als Regent von Rom und beinahe wie ein ungehorsamer Vasall. Die großen Erinnerungen, die das Papsttum als Institution erweckte, und die lokale Rolle, auf die es nun beschränkt war, standen in einem Gegensatz, der scharfe Formen annahm. Immer wieder erhoben sich die römischen Lehensherren nach ihrer Demütigung. Unter Otto II. waren die Crescenzi in Rom ebenso mächtig, wie es zuvor Alberich von Tusculum gewesen war, und die Niederlage des Kaisers im Jahre 982 in der Schlacht am Capo Colonne (Calabrien) durch eine arabische Streitmacht kam ihrer Macht noch zugute.

Otto III. hegte die unklare Hoffnung, das Bündnis zwischen Papsttum und Kaisertum wiederherzustellen. Er folgte der karolingischen Theorie, aber nicht der karolingischen Praxis. Dieser Ottone träumte davon, aus Rom den Mittelpunkt einer doppelten Macht zu machen, die von dort aus in untrennbarer Einheit die Christenheit lenken sollte. Otto kam mit fünfundzwanzig Jahren in Rom an und ließ seinen Vetter Bruno zum Papst wählen. Dieser nahm den Namen Gregor V. an und krönte Otto im Jahr 996 zum Kaiser. Nach dem drei Jahre später erfolgten Tode Gregors ließ Otto den größten Gelehrten seiner Zeit den Stuhl des heiligen Petrus besteigen: Gerbert von Aurillac, der zuerst Erzbischof von Reims, später Erzbischof von Ravenna gewesen war und als Papst den Namen Silvester II. annahm. Gerbert wollte damit an jenen Silvester I. erinnern, der nach einer Legende einst Kaiser Konstantin den Großen getauft hatte.

Der Kaiser ließ sich neben diesem neuen Papst auf dem Aventin nieder. Er bewohnte dort einen Palast von byzantinischem Pomp. Die Etikette in diesem Palast aber erinnerte in ihrer Strenge an die Ordensregeln. Otto III. war in idealistische Träumereien verloren, die teilweise dem Einfluß seiner byzantinischen Mutter Theophano, teilweise dem Einfluß der Bischöfe, die ihn erzogen hatten, zuzuschreiben sind. Otto scheint ein neues Rom für möglich gehalten zu haben: ein Rom, in dem der Papst an der kaiserlichen Macht teilnehmen sollte.

Rom sollte wieder der Mittelpunkt der Welt werden. Otto wie Gerbert verloren in ihren Träumereien die Wirklichkeit aus den Augen, aber diese rächte sich grausam. Ein Aufstand der Römer zwang Otto zur Flucht, und gebrochenen Herzens starb er auf Schloß Patterno am Fuß des Berges Soracte (23. Januar 1002).

Von neuem stritten nun die Adelscliquen um die Ewige Stadt: die Crescenzi und die Grafen von Tusculum. Papst Benedikt VIII., der eine Kreatur dieser Grafen war, hielt sich mit Hilfe Kaiser

Heinrichs II. ebenso wie einst Johann XII., als er Otto I. herbeigerufen hatte. Der Nachfolger Benedikts war sein Bruder Johann XIX. (1024–1032), ein Laie, der an einem Tage alle Weihen zugleich erhielt. Er krönte Konrad II. zum Kaiser. Nach Johann wurde ein drittes Mitglied der Grafenfamilie von Tusculum gewählt: Benedikt IX. Dieser Papst wurde von den Crescenzi verjagt, welche ihn durch Silvester III. ersetzten. Silvester wurde aber bald darauf von seinem Gegner Benedikt IX., der an die Spitze seiner Partei trat, vertrieben. Dann verkaufte er seinen Titel an Gregor VI. Es gab damals gleichzeitig drei Päpste!
Die Wiederaufrichtung des Kaisertums hatte also das Papsttum nicht wieder stark gemacht. Die Kaiser nahmen – mit Ausnahme Ottos III. – die Tradition der Karolinger nicht auf. Sie regierten mit der Kirche, das heißt mit den Bischöfen, nicht aber mit dem Papst. Dieser diente den Kaisern nur, indem er sie krönte.
Im übrigen konnten die Kaiser die Ordnung in Rom nicht wiederherstellen, und das kümmerte sie auch wenig. Der Papst konnte ihnen ja nicht schaden, da er in der Kirche keine Autorität mehr besaß. Die Geistlichkeit in Rom war in den Händen der Adelscliquen; sie war über die Zustände nicht empört und tat nichts dazu, dem Sitz des heiligen Petrus den früheren Glanz oder auch nur die frühere Würde wiederzugeben. Nur von außen konnte die Reform kommen, die das Papsttum wieder erhob und es damit zwangsläufig in einen Kampf mit den Kaisern verwickelte.

2. *Die cluniacensische Reform*

Die Zucht, die Moral, das Wissen und der Reichtum der Kirche hatten sich unter den Karolingern gehoben und waren gewachsen. Diese Vorzüge hingen von der Unterstützung und daher von der Macht der Karolinger ab. Als die Macht der Dynastie verfiel, mußte die Kirche eine Krise durchmachen, die, ebenso wie die Krise der politischen Verfassung, tatsächlich zum Ausgangspunkt einer aktiven Erneuerung wurde. In Deutschland hatte die Kirche seit Otto I. feste Grundlagen erhalten, ihre Krise war daher kurz. Seit Otto belebte sich die karolingische Tradition unter Leitung der Bischöfe bald wieder. Die geistige Kultur des Klerus folgte wieder den Wegen, die Karl der Große und Alkuin gebahnt hatten. Anders stand es aber in Westeuropa. Das Lehenswesen, das sich dort verbreitet und den Staat zerstört hatte, brachte auch der

Kirche einen Rückschlag. In Frankreich, Lothringen und Italien war die Lage der Bischöfe der Lage der Päpste recht ähnlich. Sie mußten sich gegen die feudalen Herren ihrer Nachbargebiete verteidigen. Diese drängten der Geistlichkeit häufig bestimmte Bischöfe auf und verjagten sie, wenn sie der stärksten Clique mißfielen; manchmal wurde ein Bischof, der einer solchen Machtgruppe offen zu trotzen wagte, sogar einfach ermordet. Der Papst konnte für die Bischöfe nichts tun. In Frankreich vermochte der König nur die auf seinen Domänen residierenden Bischöfe zu schützen, wo er sie übrigens selbst ernannte. Noch trauriger war die Lage der Klöster. Mächtige Laien, die sich ihnen als Vögte aufdrängten oder sich ganz einfach den Titel von Äbten anmaßten, plünderten den Grundbesitz, der den Klöstern gehörte. Diese weltlichen Herren bildeten nicht selten aus Klosterbesitz Lehensgüter für ihre Leute und erzwangen von den Mönchen den Unterhalt ihrer Diener und ihrer Jagdmeuten. Ganz allgemein kann man sagen, daß sie die klösterlichen Besitztümer plünderten, ohne daß jemand sie daran hindern konnte.

Als die Kirche die zeitweilige Krise, die sie durch den Zusammenbruch der weltlichen Gewalt erfuhr, einmal überwunden hatte, mußte sie stärker denn je zuvor werden, und stärker gerade deshalb, weil sie nun allein stand. Die Kirche konnte auf ihre eigene Substanz zurückgreifen und die Kräfte, die sie zeitweilig in den Dienst des Staates gestellt hatte, für sich selbst nutzen. Die Erneuerung mußte notwendig von dem Teil der Geistlichkeit kommen, der der Laienwelt am fernsten stand: vom Mönchtum.

Im Gegensatz zu dem, was im Staate vorging, lag das Übel bei der Kirche nur an der Oberfläche. Sie bekam den Rückschlag der wachsenden Macht des Feudaladels zu spüren; aber die Struktur der Kirche, die ja außerhalb der politischen Sphäre stand, wurde davon nicht berührt. Wie groß die Unordnung in der Kirche auch war, ihr Kern blieb unzerstört. Die bischöfliche Hierarchie blieb ebenso bestehen wie die Klöster. Der Glaube lebte ebenfalls weiter, denn wenn auch das Wissen und die Zucht sich verminderten, so gewann der Glaube noch neues Feld, indem er sich nun stärker verbreitete. Im zehnten Jahrhundert wurden die Pfarreien immer zahlreicher. Der Grundbesitz der Klöster war besser organisiert als der weltliche und zog viele Menschen an. Viele dieser Leute wurden *cerocensuales* (Hörige der Kirche), gehörten damit dem Schutzheiligen des Klosters und waren seine Schutzbefohlenen, die seine Verehrung förderten und seine Wunder priesen. Es war die Zeit lokaler Heiliger, wie es die Zeit lokaler Herrschaftsgebiete war: St. Lambert, St. Hubertus, St. Bavo, St. Trudo. Jeder dieser Heiligen hatte gleichsam seine besondere und regionale Funktion. Man stellte sich unter ihren Schutz wie unter die Schirmherrschaft großer Vasallen Gottes. Ihre Reliquien übten einen magischen Einfluß aus, und die Mönche führten sie im Lande umher. Die Reliquien sollten die Ritter von den privaten Fehden abhalten. Ein Abglanz der wunderbaren Macht, die man diesen Reliquien zuschrieb, fiel auf die Mönche zurück, die sie bewahrten; die Klöster, nicht die Kirchen der Bischöfe, besaßen ja die meisten Heiligenreliquien. Der Einfluß der Abteien wuchs auch deshalb, weil viele ländliche Kirchen ihnen gehörten oder von ihnen abhingen und von Mönchen bedient wurden. Das Ideal, das man von der Heiligkeit hatte, war das mönchische Ideal: Verzicht des Menschen auf die Welt, um seine Seele zu retten. Verzicht auch auf jede gesellschaftliche Aktivität und auf jede Tugendübung, soweit sie ihren Ausdruck nicht in Askese, Demut und Keuschheit fand. Von diesem Ideal her wurde dann auch die Kirche erneuert. Von den Bischöfen, die in Frankreich beinahe Feudalherren und in Deutschland Anhänger der karolingischen Tradition waren, konnte diese Erneuerung nicht kommen. Das Wissen dieser Bischöfe machte auf die geistig primitive Öffentlichkeit jener Zeit nicht den geringsten Eindruck; sie wollte Heilige und Wundertäter.

In diesem Punkte aber dachten die Ritter nicht anders als das Volk: die Bischöfe waren ja auch ihre Gegner. Die Ritter beraubten zwar die Klöster, aber achteten sie; die Fürsten, welche die Klöster am schlimmsten plünderten, machten auf ihrem Totenbett den Klöstern große Geschenke. Alle hatten Ehrfurcht vor der Heiligkeit und beklagten die Unordnung, der die Klöster anheimgefallen waren. Man bedauerte diese Unordnung selbst dann, wenn man an ihr schuld war.

Die Achtung, die man für den asketischen Gedanken empfand, zeigte sich an der Unterstützung, die man ihm gewährte. Man förderte die asketische Bewegung, sobald sie deutlich zutage trat. Gerhard von Brogne, ein Ritter, der Mönch geworden war, wurde bald durch die Kirchenzucht in einem kleinen Kloster berühmt, das er auf seinen Ländereien in Lothringen gegründet hatte. Die Grafen von Hennegau und die Grafen von Flandern beauftragten ihn, die Abteien ihrer Länder zu reformieren. Diese regionale Bewegung ist kennzeichnend und zeigt, wie stark der Boden schon für die Reform vorbereitet war, die dann von der berühmten Benediktinerabtei von Cluny ausging. Die Abtei von Cluny war schon im Jahre 910 von Herzog Wilhelm von Auvergne gegründet worden. Dieses Kloster spielte dann unter Männern wie Odo (gestorben 942) und Odilo von Mercoeur (gestorben 1049) eine Rolle, deren Bedeutung vielleicht mit derjenigen der Jesuiten im sechzehnten Jahrhundert verglichen werden kann. In Cluny handelte es sich natürlich nicht um die Bekämpfung der Ketzerei, sondern um die Lenkung des religiösen Gefühls und Gedankens in eine bestimmte Richtung. Man kann sagen, daß das Mönchtum durch Cluny dem abendländischen Christentum für Jahrhunderte seinen Stempel aufgedrückt hat. Sicherlich haben die Mönche schon vorher eine hervorragende Rolle gespielt, die ja vor allem bei der Bekehrung Englands sichtbar geworden war; aber die Weltgeistlichen waren bis zur Reform von Cluny doch bedeutsamer geblieben, denn sie waren die tragenden Kräfte des Bündnisses zwischen Kirche und Staat. Die Bischöfe handelten zur Zeit der Karolinger halb wie königliche Beamte, und sie wurden später in Deutschland Reichsfürsten. Gerade das aber wurde von den Anhängern Clunys verurteilt. Für sie war die Welt nur eine Vorstufe zur Ewigkeit. Alles mußte nach ihrer Überzeugung den überirdischen Zielen geopfert werden. Das Seelenheil bedeutete für die Anhänger Clunys alles, und nur die Kirche konnte es vermitteln. Die Kirche mußte von jeder irdischen Einmischung frei bleiben, um ihre Sendung erfüllen zu können. Die Mönche wollten kein Bündnis zwischen Staat und Kirche; denn die Anhänger Clunys erstrebten die völlige Unterordnung des Menschen und der Gesellschaft unter die Kirche, der Mittlerin zwischen Mensch und Gott. Man sah also jeden, der die Einmischung der weltlichen Macht in religiöse Angelegenheiten förderte, als simonistisch an. Der Priester durfte nach cluniacensischer Lehre nur der Kirche angehören, kein weltlicher Herr sollte ihm Befehle erteilen und keine Familie ihn beanspruchen. Die Priesterehe, die in der Praxis geduldet wurde, mußte verschwinden, sie war den Cluniacensern ein Greuel. Völlige Vergeistigung der Kirche und absoluter Gehorsam gegen das kanonische Recht war zwar nicht ein Programm im strengen Wortsinne, aber doch die eigentliche Tendenz der Anhänger Clunys. Auf religiösem Gebiet forderte diese Bewegung die Askese, auf politischem Gebiet erstrebte sie die völlige Unabhängigkeit der Kirche sowie die gänzliche Lösung ihrer Bindungen zur weltlichen Gesellschaft.

In dieser Hinsicht stand Cluny im Gegensatz zu den Auffassungen in der Karolingerzeit. Aber die Bewegung von Cluny war päpstlich; denn die Kirche mußte sich um ihr Oberhaupt, den Papst,

scharen, um unabhängig von der weltlichen Macht sein zu können.
Diese politischen Konsequenzen aus den Reformideen Clunys wurden nicht sogleich offenbar. Zuerst sah man in Cluny nur eine Erneuerung des asketischen Lebens, und von allen Seiten forderten Fürsten und Bischöfe gleichermaßen Mönche an, um die Klöster in ihren Gebieten zu reformieren. Seit der Mitte des zehnten Jahrhunderts verbreitete sich die Reform in ganz Frankreich, Italien und Flandern; nicht anders war es in Lothringen, und von dort aus gelangten die Ideen der Cluniacenser seit dem elften Jahrhundert nach Deutschland. Überall, wo die Bewegung Wurzel schlug, wuchs auch die Frömmigkeit. Diese Frömmigkeit war äußere Andacht und bestand vor allem darin, dem Ritus der Kirche zu gehorchen, Feiertage zu achten und sich ganz und gar der Kirche zu unterwerfen: der Braut Christi, seiner Stellvertreterin auf Erden, der mystischen Quelle der Gnade und des Heils. Die Zahl der Ritter, welche Mönche wurden, und die der Fürsten, welche im Kleid des Mönches starben, wuchs ständig.[1] Viele neue Klöster wurden damals gegründet, und so gab es im zehnten und elften Jahrhundert eine große Zahl von Klöstern, die Anhänger der Bewegung von Cluny waren. Die Kirche erschien als eine ganz überirdische Institution. Man lebte damals im Gedanken an das Wunderbare, und immer wieder tauchten Berichte von Wundern und Mirakeln auf. Jede Seuche war auch von wunderbaren Heilungen begleitet, und jede Pestepidemie und Hungersnot rief ungewöhnliche religiöse Erscheinungen wie die große Prozession von Tournai (im elften Jahrhundert) hervor. In Sint-Truiden (St.-Trond) übertraf das jährliche Ergebnis der durch Gläubige gebrachten Opfer alle anderen Einkünfte des Klosters. Als dort der Bau einer neuen Kirche beschlossen wurde, holte das Volk mit Wagen spontan die Steine und Säulen aus Köln ab, wohin man sie auf dem Rhein gebracht hatte. Der Gottesfriede, der die privaten Fehden an den hohen Feiertagen des Jahres unterbrach, war eine der Folgen, die der bedeutende Einfluß der Kirche auf die Gedanken und Empfindungen jener Zeit hatte; aber der gleiche Einfluß rief auch die Wirren des elften Jahrhunderts hervor, die gegen die Priesterehe gerichtet waren.
Es fehlte nicht an konservativen Menschen, welche vor der neuen Gesinnung warnten, die von Cluny ausging. Egbert von Lüttich und Sigebert von Gembloux fanden, daß diese Mönche zu weit gingen; sie erschraken vor der Unbedingtheit und Strenge der von den Cluniacensern vertretenen Ansichten. Diese ablehnende Hal-

tung war bei dem kaiserlichen Klerus zunächst allgemein. Bischof Gerhard von Cambrai wollte beispielsweise den Gottesfrieden in seiner Diözese nicht anordnen. Trotzdem vertraten die edelsten Geister und reinsten Herzen die neue Bewegung, in der sie ein Ideal erblickten. Niemand wagte es, die Bewegung von Cluny zu bekämpfen; denn das hätte als Kampf gegen Gott selbst gegolten. Die Macht dieser Bewegung ließ Spuren zurück, die unsere Lande noch heute schmücken. Damals zuerst wurden gewaltige Kirchen gebaut. Die religiöse Kunst fing in jener Zeit an, ihre Tempel zu errichten, die zu groß für die Bevölkerung, aber zu klein für die Majestät Gottes waren.[2] Im elften Jahrhundert entstanden viele Kirchen und Klöster; es war die Zeit, da die große Baukunst des Abendlandes einsetzte: eine Kunst, die bis dahin noch ganz im Bannkreis von Ravenna und Byzanz gestanden hatte. Diese neue Kunst liefert uns in ihren religiösen Bauwerken auch den Beweis für eine gewaltige Zunahme des Vermögens der Kirche. Vor allem wurden die Klöster im zehnten und elften Jahrhundert sehr reich beschenkt. Natürlich ermöglichte es dieses Vermögen den Klöstern auch, ihre soziale Bedeutung zu vermehren, beispielsweise durch Wohltätigkeit und Armenpflege.

Die Geistlichkeit war zwar allmählich zu einem Priesterstande geworden, ebenso wie der Adel zu einem Militärstande geworden war, aber sie stand jedermann offen. Ein Unfreier konnte (wenn man von seltenen Einzelfällen absieht) kein Edelmann werden; aber er konnte in den Klerus eintreten. Dazu brauchte er nur eine Schule zu besuchen und Latein zu lernen. Mit der Tonsur wurde er zum *clericus,* und in dem Glanz, der von der Geistlichkeit ausging, ging auch die Erinnerung an seine einfache Abstammung verloren. Auch der Ärmste trug gleichsam ein Bischofskreuz »im Tornister«. So abgeschlossen auch die Geistlichkeit in ihren hohen Würdenträgern war, ihre Rekrutierung auf der untersten Stufe der Hierarchie erfüllte oft die denkbar demokratischsten Forderungen. Wir dürfen nicht vergessen, daß beispielsweise Papst Gregor VII. nach Meinung seiner Zeitgenossen von sehr einfachen Eltern stammte. Diese Verhältnisse änderten sich zwar später, aber jedesmal, wenn die Kirche eine Erneuerung des Glaubens erfuhr, kann man dabei eine vom einfachen Volke ausgehende Regeneration wahrnehmen. Eine solche Regeneration war auch in der Bewegung von Cluny wirksam und bildete eine der Ursachen ihres Erfolges.

Die Kirche eroberte sich gerade im zehnten und elften Jahrhundert die bevorrechtete Stellung, die sie dann bis zur Französischen

Revolution behielt. Die Geistlichen wurden damals auf allen Gebieten von der weltlichen Gerichtsbarkeit befreit, und die kirchlichen Gerichte, die mit geistlichen Richtern besetzt waren, dehnten ihre Zuständigkeit auf alle zivilen Fragen aus, die mit der Religion in Verbindung standen. Dazu gehörten beispielsweise das Eherecht, das im wesentlichen ja vom Sakrament beherrscht wurde, sowie Verträge, die durch einen Eid bekräftigt worden waren und damit einen religiösen Charakter erhalten hatten.

Als der karolingische Staat schwach wurde, hörte er auf, der Kirche, die seine Bundesgenossin war, Hilfe zu leisten. Sie hat darunter zeitweilig gelitten, und die Position ihrer hohen Geistlichen vom Papst bis zu den Bischöfen wurde – außer in Deutschland – durch den Ausfall dieser Hilfe erschüttert; aber die daraus folgende Schwächung wurde durch eine größere Freiheit und durch ein stärkeres Glaubensleben ausgeglichen, das sich nun von der Welt abwandte und sich ausschließlich auf das Jenseits richtete. Die Mönche – vor allem diejenigen, welche von der Bewegung Clunys erfaßt worden waren – förderten und verbreiteten diese neue Strömung. Daraus ergaben sich zwei Folgen: In erster Linie nahm die Kirche, die sich als die unentbehrliche Vermittlerin des Heils betrachtete und sich ausschließlich den letzten Zielen zuwandte, einen Aufschwung, der ihr über die Seelen mehr Macht gab als früher. Ferner gewann die Kirche auch eine außerordentliche innere Kraft, denn sie wies nun jede Bevormundung und jede weltliche Einmischung in ihre Angelegenheiten als Gefahr für ihre Reinheit zurück. Schließlich verschaffte die große Achtung, welche die Kirche genoß, ihr einen ungeheuren Reichtum durch Schenkungen von Ländereien, Almosen und Rechtsprivilegien.

Diese ganze Bewegung hat sich außerhalb Roms und des Papsttums entwickelt. Aber sie mußte notwendig nach Rom gelangen. Wie sehr auch die Nachfolger Petri durch die Intrigen der Adeligen und durch die Kämpfe der Cliquen gesunken waren, wie machtlos sie auch als Schützlinge der Kaiser dastanden, sie erhielten doch durch die von Cluny ausgegangene Bewegung die Herrschaft über die gewaltigen neuen Kräfte der Kirche. Diese Kräfte arbeiteten für das Papsttum und warteten auf den Augenblick, unter seinem Befehl zu handeln.

Zweites Kapitel

DER INVESTITURSTREIT

1. Das Kaiserreich und das Papsttum seit Heinrich III. (1039)

Otto I. hat zweifellos die Tradition der Karolinger erneuern wollen, als er im Jahre 962 das dahingesunkene, durch die letzten Inhaber des Kaisertitels tief erniedrigte Kaisertum wiederherstellte. Seit dem Jahre 924 hatte es ja überhaupt keinen Träger des Kaisertitels mehr gegeben. Als Otto von Papst Johann XII. die Krone empfing und den Titel »Römischer Kaiser« *(Imperator Romanorum)* annahm, maß er sich die Rolle eines weltlichen Hauptes der Christenheit bei: eine Funktion, in der sich das Wesen der kaiserlichen auch tatsächlich ausdrückte. Die Autorität, die Otto beanspruchte, war nicht weniger universal als die religiöse Autorität der Kirche. Aber zwischen dem, was wirklich war, und dem, was hätte sein sollen, bestand bei dem Kaisertum Ottos ein gewaltiger Unterschied! Unter Karl dem Großen und Ludwig dem Frommen, ja sogar noch unter Karl dem Dicken hatte sich das Kaiserreich fast über das ganze Abendland erstreckt. Man kann also sagen, daß damals die tatsächliche Ausdehnung des Kaiserreiches mit seiner theoretischen Universalität zusammenfiel. Im Gegensatz dazu herrschte Otto nur über Deutschland und Italien. Tatsächlich war das von ihm gegründete Kaiserreich – und nach Ottos Tode änderte sich daran nichts – nur eine Häufung von Staaten. Zu diesen Staaten kam seit Konrad II. das Königreich Burgund, das von seinem letzten König, Rudolf III., an den Kaiser abgetreten wurde (1033). Das Kaiserreich hatte seit Otto zwar noch die Form, aber nicht mehr die realen Eigenschaften christlicher Universalität.

Vor allem hatte es nicht mehr die enge Verbindung mit dem Papsttum. Die Zusammenarbeit zwischen geistlicher und weltlicher Macht war die grandiose Grundlage der karolingischen Konzeption vom Kaisertum. Unter den neuen Kaisern aber befand sich der Papst entweder in offenem Aufstand gegen den, der sein Verbündeter hätte sein sollen, oder er war eine bloße Kreatur des Kaisers: ohne Macht und Ansehen. Der Traum Ottos III., die mystische Ehe zwischen dem Papsttum und dem Kaisertum zu erneuern, zerstob denn auch an der grausamen Wirklichkeit. Das Mosaik von San Giovanni in Laterano war zur Unwahrheit geworden. Der Papst spielte nunmehr eine so untergeordnete Rolle, daß der deutsche König schon vor seiner Krönung in Rom den Titel eines »Königs der Römer« annahm. Auf diese Weise drückte der König sein Recht auf eine Krone aus, die der Papst ihm nur als eine Art Zeremonienmeister auf das Haupt setzen sollte, ohne noch die Macht zu einer Verweigerung der Krönung zu besitzen.

Tatsächlich war die Kaiserkrone künftig nur noch ein Anhängsel, eine Art automatischer Konsequenz aus dem deutschen Königtum. Nur die deutschen Könige trugen den Kaisertitel: jene Herrscher also, die ausschließlich von den deutschen Fürsten gewählt und anerkannt wurden, da ja die Fürsten Italiens und Burgunds niemals an den Wahlen der deutschen Könige teilnahmen. Trotzdem wirkte die Tradition der Karolinger dahin, daß das Kaiserreich, das dem deutschen König zufiel, keineswegs einen deutschen Charakter trug. Die traditionelle Universalität – so wenig auch von ihr dem Reiche in Wirklichkeit noch geblieben war – hinderte das Kaisertum daran, national zu werden. Da es ein römisches Kaisertum war, konnte es nicht der Staat eines einzelnen Volkes werden. Sowenig Karl der Große und seine Nachfolger Kaiser der Franken waren, sowenig waren Otto und seine Nachfolger Kaiser der Deutschen. Dadurch, daß alle deutschen Könige sich als Kaiser bezeichneten, haben sie zu Deutschlands Schaden ihre Nationalität abgelegt, anstatt daß Deutschland zu seinem eigenen Vorteil das Reich »nationalisierte«. Ihre Mission stand vom Beginn ihrer Herrschaft an in einem Mißverhältnis zu dem Gebiet, das sie beherrschten, sie überschritt diesen Herrschaftsbereich. Die Mission der deutschen Könige machte Deutschland zu einem bloßen Unterteil des Gesamtgebietes, in dem sie das Szepter führten. Die neuen Kaiser waren also zu einer merkwürdigen Position verurteilt, in der sie weder universale Monarchen noch deutsche Herrscher sein konnten. An jenem hinderte sie die Wirklichkeit, an diesem die Tradition.

Bis zum Ende des zwölften Jahrhunderts waren sie zweifellos die mächtigsten Monarchen des Kontinents; aber bei näherer Betrachtung bemerkt man, daß ihre Kraft mehr Schein als Wirklichkeit war. Das Gebiet des Kaiserreiches erscheint auf den ersten Blick als ein machtvoller[3] Block, befähigt, alle Voraussetzungen für eine gewaltige Expansion zu erfüllen. Im Norden wurde dieses Gebiet von der Nordsee und von der Ostsee umspült, im Süden stieß es an die Küste des Adriatischen Meeres, und es schien durch den Besitz Italiens und der provenzalischen Küste, die das Reich mit dem Königreich Burgund erworben hatte, zur Beherrschung des Mittelmeeres vorbestimmt. Doch bildete dieses Imperium zu seinem Unglück keinen Staat und hätte auch keinen bilden können. Die Macht des Kaisers stützte sich im wesentlichen nur auf die Kirche oder besser auf die bischöflichen Territorialfürsten; jeder Kaiser seit Otto dem Großen war bestrebt, die Zahl und die Erträge dieser geistlichen Fürstentümer zu vermehren. Die Kaiser bestimmten zu bischöflichen Territorialfürsten Persönlichkeiten, die zu ihren Getreuen gehörten, und erhielten den besten Teil ihrer Einkünfte und die größten militärischen Kontingente von ihnen. Die weltlichen Fürsten wurden indes, ebenso wie in Frankreich, immer unabhängiger, je mehr die Entwicklung des Lehenswesens – aus wirtschaftlichen Ursachen, welche die Verbreitung des Systems der Domänen förderten – auch in Deutschland fortschritt. Zudem besaß der Kaiser im Gegensatz zum König von Frankreich kein mit der Dynastie verbundenes Territorium, kein ausschließlich ihm zur Verfügung stehendes Fürstentum, wo Land und Menschen nur die seinen gewesen wären und er auf festem Boden hätte stehen können. Der deutsche König reiste durch die Gebiete des Kaiserreiches, eine Hauptstadt hatte er nicht. Dauernd wanderte der deutsche Monarch; bald war er jenseits der Alpen, bald in Sachsen, Schwaben oder Franken. Diese von Ort zu Ort wandernde Reichsgewalt entsprach ganz dem Fehlen einer weltlichen Verwaltung. Es gab unter den deutschen Königen keine solche, und es hätte sie nicht einmal geben können; denn die wirtschaftlichen Verhältnisse, welche die karolingische Verwaltung zerstört hatten, bestanden ja weiter, und ihre Wirkungen dauerten fort. Kaiser Konrad II. mußte die Erblichkeit der Lehen anerkennen. Der Zerfall des Reiches in Fürstentümer nahm mit jedem Kaiser zu. Je mehr die Entwicklung fortschritt, um so deutlicher zeigte sich, daß der Kaiser wohl auf seine Bischöfe, sonst aber auf niemanden zählen konnte.

Man darf die Macht, welche die Bischöfe als geistliche Territorialfürsten den deutschen Kaisern durch Unterstützung der imperialen Politik verliehen, nicht überschätzen. Sie war in Wirklichkeit nicht sehr groß. Die Gewalt des Kaisers reichte zwar aus, ihn mächtiger bleiben zu lassen als jeden der Territorialfürsten; aber seine Macht war dennoch nicht stark genug, um außenpolitisch intervenieren oder gar im Ausland etwas erzwingen zu können. Die Slawen, die

Kaiser Otto I. zum Teil unterworfen hatte, erhoben sich zur Zeit Ottos III., und seit damals wurde kein neuer Versuch unternommen, ihnen das Christentum und die deutsche Herrschaft aufzuzwingen. In den Ländern des Nordens wurde die deutsche Hegemonie seit dem Ende des zehnten Jahrhunderts ebenfalls erschüttert. Nicht die deutschen Kaiser, sondern die dänischen Könige von England haben das Christentum zur Zeit der Herrschaft Knuts des Großen im Jahre 1018 definitiv nach Dänemark[4] verpflanzt; es setzte sich mit Hilfe einheimischer Herrscher (unter Olaf dem Heiligen seit dem Jahre 1015) in Norwegen und (unter Olaf Schoßkönig seit dem Jahre 1008) in Schweden durch. Böhmen und Ungarn schüttelten die Abhängigkeit, die ihnen Otto I. kurze Zeit aufgezwungen hatte, völlig ab. Nicht besser war die Position der Kaiser in Westeuropa. Nach dem Tode Ottos II. konnte für die deutschen Kaiser nicht mehr die Rede davon sein, auch nur den geringsten Vorrang über die Könige von Frankreich zu beanspruchen. Die Erwerbung Burgunds durch Konrad II. offenbarte den Völkern nur, daß das Kaiserreich eher schwach als stark war: Burgund brachte dem Reiche ja nur eine scheinbare Vergrößerung; die deutschen Kaiser haben niemals versucht, in diesem Gebiet aktiv aufzutreten, und überließen es so sehr sich selbst, daß seine Bewohner von ihrem Übergang in die Souveränität eines deutschen Herrscherhauses nie etwas spürten. Lothringen, das an den Westen des deutschen Reiches grenzte und ihm im Jahre 925 mit Gewalt eingegliedert worden war, blieb unruhig und unzufrieden. Es hätte trotz der Reichstreue der Bischöfe von Lüttich, Utrecht und Cambrai seine Fesseln gesprengt, wenn es den großen Feudalherren des Landes gelungen wäre, die vorsichtigen Kapetinger zur Unterstützung ihrer Aufstände gegen die Deutschen zu gewinnen. Heinrich III. hatte gegenüber den Großen Lothringens Fehlschläge und konnte ihren Aufstand, der von ihrem Herzog Gottfried dem Bärtigen aus der Dynastie Ardenne geführt wurde, auch nach jahrelangen Kämpfen nicht niederschlagen; ebensowenig konnte Heinrich den Grafen Balduin V. von Flandern verjagen, der sich des lothringischen Gebietes zwischen der Schelde und der Dender bemächtigt hatte. So wäre das Reich damals erlegen, wenn die inneren Kämpfe auch noch durch auswärtige Kriege kompliziert worden wären. Zum Glück für das Reich erzeigten sich aber die früheren Feinde im Osten: die Slawen, Dänen, Böhmen und Ungarn, gegenüber Kaiser Heinrich III. als ebenso wohlwollende Nachbarn wie die damaligen Könige von Frankreich. Im elften Jahrhundert kämpften Polen und Böhmen gegeneinander, und die Kaiser mischten sich nur mit politischen Ränken in diese Kämpfe ein, um die Gegensätze zum eigenen Vorteil auszunutzen.

Die Kaiser waren zu vorsichtig, um ihre außenpolitische Sicherheit auf die Probe zu stellen. Dadurch konnten sie ja alle ihnen verbliebenen militärischen Kräfte immer wieder in den Dienst ihrer Züge nach Italien stellen. Jede Kaiserkrönung in Rom erforderte eine militärische Expedition, und nur kämpfend vermochten sich die Kaiser den Weg zur Peterskirche zu bahnen. Auch hierbei konnten sie auf die von ihnen selbst ernannten Bischöfe zählen; aber die italienischen Adeligen und die römischen Parteien wollten das deutsche Joch nicht und nahmen selbst die kleinste Gelegenheit zu Aufständen wahr. Italien trug den deutschen Kaisern nur Strapazen, Sorgen und Gefahren ein, aber gerade in ihrer Eigenschaft als Kaiser konnten sie auf dieses Land nicht verzichten und mußten sich mit der damit verbundenen schweren Belastung abfinden. Zuerst erschien den Kaisern die Eroberung der ganzen Halbinsel unentbehrlich. Die Byzantiner und Araber kämpften um den Süden Italiens, und Otto II. wollte beide unterwerfen. Die furchtbare Niederlage, die er im Jahre 982 am Capo Colonne (Calabrien) erlitt, war wenigstens eine heilsame Warnung für seine Nachfolger; sie wagten solche gefährlichen Abenteuer nicht mehr. Danach aber sah man das paradoxe Schauspiel, daß Sizilien, Calabrien und Apulien, auf deren Eroberung die Kaiser hatten verzichten müssen, vor ihren Augen in die Gewalt der Normannen kamen.

Die Gründung des normannischen Staates in Süditalien wirkt wie ein Heldenlied; aber gerade das Wunderbare dieser Leistung offenbart uns die reale militärische Kraft der Ritter aus den nördlich der Alpen gelegenen Ländern. Die Gründung der normannischen Herrschaft in Süditalien war zudem nur das Vorspiel zweier noch erstaunlicherer, von den Rittern aus dem Norden getragener Unternehmungen: die Eroberung von England und die Kreuzzüge.

Als die Sarazenen im Jahre 1016 Salerno belagerten, kamen vierzig normannische Ritter, die von einer Pilgerfahrt in das Heilige Land zurückkehrten, an der Stadt vorbei. Sie folgten dem üblichen Weg, der durch Italien bis Bari lief (den damals bedeutendsten Hafen für die Schiffahrt zwischen Italien und Konstantinopel). Die vierzig normannischen Ritter nahmen die Gelegenheit wahr und kämpften bei Salerno zur Ehre Christi. Das Land war schön, und die ungeordneten Verhältnisse in dem umstrittenen Gebiet, das durch die Ungläubigen angegriffen und zugleich durch einen Aufstand gegen die Byzantiner erschüttert war, versprachen Gewinn und Abenteuer. Bald hörte man von alledem in der Normandie, und nicht lange danach machten sich junge Ritter und andere Krieger – zuerst von einem langobardischen Machthaber gegen die Byzantiner zu Hilfe gerufen – auf der Suche nach Gewinn und Beute auf, um zu ihren Landsleuten zu stoßen. Sie kamen in Gruppen und verdangen sich bald der einen, bald der anderen der in Unteritalien miteinander kämpfenden Mächte. Diese Mächte – vor allem die Abkömmlinge langobardischer Fürsten und byzantinische Vasallen, die nahezu unabhängig waren – überboten einander, um sich die Unterstützung der furchtbaren normannischen Kämpfer zu sichern. Den Normannen, deren Ziel nur auf Beute gerichtet war, war es gleichgültig, ob sie für oder gegen Byzanz kämpften. Schon im Jahre 1030 hatte es einer von ihnen, der Ritter Rainulf, so weit gebracht, daß Herzog Sergius von Neapel, formell nur ein byzantinischer Vasall, ihm ein Lehen gab: das nördlich von Neapel gelegene Gebiet, das später die Grafschaft Aversa wurde. Die Beherrschung Unteritaliens durch die Normannen war, nachdem sie sich dort einmal festgesetzt hatten, nur noch eine Frage des Zeitpunkts.

Einer ihrer Führer, Wilhelm, wurde im Jahre 1043 von seinen Leuten zum Grafen von Apulien ausgerufen. Es war damals schon zu spät, diesen Hilfstruppen, die zu selbständigen Eroberern geworden waren, Widerstand zu leisten. Papst Leo IX., den der Herzog von Benevent zu Hilfe gerufen hatte, marschierte mit einem deutschen Heer gegen sie. Dieses Heer wurde aber von den Normannen geschlagen (1053), und sie nahmen dabei den Papst gefangen. Indessen setzte sich Robert Guiscard in Calabrien fest und erbte im Jahre 1047 die Grafschaft Apulien.[5]

Die Haltung der Päpste gegenüber den Normannen veränderte sich zwischen dem Pontifikat Leos IX. bis zu dem Nikolaus' II. gänzlich. Die Spaltung, die seit langem zwischen der lateinischen und der griechischen Kirche drohte, wurde im Jahre 1054 endgültig, und der Papst war nunmehr unmittelbar daran interessiert, die wenigen Truppen, die Byzanz noch in Italien unterhielt, von dort zu entfernen.

Zudem machten es die gespannten Beziehungen des Papstes zu Kaiser Heinrich III. wahrscheinlich, daß zwischen beiden bald ein wirklicher Kampf ausbrechen würde. So ist es nicht zu verwundern, daß der Papst sich mit seinen wagemutigen Nachbarn im Süden gerne eng verband und das Vordringen der Normannen begünstigte. Er gab in den Jahren 1058 und 1059 Capua an Richard von Aversa und Apulien, Calabrien und Sizilien an Robert Guiscard zu Lehen. Hierbei verfügte der Papst über Gebiete, die ihm gar nicht gehörten. Zwei Jahre später eroberte Robert Guiscard Messina, und dreißig Jahre danach war ganz Sizilien der Herrschaft des Islams entzogen. Nicht anders ging es mit den letzten byzantinischen Positionen in Italien. Robert Guiscard eroberte im Jahre 1071 die zum Byzantinischen Reich gehörende Hafenstadt Bari. Sechs Jahre später nahm er das Fürstentum Salerno, ein von langobardischen (lombardischen) Herzögen regiertes (allerdings seit dem Jahre 1027 unter einer lockeren Oberherrschaft der deutschen Kaiser stehendes) Gebiet, das ursprünglich ein Teil des alten langobardischen Herzogtums Benevent gewesen war. Schließlich begnügte sich Robert Guiscard nicht mehr damit, die Griechen aus Italien vertrieben zu haben, und er erstrebte nun Stützpunkte am Adriatischen Meer. So bemächtigte er sich Durazzos und leitete Eroberungszüge nach Thessalien ein. Die Durchführung der Pläne wurde durch den Tod Robert Guiscards (1085) zwar zeitweilig unterbrochen, aber sie zeigen uns bereits die kriegerische Kraft des neuen Staates. Dank der erstaunlichen Energie der Eroberer hatte sich dieser Staat im äußersten Süden Europas festgesetzt, wo sich Byzanz seit fünf Jahrhunderten trotz der Langobarden und Karolinger, trotz der deutschen Kaiser und der Moslems noch einen Zugang nach dem Westen hatte erhalten können. Keiner der einander abwechselnden Besitzer Italiens hatte Ähnliches zustande gebracht: den Normannen gelang die Vertreibung der Byzantiner aus Unteritalien in weniger als einem halben Jahrhundert. Der Staat, den sie am Berührungspunkt dreier verschiedener Kulturen soeben gegründet hatten, sollte bald eine politische Bedeutung ersten Ranges erhalten und in dem Schicksal des Kaiserreiches eine unerwartete Rolle spielen.

Aus der passiven Haltung Kaiser Heinrichs III. gegenüber dieser neuen und unternehmenden Macht, die sich an seinen Grenzen bildete, sieht man deutlich, wie gering im Kaiserreich die wirkliche Kraft im Verhältnis zu ihrem äußeren Anschein war. Heinrich III. fühlte sich nicht stark genug, eine »italienische Frage« zu schaffen; er begnügte sich damit, für die päpstliche Frage eine vorläufige Lösung zu finden.

Zur Zeit von Heinrichs Krönung war die Lage in Rom beispiellos traurig. Während die Bewegung von Cluny die Seelen ergriff und die Kirche in ihrem reinsten und glühendsten Bestreben gewillt war, ihre moralische Herrschaft durch eine leidenschaftlichere Frömmigkeit und eine strengere Kirchenzucht zu sichern, bot der

Stuhl des heiligen Petrus das schändliche Spiel dreier Päpste dar, die einander die Tiara streitig machten oder sie verkauften. Heinrich III., der sehr für die Bewegung von Cluny eiferte, wollte die Wiederkehr dieser dauernden Streitigkeiten und der von den Adelscliquen ausgehenden Ränke, die das Papsttum schon so lange daran hinderten, seiner Sendung zu entsprechen, ein für allemal unmöglich machen. Der Kaiser berief eine Synode nach Sutri und setzte die drei einander feindlichen Päpste ab. Dann gab er den Römern den Befehl, einen von ihm bestimmten Anwärter zum Papst zu machen. Dies war Suidger, Bischof von Bamberg, der den Namen Clemens II. annahm (1046). Die anderen Päpste, die bis zum Ende der Regierung Heinrichs auf Clemens folgten: Damasus II. (1047–1048), Leo IX. (1048–1054) und Victor II. (1054–1057) waren ebenfalls Deutsche oder doch Untertanen des Reiches und kraft kaiserlichen Willens den Römern aufgezwungen.[6] Alle waren übrigens ausgezeichnete Leiter der Kirche und überzeugte Anhänger Clunys, und sie gaben dem Papsttum die Achtung und den Einfluß wieder, den die Kirche so leidenschaftlich erstrebte. Doch kehrte das Prestige der Kirche dadurch zurück, daß gerade jene geistlichen Prinzipien, von denen sie sich jetzt durchdrungen fühlte, offen verletzt wurden. Darin aber lag ein schwerer Widerspruch. Allerdings verfälschte die Tyrannei der Grafen von Tusculum die Papstwahlen künftig nicht mehr, um die unwürdigen Günstlinge dieses Geschlechts zu Häuptern der Christenheit zu machen. Aber war nicht andererseits auch die Einmischung des Kaisers – so günstig auch ihre Ergebnisse waren – ein unmittelbarer Eingriff in das kanonische Recht, stellte sie sich nicht bei vorurteilsloser Betrachtung als eine Handlung heraus, die eindeutig simonistischen Charakter trug? Als Heinrich III. das Papsttum in seiner einstigen Würde wiederherstellte, erkannte er nicht, daß es einmal notwendig mit dem Kaisertum in Konflikt geraten müsse. Je öfter der Kaiser die Päpste den Reihen der geistlichen Anhänger Clunys entnahm, desto eher führte er den Augenblick herbei, in welchem die Päpste, die ihm die Tiara verdankten, seine Einmischung als unzulässig und verbrecherisch ansahen. Schon Papst Leo IX., der von Heinrich III. als Papst eingesetzt war, hatte sich, durch sein Gewissen geplagt, von den Römern noch einmal gemäß den althergebrachten Formen wählen lassen. Der latente Kampf mußte früher oder später offen ausbrechen, und der unerwartete Tod des Kaisers (1056) beschleunigte den Konflikt.

2. Der Kampf

Der Nachfolger des verstorbenen Kaisers war Heinrich IV., damals noch ein Kind von sechs Jahren. Unter ihm war Deutschland außenpolitisch lange Zeit hindurch lahmgelegt: zuerst durch eine stürmische Zeit der Regentschaft und dann durch einen gefährlichen Aufstand der Sachsen. Rom benutzte diese Umstände: Bei dem Tode Stefans IX. (1058) kehrte die Aristokratie allerdings zu ihrer Tradition zurück und beeilte sich, in Benedikt X. einen ihrer Getreuen zum Papst ausrufen zu lassen; aber die Zeiten hatten sich geändert, und die Reihe der Päpste, die von den römischen Adeligen protegiert wurden, endete gleichzeitig mit der Reihe der kaiserlichen Päpste. Die Wahl Nikolaus' II. zum Papst wurde von Anhängern der Bewegung von Cluny durchgesetzt. Die Kirche war entschlossen, jede Vormundschaft von weltlicher Seite abzuschütteln: sowohl die deutsche Bevormundung als auch die Bevormundung seitens römischer Barone. Der neue Papst wählte den Namen Nikolaus, um an jenen Nikolaus I. zu erinnern, der im neunten Jahrhundert so nachdrücklich den Vorrang der kirchlichen Gewalt verkündet hatte. Deutlicher konnte man den Willen, eine neue Richtung einzuschlagen, nicht kennbar machen.

In den fünfzehn Jahren, die seit der Zeit Clemens' II. verflossen waren, hatte das Papsttum dank den Ernennungen, die Kaiser Heinrich III. vorgenommen hatte, nicht nur seine Stellung an der Spitze der Kirche wiedergewonnen, sondern es war auch von Verehrung getragen und hatte einen größeren Einfluß erlangt als jemals zuvor. Die religiöse Erneuerung, die außerhalb des Papsttums stattgefunden hatte, trug dem Nachfolger des heiligen Petrus die Hoffnung und Ergebenheit der ganzen Kirche ein: der Geistlichen wie der gläubigen Laien. Die gewaltige moralische Macht, die durch das Asketentum der Mönche aufgebaut war, gab Rom endlich den Leiter, den man erwartete. Ihm war begeisterter Gehorsam von vornherein sicher. Die Treue gegen Christus, welche die Seelen durchglühte, verschmolz nun mit der Treue gegen seinen Statthalter. Er sollte sprechen, und sein Wort sollte in der ganzen katholischen Christenheit gehört und mit Ehrfurcht empfangen werden. Die katholische Christenheit war aber nicht nur an innerer Kraft, sondern auch an territorialem Einfluß gewachsen. Seit dem Beginn des elften Jahrhunderts hatte die Mission der Mönche Dänemark, Schweden, Norwegen und sogar das ferne Island erfaßt, und diese neuen Gebiete, an deren geistlicher Eroberung das Papsttum nicht teilgenommen hatte, neigten sich ihm dennoch zu. Niemals hatte Rom bis dahin eine so ausgedehnte geistige Herrschaft, niemals eine so feste Autorität besessen. Der endgültige Bruch des Papsttums mit der griechischen Kirche (1054) zeigte schon Roms Vertrauen auf die eigene Kraft.

Rom konnte die simonistische Schirmherrschaft der Kaiser nicht länger dulden. Es konnte nicht mehr zulassen, daß sie zugunsten der deutschen Bischöfe über die Tiara verfügten und damit die universale Gewalt der Kirche zum Vorteil der Herrscher einer einzigen Nation erniedrigten. Die Minderjährigkeit Heinrichs IV. ermöglichte es Rom, das Joch der kaiserlichen Bevormundung abzuschütteln. Papst Nikolaus II. vertraute die Ernennung des Papstes dem Kardinalskollegium an, um sie von jeder außerkirchlichen Einmischung zu befreien (1059). So beendete er mit einem Schlag nicht nur die ungeordneten Wahlen, auf die der lange Verfall des Papsttums zurückzuführen war, sondern auch die Intervention der Kaiser. Die Ernennung des Statthalters Christi sollte nur der Kirche überlassen sein, die sich in Frieden und Freiheit dazu versammeln sollte. Im Gegensatz zu der bisherigen Tradition brauchte der große Akt der Papstwahl, wie eine besondere Klausel der Bulle bestimmte, künftig nicht notwendig in Rom vollzogen zu werden. Wenn die Kardinäle bei ihrem Zusammentreten zur Wahl des Papstes sich in Rom nicht sicher fühlten, waren sie berechtigt, auch außerhalb Roms zur Wahl zu schreiten.

Mit diesen Reformen begann eigentlich schon der Kampf zwischen Papsttum und Kaisertum. Der Konflikt war nunmehr unvermeidlich geworden, und Papst Nikolaus II. verhehlte sich das nicht. Nicht zufällig schloß er im gleichen Jahr, in welchem die Kardinäle das Recht der Papstwahl erhielten, den Bündnisvertrag mit den Normannen in Italien.

Gleichzeitig ergriff der Papst Maßregeln gegen die Priesterehe und gegen die Simonie. Daraus kann man schließen, daß ihm die Unterstützung der Volksmassen zuteil wurde. In Norditalien erhob sich das Volk gegen die kaiserlichen Bischöfe, die sich den Befehlen Roms widersetzten. Übrigens waren es nicht nur religiöse Motive, welche die Wirren der »Pataria« (des Gesindels), wie die Kirchenfürsten und ihre Anhänger ihre Feinde verächtlich nannten, hervorriefen. Unter dem Einfluß des wieder auflebenden Handels bildete sich gerade damals in den lombardischen Städten ein neuer Stand: das Bürgertum. Die Bürger aber benutzten das religiöse Motiv, um sich gegen die Bischöfe zu erheben, welche ihre neuartigen Bedürfnisse nicht berücksichtigten.

Der Bischof von Lucca, der zum Nachfolger des Papstes Nikolaus II. gewählt wurde (1061) und sich Alexander II. nannte, war ein Beschützer der Pataria. Die erste Wahl, die seitens der Kardinäle erfolgte, berief also einen erklärten Feind des Kaisertums auf den Stuhl des heiligen Petrus. Noch war Heinrich IV. nicht imstande, hier einzugreifen. Seine Vormunde mußten sich darauf beschränken, den Gegenpapst, Bischof Cadalus von Parma, zu unterstützen, den die römischen Adeligen und ihr Anhang gegen Alexander aufgestellt hatten; aber dieser Gegenpapst verschwand sehr schnell. Auf Alexander folgte im Jahre 1073 Gregor VII., und unter seinem Pontifikat brach der Kampf zwischen Papst und Kaiser aus.

Der neue Papst war seit der Wahl Nikolaus' II. der Anreger und intime Berater seiner beiden Vorgänger gewesen. Als Gregor VII. Papst wurde, war er entschlossen, gegen den Kaiser eine Haltung einzunehmen, die entweder den Konflikt auslösen oder den ersten Fürsten des Abendlandes zur Anerkennung von Roms Vorrang über die weltliche Gewalt zwingen mußte. Gregor verdammte im Jahre 1075 bei Strafe der Exkommunikation jede Investitur (Einsetzung in ein geistliches Amt) durch eine weltliche Behörde.

Diese Maßnahme entsprach vollkommen dem Prinzip der Kirche, und doch mußte das Kaisertum sie auf das schroffste ablehnen. Seit Otto I. beruhte die Macht der Kaiser auf den Bischöfen, deren Bedeutung für die deutschen Herrscher in dem gleichen Maße zunahm, in welchem sich die weltlichen Fürsten zu territorialen Lehensherren entwickelten. Jeder der einander folgenden Kaiser hatte den Bischöfen Territorien geschenkt, um die kaisertreuen Geistlichen mächtiger zu machen. Aber dies war unverkennbar unter der Bedingung geschehen, daß die Bischöfe von den Kaisern selbst ernannt und in ihr Amt eingesetzt wurden. Die Kaiser verliehen den Bischöfen Stab und Ring, die Abzeichen der bischöflichen Würde, und gaben diesen Geistlichen damit zu erkennen, daß sie sowohl die Herrschaft über ihre Diözese als auch den Genuß ihrer (auf diese kaiserliche Übertragung der Bischofswürde gegründeten) Position als Territorialfürsten nur dem Monarchen verdankten. Der Gehorsam gegen den Papst, die Rückkehr zum kanonischen Recht und gemäß diesen Vorschriften die Befugnis der Kapitel, die Bischöfe zu wählen – alles dies wurde für den Kaiser gefährlich, wenn er die auf diese Weise gewählten Prälaten außerdem noch in ihre weltlichen Lehen einsetzen mußte; dies bedeutete ja, in unbekannte und vielleicht feindliche Hände jene Macht zu geben, die das Reich den geistlichen Würdenträgern nicht in ihrem, sondern im eigenen Interesse eingeräumt hatte.

Wenn die Kirche dem Kaiser befahl, auf die Einsetzung (Investitur durch Embleme) der geistlichen Würdenträger zu verzichten, so befahl sie ihm damit, auf jede Bedeutung zu verzichten; denn dieser Verzicht hätte dem Monarchen die Grundlage seiner Macht entzogen. Gregor VII. war sich dessen zweifellos bewußt, aber die Macht des Kaisers war ihm gleichgültig. Mit den radikalsten Anhängern der Bewegung, die von Cluny ausgegangen war, sah Gregor in der weltlichen Gewalt nur Teufelswerk. Nur die Kirche war göttlich, nur sie konnte zum Heil führen, und die Kirche fand ihre Verkörperung im Papste, »dessen Name unter allen Namen der Lebenden der einzige war, der in der Kirche genannt werden darf, und dem alle Könige die Füße küssen müssen«.

Aus den Anschauungen Papst Gregors VII. hat man schließen wollen, daß er eine Art mystischer Revolutionär gewesen sei: ein Ultramontaner, der verbissen am Untergang des Staates gearbeitet habe. Aber solche Rückschlüsse bedeuten die Anwendung moderner Ideen auf einen mittelalterlichen Kampf ganz anderer Art. Zunächst kann bei Gregor von einem Ultramontanismus keine Rede sein. Die Zeit, da die Kirchenzucht von Rom abhing, war noch lange nicht gekommen, und Gregor erhob keineswegs den Anspruch, die Bischöfe selbst zu ernennen. Er wollte nur, daß die Reinheit der Kirche nicht mehr durch Eingriffe von Laienhand befleckt werde. Die Meinung, daß Gregor gegen den Staat gekämpft habe, ist ungeschichtlich. Das Kaiserreich war ja kein Staat. Der Kaiser regierte in Wahrheit ja gar nicht, die Landesfürsten waren die wirklichen Herrscher. Es gab, wie wir bereits gesehen haben, damals keine Verwaltung, welche – um es so klar wie möglich auszudrücken – zentralen Charakter getragen und Zugriff auf die Bewohner des Kaiserreichs gehabt hätte. Wenn der Kaiser geschwächt wurde, so wurde damit die Gesellschaft jener Zeit nicht wirklich geschädigt. Der Kaiser war dieser Gesellschaft gleichgültig, denn nicht er war es, der sie verteidigte und schützte. Aus dem Sieg des Papstes konnte sich also kein Schade für die Bevölkerung, sondern nur ein Vorteil für die Kirche ergeben. Dies ist der Standpunkt der Menschen jener Zeit, und von ihm aus müssen wir die Geschichte verstehen. Man darf nicht vergessen, daß damals das Lehenswesen seine Blütezeit hatte und daß die soziale und politische Entwicklung die Landesfürsten begünstigte: die Landesfürsten, die, wie wir bereits sahen, der entscheidende Faktor für die gesellschaftlichen Verhältnisse waren. Die Fürsten standen aber auf seiten des Papstes. Tatsächlich arbeiteten die Landesfürsten für das Papsttum, ebenso wie der Papst, ohne es zu wollen, für den von den Fürsten getragenen Feudalismus arbeitete. Kurz zuvor hatte das sich entwickelnde Bürgertum die Partei des Papstes ergriffen, nun taten es auch die weltlichen Territorialfürsten. Was man bei diesem Kampf zuweilen den Staat nennt, war keineswegs die weltliche Gesellschaft, sondern die königliche Macht, die sich der Kirche bediente und sie von ihrer Sendung ablenkte, um sich aufrechtzuerhalten.

In ihren frühesten Stadien geht diese Ausnutzung der Kirche durch den Staat freilich auf die karolingische Tradition zurück. Kaiser Otto I. hatte die kirchliche Politik Karls des Großen ja nur etwas stärker akzentuiert. Das, was von Papst Gregor VII. verneint und angegriffen wurde, war aber in Wirklichkeit die politische Auffassung, daß der Kaiser ebensoviel Autorität habe wie der Papst. Gregor ersetzte die Konzeption vom Bündnis zwischen der päpstlichen und der kaiserlichen Gewalt durch die Auffassung, daß diese jener untergeordnet sei. Es sei hier wiederholt, daß Gregor nicht den Staat angriff; es wäre vielmehr genauer, zu sagen, daß Gregor dem Staat seinen geistlichen Wesenszug nahm. Indem Gregor den Kaisern die Investitur der Bischöfe entzog, trieb er den Staat in die Verweltlichung, und diese wurde nach Gregor tatsächlich größer. Hätte das Kaisertum gesiegt, so würde es so weit gekommen sein, daß Priester im Namen des Herrschers regiert hätten. Gregor aber nahm den Priester aus der weltlichen Regierung heraus und drängte damit den Staat tatsächlich auf den Weg der Verweltlichung.

Gregor VII. handelte, ohne sich dieser Folge bewußt zu sein. Sein eigentliches Motiv war die Verachtung der Laienwelt, deren Eingriffe in die Angelegenheiten der Kirche er nicht wünschte. Er war sich aber genau bewußt, daß die Laien der Kirche zugehörten und in ihr zu bleiben wünschten. Heinrich IV. selbst war überzeugter Katholik. Gerade das machte die Stärke des Papstes und die Schwäche seines Gegners aus. Gegen den Papst konnte der Kaiser ja nur die Mittel der Kirche anwenden. Der Kaiser dachte nicht daran – und ein solcher Gedanke hätte ihm auch gar nicht kommen können –, dem Papst aufgrund von Rechten, die er nur von Gott empfangen hatte, offen entgegenzutreten; denn der Papst selbst vertrat Gott auf Erden. Er vertrat Gott nach der Auffassung jener Zeit in solchem Maße, daß der Herrscher für seine Kaiserkrönung den Papst nicht entbehren konnte. Es gab nur ein Mittel, sich dem Papst innerhalb der Kirche zu widersetzen, und dieses Mittel bestand darin, ihn durch die Kirche selbst für unwürdig erklären zu lassen.

Heinrich wandte dieses Mittel an. Er hatte endlich den Aufstand der Sachsen niedergeschlagen und hatte die Hände frei. Noch gab es in Deutschland genug Bischöfe, die dem Herrscher ergeben und mit dem Papst unzufrieden waren. Der Monarch handelte nun und versammelte diese Bischöfe in Worms, wo er sie am 24. Januar 1076 den Papst seines Amtes unwürdig erklären ließ. Erst zwanzig Jahre waren seit der Zeit vergangen, da Kaiser Heinrich III. die Päpste ernannt hatte; aber welche radikale Veränderung hatte sich seit damals in der Stellung der beiden Gewalten vollzogen!
Die Konservativen bilden sich, soweit sie einsichtslos sind, ein, es genüge, die Vergangenheit wiederherzustellen, ohne der Gegenwart Rechnung zu tragen. Einen Papst durch ein paar deutsche Bischöfe absetzen zu wollen, zeugte in einer Epoche, die schon Päpste wie Nikolaus II. und Alexander II. gekannt hatte, von völligem Unverständnis für den Zeitgeist. Nichts konnte der Sache Gregors besser dienen als die Anmaßung des deutschen Königs, gegenüber dem Leiter der katholischen Christenheit als Gebieter auftreten zu wollen. Der Papst antwortete mit der Exkommunikation Heinrichs und entband alle, die dem Herrscher Treue geschworen hatten, von ihrem Eid. Es wurde nun deutlich, daß die Entscheidung von Worms nicht einmal von den Fürsten Deutschlands anerkannt wurde. Hätten diese den Beschluß der Synode von Worms für gültig angesehen, so hätte ja die Exkommunikation des deutschen Königs für sie bedeutungslos sein müssen. Aber die Antwort auf das Urteil, das aus Rom gekommen war, bestand darin, daß alle deutschen Landesfürsten Heinrich verließen. Dieser verleugnete, um einen allgemeinen Aufstand zu vermeiden, sofort das Urteil seiner Bischöfe und demütigte sich vor dem Papst, den er soeben für unwürdig erklärt hatte. Der Monarch erschien am 28. Januar 1077 im Büßerhemd vor Gregor, der in der Festung von Canossa verweilte, und erlangte seine Verzeihung; aber der Papst behielt sich das Recht vor, zwischen Heinrich IV. und den Landesfürsten zu vermitteln. Heinrich wartete jedoch nicht ab, bis Gregor VII. sich mit diesen Fürsten in Verbindung gesetzt hatte, und nahm seinen königlichen Titel wieder an. Einige Fürsten gaben die Krone nun Rudolf von Schwaben, und ein Bürgerkrieg brach aus. Heinrich IV. fühlte sich stärker als sein Gegner. Er gewann sein Selbstvertrauen wieder und trotzte dem Papst nun offen; er verlangte, daß Gregor VII. Rudolf von Schwaben verleugne. Der Papst exkommunizierte Heinrich in noch feierlicherer Weise zum zweiten Male. In unverbesserlicher Halsstarrigkeit griff jetzt der Herrscher wieder zu dem Mittel, das ihm schon einmal so übel

ausgeschlagen war. Er berief eine Synode nach Brixen und machte Erzbischof Wibert von Ravenna zum Papst. Rudolf von Schwaben war kurz zuvor den Wunden erlegen, die er in dem Gefecht von Hohenmölsen erhalten hatte. Der deutsche König marschierte nun nach Rom und nahm den Papst seiner Wahl mit. Dies war das erprobte Mittel gewesen, die von den römischen Adelscliquen gewählten und keineswegs fest im Sattel sitzenden Päpste aus der Zeit vor Heinrich III. unter den kaiserlichen Willen zu beugen. Als die Deutschen dieses Mal Rom betraten, erlebten sie aber eine neue Demütigung. Papst Gregor VII. hatte sich in die Engelsburg begeben, die uneinnehmbar blieb. Wibert mußte schnell zum Papst gekrönt werden und setzte als Clemens III. dem deutschen König die Kaiserkrone auf das Haupt. Dann aber beeilte sich dieser Nachfolger Karls des Großen, unter Kämpfen den Rückzug anzutreten, denn Robert Guiscard näherte sich mit seinen Normannen der Stadt. Gregor nahm das von ihnen angebotene Asyl an und zog sich nach Salerno zurück. Dort starb er am 25. Mai 1085 mit den Worten: *»Dilexi iustitiam et odivi iniquitatem, propterea morior in exilio«* (Ich liebte die Gerechtigkeit, und das Unrecht war mir verhaßt, daher sterbe ich in der Verbannung). Diese berühmten Worte haben seitdem viele Menschen in der Verbannung getröstet.

Clemens III. bewohnte nun den Palast des Lateran; aber der Welt bedeutete dies nichts, da er außerhalb Deutschlands beinahe von niemandem anerkannt wurde. Rom war da, wo sich der wahre Papst befand, den die Kardinäle zum Nachfolger Gregors gewählt hatten. Niemals war das Papsttum so mächtig wie in jenen Jahren des Exils. Es war nicht mächtig durch eine anerkannte und gefürchtete Autorität, die man notgedrungen akzeptierte, wie später unter Innozenz III.; die Macht Roms ruhte damals vielmehr auf der begeisterten Verehrung und Ergebenheit der Gläubigen. Der Papst irrte jetzt freilich fern von seiner Hauptstadt umher: Urban II., der im Jahre 1095 ein in Liebe zu Christus erhebendes Europa zur Eroberung Jerusalems veranlaßte. Während der Papst dabei Europa um sich scharte, hielt sich Kaiser Heinrich IV. bald in Italien, bald in Deutschland an der Macht. Seine Regierung war von Aufständen, Verrätereien, von vielfacher Flucht und häufigen Wechselfällen des Glücks erschüttert. Der Kaiser verbrauchte sich und verlor den Rest von Achtung, die man noch vor seiner Macht hatte; so geriet er schließlich in einen Bürgerkrieg, den zuerst sein Sohn Konrad und dann sein anderer Sohn, Heinrich V., gegen ihn führte. Dann starb der Kaiser in der Verbannung zu Lüttich

(1106), wo Bischof Otbert, einer der wenigen Getreuen in den letzten Tagen dieses tragischen Lebens, für seinen Schutz gesorgt hatte. Der Tod des Kaisers aber löste die Frage, derentwegen der Streit mit dem Papsttum ausgebrochen war, noch nicht. Heinrich V. beanspruchte nicht mehr, über die Tiara zu verfügen, und wagte nicht mehr, Gegenpäpste zu ernennen. Man beriet darüber in neuen Unterhandlungen, bei denen diese Frage ausführlich besprochen wurde. Sie fand schließlich ihre Lösung, nachdem der Papst vom Kaiser als der Leiter der Kirche anerkannt worden war. Wie hätte dies in der Zeit der Kreuzzüge auch anders sein können? Die Lösung fand man in dem ersten Konkordat, welches das Papsttum mit einer weltlichen Macht schloß: dem Wormser Konkordat (1122). Der Kaiser verzichtete auf die Investitur mit Stab und Ring und erkannte die Freiheit der Kirche an, ihre Geistlichen selbst zu wählen. In Deutschland sollte der gewählte Bischof die Investitur für seine weltlichen Rechte *(regalia)* mit dem Zepter schon vor seiner Weihe, in den anderen Teilen des Reiches (Italien und Burgund) aber erst nach seiner Weihe erhalten. Man unterschied also bei dem Bischof die geistliche Gewalt, hinsichtlich derer der Kaiser auf jede Einmischung verzichtete, und die zeitliche (weltliche), die der Kaiser zwar den Bischöfen noch weiterhin zu übertragen hatte, sie ihnen aber nicht verweigern konnte, ohne einen Konflikt mit der Kirche zu wagen. Hinsichtlich der Ernennung von Bischöfen durch die Kapitel ist zu sagen, daß nun zwar nicht mehr die Kaiser, wohl aber die Territorialfürsten der Nachbargebiete schwer auf diesen Wahlen lasteten. Tatsächlich brach die kaiserliche Kirche nun zusammen, und es blieb eine vom Adel beherrschte Kirche zurück. Das Kaiserreich litt darunter, und das Papsttum gewann an Vorrang. Dennoch verbesserte das Papsttum unter den neuen Verhältnissen die Kirchenzucht nicht; das Gegenteil war vielmehr der Fall, denn jede Wahl mußte nun ein Kampf um Einfluß werden, und wenn es auch keine tatsächliche Simonie seitens des Kaisers mehr gab, so gab es doch den Druck und die Einschüchterung durch die großen Herren. Die wahre Lösung wäre die gewesen, für welche Papst Paschalis II. eingetreten war; sie bestand darin, daß die Bischöfe auf ihre Lehensterritorien verzichten sollten. Aber die Bischöfe und die Fürsten hatten diese Lösung nicht gewollt. Das Ergebnis des Investiturstreites lief schließlich auf einen Sieg der feudalen Herren über die Kirche hinaus. Vorbei war die Zeit der gelehrten und gebildeten Bischöfe des Kaiserreiches: die Zeit eines Notker von Lüttich, Wazo von Lüttich und Burchard von Worms (der um das Jahr 1020 die

Normen des Kirchenrechts systematisch zusammengestellt hatte)! Die Bischöfe gingen ja nun aus den Wahlen der Domkapitel hervor, wo die jüngeren Söhne des Adels vorherrschten. So wurden die Bischöfe vor allem Landesherren, und das weltliche Regieren wurde zur Hauptsache. Die Kirche hatte die Geistlichkeit durch den Investiturstreit vom Druck der Laienwelt befreien wollen. Aber mehr denn je war der Klerus jetzt diesem Druck preisgegeben.

Drittes Kapitel

DIE KREUZZÜGE

1. Die Ursachen und Umstände

Im neunten Jahrhundert wurde Sizilien von den Moslems erobert. Diese Eroberung, die im Jahre 902 mit der Einnahme Taorminas vollendet wurde, bezeichnet den letzten Vorstoß des Islams nach Westen. Seit damals sah er von weiteren Eroberungen ab. Spanien und die von Moslems bewohnten Monarchien an der nordafrikanischen Küste und in Ägypten – in Nordafrika gab es Zentren des Islams wie Fes und Kairuan – verloren die expansive Kraft, die ihnen zuerst eigentümlich gewesen war. Sie griffen die Christen nicht mehr an und lebten neben ihnen in einer Kultur, die fortgeschrittener und verfeinerter geworden war und auf sie einen verweichlichenden Einfluß ausübte. Diese islamischen Staaten begehrten nur noch eines: in Frieden gelassen zu werden und natürlich auch im Besitz des Mittelmeeres zu bleiben, dessen südliche und östliche Küsten sie beherrschten.
Zu ihrem Unglück war das unmöglich. Wenn sie in Sicherheit leben wollten, hätten sie sich, wie einst die Römer, Grenzen geben müssen, die zu verteidigen waren. Die Moslems besaßen Spanien, aber sie hatten es nicht bis zu den Pyrenäen erobert. Sie besaßen die Inseln des Tyrrhenischen Meeres, aber ihnen gehörte weder die Provence noch Italien, und sie konnten Sizilien ohne den Besitz Italiens nicht dauernd halten. Sie waren, gleichsam von ihren Eroberungen ermüdet, stehengeblieben und hatten mit ihrer Expansion zu früh aufgehört. Das von den Moslems beherrschte Gebiet hatte etwas Unvollendetes; ihre vorgeschobenen Stellungen in Europa eigneten sich so schlecht wie möglich für die Verteidigung. So konnte es nicht ausbleiben, daß ihre ärmeren Nachbarn, deren religiöser Eifer seit dem zehnten Jahrhundert noch dauernd wuchs, sie angriffen.
Diese Reaktion gegen den Islam begann in Spanien. Die kleinen christlichen Fürstentümer im Norden der Halbinsel mit ihrem wenig fruchtbaren und schlecht bebauten Boden versuchten selbstverständlich, sich nach Süden auszubreiten, wo es keine natürlichen Grenzen gab. Die einstige Spanische Mark hatte sich während

der Zersetzung des karolingischen Staates unabhängig gemacht und hatte zuerst den Namen einer Grafschaft von Barcelona, dann den der Grafschaft Katalonien erhalten. In den Gebirgsgegenden hatten sich die kleinen Königreiche von Navarra, Asturien, Leon und später die Königreiche von Kastilien und Aragonien gebildet. Portugal entwickelte sich in der Zeit des ersten Kreuzzuges aus einem von Kastilien abhängigen Staat zu einer selbständigen Grafschaft unter der Herrschaft des burgundischen Fürsten Heinrich (gestorben 1112), und Heinrichs Sohn, Alfons I., machte Portugal im Jahre 1139 zu einem Königreich. Zwischen den kleinen christlichen Staaten der Iberischen Halbinsel und den Moslems gab es einen dauernden Krieg an den Grenzen, und die Christen waren dabei nicht immer erfolgreich. Barcelona wurde am Ende des zehnten Jahrhunderts unter dem Kalifen Hischam II. zerstört (984). Santiago hatte das gleiche Schicksal, und die Christen mußten die Glocken dieser Stadt nach Cordoba bringen. Als aber die Dynastie der Omaijaden ausstarb (1031), begann mit dem elften Jahrhundert der Aufstieg der spanischen Christen. Ferdinand I. von Kastilien stieß im Jahre 1057 bis nach Coimbra vor und zwang mehrere Emire, unter denen sich sogar der Emir von Sevilla befand, ihm Tribut zu zahlen. Alfons VI. (1072–1109), der Sohn Ferdinands, gewann durch Verhandlungen im Jahre 1085 Toledo und belagerte Saragossa. Alfons wurde dann von den Almoraviden Marokkos, die der Emir von Sevilla zu Hilfe gerufen hatte, bei Zallaca (nördlich von Badajoz) geschlagen (1086) und in seiner Eroberung Spaniens aufgehalten. Die Fortschritte der christlichen Spanier waren trotzdem unverkennbar: vor allem seit dem Jahre 1094, als der Cid, Rodrigo Diaz, endgültig Valencia gewann. Von dem Augenblick an, da die spanischen Christen nicht mehr aus den Bergen verjagt werden konnten, stand es fest, daß ihr Weg sie einmal nach Gibraltar führen werde.[7]

Von größerer Bedeutung für die Entwicklung aber waren die Ereignisse in Italien. Die Byzantiner, die Sizilien gegen den Islam nicht verteidigt hatten, hielten sich noch im Süden der Halbinsel, als die Normannen auf dem Schauplatz erschienen und sowohl die byzantinische als auch die islamische Herrschaft durch einen lebenskräftigen Kriegerstaat ablösten. Durch die Eroberung Siziliens und die bald darauf erfolgende Einnahme Maltas schufen die Normannen zwei christliche Bastionen inmitten des von Moslems beherrschten Mittelmeeres. Auch die Bewohner von Pisa nahmen an diesen Kämpfen teil. Seit kurzem führten sie einen Seekrieg gegen die Mauren Sardiniens und vertrieben sie schließlich von der

Insel (1016); auch an der Eroberung Siziliens nahmen sie aktiv teil. Der Dom zu Pisa ist sogar eine Art baulichen Siegeszeichens anläßlich der Eroberung des Hafens von Palermo. Auch Genua begann damals seine Kampfzüge und unternahm Angriffe auf die vom Islam beherrschten Küstengebiete Afrikas. Noch hatten diese Kämpfe nichts mit dem Handel zu tun: Kaperei, Seeraub und der Krieg selbst waren die Motive, und der religiöse Gedanke der Verteidigung des Christentums mischte sich bei diesen Seeleuten untrennbar mit dem Wunsch nach materiellem Gewinn.

Man kann also zusammenfassend sagen, daß das christliche Abendland seit der Mitte des elften Jahrhunderts in Vorstößen (die freilich unabhängig voneinander erfolgten) den Islam angriff. Das alles hatte jedoch mit einem Religionskrieg nichts zu tun. Es handelte sich um Eroberungszüge, die auch unter den Menschen gleicher Religion vorkommen konnten, wenn die Umstände und die geographische Lage es mit sich brachten. Übrigens richteten die Normannen ihre Angriffe ebenso gegen die christlichen Byzantiner wie gegen die Moslems.

In den meisten Darstellungen der Weltgeschichte wird gesagt, daß der erste Kreuzzug sich diesen Ereignissen als eine Fortsetzung der Offensive gegen den Islam angeschlossen habe; aber der Kreuzzug war in Wirklichkeit etwas völlig anderes: er richtete sich zwar ebenfalls gegen den Islam, aber sein Ursprung, sein Ziel, seine Tendenzen und seine Form waren von den früheren Ereignissen völlig verschieden. Die Kreuzzüge waren zunächst ganz ausschließlich religiös. Der Geist, der sie beseelte, entsprang der gleichen großen Bewegung christlichen Eifers, die sich im Investiturstreit bereits auf einem anderen Gebiet gezeigt hatte. Dieser Bewegung folgte der Kreuzzug auch insofern, als das Papsttum, das den Investiturstreit entfesselt und geführt hatte, auch den Kreuzzug veranlaßte und organisierte.

Das eigentliche Angriffsziel der Kreuzzüge war ja in Wahrheit nicht der Islam. Wenn man ihn hätte zurückdrängen wollen, so hätte man den Spaniern und den Normannen helfen müssen. Das Ziel der Kreuzzüge waren die heiligen Stätten, das Grab Christi in Jerusalem. Jerusalem war seit dem siebten Jahrhundert in den Händen des Islams, und bisher hatte man sich mit dieser Tatsache nicht viel beschäftigt; denn unter der arabischen Herrschaft kränkte man zu jener Zeit die Christen nicht, deren Gläubigkeit damals auch noch nicht besonders empfindlich reagierte. Gerade als diese Frömmigkeit einen leidenschaftlichen Charakter annahm, eroberten aber die seldschukischen Türken Syrien (im elften Jahrhundert), und die Eroberer ließen sich in ihrem Fanatismus zu gelegentlichen Mißhandlungen der Pilger hinreißen. Diese verkündeten ihre Empörung über die Schande, die Christus damit angetan werde, überall. Unter den Pilgern befanden sich auch zahlreiche Fürsten wie Robert der Friese, Graf von Flandern. Nicht durch die Berichte kleiner Leute (von denen ja nur wenige in Jerusalem gewesen sein dürften), sondern durch die Berichte von Rittern und Fürsten wurde damals die öffentliche Meinung aufgewühlt.

Zu diesen die Christenheit erregenden Äußerungen und Nachrichten kamen bald noch die Wünsche des byzantinischen Kaisers: Wünsche, die neue Perspektiven eröffneten. Die Lage des Byzantinischen Reiches war seit dem Erscheinen der seldschukischen Türken in Vorderasien schwieriger geworden. Die makedonischen Kaiser des zehnten Jahrhunderts, Nikephoros Phokas, Johannes Tzimiskes und Basileios II., hatten den Islam weit zurückgedrängt und die Grenze zum Tigris zurückverlegt. Aber die Seldschuken besetzten im elften Jahrhundert wieder Armenien und Kleinasien. Als Alexios Komnenos den Thron bestieg (1081), waren nur noch die Küstengebiete in Händen der Griechen. Byzanz hatte keine Kriegsflotte mehr, und sein Heer war schwach. Alexios Komnenos I. dachte an Westeuropa, aber man konnte den Papst nur von der religiösen Seite her interessieren. Alexios schickte im Jahre 1095 eine Gesandtschaft zu Papst Urban II., der auf dem Konzil von Piacenza verweilte, und die Byzantiner ließen die Möglichkeit einer Rückkehr in die katholische Gemeinschaft durchschimmern. Schon einige Monate später, am 27. November 1095, wurde in Clermont von der begeisterten Menge, die sich um den Papst geschart hatte, der Kreuzzug proklamiert.

Der erste Kreuzzug war durch seinen universalen und religiösen Charakter im wesentlichen ein Werk des Papsttums. Nicht die Staaten und nicht einmal die Völker unternahmen den Kreuzzug, sondern er nahm seinen Ausgang von Rom. Der Anlaß zum Kreuzzug war ganz spirituell, er hatte keine weltlichen Motive. Die Eroberung der heiligen Stätten war das Ziel. Nur die Kreuzfahrer, welche ohne irgendeine Gewinnsucht aufbrachen, nahmen am Sündenablaß teil. Bis zu den ersten Kriegen der Französischen Revolution hat es gedauert, bis die Weltgeschichte wieder Kämpfer sah, die sich so ausschließlich einer Idee hingaben.

Die religiöse Begeisterung und die Autorität des Papstes allein hätten freilich nicht genügt, ein so riesenhaftes Unternehmen in Bewegung zu setzen, wenn die gesellschaftliche Struktur in Europa es nicht möglich gemacht hätte. Die Voraussetzung für das Zustandekommen des Kreuzzuges war, daß am Ende des elften Jahrhunderts der erstarkte Glaubenseifer, der überragende Einfluß des Papsttums und günstige gesellschaftliche Verhältnisse zusammentrafen. Ein Jahrhundert früher hätten die Kreuzzüge nicht entstehen können, ebensowenig aber ein Jahrhundert später. Die Idee des Kreuzzuges hat sich im elften Jahrhundert verwirklicht und sich danach als Motiv unter sehr verschiedenen Umständen – freilich immer schwächer werdend – erhalten. Der Kreuzzuggedanke hat sogar die Renaissance überlebt, denn die Päpste dachten ja noch an einen Kreuzzug, als im sechzehnten Jahrhundert die Türken nach Westen vorstießen. Doch der wahre Kreuzzug war nur der erste; er war der Vater aller anderen und trug die Züge seiner Zeit: einer Zeit, die durch zwei Merkmale besonders gekennzeichnet ist.

Erstens gab es noch keine eigentlichen Staaten. Die Völker hatten keine Regierungen, welche einen wirklichen Zugriff auf sie besaßen. Die Politik spaltete die Christenheit noch nicht, und diese konnte sich um den Papst scharen.

Zweitens gab es einen militärischen Stand, der wirklich bereit war, zu Feld zu ziehen: den Ritterstand. Das Heer war also da, und man brauchte es nur zu sammeln. Was es leisten konnte, hatte sich ja bei den Eroberungszügen der Normannen in England und Italien erwiesen. Zudem war es ein Heer, das nichts kostete; denn seine Männer waren ja mit den Lehensgütern, die vom Vater auf den Sohn übergingen, versorgt. Damit wurde es überflüssig, für den religiösen Kampf Geld zu sammeln, und es genügte, die Führer und die Wege, die das Heer nehmen sollte, zu bestimmen. In dieser Hinsicht war der Kreuzzug im wesentlichen der große Krieg der Lehensleute, in welchem der abendländische Feudalismus als Einheit und sozusagen auf eigene Faust gehandelt hat. Kein König beteiligte sich an dem Kreuzzug, an diese Herrscher dachte man merkwürdigerweise nicht einmal. Noch weniger konnte man auf den Kaiser zurückgreifen, der ja ein Feind des Papstes war.

So war es kein Wunder, daß gerade aus den Ländern, in denen sich das Lehenswesen am meisten entwickelt hatte, auch der größte Teil der Männer kam, die die Truppen des Kreuzzuges bildeten: aus Frankreich, England, den Niederlanden und dem normannischen Italien. Der erste Kreuzzug war vor allem ein Zug, der von romanischen Völkern oder – besser gesagt – von romanischen Rittern getragen wurde.[8]

Ohne das Rittertum wäre der erste Kreuzzug nicht verwirklicht worden; er war hauptsächlich ein Unternehmen der Ritter, der Adel war seine tragende Schicht. Man darf sich den Kreuzzug nicht etwa so vorstellen, als ob sich Massen der Christenheit auf den Weg nach Jerusalem gemacht hätten. Der Kreuzzug war vor allem ein Heereszug von Berufssoldaten, denn sonst wären die Teilnehmer nur den Metzeleien der Türken ausgeliefert gewesen. Aus dem rein militärischen Charakter der Kreuzfahrer ergibt sich, daß ihre Menge nicht so groß war, wie man anzunehmen pflegt. Es waren höchstens einige Zehntausende. Dies ist zwar eine im Verhältnis zu der damaligen Bevölkerung sehr große Zahl, hat aber mit einer Wanderung von großen Menschenmassen nichts gemeinsam.

2. *Die Einnahme Jerusalems*

Der Zug wurde unter Leitung des Papstes sorgfältig vorbereitet. Mönche wurden für die Propaganda überallhin gesandt. Aber auch profanere Mittel wurden angewandt. So groß auch die Liebe zu Christus war, man hatte es mit Menschen zu tun und scheute sich nicht, neben den mystischen auch andere Leidenschaften in ihnen aufzustacheln. Die »Excitatoria«, welche damals in der ganzen Christenheit verbreitet wurden, priesen in buntem Durcheinander die Zahl der Reliquien Kleinasiens, aber auch den Reiz und Luxus der dortigen Sitten und die Schönheit der orientalischen Frauen. Maßnahmen zugunsten der Männer, die sich zur Kreuzfahrt aufmachten, wurden getroffen; ihre Güter standen unter dem Schutz der Kirche, und die Kreuzfahrer waren dadurch sicher, die Güter bei der Rückkehr wiederzufinden. Den Kriegsplan zu entwerfen konnte nicht schwierig sein; denn viele Westeuropäer waren ja schon nach Jerusalem gepilgert. Mangels einer ausreichenden Flotte mußte man zu Land nach Jerusalem ziehen. Nur die Normannen Italiens und die norditalienischen Kontingente fuhren über das Adriatische Meer nach Durazzo, um von dort zu Lande nach Konstantinopel, dem allgemeinen Treffpunkt, zu ziehen. Es gab vier Heere: Zunächst die Lothringer unter Gottfried von Bouillon; sie nahmen den Weg über Deutschland und Ungarn. Ferner die Nordfranzosen unter Herzog Robert von der Normandie, dem Bruder König Wilhelms II. von England; andere Führer der Nordfranzosen waren Stefan von Blois, Hugo von Vermandois, ein Bruder des Königs Philipp I. von Frankreich, und Graf Robert II.

von Flandern. Das Heer der Nordfranzosen ging über Italien, wo es sich mit den Normannen vereinigte: einem Heer, das unter Führung Bohemunds von Tarent, des Sohnes Robert Guiscards, und Bohemunds Neffen, Tankred, stand. Das vierte Heer waren die Südfranzosen unter Graf Raimund von Toulouse, der von dem päpstlichen Legaten Adhemar (dem Bischof von Le Puy) begleitet war. Alle vier Heere aber trafen sich in Konstantinopel, wo sie in Gruppen ankamen (1096 und 1097).

Begeisterte Scharen, die der Stimme des Eremiten Peter von Amiens Gehör gegeben hatten, waren schon zu Beginn des Jahres 1096 ohne Führung und ohne Disziplin zur Kreuzfahrt aufgebrochen; sie plünderten die Länder, die sie durchzogen, und ermordeten die Juden. Diejenigen unter ihnen, welche Konstantinopel erreichten, wurden von den Griechen über den Bosporus abgeschoben und dann durch die Seldschuken vernichtet.

Wenn der Papst aber gehofft hatte, die griechische Kirche durch den Kreuzzug zum Katholizismus zurückzuführen, so wurde er durch die Wirklichkeit schon bald ernüchtert. Die Berührung der Griechen mit den westeuropäischen Kreuzfahrern vermehrte nur die gegenseitige Antipathie, und die Kluft, die beide Gruppen schied, wurde breiter; aber das mystische Ziel, um dessentwillen man zu den Waffen gegriffen hatte, wurde erreicht. Nach Gefechten, Strapazen und Gefahren, die mit denen der Napoleonischen Armee auf dem Rückzug aus Rußland zu vergleichen sind und ebenso mörderisch gewesen sein müssen, erschien endlich der Rest des Heeres am 7. Juni 1099 vor Jerusalem. Am 15. Juli wurde die Stadt im Sturm genommen, und Ströme von Blut wurden im Namen des Gottes der Liebe und des Friedens vergossen, dessen Grab zu erobern man ausgezogen war.

Das Ergebnis war die Gründung kleiner christlicher Staaten. So schuf man das Königreich Jerusalem, zu dessen Fürsten Gottfried von Bouillon unter dem Titel eines »Beschützers des Heiligen Grabes« gewählt wurde. Ferner gründete man das Fürstentum von Edessa, dessen Titel von seinen Bewohnern dem Grafen Balduin, dem Bruder Gottfrieds von Bouillon, beim Durchzug verliehen wurde, und schließlich das Fürstentum Antiochia, zu dessen Fürsten sich Bohemund von Tarent nach der Einnahme der syrischen Stadt im Jahre 1098 gemacht hatte. Diese Fürstentümer, die fern von Europa lagen und seit dem Augenblick ihrer Gründung von allen Seiten durch die Moslems bedroht waren, wurden nach lehensrechtlichen Prinzipien organisiert. Sie waren Kolonien, aber sie entsprachen keinem Bedürfnis, wie es ja für die Errichtung von

Kolonien bestehen kann. Es gab keine Notwendigkeit, den Überschuß der Bevölkerung so fern unterzubringen, und es bestand keinerlei Anlaß, Handelsniederlassungen zu schaffen. Obwohl durchaus nicht alle Kreuzfahrer frei von Beutegier waren, war doch keiner von ihnen vom Motiv des Handels geleitet. Die religiöse Idee war der einzige maßgebende Faktor. Trotzdem wurde das Ergebnis des Kreuzzuges sogleich für den Handel bedeutend. Man mußte nämlich diese militärische christliche Basis, die jetzt im Osten gegründet war, mit allem Nötigen (Lebensmitteln, Waffen und so weiter) versorgen. Venedig, Pisa und Genua übernahmen das sogleich. Die christlichen Staaten der Kreuzfahrer wurden das Ziel der Schiffe dieser Städte. Das östliche Mittelmeer war nunmehr mit dem Abendlande verbunden, und seitdem hat sich die Seefahrt der christlichen Völker immer mehr entwickelt. Das Bürgertum der italienischen Seestädte hat schließlich den größten Nutzen von den Kreuzzügen gehabt. Dies war aber nicht das Ziel der großen Bewegung gewesen. Der wahrste Ausdruck des Geistes der Kreuzfahrer war vielmehr die Verbindung militärischen und religiösen Geistes, wie man sie in den Orden der Templer und der Johanniter findet.

Als christliche Gründungen inmitten einer islamischen Umgebung waren die Besitzungen der Kreuzfahrer ziemlich schwer zu verteidigen. Schon im Jahre 1144 fiel Edessa wieder den Moslems in die Hände, und man war zu einem zweiten Kreuzzug genötigt, aber dieser mißglückte. Sultan Saladin von Ägypten bemächtigte sich im Jahre 1187 Jerusalems, und niemals wurde es von den Christen wieder genommen.

Die große religiöse Bewegung der Kreuzzüge hatte also kein anderes Ergebnis als eine größere und schnellere Entwicklung des Mittelmeerhandels. Gar nicht oder in kaum nennenswertem Ausmaße aber haben sie dazu gedient, dem Abendlande die wirtschaftlichen und kulturellen Fortschritte der Moslems bekannt zu machen; diese Errungenschaften wurden ihm vielmehr nur durch die Vermittlung Siziliens und Spaniens zugänglich. Die Kreuzzüge wären freilich geeignet gewesen, dem Abendlande die Welt des antiken Griechentums zu erschließen; aber auch dies unterblieb völlig. Noch war es zu früh dafür, daß die Menschen des Westens sich für die Schätze hätten interessieren können, die in den byzantinischen Bibliotheken schlummerten; das Abendland mußte warten, bis die byzantinischen Flüchtlinge des fünfzehnten Jahrhunderts diese Schätze nach Italien brachten. Der Kontakt der Kreuzfahrer mit der griechischen Welt hatte ein ähnliches Schicksal wie die Entdeckung Amerikas durch die Normannen; auch diese erste Entdeckung Amerikas wurde ja vergessen, weil für sie im elften Jahrhundert noch kein Bedürfnis bestand.

Im großen und ganzen hatte das ungeheure Unternehmen der Kreuzzüge nur wenige unmittelbare Folgen. Die Kreuzzüge verdrängten weder den Islam noch gliederten sie die griechische Kirche der römischen an. Nicht einmal Jerusalem und Konstantinopel konnten vom abendländischen Katholizismus gehalten werden. Die Bedeutung war indes auf einem anderen Gebiet groß: einem Gebiet, das dem geistigen Ausgangspunkt der Kreuzzüge freilich ganz und gar fremd war. Das wirkliche Ergebnis der Kreuzzüge war ja die Entwicklung des italienischen Seehandels und vom vierten Kreuzzug an die Bildung jenes kolonialen Reiches, das Venedig und Genua in der Levante gründeten. Es ist bezeichnend, daß man jedes geschichtliche Phänomen in Europa ohne die Kreuzzüge erklären kann, nur die Entwicklung des Handels in Italien nicht.

Die Kreuzzüge hatten aber noch eine Folge religiöser Art. Der Religionskrieg trat seit dem ersten Kreuzzug an die Stelle einer bloßen Bekehrung der Nichtchristen, und man führte ihn auch gegen die Ketzer. Die Ketzerei der Albigenser und später die der Hussiten wurden durch Religionskriege ausgetilgt. Für die Einstellung gegenüber den Heiden sind die Mittel charakteristisch, deren man sich gegen die Wenden, Preußen und Litauer bediente. Man wollte die Ungläubigen nicht mehr bekehren, sondern ausrotten.

Fünftes Buch

DAS ENTSTEHEN DES BÜRGERTUMS

Erstes Kapitel

DIE WIEDERGEBURT DES HANDELS

1. Der Handel am Mittelmeer

Die Wirtschaftsverfassung, die für Westeuropa zur Zeit der Karolinger unvermeidlich geworden war und die sich im wesentlichen bis zum Ende des elften Jahrhunderts erhielt, war, wie wir bereits sahen, rein agrarisch. Diese Wirtschaft kannte keinen nennenswerten Handel, und man kann sogar sagen, daß sie durch die Regelung der Produktion nach den Bedürfnissen der Produzenten sogar die Möglichkeit beruflicher Handelstätigkeit ausschloß. Das Aufspüren von kaufmännischen Gewinnchancen und sogar der Gedanke an Handelsgewinn waren dieser Wirtschaftsverfassung fremd. Die Bearbeitung des Bodens diente dazu, die Familien zu erhalten. Man strebte nicht danach, einen Überschuß an Produktion zu erzielen, da man mit ihm nichts hätte anfangen können.

Natürlich gab es noch einige Formen des Tausches. Keine Domäne konnte trotz der ihr innewohnenden Tendenz, alles zu liefern, was ihre Bewohner brauchten, gänzlich ohne Einfuhr auskommen. In den Territorien, die nördlich lagen, mußte der Wein notwendig aus südlicheren Gegenden eingeführt werden. Ferner gab es häufig lokale Hungersnöte, und im Fall eines solchen Unglücks mußte die betroffene Provinz in der Zeit der Entbehrung versuchen, einige fehlende Güter aus benachbarten Provinzen einzuführen. Schließlich gab es hier und da kleine Wochenmärkte, die den laufenden Befürfnissen der in der Umgebung wohnenden Bevölkerung abhelfen sollten. Aber das alles hatte nur eine ganz untergeordnete Bedeutung. Der Handel wurde nur gelegentlich, nicht aber beruflich getrieben. Einen Kaufmannsstand gab es nicht und ebensowenig einen Stand von Gewerbetreibenden. Das Gewerbe beschränkte sich auf einige unentbehrliche Handwerker: hörige Leute, die auf dem Domänenhof für die Bedürfnisse der Domäne arbeiteten. Stellmacher waren in einigen Dörfern vorhanden, und es gab Weber, die Leinen oder Wolle für den Familiengebrauch webten. In gewissen Regionen, beispielsweise in Küstengebieten von Flandern, gaben die Beschaffenheit der Wolle und die Erhaltung der Verfahren, die noch von der Technik der Römer her ausgebildet worden waren, den Stoffen der ländlichen Weber eine überlegene Qualität und machten sie in den Nachbargebieten gesucht. Das war eine Spezialität, ebenso wie es anderswo gute Steine oder vorzüglich nutzbare Baumbestände für Bauten waren. Hieraus ergab sich ein kleiner Güterverkehr auf den Flüssen. Dieses Verkehrs bedienten sich auch die Reisenden und die Pilger. Kleine Häfen in Nordfrankreich und in den Niederlanden dienten den wenigen Reisenden, die aus England kamen oder dorthin fuhren. Aber das alles war nicht wesentlich. Der Handelsverkehr war unentwickelt: er entsprach zur Zeit der Karolinger weder einem ständigen Bedürfnis noch einer elementaren Notwendigkeit. Der beste Beweis dafür ist das Schicksal der Vereinheitlichung, die Karl der Große für Gewichte, Maße und Münzen festgesetzt hatte. Am Ende des neunten Jahrhunderts war diese Einheit dahin, und jedes Ländergebiet hatte seine eigenen Gewichte, Maße und Münzen. Ein solcher Rückschritt wäre nicht möglich gewesen, wenn der Handel einige Bedeutung gehabt hätte. Obwohl es so mit dem Reiche der Karolinger stand, war es in zwei Gebieten des Abendlandes ganz anders. Beide gehörten zum Byzantinischen Reiche: Unteritalien und Venedig. Die Häfen Campaniens, Apuliens, Calabriens und Siziliens unterhielten tatsächlich noch immer regelmäßige Beziehungen zu Konstantinopel. Die große Hauptstadt erstreckte ihre Anziehungskraft noch immer auf diese Häfen: Bari, Tarent, Amalfi und – wenigstens solange Sizilien noch nicht von den Moslems erobert war – auch Messina, Palermo und Syrakus sandten ihre mit Getreide und Wein beladenen Schiffe regelmäßig zum Goldenen Horn, und regelmäßig brachten diese Schiffe dann die Erzeugnisse der östlichen Manufakturen als Rückfracht nach Italien. Bald wurde der Handel dieser südlichen Städte noch durch den Venedigs übertroffen. Venedig, zur Zeit der langobardischen Eroberungszüge von Flüchtlingen gegründet und zum Zufluchtsort der Patriarchen von Aquileja geworden, war zuerst nur ein Haufen kleiner Inseln, die durch die Arme des Meeres voneinander geschieden waren; die bedeutendste unter ihnen war Rialto. Dies alles erhielt in seiner Gesamtheit den Namen »Venezien«, mit dem man früher das Küstengebiet bezeichnet hatte. Die Ankunft der Reliquien des Apostels Markus aus Alexandria gab der Stadt im Jahre 829 ihren Schutzheiligen. Der Fischfang und die Gewinnung von Salz aus dem Meer waren die ursprünglichen Erwerbsquellen der Bewohner. Ihr Absatzgebiet war natürlich nicht das nahe gelegene Italien, das durch seinen agrarischen Charakter und seine Domänenwirtschaft kein Bedürfnis an Einfuhrprodukten hatte, sondern das ferne Byzanz: ein Markt, der vieles aufnahm. Nichts zeigt den Gegensatz zwischen der damaligen Kultur des Abendlandes und der des Ostens deutlicher als diese Orientierung Venedigs. Die Eroberung immer weiterer Küstengebiete am Mittelländischen Meer führte zu einer Beschränkung der Häfen, die die Großstadt Byzanz versorgten, und dies wurde für die Seeleute der Lagunenstadt ein Vorteil. Ihr Handel am Ufer des Bosporus überflügelte bald den ihrer Konkurrenten, und ihre Stadt, ohne Hinterland und ganz auf die Funktion der Flotte gerichtet, brachte in die Welt wieder ein geschichtliches Element, das an das alte Tyrus erinnert. Mit dem Reichtum erwarb Venedig auch die Unabhängigkeit; die Stadt machte sich von Byzanz frei, ohne öffentlich mit ihm zu brechen, und bildete unter einem Dogen (Herzog) eine Handelsrepublik von einzigartigem Charakter. Seit dem zehnten Jahrhundert führte sie eine Politik, die ausschließlich von Handelsinteressen bestimmt wurde. Die Macht Venedigs vermittelt uns eine Vorstellung von seinem Reichtum. Seine Schiffahrt erforderte die Herrschaft über das Adriatische Meer, das von Seeräubern aus Dalmatien unsicher gemacht wurde. Der Doge Pietro II. Orseolo (991–1009) eroberte im Jahre 1000 das ganze Küstengebiet von Ragusa bis Venedig und nahm den Titel eines »Herzogs von Dalmatien« an. Die Republik konnte auch nicht zulassen, daß die Normannen sich nach der Eroberung Unteritaliens an der griechischen Küste niederließen. Die venezianische Flotte arbeitete daher mit Kaiser Alexios zusammen, um Robert Guiscard aus Durazzo zu vertreiben. Venedig verstand es übrigens, sich für diese Zusammenarbeit recht gut bezahlen zu lassen. Die Venezianer erlangten im Jahre 1082 das Privileg, überall im Byzantinischen Reiche Güter kaufen oder verkaufen zu können, ohne Abgaben zu entrichten, und erhielten in Konstantinopel ein eigenes Handelsquartier. Ausschließlich von kaufmännischen Motiven geleitet, scheuten sie sich nicht, selbst mit den Moslems, den Feinden der Christenheit, in Beziehung zu treten.

Aber schon damals begegneten ihre Schiffe im östlichen Becken des Mittelländischen Meeres neuen Konkurrenten. Die Pisaner und die Genuesen, die im Laufe des zehnten Jahrhunderts die arabischen Seeräuber im Tyrrhenischen Meer bekämpft hatten, bemächtigten sich schließlich Korsikas und Sardiniens. Während die Venezianer von alters her Kaufleute waren, erinnerten die Pisaner und die Genuesen eher an die spanischen Christen. Wie diese führten sie gegen die Ungläubigen einen Krieg, der geheiligt war, aber zugleich auch irdische Vorteile brachte, denn die Ungläubigen waren reich, und nach einem Erfolg war die Beute groß. Glaubenseifer und Gewinnsucht verschmolzen bei den Christen zu einem Unternehmungsgeist, der in ihren alten Chroniken einen merkwürdigen und kraftvollen Ausdruck fand. Mit steigendem Erfolge wagten sie sich noch weiter, drangen über die Straße von Messina hinaus und bekämpften den Feind sogar im Gebiet der griechischen Inseln.

Die Venezianer dagegen blieben gegenüber diesem Kampf zwischen Kreuz und Halbmond innerlich recht unbeteiligt; ihr Hauptziel war die Aufrechterhaltung ihres Handels mit Konstantinopel und ihrer Seefahrt in der Levante. Diese Ziele wurden so intensiv verfolgt, daß venezianische Flotten nicht zögerten, Schiffe aus Pisa anzugreifen, die die Kreuzfahrer mit lebensnotwendigen Gütern versahen.

Als aber die christlichen Völker in Palästina festen Fuß gefaßt hatten, konnte Venedig nicht mehr in dieser Haltung verharren. Die Venezianer mußten wohl oder übel die Schiffe der Pisaner und der Genuesen am überseeischen Handelsverkehr zwischen den Häfen der Christen in Syrien und den abendländischen Häfen teilnehmen lassen. Ständig mußten Pilger, Hilfstruppen, Lebensmittel und Vorräte aller Art nach dem Orient gebracht werden. Dadurch wurde diese Seefahrt für Pisa und Genua zur Quelle so bedeutender Gewinne, daß bei den Seeleuten beider Städte der Handelsgeist den Vorrang über den religiösen Eifer gewann.

Bald nahmen die Schiffe ihren Kurs nicht nur zu den Häfen der Christen, sondern auch zu denen der Moslems: seit dem zwölften Jahrhundert legten sie regelmäßig in Tunis und Alexandria[1] an. Die Pisaner erhielten im Jahre 1111, die Genuesen im Jahre 1155 Privilegien für den Handel mit Konstantinopel. In den Handelszentren der Levante entstanden venezianische, pisanische und genuesische Kolonien, alle aber standen unter der Gerichtsbarkeit eigener Konsuln. Die Seefahrt auf dem Mittelländischen Meer breitete sich sofort weiter aus. Marseille und Barcelona wurden aktiv; Provenzalen und Katalanen wagten sich bald auf die Seewege, die die Italiener erschlossen hatten. So war das Mittelländische Meer gegen Ende des zwölften Jahrhunderts für die Seefahrt der Christen zurückgewonnen. Ihre Schiffe traf man überall in den Häfen Vorderasiens und Nordafrikas, und in den Häfen von Italien, Katalonien und der Provence gab es keine Fahrzeuge der Griechen oder der Moslems. Der zweite Kreuzzug erfolgte noch zu Lande, alle späteren nahmen den Seeweg und waren gewinnbringende Transportaktionen. Der vierte Kreuzzug war außerdem noch etwas anderes: die Venezianer gaben ihm zum eigenen Vorteil (und indirekt auch zum Vorteil der anderen Seestädte) eine gänzlich andere als die geplante Richtung.

Der ursprüngliche Plan des vierten Kreuzzuges ging dahin, Ägypten anzugreifen und von dort aus nach der Küste von Palästina zu fahren. Die Kreuzfahrer hatten mit Enrico Dandolo, dem Dogen von Venedig, einen Vertrag geschlossen, wonach die venezianische Flotte das 30000 Mann zählende Heer für 85000 Mark in Silber befördern sollte. Aber die Kreuzfahrer konnten diesen Betrag nicht aufbringen. Daraufhin schlug Venedig vor, daß sie zum Vorteil der Stadt den mit Venedig konkurrierenden christlichen Hafen Zara erobern sollten. Zara wurde von ihnen genommen. Schon machte sich die Flotte bereit, nach Ägypten zu fahren, als der byzantinische Prinz Alexios, dessen Vater, Kaiser Isaak II., wenige Jahre zuvor abgesetzt und geblendet worden war (1195), den Kreuzfahrern vorschlug, ihm den Thron des Byzantinischen Reiches zu verschaffen. Die Kreuzfahrer nahmen diesen Vorschlag an, obgleich Papst Innocenz III. über die Venezianer sogar den Kirchenbann verhängte. Am 6. Juli 1203 bemächtigte sich die Flotte des Hafens und besetzten die Kreuzfahrer Konstantinopel. Sie ließen Alexios zum Kaiser (Alexios IV.) krönen, doch nachher kam es zu Differenzen zwischen ihnen und dem neuen Kaiser (der allerdings bald durch einen Volksaufstand in Kontantinopel gestürzt wurde). Konstantinopel wurde von den Kreuzfahrern noch einmal erobert (13. April 1204) und zur Residenz eines Lateinischen Kaiserreiches gemacht, das man ins Leben rief. Venedig erhielt dafür alles, was seinen Seehandel begünstigen konnte: einen Teil von Konstantinopel, Adrianopel, Gallipoli, Euböa, Kreta und zahlreiche andere Inseln; ferner die Südküste und die Westküste des Peloponnes sowie die ganze Meeresküste von Korinth bis Durazzo. Das Schwarze Meer wurde dem Seehandel der italienischen Städte eröffnet, und an seinen Küsten wurden sogleich venezianische, pisanische und genuesische Stapelplätze geschaffen.

Dies alles bedeutete noch nicht, daß das Mittelländische Meer jetzt wieder, wie einst in der Antike, ein europäischer Binnensee geworden wäre. Aber das Meer war für Europa keine Barriere mehr: es war wieder der große Weg zwischen dem Abendlande und dem Orient geworden. Der gesamte Seehandel richtete sich auf die Levante. Die Karawanen (Handelszüge) aus Bagdad und China, die aus ihren Ursprungsländern Gewürze und Seide zur syrischen Küste brachten, kamen nun bei den Schiffen der Christen an, die in den großen Häfen der Levante warteten.

2. Der Handel des Nordens

Diese machtvolle Expansion, deren Folgen für die europäische Kultur unabsehbar waren, ging auf außereuropäische Faktoren zurück, zumindest aber auf Faktoren, die außerhalb der westeuropäischen Sphäre lagen. Ohne die Anziehungskraft, die Byzanz ausübte, und ohne die Notwendigkeit, gegen den Islam zu kämpfen, hätte das Abendland sicher noch Jahrhunderte hindurch in einer rein agrarischen Kultur verharrt. Es gab kein inneres Motiv, das Westeuropa zur Expansion genötigt hätte. Der Handel des Abendlandes war keine spontan auftretende Folge seiner natürlichen Wirtschaftsentwicklung. Nur durch Faktoren, die außerhalb dieser Wirtschaftsentwicklung lagen, ist der Handelsverkehr früher entstanden, als er sich auf organischem Wege entfaltet hätte.

Ferner ging – so merkwürdig dies auf den ersten Blick auch anmutet – die gleiche Entwicklung wie am Mittelländischen Meer auch an der Nordsee und an der Ostsee vor sich. In der Antike hatten diese Meere das Römische Reich ebenso sehr abgeschlossen wie der Atlantische Ozean. Jenseits des Kanals, auf dem die Schiffe zwischen Gallien und Britannien verkehrten, gab es keine Schifffahrt – jedenfalls keine Handelsschiffahrt. Diese Situation blieb bis zum neunten Jahrhundert unverändert. Nur die Häfen von Quentovic (das an die Stelle von Boulogne trat) und von Duurstede unterhielten jetzt noch einige Beziehungen zu den Angelsachsen in Britannien, sonst aber war im ganzen Küstengebiet des Fränkischen Reiches bis zur Elbemündung hin das wirtschaftliche Leben fast erloschen, die Küsten waren nahezu menschenleer. Noch weiter östlich, im Gebiet der Ostsee, kam man zu den unbekannten Territorien der heidnischen Barbaren. Dort war die Lage umgekehrt wie an den Küsten des Mittelländischen Meeres: das christliche Abendland kam im Osten mit noch unentwickelten Völkern in Berührung und nicht, wie im Mittelmeergebiet, mit Menschen höher entwickelter Kulturen. Dennoch entwickelte sich dort, an den nördlich gelegenen Gewässern, der Handelsverkehr unter dem Einfluß jener wenig kultivierten Völker. Merkwürdigerweise lag der Brennpunkt dieses Handelsverkehrs weder an der flämischen noch an der englischen Küste, sondern am Bottnischen und am Finnischen Meerbusen: eine Folge der bis in diese abgelegenen Gegenden hin spürbaren Anziehungskraft der Levante und Konstantinopels, der Hauptstadt des Byzantinischen Reiches. Der von diesen auswärtigen Zentren ausgehende Anreiz, der die Schifffahrt der Italiener groß machte, war also der gleiche, der die Schiffahrt in den nördlichen Gewässern anregte und förderte.

Wir haben dies schon erwähnt, als wir die Einfälle der Wikinger behandelten. Wir sahen, wie die Schweden – halb Eroberer, halb Kaufleute – um die Mitte des neunten Jahrhunderts am Dnjepr auftauchten und sich dort schon früh politische Zentren schufen, um die sich die (von einigen Staatsbildungen in Kiew und Nowgorod abgesehen) noch ungeformte Masse der Ostslawen gruppierte. Jene Wikinger erhielten den Namen »Russen«, mit dem vielleicht ursprünglich eine Gruppe des ostslawischen Stammes der Anten bezeichnet wurde. Die Kolonien der Wikinger blieben bis zum Ende des elften Jahrhunderts in Kontakt mit dem Mutterlande und erhielten bis zu diesem Zeitpunkt von dort aus immer wieder neuen Menschenzuwachs. Sie unterhielten einen sehr lebhaften Handelsverkehr mit Byzanz und mit den islamischen Gebieten an der Küste des Kaspischen Meeres,[2] zumindest bis zu den großen, auf Kiew gerichteten Vorstößen der Petschenegen in den sechziger und siebziger Jahren des zehnten Jahrhunderts.

Konstantinopel war das große Handelszentrum; man setzte dort Sklaven, Pelzwerk, Honig und Wachs ab. Der byzantinische Kaiser Konstantin VII. Porphyrogennetos[3] hat um die Mitte des zehnten Jahrhunderts eine eigentümliche Beschreibung dieses russischen Handels hinterlassen. Er erzählt, wie sich im Juni immer die Barken aus Nowgorod, Smolensk, Lubetsch, Tschernigow und Wyschegrad trafen. Gemeinsam fuhren die bewaffneten Mannschaften den Dnjepr stromabwärts; sie schleppten die Boote, wenn das Gefälle des Stroms dies erforderte, und verteidigten sich auch gegen die Petschenegen. Dann fuhren sie die Küste des Schwarzen Meeres entlang, bis sie – über das Gebiet der Donaumündungen hinaus – zu dem thrakischen, zum Byzantinischen Reich gehörenden Hafen Mesembria gelangten (von wo aus die Handelswaren nach Konstantinopel transportiert wurden). Dieser vom Herrscher geleitete und mit Waffen ausgerüstete Handel erinnert in vielen Punkten an den späteren Sklavenhandel in Afrika. Aber schon im zehnten Jahrhundert gesellten sich zu den bewaffneten Mannschaften auch Kaufleute im eigentlichen Sinne des Wortes. Die Russen waren damals noch Heiden. Sie kannten auch noch nicht die Institution des privaten Grundeigentums, und doch gab es unter ihnen schon Kaufleute für den Handel mit Konstantinopel. Schon damals gründeten sie Städte: den mit Pfahlwerk umgebenen Ort *(gorod)* oder den *pogost,* das heißt den Ort für die Ausländer *(gostj).* Kiew war bereits zu Anfang des elften Jahrhunderts bedeu-

tender als alle anderen Städte nördlich der Alpen. Thietmar von Merseburg hat im Jahre 1018 Kiew mit seinen vierzig Kirchen – er spricht irrtümlicherweise von vierhundert Kirchen – und mit seinen acht Märkten beschrieben. Die Bevölkerung bestand damals noch zum großen Teil aus Skandinaviern. Noch zahlreicher waren die Skandinavier in Nowgorod, wo die aus Gotland dorthin gekommenen Schweden im zwölften Jahrhundert eine »Gildenhalle« besaßen. Natürlich breitete sich der Handelsverkehr von den russischen Zentren aus über das Ostseegebiet. Adam von Bremen spricht von »Holmus« – nach Ansicht mancher Historiker Bornholm, nach anderen Ansichten Gotland – als dänischer Insel: *»celeberrimus Daniae portus et fida statio navium, quae ad barbaros et in Graeciam dirigi solent«* (der hochberühmte Hafen von Dänemark und der sichere Ankerplatz für die Schiffe, die die Gebiete der Heiden und Griechenland zu besuchen pflegen).
Übrigens fuhren die durch Byzanz mit dem Handel in Kontakt gekommenen Skandinavier schon im zehnten Jahrhundert nach Westeuropa. Die in ihren Ländern gefundenen flämischen Münzen aus dem zehnten und elften Jahrhundert bezeugen, daß sie das Küstengebiet der Nordsee besucht haben. Die Herrschaft der Dänen in England vermehrte noch diesen Schiffsverkehr. In den Niederlanden nahm im Laufe des zehnten Jahrhunderts Tiel an der Waal die Stelle des von den Normannen zerstörten Duurstede ein, und der Handel von Brügge begann sich durch die Schiffahrt bis tief in den Zwin (den für die Stadt lebenswichtigen Meeresarm) zu beleben. Die Eroberung Englands durch die Normannen bedeutete die dauernde Verbindung der Insel mit dem europäischen Kontinent und wurde ein neuer Anlaß zur Intensivierung des Schiffsverkehrs auf der Nordsee und auf dem Kanal.
Der Anreiz zum Handel kam also mittels der Schweden zustande und fand seinen Ursprung in Byzanz. Aber im zwölften Jahrhundert begann die Seefahrt der Skandinavier abzunehmen. Das Vordringen der Kumanen (Polovzer) in Südrußland schnitt den Weg nach Konstantinopel ab, und außerdem wurde im Süden die Konkurrenz des Handels von Venedig und der anderen italienischen Städte zu groß.
Von Venedig aus breitete sich der Handelsverkehr über den Brennerpaß allmählich auch in Süddeutschland aus: besser gesagt, der venezianische Handel zog Süddeutschland in seinen Bann, so daß es sich auf ihn einstellte, denn die Venezianer reisten nicht auf dem Landwege. Viel stärker als mit Süddeutschland war der Handelsverkehr der Italiener mit Frankreich. Der Küstenhandel hatte

Gewerbe und Handel in der Ebene der Lombardei besonders stark zur Entwicklung gebracht; dadurch begann sich die ganze Struktur dieses Gebietes schon seit der Mitte des elften Jahrhunderts umzugestalten. Die Kaufleute der Lombardei reisten über den Sankt-Gotthard-Paß und über den Mont Cenis nach Norden, wo vor allem Flandern mit seinem Anschluß an die Handelsschiffahrt der Nordsee sie anzog. Diese Lombarden besuchten seit dem Anfang des zwölften Jahrhunderts die Märkte von Ypern, Lille, Messines, Brügge und Torhout (Thourout). Dann verlegte sich der Schwerpunkt in ein Gebiet, das nur etwa den halben Weg von Italien aus erforderte, und die großen Handelszentren des zwölften und dreizehnten Jahrhunderts finden wir in den berühnten Messen in der Champagne: in Troyes, Provins, Lagny und Bar-sur-Aube. Auf den Messen der Champagne waren die Flamen und die Lombarden die Vermittler des großen Handels zwischen dem Norden und dem Süden: den beiden Welten, die dort miteinander in Kontakt traten und sich gegenseitig durchdrangen. Der Handel Südeuropas war weiter entwickelt und besser organisiert als der des Nordens. Kein Wunder übrigens! Die Italiener standen dauernd in Kontakt mit hochentwickelten Kulturen und hatten deren Handelsformen und praktische Institutionen schon früh übernommen: den regelmäßigen Wirtschaftsverkehr, der ja stärker entwickelt und differenzierter war als derjenige des Nordens. Daher sind auch die ersten Formen des Zahlungsverkehrs – sie erscheinen gegen Ende des zwölften Jahrhunderts – italienischen Ursprunges. Die Organisation des Kreditwesens in Europa ging, wie man sagen kann, ausschließlich von romanischen Völkern aus. Banken, Wechsel, verzinsliche Anleihen, Handelsgesellschaften aller Art – alle diese Institutionen kamen aus Italien und fanden wahrscheinlich durch die Messen in der Champagne auch anderswo Verbreitung. Vor allem war die Wiedererweckung des Geldverkehrs, das Allgemeinwerden des Umlaufes von gemünztem Geld, ein Ergebnis der Wiederbelebung des Handels. Zwar wurde der Vorrat an Edelmetallen in Wirklichkeit nicht größer, aber das Geld zirkulierte wieder. Mit der Verbreitung des handelsmäßigen Güteraustausches tauchte überall das gemünzte Geld auf. Dinge, die nie mit den Maßen des Geldwertes gemessen worden waren, unterlagen jetzt dieser Bewertung. Der Begriff des Reichtums erhielt einen anderen Inhalt.

3. Die Kaufleute

Wir müssen uns jetzt dem bedeutsamen Problem zuwenden, wie sich der Kaufmannsstand gebildet hat, durch den dieser Handelsverkehr unterhalten wurde: ein Problem, das wegen der geringen Anzahl der Quellen sehr schwierig ist und wohl niemals völlig gelöst werden wird.

Zunächst steht fest, daß diese Kaufleute *(mercatores)* sogenannte »homines novi« waren. Sie sind in sozialer Hinsicht als Emporkömmlinge anzusehen und treten geschichtlich als Schöpfer einer neuen Art von Besitz auf: neu neben dem Landbesitz der Grundeigentümer, deren Schicht sie nicht entstammten.

Sie standen dieser älteren Schicht so fern, daß sich der Gegensatz zwischen dem aristokratischen Ideal und dem Leben des Kaufmanns Jahrhunderte hindurch erhalten hat und auch heute noch nicht völlig verschwunden ist. Diese beiden Sphären konnten sich nicht gegenseitig durchdringen. Noch weniger ließ das kirchliche Ideal sich mit dem des Handels vereinigen; die Kirche sah im Handel eine Gefahr für die Seele, und ihre Vertreter zitierten das Wort: *Homo mercator vix aut nunquam potest Deo placere* (ein Kaufmann kann niemals oder doch so gut wie niemals Gott wohlgefällig sein). Die Kirche verbot ihren Geistlichen, Handel zu treiben. Ihr asketisches Ideal stand in vollem Gegensatz zu dem Prinzip des Handels. Nicht den Reichtum selbst verurteilte sie, sondern das Streben und Trachten nach Reichtum. Auch von der Kirche kann also keine Anregung oder Initiative für den Handelsverkehr ausgegangen sein.

Entstammten die Kaufleute etwa den Unfreien: den Bauern, die ihre abgegrenzte Parzelle auf den großen Domänen hatten und auf ihrem »mansus« (Hufe) eine gesicherte und geschützte Existenz hatten? Es ist kaum anzunehmen, und alles spricht für das Gegenteil.

Es bleibt also nur eine einzige Lösung des Problems, so merkwürdig sie auch erscheinen mag: die Vorfahren der Kaufleute waren die Besitzlosen, die Menschen ohne eigene Scholle, die Leute, die abenteuernd durch die Lande zogen und sich für die Ernte verdingten. Eine Ausnahme müssen wir allerdings für die Venezianer machen, die in ihrer Lagunenstadt von jeher Fischer und Salzsieder waren und ihre Erzeugnisse auf dem byzantinischen Markt absetzten. In Venedig legten verhältnismäßig früh sogar Grundbesitzer ihre Einkünfte in Handelsunternehmen an. Doch waren dies Ausnahmen.

Landlose Leute hatten damals nichts zu verlieren, und wer nichts zu verlieren hat, kann alles gewinnen. Landlose Leute sind zudem abenteuerlustig, zählen nur auf die eigene Kraft und haben in jener Zeit keine traditionell bedingten Hemmungen. Sie besitzen eine gewisse Kenntnis und Erfahrung, haben andere Länder gesehen und kennen die Sprache und die Sitten verschiedener Völker. Die Armut macht sie außerdem findig. Sicher rekrutierten sich aus dieser Schicht, die als Abschaum betrachtet wurde, die ersten Bemannungen der Kaperschiffe von Pisa und Genua. Und waren in Nordeuropa die Skandinavier, die nach Konstantinopel zogen und Byzanz mit Waren versahen, nicht ebenfalls Besitzlose und Glückssucher?

Glückssucher, das ist das Wort für sie! Zahllose unter ihnen scheiterten, viele sind in Kämpfen gefallen oder durch Entbehrungen umgekommen. Andere aber hatten Erfolg. Mit nichts, das heißt mit nichts als ihrem Mut, ihrer Intelligenz und ihrem Wagemut erwarben sie sich Vermögen.

Heute scheint uns das einfach. Gegenwärtig kann ein intelligenter Mensch, auch wenn er nichts besitzt als seine Begabung, Betriebskapital erhalten. Wir dürfen aber nicht vergessen, daß die Menschen, die im Mittelalter die ersten Kaufleute wurden, unter keinen Umständen auf Betriebskapital hoffen konnten; sie mußten es aus dem Nichts schaffen. Es war eine heroische Anfangsepoche, und es lohnt sich, bei diesen armen Teufeln, die die Schöpfer des beweglichen Vermögens überhaupt wurden, einige Augenblicke zu verweilen.

Ein Fall ist sehr einfach und muß sich oft zugetragen haben. Man hatte eine erfolgreiche Kaperfahrt unternommen, einen Hafen der Moslems geplündert oder ein wohlgeladenes tüchtiges Schiff erbeutet. So konnte man zu Hause wieder ein paar arme Schächer in Dienst nehmen und von neuem beginnen. Man konnte aber auch billig Getreide kaufen, es in Gebiete bringen, die von Hungersnot heimgesucht waren, und dort sehr teuer verkaufen. Hier finden wir tatsächlich eine der Quellen für die ersten großen Handelsvermögen: Alles war damals lokal gebunden. Während an einem Orte Überfluß herrschte, gab es ein paar Meilen weiter Elend, und daraus ergaben sich die seltsamsten Preisverschiedenheiten. Mit sehr wenig Einsatz konnte man große Gewinne erzielen.

Auf diese Weise konnte ein mit Geschäftssinn begabter Schiffer vom Rhein, von der Schelde oder von der Rhône in Zeiten der Hungersnot zu Vermögen kommen. Mehr als einer dieser ersten Kaufleute hat als kleiner Händler auf dem Markt oder als Kerzenverkäufer in Wallfahrtsorten begonnen und konnte dann ganz unerwartet in den Besitz einer ansehnlichen Summe baren Geldes gelangen und sich ein Seeschiff erwerben. Man darf nicht außer acht lassen, daß zunächst sicherlich List und Gewalt vorherrschten. Ehrlichkeit im Handel ist eine Tugend, die erst spät zur Entfaltung gelangte.

So hat denn eine Gruppe von »outlaws«, von Vagabunden und Armen innerhalb einer agrarischen Gesellschaft mit unbeweglichem Kapital, die ersten Gewinner des neuen Reichtums gestellt: eines Reichtums, der nicht mehr im Grundeigentum wurzelte. Der Gewinn, den die ersten Händler erzielten, weckte in ihnen immer wieder die Begierde, ihn zu vermehren. Der Geist des Profites war der gesellschaftlichen Hierarchie jener Zeit fremd, aber er beherrschte die Menschen, die außerhalb der Gesellschaft standen. Sie kauften und verkauften; doch sie kauften die Dinge nicht, um sie selbst zu verbrauchen, sondern um mit ihnen Gewinne zu erzielen. Sie produzierten nichts, sie brachten nur die fertigen Produkte nach anderen Orten. Sie durchzogen die Länder und waren überall, wohin sie kamen, fremde Gäste: die »gostj«, wie sie in Rußland genannt wurden. Die Händler führten auch verlockende Dinge mit sich, beispielsweise Schmuck für die Frauen oder Zierate und goldverbrämte Decken für die Altäre. Es gab noch keine Differenzierung; die Händler fungierten als Trödler oder Fuhrleute für die Frachten, ebensogut aber waren sie Schwindler und Betrüger. Sie waren noch keine Berufskaufleute, aber schließlich wurden sie es.

Zu Berufskaufleuten entwickelten sie sich, als der Handel für sie eine spezielle, das Leben ausfüllende Tätigkeit wurde und an die Stelle des Abenteurerlebens trat, das nur auf den jeweiligen Tag eingestellt war. Dann wurden sie seßhaft; denn einen Wohnsitz hatten sie nötig, sobald sich der Handel normalisierte. Sie wählten als Wohnsitz einen für ihren Beruf günstig gelegenen Ort: bei einem Hafen oder einem zeitweiligen Anlegeplatz für Schiffe; oft wählten sie einen Bischofssitz. An ihrem Wohnsitz fanden sie Berufsgenossen, und je mehr ihre Zahl wuchs, desto mehr zogen sie wieder andere an. Auf diese Weise kam es von selbst zu einem Zusammenschluß. Wollten sie einen gewissen Grad von Sicherheit bei der Ausübung ihres Berufes erlangen, dann mußten sie ihre Reisen in Form von organisierten Scharen unternehmen: in Karawanen. Sie schlossen sich zu Gilden, religiösen Vereinigungen und Brüderschaften zusammen. Bis zum Ende des zwölften Jahrhunderts war der gesamte Handel des Mittelalters ein Handelsverkehr bewaffneter Karawanen: der »Hansen«. Dadurch wurde nicht nur die Sicherheit, sondern auch die Zweckmäßigkeit gesteigert, denn abgesehen davon, daß die Händler sich als Berufsgenossen gemeinsam verteidigten, kauften sie auf den Märkten auch gemeinsam ein. Durch die Zusammenfügung ihres kleinen individuellen Kapitals konnten sie bedeutende Handelstransaktionen unternehmen. Das Aufkaufen von Getreide kommt seit dem Beginn des zwölften Jahrhunderts vor. Damals hatten manche dieser Händler schon so viel Vermögen erworben, daß sie erheblichen Grundbesitz erwerben konnten.[4] An anderen Orten wieder trug die lokale Gilde der seßhaften Kaufleute einen Teil der Kosten für den Bau der Befestigungswerke. Die Händler kannten in ihrer Gewinngier sicherlich keine Hemmungen. Wir dürfen uns nicht etwa vorstellen, daß sie brave Leute waren, die einfach ihrem Beruf nachgehen wollten. Ihr Ziel bestand darin, immer mehr Vermögen zu gewinnen, und insofern waren sie von jenem Geist des Kapitalismus beseelt, den manche moderne Nationalökonomen mit naiver Psychologie als ein schwer enträtselbares Phänomen darstellen und dieses aus einer Konsumtionsbeschränkung oder auch aus der calvinistischen Weltanschauung ableiten wollen.[5] Die ersten Händler stellten Kalkulationen an und spekulierten. Die Zeitgenossen betrachteten diese Kaufleute denn auch mit Entsetzen und trauten ihnen sogar einen Pakt mit dem Teufel zu. Die Mehrzahl der Händler bestand zweifellos aus Analphabeten, aber die Kenntnis des Lesens und Schreibens war damals nicht nötig, um Vermögen zu erwerben. Die Behauptung, daß diesen Kaufleuten der eigentliche Handelsgeist gefehlt habe, ist ebenso naiv, wie es etwa die These wäre, daß die Fürsten jener Zeit ohne Sinn für Politik gewesen seien. In Wirklichkeit entstand der kapitalistische Geist zugleich mit dem Handel.

Kurz, die Geschichte des europäischen Handels bietet keineswegs einen Anblick organischen Wachstums im Sinne der Bewunderer evolutionärer Entwicklungen, wie gern man an solchen Verlauf auch glauben möchte. Der europäische Handel begann nicht mit kleinen lokal begrenzten Transaktionen, um dann allmählich an Bedeutung und Reichweite zuzunehmen. Im Gegenteil, der Handel fing, durch Anregungen von außen ins Leben gerufen, als echter Fernhandel an; er entstand aus dem Wunsch nach Transaktionen großen Stils – groß freilich nur in einem relativen Sinn. Der kapitalistische Geist hat den Handel immer beherrscht, und in den Anfängen sogar noch weit stärker als später. Eine Schicht von Kaufleuten, die zugleich Abenteurer waren,[6] hat den Handel in

Europa ins Leben gerufen, seine Wege bestimmt und ihn überallhin gebracht. Diese Schicht hat auch den Städten neues Leben eingehaucht, und so ist mit ihr die Entstehung eines Bürgertums verknüpft, ebenso wie die Entstehung des modernen Proletariates in gewissem Sinne mit der Schicht der Großindustriellen verbunden ist.

Zweites Kapitel

DIE ENTWICKLUNG DER STÄDTE

1. Bischofssitze und Burgen

In einer Gesellschaft, in der die Menschen vom Ertrage des von ihnen bearbeiteten Bodens leben und seine Erzeugnisse am Orte selbst verbrauchen, kann keine Konzentration erheblicher Menschenmengen entstehen; denn jeder Mensch ist in einer solchen Gesellschaft um seines Lebensunterhaltes willen an das von ihm bearbeitete Stück Land gebunden. Dagegen muß der Handel sich notwendigerweise Zentren schaffen, wo er sich mit Waren versieht, und von wo aus er sie weiterbefördert. Der immer wiederkehrende Wechsel von Importieren und Exportieren führt innerhalb des sozialen Lebens zu einem Phänomen, das man die Bildung von »Knotenpunkten des Transitverkehrs« nennen könnte. In Westeuropa ging dieses Phänomen im zehnten und elften Jahrhundert mit einer Wiedergeburt der Städte gepaart.

Selbstverständlich hatten die geographischen Faktoren: die Bodenformen, die Richtung und die Schiffbarkeit der Wasserläufe sowie die Konstellation der Seeküsten den Hauptanteil an der Bestimmung der Wege, die der Verkehr von Menschen und Gütern nahm; diese Faktoren wurden somit auch maßgebend für die Wahl der Orte, an denen man die ersten Handelszentren gründete. Die Orte selbst waren allerdings fast immer schon zu der Zeit bewohnt, in welcher der Zulauf von Kaufleuten sie zu neuem Leben erweckte; in Italien, Spanien und Gallien waren es Bischofssitze *(civitates);* die anderen Orte – vor allem in den Niederlanden[7] – bestanden aus einer Burg, das heißt aus einer Festung.

Das Phänomen dieser beiden Grundformen erklärt sich ohne weiteres. Im römischen Imperium der Antike lagen die Bischofssitze, die *civitates,* an den geographisch am meisten bevorzugten Orten; denn die Zentren der Diözesen waren von jeher in den ansehnlichsten Städten errichtet worden, die wiederum ihre Bedeutung in der Antike der Gunst ihrer Lage verdankten. Die Burgen – in den Niederlanden und östlich des Rheins errichtet, um den Einwohnern im Kriegsfall als Schutzplatz zu dienen oder auch, um die Einfälle der Barbaren aufzuhalten – lagen in der

Mehrzahl an Stellen, die durch ihre leichte Zugänglichkeit von Natur aus als Zufluchtsstätten oder Verteidigungsplätze in Betracht kamen.[8] Die Burgen und Bischofssitze hatten in ihrer Struktur nichts mit wirklichen Städten gemeinsam. Die Burgen – beispielsweise die von den Grafen von Flandern zur Abwehr der Normannen errichteten Kastelle oder die Festungen, die Karl der Große und Heinrich der Vogler an der Elbe und an der Saale gegen die Slawen erbaut hatten – waren echte Militärposten; auf jedem dieser Militärposten gab es eine bewaffnete Mannschaft und die zum Unterhalt dieser Mannschaften unentbehrlichen Leute, das Ganze stand unter dem Befehl eines Burgvogtes. Die Bischofssitze hatten dagegen einen ganz und gar kirchlichen Charakter. Meist fand man dort neben der Kathedrale oder dem Dom und den Wohnräumen für die Kanoniker noch verschiedene Klöster, und außerdem wohnten die bedeutendsten weltlichen Lehensleute des Bischofs ebenfalls an seinem Sitz. Dazu kamen noch die Lehrer und Schüler der Schulen; ferner die Parteien, für deren Prozesse das kirchliche Gericht zuständig war, und schließlich die Menge der Gläubigen, die an den zahlreichen religiösen Festen von allen Seiten herbeiströmten.

Vergegenwärtigen wir uns dies alles, so können wir uns von dem Leben und Treiben in diesen kleinen kirchlichen Zentren eine Vorstellung machen. Zweifellos waren sie stärker bevölkert und belebter als die Burgen, aber auch ihnen fehlte jedes soziale Element, das als Bürgerstand angesehen werden könnte. An den Bischofssitzen gab es außer den Geistlichen, Rittern und Mönchen nur noch eine Anzahl von Hörigen, deren Funktionen die gleichen waren wie die der Hörigen in den Burgen: teils verrichteten sie die häuslichen Dienste für die herrschende Schicht, teils bearbeiteten sie die umliegenden Äcker. Die Bischofssitze und Burgen waren nichts anderes als Verwaltungszentren in einer Gesellschaft, die noch einen rein agrarischen Charakter hatte.

Die ersten Kolonien oder Niederlassungen von Kaufleuten bildeten sich einerseits in den Bischofssitzen von Oberitalien und der Provence, andererseits in den Burgen der Grafschaft Flandern. Diese Gebiete weisen – gerade weil sie in der Entwicklung des Handels den übrigen Territorien Europas geschichtlich vorausgeeilt waren – die ersten Spuren eines Städtewesens auf. Die Händler siedelten sich dort im Laufe des zehnten Jahrhunderts an einzelnen Orten gemeinsam an. Diese ersten Gründungen, von denen übrigens nur recht wenig bekannt ist, wurden schon während des elften Jahrhunderts zahlreicher, größer und stärker konsolidiert.

In den Bischofssitzen wie auch in den Burgen spielten die Kaufmannssiedlungen bald die Hauptrolle. Die Einwanderer überflügelten zahlenmäßig die ältere Bewohnerschicht, und die vom Handel her bestimmte Struktur drängte die agrarischen Lebensformen in den Hintergrund: Gegensätze, die zu Konflikten und Maßnahmen aller Art führten. Schließlich aber kristallisierten sich aus alledem nach vielen von lokalem Charakter getragenen Zügen und Gegenzügen der beiden Gruppen neue Formen der sozialen Ordnung heraus.

Wir müssen uns die tiefe Kluft zwischen den traditionellen Bewohnern und den Ankömmlingen klar vor Augen führen, wenn wir das geschichtlich so bedeutsame Phänomen der Entstehung eines Bürgerstandes ergründen wollen. Die traditionellen Bewohner, Geistliche, Ritter und Hörige, lebten vom Ertrage des Landbaus; hierbei arbeitete die untere Schicht für die höheren Stände, zu denen – rein wirtschaftlich gesehen – nur Konsumenten, nicht aber Produzenten gehörten. Es spielt kaum eine Rolle, daß es an den meisten Bischofssitzen ein paar Handwerker gab, die für den Verkauf an ortsansässige Kunden arbeiteten, und daß auch ein Wochenmarkt geringen Umfanges für die Bauern der näheren Umgebung abgehalten wurde. Die Handwerker und der Wochenmarkt hatten keine absolute Bedeutung, denn sie dienten nur zur Deckung von Bedürfnissen der Bevölkerung des Ortes und des umliegenden Agrargebietes. Der unbedeutende Handwerkerstand und der Wochenmarkt konnten sich zudem nicht weiterentwikkeln, da die lokale Bevölkerung (deren Umfang ja durch den Ertrag des bei den Bischofssitzen gelegenen Agrarlandes begrenzt wurde) nicht zunahm.

Die Ankunft der Kaufleute bedeutete für diese kleine, sozial unbewegliche Welt einen scharfen Bruch mit den überlieferten Sitten und führte auf allen Gebieten eine wahre Umwälzung herbei. Eigentlich waren die Kaufleute ja Eindringlinge, für die die überlieferten Lebensformen keinen Raum boten. Entwurzelt, wie sie waren, erregten sie durch ihre geschäftige, fremdartig anmutende Lebensweise inmitten der ausschließlich vom Ackerbau mit seinen stets gleichbleibenden Erträgen lebenden Menschen viel Anstoß. Mit den Kaufleuten hielten die Gewinnsucht und der Handelsgeist ihren Einzug, zugleich aber auch die freie Arbeit: der selbständige Beruf (der von der Scholle ebenso losgelöst war wie von der Macht und Autorität des Grundherrn) und vor allem der Umlauf des Geldes.

Aber nicht nur die Arbeit des Kaufmanns, sondern auch seine

Person war frei, und auch dies war ein neuer, bis dahin unerhörter Faktor. Wie sollte man den Status der Neuankömmlinge feststellen, die niemand vorher gesehen hatte? Wahrscheinlich stammten die meisten unter ihnen von Unfreien ab. Aber niemand wußte das sicher, und da der Mensch im Zweifelsfalle rechtlich als frei betrachtet wurde – es gab keine praesumptio iuris für den Status der Hörigkeit –, so mußte man auch die Kaufleute als Freie behandeln. Es war eine merkwürdige Folge ihrer sozialen Stellung, daß diese Vorfahren des künftigen Bürgerstandes ihren Status als Freie niemals zu fordern brauchten; ihre Freiheit war schon eine Tatsache, bevor sie ein Recht wurde.

Zu diesen so eigentümlichen Wesenszügen der Händlerkolonien in den Bischofssitzen und Burgen trat noch ein weiterer: die Schnelligkeit ihres Anwachsens. Eine solche Kolonie von Kaufleuten übte schon bald eine ähnliche Anziehungskraft aus wie in der modernen Zeit die Fabriken, die die Landbevölkerung in ihren Bann ziehen. Die Gewinnsucht, die bei den Kaufleuten das entscheidende Motiv war, erweckte auch die Abenteuerlust und den Unternehmungsgeist, der bei den Hörigen auf den großen Domänen bis dahin geschlummert hatte. Von überallher zogen die Ansiedlungen der Kaufleute neue Menschen an. Zudem waren diese Ansiedlungen, entsprechend dem Geiste ihrer Bewohner, leicht zugänglich und auch elastisch genug für die Ausbreitung. Je mehr sich die Handelstätigkeit entfaltete, desto mehr wuchs dort die Arbeitsgelegenheit: zahlreiche Schiffer, Fuhrleute, Männer für das Laden und Löschen in den Häfen und andere Arbeiter fanden bei den Kaufleuten Beschäftigung. Gleichzeitig siedelten sich auch Handwerker aller Art in den Kaufmannskolonien an: Manche fanden als Bäcker, Bierbrauer und Schuhmacher durch die ständige Zunahme der Bewohner eine gesicherte Existenz, andere wieder bearbeiteten die von den Kaufleuten in die Ansiedlung eingeführten Rohstoffe, die dann nach der Bearbeitung für den Export bestimmt wurden. Auf diese Weise trat neben den Handel auch das Gewerbe. In der Grafschaft Flandern begannen gegen Ende des elften Jahrhunderts die Wollweber aus den ländlichen Gebieten in die Städte zu strömen. So entwickelte sich das flämische Tuchgewerbe – unter der Leitung der Kaufleute an bestimmten Orten zentralisiert – zu dem, was es bis zum Ende des Mittelalters bleiben sollte: das am meisten blühende Gewerbe von Europa.

Natürlich konnte weder die alte Bischofsresidenz noch die alte Burg die ständig zuströmenden Menschen in ihren engen Mauern aufnehmen. Die Ankömmlinge mußten sich also außerhalb der

Tore niederlassen, und bald war der alte Kern von so vielen neuen Häusern umringt, daß er in ihrer Masse förmlich unterging. Die erste Sorge einer solchen neuen Stadt bestand übrigens darin, sich mit einem Graben und einem Pfahlwerk gegen Plünderer von draußen zu schützen. Später ersetzte sie das Pfahlwerk durch einen steinernen Wall. So wurde die Stadt wieder zu einer Festung, wie es die »civitas« und die Burg gewesen waren. Man nannte sie dann beispielsweise im französischen Sprachgebiet »nouveau bourg« (neue Burg) oder »faubourg« (uneigentliche Burg, das heißt Vorstadt), und dieser Besonderheit verdankten ihre Bewohner seit dem Anfang des elften Jahrhunderts den Namen »Bürger« *(bourgeois)*.

Den Bürgern erging es in der mittelalterlichen Gesellschaft nicht anders, als es der Aristokratie ergangen war: der Staat enthielt sich auch ihnen gegenüber jedes Eingriffes, und die neue Schicht konnte sich ganz unbehindert entwickeln; sie wurde dank ihrer speziellen Funktionen in der Gesellschaft, ebenso wie früher die Adeligen, schon bald zu einem juristisch abgegrenzten Stande. Natürlich waren die Institutionen des damals geltenden Rechts und der Verwaltung, die sich ja in einer rein agrarischen Gesellschaft entwickelt hatten, für eine handeltreibende Bevölkerung gänzlich ungeeignet; das formalistische Recht mit seinen primitiven Vorschriften über die Beweismittel, die Pfandnahme und den Besitzwechsel mußte einfacheren und schnelleren Regelungen weichen. In den Augen der Kaufleute war der Zweikampf als Gottesurteil, bis dahin die ultima ratio der Parteien im Rechtsstreit, geradezu eine Verleugnung jeder Justiz. Sie forderten, daß zur Herstellung der Ordnung in ihrer Stadt, wo es von Abenteurern und Gesindel aller Art wimmelte (Typen, die in den alten Bischofssitzen und Burgen ja nicht vorkamen), ein neues Strafrecht geschaffen werde: an die Stelle der alten Bußen und Sühnegelder (Wergelder) sollten nunmehr Strafen treten, die, wie das Hängen, die Verstümmelungen aller Art und das Ausstechen der Augen, durch das Prinzip der Abschreckung eine Sanierung der Zustände herbeiführen konnten. Sie protestierten gegen die Naturalleistungen, die die Eintreiber der territorialfürstlichen Binnenzölle vor allem an Flußübergängen für die Durchgangserlaubnis von Waren zur Einfuhr oder Ausfuhr verlangten. Wurde einer von den Kaufleuten als Unfreier erkannt, so duldeten sie nicht, daß sein Herr ihn zurückholen ließ. Sie konnten nicht zulassen, daß ihre Kinder, deren Mutter ja in der Frühzeit der Städtebildung fast immer eine Hörige war, etwa als Unfreie betrachtet würden.

So ergaben sich aus der Begegnung zwischen der neuen und der älteren Bevölkerung überall Zusammenstöße und Konflikte. Zu groß war der Widerspruch zwischen dem grundherrlichen Recht und den Rechtsnormen des Handels, zwischen dem Naturaltausch und der Geldwirtschaft, zwischen dem Status der Hörigkeit und dem der Freiheit!

Natürlich akzeptierten die gefestigten Mächte die Forderungen des allmählich sich entwickelnden Bürgertums nicht ohne Widerstand. Wie stets in solchen Fällen, versuchten auch sie zunächst, die traditionelle Ordnung aufrechtzuerhalten. Sie wollten also die Kaufleute zu allerlei Dingen zwingen, die in schärfstem Gegensatz zu den Grundlagen ihrer wirtschaftlichen Existenz standen. Diese Haltung der traditionellen Machthaber entsprach, wie immer bei solchen Entwicklungen, ebensosehr dem guten Glauben wie dem Streben, die eigenen Interessen zu wahren. Die Fürsten konnten zweifellos nur ganz allmählich zu der Erkenntnis gelangen, daß sie das patriarchalisch ausgeübte, auf Autorität gegründete Verwaltungssystem, das sie bis dahin gegenüber ihren Hörigen angewandt hatten, für die handeltreibende Bevölkerung ändern mußten. Vor allem zeigten die geistlichen Fürsten den Kaufleuten gegenüber eine unverkennbare Feindseligkeit. Der Handel erschien ihnen gefährlich für das Seelenheil, und sie betrachteten die neuen Sitten, die täglich mehr Menschen »ansteckten«, als verdammenswerten Anschlag auf die Treue und den Gehorsam des Volkes. Natürlich führte ihr Widerstand schließlich zu Aufständen. In Italien, in den Niederlanden und am Rhein gab der Investiturstreit den Bürgern einen Anlaß oder doch einen Vorwand, sich gegen die Bischöfe zu erheben, wobei man sich an manchen Orten auf den Papst, an anderen auf den Kaiser berief. Die erste »Kommune«, von der die Geschichte meldet, entstand im Jahre 1077 in Cambrai; der Aufstand richtete sich dort gegen den kaiserlichen Bischof. Diese »Kommune«, vom Volke beschworen, stand unter Führung der Kaufleute.

2. *Die Städte*

Der Widerstand der Territorialfürsten konnte die neue Entwicklung zwar verlangsamen, aber nicht aufhalten. Gegen Ende des elften Jahrhunderts verbreiteten sich die veränderten Lebensformen, deren Träger die Kaufleute waren, und setzten sich in den alten Bischofssitzen und Burgen durch. Damals sahen die regierenden Herren ein, daß sie bei weiterem Widerstand mehr zu verlieren als zu gewinnen hatten. Zwar brachte die Umwandlung der Verhältnisse für die Landesherren eine Erschütterung ihrer lokalen Gewalt und eine Gefährdung mancher ihrer grundherrlichen Einkünfte mit sich, aber diese Nachteile wurden reichlich aufgewogen: die landesherrlichen Geldeinkünfte aus den Binnenzöllen stiegen, und der dauernde Zustrom von Getreide, Gütern aller Art und Geld war ein unschätzbarer Vorteil. Schon zu Beginn des elften Jahrhunderts entschieden sich manche Landesherren für einen fortschrittlichen Weg; sie waren bestrebt, die Kaufleute durch Gewährung von Freiheitsrechten und Privilegien aller Art zu gewinnen. Kurzum, die Forderungen der Bürger wurden schließlich überall bewilligt, ganz so wie später – im neunzehnten Jahrhundert – überall in Europa der Parlamentarismus zugestanden wurde. Beide Umwandlungen haben trotz aller Unterschiede eine auffallende Ähnlichkeit, die sich in der Verbreitung der Errungenschaften zeigt. Der Parlamentarismus auf dem europäischen Kontinent war eine Verpflanzung englischer und belgischer Institutionen in die übrigen europäischen Länder, und die Anpassung gestaltete sich, entsprechend der besonderen Art eines jeden Staatswesens, verschieden. Bei den Städten des Mittelalters gab es, je nach den lokalen Verhältnissen, ebenfalls Unterschiede; aber als Ganzes gesehen lassen sich die Städte durch zwei herrschende Typen klassifizieren: den der oberitalienischen Stadt und den der Stadt in den Niederlanden und Nordfrankreich. Deutschland und die übrigen mitteleuropäischen Länder sind bei der Städtebildung – ebenso wie bei dem Domänenwesen, dem Lehenswesen, der Reform von Cluny und dem Ritterwesen – nur dem Vorbilde Westeuropas gefolgt.

Die Städte des Abendlandes wiesen bei zahllosen Unterschieden in den Einzelheiten überall die gleichen Grundzüge auf, und man kann sie in einer einheitlichen Definition erfassen: die Stadt des Mittelalters läßt sich als eine befestigte und umwallte Niederlassung kennzeichnen, die von einer freien, Handel und Gewerbe treibenden Bevölkerung bewohnt war und in mehr oder weniger entwickeltem Maße auch ein eigenes Recht sowie eine eigene Justiz besaß. Die Stadt bildete inmitten des Agrarlandes ein eigenes unverletzliches Rechtsgebiet, was formell darauf hinauslief, daß sie eine privilegierte juristische Person des öffentlichen Rechtes war. Das Privileg war die Grundlage, auf der sie ruhte. Ebenso wie der Adelige besaß auch der Bürger einen besonderen Status; jeder von ihnen stand auf seine Weise dem »gemeinen Manne« (vilain) fern: dem Bauern, der in den meisten europäischen Ländern noch bis zur Französischen Revolution außerhalb der politischen Gemeinschaft blieb.

Doch war die bevorrechtete Stellung des Bürgers ganz anders als die des Adeligen. Der Angehörige des Adelsstandes war in Wirklichkeit nichts anderes als der freie Grundbesitzer der älteren Zeit. Sein Vorrecht war in gewissem Sinne negativ: es ergab sich nur daraus, daß die Masse des Volkes in Hörigkeit gesunken war; der Adelige war zu seiner privilegierten Stellung nicht aufgestiegen, sondern gehörte zu der Minderheit, die bei dem allgemeinen Absinken des sozialen Status auf ihrem Platz verblieben und nicht mitgesunken war. Der Bürger dagegen war auf sehr positive Weise bevorrechtet. Er war sozial ein Emporkömmling, der sich in der Gesellschaft mit Gewalt eine Stellung erobert hatte: eine Stellung, die schließlich auch de iure anerkannt und gesichert wurde. Das Domänenwesen, das den Adeligen dem Bauern übergeordnet hatte, brachte beide Schichten in eine so enge Verbindung miteinander, daß selbst gegenwärtig – nach so vielen Jahrhunderten – noch Spuren davon zu finden sind. Der Bürger dagegen stand sowohl der Aristokratie als auch den Bauern fremd gegenüber, und beide Gruppen betrachteten ihn mit einem gewissen Argwohn, dessen Spuren ebenfalls noch nicht ganz verschwunden sind. Der Bürger lebte in einer ganz anderen Sphäre. Zwischen ihm und den Aristokraten wie den Bauern offenbarte sich deutlich der Gegensatz zwischen der agrarischen Welt und der Welt des Handels und Gewerbes. Die Adeligen und die Bauern produzierten alle für das Leben unentbehrlichen Dinge selbst; der Bürger dagegen verkörperte in der damaligen Gesellschaft das bewegliche und aktive Element: er war der Mensch, der Dynamik und Veränderung brachte. Für die bloße Erhaltung des Lebens bedurfte man seiner nicht; man konnte auch ohne ihn existieren. Der Bürger war jedoch der eigentliche Träger der sozialen und kulturellen Entwicklung.

Es gibt noch einen anderen Unterschied zwischen dem Bürgertum der mittelalterlichen Städte und den beiden älteren Gruppen: Adel und Geistlichkeit. Die Aristokratie und der Klerus bildeten einheitliche Stände, und dem entsprach auch die geistige Einstellung ihrer Mitglieder; sie besaßen ein starkes Solidaritätsgefühl gegenüber ihren Standesgenossen. Ganz anders lagen die Verhältnisse bei den Bürgern. Sie wohnten in Städten, und ihr Standesbewußtsein wurde durch den Geist lokaler Zusammengehörigkeit ersetzt oder ihm mindestens untergeordnet. Jede Stadt war eine kleine, ganz eigene Welt mit einem unbegrenzten Streben nach Exklusivität und nach Schutzmaßnahmen für die eigene Wirtschaft. Jede Stadt tat alles, um ihren Handel und ihr Gewerbe zu fördern und die entsprechenden Erwerbszweige der anderen Städte auszuschalten. Außerdem strebte jede Stadt danach, wirtschaftlich autark zu werden und alles selbst zu produzieren; jede suchte sich des umliegenden Agrarlandes zu bemächtigen, um damit die Ernährung der eigenen Bevölkerung zu sichern. Wenn Städte gemeinsam auftraten – beispielsweise die Flandrische Hansa in London oder später die Deutsche Hansa –, so taten sie dies gegenüber einem gemeinsamen Feinde oder aus einem sonstigen, auf die Verteidigung gemeinsamer Interessen zurückzuführenden Motiv. Innerhalb der eigenen Mauern aber hatte jede Stadt nur für ihre eigenen Bürger Raum; der Stadtfremde durfte in ihr nur durch Vermittlung einheimischer Bürger Handel treiben und konnte jederzeit ausgewiesen werden. Um dort zu wohnen und zu leben, mußte er das Bürgerrecht der Stadt erwerben. Das ist angesichts des lokalen Merkantilismus, der die Städte beherrschte, ohne weiteres begreiflich. Ist es nicht im zwanzigsten Jahrhundert mit den Staaten das gleiche? Richten sie nicht Zollbarrieren auf, um neue Industrien zu schaffen? Das auf Exklusivität gerichtete Streben der Städte hörte erst auf, als sie in der höheren Einheit des Staates zusammengefaßt waren, ebenso wie das entsprechende Streben der Staaten vielleicht einmal in einer die Menschheit umfassenden Gesellschaft aufhören wird.

Die geistige Folge des auf Exklusivität gerichteten Willens der Städter im Mittelalter war eine starke Solidarität unter den Bürgern der gleichen Gemeinde. Sie waren ihrem kleinen Vaterlande mit Leib und Seele ergeben, und bei ihnen tauchte in der Geschichte Europas zum ersten Male nach der Antike wieder ein staatsbürgerliches Empfinden auf. Jeder von ihnen war sich bewußt, daß er zur Verteidigung seiner Stadt berufen war, daß er die Waffen für sie ergreifen und, wenn das Gebot der Stunde es erforderte, auch sein Leben hingeben mußte. Die Ritter des Staufenkaisers Friedrich Barbarossa erfuhren zu ihrer großen Verwunderung, daß die Ladenbesitzer und Kaufleute der lombardischen Städte ihnen die Stirn boten. Bei der Abwehr von Barbarossas Feldzug gaben die Bewohner der oberitalienischen Stadtgemeinden Beispiele einer staatsbürgerlichen Gesinnung, die an das Griechenland der Antike erinnern. Ganz abgesehen aber von den Kämpfen offenbarte sich diese Gesinnung auch sonst: manche Bürger vermachten der Stadt

ihr Vermögen, andere erkauften vom Landesherrn den Verzicht auf Erhebung von Binnenzöllen oder stifteten Krankenhäuser. Die reichen Bürger gaben mit vollen Händen. Neben das Motiv der Nächstenliebe aber trat bei ihnen zweifellos der Stolz.
Die Reichen beherrschten nämlich die Städte. Zwar besaßen alle Bürger den gleichen Status der Freiheit, aber in sozialer und politischer Hinsicht kannte die Stadt keine Gleichheit. Der Bürgerstand, aus dem Handel hervorgegangen, blieb unter dem Einfluß und der Verwaltung seiner reichsten Mitglieder. Unter der Bezeichnung »Geschlechter, Poorters, Große, Patrizier« und anderen Titulierungen fungierten sie als Träger der Verwaltung und der Justiz. Der Magistrat, die Stadtregierung, war plutokratisch und erhielt schließlich – im dreizehnten Jahrhundert – sogar einen oligarchischen Charakter, als sich die Stadtregierung immer wieder aus Mitgliedern der gleichen Familien rekrutierte. Die Stadtregierungen sind übrigens geschichtlich höchst bedeutsam, denn sie haben die erste städtische Verwaltung geschaffen: die erste bürgerliche, von Laien getragene Verwaltung, die Europa gekannt hat. Alle städtischen Institutionen wurden von den Bürgern aus dem Nichts heraus geschaffen. Wir vergessen meist, daß sie auf kein einziges Vorbild zurückgreifen konnten und alles selbst erfinden mußten: die Finanzverwaltung, das Rechnungswesen und Schulwesen, Normierungen für Handel und Gewerbe, ferner die ersten Maßnahmen gesundheitspolizeilicher Art sowie die öffentlichen Arbeiten und Dienste. Die Hallen, Kanäle, der Aufbau eines Postwesens, die Festungswerke und Wasserleitungen – alles dies geht geschichtlich auf die Träger der städtischen Verwaltung zurück. Sie haben auch die Gebäude errichten lassen, die noch heute so manche alte Stadt zu einem Kleinod machen.
Unter dieser Schicht der Bürger, in deren Händen sich die Regierungsgewalt konzentrierte, stand die übrige Stadtbevölkerung: die Handwerker. In jeder Stadt bildeten sie die Mehrheit der Bewohner; meistens waren sie kleine selbständige Inhaber von Werkstätten, Meister mit einem oder zwei Gesellen. Sie bildeten in ihrer Gesamtheit einen gewerbefleißigen und unabhängigen Kern des Bürgertums. Während aber der Großhandel frei war, schuf man zum Schutze der Gewerbetreibenden ein System der Sozialpolitik: ein Meisterwerk, das in seiner Art ebenso interessant ist wie die gotischen Kathedralen, und dessen letzte Spuren erst in unserer Zeit verschwunden sind. Das Ziel des Systems bestand darin, alle die kleinen Existenzen zu erhalten, die die Kraft der Stadt ausmachten und gleichsam Bürgen dafür waren, daß sie regelmäßig

mit den lebenswichtigen Gütern versehen wurde. Jeder war Produzent und Verbraucher, und unter dem Gesichtspunkt dieser doppelten Eigenschaft erfolgte auch die Reglementierung. Die Verwaltungsorgane der Stadt schützten den Verbraucher und knüpften dabei an Regelungen aus der Antike an: Regelungen, von denen sich in Italien vielleicht noch einige Spuren erhalten hatten. Bewundernswert sinnreich waren die Maßnahmen gegen unlauteren Wettbewerb, Betrug und Verfälschung. Dieser obrigkeitliche Schutz des Konsumenten erfolgte sowohl im Interesse der Bürger als auch im Interesse des guten Rufes der Stadt.

Der Produzent aber schützte sich selbst: durch die Zünfte, jene gewerblichen Korporationen, die übrigens erst im zwölften Jahrhundert hervortraten. Das Hauptziel der Zünfte war die Abwehr von Konkurrenz, und deshalb haben sie auch bei den Vertretern der liberalen Volkswirtschaftslehre im neunzehnten Jahrhundert einen so schlechten Namen. Jeder Zunftgenosse, der das gleiche Gewerbe betrieb, sollte in seiner Existenz gesichert werden; er mußte also seine Kunden behalten. Deshalb mußte er zum gleichen Preis verkaufen wie seine Kollegen vom gleichen Fache und die gleiche Arbeitsmethode anwenden wie sie. Ursprünglich beruhte die Zunft auf freiwilligem Zusammenschluß, ebenso wie die Gewerkschaften unserer Zeit. Aber die Zunft boykottierte bald die »Gelben«: die Handwerker, die ihr nicht beitreten wollten, und wurde schließlich von den Behörden der Stadt anerkannt. Im übrigen aber hatte die Zunft nichts von einer Arbeiterorganisation, die gegen die Arbeitgeber gerichtet ist; sie war ein Zusammenschluß von Kleinbürgern, ruhte auf der Grundlage der obligatorischen Mitgliedschaft und war im speziellen Interesse der selbständigen Gewerbetreibenden geschaffen worden. In den meisten Städten des Mittelalters gab es kein Proletariat. Die Handwerker arbeiteten für den lokalen Markt und behielten ihn sich selbst vor. Sie sorgten denn auch dafür, daß ihre Anzahl in einem bestimmten Verhältnis zu der ihrer Abnehmer stand. Die Zünfte meisterten die wirtschaftliche Situation vollkommen, und insofern haben sie das soziale Problem tatsächlich gelöst. Doch dies glückte ihnen nur dort, wo die Stadt einen wirtschaftlich autarken Charakter hatte und also »einen geschlossenen Handelsstaat« bildete. Dies aber kam nicht so allgemein vor, wie man es sich vorzustellen pflegt. Es gab ja zumindest ein Gewerbe, das nicht für den lokalen Markt, sondern für ganz Europa produzierte: die Tuchindustrie von Flandern und von Florenz. In diesem Gewerbe gab es weder eine grundsätzlich begrenzte Produktion noch eine Möglichkeit für kleine Unternehmer, die Rohstoffe zu erwerben und sie nach der Bearbeitung auf einem Markt mit gesetzlich beschränkter Konkurrenz abzusetzen. Damit wurden die Handwerker faktisch von den Großhändlern abhängig. Es kam im Textilgewerbe von Flandern und von Florenz zu einer Trennung zwischen Kapital und Arbeit, wie sie sonst noch nirgends hervortrat. Die Betriebsform war auch hier die kleine Werkstätte, aber der »Meister« war in Wirklichkeit nur ein bezahlter Arbeiter, der Stücklohn erhielt. Im Tuchgewerbe von Flandern und von Florenz finden wir etwas, das schon an die Heimarbeit viel späterer Wirtschaftsstadien erinnert. Es gab zwar auch hier Zünfte, aber sie konnten den Handwerker nicht wirksam schützen. Zu stark war der Einfluß der Preisschwankungen auf seine Lage, zu sehr hing er von den Bedingungen ab, die der Kaufmann als Auftraggeber ihm stellte. Auf diese Faktoren gingen die Streiks, die Lohnkämpfe und die Produktionskrisen in Florenz sowie in den Städten Flanderns zurück, wo schon im Jahre 1280 ein großer Aufstand sich innerhalb weniger Tage über Brügge, Gent, Ypern und Douai verbreiten konnte.

Die gleichen Faktoren bildeten auch den Hintergrund für den aufrührerischen, unruhigen und der sozialen Utopie zugewandten Geist, der die Weber schon seit dem zwölften Jahrhundert beseelte. Diese Mentalität machte sie schließlich zu Anhängern eines naiven Kommunismus, der mit mystischen und ketzerischen Gedankengängen gepaart ging.

Es wäre also unrichtig, zu sagen, daß das Mittelalter nur das kleine selbständige Gewerbe des Zunftwesens gekannt habe. Dem Gewerbe blieben in seinen am stärksten entwickelten Zweigen weder Arbeitskämpfe noch soziale Konflikte anderer Art erspart. In der Geschichte des vierzehnten Jahrhunderts finden wir den Niederschlag dieser Kämpfe und Konflikte wieder.

Mit dem Entstehen der Städte und der Entwicklung eines Bürgertums erhielt Europa eine Struktur, die bis zur Französischen Revolution bestehenblieb. Die Geistlichkeit, der Adel und das Bürgertum bildeten den Dreiklang der sozialen Faktoren, die das Schicksal und die Politik Europas bestimmten. Die Landleute – das Volk, das unter den drei bevorrechteten Schichten stand – blieb auf seine bloße Funktion als »Nährstand« beschränkt; dies änderte sich erst zu dem Zeitpunkt, als die rechtliche und bis zu einem gewissen Grade auch die politische Gleichheit auf alle Staatsangehörigen ausgedehnt wurde. Der Bürgerstand war ja – wir können nicht oft genug darauf hinweisen – eine exklusive und bevorrechtete Schicht. Gerade darin liegt der Unterschied zwischen den

Städten des Mittelalters und denen des Römischen Reiches. Im antiken Rom war die Rechtsstellung des Bürgers von der des Bauern nicht verschieden, wie sehr auch die sozialen Unterschiede hervortreten mochten. Die Gesellschaft der römischen Antike kannte ebensowenig wie später die Gesellschaftsstruktur Amerikas etwas Ähnliches wie den Bürgerstand, den die europäische Gesellschaft seit dem Mittelalter besaß. Als die Städte in dem von Europa unabhängig gewordenen Amerika gegründet wurden, waren die Zeiten vorbei, in denen der rechtliche Status des Menschen von seiner Funktion innerhalb der Gesellschaft bestimmt wurde; es gab damals nur noch freie Menschen. In unserer Zeit ist das Wort »Bourgeoisie«, das ja noch immer gebraucht wird, weit von seiner ursprünglichen Bedeutung entfernt, denn es bezeichnet heute eine aus den verschiedenartigsten Kreisen hervorgegangene Schicht, deren Angehörige nur eines gemeinsam haben: Besitz. Von dem Bürgerstande des Mittelalters ist – ebenso wie von dem mittelalterlichen Adelsstande – nichts erhalten geblieben.

Drittes Kapitel

DIE VERBREITUNG DER STÄDTE UND DIE FOLGEN

1. Die Verbreitung der Städte

Die Wiederbelebung der Städte im Mittelalter ging in ihren Ursprüngen auf die im zehnten Jahrhundert erfolgten ersten Ansiedlungen von Kaufleuten zurück; aber erst gegen Ende des elften Jahrhunderts und zu Beginn des zwölften Jahrhunderts kam diese Entwicklung zur Vollendung, erst zu dieser Zeit sind Städte im wahren Sinne des Wortes entstanden. Die ersten Beispiele für eine kraftvolle Entfaltung finden wir, wie schon erwähnt, in zwei Gebieten, in denen sich der Handelsverkehr am stärksten konzentrierte: in Südeuropa war es Oberitalien, nördlich der Alpen aber die Grafschaft Flandern. Die Ähnlichkeit in der Strukturentwicklung beider Gebiete ist auffallend. Sowohl in Oberitalien als auch in Flandern führten der Seehandel und der Handel zu Lande, der seine Verlängerung war, zu einem lebhaften Hafenverkehr: Venedig, Pisa und Genua im Süden, Brügge im Norden. Im Hinterlande der Häfen aber gelangten die Städte, in denen Gewerbe betrieben wurden, zu starker Entwicklung: die lombardischen Städte und Florenz in Oberitalien, Gent, Ypern, Lille, Douai in der Grafschaft Flandern, und nicht weit von ihnen auch Valenciennes und Brüssel. Es ist unverkennbar, daß die Nähe der Häfen das Gewerbe in allen diesen Städten zu einer besonderen Entfaltung brachte, zu einer Blüte, die im damaligen Europa einzigartig war.

Die Häfen von Oberitalien und von Flandern wiederum erlangten durch ihr gewerbefleißiges Hinterland eine internationale Bedeutung, und diese internationale Bedeutung war einzig und allein ihnen eigen. Durch diese besondere Struktur stellten sich ohne weiteres Beziehungen zwischen den beiden Regionen her. Die Initiative hierzu ging von dem wirtschaftlich am stärksten entwikkelten Gebiet aus: von Italien. Seit dem Beginn des zwölften Jahrhunderts besuchten italienische Kaufleute die Städte von Flandern. Bald kam es dann auf den Messen der Champagne zu einem regelmäßigen Kontakt zwischen den beiden Wirtschaftssphären; diese Messen wurden gleichsam zur Börse des italienisch-flämischen Handels. Die Champagne lag ja an dem Wege, der von der

Lombardei aus in nördlicher Richtung über den Sankt-Gotthard-Paß, den Genfer See und das Juragebirge führte. Während des ganzen Jahres pflegten sich dort, in der Champagne, Kaufleute aus Italien mit denen aus Flandern zu treffen. Doch waren die Orte, in denen man zusammenkam, nicht viel mehr als Begegnungspunkte für den Abschluß von Geschäften; wirklich bedeutende Städte haben sich in der Champagne nirgends entwickelt, und sogar Troyes ist niemals ein eigentliches Wirtschaftszentrum geworden. Lagny, Provins und Bar-sur-Aube sind Ortschaften zweiten Ranges geblieben.

Südfrankreich folgte Italien schon nach kurzer Zeit. Marseille, Montpellier und Aigues-Mortes nahmen am Mittelmeerhandel teil. Die nördlich davon gelegenen Städte Albi, Cahors und Toulouse orientierten sich auf diese Handelszentren und blühten bis zum Einbruch der Albigenserkriege immer mehr auf. In Spanien erlangte der Hafen Barcelona ebenfalls große Bedeutung, doch führte sein Handelsverkehr nicht zum Entstehen kraftvoller städtischer Zentren im Hinterlande.

Die Rhône ist der einzige französische Fluß, der in das Mittelländische Meer mündet, und dadurch auch der einzige, der schon früh bedeutende Städte ins Leben rief: Avignon und Lyon. Alle anderen Flüsse Frankreichs ergießen sich in den Atlantischen Ozean oder in den Kanal; an diesen beiden Gewässern aber gab es nur Häfen für die Küstenfahrt und für die Fischer – der bedeutendste war Bayonne – oder Häfen, die, wie beispielsweise Rouen oder Bordeaux, dem Lokalverkehr mit England dienten. In England war die Schiffahrt auf den Verkehr mit den der Insel gegenüberliegenden Häfen beschränkt, und die englischen Städte waren von geringer Bedeutung. London gelangte ja erst im dreizehnten Jahrhundert zu stärkerer Bedeutung.

Nur eine einzige Stadt im Landesinneren von Frankreich entwikkelte sich im allergrößten Maßstabe, allerdings aus rein politischen Gründen: Paris. Diese Stadt war unter den fern dem Meere gelegenen Städten Europas einzig in ihrer Art; sie wuchs in die Rolle einer wahren Hauptstadt hinein und nahm mit jedem Fortschritt der monarchischen Macht zu. Aber abgesehen von Paris gab es fern der Küste nur Ortschaften von regionaler Bedeutung. Keine von ihnen konnte sich mit den Städten im Languedoc oder mit den Städten Flanderns vergleichen.

Deutschland besaß kein internationales Handelszentrum. Die Schiffahrt auf dem Rhein und der Donau verband sein Gebiet mit Italien. Am Rhein entstanden Köln und Straßburg, an der Donau

Regensburg und Wien. Von diesen vier Städten war Köln die bedeutendste; es war ein Knotenpunkt des westlichen und des südlichen Deutschlands zu Norddeutschland und verband auch alle diese Regionen mit den Niederlanden. Der einzige Verkehrsweg zwischen Norddeutschland und Süddeutschland lief über Köln, und diese Stadt war auf zwei Binnenmeere orientiert: auf die Nordsee mit Hamburg und Bremen, vor allem aber auf das an der Ostsee gelegene Lübeck, das von Heinrich dem Löwen gegründet worden war. Hier, im Osten, befinden wir uns bereits im Gebiet der Kolonisation und der neuen Städte, die niemals vom Einfluß des Römischen Reiches berührt worden sind. Die Küstenstädte waren Neugründungen, die von den Landesfürsten begünstigt worden waren. Bis in die baltischen Gebiete hinein[9] erstreckte sich die Reihe dieser Ostseestädte: Danzig, Memel, Riga, Reval und – weiter landeinwärts – Dorpat. Die Ostsee war gleichsam ein deutscher Binnensee geworden, seitdem der russische Handelsweg verlassen war. Der Handel der in Rußland seßhaften Skandinavier war in Verfall geraten, weil Italien den ganzen Wirtschaftsverkehr mit Byzanz an sich gezogen hatte, und weil die Kumanen als eine Art Vorhut der Mongolen das Land von Kiew im zwölften Jahrhundert zu einem gefährlichen Terrain machten. Seitdem verloren die Skandinavier ihre einstige wirtschaftliche Bedeutung. Im Ostseegebiet waren die Deutschen ihre Erben. So war Wisby auf der Insel Gotland ein deutscher Stapelplatz, die »Njemtzi«, wie die Russen die Deutschen nannten, drangen wirtschaftlich bis nach Nowgorod vor, wo sie im zwölften Jahrhundert eine Faktorei hatten. Nur Dänemark widersetzte sich der deutschen Vorherrschaft an der Ostsee, aber es wurde unter König Waldemar II. in der Schlacht bei Bornhöved im Jahre 1227 geschlagen und mußte seine Positionen räumen.

Im Landesinneren von Deutschland – im Gebiet zwischen Rhein und Donau – gab es keine einzige große Stadt. Münster und Magdeburg waren, ebenso wie Frankfurt am Main und Nürnberg, Städte zweiten Ranges. Berlin, München und Leipzig waren noch gänzlich bedeutungslos. So war Deutschland in der Entwicklung der Städte unverkennbar im Rückstand. Ein Mann wie Kaiser Friedrich I. Barbarossa (1152–1190) hatte für den Bürgerstand nicht das geringste Verständnis. Die deutschen Städte entwickelten sich nur an der Peripherie und erlangten, wenn man von den Rheinlanden absieht, erst im dreizehnten Jahrhundert Bedeutung.

Wir finden eben die zwei großen Zentren städtischer Entwicklung außerhalb Deutschlands: in Italien und in den südlichen Niederlanden, deren Hauptgebiet heute zu Belgien gehört. In Oberitalien und in Flandern lagen die Städte, zu denen alle wirtschaftlich bedeutenden Regionen in Beziehung standen. Der Ostseehandel orientierte sich auf Brügge, der Handel Süddeutschlands auf Italien.

Aber zwischen den großen Handelszentren – ganz gleichgültig, ob sie nur lokale oder allgemeine Bedeutung hatten – entwickelten sich nach dem Vorbild der großen Städte zahlreiche kleine; sie waren von sekundärer Bedeutung, hatten aber die gleiche Rechtsordnung wie die großen Städte. Für jede Region war nunmehr ein städtisches Zentrum unentbehrlich geworden, auch wenn es klein war. Der Zerfall des Domänenwesens und das Aufkommen einer großen Schicht freier Bauern führten von selbst zur Entstehung von Marktflecken: Ortschaften, die an die Stelle der Gutshöfe traten, welche die hörige Bevölkerung bis dahin mit dem Nötigen versehen hatten. In den neuen Ortschaften lebten die Handwerker, und jede von ihnen war das Handelszentrum für eine Region. Ganz von selbst richteten sie sich in ihren Institutionen nach den großen Städten. Fortwährend wurden neue regionale Zentren mit Stadtrecht gegründet. Freiburg im Breisgau sowie Freiburg in der Schweiz erlangten wirkliche Bedeutung. Das Leben in einer großen Anzahl dieser neuen Städte war geruhsam, sie hatten halb städtischen, halb ländlichen Charakter. Das thüringische, nordwestlich von Eisenach gelegene Städtchen Kreuzburg, wo ich diese Zeilen schreibe, erhielt sein Stadtrecht im Jahre 1213.

Alle diese neuen Ortschaften sind aus einer Entwicklung hervorgegangen, die im Verhältnis zu der Entstehung der großen städtischen Wirtschaftszentren nur sekundär war. Ihr Werden fiel in eine Zeit, in der das Bürgertum ein bedeutender Faktor wurde und die Fürsten überall Städte gründeten, weil sie daraus Vorteil ziehen konnten. Bis dahin waren die Menschen von Kloster zu Kloster gereist, nunmehr reisten sie von Stadt zu Stadt. An allen großen Wegen lagen jetzt im Abstand von nur wenigen Meilen neu gegründete Städte von geringem Umfang und bildeten die Kettenglieder zwischen den bedeutenden städtischen Zentren, so wie die kleinen Kugeln des Rosenkranzes zwischen die großen gelegt sind.

Das Erscheinen der Städte führte zu einem Anwachsen der Bevölkerungsziffer. In gewissem Sinne ist dieses Phänomen mit der Bevölkerungszunahme im neunzehnten Jahrhundert vergleichbar, wenn auch die Parallele noch nicht so sehr im zahlenmäßigen Zuwachs der Stadtbewohner selbst wie im Einfluß auf die Verhältnisse in den ländlichen Gebieten liegt. Im großen und ganzen kann man annehmen, daß sich die Volkszahl seit der Karolingerzeit verdoppelt hat; das Maximum wurde im vierzehnten Jahrhundert erreicht, und seitdem hat sich die Bevölkerung des Abendlandes bis zum achtzehnten Jahrhundert nicht mehr wesentlich vermehrt oder vermindert.

Es wäre sehr bedeutsam, zu erfahren, in welchem Verhältnis die Bevölkerungsziffer in den Städten zu der Anzahl der Landbewohner stand. Leider ist es nicht möglich, dieses Verhältnis zu bestimmen. Fest steht jedoch, daß die städtische Bevölkerung in sämtlichen durch den Handel begünstigten Zentren bis zur Mitte des vierzehnten Jahrhunderts ununterbrochen zunahm. Überall wurden die Stadtwälle zu eng und mußten die vor den Toren entstandenen Viertel durch den Bau neuer Mauern der Stadt eingegliedert werden. Es gab relativ große, ja sogar sehr große Städte. Aber was bedeuteten im Beginn des dreizehnten Jahrhunderts die Worte »große Stadt«? Noch immer waren die Städte klein, wenn man sie mit denen unserer Zeit vergleicht. Die von den mittelalterlichen Menschen genannten Bevölkerungsziffern aber sind bedeutungslos, weil sie nicht auf Volkszählungen beruhen; zudem tauchen die ältesten Angaben erst im fünfzehnten Jahrhundert auf. Sie widersprechen sich übrigens so sehr, daß sie für uns keinen Wert haben; beispielsweise wurde die Zahl der Bewohner von Ypern innerhalb eines Zeitraumes von zehn Jahren einmal mit zehntausend, ein anderes Mal mit zweihunderttausend angegeben! Wir wissen allerdings sicher, daß bis zum Ende des Mittelalters – wenn man von den beiden großen Residenzen Paris und Konstantinopel einmal absieht – nur ganz wenige Städte (Venedig, Florenz und wahrscheinlich auch Genua) eine Bevölkerung von 100000 oder mehr Menschen erreicht haben. Die Bevölkerungsziffer der meisten großen Städte (z. B. Mailand und Gent) muß damals erheblich geringer gewesen sein; die Einwohnerzahl mittlerer Städte betrug etwa zwanzigtausend bis fünfzigtausend, kleine Städte aber beherbergten nur zweitausend bis fünftausend Menschen innerhalb ihrer Mauern.

Dies darf uns jedoch nicht daran hindern, von »großen« Städten zu sprechen. Größe ist nun einmal ein relativer Begriff. Berücksichtigen wir zudem die geringe Bevölkerungsdichte der agrarischen Gebiete, so wird deutlich, daß eine Zusammenballung von fünfzigtausend Menschen in einer Stadt im Mittelalter eine ganz andere Bedeutung hatte als in unserer Zeit.

2. *Die Folgen für die Landbevölkerung*

Wir müssen uns ferner davor hüten, uns das Verhältnis zwischen Stadt und Land ähnlich vorzustellen, wie es gegenwärtig ist. In unserer Zeit sind die Städte vom Lande nicht getrennt: Fabriken gibt es auch in den Dörfern, andererseits wohnt ein Teil der Stadtbevölkerung in der ländlichen Umgebung und begibt sich jeden Abend nach der Arbeit wieder dorthin. Im Mittelalter aber war dies ganz anders, denn Stadt und Land waren vollständig getrennt. Die Stadt schloß sich, schon rein materiell gesehen, durch ihre Gräben und Mauern gänzlich vom Lande ab; sie war aber auch rein rechtlich eine ganz andere Welt. Sobald man durch eines der Stadttore ihren Boden betrat, befand man sich in einem Gebiet anderen Rechts: ein Unterschied, wie man ihn heutzutage nur erfährt, wenn man von einem Staat in einen anderen kommt.

Ebenso stark wie im Bereiche des Rechts war der Unterschied zwischen Stadt und Land aber auf wirtschaftlichem Gebiet. Die Stadt war ja nicht nur ein Sitz von Handel und Gewerbe, sondern beide Phänomene kamen außerhalb der Städte gar nicht vor: sie waren auf dem Lande überall verboten. Jede Stadt war denn auch bestrebt, die Herrschaft über das Agrargebiet in ihrer Umgebung zu erlangen und es sich zu unterwerfen. Dieses Agrargebiet war für sie als Absatzgebiet sowie zur Sicherung ihrer Versorgung mit Lebensmitteln unentbehrlich. Unsere Zeit kennt einen ständigen Handelsverkehr und eine wechselseitige Durchdringung zwischen Stadt und Land, im Mittelalter aber gab es zwischen beiden Sphären nur einen scharfen Gegensatz und eine Unterordnung des Landes unter die Stadt.

Diese Unterordnung war – je nach der Anzahl und der Macht der Städte – mehr oder weniger ausgeprägt. In Italien war sie am stärksten, in den skandinavischen und den slawischen Ländern am schwächsten entwickelt. Überall aber führte sie zu einer bedeutenden Umwälzung der Wirtschaftsstruktur auf dem Lande und zu einer entsprechenden Änderung der Lebensverhältnisse der Agrarbevölkerung. Das Domänenwesen wurde durch das Auftauchen der Städte in seinem Kern angetastet. Wir haben schon gesehen, daß das Wesen der Domänenwirtschaft auf einer Produktion ohne Absatzgebiet beruhte; die Domäne beschränkte sich daher auf die Erzeugung dessen, was für die Konsumtion der zu ihr gehörenden Menschen erforderlich war. Daraus erklärt sich die ganze innere Struktur der Domäne: die Produktionsmethoden, die Formen der

Pacht, die Leistungen der Bebauer des Landes sowie ihr Verhältnis zum Grundherrn.

Diese für das Domänenwesen charakteristischen Verhältnisse fanden mit dem geschichtlichen Aufstieg der Städte überall dort, wo städtischer Einfluß spürbar wurde, ihr Ende. Die Stadtbevölkerung, die ja ausschließlich aus Kaufleuten und Handwerkern bestand, war ja – um einen Lieblingsausdruck der Physiokraten des achtzehnten Jahrhunderts zu gebrauchen – »steril«: sie konnte nur leben, wenn sie die Nahrung von außen bezog und also von den Landleuten kaufte. So schenkte die Stadt ihnen das Absatzgebiet, das ihnen bis dahin gefehlt hatte. Die Produktion brachte nunmehr Gewinn und erweckte in der Landbevölkerung den Wunsch, sich zu bereichern. So verschwanden mit den wirtschaftlichen auch gleichzeitig die geistigen Grundlagen des Domänenwesens. Der Bauer, dessen Produktion Gegenstand der Nachfrage von außerhalb geworden war, betrachtete seine Arbeit nicht mehr nur als drückende Last. Eine weitere Folge der von der Stadt ausgehenden Nachfrage nach Lebensmitteln lag darin, daß der Grundherr in noch höherem Maße als der einfache Landmann das Bedürfnis nach einer Reform empfinden mußte; denn die festgesetzten Leistungen seiner Hörigen waren nach dem Gewohnheitsrecht unveränderlich, während seine Ausgaben ständig stiegen. Die Städte förderten nämlich durch ihre Lebensmitteleinkäufe den Geldumlauf auf dem Lande, ständig zirkulierte dort mehr Geld, und sein Wert verminderte sich entsprechend. Das durch diese Verminderung des Geldwertes eintretende Steigen der Lebenshaltungskosten brachte die Grundherren, die ja von unveränderlichen Einkünften, längst festgesetzten Pachtzinsen, leben mußten, an den Rand des Untergangs. Die Krise wurde für den zum Ritterstande gehörenden Kleinadel, der meist Lehensgüter geringen Umfanges besaß und von ihnen gerade noch leben konnte, eine wahre Katastrophe. Ein großer Teil dieser im elften Jahrhundert noch so zahlreich vertretenen Schicht verfiel gegen Ende des zwölften Jahrhunderts in Armut.

Es ist übrigens schwer zu sagen, ob der gleichzeitig mit der Änderung der Lebensverhältnisse auftretende Bevölkerungszuwachs in den ländlichen Gebieten auf das Erscheinen der Städte zurückzuführen ist. Nach dem Abflauen der Einfälle der Normannen, Sarazenen und Ungarn setzte in Europa eine verhältnismäßig ruhige Zeit ein, in der die Bevölkerungsziffer allmählich gestiegen sein muß. Aber erst in der zweiten Hälfte des elften Jahrhunderts zeigten sich in manchen Gebieten Spuren einer Wirtschaftskrise, die auf Übervölkerung zurückgeht. Man kann sich somit wohl kaum der Folgerung verschließen, daß die Städte, die den Bewohnern der Agrargebiete neue Existenzmittel verschafften, wenn auch nicht zur Erhöhung des Kinderreichtums der Ehen,[10] so doch zur Vermehrung der Eheschließungen beigetragen haben.

Wie dem aber auch sei, in jedem Falle reichten die Erträge des Ackerlandes in manchen Gebieten – beispielsweise in einzelnen niederländischen Territorien – schon um das Jahr 1050 nicht mehr aus, die Bedürfnisse der Bevölkerung zu decken. Ereignisse wie die Eroberung Englands durch die Normannen (1066) und die Kreuzzüge deuten ebenfalls auf einen gewissen Bevölkerungsüberschuß.

Das gleiche gilt von der schnellen Erhöhung der Anzahl der Stadtbewohner sowie von dem Erscheinen der auf Abenteuer ausgehenden Söldnerscharen, die sich damals in Italien (beispielsweise in Genua) sowie auch in Frankreich bildeten, wo man sie »Brabançons« oder »Cotereaux« nannte. Der Beginn des dreizehnten Jahrhunderts zeigt bereits ganz unverkennbare Symptome einer Übervölkerung: die Tatsache, daß Rheinländer, Flamen und Holländer sich östlich der Elbe ansiedelten, läßt sich nur aus einem Überquellen des Bevölkerungsüberschusses der Agrargebiete erklären.

Als das traditionelle Domänenwesen nicht mehr den Erfordernissen der Zeit entsprach und den Bedürfnissen einer wirtschaftlich bereits differenzierter gewordenen Gesellschaft nicht mehr genügte, entstand eine große Nachfrage nach Agrarboden. Die Territorialfürsten wußten sich die zahlreichen Wünsche von Leuten, die in ein Pachtverhältnis treten wollten, zunutze zu machen. Sie verfügten ja über viel Land, denn anscheinend gab es – zumindest in den Gebieten westlich des Rheins und südlich der Donau – die großen Domänen nur auf dem Boden, der schon von den Römern in Kultur gebracht worden war. Außerhalb dieses Gebietes gab es nur Wälder, Heideland und Sümpfe. Die Zeit, diese Ländereien wirtschaftlich zu erschließen, war nun angebrochen. Das große Erschließungswerk setzte in der Mitte des elften Jahrhunderts ein, erreichte seinen Höhepunkt im zwölften Jahrhundert und dauerte – bei allmählich schwächer werdender Intensität – bis zum Ende des dreizehnten Jahrhunderts. Durch diese große Leistung erfuhr der Reichtum Europas an Land zum ersten Male seit dem Untergang des römischen Imperiums eine Steigerung. Nach dem dreizehnten Jahrhundert wurde das Gebiet Westeuropas bis zum achtzehnten Jahrhundert nicht mehr nennenswert erweitert, und das zeigt uns die große Bedeutung der inneren Kolonisation des Mittelalters. Sicher hätte die Umwandlung der unbebauten Gebiete in Agrarland nicht eine so große räumliche Ausdehnung erhalten, wenn die landwirtschaftliche Technik im Mittelalter stärker entwickelt gewesen wäre; aber der Landbau hatte wegen seiner noch primitiven Methoden und seines extensiven Charakters große Räume nötig. Hätte man durch rationalere Methoden die Fruchtbarkeit des Bodens entwickeln können, so wäre die Krisis des Domänenwesens vermeidlich gewesen.

Das System, das man bei der Besiedlung und Kultivierung des unberührten Bodens anwandte, stand durch seinen gleichsam liberalen Charakter im Gegensatz zu der vorhergehenden Epoche. Das Verhältnis des Bauern zum Grundherrn beschränkte sich nur noch auf die Beziehungen, die sich aus dem Nutzungsrecht selbst ergaben: der Bauer bezahlte einen Pachtzins, war aber persönlich frei. Eines der bei den Grundherren gebräuchlichsten Mittel, um Kolonisten – die »hospites« (Gäste), von denen die zeitgenössischen Quellen sprechen – anzuziehen, bestand in der Gründung der sogenannten »neuen Städte«, die echte Landbaukolonien waren. Das Grundgebiet einer solchen »neuen Stadt« war in eine bestimmte Anzahl von Nutzungseinheiten ganz gleicher Größe aufgeteilt, die gegen einen bestimmten Zins in Erbpacht gegeben wurden. Ein Statut, meist nach dem Vorbild der Verfassung der nächstgelegenen Stadt geschaffen, erkannte die persönliche Freiheit der Bewohner an; es regelte ferner die Befugnisse des Bürgermeisters (Schulzen) und der Schöffen, denen die Verwaltung und die Justiz oblag. Schließlich legte das Statut noch die Rechte des Grundherrn und der Bauern hinsichtlich der Nutzung der Wälder und so weiter fest. So entstand ein neuer Dorftypus: das privilegierte Dorf. Mit der Domäne der früheren Zeit hatte es nur noch gemeinsam, daß es ebenfalls Großgrundbesitz mit Nutzung in kleinem Maßstabe war. Sonst aber hatten die »neuen Städte« eine ganz andere, bis dahin unbekannte Struktur. Der Bauer war dort nicht nur ein freier Mann, sondern er beglich seinen Pachtzins auch meistens in Geld. Kein Wunder, daß die Nachfrage nach Agrarland – sie wurde mit der Zunahme der Bevölkerung immer dringender – dazu führte, daß die »hospites« den Neugründungen zuströmten! Die Bewohner der »neuen Städte« drängten durch Rodungen überall die Wildnisse und Urwälder zurück, erschlossen die Heidegebiete und legten die Sümpfe trocken. Überall in Europa blühten jene privilegierten Dörfer auf, die man als die »neuen Städte« bezeichnete; die Ortsnamen, die im französischen Sprachgebiet durch die Silbe *sart* (verwandt mit essarre, d. h. Rodung), im niederländischen und deutschen Sprachgebiet durch Silben wie *kerk, kirch, rode, rade, rath* usw. gekennzeichnet sind, ermöglichen noch heute die Unterscheidung dieser Ortstypen von den Dörfern älterer Herkunft.

An dem großen Werk der Landerschließung im zwölften Jahrhundert hat sich die Kirche in bedeutendem Maße beteiligen können; sie dankt dies zwei neuen Orden: dem von Cîteaux (Cistertium) und dem von Prémontré. Die von Cluny ausgegangene kraftvolle Reformbewegung war, nachdem ihr Ziel erreicht war, matter geworden und schließlich nahezu erloschen. Wir sehen, daß die Benediktinerklöster seit dem Ende des elften Jahrhunderts sehr reich waren. Die Geschenke und Gaben, die ihnen die Gläubigen aus Sympathie für die Geringschätzung der Mönche gegenüber den irdischen Gütern gemacht hatten, hatten das Vermögen dieser Klöster in höchstem Maße vermehrt: eine fast wie eine Ironie der Geschichte wirkende Entwicklung, die aber unvermeidlich war. Durch ihren Reichtum aber verfielen die Benediktinerklöster bald einer Lethargie, aus der sie erst bei der großen Erneuerungsbewegung des Katholizismus im siebzehnten Jahrhundert wieder erwachten. So war die geistliche und soziale Führung den Benediktinern seit dem Ende des elften Jahrhunderts aus den Händen geglitten; sie waren kaum noch etwas anderes als Großgrundbesitzer. Die Zisterzienser und die Prämonstratenser – Mönche, deren Orden vom heiligen Bernhard von Clairvaux im Jahre 1113 und vom heiligen Norbert im Jahre 1119 recht eigentlich gegründet[11] worden waren – griffen zur Verkündigung asketischen Lebens, als sie von den Benediktinern vernachlässigt oder aufgegeben worden war. Um dem Prinzip der körperlichen Arbeit in seiner ganzen Härte zu genügen, ließen sich die Zisterzienser und die Prämonstratenser mit Vorliebe auf Territorien nieder, in denen sie durch Kultivierung oder Trockenlegung Land erschließen konnten. Die Fürsten beeilten sich sogleich, gottgefällig zu handeln: sie überließen diesen Mönchen Heideland und Sumpfgebiete. Die Zisterzienser und die Prämonstratenser haben denn auch viel zur Entwässerung der Polder von Flandern und zur Kultivierung des Bodens in Ostdeutschland beigetragen. Die Landgüter, die sie in beiden Gebieten schufen, stellen einen ganz neuen Typus dar; auf ihnen wurde zum erstenmal im Mittelalter das Prinzip der landwirtschaftlichen Nutzung großen Stils angewandt: das Prinzip des agrarischen Großbetriebs. Man parzellierte dort den Boden nicht – wie einst bei den großen Domänen – in kleine, für den Unterhalt von je einer Familie berechnete Bauernstellen, sondern in große Ländereien, die unter der Leitung eines Mönches von sogenannten »Konversenbrüdern« (der Klostergemeinschaft eingegliederte Laien) oder von freien Bauern bearbeitet wurden. Man baute auf diesen Ländereien Getreide oder trieb Viehzucht; aber dies alles diente nicht mehr einer Deckung der Bedürfnisse des betreffenden Klosters, man arbeitete vielmehr für den Absatz auf den Märkten. Die Bauern waren von Frondiensten befreit und brauchten nur die traditionelle Abgabe des Zehnten einzuhalten; die Gewinne aus dem Absatz der Produkte wurden zum Erwerb neuer Ländereien und zur Ausbreitung der Kultivierungstätigkeit verwandt.

Die Eigentümer der alten Domänen konnten sich, da ihre Bauern vererbliche Rechte auf die Nutzung des Landes besaßen, nur schwer von den traditionellen Bindungen befreien. Sie gerieten, da ihr reales Einkommen infolge dieser Bindungen ständig zurückging, in Schulden, und ihre Lage wurde geradezu verzweifelt. Schließlich konnten – etwa seit dem Ende des zwölften Jahrhunderts – eingreifende Reformmaßnahmen nicht länger ausbleiben. Die bis dahin durch die Hörigen bebauten »Domänenhöfe« wurden neu aufgeteilt, und zwar in kleine Parzellen, die gegen einen vertraglich ausbedungenen Zins oder gegen den halben Nutzungsertrag verpachtet wurden. Häufig verwandelte man aber auch den ganzen domanialen Hof *(curtis)* in eine große Pachtstelle.

Die Bauern konnten sich zudem für Geld nicht nur von der Verpflichtung zu Frondiensten freikaufen, sondern auch von anderen, zum Domänenwesen gehörenden Verpflichtungen: vom Kopfzins, vom Recht des Grundherrn, beim Tode eines kinderlosen Bauern dessen Hof einzuziehen[12] und von all den sonstigen Lasten, die einer vergangenen Zeit entstammten und sinnlos geworden waren.

Fast nur noch in schwer zugänglichen und von den großen Handelswegen weit entfernten Gebieten blieb die Hörigkeit in unveränderter Form weiterbestehen. Überall sonst verschwand sie oder nahm mildere Formen an. Man kann sagen, daß die Landleute in Westeuropa und in Mitteleuropa schon im Anfang des dreizehnten Jahrhunderts zu freien Bauern geworden waren oder zu werden begannen. Diese große Umwandlung erfolgte ohne heftige Konflikte und auch ohne programmatische Grundsätze oder Theorien; sie war nur eine unausbleibliche Folge der Wiederbelebung des Handels und des Auftauchens der Städte: der Städte, die dem Landbau die vorher fehlende Absatzmöglichkeit verschafft und ihn dadurch gezwungen hatten, seine traditionelle Wirtschaftsstruktur zu ändern und freiere, elastischere Nutzungsformen anzunehmen. Auf sozialem Gebiet zerstörte der wirtschaftliche Fortschritt die Herrschaftsposition, die der Grundherr gegenüber den Bauern einnahm. Je mehr die Freiheit an die Stelle der Hörigkeit trat, desto mehr verlor die Funktion des Grundherrn ihre patriarchalischen Züge, und desto stärker wurde die Tendenz, die Beziehungen zwischen ihm und den Bauern nur noch aufgrund der materiellen Interessen zu regeln.

3. Weitere Folgen

Das Auftauchen der Städte im elften Jahrhundert hat, wie wir sahen, eingreifende Änderungen in den sozialen Verhältnissen Europas hervorgerufen; aber auch auf die politische und die kirchliche Entwicklung haben die Städte eingewirkt. Der Staat verlor durch ihren Aufstieg seine typisch agrarischen Wesenszüge, und die Landbevölkerung erfuhr die Anziehungskraft und den Einfluß der städtischen Zentren. So erschloß sich der Landbevölkerung wieder der Weg in die Städte: ein Weg, der ihr seit den Einbrüchen der Barbaren in Westeuropa nicht mehr zugänglich gewesen war. In der Sphäre der Politik nahm die Stadt, wenn auch unter sehr veränderten Umständen, aufs neue die Position ein, die sie einst im Römischen Reiche innegehabt hatte. Durch die mittelalterlichen Städte erhielt die Verwaltung allmählich wieder einen festen Sitz, während sie vorher dem Ortswechsel unterworfen war. Mehr noch: der Verwaltung – und dies war sogar der bedeutendste soziale Fortschritt seit der Karolingerzeit – standen nun auch wieder gebildete Laien aus den Städten zur Verfügung. Bis zum Aufstieg der Städte hatte der Staat alle Beamten, deren Funktionen einen gewissen Grad von Bildung erforderten, der Kirche entlehnen müssen. Künftig entnahm er dieses Personal in steigendem Maße dem Bürgerstande; denn bei den Bürgern lagen die Bildungsverhältnisse anders als bei den Adeligen, die als Stand des Militärberufes ja nur das Waffenhandwerk zu lernen brauchten. Der Bürger sah deutlich, daß für den Handel ein gewisser Bildungsstand unentbehrlich war. Ein Kaufmann mußte lesen und schreiben können, und seit dem zwölften Jahrhundert besaß denn auch jede einigermaßen bedeutsame Stadt ihre eigene Schule. Anfänglich erfolgte der Unterricht noch ganz auf der Grundlage des Lateinischen; die ältesten Verwaltungsurkunden der Städte sowie die ältesten Handelsurkunden sind wirklich in dieser Sprache abgefaßt. Aber dies war nur ein Übergangsstadium, das sich nicht vermeiden ließ, weil ja außerhalb der Geistlichkeit zunächst noch keine Lehrkräfte zu finden waren. Natürlich konnten die Bürger für ihre praktische Handelstätigkeit nicht lange eine Sprache anwenden, die der modernen Umgangssprache so fern stand wie das Latein. Seit dem Anfang des dreizehnten Jahrhunderts bedienten sich die Stadtschreiber tatsächlich der Volkssprache: eine Änderung, die schon längst fällig geworden war. Es ist bezeichnend, daß sich diese Entwicklung zuerst in dem Gebiet zeigte, in welchem sich die Städte am stärksten entwickelt hatten: in der Grafschaft Flandern. Die erste in der Volkssprache abgefaßte Urkunde, die auf uns gekommen ist, ist ein im picardischen Idiom gehaltenes Schriftstück der Schöffen von Douai[13] und stammt aus dem Jahre 1204. Allmählich wurde die Verwaltung der Städte komplizierter und der Schriftwechsel der Schöffen umfangreicher; gleichzeitig wurde die Ziviljustiz bedeutsamer und erforderte auch die städtische Finanzverwaltung wachsende Arbeit und Kenntnisse. Dieser Entwicklung, die an Tragweite ständig zunahm, entsprach es, daß man von den Beamten der Städte und von den für Privatpersonen arbeitenden Anwälten und Notaren eine immer höhere Vorbildung forderte. So entstand innerhalb des Bürgertums eine Schicht gebildeter Laien: Männer, die durch ihre Weltkenntnis und ihre Geschäftserfahrung den Erfordernissen der öffentlichen Verwaltung besser gewachsen waren als die Kleriker, an die man sich bis dahin hatte wenden müssen. Seit dem Ende des dreizehnten Jahrhunderts traten immer mehr Laien in den Dienst der Territorialfürsten; sie stellten ihre Kenntnisse und Erfahrungen damit der Landesverwaltung zur Verfügung. Die erste dem Laienstande angehörige Beamtenschaft, die es in Europa nach dem Verschwinden der Verwaltungsorgane des römischen Imperiums wieder gab, entstammte dem Bürgertum der mittelalterlichen Städte.

In der gleichen Zeit, da die Städte so bedeutsam zur Verstärkung des Laiencharakters des Staates beitrugen, übten sie auch auf die Struktur der Politik einen im Laufe der Jahrhunderte ständig wachsenden Einfluß aus. Überall wurden sie im politischen Leben ein Element, dessen Bedeutung fortwährend zunahm: in Frankreich bildeten sie für den König ein Gegengewicht gegen die Macht des hohen Adels; in England zwangen sie gemeinsam mit den Lords die Krone zur Gewährung der ersten Freiheitsrechte an die Nation; in Italien und in Deutschland bildeten sich die Städte sogar zu unabhängigen Republiken um. Die Entwicklung in den slawischen Gebieten, in denen sich kein Bürgertum bilden konnte, zeigt deutlich, was die Welt des Westens diesem Stande zu verdanken hat.

Ebensowenig wie die Gesellschaft des Laienstandes konnte sich die Kirche dem Einfluß des Bürgertums entziehen. Mit dem Aufstieg der Städte begann für den Katholizismus eine Zeit, in der Glaube und Nächstenliebe einen neuen Aufschwung nahmen, aber sich auch zugleich gefahrdrohende, schließlich in blutigen Kämpfen ausgetragene Probleme stellten. Das religiöse Empfinden der Bürger war äußerst leidenschaftlich und tief. Man denke nur an die vielen neuen Bruderschaften, Gilden und Vereinigungen aller Art, die sich in allen Städten dem Gebet, den Kranken, den alten Leuten oder den Witwen und Waisen widmeten. Gegen Ende des zwölften Jahrhunderts verbreiteten sich – von Lüttich und Huy ausgehend – die Beginen und ihr männliches Gegenstück, die (allerdings schon bald zur Ketzerei neigenden) Begarden, von Stadt zu Stadt: religiöse Gemeinschaften, deren Mitglieder sich ganz dem Glaubensleben widmeten, aber nicht aus dem Laienstande traten. Ohne das Bürgertum hätten die beiden neuen Orden – der im Jahre 1208 gegründete Franziskanerorden und der sieben Jahre danach entstandene Dominikanerorden – gar nicht gegründet werden können: zwei Orden, von deren Geist der strenggläubige Katholizismus des dreizehnten Jahrhunderts ganz durchdrungen ist. Mit den Bettelmönchen dieser beiden Orden verließ der gebundene Klerus zum ersten Male die Agrargebiete und verwurzelte sich in den Städten. Die Bettelmönche lebten von den Almosen des Bürgertums; diese Mönche entstammten selbst dem Bürgertum, und die Städte waren denn auch ihr religiöses Wirkungsfeld. Daß so viele Kaufleute und Handwerker in den für Laien geschaffenen Orden des heiligen Franziskus eintraten, ist ein deutliches Zeichen für den Erfolg der religiösen Tätigkeit der Bettelmönche.

Wir haben gesehen, daß die Frömmigkeit der mittelalterlichen Stadtbevölkerung einen aktiven Charakter hatte. Ein neues geschichtliches Phänomen liegt auch darin, daß die Laien in den Städten einen tätigen Anteil am religiösen Leben nahmen und danach strebten, neben der Geistlichkeit an seiner Gestaltung mitzuwirken. Aus diesem Anspruch der Laien auf eine aktive Rolle innerhalb der Glaubenssphäre erwuchsen der Kirche aber auch Gefahren. Die größte unter ihnen war eine Bedrohung der Reinheit des Dogmas. Je tiefer die Bürger sich für religiöse Angelegenheiten interessierten, desto mehr waren sie zur Übernahme manichäischer Ideen geneigt, die im Laufe des elften Jahrhunderts aus dem Orient nach Europa gedrungen waren; vielfach begeisterte man sich auch für die mystischen Träumereien kirchenfeindlicher Sekten wie der »Apostoliker« oder der »Brüder vom Freien Geiste«. Es ist sehr charakteristisch, daß der abendländische Katholizismus vor der Wiedererstehung der Städte durch keine Ketzerei beunruhigt worden war; die erste und gefährlichste Ketzerbewegung, die Katharersekte, verbreitete sich zuerst im elften Jahrhundert: dem gleichen Jahrhundert, in dem die mittelalterlichen Städte sich entfalteten. Man darf ferner nicht vergessen, daß der Gründer der Waldensersekte ein Kaufmann aus Lyon war. Selbst nach der furchtbaren Hinmordung der Albigenser in Südfrankreich gab es in den Städten – bald in dieser, bald in jener Region Europas – Sektenbildungen. Die Sehnsüchte der besitzlosen Massen trugen dazu bei, daß sich ihre mystisch-religiöse Gedankenwelt auf verschwommene Ideale sozialer Reformen und Verbesserungen richtete; sie träumten davon, auf den Trümmern der Kirche und des Staates eine kommunistische Gesellschaft, ein Reich der Gerechtigkeit zu errichten.

Natürlich handelte es sich bei den Sektenbewegungen um Ausnahmen. Aber alle Städte hatten einen Wesenszug gemeinsam, der für sie höchst charakteristisch ist: ihre Haltung gegenüber der Macht der Kirche. Die mittelalterliche Stadt führte in den Beziehungen zwischen der Gewalt der Laienwelt und der Gewalt der geistlichen Welt eine neue geschichtliche Ära herbei. Seit der Karolingerzeit waren die Konflikte zwischen beiden Mächten aus den Bestrebungen der Könige hervorgegangen, die Kirche ihren dynastischen Zielen zu unterwerfen und sie in den Dienst ihrer Politik zu stellen. Die Zusammenstöße waren eine Folge der engen Verbindung zwischen Kirche und Staat, und die Frage bei den Konflikten bestand nur darin, welche von den beiden Gewalten die andere an Macht überflügeln werde. Keine von ihnen war bestrebt, der anderen ihre besonderen Befugnisse und Privilegien zu rauben. Bei den bisherigen Konflikten stand nicht die aus der Natur des Staates und der Kirche hergeleitete Kompetenz auf dem Spiele, es handelte sich vielmehr nur um das Kräfteverhältnis zwischen beiden Rivalen. In den Städten aber änderte sich dies alles. Dort ging es um Bedeutsames: um die Stellung der Kirche als privilegiertes Organ überhaupt. In vielen Städten bekämpften die Regierungen öffentlich die Rechtsprechungsgewalt der Kirche, ihre Steuerfreiheit und das von ihr als bleibende Befugnis betrachtete Monopol auf Erteilung von Unterricht.

Seit dem Ende des zwölften Jahrhunderts gab es dauernd Streitigkeiten der Stadtregierungen mit den in den betreffenden Städten befindlichen Kapiteln und Klöstern, ja sogar mit den Bischöfen. Wie sehr sich die Kirche auch mit den Mitteln des Kirchenbanns und des Interdikts zur Wehr setzte, die Haltung der Städte änderte sich nicht im geringsten. Im Notfall schreckten die Stadtregierungen nicht davor zurück, die Priester zwangsweise zum Lesen der Messe und zur Erteilung der Sakramente zu nötigen. Wie gläubig und dogmentreu diese Stadtregierungen auch waren, sie widersetzten sich der Kirche in Fragen, die weltliche Interessen berührten, ohne weiteres und erlaubten ihr auf diesem Gebiete keine Eingriffe. Die Mentalität der herrschenden Schicht in der Stadt war rein weltlich, und dies ist der eigentliche Ursprung der Renaissance, deren Zeit erst viel später kam.

Wir können seit dem Auftauchen der mittelalterlichen Städte und dem Entstehen eines Bürgerstandes geradezu von einem neuen Europa sprechen. Die sozialen Verhältnisse hatten sich umgebildet: die Bevölkerung war auf das Doppelte angewachsen; an die Stelle der Hörigkeit trat immer allgemeiner der Status der Freiheit; Handel und Gewerbe, der Umlauf des Geldes und die geistige Arbeit eroberten sich eine ständig bedeutsamere Stellung innerhalb der Gesellschaftsordnung und eröffneten der Weiterentwicklung der staatlichen und sozialen Verhältnisse immer neue Perspektiven. Bis zum Ende des siebzehnten Jahrhunderts hat es nie mehr eine so große Umwälzung von Europas gesellschaftlicher Struktur – ich spreche hier nicht von geistigen Veränderungen – gegeben wie diejenige, welche ihren Ausgang von der mittelalterlichen Stadt nahm. Vorher hatte vor allem die persönliche Abhängigkeit das soziale Leben der Menschen gestaltet, künftig aber erhielt in ihren gegenseitigen Beziehungen der politische Faktor immer mehr das Übergewicht. Früher hatte sich der Reiseverkehr in der Welt des Westens ausschließlich in religiös vorgezeichneten Bahnen bewegt: auf den Wegen von und nach Rom oder anderen kirchlichen Zentren. Jetzt entstand ein Reiseverkehr, der von Laien getragen wurde und dem weltliche Motive zugrunde lagen. Der Schwerpunkt der Entwicklung verlegte sich nunmehr in die Küstengebiete und an die großen Flüsse. Die Kultur, bis dahin ausschließlich kontinental, orientierte sich auf das Meer.

Selbstverständlich müssen wir uns bei der Betrachtung dieser geschichtlichen Wendung vor Übertreibungen hüten. Die Kirche beherrschte das Geistesleben auch weiterhin, und die Landwirtschaft blieb die Existenzgrundlage für den Adel und sogar für das Leben der Staaten. Aber die Wurzeln des Baumes, der sich jetzt auf dem Schutzwall für die patriarchalischen Traditionen erhob, lockerten allmählich schon durch ihr bloßes Wachstum die Steine des Gemäuers. Die Städte wollten die bestehenden Verhältnisse nicht zerstören, sondern sich nur eine Stellung innerhalb dieser Verhältnisse sichern. Die Stellung, die die Stadt in der westlichen Welt einnahm, wurde aber allmählich immer bedeutender: so bedeutend selbst, daß die Städte ganz neue Verhältnisse im sozialen Leben herbeiführten. Vornehmlich wurden sie zum Element des Fortschrittes. Zwar gingen keineswegs alle Neuerungen von den Städten aus, aber sie schufen die Voraussetzungen, ohne welche die Weiterentwicklung nicht hätte erfolgen können.

Mit dem Entstehen eines Bürgerstandes scheint die Kultur aus einer Erstarrung zu erwachen, und ihre Differenzierung nimmt zu. Vom siebten bis zum elften Jahrhundert war die Entwicklung überall gleichförmig. Aber wie groß wurden die Unterschiede seit dem elften Jahrhundert! Die Zusammensetzung des Bürgertums war in jedem Lande verschieden und verlieh ihm eigene, nationale Züge, die man vorher vergebens gesucht hätte. Alle von Leben und Bewegung erfüllten Zentren lagen dort, wo sich eine städtische Bevölkerung zusammenballte: Paris, die Lombardei, Toskana, Venedig, Flandern und die Rheinlande.

Die Begeisterung, die das Bürgertum im dreizehnten Jahrhundert für die Bettelmönche empfand, steht in einem gewissen Gegensatz zu seinem eigenen kapitalistischen Streben. Die Städte begeisterten sich für das Ideal der Armut, aber sie suchten Reichtum.

Sechstes Buch

DIE ANFÄNGE
DER WESTEUROPÄISCHEN STAATEN

Erstes Kapitel

ENGLAND

1. Vor der Eroberung durch die Normannen

Die germanischen Königreiche, die auf den Trümmern des römischen Kaiserreiches entstanden waren, hatten vergeblich versucht, mit dem römischen Boden auch das römische System der Staatsverwaltung zu übernehmen. Wir sahen bereits, weshalb und auf welche Weise diese Versuche gescheitert waren. Erst Pippin dem Kleinen und Karl dem Großen gelang es, dank der Unterstützung, welche die Kirche ihnen leistete, die königliche Gewalt wieder aufzurichten. Sie verbanden sich mit der Kirche, um mit ihr gemeinsam die christliche Gesellschaft zu organisieren. Die Umstände ermöglichten es ihnen aber nicht, diese Aufgabe zu vollbringen: sie waren außerstande, eine wirklich vom König ausgehende Verwaltung zu schaffen, denn zu ihrer Zeit zwang der Großgrundbesitz, das Domänenwesen, den Menschen die Schutzherrschaft der mächtigen Landeigentümer auf. Die politische Einheit machte der Zerstückelung des Staates in territoriale Fürstentümer Platz. Die Untertanen des Königs gelangten unter die Gewalt der Territorialfürsten. Diese Fürsten vollbrachten vom Ende des neunten Jahrhunderts an in Wahrheit die Aufgabe, die für die Könige zu schwer geworden und ihren Händen entglitten war. Aber der König regierte noch immer mit höherem Rang als die Fürsten, obwohl er sie an seiner Stelle selbst wirklich herrschen ließ. Der König blieb dem einstigen Ideal der Karolinger noch immer treu und wartete stets auf den Augenblick, in dem er die oberste Gewalt, auf deren Rechte er nicht verzichtet hatte, wieder ausüben könnte. Der König ist denn auch die große politische Macht der Zukunft. Alle europäischen Staaten ohne Ausnahme sind damals ein Werk der Könige. In diesen Staaten richten sich die Schnelligkeit und der Umfang der Entwicklung nach der Macht des Königtums.

Am Ende des elften Jahrhunderts, der Zeit also, in welcher durch das Erscheinen des Bürgertums die gesellschaftliche Gestalt Europas sich vollendete, beginnen Könige die Grundlage der ersten Organisationen zu legen, die des Namens Staat würdig sind. Auch hier hat der Fortschritt im Westen – genauer gesagt in Frankreich – begonnen. Das Lehenswesen, das Rittertum und die religiösen Reformgedanken von Cluny hatten sich von Frankreich aus über die anderen Völker verbreitet. Ebenso wurden die Kräfte, durch die später die modernen Staaten geschaffen werden, in Frankreich zuerst wirksam; von dort aus verbreiteten sie sich weiter. Der Gründer des englischen Staates war ein Lehensmann des Königs von Frankreich, und das Königreich Frankreich war der früheste kontinentale Staat. Der englische Vasall aber ging in der Bildung und Förderung des vom Monarchen wirklich beherrschten Staates seinem französischen Lehensherrn zeitlich voraus. Man muß also die Darstellung der politischen Leistung des Königtums mit England beginnen.

Britannien war in der Zeit der Barbareneinfälle die einzige Provinz des Römischen Reiches gewesen, deren Einwohner sich mit einer Beherrschung durch die Barbaren nicht einfach abfanden. Die Britannier wurden erst nach heftigem Kampf in westlicher Richtung zurückgedrängt: nach Wales und Cornwall, wo sich ihre keltische Sprache bis in unsere Zeit erhalten hat. Andere Bewohner Britanniens wanderten nach Armorica aus, das seitdem die »Bretagne« heißt. Die Angelsachsen fanden sich in ihrem neuen Lande allein und konnten dort ihre nationalen Gebräuche unberührt bewahren. Die sieben kleinen Königreiche, die in England gegründet wurden, zeigen keine Spur der Romanisierung, die bei den Königen der Germanenstämme auf dem Kontinent einen vollständigen Charakter trug und sich zwangsläufig ergeben hatte. Die geringe Ausdehnung der sieben in England errichteten Königreiche machte diese Staaten für die (in den Stämmen entstandenen) politischen Sitten, die sich für ein großes Reich niemals hätten eignen können, durchaus empfänglich. Der germanische Staat, dessen Entwicklung durch die fränkische Eroberung in Deutschland aufgehört hatte, konnte sich in England also frei fortsetzen. Die Versammlung des Volkes, d. h. die Versammlung der Großen, vom König nach Willkür einberufen (*witenagemot*), erhielt sich hier, und die *ealdormen* (vom König mit der Leitung von Bezirken beauftragte Verwandte oder Vertraute des Herrschers) bestanden neben den königlichen Beamten (*sheriffs*) fort. Dieser Zustand wurde durch die Bekehrung des Landes zum Christentum am Ende des sechsten Jahrhunderts nicht wesentlich verändert. Zwar führte die Kirche das Lateinische als ihre Sprache in dieses durch Mission bekehrte Gebiet ein; aber die nationale Entwicklung war der römischen Überlieferung zu fremd, und die geographische

Lage machte einen dauernden Verkehr mit der fränkischen Kirche zu schwierig, als daß das Lateinische in England zur offiziellen Sprache werden konnte, wie es auf dem Kontinent der Fall war. Die lateinische Kirche verhielt sich in England ähnlich, wie sich die griechische Kirche aus ähnlichen Gründen im zehnten Jahrhundert gegen die Slawen verhielt. Sie nahm die Sprache ihrer Pfarrkinder hin und beschäftigte sich sogleich mit ihr, weil das für die Bekehrung notwendig war. Die Kirche mußte aus den neu bekehrten Angelsachsen einen Klerus zusammenstellen und lehrte deshalb ihre Pfarrkinder das Lesen und Schreiben in angelsächsischer Sprache. Auf diese Weise entwickelte sich in England neben der wissenschaftlichen Literatur, die lateinisch geschrieben wurde, noch eine volkstümliche Literatur in angelsächsischer Sprache.

Das Angelsächsische diente jetzt natürlich auch zur Abfassung der Gesetze und zur Sammlung von Gewohnheitsrechten, während die Sprache der Juristen auf dem Kontinent ausschließlich Latein geworden war. Auf die politische Organisation der angelsächsischen Staaten übte die Kirche keineswegs den überragenden Einfluß aus, den ihr die Karolinger auf dem Kontinent eingeräumt hatten, und die Bekehrung änderte an dem germanischen Wesen des Landes nichts.

König Offa von Mercien (gestorben 796) vereinigte alle kleinen Königreiche unter seiner Herrschaft, und dieses Ereignis hätte nach menschlicher Berechnung einen neuen Abschnitt ihrer Geschichte eröffnen müssen; aber bald stürzten sich die normannischen Krieger auf England. Ihre Einfälle folgten einander seit 839 beinahe ununterbrochen, und in kurzer Zeit entstand eine zahlreiche Bevölkerung dänischer Abkunft an der Ostküste der Insel. König Alfred der Große (gestorben 899) konnte schließlich die Eindringlinge, denen er den Danelagh, das Gebiet nördlich und östlich einer Linie von London nach Chester, als Gebiet der Geltung dänischen Rechts abtrat, einstweilen aufhalten. Die Nachfolger Alfreds waren sogar imstande, auch dieses abgetretene Gebiet wieder zurückzuerobern. Aber König Svein von Dänemark (gestorben 1014) kam am Ende des zehnten Jahrhunderts seinen Landsleuten zu Hilfe, eroberte Mercien, Ostanglien und Wessex und zwang den angelsächsischen König Aethelred zur Flucht nach der Normandie. England wurde also politisch mit Skandinavien verbunden, und diese Verbindung wurde unter Knut (1035), dem Sohn Sveins, noch fester. Knut wurde, wie sein Vater, gleichzeitig König von England und von Dänemark. In jener Zeit brachten

angelsächsische Missionare das Christentum nach Schweden und Norwegen.
Aber diese Lage konnte auf der Insel nicht andauern. Die Kräfte Skandinaviens waren niemals groß genug, um lange über andere Gebiete zu herrschen. Der dänischen Expansion im elften Jahrhundert erging es schließlich ähnlich, wie es später der schwedischen Expansion unter Gustav Adolf im siebzehnten Jahrhundert und unter Karl XII. im achtzehnten Jahrhundert ergehen mußte. Die militärische Kraft, auf die sich die dänische Eroberung Englands stützte, erschöpfte sich bald. Unter Knuts Nachfolgern, Harald und Harthaknut, geriet die dänische Dynastie in Verfall, und ein angelsächsischer Prinz, Eduard der Bekenner, bestieg den Thron. Eduard starb kinderlos (1066), und diese Tatsache war der Anlaß, durch den das Schicksal Englands entschieden wurde; denn nun wurde England der europäischen Gemeinschaft eingegliedert, der gegenüber es vorher in einer Isolation verharrt hatte, die nicht von Dauer sein konnte.
Die große Insel schließt sich geographisch nämlich den Niederlanden sowie Nordfrankreich an, von dem sie nur durch die schmale Straße von Calais getrennt ist. Von dort war mit den Legionen Cäsars die Kultur, mit den Mönchen Gregors des Großen das Christentum nach England gekommen. Um die Beherrschung Englands durch Angelsachsen und die Erhaltung dieser Herrschaft möglich zu machen, hatte es der Erschütterung des Gleichgewichtes durch die Katastrophe bedurft, die über das römische Kaiserreich hereingebrochen war. Aus der wirtschaftlichen Stagnation Europas nach der Zeit der Barbareneinfälle und nach dem beinahe völligen Verschwinden des Handelsverkehrs erklärt sich zwanglos, daß die Angelsachsen seit damals zu dem übrigen christlichen Europa nur Beziehungen kirchlicher Art unterhielten. Karl der Große dachte nicht daran, die Angelsachsen seinem Reiche einzugliedern, und die Schwäche seiner Nachfolger ließ die Isolation dieses Volkes noch fortdauern. Aber in der gleichen Zeit, da die Angelsachsen durch die dänischen Einfälle in England von einer skandinavischen Beherrschung bedroht wurden, belebte sich die Schiffahrt; sie ließ die Beziehungen, die sich (durch die geographische Nähe Englands zu den nahen Küsten Flanderns und der Normandie) zwischen den Angelsachsen und ihren kontinentalen Nachbarn angebahnt hatten, wieder erstehen. Seit dem Ende des zehnten Jahrhunderts unterhielten Brügge und Rouen einen ständig wachsenden Schiffsverkehr mit England. Mit der Wiederkehr einer stärker differenzierten Kultur nahmen die Dinge den natür-

lichen Lauf, der so lange durch den Vorstoß der Barbaren unterbrochen war.

Die Eroberung Englands durch die Normannen ist nur die Folge und endgültige Bestätigung eines geschichtlichen Vorganges, den man die »Europäisierung Englands« nennen könnte. Die realen Umstände, die diesen Vorgang auslösten, sind zufälliger Natur; die Wendung Englands zum Kontinent hin hätte vielleicht auf eine gänzlich andere Weise vor sich gehen können als die, welche uns geschichtlich bekannt ist; aber diese Wendung selbst entsprach der Natur zu sehr, als daß sie nicht früher oder später zwangsläufig erfolgt wäre.

Die Herzöge der Normandie waren mit Eduard dem Bekenner, dessen Mutter eine normannische Prinzessin war, nahe verwandt. Eduard war kinderlos und hatte deshalb dem Herzog Wilhelm von der Normandie die Nachfolge versprochen, obwohl er damit über die königliche Macht verfügte, deren Verleihung nach angelsächsischem Gewohnheitsrecht nur der Volksversammlung zustand. Diese ignorierte den Entschluß des Königs denn auch und wählte nach seinem Tode (1066) Harold, den Sohn Godwins, der zu Lebzeiten des schwachen Eduard die Rolle eines Hausmeiers gespielt hatte. Der Krieg mit den Normannen war nun unvermeidlich geworden, und sein Ausgang konnte nicht zweifelhaft sein.

Das angelsächsische Königreich war in Wirklichkeit sehr schwach. Seine alte germanische Verfassung wahrte die Rechte der freien Männer gegenüber dem König, verurteilte aber jene wie diesen gleichermaßen zur Ohnmacht. Die hohe feudale Aristokratie auf dem Kontinent hatte die königliche Macht nur vermindert, um die eigene Macht zu vermehren, und die Gewalt war dadurch aus den Händen des Königs auf die territorialen Fürsten übergegangen.

In England war eine Verwaltungsmacht eigentlich überhaupt nicht vorhanden. Die Aristokratie bildete dort die Volksversammlung und verhinderte die Entstehung einer monarchischen Herrschaft, aber sie konnte selbst nicht herrschen. Die angelsächsische Aristokratie war den alten germanischen Gewohnheitsrechten treu und im wesentlichen konservativ geblieben. Sie bestand nur aus mittleren Grundbesitzern, die von der Arbeit ihrer Hörigen und Schutzbefohlenen lebten. Das Lehenswesen und die Ritter waren im angelsächsischen Britannien unbekannt. Die Earls und Thanes, die mit dem Kampfbeil und dem Schwert bewaffnet waren, kämpften zu Fuß.

Politisch und militärisch waren die Normannen den Angelsachsen weit überlegen. Ihr Herzog hatte in seinem eigenen Lande zwischen Canche und Seine keinen Gegner zu fürchten. Er beherrschte das Volk als Schützer des Friedens, den Klerus als Verbündeter, und seine Ritter und Barone empfingen ihre Lehensgüter von ihm als oberstem Landesherrn. Die Domänen des Herzogs, dessen Verwalter seinem »Schatzkanzler« jährlich Rechenschaft ablegten, waren ein Vorbild guter Organisation. Die beiden großen Klöster, die der Herzog der Normannen in Caen errichten ließ – eine Abtei für Männer, eine für Frauen –, beweisen mehr als nur die Stärke seiner Finanzen; die Schönheit dieser Architektur bezeugt vielmehr auch einen gesellschaftlichen und kulturellen Fortschritt, der besonders augenfällig wird, wenn man an den noch immer primitiven Zustand der gleichzeitigen angelsächsischen Bauten denkt. Während die Kirche der Angelsachsen ihre literarischen Fähigkeiten in den Wirren der skandinavischen Einfälle verloren hatte, ragten bei den Normannen Schriftsteller wie der (aus Aosta gebürtige) heilige Anselmus von Canterbury und Ordericus Vitalis hervor. Die militärische Macht der Normannen war gewaltig, die normannische Ritterschaft zweifellos die beste ihrer Zeit, und man braucht nur an ihre außerordentlichen Taten in Italien zu denken, um ihren Wert zu erkennen. Diese Ritter stürzten sich mit Leidenschaft auf England, um es zu erobern; denn sie hofften, jenseits des Kanals ebenso glanzvolle Abenteuer und Beute zu finden, wie sie Robert Guiscard und seine Begleiter in Sizilien gefunden hatten. Wilhelm rief übrigens nicht nur seine eigenen Vasallen auf, auch französische und flämische Ritter und Abenteurer schlossen sich in großer Zahl den Normannen an. Der Papst sandte ihnen eine Fahne; er verlieh dem Zug damit den Anstrich eines heiligen Krieges, und dies vermehrte noch den Eifer des Heeres.

Die Angelsachsen hatten keine Flotte und konnten sich daher der Landung ihrer Feinde nicht widersetzen. Das Heer der Normannen ging am 13. Oktober 1066 bei Hastings an Land und marschierte am nächsten Tage dem Feinde entgegen. Harold setzte sich auf dem Hügel von Senlac fest, wo er sich hinter einem Pfahlwerk verschanzte. Die Normannen mußten also zu Fuß kämpfen. Es kam zu einem harten Gefecht von Mann gegen Mann; die Normannen siegten vollständig, und Harold blieb unter den Toten. Der überlebende Teil der Angelsachsen sah die Sinnlosigkeit eines weiteren Widerstandes ein. England war an diesem Tage in die Hand Herzog Wilhelms gefallen, der sich ein paar Wochen später in der Westminsterabtei krönen ließ. Um den Rest des Landes in Besitz zu nehmen, brauchte er nur hindurchzuziehen.

Die Angelsachsen, die immer wieder gegen die Einfälle der Skandinavier gekämpft hatten, beugten sich den normannischen Eroberern bei deren erstem Vorstoß.

2. Die Herrschaft der Normannen in England

Der Zuzug zahlreicher Normannen in England war eine Folge der Eroberung und war unvermeidlich. Herzog Wilhelm wollte sich sein Königreich, das ihm vollkommen fremd war und dessen Sprache er nicht einmal kannte, erhalten. So mußte er eine ständige Besatzung von Normannen halten, und dies konnte bei den wirtschaftlichen Verhältnissen jener Zeit nur so geschehen, daß man sie überall unter die unterworfene Bevölkerung verstreute und zu Wächtern der Krone machte. Diese über ein großes Gebiet verstreute Schicht der Sieger inmitten der besiegten Bevölkerung erinnert sehr stark an die Kolonisation Südgalliens, Spaniens und des Rhônetals seitens der Westgoten und Burgunder (im fünften Jahrhundert). Das Ergebnis war aber ein ganz anderes; denn während die Germanen des fünften Jahrhunderts sich durch die Berührung mit einer viel kultivierteren Bevölkerung sogleich romanisierten, verwurzelten sich die Normannen nur mit großer Mühe inmitten der angelsächsischen Masse, die sie umgab. Die wichtigste Ursache für diese Schwierigkeit lag offenbar in der kulturellen Überlegenheit der französierten Normannen über die Angelsachsen. Dazu kam noch bis zum Ende des zwölften Jahrhunderts der dauernde Zustrom frischer normannischer Kräfte. Nicht nur aus der Normandie wanderten die Menschen nach England, sondern mit der Dynastie der Plantagenets kamen sie auch aus Poitou und aus Guyenne. Der Hof blieb bis zum Ende des fünfzehnten Jahrhunderts vollkommen französisch: nach Sprache und wohl auch nach Sitte. Diese Tatsache aber hatte eine bedeutende Wirkung. Der landfremden Oberschicht der Normannen erschien das Angelsächsische nur als ein barbarisches Idiom, und sie gaben sich nicht die Mühe, es zu lernen. Die angelsächsische Sprache wurde als Sprache der Verwaltung nach dem Vorbild des Kontinents auch in England durch Latein ersetzt, dann wurde das Französische Verwaltungssprache. Man hörte auf, angelsächsisch zu schreiben; die angelsächsische Literatur geriet sogar in Vergessenheit. Trotzdem verschwand diese Sprache nicht vor dem Französischen der Sieger, während einst die Sprachen der von

Rom eroberten Provinzen dem Latein Platz gemacht hatten und in der Normandie das Skandinavische dem Französischen gewichen war. Das Volk bediente sich des Angelsächsischen weiter; doch es wäre ganz falsch, die Anhänglichkeit des Volkes an die nationale Sprache mit einer Abneigung gegen die Sprache des Siegers zu erklären. Das Volk entlehnte der französischen Sprache vielmehr alles, was es ihr nur entlehnen konnte. Das Angelsächsische verwandelte sich unmerklich in das Englische: in eine Sprache, die hinsichtlich der Worte halb romanisch, hinsichtlich der Grammatik und Syntax aber germanisch ist.

Am Ende des elften Jahrhunderts war die Zeit noch recht fern, da diese Sprache, an deren Entstehung die Sieger wie die Besiegten mitgewirkt haben, die Sprache beider Gruppen wurde. Lange Jahrhunderte waren nötig, um das erobernde Volk mit dem besiegten zu einer Einheit zu verschmelzen und aus der Verfassung Englands die nationalste der Welt zu machen. Im Beginn jedenfalls – unter Wilhelm dem Eroberer und seinen ersten Nachfolgern – war die politische Herrschaft, die sich in England festsetzte, eine Herrschaft, die von fremden Eroberern ausgeübt wurde.

Nie hat die Eroberung eines Landes eine so völlige Erschütterung der politischen Gewohnheiten und der Organisation des Staates verursacht, wie dies bei der Eroberung Englands durch die Normannen der Fall war.[1] Wilhelm der Eroberer stützte sein Königreich ausschließlich auf sein Schwert und beherrschte seine neuen Untertanen nur mit Gewalt. So konnte Wilhelm nicht daran denken, ein System beizubehalten, welches, wie das angelsächsische, die Versammlung des Volkes gemeinsam mit dem König herrschen ließ. Die unerläßliche Bedingung für einen Erfolg König Wilhelms in England bestand darin, alles der königlichen Gewalt zu unterwerfen und diese Gewalt so stark zu machen, daß sie unerschütterlich wurde. Die Verfassung mußte dazu ganz und gar monarchisch werden, und so geschah es auch tatsächlich. Es war also einem großen Lehensmann des französischen Königs vorbehalten, die stärkste Souveränität in ganz Europa aufzurichten.

Man muß sogleich hinzufügen, daß König Wilhelm sein Königreich gerade deshalb so mächtig machte, weil er ein belehnter Fürst war. Alle Könige des Kontinentes wurden durch ihre großen Lehensleute (Vasallen) gewählt, aber die Lehen waren erblich. Wilhelm war als Herzog der Normandie ein erblich besitzender Lehensmann, und er hielt sich auch als König von England an das Prinzip der Erblichkeit. Während also die anderen Könige ihre Krone von ihren Wählern erhielten und über sie nicht verfügen konnten, war Wilhelm der Eroberer von Anfang an der Herr seiner Krone. Da seine Herrschaft auf der Eroberung beruhte, war er auch Eigentümer seines Königreiches. Das ganze Land war sein Land, und er übte über England Rechte aus, welche den Rechten eines Domänenherrn auf seinem eigenen Boden ähnelten. Alle privaten Besitzer waren nur die Lehensleute des Königs. Auch war es eine der ersten Sorgen Wilhelms, sich eine genaue Rechenschaft von diesen privaten Besitzern geben zu lassen. Solchem Bestreben verdanken wir das *Domesday Book,* das in den Jahren zwischen 1080 und 1086 zusammengestellt wurde. Man kann dieses Buch sehr gut mit einem Pfründenregister vergleichen, freilich nur mit einem solchen Kataster, welches die Feststellung des Grundbesitzes eines ganzen Staates einschließt.[2] Der ungeheure Reichtum König Wilhelms an Grundbesitz veranlaßte ihn auch, eine Lehensorganisation kontinentaler Art zu schaffen; aber sie wurde in England viel systematischer als auf dem Kontinent aufgebaut und blieb vor allem von Zügen frei, die der eigentlichen Natur des Lehenswesens fremd sind. Wir haben bereits früher gesehen, daß das Lehenswesen an sich mit der Souveränität des Staates vereinbar ist. Wenn es in der Geschichte des Kontinents dennoch mit jener Souveränität schnell unvereinbar wurde, so lag das daran, daß die großen Lehensleute (Vasallen) die Hoheitsrechte des Königs in ihre Hände bekamen, sie mit dem Lehen verbanden und auf diese Weise mit den Lehensgütern auch die Hoheitsrechte des Königs darüber erhielten. König Wilhelm hütete sich sorgfältig davor, diese Verschmelzung des politischen Elementes mit dem eigentlichen Lehenswesen nach England zu bringen. Die Lehen, die Wilhelm der Eroberer seinen normannischen Rittern zuteilte, gaben diesen keine finanzielle (steuerliche) und keine richterliche Gewalt und waren, entsprechend der eigentlichen Natur des Lehenswesens, einfache Pfründen für soldatische Dienste. Der König übertrug diese Lehen als oberster Herr. Das Heer der Krone wurde auch hier von großen Lehensleuten gebildet, welche selbst zahlreiche andere Vasallen belehnten; aber die Krone übertrug nicht das geringste ihrer Vorrechte an einen Vasallen. So zerbrökkelten die Rechte des Königs hier nicht in den Händen des hohen Adels. Als Herzog der Normandie wußte Wilhelm, wie teuer es einem König zu stehen kam, wenn er die Entstehung territorialer Fürstentümer in seinem Lande duldete. Er sorgte dafür, daß in seinem Königreich niemand das werden konnte, was er selbst im französischen Königreich war. Weder unter Wilhelm dem Eroberer noch zu einer anderen Zeit des englischen Feudalismus war das

Lehenswesen in England mehr als bloße Vasallität; die Rechte des obersten Lehensherrn blieben stets gewahrt. Die Lehensleute hatten also Land, aber keine Fürstentümer; sie hatten Hintersassen, aber keine Untertanen.
So bildete England eine einzigartige Ausnahme, weil der König dort die ungebrochene Macht besaß. Das Königtum bedurfte dort keines Kampfes wie in Frankreich, wo der Herrscher lange und mühsam gegen die großen Lehensleute kämpfen mußte, um seine Hoheitsrechte zurückzuerobern. Der englische Staat gehörte von Anfang an dem König, und das ist die Ursache der Verschiedenheit in der politischen Entwicklung Englands und Frankreichs. In Frankreich war der König anfangs sehr schwach, und seine Mitspieler auf der politischen Bühne waren zugleich seine Feinde: die Sonderfürstentümer. Er konnte seine Macht daher nur allmählich auf den Trümmern dieser Fürstentümer errichten. Die Macht des französischen Königs wuchs um den Anteil, den er sich von diesen Fürstentümern wieder nahm. Die französische Monarchie, die in dem Maße stärker wurde, in welchem sie die Einheit des Königreiches wieder herstellte, neigte, entsprechend ihrer sich steigernden Macht, zum Absolutismus. In England war das Gegenteil der Fall. Dort war die politische Einheit von Anfang an so vollkommen, wie die königliche Autorität fest war. Dort bildete das Volk eine Einheit gegenüber dem König. An dem Tage, an welchem es später die monarchische Gewalt zu schwer auf sich lasten fühlte, war es durch die Vereinigung seiner Kräfte stark genug, dem König einen Anteil an der Regierung aufzuzwingen und ihn zu verfassungsmäßigen Garantien zu nötigen.

3. Die Magna Charta

Weder unter Wilhelm dem Eroberer (gestorben 1087) noch unter seinen beiden Nachfolgern aus dem normannischen Herrscherhaus, Wilhelm II. (gestorben 1100) und Heinrich I. (gestorben 1135), hatten die Untertanen Grund zu Beschwerden. Die Könige blieben der Tradition des Lehenswesens treu, nahmen den Rat der großen Lehensleute entgegen und hüteten sich vor jedem Konflikt mit ihnen. Bei dem Tode Heinrichs I., der keine Kinder hinterließ, brachen die ersten Konflikte aus. Stephan von Blois, der Sohn einer Tochter Wilhelms des Eroberers, beanspruchte die Krone und bemächtigte sich ihrer auch. Seine Regierung war aber nur der

von Wirren begleitete Übergang zu einem neuen Zeitabschnitt, der im Jahre 1154 mit der Thronbesteigung des ersten Plantagenet, Heinrich II. (1154–1189), begann.
Die ersten Könige von England hatten auf dem Kontinent keinen anderen Besitz als das Herzogtum der Normandie. Heinrich II. fügte dazu nicht nur Anjou, welches er von seinen Vorfahren ererbt hatte, sondern auch Guyenne; denn er hatte als »Realpolitiker« noch vor seiner Krönung die Erbin von Guyenne, Eleonore von Aquitanien, geheiratet, die König Ludwig VII. von Frankreich, ihr nicht so nachsichtiger und nicht so sehr auf rein Zweckmäßiges eingestellter Ehegatte, von sich entfernt hatte, noch bevor seine Ehe auch kirchlich annulliert wurde; die Kirche hatte die Ehe zwischen König Ludwig VII. von Frankreich und Eleonore von Aquitanien inzwischen für ungültig erklärt. Nunmehr gehörten, wenn man von der damals noch fast öden Bretagne absieht, alle Küsten Frankreichs dem König von England. Er besaß auf dem Kontinent also ein Gebiet von größerer Ausdehnung als das Königreich England selbst. Diese Macht ermöglichte es dem König aber auch, an den Grenzen seines englischen Herrschaftsgebietes Eroberungen zu versuchen, die durch die geographische Lage früher oder später unvermeidlich wurden. Heinrich bemächtigte sich im Jahre 1171 eines Teiles von Irland und zwang drei Jahre später den König von Schottland, ihm den Treueid zu leisten. Man kann die Regierung König Heinrichs II. als den Beginn der englischen Expansion ansehen. Hier muß man den Ursprung des englischen Konfliktes mit Frankreich erblicken – eines Konfliktes, der in wechselnder Form und wechselndem Umfang die ganze Geschichte Europas bis zum Beginn des neunzehnten Jahrhunderts durchzieht. Eigentlich hatte eine mehr oder weniger offene Feindseligkeit schon unter der normannischen Dynastie ständig die Beziehungen zwischen dem König von Frankreich und seinem nunmehr selbst König gewordenen Lehensmann in England getrübt; jedoch waren Philipp I. und Ludwig VI. von Frankreich, die ihre eigene Schwäche kannten, zu vorsichtig, einen offenen Krieg gegen ihre Nachbarn zu wagen. Sie beschränkten sich also auf Schikanen und zeigten der englischen Dynastie bei jeder Gelegenheit ihre unverändert feindliche Gesinnung. Ludwig VII. aber nahm eine energischere Haltung an. Der Umfang der kontinentalen Herrschaft war schon unter Heinrich II. von England zu drohend für Frankreich, als daß die französischen Könige nicht alle ihre Kräfte zur Bezwingung eines Gegners zusammengerafft hätten, der zum Vernichter Frankreichs vorbestimmt erschien.

Der Krieg, der bald ausbrach, war der erste politische Krieg in Europa. Bis dahin hatten die Könige ausschließlich Eroberungskriege geführt. Nunmehr aber war der Ausgangspunkt des Konfliktes die Notwendigkeit, die Rechte und die Souveränität des Staates gegen die Beeinträchtigungen von außen her zu wahren. Die Kräfte beider Staaten schienen ungleich. Ludwig VII. war seinem Gegner nicht nur an Macht, sondern auch an Intelligenz und Tatkraft weit unterlegen. Aber die harte Gewalt Heinrichs II. ließ dem französischen König zu seinem Glück in England selbst unerwartet Hilfe erstehen.

Die monarchische Gewalt in England, schon unter Wilhelm dem Eroberer sehr stark, neigte unter Heinrich II. zum reinen Absolutismus. Die Formen des Lehenswesens, in denen die normannischen Könige Englands ihre Herrschaft ausgeübt hatten, verschwanden jetzt. Der neue Fürst, ein ausgezeichneter Verwalter des Staates und der Finanzen, machte aus seinem Königreich ein Muster an Organisation; aber seine Reformen hatten die vollkommene Macht zur Voraussetzung, und diese Macht bildete ein Ziel des Königs. Der König reizte jetzt den Adel, indem er ihm eine Steuer zur Anwerbung der Söldnerscharen auferlegte, die damals »Brabanter« genannt wurden. Er reizte die Kirche, indem er ihr die Bestimmungen von Clarendon aufzwang, welche die kirchliche Rechtsprechung der Kontrolle königlicher Beamten unterwarfen. Thomas Becket, der Erzbischof von Canterbury, flüchtete nach Frankreich, wo Ludwig VII. ihn unter seinen Schutz nahm, und schürte von dort aus die Unzufriedenheit gegen König Heinrich. Diese Unzufriedenheit war um so gefährlicher, als der Erzbischof sie mit religiösen Gründen rechtfertigen konnte, und bald erhoben sich sogar die Söhne des Königs gegen ihren Vater. Sie stützten sich auf eine Anzahl von Baronen und Rittern und wurden von französischen Hilfstruppen verstärkt, als sie gegen ihn in der Guyenne und in der Normandie kämpften. Heinrich II. konnte aber den Empörern die Stirn bieten und gab keines seiner Ziele auf. Um die Unzufriedenheit, die Heinrichs Politik hervorgerufen hatte, in Schranken zu halten, hätten seine Nachfolger nicht schlechter sein dürfen als er selbst; aber die wirre Unfähigkeit des tollkühnen Richard Löwenherz (1189–1199) und die unwürdige Feigheit Johanns ohne Land (1199–1216) richteten das Werk ihres Vaters um so schneller zugrunde, als sie gegen Philipp August, den bedeutendsten Politiker seiner Zeit und den ersten großen König, den Frankreich überhaupt besaß, kämpfen mußten. Der Kampf der beiden westlichen Staaten wurde nun verwickelter und nahm

an Ausdehnung und Heftigkeit zu. Jede Partei suchte dabei nach auswärtigen Bundesgenossen. Die Könige von England verbündeten sich mit den deutschen Welfen, während die Könige Frankreichs den Staufern Unterstützung gewährten. Der Sieg Frankreichs bei Bouvines (1214), der ersten großen Schlacht in Europa, war ein Schlag, der nicht nur für Johann ohne Land, sondern auch für den Welfen Otto IV. furchtbar war. Diese Schlacht entschied aber auch zugleich den politischen Konflikt, der seit dem Tode Heinrichs II. innerhalb Englands selbst ausgebrochen war.
Die Opposition, die sich bei den Lehensleuten des englischen Königs schon gegen die absolutistischen Neigungen Heinrichs II. gebildet hatte, hatte sich zwar unter der rein militärischen Herrschaft Richards einen Augenblick beruhigt, aber sie wurde unter Johann ohne Land stärker denn zuvor. Dieser König wollte die Kosten des Krieges gegen Philipp August durch die Festsetzung neuer Steuern aufbringen und hatte zur Deckung dieser Kosten zudem erdrückende Schulden gemacht. Wenn bedeutende Siege erzielt worden wären, hätten die Untertanen des Königs vielleicht über diese Tatsachen hinwegsehen können; aber die Beschlagnahme und baldige Besetzung der Normandie und Poitous durch Frankreich wurden durch die für England demütigende Schlacht von Bouvines gleichsam gekrönt, und dies gab den Anstoß zur Empörung gegen den König. Zwar leiteten die Barone den Aufstand, aber die Geistlichkeit und das Bürgertum unterstützten ihn ebenfalls, da die Sache, um die es ging, auch die ihre war. Die drei bevorrechteten Klassen waren ja gleichermaßen durch den königlichen Despotismus unterdrückt und gingen überall im Königreich gemeinsam vor. Je stärker und je mehr zentralisiert die Gewalt der englischen Könige geworden war, desto allgemeiner und einstimmiger mußte auch der Widerstand sein, den sie hervorrief. Die Herrschaft der Könige hatte aus diesem Volk, in welchem zwei Sprachen gesprochen wurden, eine einzige Nation gemacht. In einer einheitlichen Bewegung wandte sich die Nation nun gegen diese Herrschaft. Die Einheit, die das englische Volk durch seine Monarchen erhalten hatte, isolierte die Monarchie, sobald sie das Volk gegen sich hatte. Der Konflikt war nur kurz: als Johann ohne Land in der Schlacht von Bouvines besiegt worden war, gab er den Widerstand gegen den Willen seines Volkes auf und ließ sich die Magna Charta aufzwingen (1215).
Man kann die Magna Charta eine erste Erklärung der Rechte des englischen Volkes nennen, denn sie ist ebenso allgemein national wie der Aufstand, dem sie entsprang. Die Barone, welche die

Magna Charta vom König erzwangen, vergaßen dabei ihre Bundesgenossen nicht und berücksichtigten bei den Verhandlungen nicht nur die eigenen Forderungen, sondern auch diejenigen der Geistlichkeit und des Bürgertums. Auf den ersten Blick erscheint diese Charta wie ein Freibrief ohne inhaltlichen Zusammenhang. In ihr häufen sich unsystematisch und zufällig die Bestätigung lehensrechtlicher Gebräuche, geistlicher Vorrechte und städtischer Freiheiten. Trotzdem liegt gerade in dieser Vielheit die Kraft und das Neuartige der Magna Charta. Sie entriß dem König eine bunte Menge verschiedenartiger Rechte und enthielt in einer Urkunde die Forderungen aller Schichten aufgezeichnet, so daß zwischen diesen eine Solidarität zustande kam. Die Solidarität der Stände verschwand nicht mehr, und durch sie allein konnte sich erst die englische Verfassung entwickeln. Adel, Geistlichkeit und Bürgertum waren in England nicht, wie die Stände auf dem europäischen Festland, isolierte Organe, die nur für sich handelten und nur den eigenen Nutzen suchten. Durch die gemeinsame Bedrängnis und Gefahr näherten und verbanden sich in England Interessen, die sich im übrigen in vielen Punkten widersprachen. Die Macht des Gegners dieser Interessen zwang sie, sich zu verständigen und miteinander in Verbindung zu treten. Auf dem Kontinent standen die Könige nur einzelnen Ständen gegenüber, mit denen sie getrennt berieten. In England hatte es die Krone unmittelbar mit dem Volk zu tun und verhandelte mit allen Ständen zugleich.

Es ist hierbei bemerkenswert, daß die englischen Barone im Jahre 1215 nicht versucht haben, die monarchische Gewalt territorial zu beschränken. Der monarchische Staat, wie er durch die Eroberung Wilhelms gegründet war, blieb eine Einheit. Die Sieger dachten nicht etwa daran, ihn zu zerstückeln und dann die Rechte der Souveränität an Stelle des Königs auszuüben. Was sie erstrebten und auch durchsetzten, war ja nicht so sehr eine ganz allgemeine Beschränkung dieser Rechte, wie die Garantie, daß ohne ihre Zustimmung das Vermögen der Untertanen nicht zugunsten des Königtums angetastet werden durfte. Das Prinzip einer Genehmigung für die Festsetzung von Steuern durch das Volk bildete die wesentliche Grundlage der Magna Charta, und dieses Recht war das Fundament der ersten freien Regierung in Europa. Als Prinzip wurde es aber erst unter König Eduard I. nach der Schlacht von Falkirk (gegen Schottland) im Jahre 1298 endgültig anerkannt.

Johann ohne Land begriff gut, was ihm die Magna Charta aufzwang. Er brach den Eid, durch den er sie beschworen hatte, sofort und ließ sich von Papst Innozenz III. von seiner Eidespflicht entbinden. Die Barone griffen wieder zu den Waffen, und König Philipp August sandte schnell seinen Sohn Ludwig, um sie zu bekämpfen. Der Kampf dauerte bis zum Tode Johanns ohne Land (1216). Sein Sohn Heinrich III. bestätigte bei der Besteigung des englischen Thrones die Magna Charta, um Ruhe zu haben. Sie verschwand nie mehr aus dem öffentlichen Recht des englischen Königreiches.

Zweites Kapitel

FRANKREICH

1. Der König und die großen Vasallen

Von Hugo Capet bis zu Philipp I. begnügte sich die französische Monarchie gleichsam damit, nur da zu sein. Das Königtum trat so bescheiden auf, daß man es inmitten der großen Vasallen kaum bemerkte. Die geschichtlichen Namen, die sich aus jener Zeit in der Nachwelt erhalten haben, sind nicht die der Könige, sondern die Namen belehnter Fürsten wie Robert der Friese, Graf von Flandern, Wilhelm der Eroberer, Herzog der Normandie, oder die Helden des ersten Kreuzzuges wie Gottfried von Bouillon, Robert von Flandern, Robert von der Normandie und Raimund von Toulouse. Während des fast wie ein Epos anmutenden ersten Kreuzzuges, bei dem sich die französischen Lehensfürsten großen Ruhm erwarben, blieb der König zu Hause; seine Haltung wirkt beinahe peinlich. Die Heldenlieder, damals im Beginn ihrer Blütezeit, besangen die heroischen Taten der Barone und ließen den König oft eine Rolle spielen, die nicht gerade glänzend war.
Gegen Ende des elften Jahrhunderts bestanden drei Viertel des Königreiches aus einigen großen Lehen. Diese Fürstentümer waren tatsächlich nur dem Namen nach von dem König als oberstem Lehensherrn abhängig. Zwischen der Schelde und dem Meer befand sich im Norden die Grafschaft Flandern; die Küste zog sich südlich davon über das Herzogtum der Normandie bis zur Bretagne hin; noch tiefer, an der anderen Seite der Bretagne, liegt die Grafschaft Anjou und schließlich das Herzogtum Guyenne (Aquitanien), das bis zu den Pyrenäen reichte; die Grafschaft Toulouse erstreckte sich über das Languedoc; das Herzogtum Burgund dehnte sich im Becken der Saône aus und grenzte an die Grafschaft Champagne, die von der Marne und vom Oberlauf der Seine durchzogen wird. Im Mittelpunkt dieser Gebiete und gleichsam zwischen sie gedrängt lag das königliche Herrschaftsgebiet: die Isle de France, die sich um Paris legte und weder das Meer noch die äußeren Grenzen des französischen Königreiches berührte. Sie war zwar den meisten Fürstentümern, die den großen Vasallen gehören, an Ausdehnung gleich, aber mehrere dieser Fürstentümer

waren reicher. Die Städte des französischen Südens und des Rhônetales waren vom Handel des Mittelmeeres gespeist; die Städte Flanderns aber waren die Endpunkte des großen Weges, der von Norditalien ausging, und an dessen Saum sich die Märkte der Champagne befanden. Alle diese Städte hatten einen unbestreitbaren Vorsprung vor den Städten der Isle de France. Laon, Orléans, Senlis kannten ja nur einen örtlichen Handelsverkehr, und sogar in Paris waren die bedeutendsten Kaufleute nur die großen Unternehmer der Flußschiffahrt, deren Durchgangsgeschäft von dem normannischen Hafen Rouen gespeist wurde. So verliehen weder die geographische Lage noch die wirtschaftlichen Mittel der Isle de France besondere Vorteile. Sie lag dafür aber günstig genug, um die königliche Politik zu fördern. Dank ihrer zentralen Lage berührt dieses königliche Gebiet nämlich die verschiedenen Gegenden des Landes und steht sowohl mit dem halb germanischen Territorium Flandern im Norden als auch mit den südlich gelegenen Gebieten von Frankreich in Verbindung. Die Isle de France schiebt sich also gleichsam zwischen die großen nationalen Gruppen, ebenso wie sie sich örtlich zwischen die Fürstentümer der großen Vasallen schiebt. Dieses Kernland ermöglichte es den Königen, mit der Gesamtheit Frankreichs in Verbindung zu treten und im geeigneten Augenblick ihr noch Jahrhunderte währendes Werk der Einigung und Zentralisierung des Landes zu beginnen.

Dieses Werk begann am Anfang des zwölften Jahrhunderts, und bezeichnenderweise wurde seit jener Zeit die Vorherrschaft des Idioms der Isle de France über die Sprechweise der anderen Provinzen immer deutlicher fühlbar. So hat sich die französische Sprache in harmonischem Zusammengehen mit dem Fortschritt der königlichen Macht entwickelt, und so entwickelte sich – und dies ist ein geschichtlich einzigartiges Schicksal – die Bildung des französischen Staates im gleichen Schritt mit der Bildung des französischen Volkes. Vielleicht sind die Vorzüge der Klarheit, Einfachheit und Logik, die man allgemein dem französischen Geiste zuspricht, aus dieser glücklichen Entwicklung zu erklären.

So schwach auch das Königtum inmitten seiner großen Vasallen, in deren Schatten es dahinlebte, geworden war, es trug das Prinzip seiner künftigen Größe doch schon in sich; denn wenn auch die großen Lehensleute die königliche Macht faktisch lahmlegten, so wurde diese Macht doch de iure von ihnen unberührt gelassen. Die Fürsten wählten zwar den König und hatten – ein jeder in seinem Gebiet – die tatsächliche Gewalt des Herrschers an sich gerissen, aber sie hatten die alte karolingische Auffassung der Monarchie nicht etwa durch eine andere ersetzt. Der Gedanke, daß der König seine Gewalt von den großen Lehensleuten erhalte und daß seine Macht durch ihren Willen begrenzt sei, kam bei ihnen nicht auf. Bei der Wahl des Königs war es ebenso wie bei der Wahl des Papstes und der Bischöfe. Sie bezog sich nur auf die Person; aber sie konnte dem König keine objektive Autorität geben, da diese nur von Gott kam und die Menschen nicht darüber verfügen konnten. Über diese Tatsache waren sich alle einig. Der König war für sie also der Diener Gottes und Vollstrecker seines Willens, und die Zeremonie der Salbung, die von den Kapetingern ehrfurchtsvoll aufrechterhalten wurde, bezeugte und bestätigte seinen gleichsam priesterlichen Wesenszug. Der König stieg dadurch in der öffentlichen Meinung moralisch so hoch, daß es seinesgleichen nicht gab. So wurde er als eine einzigartige Person betrachtet, sein Wesen war etwas Singuläres. Es wäre daher sehr irrig, wenn man den französischen König inmitten seiner Vasallen etwa mit einem Präsidenten oder einem Primus inter pares vergleichen würde. Zwischen dem König und den großen Lehensleuten gab es überhaupt keinen gemeinsamen Maßstab. Er stand außerhalb ihres Bereiches und blieb dadurch unantastbar.

Aus dieser besonderen Lage ergab sich freilich eine klar umschriebene Autorität des Königs. Seine Stellung legte ihm die Verpflichtung auf, nach christlichen Grundsätzen zu herrschen, aber sie gab ihm kein formelles Recht – außer dem Titel eines Verteidigers der Kirche. Dieser Titel war freilich sehr beachtenswert, denn die Kirche trug dazu bei, daß der König im ganzen Königreich geachtet blieb. Vom König ließen sich sogar die Klöster in den entlegensten Lehensterritorien ihre Besitzungen bestätigen; an ihn wandten sich die Bischöfe im Streit mit ihren Vasallen oder mit den benachbarten Baronen. Daß der König zu machtlos war, um zu helfen, schadete nicht viel. Die Priester und Mönche, die den König anriefen, verhüteten zumindest, daß man ihn vergaß, und behielten ihm damit die Zukunft vor.

Andererseits sorgte die Aufrechterhaltung der karolingischen Tradition dafür, daß das Übergewicht des Königs gewahrt blieb. So unabhängig seine Vasallen auch tatsächlich waren, sie ließen ihre Gebiete lehensrechtlich-formell von der Krone abhängig bleiben und waren also genötigt, ihr einen Treueid zu schwören, der genau umschriebene Verpflichtungen umfaßte. Zu diesen Pflichten gehörten der militärische Dienst und die Pflicht zur Beratung des Monarchen: die großen Vasallen waren »die Männer des Königs«.

Freilich erinnerten sie sich an ihre Pflicht zur Beratung beinahe nur, um sich in die Angelegenheiten des Herrschers einzumischen und ihm Ratschläge zu erteilen, die er lieber nicht erhalten hätte; aber daraus ersieht man immerhin, daß sie dem König von Frankreich ein Recht der obersten Lehensherrschaft (das formell also über ihren eigenen Rechten stand) zuerkannten. Aus diesem Recht aber sollte sich später die Souveränität entwickeln.

Der König bedurfte der Macht, um seine Möglichkeiten auszunutzen und also aus seinen theoretischen Rechten praktische Befugnisse zu machen. Unmerklich begann der Herrscher sich darauf vorzubereiten. Die erste Bedingung eines gefestigten Königtums ist seine Erblichkeit. Die Kapetinger konnten dieses Prinzip ihren Wählern, welche mächtiger waren als sie selbst, natürlich nicht aufzwingen und begnügten sich daher, jedesmal ihren Nachfolger schon zu Lebzeiten zu ernennen. Ihr Glück wollte es, daß jeder König einen Sohn hatte, so daß von Hugo Capet (987) bis zu Philipp August (der im Jahre 1223 starb) dem französischen Königreich ein Interregnum erspart worden ist. Alle gewählten Monarchen Frankreichs gaben auf diese Weise ungefähr zwei Jahrhunderte hindurch die Krone an ihre Söhne weiter, und der lange Besitz der Königswürde machte aus ihr schließlich ein Erbe der Dynastie. Die Wahl durch die großen Vasallen war schon im zwölften Jahrhundert kaum mehr als eine bloße Zeremonie, und bereits Philipp August fühlte sich mächtig genug, sich von ihr zu befreien. Sein Sohn Ludwig VIII. folgte ihm und wurde ohne jedes Eingreifen der Fürsten allgemein anerkannt. Die lang anhaltende Geduld der französischen Könige hatte ihr hartnäckig verfolgtes Ziel erreicht; die Monarchie wurde ohne Umsturz und Staatsstreich durch die bloße Wirkung der Präzedens erblich.

Die Monarchen hatten die Isle de France, die ihr Gebiet war, sorgfältig und klug verwaltet. Dieses Gebiet war zwar weder sehr reich noch sehr ausgedehnt, aber es genoß dank der friedlichen Politik der Könige von Hugo Capet bis zum Tode Ludwigs VIII. (1226) ununterbrochen Ruhe. Die Dynastie führte ihr Leben in häuslicher Gebundenheit an Paris und bildete einen Gegensatz nicht nur zu den in Deutschland und Italien umherziehenden Kaisern, sondern auch zu den englischen Königen, die immer wieder zwischen ihrer Insel und der Normandie hin und her fuhren. So wurde Paris allmählich zum Mittelpunkt der Verwaltung für die Isle de France und strebte schon seiner künftigen Rolle als Hauptstadt des ganzen Königreiches zu. Nunmehr ließ sich der Erzbischof von Sens endgültig in Paris nieder. Die Vorsteher der königlichen Domänen legten ebenfalls dort dem König Rechnung, und die ständige Anwesenheit des Hofes gab dieser Stadt eine politische und administrative Aktivität, wie sie im damaligen Europa sonst nirgendwo zu finden war. Wie Rom die Stadt des Papstes, so war Paris die Stadt des Königs und erhielt dadurch mehr verfeinerte und weniger bürgerliche Lebensformen als die anderen Städte. Schon im zwölften Jahrhundert war die Anziehungskraft von Paris so groß, daß seine Klosterschulen immer größere Bedeutung erlangten. Aus den Korporationen ihrer Lehrer und Schüler wurde Paris unter Philipp August zur ersten »Universität« in Europa. In einer so anregenden Umgebung konnte auch die Kunst zu einer starken Entwicklung kommen. Der Abt Suger vom Kloster St.-Denys, Minister Ludwigs VII., zog Künstler und Handwerker der benachbarten Gegenden in die Hauptstadt. Die Kirche Notre Dame, deren Bau im Jahre 1163 begann, ist durch die frühe Verwendung von Strebebogen (die den Schub der Gewölbe auffangen) die älteste unter den großen gotischen Kathedralen. Die Achtung, die Paris in Frankreich genoß, trug viel dazu bei, das Königreich zu einer Einheit zu machen; dieses Prestige stieg seit dem zwölften Jahrhundert in dem gleichen Maße, wie die Einheit Frankreichs wuchs. Der gesellschaftliche Einfluß der Hauptstadt und die politische Tätigkeit der Könige haben beide in gleichem Maße zu der Entstehung der französischen Nation beigetragen.

2. *Die Fortschritte der monarchischen Macht*

Seit der Besteigung des Thrones durch Hugo Capet hatten die Könige keine auswärtige Politik geführt. Der einzige Nachbar Frankreichs, mit welchem es in Streit hätte geraten können, war das Kaiserreich, das die ganze östliche Grenze Frankreichs berührte. Längs der Schelde und der Maas lag Lothringen, längs der Rhône das Königreich Burgund neben Frankreich; aber die Kapetinger, die den letzten Karolingern folgten, hatten die Ansprüche auf Lothringen aufgegeben. Die Kaiser hatten von der französischen Dynastie, die schwach und vorsichtig war, nichts zu fürchten und waren auch durch ihre Züge nach Italien so stark in Anspruch genommen, daß sie den französischen Königen keinen Anlaß zur Beunruhigung gaben. Als jedoch der Herzog der Normandie im Jahre 1066 König von England geworden war, änderte sich die Lage Frankreichs mit einem Schlage; denn eine furchtbare Macht erschien damit an Frankreichs Westgrenze, die, vom Meere bespült, seit dem Ende der skandinavischen Einfälle von der Natur gegen jede Gefahr geschützt zu sein schien. Die Gleichgültigkeit und Sicherheit, die für Frankreichs Verhältnis zum Kaiserreich charakteristisch waren, konnte es gegenüber der englischen Macht nicht geben; denn der neue König von England war hinsichtlich des Herzogtums der Normandie zwar nur ein Lehensmann, der an den französischen König als obersten Lehensherrn gebunden war; aber diese Unterordnung stand zu der wirklichen Macht, über die dieser Lehensmann jenseits des Kanals verfügte, in so starkem Gegensatz, daß Differenzen, Mißtrauen und Feindseligkeiten das Verhältnis zwischen beiden Monarchien beherrschen mußten. Die Kapetinger konnten von nun an in der passiven Haltung, auf die sie sich bisher außenpolitisch beschränkt hatten, nicht mehr verharren. Die Sorge um die Krone und um die Achtung, welche sich Frankreichs Könige erhalten mußten, zwang sie nunmehr, der von außen drohenden Gefahr Trotz zu bieten. Die Notwendigkeit, in Zukunft eine Außenpolitik zu führen, gab den Kapetingern bald Gelegenheit, auch innerhalb Frankreichs selbst endlich eine monarchische Politik zu treiben.

Diese Politik wurde von Ludwig VI. (1108–1137) eingeleitet und begann natürlich sehr bescheiden. Der König war zu schwach, allein aufzutreten, und er wollte für seine Angelegenheit die Grafschaft Flandern, die alte Feindin der Normandie, als Bundesgenossen einsetzen. Der Plan dieses Königs, die Ermordung Karls des Guten, des Grafen von Flandern, im Jahre 1127 zu benutzen und einen normannischen Prinzen, der ein Todfeind des englischen Königs war, in Flandern einzusetzen, richtete sich gegen England. Wenn dieses Unternehmen auch scheiterte, so war es doch bedeutsam: es war der erste Versuch der französischen Könige, ein großes Lehen in ihre Machtsphäre zu bringen. Die auswärtige Gefahr, welcher der König von Frankreich begegnen mußte, zwang ihn, den großen Vasallen in Frankreich seinen Willen aufzuerlegen, um ihre Macht in der seinen aufgehen zu lassen.

Ludwig VII. (1137–1180) setzte den Kampf, den sein Vater begonnen hatte, fort. Sein englischer Gegner, Heinrich II. aus dem Hause Plantagenet, war weit furchtbarer als die Könige aus der normannischen Dynastie, die bisher in England geherrscht hatte. Wir sahen bereits, aus welchen Gründen Ludwig seinem Feind Trotz bieten konnte. Der lange Krieg, den Ludwig an den Grenzen Anjous gegen den kontinentalen Besitz des englischen Königs führte, bestand nur in einer Reihe kleiner Unternehmungen von geringer Bedeutung, und die großen Vasallen Frankreichs nahmen dabei die Haltung gleichgültiger Neutralität an. Ludwig VII. ragte weder militärisch noch politisch hervor, aber die wachsende Achtung vor dem Königtum sogar unter der Herrschaft eines so unbedeutenden Fürsten ist um so kennzeichnender. Unter seiner Regierung begann eine höfische Geschichtsschreibung, und damals gab es zum erstenmal in der Geschichte einen Minister der französischen Krone: den Abt Suger von St.-Denys. Abt Suger war aber zugleich auch der letzte Minister, den die französischen Könige der Kirche entnahmen. Nach der Zeit des Abtes Suger fühlte sich der Staat stärker und war das Bewußtsein von den spezifisch staatlichen Aufgaben klarer, so daß Frankreich zur Lösung seiner schwierigen und zahlreichen Probleme solche Ratgeber verlangte, deren Vorbildung dem administrativen Aufgabenkreis unmittelbar entsprach. Die Fortschritte des französischen Staates zwangen ihn also, mit der Tradition der Karolinger zu brechen; er konnte mit der Mitarbeit von Menschen, die aus dem geistlichen Stande hervorgegangen waren, nicht mehr Genüge nehmen. Bald bedurfte Frankreich der Praktiker und Juristen: Menschen also, die mitten im Leben standen. Der Staat entnahm diese Leute dem Kreise der Laien, die für seinen Dienst ausgebildet waren: sie gingen aus dem gebildeten Bürgertum, das an Zahl fortwährend wuchs, hervor. Abt Suger trat also an einem Wendepunkt der politischen Entwicklung auf. Bis zu ihm war der Staat so einfach oder, besser gesagt, so primitiv, daß ein geistlicher Würdenträger ohne besondere Vorbildung mit seiner Leitung beauftragt werden konnte; aber nach der Zeit Sugers verlangte die wachsende Kompliziertheit des staatlichen Lebens ein spezialisiertes Beamtentum. Die Beamten nach der Zeit Sugers gehörten dem geistlichen Stande entweder gar nicht an oder waren nur noch dem Namen nach Geistliche.[3]

Der Aufstieg der königlichen Gewalt ist in der Zeit zwischen der Regierung Ludwigs VII. und der Herrschaft Philipp Augusts so bedeutend, daß man ihn nicht nur mit dem Geist des einzelnen Königs erklären kann. Er hängt zum großen Teil auch mit den wirtschaftlichen und sozialen Umwandlungen zusammen, die aus der Entwicklung des Bürgertums folgten. Während der zweiten Hälfte des zwölften Jahrhunderts bilden sich alle Städte im Norden Frankreichs zu sogenannten »beschworenen Gemeinden« um. In beinahe allen Bischofsresidenzen – beispielsweise in Arras, Noyon, Senlis, Laon und Reims – mußten sie gegen den Widerstand und die Feindschaft der Bischöfe kämpfen und erbaten dazu die Unterstützung des Königs. Der Monarch gewährte sie schnell, und so kam zwischen der Krone und dem Bürgertum ein Einverständnis zustande, das der königlichen Politik die Beihilfe der jüngsten, aktivsten und reichsten Klasse der französischen Gesellschaft sicherte.

Unter Ludwig VII. wurden die ersten Anzeichen dieses Bündnisses sichtbar, dessen ganze Bedeutung der weitblickende Philipp August erkannte. Er baute das Bündnis systematisch aus und verstärkte es. Auch die schnelle Vermehrung des Geldumlaufes, eine Folge des städtischen Handels, brachte dem Königtum Gewinn; denn diese Vermehrung gestattete es den Königen, die Abgaben und die Rechte aus dem lehensherrlichen Verhältnis, welche sie bisher in Naturalien erhoben hatten, in geldliche Verpflichtungen zu verwandeln. Dazu vermehrte sich die Münzprägung zum Vorteil der Geldwirtschaft.

Durch die Vermehrung des Geldumlaufes konnte sich der König also das unentbehrliche Mittel jeder politischen Macht verschaffen: eine Finanzwirtschaft. Der königliche Schatz, der bisher vom privaten Vermögen des Königs nicht getrennt war, wurde nunmehr gesondert verwaltet. Die ältesten Abrechnungen, die sich darauf beziehen, sind uns aus der Zeit Philipp Augusts erhalten. Der König war jetzt nicht nur imstande, Söldnerscharen für die Zeit des Krieges zu dingen, sondern er konnte vor allem wirkliche Beamte, das heißt Leute, die bezahlt werden und daher absetzbar sind, in seinen Dienst stellen. Dies waren die mit administrativen – insbesondere polizeilichen – Befugnissen ausgestatteten Amtmänner des Königs (*baillis*), die zuerst im Jahre 1173 erwähnt werden und bald über das ganze königliche Gebiet verbreitet waren. Da der König imstande war, seine Diener zu bezahlen, brauchte er ihnen die Ämter nicht mehr erblich zu übergeben, und dadurch blieb ihm von nun an die Verfügung über die Ämter nach eigenem Ermessen erhalten. Die einst rein agrarische Wirtschaft war durch eine auf Geld beruhende Wirtschaft abgelöst worden, und damit war das Hindernis weggefallen, das sich der Entwicklung des Staates seit der fränkischen Zeit entgegengestellt hatte.

Die Reformen, mit denen Philipp August den Aufbau des königlichen Hofes erneuerte, paßten diesen den Erfordernissen der zentralen Regierung an. Die Versammlung der großen weltlichen und geistlichen Herren, die seit der Zeit der Karolinger zu bestimmten Zeitpunkten zusammentrat und zugleich einen Rat und einen Gerichtshof ohne deutlich abgegrenzte Befugnisse darstellte, hatte sich meist darauf beschränkt, die von der Krone entfaltete Aktivität nach Kräften zum Vorteil der großen Vasallen lahmzulegen. Nunmehr wurde diese Versammlung in zwei beständige Organe aufgespalten: das eine war der Rat des Königs für politische Angelegenheiten, das andere das Parlament für Angelegenheiten der Rechtsprechung. Beide Organe setzten sich zwar zum großen Teil aus Mitgliedern des hohen Adels und der hohen Geistlichkeit zusammen; aber neben diesen Männern führte der König dort schon seine eigenen Leute ein, und sein Einfluß wuchs in Zukunft so, daß er den Einfluß der großen Lehensleute immer mehr zurückdrängte. Die großen Krondiener, die alle dem hohen Adel zugehört hatten und bisher die wirklichen Vormunde des Königs gewesen waren, verschwanden und mußten sich mit bloßen Ehrenämtern begnügen. Die Verwaltung der Kanzlei schaffte die veralteten Gebräuche und sinnlos gewordenen Formeln der Karolingerzeit ab und wandte praktischere Verfahren an. Ein Archiv wurde im Louvre errichtet. Die Rechnungslegung durch die königlichen Beamten erfolgte auf Grund von Bestimmungen, die geradezu wie ein erster Entwurf der künftigen königlichen Rechenkammer anmuten.

Man kann also Philipp August als den wirklichen Schöpfer der monarchischen Gewalt nicht nur in Frankreich, sondern auf dem Kontinent überhaupt ansehen.[4] Den Beinamen August (Augustus) erhielt dieser König durch Rigord: *quia rem publicam augmentabat.* (Dieser Historiograph glaubte, daß der Titel Augustus mit dem lateinischen Wort *augere,* das heißt vermehren, zusammenhänge; man vergleiche damit die entsprechende deutsche Bezeichnung »Mehrer des Reiches«.)

Vor der Zeit Philipp Augusts konnten die mächtigsten Könige, die Kaiser und unter ihnen sogar Karl der Große nur dank dem Übergewicht und der Macht, die ihnen aus ihren Siegen erwuchsen, oder mit Unterstützung der Kirche regieren. Ihre Herrschergewalt hing wesentlich von ihrer Individualität ab und verschmolz gleichsam mit ihrer Persönlichkeit. Diese Fürsten hatten weder Finanzen noch Beamte, und so konnten sie nur in dem Maße aktiv auftreten, in welchem die Kirche sie unterstützte und die Aristokratie ihnen gehorchte; aber diese wurde immer unabhängiger und jene immer feindlicher. Seit Philipp August verfügte der französische König über eine ständig funktionierende Verwaltung, der er die Initiative gab und die Tätigkeit vorschrieb. Diese Verwaltung war sowohl von der Kirche als auch von den großen Vasallen unabhängig. Die Rechte, welche die Tradition dem König zuerkennt, konnten nun wirklich ausgeübt werden und in ihrer Verwirklichung den Staat formen. Von dem früheren karolingischen Staat bewahrte die junge französische Monarchie das grundlegende Prinzip, daß die königliche Macht auf einer religiösen Eigenschaft beruht. Dieses Prinzip hatte der Monarchie seit dem Ende des neunten Jahrhunderts ihre besondere Salbung verliehen; es hatte die Monarchie als solche trotz ihrer Schwäche inmitten der angemaßten Rechte der großen Vasallen unverletzt erhalten. Wir haben soeben gesehen, wie diese Staatsform gerade jetzt einen neuen Aufschwung nahm, und wie das Königtum nicht nur in England, sondern auch in Frankreich einen Staat schuf. Dieser französische Staat wurde unter ganz anderen und sehr viel schwierigeren Verhältnissen als der englische geformt und wurde zum Rivalen Englands.

Die Grafen von Flandern, die unter König Ludwig VI. auf Frankreichs Seite gegen England gekämpft hatten, nahmen zur Zeit Philipp Augusts die Partei Englands gegen den französischen Monarchen. Diese Wendung war natürlich; denn die Grafen, welche durch den Aufstieg ihres obersten Lehensherrn bedroht waren, mußten nunmehr bei der großen Insel (deren Nachbar sie waren und von der ihre gewerbefleißigen Städte die Rohwolle erhielten) Unterstützung suchen. Die Städte unterstützten also in Frankreich die Krone, während sie in Flandern an die Seite ihres Grafen traten. Die Ursache für diese Handlungsweise der niederländischen Städte war aber nicht etwa, wie man bei oberflächlicher Betrachtung der geschichtlichen Lage vielleicht denken könnte, ein germanisches Nationalgefühl. Die Unterstützung der gegen Frankreich und für England kämpfenden Grafen von Flandern durch die Städte hatte vielmehr Ursachen, welche ganz einfach in wirtschaftlichen Interessen bestanden. Die Haltung aller dieser Städte war die gleiche – ob ihre Bewohner nun wallonische Idiome sprachen wie in Lille und Douai, oder germanische wie in Brügge und Gent. Die Politik der Grafen von Flandern erhielt dadurch seit dem Beginn des dreizehnten Jahrhunderts eine Bedeutung, die man nicht mehr als eine bloße Widersetzlichkeit großer Lehensleute gegen den französischen Lehensherrn bezeichnen kann. Einerseits wird durch diese Politik eine Bundesgenossenschaft mit England eingeleitet, die sich durch die Jahrhunderte fortsetzen und einer der wichtigsten Faktoren für die Unabhängigkeit Hollands und Belgiens werden sollte. Andererseits erhielt die selbständige Politik der Grafen von Flandern, welche sich auf das Bürgertum stützten, eine nationale Färbung; denn sie machte die Sache des Fürsten gleichzeitig auch zur Sache der Bürger.

In dem langen Krieg König Philipp Augusts gegen Philipp von Elsaß, Graf von Flandern (1180–1185), traten freilich nur der König und der Graf einander gegenüber, und schließlich wurde nach wechselnden Erfolgen und Rückschlägen ein Vertrag zum Vorteil des französischen Königs geschlossen; aber seit dem Jahre 1196 verbündete sich Graf Balduin IX. von Flandern mit Richard Löwenherz, und es glückte ihm nach vier Jahren, vom französischen König den nördlichen Teil des Artois, den sein Vorgänger abgetreten hatte, zurückzuerhalten. Die Kreuzzugsbewegung, die in bestimmten Zeitabschnitten immer wieder den Lauf der europäischen Politik unterbrach oder durchkreuzte, und an der Philipp August, Richard Löwenherz und Philipp von Elsaß einige Jahre zuvor gleichzeitig teilgenommen hatten, lockte den Grafen Balduin (1202) nach dem Osten. Der Graf empfing im nächsten Jahre in der Kirche der Hagia Sophia die Krone des kurzlebigen Lateinischen Kaiserreiches von Konstantinopel und starb kurze Zeit danach (1205) auf ungeklärte Weise bei einem Zug gegen die Bulgaren. Die beiden minderjährigen Töchter, die Graf Balduin hinterließ, ließ sich Philipp August durch ihren Onkel, Philipp von Namur, ausliefern und verheiratete die ältere, Johanna, mit einem Prinzen seiner eigenen Wahl, Ferrante von Portugal, von dem er sich vorsichtshalber einen besonderen, durch die Städte und Barone Flanderns bekräftigten Treueid hatte schwören lassen. Philipp August glaubte diesen neuen Vasallen, der ihm sein Glück verdankte, völlig in der Hand zu haben. Der französische König ließ von seinen Leuten Aire und Saint-Omer besetzen und versicherte sich durch Schenkung von Lehensgütern und Renten des Einverständnisses einer Mehrheit des Adels von Flandern. Ferrante wurde dadurch zum Äußersten getrieben und zauderte nun nicht mehr, den Anerbietungen des Königs von England, Johann ohne Land, Gehör zu geben. Er schloß im Jahre 1213 mit ihm einen Bündnisvertrag.

Der Kampf, in welchen Flandern nun wieder verwickelt wurde, trug dieses Mal europäischen Charakter; denn die Politik Philipp Augusts hatte sich durch die große Begabung dieses Königs erfolgreich entwickelt, und ihre Reichweite erstreckte sich auf ganz Westeuropa. Der Krieg, der über das Schicksal der französischen Monarchie entschied, war also ein allgemeiner Krieg.

Zwar war der Kampf zwischen Frankreich und England während der letzten Regierungsjahre Heinrichs II. von England unterbrochen worden; aber er hatte im Jahre 1194 nach der Rückkehr des Richard Löwenherz aus seiner Gefangenschaft bei dem Herzog von Österreich – Richard saß seit seiner Heimkehr vom dritten Kreuzzug gefangen – wieder begonnen. Dieser Kampf hatte indes zu keiner Entscheidung geführt; aber Philipp August entschloß sich zu einem entscheidenden Stoß, unmittelbar nachdem Richard gestorben war und Richards Bruder Johann den englischen Thron bestiegen hatte. Philipp August benutzte die Unzufriedenheit, mit welcher der neue Herrscher in England empfangen wurde, und ließ Johann bestellen, er solle in seiner Eigenschaft als belehnter Herzog der Normandie vor ihm erscheinen und sich wegen eines Streits mit anderen französischen Vasallen, den Lusignans, rechtfertigen.[5] Johann hielt es unter seiner Würde, die Vorladung zu beantworten, und der König von Frankreich benutzte diese Weigerung, um in seiner Eigenschaft als Lehensherr seine Rechte mit aller Rigorosität geltend zu machen. Philipp August ließ alle Lehen, die der englische König in Frankreich hatte, in Beschlag nehmen und ließ sie – mit Ausnahme von Guyenne – auch besetzen. So verdoppelte Philipp August mit einem Schlage den Umfang der Länder der französischen Krone und brachte die ganze Küste von Bordeaux bis Boulogne in seine Hand. Johann hatte viele Fehler gemacht und war in Streit mit seinen Baronen geraten; zudem hatte er sich im Jahre 1209 die Exkommunikation durch den Papst zugezogen. Dies alles kam noch der kühnen Politik Philipp Augusts zugute. Er ließ sich von Papst Innocenz III. mit der Ausführung des gegen Johann erlassenen Urteilsspruches beauftragen und bereitete tatkräftig einen Zug gegen England vor. Diese Vorbereitung war beendet, als Johann, der sich vor dem Papst gedemütigt und sein Land als Lehen des Heiligen Stuhles anerkannt hatte, den Papst versöhnte. Philipp sandte sein Heer und seine Flotte nach Flandern und kam bis Damme (Westflandern), wo die Engländer seine Schiffe überfielen und in Brand steckten. Philipp kehrte dann nach Frankreich zurück, während in seinem Rücken Ferrante von Portugal Flandern wieder in seinen Besitz nahm.

Der Konflikt der westlichen Staaten hatte sich indessen nach Deutschland ausgedehnt. Dort bekämpften sich die beiden Parteien der Welfen und Staufer, von welchen die ersteren seit der Heirat Heinrichs des Löwen mit Mathilde, der Tochter Heinrichs II., im Bündnis mit England waren. Daraus ergab sich notwendig eine Annäherung der staufischen Parteien an Frankreich. Philipp August wußte aus der Lage mit hervorragendem Geschick Vorteil zu ziehen. Das Haupt der Welfen, Kaiser Otto IV. von Braunschweig, war ganz für Johann ohne Land gewonnen. Otto IV. war gerade von Innocenz III. exkommuniziert worden (1210), und der

König von Frankreich nahm das zum Anlaß, den jungen Friedrich von Hohenstaufen, der unter der Vormundschaft des Papstes stand und auf die Herrschaft im Königreich Sizilien beschränkt war, zu einer energischen Haltung zu ermutigen: Friedrich sollte sich nach Deutschland begeben und sich an die Spitze der Anhänger seines Hauses stellen. Das Abenteuer erscheint romanhaft, war aber in Wirklichkeit höchst nüchtern. Der Schatz des französischen Königs hatte seiner Politik nachgeholfen; er hatte die deutschen Fürsten, die für den Erfolg des Unternehmens notwendig waren, gekauft, so daß sie Friedrich am 9. Dezember 1212 zum König der Römer wählten.[6] So teilte der Kampf zwischen Frankreich und England ganz Europa in zwei Lager, und sein Ausgang sollte das Schicksal des Abendlandes entscheiden. Die Feinde Philipp Augusts entschlossen sich im Jahre 1214 zum Angriff, um die Entscheidung zu erzwingen. Während Johann ohne Land den französischen König auf dem Wege über die Provinz Guyenne angreifen sollte, marschierte Otto IV. über die Niederlande auf Paris zu, und seine Truppen vereinigten sich unterwegs mit denen Ferrantes von Portugal. Das Heer, das von Philipp August herangeführt wurde, um diesem Angriff zu begegnen, entsprach in seiner Zusammenstellung dem Fortschritt, den die königliche Macht in Frankreich erzielt hatte. Noch zwanzig Jahre zuvor wäre das Heer nur aus den Milizen der Lehensleute gebildet worden. Dieses Mal kann man aber neben einer aus Vasallen bestehenden Ritterschaft des französischen Königs schon die Scharen der Söldner sowie, in geringer Anzahl, auch bürgerliche Kompanien bemerken, die von den Städten entsandt worden waren. In Bouvines, unweit der Stadt Tournai, kam es am 27. Juli 1214 zum Kampf, und Philipp August trug einen glänzenden Sieg davon. Bouvines war die erste der großen europäischen Schlachten, und – wenn man von Waterloo absieht, wo sechs Jahrhunderte danach die gleiche Gruppierung von Gegnern einander gegenüberstand – keine spätere Schlacht hat so gewaltige und unmittelbare Folgen gehabt wie Bouvines: In Deutschland brach die Macht Ottos von Braunschweig zusammen und begann der Aufstieg Friedrichs II. In England mußte Johann ohne Land, der gedemütigt worden war, erleben, daß die Barone sich gegen ihn erhoben und von ihm die Magna Charta erzwangen. In Frankreich waren die territorialen Eroberungen des Königs jetzt gesichert (Vertrag von Chinon), die Lehensleute der Monarchie in der Person Ferrantes besiegt. Die königliche Gewalt hatte ihre Kraft in der Zerschmetterung von Frankreichs äußeren Feinden gezeigt. Das verlieh ihr in den Augen des Volkes ein nationales Gewicht und verdoppelte ihre Macht.

Drittes Kapitel

DAS KAISERREICH

1. Friedrich Barbarossa

Das Wormser Konkordat (1122) hatte den Kampf zwischen dem Kaiserreich und dem Papsttum nicht beendet. Unter Gregor VII. hatte sich das Problem der Beziehung zwischen den beiden universalen Gewalten in seiner ganzen Größe gestellt; aber dann hatte es sich durch die Erschöpfung beider Parteien auf den Streit um die Investitur beschränkt, und die beiden Mächte waren in diesem Streit schließlich nur zu einem Vergleich gekommen. Der Kaiser hatte dabei zwar so viel verloren, wie der Papst gewonnen hatte, aber beide Gewalten mußten mit einem Zustand unzufrieden sein, welcher den Konflikt der Prinzipien, derentwegen sie in Streit geraten waren, ohne Lösung ließ.

Man mußte endlich darüber Klarheit haben, ob die karolingische Auffassung noch immer gelten sollte, gemäß welcher die Kirche, die zugleich als die Gemeinschaft der Gläubigen und als politisches Organ angesehen wurde, an ihrer Spitze zwei voneinander unabhängige Führer hatte: zwei Herrscher, von denen der eine die Seelen, der andere die Körper regieren sollte. Wenn diese Auffassung aber nicht mehr galt, mußte wenigstens Klarheit darüber herrschen, ob im Gegensatz zu ihr dem Papst die Verfügung über die Krone des Kaiserreiches zukam, ob er also – um in der Sprache des Mittelalters zu sprechen – das geistliche und das weltliche Schwert führte, und ob der Kaiser letzteres vom Papst zu empfangen habe, wie ein Vasall sein Lehen von seinem Herrn. Nur ein neuer Kampf konnte über die Beantwortung dieser Fragen entscheiden, denn zwischen den einander widersprechenden Auffassungen der beiden Gegner war kein Kompromiß möglich.

Dieser Kampf, der unter Friedrich Barbarossa ausbrach, war für das Kaiserreich von vornherein verloren. Wenn die europäische Gesellschaft die universale Autorität des Papstes in Sachen der Kirche anerkannte, so konnte sie der Autorität des Kaisers nicht die gleiche Bedeutung beimessen; denn dies hätte bedeutet, daß die westeuropäischen Staaten sich auf weltlichem Gebiet dem Kaiser unterordneten und ihn als Schutzherrn ansahen. Die kaiserliche

Konzeption entsprach seit Otto I. aber nicht der wirklichen Lage, da das Kaiserreich nicht mehr, wie einst in den Zeiten Karls des Großen, die ganze abendländische Christenheit umfaßte. Zwar hatte sich noch kein formeller Protest gegen die kaiserlichen Ansprüche erhoben, denn kein Fürst war damals mächtig genug, dem deutschen Herrscher rücksichtslos zu begegnen; aber es wirkte doch recht paradox, wenn die jungen und kraftvollen Monarchien Englands und Frankreichs in der Mitte des zwölften Jahrhunderts sich unter kaiserliche Vormundschaft stellen sollten. Ebenso wie die wachsende Macht der großen Lehensherren für Papst Gregor VII. und gegen Kaiser Heinrich IV. gearbeitet hatte, mußte die Gewalt der nationalen Staaten, die sich immer mehr herausbildeten, für Hadrian IV. und Alexander III. und gegen Friedrich Barbarossa arbeiten. Es war also das Unglück der kaiserlichen Politik, jedesmal, wenn sie sich dem Papsttum aufzwingen wollte, die tatkräftigsten Mächte Europas gegen sich in Harnisch zu bringen und deren Annäherung an Rom herbeizuführen.

Dazu kam die ständige Schwächung des Kaisers im Reiche selbst. Dem Wormser Konkordat entsprechend ernannte der Kaiser die Bischöfe nicht mehr, und das ihm verbliebene Recht, sie mit ihren Fürstentümern zu belehnen, stand meistens nur auf dem Papier. Die Wahlen der Bischöfe wurden meistens tatsächlich durch die weltlichen Fürsten beherrscht, und diese zwangen den Domkapiteln Verwandte oder ihrem Hause befreundete Persönlichkeiten auf. Den deutschen Herrschern entglitt damit die »kaiserliche« Kirche, die von ihnen seit Otto I. mit Rechten und Ländern ausgestattet war. Man kann sagen, daß sich diese Kirche durch den Einfluß, den die großen Lehensleute auf die Wahlen der Bischöfe nahmen, gleichsam feudalisierte. Die großen Vasallen des Kaisers, zu denen diese Kirche früher ein Gegengewicht bildete, hatten von ihr nichts mehr zu fürchten. Da die Bischofswahlen in den geistlichen Fürstentümern nicht mehr im Zugriff des Kaisers lagen, wurden sie nun zu neuen Elementen der politischen Zersetzung des Reiches. In dem gleichen geschichtlichen Augenblick, in welchem der König von Frankreich die großen Lehensherren zurückdrängte, zwang sich den deutschen Kaisern die Macht dieser Lehensherren auf. Ein Vergleich zwischen beiden Ländern hinsichtlich des Einflusses der Fürsten auf die Zentralmacht ist sehr aufschlußreich. Während der König von Frankreich im Laufe des zwölften Jahrhunderts nur noch in der Theorie frei gewählt und das Königtum schon seit Philipp August erblich wurde, beanspruchten die deutschen Fürsten das Recht, über die Thronfolge zu verfügen, immer rigoroser. Diese Fürsten weigerten sich nach dem Tode Heinrichs V., seinen nächsten Verwandten, Herzog Friedrich von Schwaben, zu wählen und gaben im Jahre 1125 Lothar von Supplinburg den Thron. Dann erst – nach dem Tode Lothars – kamen sie auf das schwäbische Fürstengeschlecht der Staufer zurück und wählten Konrad III. (1137). Ihre Wahl richtete sich nur noch nach den Versprechungen und Konzessionen der Kandidaten, so daß die Zentralmacht mit jedem neuen Herrscher schwächer wurde.

Unter diesen Umständen konnten die Kaiser nicht an einen neuen Streit mit Rom denken. Lothar stand dem Papst nicht mehr als gleichwertiger Partner gegenüber, und Konrad war noch schwächer als Lothar. Die Wahl Konrads III. zum Herrscher wurde vom Herzog von Bayern (aus dem Geschlecht der Welfen) bekämpft. Dieser ergriff gegen Konrad die Waffen und leitete damit den Konflikt zwischen Guelfen und Ghibellinen ein, der so lange Wirren für Deutschland und Italien bringen sollte. Der Sohn des Herzogs, Heinrich der Löwe, setzte diesen Kampf fort: ihm mußte man das Herzogtum Sachsen überlassen (1142), um ihn für den Verlust Bayerns zu entschädigen, denn das Haus Babenberg hatte sich mit Bayern belehnen lassen. Der unglückliche Konrad hatte bei diesen Kämpfen keine Gelegenheit, sich in Italien zum Kaiser krönen zu lassen, und hoffte, wenigstens sein Prestige durch eine Teilnahme am zweiten Kreuzzug zu heben; aber dort erlitt er eine Niederlage. Konrad starb im Jahre 1152, und sein Neffe Friedrich, der sich mit dem früheren Gegner seines Hauses, Heinrich dem Löwen, vor der Wahl verständigt hatte, erhielt die Stimmen der Fürsten und wurde später Kaiser.

Mit Friedrich Barbarossa begann eine Regierung, deren Glanz um so größer erscheint, als die Vorgänger des Kaisers nur mittelmäßig begabt waren. Der junge König war eine heftige und ehrgeizige Natur; er hatte beschlossen, die Majestät des Kaisertums vor der Welt zu entfalten, und sich damit ein unerreichbares Ziel gesetzt. Der Durchsetzung dieser Idee widmete sich Friedrich Barbarossa mit voller Leidenschaft; aber letzten Endes blieb als Ergebnis seiner Herrschaft nichts als eine unverkennbare Niederlage und eine Verschwendung der äußersten Kräfte und letzten Mittel des deutschen Königtums.

Die Politik Friedrichs schloß sich äußerlich an die karolingische Tradition an; die Heiligsprechung Karls des Großen wurde im Jahre 1165 von einer deutschen Synode beschlossen, was diese Beziehung ebenfalls zu bestätigen scheint.

Tatsächlich gibt es aber zwischen Karl dem Großen und diesem Staufer, wenn man von der universalen Richtung ihrer Regierung absieht, nichts Gemeinsames. Das von Friedrich erstrebte Kaiserreich war ja nicht jenes christliche Reich mehr, das im Jahre 800 in der Peterskirche zu Rom gegründet und mit der Herrschaft der Kirche und dem Papsttum eng und untrennbar verbunden worden war. Barbarossa dachte vielmehr an ein Reich, das im vollen Sinn des Wortes das »römische« Kaiserreich sein sollte: das Reich der Cäsaren, wie es in der Antike vor der Völkerwanderung bestanden hatte. Von diesem Imperium sollte das von Barbarossa erstrebte Kaisertum seine Rechte auf Beherrschung der Welt ableiten. Wie konnte aber ein solches Kaisertum, das seinen Ursprung bis auf vorchristliche Zeiten hin zurückführte, gemeinsame Interessen mit dem Papsttum haben? Das von Barbarossa erträumte Kaiserreich war älter als das Papsttum und von diesem ebenso unabhängig wie die byzantinischen Kaiser. Das Kaiserreich sollte nicht mehr in der Kirche, sondern die Kirche im Kaiserreich leben, und dem Papst war in diesem Reich trotz seiner heiligen Würde nur die Rolle eines Untertanen des Kaisers zugedacht. An Stelle der religiösen Mystik, welche in den Motiven der karolingischen Auffassung zutage trat, herrschte in Barbarossas Vorstellung vom Kaiserreich eine politische Mystik; sie leitete das Kaiserreich in einem kühnen Sprung über die Jahrhunderte auf das ewige Rom zurück, die Herrin der Welt. Diesem Rom als der einzigen Quelle jeder weltlichen Macht ließ man tatsächlich die kaiserlichen Ansprüche entspringen. Schon Otto III. hatte sich um die Wende des zehnten zum elften Jahrhundert der Hoffnung hingegeben, das »goldene Rom« *(aurea Roma)* in seinem ersten Glanze wiederherzustellen; denn der antike Ruhm Roms strahlte in Europa noch immer als das Ideal aller irdischen Größe. Das, was bei Otto noch zusammenhanglose Träumerei und romantische Sehnsucht gewesen war, wurde bei Friedrich Barbarossa eine genau umschriebene Theorie.

Das Studium des römischen Rechtes hatte zu Beginn des zwölften Jahrhunderts in Italien – besonders in Bologna – einen bedeutenden Aufschwung genommen.[7] Das *Corpus Juris* Kaiser Justinians aus dem sechsten Jahrhundert war für diese Juristen eine Art Heiliger Schrift: die Offenbarung des Rechtes und der bürgerlichen Ordnung selbst. Daraus entsprang ihre Verehrung für die kaiserliche Gewalt, die von ihnen als die Grundbedingung für die Erhaltung der weltlichen Gesellschaft angesehen wurde. Die Lehren dieser Schule haben zweifellos ihren Einfluß auf Barbarossa ausgeübt; sie haben wahrscheinlich bewirkt, daß die politische Auffassung des Kaisers – ganz anders als die Konzeption der Karolinger und ihrer Nachfolger – auf einer weltlichen Grundlage ruhte. Nicht mehr die Theologen, sondern die Juristen sind nunmehr beauftragt worden, diese Auffassung zu verteidigen. In dem Kampf zwischen dem Staufer und dem Papst bemerkt man zum erstenmal den inhaltlichen Gegensatz zwischen weltlicher und geistlicher Macht.

Zweifellos blieben mehrere Bischöfe Friedrich Barbarossa treu, und er bemühte sich denn auch, »gute Wahlen« seitens der Domkapitel zustande zu bringen. Indessen konnte er seine Macht nicht mehr auf die deutsche Kirche stützen, deren Lage sich seit dem Wormser Konkordat so sehr verändert hatte, und suchte bei den weltlichen Lehensleuten einen Anhalt, der diesen Ausfall wieder ausgleichen sollte. Die Kaiser, die sich bis zu Heinrich V. meistens auf die Bischöfe verlassen konnten, hatten bis zu jener Zeit gegenüber dem belehnten Adel ein mehr oder weniger betontes Mißtrauen gezeigt. Die großen weltlichen Lehensleute hatten ja auch gegen den Kaiser und für die Päpste Stellung genommen. Diese Territorialherren hatten seit der Kaiserkrönung Lothars von Supplinburg ihren Einfluß unaufhörlich vergrößert, so daß er sich schließlich auch bei den geistlichen Fürsten geltend machte. Friedrich fand sich ohne Widerspruch mit diesem veränderten Zustand ab. Er gestattete als deutscher König, daß die weltlichen Fürsten sich politisch völlig unabhängig machten: ein seltsamer Gegensatz zu der unbeschränkten Macht, von welcher er in seiner Eigenschaft als Kaiser träumte. Anstatt den weltlichen Territorialfürsten seine Souveränität aufzuzwingen, trat er eher als Vermittler bei ihren Streitigkeiten und Kämpfen auf oder versuchte, sich unter Ausnutzung ihrer ehrgeizigen Bestrebungen unter ihnen eine persönliche Anhängerschaft zu schaffen. Friedrich Barbarossa trat den Fürsten mehr als Parteileiter denn als König gegenüber, und seine Innenpolitik bestand im wesentlichen darin, daß er eine staufische Gruppe schuf: eine Partei, der gegenüber sich seine Gegner zu einer welfischen Partei zusammenschlossen.

Aber Friedrich Barbarossa beschränkte seine Wirksamkeit nicht auf den Kreis der weltlichen Territorialfürsten. Unter diesen Fürsten stand der niedere Adel, und auch diesen wollte er für sich gewinnen, um ihn zu einem militärischen und politischen Werkzeug für seine Pläne zu machen. Das Rittertum begann sich damals von Frankreich und Lothringen aus im rechtsrheinischen Gebiet zu verbreiten. Friedrich gab sich nun alle Mühe, das Ritterwesen in

Deutschland zu fördern, sich bei den Rittern beliebt zu machen und sie durch glanzvolle Feste und Turniere an seinen Hof zu ziehen. Er erhob sehr viele »Ministerialen« in den Ritterstand und verteilte die Reste der kaiserlichen Domänen als Lehensgüter unter seine militärischen Helfer. Unter seiner Regierung erstanden zuerst auf den Bergen und Anhöhen von Schwaben, Franken und Thüringen jene stolzen Ritterburgen, deren Ruinen wir dort noch heute in großer Anzahl antreffen.

Wir können also sagen, daß Friedrich Barbarossa in Deutschland die politischen Rechte des Königtums dem Erfordernis eines starken Feudalheeres zum Opfer brachte. Es gab für ihn ja auch keine andere Möglichkeit. Die soziale Entwicklung in den deutschen Ländern war weniger fortgeschritten als in Westeuropa, und daher waren Friedrich die Einkommensquellen verschlossen, die für das Aufstellen von Söldnertruppen erforderlich gewesen wären. Deutschlands Wirtschaftsverfassung beruhte – wenn man von den Rheinlanden absieht – immer noch auf dem Prinzip der großen Domänen, und der Umlauf des Geldes war dort äußerst beschränkt. Von den einigermaßen bedeutsamen Städten war nur Köln mit den Handelszentren in Flandern vergleichbar. Die Ostseehäfen begannen erst einigermaßen bekannt zu werden, und im Süden waren Städte wie Augsburg, Wien und Nürnberg noch Orte dritten Ranges.

In Friedrichs Plänen hatte Deutschland übrigens nur eine sekundäre Bedeutung. Der Herrscher sah in seinem eigenen Lande nur ein Mittel, um sich den Weg nach Italien und zum Kaisertum zu bahnen. Seinen Sitten, seiner Mentalität und seinem Wesen nach war er ganz und gar Deutscher, in seiner politischen Konzeption aber war er nichts weniger als dies. Friedrich war ganz von der Idee des Kaisertums erfüllt. In der Zeit, da die Könige von Frankreich und England in ihren Ländern die Grundlagen für starke nationale Staaten schufen, begann Friedrich aufs neue einen Kampf, der sein Land schließlich in die Anarchie des Interregnums stürzen und es für viele Jahrhunderte der Zerstückelung durch das Lehenswesen preisgeben sollte.

Friedrich hat die Schwierigkeiten und den wahren Charakter dieses Kampfes niemals verstanden. Er mußte ja nicht nur gegen den Papst kämpfen. Seit dem Ende des elften Jahrhunderts war in der Ebene der Lombardei eine dichte Reihe von Städten entstanden, und Friedrich mußte sich den Weg nach Rom über diese Städte bahnen. In allen Städten der Po-Ebene hatte das durch Handel und Gewerbe groß gewordene Bürgertum den Bischöfen die Regierungsgewalt genommen und städtische Republiken gegründet, die die Rechte des Kaisers nicht mehr als erheblichen Faktor betrachteten und sich selbst als völlig unabhängig vom Reiche ansahen. Friedrich aber, dem die städtische Kultur unbekannt war, hegte für dieses Bürgertum die gleiche Verachtung, die der ganze deutsche Adel den Bürgern entgegenbrachte. Der Herrscher, der sich als Nachfolger von Kaisern wie Konstantin der Große und Justinian betrachtete, sah auf diese bürgerlichen Republiken herab und zeigte dies deutlich, als er im Jahre 1154 zum erstenmal über die Alpen zog. Er machte die Stadt Tortona nach einer Belagerung dem Erdboden gleich. Auf seinem zweiten Italienzuge versammelte er den Hochadel und Vertreter der oberitalienischen Städte im Jahre 1158 auf den Feldern bei Roncaglia (unweit Piacenza), legte ihnen einen Gehorsamseid auf und teilte ihnen die Pflichten mit, die sie ihm gegenüber zu erfüllen hatten. Die Einstellung Friedrichs erweckte Widerstand, und diesen Widerstand beantwortete er mit Terror.

Nachdem er sich in Pavia die langobardische (lombardische) Königskrone aufs Haupt gesetzt hatte (1155), zog er nach Rom, wo die Kaiserkrone auf ihn wartete.

Die »Ewige Stadt« befand sich damals mitten in einem Bürgerkriege. Das Volk von Rom – es wurde durch die Kirche unterhalten, so wie es in der Antike durch die römischen Kaiser unterhalten worden war – unterschied sich wesentlich von den gewerbefleißigen und energischen Bürgern der lombardischen Städte. Die Antike hatte in Rom so viele Spuren hinterlassen, daß die Bewohner der Stadt sich geistig niemals ganz von den erinnerungsreichen Monumenten freimachen konnten, die sie umgaben, und durch die sie immer wieder Impulse empfingen. Diese großen Erinnerungen haben das Volk von Rom im Laufe der verschiedenen Epochen immer wieder in einen Rausch versetzt: einen Rausch, in dem sich die Bewohner der Stadt wieder als die Herren der Welt und als die Abkömmlinge eines weltbeherrschenden Volkes fühlten. Die einzige Stadtverfassung, die Rom jemals besaß, war diejenige, welche den Erdkreis erobert hatte, und daran war sie zugrunde gegangen. Als nämlich die Stadt der Mittelpunkt der Weltpolitik und schließlich der Mittelpunkt der universalen Kirche geworden war, gehörte sie zu sehr dem Abendlande und der Christenheit, um noch sich selbst gehören zu können. Ein einfacher Gemeinderat aber konnte niemals die Stelle des römischen Senates einnehmen. Es war denn auch der Senat, den die Römer bei jeder Krise ihrer so bewegten Geschichte wieder herzustellen meinten: der antike

Senat, der Gesetzgeber und das höchste Verwaltungsorgan des Erdkreises.

Als Friedrich Barbarossa sich dem Tiber näherte, war eine dieser Krisen in Rom auf ihrem Gipfelpunkt angelangt. Der Papst war geflohen. Arnold von Brescia herrschte in der Stadt und träumte davon, die Kirche und zugleich das Kaiserreich zu reformieren. In Arnold wurde die religiöse zur politischen Mystik. Er wollte die Kirche zur Reinheit und Armut der Urchristen zurückführen. Während der Kaiser vom römischen Volk die Herrschaft über die Welt empfangen und die weltliche Gesellschaft organisieren sollte, wollte er den Papst auf die bloße Priesterschaft beschränken. So beeinflußte die Antike in merkwürdiger Übereinstimmung sowohl den deutschen König als auch den italienischen Revolutionär. Aber wie hätten sich beide je verständigen können? Der Italiener leitete die Rechte des Kaisers vom Volke ab und erwartete von dem Monarchen eine Erneuerung der Welt; Friedrich dagegen sah in der Kaisermacht nur eine Herrschaft über die reale Welt oder vielmehr über eine Welt, wie sie seiner kriegerischen und lehensherrlichen Auffassung erschien. Arnold von Brescia war daher für Barbarossa, ebenso wie für den Papst, nur ein gefährlicher Ketzer. Barbarossa lieferte ihn Hadrian IV. aus. Arnold wurde gehängt und seine Leiche verbrannt.

Als der Papst inmitten der deutschen Ritter nach Rom zurückgekehrt war, mußte es scheinen, als ob er Barbarossa zu Dankbarkeit verpflichtet wäre. Der Kaiser konnte annehmen, vor Angriffen dieses Papstes, der ihm in Sankt Peter die Kaiserkrone aufgesetzt hatte (18. Juni 1155), künftig gesichert zu sein; aber Hadrian IV. hatte in Wirklichkeit keinen einzigen Anspruch des Heiligen Stuhles aufgegeben. Kaum war Barbarossa nach Deutschland zurückgekehrt, als er diese Tatsache mit Entrüstung bemerken mußte. Der päpstliche Gesandte Rolandi erlaubte sich sogar, das Reich in Gegenwart des Kaisers als *beneficium* (Lehen) des Heiligen Vaters zu bezeichnen. Gleichzeitig betonten die lombardischen Stadtgemeinden ihre Unabhängigkeit und bereiteten sich unter Führung Mailands offen zum Kriege vor. Dieses Mal war der Kaiser entschlossen, seine Gegner mit einem großen Schlage niederzuschmettern. Er ging (1158) wieder nach der Lombardei, ließ seine Hoheitsrechte auf das feierlichste verkünden und verurteilte die Freiheit der Städte als einen leichtsinnigen und verbrecherischen Aufstand. Auch die Verteidigungsmauern der Städte sollten nach Barbarossas Befehl zerstört werden, und er unterwarf sie der Rechtsprechung von Podestà, die von ihm selbst ernannt wurden.

Der Hochmut, der sich in Barbarossas Worten und seiner Haltung zeigte, machte den Widerstand gegen ihn nur noch leidenschaftlicher. Die deutschen Ritter sahen mit Überraschung und Zorn, daß einfache Bürger sie auf offenem Felde anzugreifen wagten. Die deutschen Ritter waren auch darüber verbittert, daß sie die Schutzwälle der Städte nicht im Sturm nehmen konnten und diese Städte also von Leuten, die den Rittern nur als Pöbel galten, siegreich verteidigt wurden. Der Gegensatz zwischen der deutschen und der italienischen Volksart spielte zwar ebenfalls eine Rolle, doch in Wirklichkeit kämpften hier zwei soziale Lebensformen, die nicht miteinander vereinbar waren: Auf der einen Seite kämpfte der Absolutismus, der von einer militärischen Aristokratie gestützt wurde, auf der anderen Seite standen die politische Selbständigkeit und die städtische Freiheit, für die ihre Anhänger zu sterben bereit waren. Sechshundert Jahre später und in größerem Rahmen gab es etwas Ähnliches: den Widerstand, den die Französische Revolution den Heeren Preußens und Österreichs im Jahre 1790 entgegensetzte. Cremona wurde nach einer Belagerung von sieben Monaten in Brand gesteckt (1160). Mailand verteidigte sich heldenhaft neun Monate hindurch und ergab sich schließlich (März 1162) nur unter dem Druck des Hungers und der Pest. Es hatte keine Gnade zu erwarten, denn Barbarossa verstand nichts von der überlegenen Kultur seiner Feinde. Gegen eine unbotmäßige Stadt ging er in seiner naiven Brutalität genauso vor wie gegen die Burg eines Lehensmannes, der etwa gewagt hätte, ihm Trotz zu bieten. Friedrich ließ Mailand dem Erdboden gleichmachen; er übersah, daß dies nicht genügte, den Wiederaufbau der Stadt für immer auszuschließen.

Dieser Sieg mußte dem Kaiser um so entscheidender erscheinen, als er glaubte, gerade jetzt einen Sieg über das Papsttum davongetragen zu haben. Papst Hadrian IV. war am 1. September 1159 gestorben. Da die Kardinäle sich über die Wahl seines Nachfolgers nicht einigen konnten, erkannten Alexander III. und Viktor IV. sich selbst die Tiara zu und exkommunizierten einander. Das war ein guter Anlaß für Friedrich, als Kaiser die Kirche zu beherrschen und, wie einst Heinrich III. getan hatte, zwischen den um die Stellung des Papstes hadernden Rivalen nunmehr selbst zu entscheiden. Friedrich berief eine Synode nach Pavia, und die deutschen und italienischen Bischöfe sprachen sich natürlich für Viktor aus; denn Alexander war kein anderer als jener nach Friedrichs Meinung freche Rolandi, welchen die Mehrheit im Konklave freilich gerade wegen seiner gegen den Kaiser gerichteten Politik gewählt hatte (Februar 1160). Friedrich wurde übrigens sehr bald gewahr, daß sich Europa ebensowenig wie die lombardischen Städte seinem Willen beugen wollte. Die ganze katholische Welt scharte sich um Alexander, die Könige von Frankreich und England blieben allen Bitten Barbarossas unzugänglich und unterstützten diesen Papst. Trotzdem blieb der Kaiser eigensinnig bei seinen Eingriffen in die Regierung der Kirche und ließ nach Viktors Tod Paschalis III. zum Papst wählen (20. April 1164). So verlängerte er in seinem Dünkel ein Schisma, von dem er nichts mehr erhoffen konnte.

Der Kaiser hatte wenigstens die eine Genugtuung, seinen Papst nach Rom zu führen, während Alexander III. nach Frankreich geflüchtet war (1167). Auf diese Weise konnte der Staufer die Hoheit des Kaiserreiches über Rom verkünden. Dann mußte er aber so schnell wie möglich über die Alpen nach Deutschland zurück; denn eine schwere Seuche hatte sich in seinem Heer verbreitet.

Der Zustand Italiens war bedrohlicher als jemals. Der wütende Terror, den Barbarossa gegen die lombardischen Städte anwandte, machte ihren Widerstand nur noch leidenschaftlicher. Sie verbanden sich eng mit dem Papst und gaben einer Stadt bei Pavia seinen Namen (Alessandria). Mailand erhob sich aus seinen Trümmern und baute seinen schützenden Wall wieder auf. Der Streit konnte wieder beginnen, und ein neuer Feldzug des Kaisers setzte im Jahre 1174 ein. Der Kampf zog sich durch mehrere Belagerungen zuerst in die Länge und endete dann jäh mit der Schlacht von Legnano (29. Mai 1176), wo das kaiserliche Heer von den Mailändern und ihren Bundesgenossen vernichtend geschlagen wurde. Die Katastrophe konnte nicht wieder wettgemacht werden und ebensowenig die Demütigung, welche in dieser Niederlage Barbarossas lag. So triumphierten nun Papst Alexander III. und die lombardischen Bürger über den Kaiser, der sich so lange anmaßend benommen hatte, wie er sich für stark hielt. Friedrich zeigte sich nämlich plötzlich nicht mehr brutal, sondern willfährig und demütig. Er gab den neuen Papst, Calixtus III., den er nach dem Tode Paschalis' hatte wählen lassen, preis und erkannte Alexander III. an. Friedrich versöhnte sich in Venedig mit ihm, legte seine Cäsarenhaltung ab, ließ sich vor dem Papst auf die Knie nieder und küßte ihm die Füße. Die Abgesandten der lombardischen Städte, denen der Papst eine Versöhnung mit dem Kaiser versprochen hatte, wohnten dieser Zeremonie bei. Man schloß einen Waffenstillstand für sechs Jahre, und dieser wurde später in Konstanz in einen endgültigen Vertrag umgewandelt (Juni 1183). Der endgültige Vertrag setzte pro forma die Rechte des Kaisers auf die Hilfeleistung der lombardischen Städte und die damit verbundene Lieferung von Truppen fest; aber diese formalen Pflichten wurden niemals als wirkliche angesehen.

Als der Kaiser nach Deutschland zurückkehrte, fand er dort Heinrich den Löwen und seine welfischen Anhänger in vollem Aufstand. Es glückte dem Kaiser zwar, ihn zu bezwingen, aber dieser Sieg machte die monarchische Gewalt weder stärker noch sicherer. Da Friedrich die Fürsten günstig stimmen mußte, war er gezwungen, die Güter des besiegten Heinrich unter sie zu verteilen. Sein Herzogtum Bayern wurde Otto von Wittelsbach gegeben. Heinrichs Herzogtum Sachsen wurde zwischen dem Erzbischof von Köln, der Westfalen erhielt, und Bernhard von Anhalt geteilt.[8] Der Sturz Heinrichs des Löwen ließ zwar einen gefährlichen Feind des Kaisers verschwinden, war aber für Deutschland ein Unglück. Heinrich hatte zwischen der Ostsee und den Alpen geherrscht und große slawische Gebiete kolonisiert. Seine Macht hätte, wenn sie von längerer Dauer gewesen wäre, das ganze deutsche Land wirklich erfassen und die sehr verschiedenen Gebiete, in welche es zerfiel, zusammenschmieden können. Heinrich wurde durch eine Verbindung dynastischer Interessen mit denen der großen Lehensleute gestürzt; aber der Sieg seiner Feinde führte nur zu einer noch größeren Zerstückelung Deutschlands in einzelne Lehensherrschaften. Diese Zersplitterung ging mit jedem neuen Kaiser weiter; sie ging schon am Ende des zwölften Jahrhunderts so weit, daß Barbarossa die Notwendigkeit einsah, die Zukunft seiner Dynastie durch eine territoriale Grundlage außerhalb Deutschlands zu sichern. Dies ist die Ursache für die Heirat seines Sohnes mit Konstanze, der normannischen Erbin des Königreichs Sizilien (1186). Die staufische Dynastie mußte ihren deutschen Charakter aufgeben und sich Italien zuwenden, um weiterherrschen zu können.

Dies war das einzige Ergebnis der von tosender Unruhe und unfruchtbaren Unternehmungen erfüllten Laufbahn Friedrichs I., aber der Preis dafür war zu hoch. Vielleicht gab der dritte Kreuzzug dem Kaiser Hoffnung, durch Erfolge die üblen Erfahrungen, die er gemacht hatte, doch noch zu verschmerzen. Vielleicht wollte dieser Phantast den Kreuzzug zum Anlaß nehmen, die kaiserliche Majestät noch einmal dadurch aufzurichten, daß er sich an die Spitze der Christenheit zur Eroberung des Heiligen Grabes stellte.

Jedenfalls nahm er 1188 das Kreuz; aber ein bloßer Unfall brachte ihm am 10. Juni 1190 in Kleinasien den Tod in den Fluten des Gök-Su.

2. *Bis Bouvines*

Friedrich Barbarossa hinterließ seinem Sohn Heinrich VI. ein Deutschland, das nicht zu regieren war. Die Niederlage Heinrichs des Löwen hatte die Lage der staufischen Dynastie nicht verbessert, sondern verschlechtert. Heinrich der Löwe hatte sich nach England zurückgezogen und die Aufmerksamkeit und Begehrlichkeit der Plantagenets auf die deutschen Verhältnisse gelenkt. Er sicherte seinen deutschen Anhängern die Unterstützung dieser englischen Dynastie. In Deutschland wurde die Herrschaft, welche Barbarossas Sohn, Heinrich VI., nunmehr antrat, mit einem Aufstand der Welfenpartei gleichsam begrüßt, und der neue Herrscher mußte sie durch Zugeständnisse und Versprechungen besänftigen. Mehr noch als sein Vater vernachlässigte er Deutschland zugunsten Italiens. Da die kaiserliche Politik infolge ihrer Universalität an kein bestimmtes Volk gebunden war, mußte sie sich dort festsetzen, wo sie Macht vorfand. Heinrich, der das Königreich Sizilien nach dem Tode König Wilhelms des Guten (1189), eines Neffen seiner Gemahlin, geerbt hatte, blieb daher im Süden Italiens; diese Tatsache wurde für die Richtung seiner Politik maßgebend.

Der normannische Staat von Sizilien war von Papst Anaklet II. im Jahre 1130 im Interesse Rogers II. zum Rang eines Königreiches erhoben worden. Es war zweifellos der reichste und in seiner wirtschaftlichen Entwicklung am meisten fortgeschrittene Staat des Abendlandes; er war im wesentlichen byzantinisch in seinem festländischen (süditalienischen), vom Islam geprägt in seinem insularen (sizilischen) Teil. Dieser Staat war durch seine große wirtschaftliche Entwicklung seiner Küsten und durch die Schiffahrt begünstigt, die ihn zugleich mit den Moslems der afrikanischen Küste, den Griechen der Inseln des Ägäischen Meeres und des Bosporus sowie mit den Kolonien der Kreuzfahrer in Syrien in Verbindung brachte. Überraschend war bei dem normannischen Staat die Abwesenheit nationaler Einheitlichkeit und die bunte Vielfältigkeit der Kultur, in der sich byzantinische und islamische Züge mengten und zu etwas Neuem verschmolzen. Über dem aus

sehr verschiedenen Elementen bestehenden Volk ihres Staates hatten die normannischen Herrscher eine Verfassung aufgebaut, die zwar der Form nach auf Lehensverhältnissen beruhte, in Wahrheit aber absolutistisch war. Der normannische Staat hatte es nämlich verstanden, sich die Methoden der byzantinischen Verwaltung zu eigen zu machen. Die normannischen Fürsten Siziliens waren trotz ihrer Ergebenheit für den Papst klar und einsichtig genug, ihre moslemischen wie auch ihre griechisch-katholischen Untertanen in der Ausübung der Religion nicht zu behindern. Die Finanzen dieser Herrscher waren bewundernswert geordnet. Der Anbau von Reis und Baumwolle war von den Moslems in Sizilien eingeführt worden, und die orientalischen Gewerbe wurden in den großen Städten Palermo, Messina und Syrakus betrieben. Dadurch empfing der königliche Schatz größere Einkünfte, als dies in anderen Staaten der Fall war; sie wurden auch auf methodischere Weise eingezogen als anderswo. Die Bevölkerung, von jeher durch Byzanz und durch den Islam an eine äußerst straffe, überall eingreifende Verwaltung gewöhnt, ließ sich willig regieren. Nur den normannischen Adel mußten die Herrscher fürchten. Obwohl dieser Adel seine ursprüngliche Kraft schnell verloren hatte und unter den halb orientalischen Sitten durch viele Genüsse verweichlicht war, blieb er begehrlich und unruhig.
Der Erwerb dieses Königreiches setzte Heinrich VI. in den Besitz wirtschaftlicher Hilfsquellen, die unerschöpflich schienen, wenn man sie mit den im Verhältnis dazu erbärmlichen Einkünften aus Deutschland verglich. Heinrich ließ sich sogleich vom Papst krönen; dann brach er mit ihm, verleugnete die Oberlehensherrschaft, die der Papst über Sizilien hatte, und erneuerte die Ansprüche Barbarossas auf Rom und die päpstlichen Gebiete Italiens. Heinrichs Pläne gingen aber noch darüber hinaus. Er strebte nichts Geringeres an als die Wiedererrichtung des Römischen Reiches, diesmal aber in jenen Ländern des Mittelmeeres, die einst vom Rom der Antike erobert worden waren und jetzt teils von Byzanz, teils vom Islam beherrscht wurden. Vor allem scheint Byzanz den Ehrgeiz des Kaisers gelockt zu haben. Das Byzantinische Reich war gerade damals chaotischen Zuständen anheimgefallen, es schwankte zwischen dynastischen Intrigen, Palastrevolutionen und militärischen Aufständen. Byzanz hatte schon vor der Zeit Heinrichs die Begehrlichkeit der normannischen Fürsten gereizt. So hatte König Roger II. den zweiten Kreuzzug dazu benutzt, dem byzantinischen Reich Dalmatien, Epirus und Griechenland zu rauben und sich der byzantinischen Inseln Korfu und Zakynthos

zu bemächtigen. Heinrich jagte, ebenso wie vorher sein Vater, Hirngespinsten nach. Er unterhielt Beziehungen zu den Staaten der Kreuzfahrer in Syrien, aber auch zu den moslemischen Herrschern an der afrikanischen Küste und bereitete einen Feldzug gegen Konstantinopel vor; aber er starb unerwartet am 28. September 1197. Sein Tod zerstörte all die schön ausgedachten Pläne, aber ersparte dem Kaiser auch den unvermeidlichen Kampf mit dem Papsttum, das die Ausführung dieser Pläne – auch wenn er länger gelebt hätte – verhindert haben würde.

Mit Hilfe des Reichtums, den Heinrich VI. aus Sizilien zog, war es ihm geglückt, seinen Sohn Friedrich II. von den deutschen Fürsten zum »König der Römer« wählen zu lassen. Friedrich war zwei Jahre alt, als Heinrich starb. Die Fürsten übergingen das Kind sofort und wollten einen anderen zum König wählen; aber sie konnten sich über die Person nicht einig werden. Die beiden Parteien, die sich unter den Fürsten bildeten, waren nichts als zwei Gruppen des Hochadels: die Anhänger der Welfen und die der Staufer. Beide Gruppen trieben mit den Interessen des Königreiches nur eine Art Handel, und jede wollte als Herrn des Reiches nur einen Fürsten zulassen, durch den die Macht seiner Wähler auf Kosten des Gegners und des Staates wuchs. Das Geld des Auslandes, das später so oft den Ausgang der Wahlen der deutschen Könige bestimmen sollte, beeinflußte diese Wahlen nun zum erstenmal in voller Deutlichkeit. Die englischen Pfunde, die von Richard Löwenherz kamen, wurden zugunsten seines Kandidaten Otto von Braunschweig verschwenderisch verteilt. Otto von Braunschweig war ein Sohn Heinrichs des Löwen; durch seine Erziehung in England war er kaum mehr ein Deutscher, wenn man von seinem welfischen Parteihaß gegen die Staufer absieht. Die Anhänger der Staufer stellten ihm den Bruder Heinrichs VI., Philipp von Schwaben, entgegen. Philipp erkaufte ein Bündnis mit König Philipp August von Frankreich, indem er diesem gestattete, den Krieg gegen den Grafen Balduin von Flandern in dem zum Reich gehörenden Teil Flanderns zu führen. Philipp gab ferner dem Herzog von Böhmen die Königskrone, um ihn für sich zu gewinnen. Der Bürgerkrieg entbrannte nun von den Alpen bis zur Nordsee und von der Elbe bis zum Rhein. Unter dem Vorwand der Verteidigung des legitimen Königs fielen alle Landesfürsten übereinander her (1198).

Dieser Krieg kam dem Papst erwünscht. Er griff in den Kampf der Rivalen ein und stützte sich dabei auf den alten Anspruch des Heiligen Stuhles, daß ihm die Genehmigung der Wahl des deutschen Königs zustehe. Philipp von Schwaben konnte auf die Traditionen seines Hauses nicht verzichten und daher auch nicht die Rechte des Reiches preisgeben. Trotz seiner Schwäche sah er sich so sehr als einen Nachfolger der römischen Cäsaren an, daß er sich Philipp II. nennen ließ; denn er erinnerte sich, daß der Soldatenkaiser Philippus Arabs im dritten Jahrhundert das römische Imperium einmal beherrscht hatte. Dagegen versprach Otto IV. alles, was man von ihm erlangen wollte: Verzicht auf jeden Einfluß bei den Wahlen der Bischöfe, Verzicht auf jegliche Lehensherrschaft über Rom und Verzicht auf das Königreich Sizilien. Innocenz sprach sich also für Otto aus; aber die Verhängung des Kirchenbannes gegen Philipp schwächte dessen Anhänger nicht so, daß sie die Waffen gestreckt hätten (1201). Erst nach der Ermordung Philipps (1208) endete der Kampf. Otto hatte nun keine Gegner mehr, ging nach Rom und erhielt im nächsten Jahr die Kaiserkrone. Schon einige Monate später wurde auch er in den Kirchenbann getan. Der Welfe war nämlich kaum gekrönt, als er zum Ghibellinen wurde und sich – genau wie die Staufer es getan hatten – anschickte, alle Kompetenzen und Ansprüche, auf die er ein paar Jahre vorher verzichtet hatte, wieder zu betonen und geltend zu machen.

Die Waffe, die zu Ottos Vernichtung bestimmt war, befand sich in den Händen des Papstes. Friedrich, der Sohn Heinrichs VI., war von seiner Mutter, die kurz nach dem Tode ihres Gatten gestorben war, noch auf dem Totenbett der Vormundschaft Innocenz' III. anvertraut worden. Sie hatte dabei Sizilien als Lehen des Heiligen Stuhles anerkannt. Friedrich war gerade vierzehn Jahre alt geworden und hatte die Regierung über sein Königreich Sizilien angetreten. Nun mußte es Innocenz höchst zweckmäßig erscheinen, den jungen Friedrich nach Deutschland zu senden, ihm dort die Anerkennung als König zu verschaffen und damit gegen den treulosen Welfen einen Aufstand der Stauferpartei zu entfachen – dieses Mal einen Aufstand zugunsten des Heiligen Stuhls. Innocenz brauchte für einen so kühnen Plan einen Bundesgenossen. Der Kampf, der soeben zwischen Frankreich und England ausgebrochen war, wies den Papst auf einen solchen hin: auf König Philipp August von Frankreich. Dieser Herrscher wußte, daß Otto dem englischen König Johann ohne Land seine Unterstützung versprochen hatte, und nichts konnte ihm gelegener kommen als ein Aufstand, der in Deutschland gegen den welfischen Gehilfen seiner Feinde ausbrechen würde. Ebenso wie das englische Geld einst die Wähler Ottos IV. gekauft hatte, kaufte das französische Geld jetzt die

Wähler Friedrichs von Hohenstaufen. Der junge Friedrich zeigte sich in Schwaben, und sogleich sprachen sich sehr viele Territorialfürsten für ihn aus (1212). Zwei Jahre später zerschmetterte die Schlacht von Bouvines, die wie ein Keulenschlag wirkte, mit Otto IV. den letzten Vertreter jener imperialen Politik, die die Kaiser seit Barbarossa ununterbrochen geführt hatten. Friedrich II. hatte am 19. November 1212 mit Frankreich einen Vertrag gegen Otto und gegen England geschlossen. Er erkannte ferner am 12. Juli 1213 in Eger alle Besitzungen des Papstes in Italien an und verzichtete außerdem auf das im Wormser Konkordat gewährleistete Recht einer kaiserlichen Aufsicht über die Wahl der Bischöfe. Die Schlacht von Bouvines (1214) entschied also mit einem Schlage den Kampf zwischen dem Staufer Friedrich II. und dem Welfen Otto IV., den Kampf zwischen Papst und Kaiser und den Kampf zwischen Frankreich und England.

Nun schien das Phantom eines neuen Römischen Reiches, dem die Kaiser nachgejagt hatten, für immer ausgeschaltet. Der Papst triumphierte. Er konnte im Jahr 1214 nicht ahnen, daß sein Mündel bald der hartnäckigste Gegner des Heiligen Stuhles werden würde. Aber der Kampf, welcher bald zwischen Friedrich und Rom entbrennen sollte, war der Beginn eines neuen Abschnittes in den Beziehungen zwischen dem Kaisertum und dem Papsttum. Deutschland selbst nahm an diesem Kampf nicht teil. Friedrich gab Deutschland für Italien auf, und es fiel, sich selbst überlassen, der vollkommenen politischen Zersplitterung in Einzelteile anheim. Dann stürzte es in die Wirren des Interregnums.

Siebentes Buch

DIE VORHERRSCHAFT DES PAPSTTUMS UND FRANKREICHS IM DREIZEHNTEN JAHRHUNDERT

Erstes Kapitel

DAS PAPSTTUM UND DIE KIRCHE

1. Die Lage des Papsttums im dreizehnten Jahrhundert

Das dreizehnte Jahrhundert liegt geschichtlich zwischen der Schlacht von Bouvines und dem Konflikt König Philipps des Schönen mit Bonifaz VIII. Es ist durch die Vorherrschaft des Papstes und Frankreichs gekennzeichnet. Diese beiden Mächte bestimmten – sei es nun gesondert oder zusammenwirkend – den Lauf der Politik im dreizehnten Jahrhundert. Das Papsttum griff durch die von ihm geleitete Kirche, Frankreich durch die Überlegenheit seiner Kultur tief in das geistige, sittliche und soziale Leben jener Zeit ein. Im gleichen Maße wie der Sieg des Papsttums über das Kaiserreich ungünstig für Deutschland gewesen ist, war er günstig für Frankreich, das durch die Umstände nun einmal mit dem Papsttum verbunden war.

Wir müssen freilich noch einmal darauf hinweisen: was die Kaiser zweihundertundfünfzig Jahre hindurch in Kämpfe mit den Päpsten verwickelte, war keineswegs die Sorge, ihre weltliche Gewalt gegen die Eingriffe der Kirche zu verteidigen. Wenn man die Frage so stellt, trägt man Gedanken und Probleme der heutigen Zeit in das Hochmittelalter hinein, das ganz anders dachte. Weder die Demütigung Heinrichs IV. in Canossa noch die Friedrichs I. in Venedig, noch auch diejenige Ottos IV. in der Schlacht von Bouvines waren Niederlagen der weltlichen Macht, verursacht durch priesterliche Anmaßung. Der Konflikt zwischen Kaiser und Papst war in Wirklichkeit kein Kampf zwischen Staat und Kirche, sondern es handelte sich damals um einen Streit innerhalb der Kirche selbst. Das Ziel der Herrscher bestand darin, die Päpste zur Anerkennung der Kaiser als Regierer der universalen Kirche, der Gemeinschaft der Gläubigen, zu zwingen. Diesen Anspruch auf die Herrschaft innerhalb der universalen Kirche leiteten die Ottonen und die Salier von Karl dem Großen, die Staufer vom römischen Imperium ab. Gerade die Ansprüche der Kaiser gefährdeten also die politische Freiheit der Völker, und es ist eine merkwürdige Verirrung mancher Historiker, die Kaiser als die Verteidiger dieser

Freiheit darzustellen. Die Sache des Papstes war somit auch die Sache der Völker, und die Freiheit der Kirche war damals von der Freiheit der europäischen Staaten nicht zu trennen. Der Sieg Philipp Augusts bei Bouvines (1214) entschied denn auch über die Freiheit der Kirche und zugleich über die Freiheit der europäischen Staaten.

Freilich überlebte das Kaiserreich auch den Sturz Ottos IV. Es bestand noch bis zur Schwelle der heutigen Zeit fort. Erst Napoleon I., der so vieles Alte in Europa zerbrach, schaffte das ehrwürdige Monument, zu dem das Kaiserreich herabgesunken war, ab und setzte den Rheinbund an seine Stelle (Juli 1806). Man kann jedoch sagen, daß die geschichtliche Rolle des Kaiserreiches bereits im Beginn des dreizehnten Jahrhunderts ausgespielt war. Das Reich bestand seit damals nicht mehr als universale Macht und als europäische Autorität. Die Kaiser trugen noch immer den Titel *Imperatores Romanorum et semper augusti,* behielten unter ihren Emblemen noch weiter die Weltkugel und ließen sich bis tief in das fünfzehnte Jahrhundert hinein meistens in Rom krönen; aber in Wirklichkeit waren sie nur die Oberherren oder – um es besser auszudrücken – die Oberlehensherren jener bunten Anzahl von Fürstentümern und Städten, aus denen Deutschland seit dem Ende des Mittelalters und zu Beginn der Neuzeit bestand. Man nannte Deutschland später das »Heilige Römische Reich Deutscher Nation«.

Seit dem Sturz des Kaiserreiches blieb nur noch eine universale Macht in Europa bestehen: das Papsttum, dessen Einzigartigkeit nun um so bedeutender erschien. In ihm gipfelte die Leitung der Kirche. Diese war eine wirklich universale Monarchie und wurde immer mehr zentralisiert. Nun leisteten alle Bischöfe dem Papst den Treueid, und kein religiöser Orden konnte fortan ohne die päpstliche Zustimmung gegründet werden. Überall in der Christenheit appellierte man an die römische Kurie, deren Legaten die Ausführung der päpstlichen Anordnungen und die Aufrechterhaltung der kirchlichen Disziplin überwachten. Um eine solche Organisation wie die mittelalterliche Kirche zu leiten, bedurfte man unerläßlich rechtlicher Normen und einer Organisation der Finanzen. Das kanonische Recht, dessen älteste Aufzeichnung, das *Decretum Gratiani,* in Rom um 1150 veröffentlicht wurde, wuchs in seinen Vorschriften unter Innocenz III. und Innocenz IV., die beide große Juristen waren, sehr schnell an. Dieses Recht war seit dem Ende des dreizehnten Jahrhunderts abgeschlossen und erfuhr später kaum mehr eine wesentliche Veränderung. Man muß die eigentlichen Finanzen des Papstes sorgfältig von den Finanzen des Papstes in seiner Eigenschaft als Souverän von Rom unterscheiden. Die Finanzen des Papstes wurden durch den Peterspfennig, welchem England und Aragonien rechtlich unterworfen waren, und durch die Steuern gespeist, die den Würdenträgern der Kirche in steigendem Maße abgefordert wurden. Solche Steuern der Würdenträger der Kirche waren beispielsweise die Annaten (Pfründengelder), Reservationen, Palliengelder, Indulte und so weiter. Diese Mannigfaltigkeit von Abgaben bildete den Schatz des Heiligen Stuhles. Er hatte damit die Möglichkeit, die universale Rolle, die ihm zukam, zu spielen, die Kreuzzüge zu unterstützen, Missionen zu unterhalten und zu seinem geistigen Einfluß den sehr irdischen des Goldes zu fügen. Man kann den ungeheuren Aufstieg des Papsttums unter einem Innocenz III. nur dann verstehen, wenn man auch an seine finanzielle Macht denkt. Andererseits darf man nicht vergessen, daß diese finanzielle Macht nur durch die wirtschaftlichen Fortschritte möglich geworden war, die von der Wiedergeburt des Handels ihren Ausgang nahmen. Solange das Abendland im Zustande einer rein agrarischen Kultur geblieben war, konnte der Papst nur die Domänen des Patrimonium Petri als seine wirtschaftliche Hilfsquelle ansehen. Andere Mittel hatte das Papsttum damals nicht, und daraus erklärt sich das Bemühen der Päpste, in Italien Gebiete zu erwerben, sich das territoriale Erbe der Mathilde von Toscana zu sichern und der normannischen Expansion in ihren Anfängen Widerstand zu leisten. Als jedoch der Umlauf des Geldes größer wurde und das System der Naturaleinkünfte immer mehr ersetzte, konnte sich die päpstliche Wirtschaftsverwaltung überall dort ausbreiten, wo der Papst geistliche Macht besaß. Damals tauchten die päpstlichen Steuern zum erstenmal in der Geschichte auf. Früher wären sie unmöglich gewesen. Sie traten in der Organisation der Kirche als Rückwirkung jener wirtschaftlichen Veränderung auf, die zur gleichen Zeit auch in den Staaten ein echtes organisatorisches System von Abgaben zu ermöglichen begann. Es ist bemerkenswert, wie der Papst für die Erhebung der Abgaben jene kapitalistischen Institutionen benutzte, die sich in den großen italienischen Städten gerade entwickelten. Er beauftragte die Kaufleute – zuerst die Bankiers von Siena und später die von Florenz – damit, seine Einkünfte für ihn einzutreiben und sie ihm zuzuleiten. Die Päpste knüpften früher als die weltlichen Fürsten enge Beziehungen zu den Männern der Finanz an. Die Päpste mußten ihre Einkünfte in ganz Europa sammeln und sie in italienisches oder international gültiges Geld einwechseln lassen. Ohne daß das Geld erst mit großen Kosten und unter erheblicher Gefahr über die Alpen transportiert werden mußte, sollte es schließlich der Kurie zur Verfügung stehen. Dies alles hat in besonderem Maße dazu beigetragen, daß die ersten Geschäfte der Banken entstanden und daß die ersten Kreditpapiere, die fernen Ahnen der Wechsel, geschaffen wurden.

Die großen Päpste des dreizehnten Jahrhunderts haben freilich weltlichere Züge als ihre Vorgänger aus dem elften Jahrhundert, wie sie sich beispielsweise in Gregor VII. oder Urban II. darstellen. Ein Innocenz IV. oder Gregor IX. besaß tatsächlich weltlichere Eigenschaften als die Päpste, die zur Zeit des heiligen Bernhard von Clairvaux regierten. Man kann geradezu sagen, daß die Päpste des dreizehnten Jahrhunderts Gott und den Himmel in die irdische Kirche holen wollten. Sie verliehen ihr eine unvergleichliche Macht und Majestät; aber man fühlt dabei doch zu sehr, daß dieser Versuch Menschenwerk geblieben ist. Die Päpste des dreizehnten Jahrhunderts suchten auf bewundernswerte Weise eine vollkommene Gesellschaft auf Erden zu gestalten. Dieses Unternehmen erinnert an eine gotische Kathedrale, die zum Himmel emporstrebt und ihn mit der Höhe ihrer Gewölbe doch nicht erreichen kann; eine solche Kirche kann auch bei der größten Fülle an Skulpturen, die neben Gott, den Heiligen und den Dämonen auch Könige und andere Menschen darstellen, nicht die ganze Menschheit widerspiegeln. Nicht nur das Kirchenrecht, sondern auch die katholische Theologie wurde im wesentlichen während des dreizehnten Jahrhunderts gestaltet. In der *Summa totius theologiae* des heiligen Thomas von Aquino (1274) erreichte die ganze vorhergehende Entwicklung der Scholastik ihren Höhepunkt. In diesem Werk wurden die Moral und die Lehren des Christentums nach aristotelischer Methode behandelt.

Der Ausgangspunkt war selbstverständlich die geoffenbarte Religion. Der Glaube lieferte die unerschütterliche Grundlage für den Bau einer rationalen Theologie, welche die ganze Gesellschaft und das ganze Leben umfaßte. Freilich blieb auch jetzt das Ziel unverändert – so wie es dies stets gewesen war – das ewige Heil. Aber man suchte nun nicht mehr auf mystische Weise durch unmittelbaren Verkehr mit Gott dahin zu gelangen. Die Kirche schaltete sich überall als Mittlerin zwischen Mensch und Gott ein. Eine Persönlichkeit wie der heilige Bernhard von Clairvaux wäre als Ratgeber von Päpsten, die sich mißtrauisch gegen den heiligen Franziskus zeigten, nicht mehr denkbar gewesen. Im dreizehnten Jahrhundert erstrebte man die Beherrschung der Seelen durch die Kirche, die ihrerseits wieder von dem Statthalter Christi beherrscht wurde. Man nahm die Gebundenheit der Seele an den Körper, den sie belebt, als Tatsache hin; so fand man sich im dreizehnten Jahrhundert mit der bestehenden Gesellschaft ab und forderte von ihr weder Heroismus noch Weltflucht. Das einzige, was die Kirche damals von der Gesellschaft verlangte, war Gehorsam und Duldung der kirchlichen Führung auf dem Wege zum ewigen Heil. Jeder Mensch und jeder Beruf war der Kirche und also dem Papst unterworfen. Es gibt politische Sünden (beispielsweise den ungerechten Krieg) und es gab Sünden im Handel (beispielsweise den ungerechten Preis). Diese Sünden wurden im Kirchenrecht begrifflich bestimmt und bestraft. Das ganze Leben war auf diese Weise beständig unter die Aufsicht der Kirche gestellt: das religiöse wie auch das weltliche Leben. Die kirchlichen Gerichte waren nicht nur für die Geistlichen, sondern auch für eine große Anzahl weltlicher Angelegenheiten mit religiösem oder moralischem Einschlag *(causae fori mixti)* zuständig: für eidlich bekräftigte Verträge, Testamentsangelegenheiten, Standesamtssachen, eheliches Güterrecht, Zinsnehmen (das im Mittelalter als Sünde galt) und ähnliche Angelegenheiten. Alle getauften Menschen gehörten der Kirche an und mußten sich ihrem Gebot unter Androhung von Bußen, Exkommunikation und nötigenfalls auch in Form einer Teilnahme an einem Kreuzzug beugen. Es gab ein kirchliches Weltbild von großartiger Einheit und eine umfassende kirchliche Lehre. Sie durchdrang die Welt der gläubigen Menschen, die diese Lehre als bindend anerkannten. Die Auffassungen der Kirche wurden so umfassend und allgemein rezipiert, daß sie zu der einzigen wahrhaft universalen Dichtung der europäischen Literatur beigetragen haben: der vom Geist des heiligen Thomas von Aquino ganz durchdrungenen »Göttlichen Komödie« Dantes. In gleicher Weise war selbstverständlich das ganze geistige Leben dem Einfluß der Kirche unterworfen. Alle Gelehrten jener Zeit waren Theologen oder Juristen. Die Philosophie als *ancilla theologiae* (Magd der Theologie) und die Universitäten, die alle nach dem Vorbild von Paris aufgebaut waren, waren der Autorität des Papstes unmittelbar unterstellt. Alle Universitätslehrer waren Geistliche aus den Klöstern oder aus Schulen, die zu den Kathedralen gehörten. Dort wurde jetzt der Unterricht erteilt, welcher sich ganz von dem dialektischen, die neue Wissenschaft anregenden Geist durchtränken ließ. Der Unterricht löste seine letzten Verbindungen zur Antike – soweit sie nicht in der Lehre des Aristoteles und in einigen Werken Platons bestand, deren Kenntnis durch Juden und Araber vermittelt wurde. Ein neues Latein bildete sich damals: das echte Latein des Mittelalters, wie es bis zur Renaissance bestehenblieb. Dieses Latein war klar, analytisch und als Sprache der Juristen und Theologen überall gleich; die schöne Literatur in lateinischer Sprache hörte auf. Das neue Latein kann man ein gotisches Latein nennen; denn es war, wenngleich antiken Ursprungs, so unabhängig von der klassischen Literatur geworden wie die gotische Baukunst von der klassischen Architektur.

Als die Kirche das Kaisertum niedergeworfen hatte und dadurch zu der großen Macht gelangt war, welche ihr die Vorherrschaft über das Abendland gab, wandte sich ein neuer Feind gegen sie: die Ketzerei. Die römisch-katholische Welt hatte sich seit dem Arianertum, das die Goten im vierten Jahrhundert aus dem Osten gebracht hatten, viele Jahrhunderte einstimmig zu einem einheitlichen Glauben und Dogma bekannt; sie stand durch die Beständigkeit ihrer Lehre im Gegensatz zu den religiösen Streitigkeiten, welche die griechische Kirche bis zum zehnten Jahrhundert dauernd erschütterten. Diese Ruhe der römisch-katholischen Welt läßt sich ohne weiteres erklären. Im Gegensatz zum Byzantinischen Kaiserreich gab es im Westen keine weltliche philosophische Tradition, keinen Unterricht von weltlicher Seite, keinen Verkehr mit Kulturen, die sich zu anderen Religionen bekannten, und keine sozialen Verhältnisse, die den Geist auf gefährliche Neuerungen brachten. Der Glaube konnte in einer Gesellschaft, die isoliert lebte und durch ihren rein agrarischen Charakter gewöhnt war, die Überlieferung und Autorität mit Ehrfurcht zu betrachten, gar nicht in Zweifel gezogen werden. Dazu kam noch, daß die Kirche in dieser Gesellschaft die einzige Trägerin der Bildung war und daß sogar sie selbst (außerhalb derer die Unwissenheit ja allgemein war) nur die lateinische, kirchliche Literatur kannte. Erst im elften Jahrhundert, als sich der Handel und die Schiffahrt zu entwickeln begannen und sich die ersten Städte bildeten, traten auch im religiösen Leben die ersten Zeichen von Unruhe auf. Manichäische Lehren kamen auf unbekannten Wegen, die aber zweifellos mit den Handelsstraßen identisch waren, aus dem Orient und setzten sich zuerst in der Lombardei und von dort aus in Frankreich und im rheinischen Deutschland fest. Die Zahl ihrer Anhänger war zunächst nur klein, aber sie vervielfachte sich im Laufe des zwölften Jahrhunderts; die Lehren verbreiteten sich aus nicht genau bekannten Gründen vor allem in der Grafschaft Toulouse und in der Gegend von Albi, nach welcher die Sektierer den Namen »Albigenser« erhielten. Sie waren noch mystischer und asketischer als ihre katholischen Zeitgenossen und gingen so weit, im Namen des Geistes als einziges Prinzip des Lebens und der Wahrheit nicht nur die Gesellschaft, sondern auch die Kirche selbst als durch Reichtum und Macht verdorben zu verwerfen. Um zu Christus, für dessen einzige Schüler sie sich erklärten, zu gelangen, bedürfe es einer Abstreifung alles irdischen Wesens und der Erlangung vollkommener Reinheit. Daher stammt ihr griechischer Name καθαροί (die Reinen) oder Katharer: eine Bezeichnung, die im zwölften Jahrhundert ebenso gefürchtet und verabscheut war wie der Name der Wiedertäufer im sechzehnten Jahrhundert. Von dem Wort »Katharer« leitet sich in vielen germanischen Sprachen die Bezeichnung der Häretiker als Ketzer (im Niederländischen »ketter«) ab. Wie später die Wiedertäufer, bedrohten schon die Albigenser zugleich die gesellschaftliche und die religiöse Ordnung; denn sie predigten die Gemeinschaft der Güter und gleichzeitig die Vernichtung der Kirche. Es ist daher nicht verwunderlich, daß die französischen Barone dem Ruf Innocenz' III., der den Kreuzzug gegen die Katharer predigte, begeistert folgten. Die Albigenser wurden zwischen 1208 und 1235 überall im Languedoc verfolgt und ausgerottet. Dies geschah in so furchtbaren Formen, daß man in der Geschichte bis zu den Religionskriegen des sechzehnten Jahrhunderts zum Glück nichts Ähnliches antrifft. Indessen konnte man nicht alle Albigenser niedermetzeln. Wie stets, töteten die Verfolger auch hier die Körper, nicht aber den Geist, und bestätigten insofern indirekt die albigensische Theorie selbst. Bis zum Auftreten Wyclifs scheinen alle ketzerischen apostolischen Sekten, die Brüder vom Freien Geiste, die zu Sektierern gewordenen Begharden und so weiter (mit der einzigen Ausnahme der Waldenser) sich in ihren Grundlagen dem Mystizismus der Katharer angeschlossen zu haben. Gerade deshalb war im großen und ganzen keine von diesen Sekten sehr gefährlich. Der Radikalismus ihres Strebens war niemals praktisch zu verwirklichen und trug ihnen überall die Feindschaft der die Gesellschaft beherrschenden Mächte ein. Die ketzerischen Sekten erhielten ihre Anhänger vor allem aus dem Proletariat der Städte. Daraus erklärt sich die Naivität ihrer kommunistischen Träumereien und ihre (von vereinzelten Krisenperioden abgesehen) nur geringe Verbreitung. Nimmt man ein paar große gewerbereiche Städte aus, so kann man sagen, daß das arbeitende Proletariat im Bürgertum nur eine unbedeutende Minderheit darstellte. Die Mehrheit der Bürger in den Städten bestand aus kleinen Unternehmern, Handwerksmeistern – kurz aus dem Mittelstand, der dem Kapitalismus ebenso feindlich gesinnt ist wie dem Kommunismus.

Die Kirche widmete seit dem Ende des zwölften Jahrhunderts ihre ganze Sorge der Verfolgung und Bekämpfung der Ketzerei. Sie tolerierte die Juden, weil sie außerhalb des Christentums standen, aber duldete keine Ketzer, denn sie sah in ihnen Menschen, die sich – wenn der Ausdruck gestattet ist – einer geistigen Majestätsverletzung schuldig gemacht hatten. Wenn sich Ketzer weigerten, ihren Lehren abzuschwören, so schloß die Kirche sie von der religiösen Gemeinschaft aus und bestrafte dadurch ihre Seelen mit dem Tode. Die Kirche lieferte die Ketzer, die auf solche Weise moralisch bestraft waren, sodann der weltlichen Gewalt aus, und diese übernahm ihre physische Vernichtung. Eine solche Teilung der Arbeit entsprach völlig der Auffassung, nach welcher die Kirche mit dem Staat zusammenwirken sollte. Jede dieser Gewalten sollte ihr Aufgabengebiet für sich behalten: die Kirche besaß die Seelen und der Staat die Körper. Allerdings findet man in der Zeit vor dem zwölften Jahrhundert bei der hohen Geistlichkeit zuweilen einen Zweifel über die Berechtigung, die Ketzer mit dem Tode zu bestrafen. Einen solchen Zweifel gab es aber nicht mehr, nachdem die Kirche unter Papst Innocenz III. zu ihrer machtvollen Einheit gelangt war. Auch hierin zeigte sich der juristische und hierarchische Geist, der nunmehr die Verfassung der Kirche durchdrang. Der wahre Glaube war eine systematische Anhäufung von Lehren und Dogmen geworden und zwang sich jedem Menschen und allen menschlichen Handlungen auf, so daß die Kirche Verschiedenheiten und besondere Meinungen nicht mehr zulassen konnte und jede Abweichung von der vorgeschriebenen Norm zum Verbrechen wurde. Der im Jahre 1216 gegründete Orden der Dominikaner beschäftigte sich vorzugsweise mit der Verfolgung und Untersuchung der Ketzerei. Neben der bischöflichen tauchte die päpstliche Inquisition auf, die von Gregor IX. im Jahre 1233 geschaffen wurde. Die päpstliche Inquisition war eine Art Weltpolizei, welche die Sicherheit des Dogmas überwachen sollte, und die Staatsmacht arbeitete mit großem Eifer im Dienste dieser Organisation. Der Grundsatz der Staatsreligion veranlaßte die weltlichen Behörden, jeden Menschen, der sich außerhalb der Kirche stellte, als Verbrecher zu betrachten. Die Könige erhielten ja nach der Auffassung jener Zeit ihre Macht von Gott und waren die Beschützer der Kirche. Höchstens in den Städten stellte sich das staatsbürgerliche Gefühl unbewußt zwar nicht dem Glauben, aber doch den rechtlichen Konsequenzen entgegen, die der Verlust des katholischen Glaubens sonst überall mit sich brachte. Hier und da zeigten sich freilich – wenn auch zunächst noch recht schwach – die ersten Anzeichen eines Unabhängigkeitssinnes der weltlichen gegenüber der religiösen Gesellschaft.

2. *Die Politik der Päpste*

Oft wird behauptet, daß Europa im dreizehnten Jahrhundert eine Theokratie gewesen sei; aber diese Formulierung ist nicht scharf. Falls man unter Theokratie einen Zustand versteht, in welchem die Kirche ein unvergleichliches Prestige genießt und niemand sich ihrem geistigen Übergewicht entziehen kann, so ist Europa im dreizehnten Jahrhundert freilich eine Theokratie gewesen. Wenn aber die Theokratie ein Zustand ist, in welchem der Kirche die Leitung und Beherrschung der staatlichen Interessen übertragen wird, kann damals von einer Theokratie keine Rede sein.[1]

Nur dort, wo ein Fürst der Kurie entgegenarbeitete, wie Friedrich II., hat ihn der Papst seiner Macht verlustig erklärt; aber man darf darin nur eine letzte Konsequenz aus den Beziehungen zwischen dem Papsttum und dem päpstlichen Lehen Sizilien sehen. Obgleich die Könige gehorsame Söhne der Kirche waren, sorgten sie überall dafür, jeden Eingriff des Papstes in ihre Angelegenheiten zu verhindern. Freilich gab es zwischen dem Ende des zwölften Jahrhunderts und dem Beginn des vierzehnten Jahrhunderts nur wenige politische Ereignisse, bei denen die Päpste nicht eingegriffen haben. Doch griffen sie nicht als religiöse Gebieter über die politischen Mächte ein; sie verbündeten oder widersetzten sich ihnen vielmehr als Einzelmacht und nur insoweit, als dies ihrer besonderen Politik Nutzen brachte. Die Päpste hatten zwar in dem Kirchenbann eine furchtbare Waffe, aber sie verlor durch ihren häufigen Mißbrauch an Wirkung.

Die Päpste trieben, wie wir eben sagten, eine eigentümliche Politik, da sie zugleich in ihrer Eigenschaft als Leiter der katholischen Christenheit und als italienische Territorialfürsten auftraten. Diese beiden Eigenschaften der Päpste vermischten sich in ihrer Politik zwar häufig, waren aber dennoch voneinander verschieden.

Die wahre päpstliche Politik war die der Kirche, aus deren universaler Sendung sie folgte. Sie ist in zwei Tendenzen zusammenzufassen: dem Kreuzzugsgedanken und der Vereinigung mit der griechischen Kirche. Diese beiden Tendenzen vermengen sich aber so häufig, daß man sie nicht immer voneinander trennen kann. Schon Urban II. hatte daran gedacht, der Spaltung der Christen im Interesse des ersten Kreuzzuges ein Ende zu setzen; aber gerade der Kreuzzug hatte diese Spaltung schließlich noch hartnäckiger gemacht; denn er schuf zwischen Griechen und Lateinern, wie bereits dargelegt wurde, nur Abneigung. Die Lage der Lateiner im Orient wurde übrigens so gefährlich, daß im Jahre 1146 ein zweiter Kreuzzug notwendig wurde. Dieser wurde vom heiligen Bernhard von Clairvaux gepredigt und rief wieder einen Aufschwung religiöser Leidenschaft hervor. Obwohl der Papst auch den zweiten Kreuzzug veranlaßt hatte, war man ihm bei dessen Durchführung nicht mehr so gehorsam wie bei dem ersten, ganz von Adligen und Rittern vollbrachten Zug des Jahres 1096. Der König von Frankreich, Ludwig VII., und der deutsche König, Konrad III., nahmen an dem zweiten Kreuzzug teil. Obgleich die Rolle beider Könige bei dem Kreuzzug unbedeutend war, zeigt ihre Beteiligung, daß Rom künftig mit den politischen Mächten und ihren Interessen als wichtigem Faktor rechnen mußte. Das dem Kreuzzug gestellte Ziel wurde freilich nicht erreicht; die Staaten der Kreuzfahrer wurden vor der Gefahr, welche sie bedrohte, nicht gerettet. Einige Jahre später nahm Sultan Saladin von Ägypten, der Sohn des Aijub, Jerusalem (1187), und man mußte das Abendland von neuem aufrufen, das Grab Christi von den Moslems zu befreien. Doch die Stadt blieb den Moslems. Der dritte Kreuzzug brachte die Teilnahme dreier Monarchen: Friedrich Barbarossa, Philipp August und Richard Löwenherz. Friedrich starb während des Zuges; er konnte seine Hoffnung, das Prestige des Kaiserreiches wiederherzustellen, nicht verwirklichen. Philipp August und Richard Löwenherz arbeiteten gegeneinander und trennten sich grollend, ohne etwas erreicht zu haben. Die Erfahrung war lehrreich: es stand nunmehr fest, daß man das Heilige Land nicht wieder erobern konnte und daß der irdische Ehrgeiz sich immer empörender in den »geweihten« Krieg mengte; schon Heinrich VI. hatte ja während seiner kurzen Herrschaft in Sizilien an einen rein weltlichen Kreuzzug gedacht, bei dem er nur die Ausdehnung seiner Herrschaft im Mittelmeer im Auge hatte. Trotzdem bewahrte Papst Innocenz III. genügend christlichen Idealismus, um einen Zug vorzubereiten, in welchem Ägypten, die Grundlage der Macht der Aijubiden, angegriffen werden sollte. Dieses Mal wollten aber die Herrscher von einem solchen Vorhaben nichts hören; ihre eigenen Geschäfte erlaubten ihnen nicht, den Westen zu verlassen. Die Fürsten und Grafen, die sich an diesem Kreuzzug beteiligten, waren vor allem die Territorialherren aus den niederländischen Gebieten sowie die Grafen der Champagne und des Blois. Aber die Venezianer, welche die Flotte beherrschten und für ihre Dienste nicht völlig bezahlt worden waren – die Kreuzzüge wurden immer teurer, und der Adel war verarmt –, lenkten die Kreuzfahrer gegen Zara, eine christliche Stadt, die den Handel der Venezianer in der Adria behinderte. Der Papst exkommunizierte die Kreuzfahrer, aber das kümmerte sie nicht. Alexios Angelos (Schwager Philipps von Schwaben, welcher dem Papst feindlich gesinnt war, und Sohn jenes Kaisers Isaak II. Angelos, den sein Bruder Alexios III. kurz zuvor hatte absetzen und blenden lassen) bat in Zara die Kreuzfahrer, nach Konstantinopel zu ziehen. Er versprach dafür auch, die griechische Kirche mit Rom zu vereinigen. Der Papst widersetzte sich dieser Ablenkung des Kreuzzuges; denn er mißtraute einem Mann, der den Staufern verschwägert war. Trotzdem lenkten die Kreuzfahrer ihren Zug nach Konstantinopel und zeigten damit, daß Rom sie nicht mehr beherrschte. Die Flotte erschien am 23. Juni 1203 vor Konstantinopel, und Isaak wurde von den Kreuzfahrern wieder auf den Thron gesetzt. Aber der Haß der Griechen gegen die Kreuzfahrer, die den Kaiser wieder eingesetzt hatten, rief einen Aufstand hervor. Das Volk rief den tapferen Alexios Dukas Murtzuphlos zum Kaiser aus; er brach mit den Lateinern, und diese bemächtigten sich daraufhin der Stadt (am 12. April 1204). Graf Balduin von Flandern, der die meisten Soldaten gestellt hatte, wurde am 16. Mai zum Kaiser gewählt und von einem Legaten des Papstes gekrönt. Die Politik Innocenz' III. änderte sich nun plötzlich, und er machte seinen Vertrauensmann, den Venezianer Thomas Morosini, zum Patriarchen von Konstantinopel. Dennoch sollte nicht die Kirche, sondern hauptsächlich Venedig von diesem Zuge Vorteil haben. Dieses gründete in den früher byzantinischen Provinzen ein glänzendes Kolonialreich.

Das Lateinische Kaiserreich war also eine von den Handelsinteressen Venedigs, den dynastischen Streitigkeiten in Byzanz und der Begeisterung der abendländischen Ritter geschaffene Improvisation. Welche Zukunft konnte es haben? Wenn man an die Folgen denkt, die zweieinhalb Jahrhunderte später die Einnahme Konstantinopels durch die Türken hatte und noch jetzt hat, kann man sich die Möglichkeiten, die das Lateinische Kaiserreich zu Beginn des dreizehnten Jahrhunderts hatte, noch nachträglich vorstellen. Aber in der Geschichte ergibt sich nichts aus dem Stegreif, und man kann hier erkennen, wie falsch die Behauptung ist, daß kleine Ursachen große Wirkungen hervorbringen. Die Einnahme Konstantinopels durch die Kreuzfahrer war jedenfalls ein kleines Ereignis, und seine Folgen waren ebenfalls klein. Die Heere aus Westeuropa konnten zwar Konstantinopel in einem Handstreich nehmen, aber sie konnten es nicht halten. Um eine solche Stadt gegen den Willen ihrer Einwohner in dauerndem Besitz zu halten, wären mehr Mittel an Geld und Menschen nötig gewesen, als dem damaligen Europa zur Verfügung standen. Man hätte dazu Thrakien und Kleinasien besetzen müssen, und kein abendländischer Staat war damals stark genug, um dies zu unternehmen. Man hätte auch stehende Heere und einen Zustrom westeuropäischer Einwanderer haben müssen, um dem Lateinischen Kaiserreich von Konstantinopel wirklich Dauer zu verleihen. Das besetzte Konstantinopel hätte nur durch ein kriegerisches und wildes Volk (wie es die Türken zur Zeit ihrer Eroberungszüge waren) oder aber durch eine Zivilisation gehalten werden können, die in militärischer und verwaltungsmäßiger Hinsicht den großen Staaten der Gegenwart ähnlich gewesen wäre. Das »große Ereignis« des Jahres 1204 war nur ein unüberlegter, aussichtsloser Handstreich. Wenn man den Chronisten Gottfried von Villehardouin liest, erkennt man freilich, daß die Sieger an ungeheuren Folgen, welche die Einnahme Konstantinopels haben würde, nicht zweifelten. Sie taten denn auch alles, was sie nur tun konnten. So ernannten sie einen Kaiser und schufen längs den Küsten des östlichen Mittelländischen Meeres Lehensländer, Fürstentümer und Kolonien. Das aber blieb auch alles. Kaiser Balduin I. fiel im Jahre 1205 in die Hände der Bulgaren, und sein Bruder Heinrich herrschte (1205–1216) im großen und ganzen rühmlich, obwohl er mit bedeutenden Schwierigkeiten zu kämpfen hatte. Andererseits hatten auch die Griechen des von den Lateinern nicht besetzten und byzantinisch gebliebenen Nicäa, Balduins Gegner, mit den Seldschuken und verschiedenen griechischen Rivalen bedeutende Kämpfe zu bestehen. Bald sah das Lateinische Kaisertum kläglich aus. Pierre (Peter) von Courtenay (1217–1219) verkaufte seine Güter in Frankreich, um sich als Kaiser zu halten. Seinem Sohn Robert gelang es nicht, die Griechen zurückzutreiben, und ihm blieb nur noch Konstantinopel selbst; Kaiser Balduin II. bettelte in Europa um Geld, verkaufte Ludwig dem Heiligen die Reliquie der Dornenkrone und verpfändete sogar seine Grafschaft Namur. Das alles nützte nichts, und fortan war der griechische Reststaat von Nicäa sicher vor Balduin. Michael VIII. Paläologos von Nicäa nahm schließlich mit Unterstützung der auf Venedig eifersüchtigen Genuesen Konstantinopel ein und stellte das griechische Kaisertum wieder her (1261). Von der Vereinigung der griechischen Kirche mit Rom blieb nichts übrig. Das einzige Ergebnis war eine Erweiterung des kolonialen Imperiums der Venezianer auf Kosten des Byzantinischen Reiches; denn dieses eroberte die Inseln und die in Griechenland gegründeten venezianischen Niederlassungen nicht wieder zurück. Das Byzantinische Reich war nunmehr schwächer geworden; es war jetzt noch weniger fähig, den Türken Widerstand zu leisten. Das war also das Ergebnis dieses Kreuzzuges!

Trotzdem hielt das Papsttum noch an manchen Illusionen fest. Urban IV. und Clemens IV. verhandelten sogar mit Michael VIII. Paläologos über die Vereinigung der griechischen Kirche mit Rom, und das Konzil von Lyon verkündete diese Union (1274). Aber die Päpste mußten sehr bald erkennen, daß Michael mit seinen Verhandlungen über die Vereinigung der Christen nur militärische Hilfeleistungen für Byzanz erstrebte. Papst Martin IV. formulierte den Bruch mit den Griechen nun eindeutig und begünstigte die Pläne Karls von Anjou gegen Konstantinopel.

Das eigentliche Ziel der Kreuzzüge blieb ebenfalls illusorisch. Der fünfte Kreuzzug (1218–1221), für den sich Papst Honorius III. begeisterte, war nur ein Feldzug, den der Titularkönig von Jerusalem, Johann von Brienne, gegen Damiette in Ägypten führte. Dazu verwendete er Scharen, die aus Ungarn, den Niederlanden, Frankreich und Deutschland zusammengebracht waren. Dieser Kreuzzug scheiterte, weil der päpstliche Legat ihn sehr schlecht führte und Friedrich II., der bei seiner Krönung (1220) Hilfe gelobt hatte, sich fernhielt.

Die drei letzten Kreuzzüge, von denen später noch zu sprechen sein wird, haben mit wirklichen Kreuzzügen beinahe nur noch den Namen gemeinsam.

Woher kommt dieses Absinken bei den Kreuzzügen, die einst mit dem ersten Zug so großartig begonnen hatten? Diese Frage ist leicht zu beantworten. Die Kreuzzüge, wie das Papsttum sie erstrebte, hatten keine weltlichen Ziele, und gerade das machte die Größe und zugleich die Schwäche dieser Unternehmungen aus. Europa hatte Syrien und Jerusalem weder materiell noch politisch nötig. Es hatte beide Gebiete in einer begeisterten Erhebung erobert, aber es hatte nicht die Kraft, sie zu halten. Dazu hätte es eines permanenten Kreuzzuges bedurft, und Europa hätte sich dann in einen militärischen Orden verwandeln müssen. Das war unmöglich. Außerdem machte das allmähliche Verschwinden der rein agrarischen Verhältnisse, die eine Massenerhebung erst ermöglicht hatten, neue Kreuzzüge schwerer durchführbar: die Städter und die ländlichen Volksmassen (die für die Ernährung der Städte arbeiteten) konnten ihren Sitz nicht mehr verändern. Die Ritter ruinierten sich bei den Kreuzzügen, und man mußte sie entschädigen. Trotzdem blieb gerade bei ihnen der Geist der Kreuzfahrer noch lange lebendig. Im Gegensatz hierzu verschwand dieser Geist sehr schnell in den Seestädten, die aus den Kreuzzügen (seitdem man den Weg zur See nahm) dauernd große Vorteile zogen. Dazu kam die Politik, die damals im Gegensatz zu den Ideen der Kreuzzüge stand. Die Politik der Könige nördlich der Alpen gestattete ihnen nicht mehr, sich in derartige Abenteuer zu stürzen, wenn keine besonderen Ziele vorhanden waren; die sizilische Politik Friedrichs II. und Karls von Anjou richtete sich auf territoriale Eroberungen. Der Glaube blieb zwar lebendig, aber ein Kreuzzug war nicht mehr möglich, und nur das Papsttum blieb diesem Gedanken noch treu. Der Kreuzzugsgedanke blieb denn auch eine konstante Idee der mittelalterlichen Päpste, und diese Idee überlebte alles: selbst die Verpflanzung der Ordensritter nach Preußen und die Vernichtung der Templer. Das Rittertum des Johanniterordens von Jerusalem war das einzige, was, von dem ursprünglichen Kreuzfahrergeiste auch weiterhin beseelt, erhalten blieb. Im übrigen aber war der Gedanke des Kreuzzuges in dem christlichen, von den Päpsten erstrebten und ursprünglich ja von allen gewollten Sinne gescheitert. Damit aber mißglückte auch die päpstliche Universalpolitik; sie zerbrach an den Realitäten in Europa, dessen politische und soziale Grundlagen sich verändert hatten, während das Papsttum dem ursprünglichen Ideal treu blieb. So scheiterte die Politik der Päpste, weil die Verwirklichung ihres Ideals unmöglich geworden war. Im großen und ganzen ist die Universalpolitik auf geistlichem Gebiet durch die Päpste ebenso erfolglos geführt worden wie auf weltlichem Gebiet durch die Kaiser.[2]

Zweites Kapitel

DAS PAPSTTUM, ITALIEN UND DEUTSCHLAND

1. *Italien*

Italien war, verglichen mit den übrigen Ländern des Westens, seit dem elften Jahrhundert das eigentliche Land der Städte. Nirgendwo waren sie so zahlreich und aktiv wie in Italien, nirgends anders spielten sie eine so hervorragende Rolle. Nördlich der Alpen und sogar in Gebieten, in denen die Städte stark entwickelt waren, wie in Flandern und in den übrigen Niederlanden, beherrschten sie keineswegs das ganze soziale Leben. Der Adel und der Bauernstand bewahrten neben ihnen ihr selbständiges Dasein und ihre vom Bürgertum abweichenden Interessen. In Italien unterlag dagegen alles dem städtischen Einfluß oder trug zu seiner Verstärkung bei. Die ländliche Bevölkerung war den Städten untertan und arbeitete nur für sie. Der Adel Italiens besaß in den Städten seine Paläste, die mit Schießscharten und Türmen versehen waren, und deren Äußeres von den über das Land verstreuten Schlössern der Barone nördlich der Alpen so verschieden war wie das Leben des Adels in diesen Palästen von dem der Ritter außerhalb Italiens.

Man muß diese Konzentration der Gesellschaft auf die Städte sicher der Beharrlichkeit der antiken Tradition zuschreiben. Die städtische Organisation des Römischen Reiches hatte in Italien tiefere Spuren hinterlassen als anderswo. Sie hatte das Volk zu den Städten hingezogen und dort konzentriert. Als die Städte, durch den erstarkenden Handel belebt, zu neuem Leben erwachten, nahmen sie sogleich eine ganz beherrschende Stellung ein. Das städtische Leben wurde in der Lombardei und in der Toskana wieder so ausschlaggebend wie einst in der Antike. Obwohl die materiellen Bedingungen dieses Lebens beinahe die gleichen waren wie in der Antike, hatte sich der Geist der Bewohner der italienischen Städte doch geändert. Die römische Landstadt hatte nur eine lokale Selbstverwaltung genossen, die der gewaltigen Macht des römischen Staates untergeordnet war. Die italienischen Städte des Mittelalters – zumindest die Städte im Norden Italiens und in Mittelitalien – waren Republiken. Innerhalb des Königreiches

Sizilien, von dem noch zu sprechen ist, war die Lage freilich ganz anders.
In der Lombardei und in der Toskana hatte, wie wir bereits gesehen haben, während des elften Jahrhunderts die damals entstehende Schicht der Kaufleute und Gewerbetreibenden den Kampf zwischen Kaiser und Papst dazu benutzt, sich gegen die Bischöfe zu erheben und ihnen die Verwaltung der Städte zu entreißen. Die ersten selbständigen Gemeinden wurden durch die Eidgenossen der »Patariner«[3] während der Wirren des Investiturstreites und der mystischen Schwärmereien gegründet. Die Herkunft dieser Kommunen war also ganz revolutionär. Schon bei ihrer Entstehung zeigten sie die Neigung zu jenen Gewaltmethoden, welche für sie bis zu ihrem Ende charakteristisch blieben. In jeder Stadt wurde die Gesamtheit der Bevölkerung genötigt, freiwillig oder unfreiwillig die neue Verwaltung anzuerkennen, und die von ihr gewählten Konsuln besaßen – wie in den südniederländischen (belgischen) Städten die Schöffen – zugleich die richterliche und die verwaltende Macht. Je mehr aber das Bürgertum sich entwickelte, desto schärfer wurden die sozialen Gegensätze in der Stadt, und die Parteien bildeten sich entsprechend den unvereinbaren, miteinander im Kampfe liegenden Interessen. In den Namen dieser Parteien war ihr Wesen deutlich genug zu erkennen: die Gruppe der Großen bestand aus dem städtischen Adel, dem sich viele reiche Kaufleute zugesellten, die Gruppe der Kleinen umfaßte die Verbände der Handwerker aller Art. Die Zahl der Handwerker wuchs, entsprechend dem wirtschaftlichen Gedeihen der Stadt. Da in den Städten eine fürstliche, den Parteien überlegene Macht fehlte, die interne Streitigkeiten hätte mäßigen können, wurden die Kämpfe der städtischen Parteien mit einer Erbitterung und Härte wie nirgends sonst geführt. Von der Mitte des zwölften Jahrhunderts an wurde der Bürgerkrieg zu einer chronischen Krankheit der italienischen Städte. Wenn die »Großen« siegten, so wurden die Kleinen mitleidlos hingemordet. Verloren die »Großen«, so wurden sie aus der Stadt verjagt, und ihre Häuser und Paläste wurden zerstört. In diesem Fall warteten die Vertriebenen oft auf die Stunde ihrer Rache, hielten das Land in der Umgebung der Stadt besetzt und plünderten und überfielen ihre Mitbürger.
Diese verbannten Leute fanden in einer benachbarten Stadt fast immer Schutz und Bundesgenossenschaft; denn der Kampf herrschte nicht nur dauernd innerhalb der Städte, sondern war im allgemeinen auch charakteristisch für die Beziehungen zwischen ihnen. Jede dieser Städte war ein wirtschaftliches Zentrum, das

unabhängig war; jede von ihnen dachte nur an sich und war bemüht, die Bauern und die übrige Bevölkerung der Umgegend dem Zwang zur Versorgung der Stadt mit Lebensmitteln zu unterwerfen. In der Stadt dachten die Regierungsmitglieder angestrengt darüber nach, wie man den Warendurchgang in der ganzen Umgegend zwangsweise über die eigenen Stapelplätze leiten oder wie man die auswärtigen Konkurrenten vom eigenen Markt ausschließen und ihnen nach Möglichkeit die Absatzmärkte wegnehmen könnte. So war der Gegensatz der Interessen außerhalb der Stadtmauern ebenso scharf wie in ihrem Inneren. Der Handel und das Gewerbe entwickelten sich inmitten von Kämpfen: in jeder dieser kleinen Welten, die einander von ihren hohen Türmen aus belauerten, entfaltete sich der Geist der Zerstörung nicht weniger intensiv als die produktive Energie. Jede Stadt bildete sich ein, daß ihr Gedeihen von der Vernichtung ihrer Rivalinnen abhänge. Dem Fortschreiten der städtischen Wirtschaft entsprach die Politik eines städtischen Partikularismus, welcher immer beschränkter und härter wurde. Der gegenseitige Haß schwieg erst, als eine Gefahr für alle Städte Italiens auftauchte. Es bedurfte der Drohungen und Gewalttaten Friedrich Barbarossas, um die Städte gegen ihn zur Lombardischen Liga zu vereinen und die Niederlage der staufischen Macht bei Legnano (1176) möglich zu machen. Den Staufern glückte es zwar nicht, den italienischen Bürgern ihre Macht aufzuzwingen, aber sie haben in die Städte doch ein neues Element der Zwietracht gebracht. Die Kaiser hörten nach der Schlacht von Legnano auf, für die italienischen Städte gefährlich zu sein, aber sie konnten doch in den Bürgerkriegen denen, die sich auf sie beriefen, als Bundesgenossen dienen. Meist beriefen sich die »Großen« auf den Kaiser. Die Namen der Welfen und Waiblinger kamen auf diese Weise aus Deutschland nach Italien und bürgerten sich dort so ein, daß sie bis zum Ende des fünfzehnten Jahrhunderts in Gebrauch blieben; der Name »Guelfen« bezeichnete die Gegner, der Name »Ghibellinen« die Anhänger kaiserlicher Eingriffe in die italienischen Stadtregierungen noch dann, als die Kaiser schon längst keine Staufer mehr waren. Keine der beiden Parteien, welche sich aufeinander stürzten, kannte noch die Herkunft der Namen, mit denen sie sich bezeichneten. Diese Namen, die in die Streitigkeiten zwischen den italienischen Städten hineingetragen wurden und auch bei ihren innenpolitischen Kämpfen eine Rolle spielten, hatten ja ihre ursprüngliche Bedeutung verloren, denn sowohl die Guelfen als auch die Ghibellinen waren Republikaner. Der einzige Unterschied zwischen beiden bestand darin, daß diese auf die Hilfe des Kaisers gegen ihre Feinde hofften, während jene ihre Hände natürlich den Feinden des Kaisers entgegenstreckten, um an der Macht zu bleiben.

Die Erbitterung, mit der die Parteien in den italienischen Städten einander vernichteten, hinderte sie nicht, darüber nachzudenken, mit welchen Mitteln man die städtische Regierung festigen könne. Man suchte in der zweiten Hälfte des zwölften Jahrhunderts diese Regierung von den Kämpfen der Parteien unabhängig zu machen, indem man sie einem Podestà anvertraute. Der Podestà war gleichsam ein in seiner Regierungszeit begrenzter Fürst, den die Stadtrepublik sich selbst wählte. Man entnahm ihn stets einer anderen Stadt, um sich seiner Unabhängigkeit gegenüber den Parteien und seiner neutralen Position zu versichern. Aber die Einführung der Podestà hatte nicht die guten Ergebnisse, die man von ihr erwartet hatte. Fast immer waren die Podestà, wenn sie ihrer Gewalt Achtung verschaffen wollten, gezwungen, sich auf eine der feindlichen Cliquen zu stützen. Dank der allgemeinen Erschöpfung seit dem dreizehnten Jahrhundert glückte es ihnen in einigen Städten, die Macht mit List oder Gewalt in die Hand zu bekommen und die ersten der Tyrannenherrschaften zu gründen, die in der Renaissance eine so bedeutende Rolle spielen sollten. Wir brauchen nur an die Scaliger in Verona und an die Visconti in Mailand zu erinnern.

Die politische und soziale Gärung in den italienischen Städten mußte auch das religiöse Leben beeinflussen. Die Mystik und die Ketzerei verbreiteten sich gleichzeitig und nährten das Fieber, das in diesen Städten glühte, von neuem. Der heilige Franziskus von Assisi war der Sohn eines Kaufmanns, und der Orden der Franziskaner fand in den Bürgerschaften der Städte das eigentliche Feld seiner Betätigung; aber diese Städte wimmelten auch von Katharern, von »Brüdern vom Freien Geiste« und von Waldensern. Die Dominikaner entfesselten im Jahre 1245 einen Aufstand gegen den Podestà von Florenz, da sie ihn der Begünstigung der Ketzer beschuldigten. Die grausamen Gesetze, welche Friedrich II. gegen die Ketzer erließ, beweisen übrigens, daß ihre Anzahl, zumindest in den großen Städten, erheblich war, und daß sie dort eine Rolle gespielt haben, deren Bedeutung man gegenwärtig leider nicht mehr genau beurteilen kann.

Sicherlich bestand die Mehrzahl der Anhänger ketzerischer Lehren damals aus den Arbeitern, die für die exportierenden Gewerbe tätig waren. Diese Gewerbe waren im Italien des dreizehnten Jahrhunderts ebenso wie in Flandern schon mächtig entwickelt und hatten in diesen beiden Gebieten die Bildung eines echten städtischen Proletariats zum Ergebnis. Die Weber in Florenz, der großen Tuchstadt des Südens, entsprachen ebensowenig wie diejenigen von Gent, Ypern oder Douai noch dem üblichen Typus des städtischen Handwerkers. Sie arbeiteten keineswegs für eigene Rechnung, sondern sind einfache Lohnarbeiter, die von den Kaufleuten angestellt sind. Der entstehende Kapitalismus zog sie in seinen Machtbereich, und seine Kraft und sein Einfluß wuchsen in dem Maße, in welchem der Handel den städtischen Export noch ausdehnte. Seit der ersten Hälfte des dreizehnten Jahrhunderts verbreiteten sich die Tuche von Florenz überall im Osten, und die florentinischen Kaufleute versorgten ihre Stadt mit Wolle aus England. Eine solche fabrikmäßige Gewerbetätigkeit setzt schon einen bemerkenswerten Grad kapitalistischer Entwicklung voraus. Die durch den Warenhandel angehäuften Vermögen wuchsen noch durch den Geldhandel. Die sienesischen und florentinischen Wechsler (Bankiers) verbreiteten sich im Laufe des dreizehnten Jahrhunderts über den ganzen Westen. Dort nennt man sie »Lombarden«, was im heutigen Englisch noch für gewisse Geschäfte der Bevorschussung (Lombard) sprachlich angewandt wird. Wir haben bereits gesehen, welche Dienste die italienischen Kaufleute als finanzielle Beauftragte dem Papsttum erwiesen. Diese Bankiers haben in England, in den Niederlanden und in Frankreich den Städten, Fürsten und Königen immer größere Summen bevorschußt und dienten ihnen zugleich als Einnehmer von Abgaben, als Münzmeister und als Schatzmeister. Die aus Florenz stammenden Mouche (Musciatto) und Biche (Albizo) Guidi spielten unter Philipp dem Schönen von Frankreich zugleich die Rolle von Bankiers und Finanzministern der Krone, blieben aber dabei Beauftragte des Papstes und des Königs von Sizilien und interessierten sich schließlich an den Geschäften mehrerer Handelsgesellschaften, wie beispielsweise der Gesellschaft der Peruzzi. Die sienesische Handelsgesellschaft der Buonsignori war noch bedeutender als die der Peruzzi. Sie war – wie ein Text, der sich auf ihren Konkurs (1298) bezieht, aussagt – die »berühmteste Handelsgesellschaft der Welt und hatte den Päpsten, Kaisern, Königen, Städten und Kaufleuten zahllose Dienste erwiesen«. Sie hatte ihren Gläubigern in jenem Jahre (1298) schon zweihunderttausend Goldflorine zurückgezahlt, und man gewährte ihr für die Zahlung der noch übrigen Schulden Aufschub, da ein Teil ihres Kapitals für Anleihen an Personen und Institutionen überall in der Welt investiert worden war und nicht so bald zurückgefordert werden konnte. Das Verschwinden dieser sienesischen Handelsgesellschaft machte Florenz zum Mittelpunkt des Geldhandels und des Bankwesens, und dies blieb so bis zum fünfzehnten Jahrhundert. Die Verbindungen, die Florenz mit dem Osten unterhielt, mußten die Aufmerksamkeit der florentinischen Kaufleute auf den Handel mit Edelmetallen lenken. Die niedrigen Preise, die in der Levante für das Gold bezahlt wurden, machten es den Geschäftsleuten in Florenz leicht, bedeutende Mengen Goldes aufzukaufen, aus welchen sie erheblichen Gewinn zogen. Durch die Goldflorine, die man im Jahre 1252 in Florenz prägte[4] und die bald in Venedig (Dukaten) und dann in Frankreich nachgeahmt wurden, ist bekanntlich die Goldmünze, die seit der Zeit der Merowinger aufgegeben war, im internationalen Handel wieder erschienen und lieferte ihm so das Tauschmittel, das für seinen Fortschritt unentbehrlich geworden war. Das Aufhören des Handels in der Karolingerzeit hatte der europäischen Welt die Silbermünze gegeben, seine Wiedergeburt gab ihr die Goldmünze zurück.

Die gesellschaftliche Stellung der italienischen Bankiers und Kaufleute näherte sich der des Adels so an, daß beide Schichten zuweilen miteinander verschmolzen. Dieser Prozeß vollzog sich um so schneller, als der italienische Adel nicht, wie der Adel nördlich der Alpen, auf dem Lande seßhaft war. Der italienische Adel hatte seinen Wohnsitz in den Städten. Man kann beobachten, daß Angehörige dieser Schicht schon gegen Ende des zwölften Jahrhunderts an Handelsgeschäften interessiert waren; andererseits wurden im damaligen Italien auch Kaufleute geadelt. Die juristische Trennung, die überall sonst zwischen den Schichten so scharf war, verwischte sich während des dreizehnten Jahrhunderts in Italien so sehr, daß sie nahezu verschwand. Dort bildete sich eine Aristokratie, für welche die soziale Position des Individuums eine größere Bedeutung hatte als das Blut. Innerhalb dieser Aristokratie überwand der persönliche Wert das Vorurteil, nach welchem die Herkunft als der maßgebende Faktor gilt. Das gesellschaftliche Leben war denn auch in Italien nuancierter, das politische Leben individueller als überall sonst, und das Streben jedes einzelnen Menschen stieß dort weniger auf Schranken als anderswo. In den mittelalterlichen Städten Italiens gab es weniger Konventionen, weniger Kastengefühl, menschlichere Züge und auch mehr Leidenschaften als im übrigen Europa. Florenz hatte auch hierin die Führung vor allen anderen Städten. Es bleibt das unvergängliche Verdienst dieser Stadt, den Genius hervorgebracht zu haben, welchem das Mittelalter seine größte Schöpfung neben den gotischen Kathedralen verdankt: die Göttliche Komödie.

Die dem Papst gehörenden Gebiete waren der Lombardei und Toskana an politischer, geistiger und gesellschaftlicher Aktivität weit unterlegen. Der Kirchenstaat hatte von Anfang an bis zu seinem Untergang das künstliche Wesen einer rein politischen Schöpfung behalten, die nur dazu bestimmt war, die Unabhängigkeit des Heiligen Stuhls in Rom zu garantieren. Die Gebiete des Kirchenstaates gingen quer durch Italien; sie lagen zwischen dem Königreich Sizilien und der Toskana und waren durch den Apennin getrennt. Da ihnen gute Häfen sowohl am Mittelmeer als auch am Adriatischen Meer fehlten, war ihre Lage besonders ungünstig. Die päpstliche Regierung konnte sich dort niemals Gehorsam erzwingen. Obwohl die großen Adelsfamilien sich nicht mehr um die Tiara stritten, behielten sie sowohl in Rom als auch in der Umgebung der Stadt eine erhebliche Macht und führten ständig private Kriege miteinander. Dazu kam der unsichere Zustand, in den das Land durch die kaiserlichen Ansprüche versetzt wurde. Zudem war es schon in Rom selbst schwer, das eitle, dünkelhafte und müßiggehende Volk ruhig zu halten: ein Volk, das stets bereit war, »Tribunen« zu folgen, die es mit den großen Erinnerungen an die Antike zu berauschen wußten. Es ist charakteristisch, daß die bedeutendsten Päpste, wie Innocenz III. oder Innocenz IV., zwar Könige absetzten oder exkommunizierten, aber in ihrer Hauptstadt niemals ruhig leben konnten und den Aufständen der Straße wehrlos preisgegeben waren. Obwohl das römische Volk vom Papsttum lebte, lebten die Päpste unter diesem Volke, als ob sie sich inmitten von Rom verschanzt hätten. Rom war zwar der Mittelpunkt der universalen Kirche, der Sitz der kirchlichen Politik; aber das eigentliche Leben der Kirche konzentrierte sich außerhalb der Ewigen Stadt. Die Kirche besaß in Rom keine bedeutsame Organisation des Unterrichts, und keiner der großen Theologen jener Zeit – weder ein Albert der Große noch ein Thomas von Aquino – hat in Rom gelebt. Das Kunstleben Roms war damals ebenso unbedeutend wie sein wissenschaftliches Leben. Keine Quelle neuer religiöser Bewegungen ist dem mittelalterlichen Rom entsprungen. Der heilige Franziskus kam aus Assisi, der heilige Dominikus aus Spanien. Man kann sagen, daß in der Luft, in der sich die Regierungsgewalt der Kirche entwickelte, die Künste, der Glaube und die Wissenschaft nicht gedeihen konnten.

Eine ganz andere Welt jedoch war das Königreich Sizilien im Süden Italiens. Zwar war es nicht weniger reich als der Norden der Halbinsel; aber politisch war es so matt, wie es heiß und üppig war. Die byzantinische und arabische Verwaltung hatte das Volk der Disziplin des Staates unterworfen. Es gab dort keine Selbständigkeit, keine Stadtrepubliken also, sondern große Städte, welche verwaltungsmäßig vom Staat regiert wurden, und ein Volk, das gewöhnt war, Steuern zu zahlen und zu gehorchen. Wenn man noch hinzufügt, daß das Königreich Sizilien bezahlte und absetzbare Beamte hatte, und daß der König allmächtig war, so erhält man ein Bild dieses Reiches, dessen agrarische Entwicklung derjenigen des übrigen Europa voraus war. Seine Bevölkerungsdichte war die größte in Europa, und man hat die Zahl der Einwohner im dreizehnten Jahrhundert (1275) auf 1 200 000 Menschen geschätzt: eine Zahl, die größer ist als die der damaligen Bewohner Englands. Heinrich VI. und später Friedrich II. haben die Verwaltung des Königreichs Sizilien im Sinne eines reinen Absolutismus entwikkelt. In diesem Königreich gab es schon damals eine obrigkeitliche Verwaltung der Domänen, Monopole und Speicher des Staates; dazu kam eine systematische Organisation der Staatseinnahmen ohne Befreiung von Abgaben, so daß man an einen vorweggenommenen Merkantilismus denken könnte. Andererseits erinnern die Gründung der Universität Neapel und die Duldsamkeit gegenüber den Moslems an den aufgeklärten Absolutismus. Zwischen dem Friedrich II. des dreizehnten Jahrhunderts und dem preußischen des achtzehnten Jahrhunderts gibt es manche Berührungspunkte, was sich einfach daraus erklärt, daß beide sich mit ihren Völkern alles erlauben konnten. Die von Friedrich II. im Jahre 1231 abgeschlossene Kodifikation des öffentlichen Rechts (die Konstitutionen von Melfi) fügte den normannischen Einrichtungen des Staates ein Element hinzu, das man als zentral geleitete Verwaltungsbürokratie bezeichnen könnte.

Das Königreich Sizilien war mit seinen rationalen und absolutistischen Verfassungsgesetzen für das Europa des dreizehnten Jahrhunderts etwas Einzigartiges. Diese Gesetze waren der Normenwelt der byzantinischen und der islamischen Kultursphären entnommen, die zur Zeit der Eroberung des Landes durch die Normannen sich dort begegneten. Die europäischen Staaten gelangten erst in der Neuzeit zu einer Verwaltung, die so vollkommen war wie diejenige des Königreiches Sizilien im Mittelalter. Man kann aber an diesem Reiche beweisen, daß eine Verfassung, die nicht im Volke selbst wurzelt, auch keinen Einfluß auf die Kultur des Volkes ausübt, und daß Organisation nicht alles bedeutet. Dieses geradezu preußische Sizilien war in seiner Verwaltung dem gesamten übrigen Europa überlegen, und doch hat es weder einen Dante noch die Gotik hervorgebracht; es hatte denn auch später keinen Anteil an dem Aufblühen der Renaissance.

2. *Friedrich II.*

Das Schicksal brachte es mit sich, daß die Staufer Italien immer mehr zur Grundlage ihrer Politik machten. Das deutsche Wesen wurde in diesem Geschlecht von Konrad III. über Barbarossa bis zu Heinrich VI. immer schwächer. Friedrich II. war schon kein Deutscher mehr. Eine sizilische Mutter hatte ihn geboren, und in Sizilien war er auch erzogen worden. Friedrich war denn auch ein echter Sohn Siziliens. Er hatte zwar ebenso wie Philipp II., der ein echter Spanier war, blonde Haare; aber selbst wenn man in der Blondheit durchaus ein Zeichen germanischer Rasse sehen will, so beweist die Blondheit dieser beiden Herrscher nur, daß die Rasse ohne Einfluß auf die sittlichen Auffassungen und auf die Geisteshaltung ist.
Gregor IX. und Innocenz IV. haben Friedrich nicht nur der Ketzerei, sondern auch der Gotteslästerung beschuldigt, und seine Feinde unterstellten ihm eine (in Wirklichkeit auf arabische Sektierer zurückgehende) Äußerung, in welcher Moses, Jesus und Mohammed als drei Betrüger dargestellt werden. »Friedrich glaubte nicht an Gott *(fidem dei non habuit)*«, sagte der Mönch Salimbene, der ihn persönlich kannte; man muß das offenbar so verstehen, daß der Kaiser nicht an die Autorität der Kirche glaubte. Seine Sitten waren stark orientalisiert, und in seinem Palast dienten arabische Frauen. Sein Schwiegersohn Ezzelino da Romano war so ungläubig, daß er vor seinem Tode (1259) den Empfang der Letzten Ölung verweigerte. Aus alledem darf man schließen, daß Friedrich in religiöser Hinsicht ein Freigeist war. Er hat sich gegen diese Behauptung freilich stets verteidigt und gegen die Ketzer sogar die härtesten Gesetze erlassen, die jemals vor Kaiser Karl V. gegen sie gerichtet waren; aber Friedrich handelte so, weil er davon Vorteile für seine Politik erhoffte, und weil ihm – wie den italienischen Tyrannen des fünfzehnten Jahrhunderts, denen er erstaunlich ähnelt – zur Erreichung seiner Ziele jedes Mittel recht war. Lüge, Meineid und Grausamkeit waren die Waffen, die Friedrich bevorzugte. Später wurden dies die bevorzugten Waffen der Sforza oder Visconti, denen er auch darin glich, daß er Liebe zur Kunst und Achtung vor der Wissenschaft empfand. Jacob Burckhardt hat

diesen Staufer den »ersten modernen Menschen« auf dem Thron genannt; aber diese Auffassung ist nur richtig, wenn man unter dem modernen Menschen den »reinen Despoten, durch nichts in seinem Streben nach Macht gehemmt«, verstehen will.
Derselbe Friedrich, den die Päpste später als das Tier aus der Apokalypse, als Diener des Teufels und als Propheten des Antichrist ansahen, begann seine Laufbahn übrigens unter dem Schutze des Papstes Innocenz III. und als Werkzeug der Kirche. Wir sahen bereits, wie Rom ihn gegen den dem Welfenhause entstammenden Kaiser Otto IV. ausspielte und die Schlacht von Bouvines (1214) ihm den deutschen Königsthron eintrug. Er mußte sich noch die Kaiserkrone sichern und machte dem Papst viele Versprechungen, um sie von ihm zu erhalten. Darin war Friedrich um so freigebiger, als er nicht die Absicht hatte, auch nur eines seiner Versprechen zu erfüllen. Er erklärte also, daß er auf jede Aufsicht über die Wahl der Bischöfe verzichte und keinen Anspruch auf die päpstlichen Gebiete in Italien erhebe. Friedrich erkannte das Königreich Sizilien als Lehen an, das er vom Papst empfangen habe, und verpflichtete sich feierlich, es nie dem Kaiserreich einzugliedern. Schließlich leistete er noch einen Eid darauf, im folgenden Jahr eine Kreuzfahrt zu unternehmen. Wie hätte der friedfertige Honorius III., der gerade damals der Nachfolger Innocenz' III. auf dem Heiligen Stuhl wurde, solchen Äußerungen von Friedrichs gutem Willen widerstehen können? Friedrich wurde am 22. November 1220 in Rom zum Kaiser gekrönt.
Seitdem war Italien beinahe ununterbrochen der Schauplatz seiner langen Regierung. Von Deutschland verlangte er nur eines: es sollte ihm keine Sorgen machen. Auf die nur noch ganz schattenhafte Macht des Königtums in Deutschland verzichtete Friedrich am 1. Mai 1231 durch das berühmte *Statutum in favorem principum* (Verordnung zugunsten der Fürsten). Mit diesem Gesetz gab er den Territorialfürsten völlige Unabhängigkeit, während dem Namen nach seine Söhne Heinrich und später Konrad über Deutschland herrschten. Der Kaiser, der ein »Realpolitiker« war, sah deutlich, daß der Pakt mit den Territorialfürsten, denen er Deutschland überließ, für ihn das einzige Mittel war, das deutsche Problem zu lösen. Deutschland war in Wirklichkeit nicht mehr zentral zu regieren, und ein Versuch, das königliche Prestige dort wieder aufzurichten, hätte Friedrich zu einem endlosen und unfruchtbaren Kampf mit den deutschen Fürsten gezwungen, den Kampf zwischen Welfen und Kaiserlichen wieder entfacht und neue Eingriffe seitens Frankreichs und Englands hervorgerufen;

auch hätte ein solcher Versuch den Papst zum Schiedsrichter zwischen Friedrich und den deutschen Fürsten gemacht. So war es für Friedrich das einfachste, die ausweglose Position in Deutschland ein für allemal zu verlassen und den deutschen Fürsten die königliche Macht, deren Verteidigung wirklich nicht lohnte, als einen Brocken hinzuwerfen. Deutschland bedeutete diesem Staufer nichts, er beherrschte wahrscheinlich nicht einmal die deutsche Sprache. Deutschland war für ihn nur ein Mittel, um die Kaiserwürde zu erlangen. Die Grundlage seiner Macht lag im Königreich Sizilien. Dank dem Absolutismus fanden sich dort die militärischen und finanziellen Mittel, die der Kaiser für die Verwirklichung seiner Pläne brauchte.

Es ist niemals leicht, politische Pläne, die gescheitert sind, zu analysieren. Die politischen Pläne Friedrichs II. scheinen zunächst darauf gerichtet gewesen zu sein, die absolutistische Verwaltung Siziliens vorerst ganz Italien aufzuzwingen. Friedrich dachte wohl daran, später – nach Erreichung dieses Zieles – den Versuch zur Wiederherstellung des römischen Kaiserreiches zu unternehmen: die gleiche Konzeption, die schon seinem Vater und seinem Großvater vorgeschwebt hatte. Friedrich konnte freilich nicht einmal eine Ausdehnung des verwaltungsmäßigen Absolutismus von Sizilien auf ganz Italien durchsetzen, und mit einer Wiederherstellung des antiken römischen Kaiserreiches hat er kaum einen Anfang gemacht. Seine Politik war ausschließlich italienisch; sie kennzeichnet sich kaum als Kaiserpolitik. Friedrich mußte durch diese Politik – noch mehr, als das bei seinen Vorläufern der Fall war – in Streit mit dem Papsttum geraten, und das Papsttum hat diesen Staufer denn auch als seinen standhaftesten und gefährlichsten Feind angesehen. Es gibt Historiker, die in dem Streit Friedrichs mit den Päpsten Gregor IX. und Innocenz IV. einen Kampf zwischen Prinzipien erblicken und Friedrich die Ehre erweisen, ihn als den ersten Verteidiger der Unabhängigkeit der weltlichen Macht gegenüber den Ansprüchen der Kirche anzusehen; aber das Problem ist nicht so einfach, wie es auf den ersten Blick scheint. Friedrich war persönlich, wenn man es so ausdrücken will, ein Freidenker, aber er war das Gegenteil eines Antiklerikalen. Seine politische Konzeption war nicht anders als die seiner Zeitgenossen. Wie diese erkannte er, wenigstens äußerlich, die Göttlichkeit der kirchlichen Einrichtungen an und gleichermaßen auch die Verpflichtung der Fürsten, die Kirche zu verteidigen, Ketzer zu verfolgen und den katholischen Dogmen nachzuleben. Friedrichs Verhalten gegen die Kirche war nicht von einem Prinzip, sondern nur von seinen persönlichen Interessen geleitet. Er war bereit, der Kirche jede Konzession zu machen, solange sie seine persönliche Politik nicht behinderte; aber gerade diese Politik stand der des Heiligen Stuhles entgegen. In Wahrheit haben die Päpste diesen Staufer mehr aus weltlichen als aus religiösen Erwägungen bekämpft. Die Streitigkeiten zwischen Friedrich und den Päpsten offenbaren sich in ihren wesentlichen Zügen als die Kämpfe zwischen zwei italienischen Mächten. Erst gegen Ende dieses Konfliktes erhielt der Streit allgemeinere Bedeutung, und dies veranlaßte den von Papst Innocenz IV. exkommunizierten und abgesetzten Friedrich dazu, sich gegenüber den Ansprüchen der Kirche als Vertreter der Sache der Könige aufzuspielen.

Friedrichs Position gegenüber der Kirche war aber von Anfang an sehr schlecht. Um seine Ansprüche auf Italien zu rechtfertigen, mußte Friedrich Kaiser werden, und um Kaiser zu werden, hatte er sich die Hände gebunden. Die Versprechungen, die Friedrich bei seiner Krönung gemacht hatte, gaben den Päpsten Gelegenheit zum Eingreifen. Als Friedrich anerkannt hatte, daß er in Sizilien nur als Lehensmann des Heiligen Stuhles herrsche, hatte er sich in eine sehr ungünstige Position begeben; denn die Lehensherrschaft des Papstes über das Königreich Sizilien war unvereinbar mit der absolutistischen Gewalt, die Friedrich dort ausübte. Friedrich war denn auch entschlossen, sich durch keine seiner Verpflichtungen beeinflussen zu lassen. Durch die Langmütigkeit Papst Honorius' III. brach der Konflikt mit dem Kaiser nicht sogleich aus. Aber kaum hatte Gregor IX. den päpstlichen Thron bestiegen (1227), mahnte er Friedrich, seine Verpflichtungen (zunächst sein Kreuzzuggelöbnis) zu erfüllen. Friedrich suchte Zeit zu gewinnen, schiffte sich ein und ging einfach in Otranto wieder an Land. Sogleich schleuderte ihm der Papst den Kirchenbann entgegen. Friedrich versuchte nun, die Sache gutzumachen, und biß in den sauren Apfel. Er fuhr im Juli 1228 zu Schiff nach dem Heiligen Lande; ein Vertrag mit dem Sultan ermöglichte es ihm, Jerusalem ohne Schwertstreich zu betreten und dort zu vereinbaren, daß alle Christen das Heilige Grab frei besuchen durften. Der Papst blieb jedoch unerbittlich. Das Interdikt wurde über alle Orte verhängt, die Friedrich betrat, und das Gebet des Kaisers am Heiligen Grabe erschien geradezu als Lästerung. Friedrich fand denn auch keinen Priester, der ihn zum König von Jerusalem krönen wollte, und mußte sich die Krone selbst auf das Haupt setzen.

Gregor IX. erneuerte inzwischen das zur Zeit Barbarossas geschlossene Bündnis des Papsttums mit den lombardischen Städten und drang in Sizilien ein. Friedrich eilte nach Italien zurück, um zu kämpfen. Der Friede wurde schließlich am 28. August 1230 geschlossen. Wieder einmal nahm der Kaiser die Bedingungen des Papsttums an und sicherte der Kirche in Sizilien, wo er sie den Steuern und der Gerichtsbarkeit des Staates unterworfen hatte, nun die vollständige Freiheit zu. Dafür hob der Papst den Bann auf, der seit drei Jahren auf dem Kaiser lastete.

Als Friedrich mit dem Papst versöhnt war, griff er die lombardischen Städte an. Der Kampf dauerte lange und wurde erbittert geführt; erst im Jahre 1238 war das Schicksal dem Kaiser günstig. Er glaubte daraufhin, nun sei der Augenblick gekommen, auch den Norden Italiens nach sizilischer Art zu verwalten und die republikanische Selbständigkeit und den republikanischen Geist der oberitalienischen Städte im Absolutismus ersticken zu können. Die Erfolge hatten Friedrich dünkelhaft gemacht, und er betrachtete sich als den Herrn Italiens. Er setzte dort kaiserliche Hauptleute (Kapitäne) und kaiserliche Vikare in die Verwaltung ein, ließ seinen unehelichen Sohn Enzio die Erbin Sardiniens heiraten und verschaffte ihm damit den Königstitel. Friedrich erfüllte wiederum keines seiner Versprechen. Er kümmerte sich nicht mehr darum, daß Sardinien ebenso wie Sizilien ein Lehen war, dessen Oberlehensherren die Päpste waren. Die Kirche im Königreich Sizilien wurde jetzt stärker denn je zuvor der weltlichen Gewalt unterworfen. Außerdem waren die kirchlichen Gebiete, die nun im Norden und Süden von kaiserlichem Besitz umklammert waren, in Gefahr, vom Kaiser abhängig zu werden. Nunmehr handelte Gregor IX. gleichzeitig als Territorialfürst und als Leiter der universalen Kirche. Er exkommunizierte Friedrich von neuem (1239) und entband gleichzeitig die Untertanen des Kaisers von der Pflicht, ihm zu gehorchen. Ein wütender Kampf, der mit Schmähschriften geführt wurde, entbrannte. Friedrich warf dem Papst Falschheit und Undankbarkeit vor, während dieser den Kaiser des Meineides und der Ketzerei beschuldigte. Der Kaiser erklärte, er werde das Urteil eines Konzils, das die Streitfragen zwischen ihm und dem Papst entscheiden solle, anerkennen. Als der Papst ihn aber beim Wort nahm und die Bischöfe nach Rom einberief, ließ der Kaiser die Schiffe, auf denen die Bischöfe kamen, angreifen und hielt die geistlichen Würdenträger als seine Gefangenen zurück. Papst Gregor IX. starb im Jahre 1241; so konnte er für diese Tat Friedrichs keine Vergeltung üben. Die lange Unterbrechung in der Besetzung des Heiligen Stuhles gewährte Friedrich noch eine Frist. Aber kaum war Innocenz IV. zum Papst gewählt (1243), als er das

verhinderte Konzil in Lyon einberief. Er leitete vor dieser Versammlung kirchlicher Würdenträger den Prozeß gegen den Kaiser ein, setzte ihn feierlich ab und schleuderte gegen die Anhänger Friedrichs den Kirchenbann.
Einst hatten die Kaiser, welche von den Päpsten exkommuniziert waren, diese durch eine deutsche Synode absetzen und durch einen Gegenpapst ersetzen lassen, aber diese Zeiten waren unwiederbringlich vorüber. Die ganze Kirche gehorchte Rom. In Deutschland proklamierten die Erzbischöfe von Mainz und Köln den Landgrafen von Thüringen, Heinrich Raspe, zum König (Mai 1246). Als dieser einige Monate später starb, folgte ihm im Oktober 1247 ein neuer Gegenkönig, der, ebenso wie Heinrich Raspe, ein bloßes Werkzeug Innocenz' IV. war: Graf Wilhelm von Holland.
Friedrich blieb also nichts anderes übrig als ein Versuch, seine Sache mit derjenigen der anderen Monarchen zu verbinden, und er unternahm Schritte in dieser Richtung. Während Friedrich die lombardischen Städte, die sich von neuem erhoben hatten, wieder angriff, mahnte er die Fürsten, ihn zu unterstützen und nicht zu erlauben, daß der Papst über die weltliche Macht nach Willkür verfüge; aber die Proteste Friedrichs blieben ohne Widerhall. Das konnte auch gar nicht anders sein, denn trotz der Behauptungen des Kaisers hatte seine Sache nichts mit den Angelegenheiten der nationalen und dynastisch-erblichen Könige gemeinsam, die in England und Frankreich herrschten. Diese Könige fühlten recht gut, daß ihre Kronen nicht im Bereich der päpstlichen Macht waren und daß ihr dynastisches Recht durch die Streitsache des Staufers nicht berührt wurde. Friedrich vergaß, daß der Papst eine doppelte Möglichkeit hatte, gegen ihn vorzugehen. Als König von Sizilien war Friedrich Vasall des Heiligen Stuhles, und als Kaiser hatte er die Krone vom Papst empfangen. Friedrich identifizierte denn auch vergeblich die Zeremonie der Kaiserkrönung mit der Salbung der Könige. Kein Mensch konnte eine Gleichsetzung so verschiedener Dinge bejahen, denn die Salbung machte niemanden zum König, während die Kaiserwürde auf der Krönung ihres Trägers durch den Papst beruhte. Friedrich II., der so lange gegen den Papst gekämpft hatte, zeigte also im entscheidenden Augenblick die ganze Schwäche seiner Position und seinen Mangel an Eignung zur Verteidigung der weltlichen Gewalt, für deren Vorkämpfer er sich ausgab. Der religiöse Ursprung des Reiches verurteilte es zur Bindung an den Papst, und sobald es sich von ihm lösen wollte, mußte es seine eigene Geschichte verfälschen und

jede Grundlage verlieren. Um den Staat im Sinne Friedrichs II. vom Papsttum unabhängig zu machen, bedurfte es eines Königs, dessen Krone von jedem rechtlichen Anspruch des Papstes unberührt war. Nicht dem Kaiser im Reich, sondern dem König von Frankreich war es vorbehalten, diese Emanzipation des Staates durchzuführen. Dort, wo Friedrich scheiterte, konnte der französische König Philipp der Schöne fünfzig Jahre später siegen.

Die Herrschaft Kaiser Friedrichs II. wirkt wie ein Epilog zu dem Trauerspiel, das mit Gregor VII. begonnen und bei Bouvines geendet hatte. Das Kaiserreich bestand seit Otto IV. von Braunschweig nur noch dem Namen nach, und Friedrichs Versuch, es mittels seines sizilischen Königreichs wieder aufzurichten, konnte nur in einer Katastrophe enden. Er zermürbte sich in einem hoffnungslosen Kampf, als er den Feldzug gegen die lombardischen Städte durchhielt und seine Truppen und Finanzen für eine verlorene Sache erschöpfte. Kurz nach einer blutigen Niederlage, die der Kaiser seitens der Bürger von Parma erlitt, starb er (am 13. Dezember 1250). Sein Tod hinterließ in Deutschland kaum Eindruck, aber Italien war tief erregt. Prophezeiungen, die sich auf den Antichrist bezogen, wurden dort auf die Gegenwart angewandt, und wieder einmal verbreitete sich das Gerücht, daß der Antichrist im Kommen sei. Der Kaiser aber lebe verborgen im Ätna weiter und werde später Ordnung und Recht überall wiederherstellen. Ein fernes Echo solcher in Unteritalien entstandenen und häufig variierten Vorstellungen ertönte auch in Deutschland und ließ dort die Sage vom Kyffhäuser entstehen. Diese Sage von einer kommenden Zeitwende wurde aber erst viel später auf Friedrich Barbarossa bezogen; die Ähnlichkeit der Namen führte zu dieser Verwechslung.

Der Papst nahm das Königreich Sizilien den Staufern, diesem »Natterngeschlecht«, für immer weg. Er bestimmte das große Gebiet für Frankreich.

3. *Deutschland*

Das Kaisertum ist für Deutschland verhängnisvoll geworden; es nötigte seine Könige, eine weltumspannende Politik zu führen, ihr Volk zugunsten von Konzeptionen universal kirchlichen Ursprungs aufzugeben und so die realen Möglichkeiten um einer abstrakten Vision willen ungenutzt zu lassen. Zudem hatte das

Kaisertum des Mittelalters die unmittelbaren Eingriffe der Päpste in die Angelegenheiten Deutschlands überhaupt erst ermöglicht. Der deutsche König oder – genauer gesagt – der König der Römer, der ja zum Kaiser bestimmt war, wurde gewählt, und so hatte Rom, sobald es mächtig genug dazu war, den juristischen Anspruch erhoben, diese Wahl zu genehmigen. Die Staufer erkannten die Gefahr, die in diesem Anspruch Roms lag, und versuchten, ihr zu begegnen. Sie strebten deshalb danach, die Kaiserwürde für ihre Dynastie erblich zu machen. Die Erblichkeit war freilich die unentbehrliche Voraussetzung aller monarchischen Macht und ging von einem ungeteilten Staat aus, da die Monarchie im Mittelalter (wenn man von den Stadtstaaten in diesem Zusammenhange absieht) die einzige mögliche Staatsform darstellte; aber die erbliche Monarchie, welche die eigentliche Kraft der Könige von England und Frankreich ausmachte, war seit dem Anfang des zwölften Jahrhunderts in Deutschland nicht mehr möglich. Deutschland war damals nur noch eine Summe von geistlichen und weltlichen Fürstentümern. Diese Fürstentümer aber waren zu einer gemeinsamen politischen Handlung nicht mehr imstande. Noch weniger freilich waren sie dazu imstande, die Herrschaft einer zentralen Regierung zu ertragen. Dies alles kann man übrigens nicht etwa mit dem angeblichen germanischen Individualismus erklären; denn territoriale Fürstentümer gab es weder bei den germanischen Skandinaviern noch bei den germanischen Angelsachsen, während sie bei den romanischen Franzosen vorhanden waren. Rechts und links des Rheines gab es territoriale Fürstentümer; ihr Ursprung lag in der Auflösung des karolingischen Kaiserreiches, und diese Auflösung wiederum hing mit dem vom großen Grundbesitz beherrschten wirtschaftlichen Zustand des Reiches zusammen. Die territorialen Fürstentümer entstanden dadurch, daß die Beamten, welche dank ihrer Macht als große Grundbesitzer unabhängig handeln konnten, sich der Hoheitsrechte des Königs bemächtigt hatten. Aber in Frankreich beherrschte der König das Gebiet, das sein Eigentum war, auch wirklich. Er war, wie seine großen Vasallen, mit seinem Grund und Boden eng verwachsen und wartete seit dem zehnten Jahrhundert geduldig auf den Augenblick, da er die Rechte, die er aus seiner Krone ableitete, gegenüber diesen Vasallen geltend machen könnte. Dieser Augenblick kam im zwölften Jahrhundert, wo der König den Widerstand gegen England leitete und die Bürger auf seine Seite zu ziehen wußte. So machte er aus seiner Residenz allmählich die »Hauptstadt« des Landes; auf Paris konzentrierte sich ja die Energie

Frankreichs immer mehr. Diese aktive Energie aber wurde von der großen wirtschaftlichen und sozialen Verwandlung, die auf die Wiedergeburt des Handels und auf den immer größeren Umlauf des Geldes und Umfang des Verkehrs zurückging, noch angeregt und verstärkt. Dagegen waren die deutschen Könige in ihrem Lande nirgends wirklich daheim. Sie blieben dem karolingischen Brauche treu, wechselnde Wohnsitze im Land zu nehmen. Diese Könige hatten hie und da eine Pfalz, aber keine feste Residenz. Nichts erinnert bei ihnen an die Isle de France der französischen Könige oder gar an Paris. Bis zum Ende des elften Jahrhunderts blieb die persönliche Macht der deutschen Könige jedoch noch sehr bedeutend. Das Lehenswesen entwickelte sich östlich des Rheins nur langsam. Diese langsame Entwicklung aber erlaubte den Kaisern, über zahlreiche Gebiete und Grafschaften zu verfügen, die sich in Frankreich längst die Grundherren zugeeignet haben würden; aber die wirtschaftlichen Verhältnisse gestatteten den Kaisern, wie wir schon sahen, keineswegs, aus dieser Sachlage Vorteil zu ziehen, das heißt sich jene territorialen Reserven zu erhalten und ihre Erträge an sich zu ziehen. Es war noch zu früh, um an eine verwaltungsmäßige Organisation des Reiches zu denken. Die ersten Kaiser haben im großen und ganzen die Schwierigkeit so gut gelöst wie möglich; sie haben den Bischöfen, die von ihnen ernannt waren und ihnen treu dienten, die Rechte und das Grundeigentum übertragen, das zur Verfügung stand. Dadurch wurde die Macht der Kaiser in hohem Grade von der Erhaltung dieser »kaiserlichen« Kirche abhängig. Seit dem Ende des Investiturstreites hörte jedoch die Unterstützung der Kaiser durch die reichstreue Kirche auf, und die Macht der deutschen Monarchen löste sich damit auf. Nunmehr war es zu spät, die kaiserliche Macht auf einer neuen Grundlage wieder aufzubauen. Man hat in diesem Zusammenhang den Staufern vorgeworfen, daß sie sich nicht auf die Städte stützten, aber man vergißt bei diesem Vorwurf, daß die deutschen Städte – abgesehen von denen in den Rheinlanden[5] – sich erst damals zu entwickeln begannen. Die Städte wurden also, um der Gewalt der Territorialfürsten zu entgehen, freie Republiken wie die italienischen Städte. Dem Namen nach hingen sie zwar vom Kaiser ab, aber sie waren in Wirklichkeit von ihm unabhängig, so daß ihre wirtschaftlichen Mittel seinem Zugriff vielfach entzogen waren. Der Kaiser mußte zwischen den Städten und den Fürsten wählen, und Barbarossa sowie seine Nachfolger konnten bei der vergleichsweise noch geringen Entwicklung der deutschen Städte nicht umhin, die Fürsten vorzuziehen. In demselben geschichtlichen Augenblick, in welchem der König von Frankreich dem hohen Adel seine Macht aufzuzwingen begann, ordnete sich der deutsche König seinen großen Lehensleuten unter. Der deutsche König mußte sich, um an der Macht zu bleiben, eine Partei unter den Fürsten gewinnen; er war genötigt, ihre Dienste zu bezahlen, und tat dies, indem er ihnen Vorteile und Konzessionen aller Art gewährte. Die Kaiser blieben daher nur an der Macht, indem sie diese faktisch zugleich erschöpften. Schon Friedrich Barbarossa konnte im großen und ganzen nur eine Opportunitätspolitik, welche auf den Augenblick berechnet war, führen. Der Kampf zwischen Philipp von Schwaben und Otto IV. richtete das zugrunde, was von der realen Macht des deutschen Königtums noch übriggeblieben war. Das deutsche Königtum besaß schon lange keine Autorität mehr; seit Bouvines genoß es trotz seiner Machtansprüche nicht einmal mehr ein Prestige. Friedrich erkannte im *Statutum in favorem principum* (1231) nur noch rechtlich an, was schon tatsächlich der Fall war. Er räumte den Fürsten die letzten dem Namen nach noch bestehenden Vorrechte der Krone ein. Er bezeichnete die Fürsten öffentlich als »Landesherren über ihre Gebiete« *(domini terrae)* und verzichtete auf das Recht, auf ihrem Gebiet Festungen zu erbauen, Richter zu ernennen, Münzen zu prägen und den Handel sowie das Verkehrswesen gesetzlich zu regeln.

Seitdem war Deutschland ein Verband einzelner Souveräne, die vom Kaiser völlig sich selbst überlassen wurden. Freilich hatte Friedrich II. seinen Platz in Deutschland seinem Sohn Heinrich eingeräumt; dieser wurde als Kind zum »König der Römer« gewählt (1222), lebte zunächst unter der Vormundschaft des Erzbischofs Engelbert von Köln und empörte sich später im Bunde mit den lombardischen Städten gegen seinen Vater. Friedrich ließ ihn gefangennehmen und internierte ihn in verschiedenen Schlössern Apuliens, wo er, nahezu vergessen, starb. Nach dem Tode Heinrichs wurde der andere Sohn des Kaisers im Alter von neun Jahren unter dem Namen Konrad IV. von den deutschen Fürsten als Träger des deutschen Königstitels anerkannt (1237). Jedoch konnten weder Friedrich noch die Fürsten im Ernst meinen, daß derartige Regenten imstande sein würden, in Deutschland eine Macht auszuüben. Der Kaiser und die Fürsten glaubten das auch in Wirklichkeit gar nicht. Außerdem war Innocenz IV. entschlossen, die Dynastie der Staufer nach der Exkommunikation und Absetzung Friedrichs hinwegzufegen, und ordnete eine neue Königswahl an. Mit Ausnahme der schwäbischen Städte hatte niemand an

Konrad Interesse, und wir sahen bereits, daß die Krone zuerst Heinrich Raspe, dem Landgrafen von Thüringen, und dann dem Grafen Wilhelm von Holland zuerkannt wurde. Die Fürsten kümmerten sich übrigens kaum um diese Wahlen, welche hauptsächlich das Werk des Erzbischofs von Köln waren. Die Wahl Heinrich Raspes und Wilhelms von Holland diente beinahe nur zur Bekräftigung des schon errungenen päpstlichen Sieges. Während der Thüringer schon nach ein paar Monaten starb, war Deutschland dem Holländer, der in seinem Vaterlande lebte, fast fremd, und er erschien beinahe nur im Rheinland. Die angestammte Grafschaft Holland lag Wilhelm mehr am Herzen als sein neues Königreich. Wilhelm benutzte seinen Titel, den er der Protektion Roms verdankte, beinahe ausschließlich dazu, die Ansprüche seiner Dynastie auf Seeland zum Nachteil der Grafen von Flandern zu verstärken. Sein gegen die Friesen unternommener Feldzug, in dessen Verlauf er am 28. Januar 1256 in der Schlacht von Hoogwoud fiel, ging ebenfalls auf seine holländische Territorialpolitik zurück. Nach Wilhelms Tod hielt Alfons X., Kastiliens König, dessen Mutter eine Tochter Philipps von Schwaben war, diese Verwandtschaft mit den Staufern für einen Grund, die Krone Deutschlands in Anspruch zu nehmen; damit wollte er sich die Krone Siziliens sichern.

Diese Krone erregte auch die Begehrlichkeit König Heinrichs III. von England, des alten Bundesgenossen der Welfen. Der englische König hoffte, Sizilien seinem Sohn Edmund verschaffen zu können. Um Edmund eine Unterstützung zu sichern, stachelte der König von England seinen Bruder, Richard von Cornwall, dazu auf, durch Intrigen die Nachfolge Wilhelms von Holland als deutscher König zu erlangen. Die beiden Konkurrenten, die sich um diese Nachfolge bewarben, rechneten zur Erlangung des Sieges nur auf das Geld, das sie zur Verfügung hatten. Der Spanier und der Engländer stritten meistbietend. Nicht anders als König Franz I. von Frankreich und Karl V. dies drei Jahrhunderte später bei den Kaiserwahlen von 1519 taten, boten schon sie für die Würde des Königs der Römer einfach Geldbeträge, um sich den Titel wie bei einer Versteigerung zum höchsten Gebot zuschlagen zu lassen. Die deutschen Landesfürsten, denen die Krone als etwas völlig Nebensächliches erschien, hatten keinerlei Nationalgefühl und erstrebten nichts anderes als den Verkauf der Königswürde zum höchsten erzielbaren Preis. Manche Fürsten ließen sich von Alfons von Kastilien, andere von Richard von Cornwall kaufen, und im Jahre 1257 erhielten beide die Krone wie eine Handelsware, die gegen Zahlung geliefert wird. Sieben Landesfürsten hatten an dieser Doppelwahl teilgenommen, und in ihr liegt der Ursprung des Kurfürstenkollegiums, das seither das Recht in Anspruch nahm, den König der Römer zu wählen.

Sowohl der von Alfons als auch der von Richard geschlossene Kauf des Titels hätte, um irgendeine Bedeutung zu erlangen, der Genehmigung des Papstes bedurft. Aber in Rom begnügte man sich damit, die Herrschaft der Staufer vernichtet zu haben, und ließ den Strom der Gesuche um Mitwirkung über sich ergehen, ohne zugunsten des einen oder des anderen einzugreifen. Angesichts dieser Haltung des Papstes hielt Alfons von Kastilien es nicht für nötig, sich weiter um seine neue Würde zu bemühen. Er ließ sich einfach in Deutschland nicht sehen. Richard von Cornwall ließ sich zu Aachen krönen, fertigte einige Urkunden aus und wurde dann durch die unter König Heinrich III. ausbrechenden Wirren nach England zurückgerufen. Nach Deutschland kam er später nur noch selten. Er starb im Jahre 1272, und seine Wähler beeilten sich keineswegs, einen Nachfolger zu bestimmen. Außerdem lebte ja Alfons von Kastilien noch. Der Papst wollte freilich – aus Furcht vor einem Konflikt mit dem neuen König von Sizilien, Karl von Anjou – nichts von Alfons mehr hören. Andererseits wollte der Papst auch den Druck loswerden, den Karl von Anjou zugunsten einer Krönung seines Neffen, Philipp des Kühnen von Frankreich, auf ihn ausübte. Wenn Philipp der Kühne zum König der Römer gewählt worden wäre, so hätte die Dynastie der Kapetinger ein Reich erlangt, das faktisch das wiederhergestellte Imperium Karls des Großen gewesen wäre. Der Papst gab also den Kurfürsten zu verstehen, daß sie sich beeilen müßten, wenn sie nicht wollten, daß er selbst einen König anweise. Im Jahre 1273 gaben sie nach und verliehen die Krone Rudolf von Habsburg, dessen Begabung, ebenso mittelmäßig wie sein Vermögen, sie nicht beunruhigen konnte. Damit fand das Interregnum, das mit der Wahl Heinrich Raspes im Jahre 1246 begonnen hatte, sein Ende.

Die französischen Könige waren zu sehr durch ihren Kampf mit England absorbiert, um die ständig zunehmende Schwäche Deutschlands zu einer Wiederaufrollung der lothringischen Frage auszunutzen, die ihre karolingischen Vorgänger aus dem zehnten Jahrhundert so stark beschäftigt hatte. Philipp August, Ludwig VIII. und Ludwig der Heilige haben sogar die herzlichsten Beziehungen zu den Staufern unterhalten: eine Sympathie, die sich schon aus der Verbindung der Welfen mit England ohne weiteres ergab.

Dennoch konnte der Verfall des deutschen Königtums nicht ohne Einfluß auf die Westgrenze des Reiches bleiben. Diese Grenze war einst, gemäß den Bestimmungen des Vertrags von Verdun, mitten durch rein agrarische Gebiete gelegt worden und hatte sie geteilt, wie man große Landgüter aufteilt. Es hatte sich ja damals nur darum gehandelt, jedem der Söhne Ludwigs des Frommen einen gleich großen Teil zuzuweisen, und von einer Berücksichtigung der Völker oder der geographischen Lage konnte keine Rede sein. Im Europa des dreizehnten Jahrhunderts – der Zeit, da der neue Handelsverkehr auch ganz neue, vielfältige Beziehungen zwischen den Menschen schuf – war die Grenzziehung des Vertrages von Verdun aber gänzlich veraltet. Die Verhältnisse, die sich aus ihr ergaben, waren längst überholt und konnten durch die bloße Ehrfurcht vor dem Bestehenden nicht dauernd erhalten bleiben. Die an der Maas und der Schelde entstandenen Städte orientierten sich ohne weiteres auf den Westen: die Anziehungskraft zweier großer Wirtschaftszentren – die großen Messen der Champagne und die Häfen Flanderns – erwies sich als entscheidender Faktor. Unter dem Einfluß dieser Wirtschaftszentren löste sich die romanisch sprechende Bevölkerung Lothringens, Luxemburgs, des Gebietes von Lüttich und des Hennegaus allmählich von Deutschland; aber auch die Niederländisch sprechende Bevölkerung von Brabant und Holland wandte sich immer mehr Frankreich zu. Deutschland tat nichts und hätte auch gar nichts dazu tun können, diese Gebiete an sich zu fesseln. Auch die lehensmäßige Bindung zwischen den an Deutschlands Westgrenze wohnenden Landesherren und dem Reich wurde immer schwächer, und am Ende des dreizehnten Jahrhunderts waren die Herzöge von Lothringen und von Brabant sowie die Grafen von Luxemburg, vom Hennegau und von Holland dem Reich nahezu entfremdet. Schon unter Friedrich Barbarossa hatte sich der Vertreter der staufischen Interessen in den Niederlanden, Graf Balduin V. von Hennegau, als unabhängiger Fürst betrachtet und geglaubt, seiner Pflicht gegenüber dem Kaiser schon dadurch zu genügen, daß er sich für neutral gegenüber Frankreich und Deutschland erklärte. Noch schneller löste sich das Königreich Burgund, das Konrad II. im Jahre 1033 durch Erbfall erworben hatte, vom Kaiserreich los: dieses an der Saône und der Rhône gelegene Königreich gehörte zum romanischen Sprachgebiet, und die geographische Lage sowie die wirtschaftlichen Verhältnisse führten dort unwillkürlich zu einer Orientierung auf das Mittelländische Meer oder auf Frankreich. Der letzte Herrscher von Burgund hatte sein Land den deutschen

Königen zu einer Zeit vermacht, da der Grundbesitz der einzige entscheidende Faktor war; die deutschen Könige waren Burgund immer fremd geblieben und unternahmen auch nichts, um dort Fuß zu fassen. Marseille und Lyon haben nie etwas davon gespürt, daß sie formell zum Reiche gehörten; die Grafen der Provence, der Dauphiné und der Franche-Comté kümmerten sich keinen Augenblick um die nur dem Namen nach bestehende Lehensherrschaft, die die Kaiser über sie ausübten. So verlor die alte Westgrenze des Kaiserreiches (die in einer Zeit wirtschaftlichen Stillstandes auf der europäischen Landkarte gezogen war) durch die Berührung mit lebensvolleren Kulturformen und mit Interessen, die komplizierter als die agrarisch bedingten waren, ihre eigentliche Funktion. Niemand versuchte freilich positiv, diese Grenzen zu ändern, man begnügte sich vielmehr damit, sie nicht mehr zu beachten. Da die kaiserliche Macht immer mehr verfiel, wurden zugleich auch die Grenzen des Kaiserreiches unklarer und verschwommener.
Die Könige von Frankreich hatten auf diese Weise Gelegenheit, eine Lage zu benutzen, die zwar von ihnen nicht geschaffen war, aber ihre Aufmerksamkeit immer mehr erregte, und sie machten von dieser Gelegenheit Gebrauch. Die Landesfürsten an der Westgrenze des Kaiserreiches wandten sich den französischen Königen in demselben Grade zu, in welchem sie den Kaiser vergaßen: sie suchten bei den Kapetingern Unterstützung oder erbaten ihr Schiedsurteil in Streitigkeiten. Viele dieser Fürsten empfingen vom französischen König Lehensgüter oder Renten. In den Niederlanden, wo die regionalen Verfassungen stark und die Fürstentümer konsolidiert waren, war der französische Einfluß rein politischer Art; aber an den lothringischen Grenzen und im Tal der Rhône war es anders. Der Wirrwarr der Länder und Rechte, die große Zahl der Grundherren, die zugleich in Frankreich und im Kaiserreich Ländereien besaßen, verursachten in diesen Gegenden fortwährend Rechtsstreitigkeiten. Die französischen Könige benutzten diese Streitigkeiten, um den Einfluß ihrer administrativ und juristisch geschulten Amtsleute *(baillis),* die sie aus Frankreich kommen ließen, territorial zu erweitern. Mit Zustimmung der interessierten Parteien gewannen die französischen Könige durch ein allmähliches schrittweises Vordringen und eine langsame, fast unmerkliche Aktivität in diesen Grenzgebieten Macht. Bald zeigte sich, daß die Macht der französischen Könige dort tatsächlich an die Stelle der kaiserlichen Gewalt getreten war.
Während Deutschland auf diese Weise im Westen gegenüber der Macht einer höher entwickelten Kultur allmählich seinen Einfluß

einbüßte, dehnte es sich im Osten auf Kosten der dortigen, noch primitiven Völker weit aus. Die Eroberung der slawischen Gebiete an der Elbe war von Otto I. eingeleitet und nach seinem Tode aufgegeben worden. Diese Eroberung wurde aber seit der Mitte des zwölften Jahrhunderts wieder aufgenommen und schritt schnell fort. Auf den ersten Blick stellt dieses Fortschreiten der deutschen Kolonisation (die immer umfangreicher wurde, während die Macht der Kaiser im Inneren unaufhörlich verfiel) ein seltsames Schauspiel dar. Der darin liegende Widerspruch ist aber damit zu erklären, daß das große Werk der deutschen Expansion nach Osten – später sollte diese Gebietserweiterung auf das Schicksal des deutschen Volkes tiefen Einfluß ausüben – nichts mit den Kaisern zu tun hatte. Ohne Beteiligung der Kaiser und ohne daß sie das geringste Interesse für diese Kolonisation gezeigt hätten, wurden die Gebiete östlich der Elbe germanisiert. Während Friedrich Barbarossa seine Kräfte nutzlos in Italien verbrauchte, haben die Landesfürsten der Gebiete an der Niederelbe diese Arbeit vollbracht. Vor allem haben Heinrich der Löwe und der Markgraf von Brandenburg, Albrecht der Bär (gestorben 1170), die Germanisierung der wendischen Länder an der Ostsee energisch betrieben. Hier handelte es sich nicht um eine rein politische Eroberung, sondern um eine groß angelegte Kolonisierung. Mit ihr setzten sich germanisch sprechende Menschen in Gebieten, die von den Germanen seit ihren großen Einfällen nach Westen im vierten Jahrhundert verlassen worden waren, in einer rückläufigen Bewegung wieder an die Stelle der Slawen, die von diesen Gegenden Besitz ergriffen hatten. Die germanische Kolonisation im Osten wäre ohne die wirtschaftlichen Veränderungen unmöglich gewesen, die von uns bereits skizziert wurden: der Bevölkerungszuwachs während des zwölften Jahrhunderts, das Aufhören der Domänenwirtschaft, das Erscheinen eines Standes freier Bauern und eines Bürgertums in den Städten. Durch diese Veränderungen trafen die äußeren und die geistigen Bedingungen, die für jede Besiedelung eines Gebietes unentbehrlich sind, zusammen: der Menschenüberschuß und der Unternehmungsgeist. In dem Maße, in welchem die Einfälle der Ritter des Herzogs von Sachsen und des Markgrafen von Brandenburg die Slawen zurückdrängten und ausrotteten, nahmen die Kolonisten unter der Leitung von »Unternehmern« *(locatores)* das auf diese Weise menschenleer gewordene Gebiet in Besitz. Die Kolonisten kamen aus Franken, aus Thüringen, aus Sachsen, vom Rheinland und selbst aus Flandern und Holland. Die Flamen und Holländer waren wegen ihrer geschickten Methoden bei der Trockenlegung von Sümpfen und bei der Eindeichung besonders nützlich. Jeder Kolonist erhielt gegen einen im Durchschnitt mäßigen Grundzins eine zusammenhängende Parzelle Land, welche für einen einzigen Pächter bestimmt war (Hufe), und fand unter den Slawen, die dem Morden entgangen waren, die unentbehrlichen Arbeiter. Zisterziensermönche gründeten zwischen den neuen Dörfern ihre Klöster und stellten den Pfarrkirchen die Geistlichen. Schon vor dem Ende des zwölften Jahrhunderts hatte die Kolonisation bereits das Gebiet der Oder erreicht. Längs den Flüssen begannen die Städte zu entstehen, die für die Versorgung der Bauern mit Handelsgütern unentbehrlich waren und ihnen zugleich als Märkte dienten. Wir nennen hier Brandenburg, Stendal, Spandau, Tangermünde, Berlin und Frankfurt an der Oder.

Die beiden slawischen Staaten im Osten und Süden, Polen und Böhmen, begannen bald, die Deutschen heranzuziehen. Diese brachten ja von den Gegenden westlich der Elbe den westeuropäischen Ackerbau und die Kenntnis von mancherlei städtischen Handwerken mit. Die polnischen Herzöge von Schlesien (Piasten) förderten nach Kräften die Niederlassung von Deutschen in Breslau und seiner Umgebung. Der König von Böhmen, Wenzel I. (1230–1253), und sein Nachfolger Ottokar II. begünstigten diese Kolonisten in noch höherem Maße; deutsche Dörfer entstanden nun überall zwischen den tschechischen, und deutsche Städte, wie Kuttenberg, Deutsch-Brod und Iglau, entwickelten sich durch den Bergbau oder die Weberei. Die Bauern und Bürger behielten dort ihre Sprache, ihre Sitten und ihre Rechtsordnung inmitten der slawischen Bevölkerung, doch auf diese Weise entstanden Probleme, die in späterer Zeit einmal gefährlich werden sollten. Deutsche Kolonisten kamen sogar nach Ungarn und ließen sich in Transsylvanien unter dem Schutz des Königs nieder, der ihnen bedeutende Privilegien einräumte (1224).

Bei der Betrachtung der deutschen Expansion im Osten denkt man unwillkürlich an die Einfälle, welche die Germanen des fünften Jahrhunderts in das römische Kaiserreich unternahmen. In beiden Fällen handelt es sich um einen Vorstoß von Menschen, die außerhalb ihrer Heimat neue Existenzmöglichkeiten suchen. Freilich verschmolzen die Germanen des fünften Jahrhunderts sehr schnell mit der römischen Bevölkerung und nahmen deren Sitten und Sprache an, während die Deutschen des zwölften Jahrhunderts ihr Volkstum entweder den Slawen mit Gewalt aufzwangen oder es doch wenigstens in ihren Siedlungen inmitten einer slawischen Welt bewahrten. Diese Verschiedenheit ist jedoch nicht nur aus der Unterlegenheit der germanischen Kultur des fünften Jahrhunderts gegenüber der römischen und aus der Überlegenheit der deutschen Kultur des zwölften Jahrhunderts über die slawische zu erklären; denn die Normannen, die im elften Jahrhundert in England eindrangen, waren weit höher zivilisiert als die Angelsachsen und haben sich trotzdem schließlich so eng mit ihnen vermischt, daß aus dieser Vermischung ein neues Volk entstand, und ebenso war es mit den Schweden, die sich im neunten Jahrhundert der Herrschaft über Rußland bemächtigten. In Norddeutschland östlich der Elbe aber war das anders. Noch im zwanzigsten Jahrhundert blieb der Unterschied zwischen den Nachkömmlingen der Auswanderer des zwölften Jahrhunderts und den slawischen Völkern, die mit ihnen auf dem gleichen Gebiet leben, ebenso stark ausgeprägt wie in den ersten Tagen. Es wäre aber naiv, diese Tatsache auf Rassenunterschiede zurückzuführen, denn die Erfahrung lehrt immer wieder, daß die Deutschen ihr Volkstum in fremdem Milieu sehr leicht verlieren. Die Ursache der Erhaltung des deutschen Volkstums in Böhmen, Polen und Ungarn ist zunächst darin zu suchen, daß die Deutschen sich dort in geschlossenen Gruppen niederließen, während beispielsweise die Normannen in England seit der Eroberung der Insel unter den Angelsachsen verstreut lebten. Noch bedeutsamer war es freilich, daß die Deutschen den slawischen Völkern das Städtewesen gebracht und es bei ihnen lange Jahrhunderte hindurch vorzugsweise repräsentiert haben. Die Deutschen haben diesen Agrarvölkern das Bürgertum gestellt und haben sich daher vielleicht noch mehr als soziale Schicht denn als nationale Gruppe von Anfang an von ihnen unterschieden. Die deutschen Städte konnten durch die deutschen Bauern der Umgebung ihre Bevölkerung ständig aus dem Zustrom von Landsleuten ergänzen, und gleichzeitig verhinderte ihr eigener Einfluß, daß diese Bauern im Slawentum aufgingen.

Die germanische Expansion im slawischen und baltischen Gebiet des Ostens kann zwar hauptsächlich aus wirtschaftlichen Ursachen erklärt werden, aber auch religiöse Motive haben dabei mitgewirkt und das Fortschreiten dieser Expansion gefördert. Das Heidentum war zwischen Elbe und Oder schon vor der ostdeutschen Kolonisation verschwunden; aber in dem ganzen Gebiet an der Ostsee zwischen Oder und Memel bestand es noch. Die Bewohner dieses Gebietes waren die Preußen, ein Volk von baltischer Herkunft. Sie widersetzten sich den Versuchen, welche der heilige Bischof Adalbert von Prag am Ende des zehnten Jahrhunderts und später polnische Zisterziensermönche zu ihrer Bekehrung unternommen hatten. Der polnische Herzog von Masowien rief im Jahre 1226 gegen die beharrlich ungläubigen Preußen die Ritter vom Deutschen Orden zu Hilfe. Dieser Orden war im Jahre 1190 durch die deutsche Spitalbruderschaft zur Pflege erkrankter Pilger in Akkon gegründet worden. Zwanzig Jahre später wurde er von dem ungarischen König Andreas II. zur Bekämpfung der heidnischen Kumanen aufgefordert, welche die ungarischen Ostgrenzen bedrohten; aber die Freundschaft zwischen den Ungarn und den Rittern erfuhr bald Trübungen, und eine Aufforderung des Herzogs von Masowien gab den Ordensrittern schnell Gelegenheit, ihren Glaubenseifer in einem Gebiet zu entfalten, das ihnen mehr Möglichkeiten bot als Ungarn. Die armen Preußen mit ihren Bogen und Schilden aus geflochtenen Weiden konnten den schwer bewaffneten Rittern nicht erfolgreich Widerstand leisten. Die deutschen Ritter waren gekommen, um dem Katholizismus ein neues Land, nicht aber ein neues Volk zu erobern; denn von einer Bekehrung der Preußen war keine Rede. Diese Balten wurden einfach als Feinde Christi und des Papstes behandelt, obwohl sie weder von dem einen noch von dem anderen etwas ahnten. Seit den Kreuzzügen trat der Religionskrieg an die Stelle der Bekehrung. Dieser Kampf gegen das baltische Volk der Preußen war ein Ausrottungskrieg und hörte erst im Jahre 1283 auf, als keine Heiden mehr da waren, die von den Rittern hingemordet werden konnten. Je mehr die Ordensritter im Lande vordrangen, desto mehr organisierten sie es. Schloßartige Festungen, deren eigentümlicher Typus uns in der Marienburg (unweit von Danzig) erhalten ist, wurden zu Wahrzeichen, welche die Eroberung in ihren verschiedenen Stadien hinterließ. Deutsche Kolonisten kamen nun und besiedelten die Umgebung dieser Festungen; auch dort war, ebenso wie in dem Gebiet zwischen Elbe und Oder, die Germanisierung eine Folge des Krieges. Von den Preußen blieb nur der Name übrig, aber er bezeichnete bald die Eindringlinge selbst. Die Ritter behielten die Herrschaft über das Land und nahmen es im Jahre 1234 von Papst Gregor IX. zu Lehen.

Während die Deutschen auf diese Weise die große Ebene südlich der Ostsee besiedelten, verteilten sie sich auch über die Küstengebiete dieses Meeres, das bis dahin nur von skandinavischen Schiffen befahren worden war. Die deutsche Bewegung ging dabei von Lübeck aus, das an der Stelle einer verlassenen slawischen Ansiedlung im Jahre 1143 entstanden war und nach wechselvollem

Schicksal schließlich im Jahre 1161 von Heinrich dem Löwen unter Verleihung des Marktrechts neu gegründet wurde und vorwiegend mit Auswanderern aus den benachbarten deutschen Gebieten bevölkert war. Lübeck war besonders günstig gelegen, denn die Nähe Hamburgs bestimmte es geradezu zum Vermittler zwischen dem Handel der Nordsee und dem der Ostsee. Die Fortschritte in Lübecks Entwicklung vollzogen sich mit erstaunlicher Schnelligkeit. Seit 1163 war Wisby auf Gotland eine Art Faktorei geworden, die in ständigen Beziehungen zu Lübeck stand, und von Wisby aus ging die deutsche Schiffahrt bald nach den östlichen Küsten der Ostsee. Die Mündung der Düna bot einen ausgezeichneten Verkehrsweg in das Innere Rußlands und wurde häufig benutzt. Der Handel bahnte hier dem Christentum den Weg. In Riga wurde (1201) von dem Bremer Domherrn Albert von Appeldern ein Bistum gegründet. Dieser Prälat, Rigas erster Bischof, gründete auch die Schwertbrüderschaft, welche die Heiden Livlands und Estlands bekämpfen sollte. Einige Jahre später unterhielten die deutschen Kaufleute schon Handelsbeziehungen zu Nowgorod. Indessen nahmen die Schwertbrüder den Russen Dorpat. Diese Stadt wurde wie Riga zum Zentrum eines Bistums.

Die deutsche Vorherrschaft im Gebiet der Ostsee wurde aber bald von den dänischen Königen bedroht. Der Investiturstreit hatte es diesen Königen ermöglicht, das Joch, dem sie seit Kaiser Otto I. unterworfen waren, abzuschütteln. Der Papst hatte ihr Land im Jahre 1104 von der Diözese Bremen abgetrennt. Lund war zur geistlichen Metropole für die nordischen Königreiche geworden. Als der Kampf zwischen den Staufern und den Welfen ausgebrochen war, ergriffen diese Königreiche natürlich Partei für die Welfen. König Waldemar I., unter dessen Regierung der Hafen von Kopenhagen eine Rolle zu spielen begann, wurde zum Bundesgenossen Heinrichs des Löwen, dessen Tochter den Sohn Waldemars, Knut VI. (1182–1202), heiratete. Waldemar half Heinrich dem Löwen bei seinen Feldzügen gegen die Wenden und nahm von der Insel Rügen Besitz. Knut verweigerte Friedrich Barbarossa sogar den Treueid und zwang Pommern, Mecklenburg und selbst Lübeck und Hamburg unter seinen Willen. Waldemar II. (1202–1241) vergrößerte die Eroberung seines Bruders noch durch die Besetzung Schwerins und unterwarf Norwegen einem Tribut. Bald erschien die Flotte dieses Dänenkönigs im östlichen Teil der Ostsee, er landete in Estland (1219), erfocht über die Esten einen bedeutenden Sieg (an den sich die Sage von Danebrog anschloß) und gründete dann die Stadt Reval. Diese Expansion des Dänischen Reiches war aber rein politisch, nicht kolonisatorisch-wirtschaftlich, und gliederte der Monarchie Gebiete ein, die zum größten Teil schon von Deutschen besiedelt waren. Als Waldemar von dem Grafen von Schwerin durch einen Handstreich gefangengenommen wurde (1223), brach ein allgemeiner Aufstand gegen ihn aus. Vergeblich versuchte er vier Jahre später seine Macht wieder herzustellen. Die Niederlage, die er bei Bornhöved am 22. Juli 1227 erlitt, entschied über die Zukunft und gab den Deutschen für lange Zeit die Herrschaft über die Ostseegebiete.

Der Handel an diesem Meer, das überall von unerschlossenen, dünn bevölkerten Ländern umgeben war, konnte sich nur dadurch entwickeln, daß Getreide aus Norddeutschland sowie Pelze aus Rußland nach Westen exportiert wurden, und daß dafür Wein, Gewürze und Luxusstoffe in die Länder an der Ostsee eingeführt wurden. Brügge, wo der große Weg endete, der Flandern mit Italien verband, war schon seit langem das Ziel der deutschen Nordseeschiffahrt. Die Schiffahrt der Ostsee folgte der gleichen Richtung, und die Gemeinsamkeit ihrer Interessen führte zu einer Annäherung. Aus diesen wirtschaftlichen Beziehungen entstand die Hansa, die nicht nur eine Verbindung von Kaufleuten, sondern auch von Städten, denen diese Kaufleute als Bürger angehörten, war; Hansestädte gab es von Riga bis Köln. Die Hansa erstreckte sich sogar auf einige Städte, welche, wie Breslau und Münster, gar nicht am Meer lagen. Lübeck lag in der Mitte des Küstengebietes, das von der Schelde bis zur Düna reicht, und wurde in der Mitte des dreizehnten Jahrhunderts zum Zentrum der Hansa. Die Handelsinteressen aller Mitglieder der Hansa waren gut miteinander vereinbar: daher herrschte gewöhnlich ein harmonisches Einverständnis zwischen ihnen, obwohl örtliche und vorübergehende Differenzen nicht ausblieben. Dank der Zusammenarbeit in der Hansa blieb der deutschen Schiffahrt bis zur Mitte des fünfzehnten Jahrhunderts das Übergewicht auf der Ostsee und der Nordsee erhalten.

Unsere Darstellung können wir dahin zusammenfassen, daß seit dem Ende des zwölften Jahrhunderts Deutschlands Position in der europäischen Politik immer unbedeutender, sein Umfang auf der europäischen Landkarte aber immer größer wurde. Die deutsche Kolonisation, durch eine Reihe von Eroberungszügen und durch die religiöse Propaganda unterstützt, erstreckte sich von der Niederelbe bis zur Memel; das Kolonisationsgebiet schob sich zwischen das Meer einerseits und Polen, Rußland und die slawischen binnenländischen Staaten andererseits. Die Kolonisation wurde damit zur Keimzelle für Konflikte und Kriege, die vom vierzehnten Jahrhundert an immer wieder den Frieden Osteuropas erschütterten. Das Fehlen natürlicher Grenzen in jenen Gebieten, in denen nur die Verschiedenheit der Sprachen die Völker voneinander schied, bestimmte sie zum Schauplatz von Kämpfen, die notwendigerweise das Wesen von Nationalkriegen im rohesten Sinne dieses Wortes, nämlich im ethnographischen Sinne, annehmen mußten. Dort, wo die Beschaffenheit des Bodens den Staaten deutliche Formen gibt und die Natur gleichsam selbst die Grenzen des Vaterlandes abzeichnet, sind die Kriege nur politisch, und die Eroberung eines Staates bedeutet noch nicht die Versklavung seiner besiegten Bewohner. Die verschiedenen Fremdherrschaften, denen Italien vom zehnten bis zum neunzehnten Jahrhundert unterworfen war, haben das Wesen seines Volkes in nichts verändert. Aber in den unabgegrenzten Ebenen des nordöstlichen Europa, in denen es keinen natürlichen Schutz gegen angreifende Nachbarn gab, war das anders. Dort nahm der Krieg die Formen der Ausrottung an; denn der Sieger fühlte sich dort nur in Sicherheit, wenn er den feindlichen Staat zerstückelt, seine Institutionen ausgetilgt und die Sprache sowie die Religion des Feindes vernichtet hatte, um alles durch die eigenen Lebensformen zu ersetzen. So handelten die deutschen Kolonisten des zwölften Jahrhunderts gegenüber den Slawen und Balten Pommerns und Preußens; in ähnlicher Weise gingen später die Hohenzollern gegen die Polen und ging Rußland gegen die Deutschen der baltischen Provinzen vor. Unter solchen Lebensumständen wird Härte zur Gewohnheit; Energie, Zucht und Organisation werden unentbehrlich und beherrschen den Geist. Die Gewalt erscheint als das eigentliche Element und als die einzige Stütze des Rechts. Diese Besonderheit zeigte sich bei der deutschen Kolonisation in den Gebieten östlich der Elbe von Anfang an. An geistiger Kultur blieb dieses Kolonialland den westdeutschen und süddeutschen Gebieten stark unterlegen, und vor dem achtzehnten Jahrhundert kann man in dem norddeutschen Siedlungsland östlich der Elbe nur sehr wenige Gelehrte, Dichter und Maler finden, die nennenswert wären. Kampf und Arbeit waren dort die herrschenden Faktoren. Bei den Markgrafen von Brandenburg und den deutschen Ordensrittern sowie bei dem kleinen Adel, der in ihre Dienste trat und für sie kämpfte, zeigten sich seit dem dreizehnten Jahrhundert die ersten charakteristischen Züge eines Geistes, der im Verlauf der späteren Geschichte das Wesen des Preußentums prägte.

Drittes Kapitel

FRANKREICH

1. Frankreich und die europäische Politik

Das französische Königtum hatte mit seinem Sieg von Bouvines (1214) die Koalition zerschlagen, welche sich gegen Frankreich gebildet hatte. Mit diesem Siege hatte es seine militärische Kraft bewiesen und zugleich den ersten Rang in Europa gewonnen; es hatte von Deutschland, wo der französische Sieg dem Staufer Friedrich II. die Krone gesichert hatte, nichts mehr zu fürchten. Das französische Königtum benutzte die Lage, um seine Kräfte gegen England zu wenden, und die Umstände begünstigten diese Politik. Die englischen Barone, die sich gegen Johann ohne Land erhoben, baten Ludwig, den Sohn Philipp Augusts, die Magna Charta zu verteidigen, und boten ihm die Krone an. Einen Augenblick war der künftige König von Frankreich auch König von England. Doch der Tod Johanns (1216) rief bei den Engländern die Lehenstreue und das Nationalgefühl zugunsten von Johanns Sohn, Heinrich III., wieder wach, und dadurch wurde die dynastische Vereinigung Englands und Frankreichs unmöglich. Diese Vereinigung wäre übrigens in keinem Fall von Dauer gewesen. Ludwig ging wieder nach Frankreich, wo er sieben Jahre später seinem Vater unter dem Namen Ludwig VIII. folgte (1223).
Als Philipp August im Jahre 1180 den Thron von Frankreich bestiegen hatte, beherrschte die Dynastie tatsächlich und direkt nur das alte königliche Grundgebiet, das durch Ludwig VI. und Ludwig VII. etwas vergrößert worden war; aber dieses Gebiet war noch immer ohne Zugang zum Meer und durch das Bündnis der Grafen von Flandern mit dem König von England bedroht. Als König Philipp August starb (1223), hinterließ er seinem Sohn den Besitz der Bretagne, Poitous und der Normandie; auch waren die Grafen von Flandern durch den König zum Gehorsam gezwungen und zu bloßen Schützlingen der französischen Krone herabgesunken. Kein großer Vasall konnte in Frankreich noch der Krone erfolgreich Trotz bieten. Der Süden aber war bisher von der Gewalt der französischen Könige unabhängig geblieben. Ludwig VIII. befand sich gegenüber der Grafschaft Toulouse fast in

der gleichen Lage, in der sich acht Jahrhunderte früher Chlodwig gegenüber dem westgotischen Königreich befunden hatte. Wie einst Chlodwig seinen Zugriff auf das Westgotische Reich mit einem religiösen Vorwand gerechtfertigt hatte, nahm auch Ludwig ein solches Motiv zum Anlaß seines Einschreitens gegen die Grafschaft Toulouse. Der Eroberer des fünften Jahrhunderts hatte die Westgoten unter dem Vorwand ihres Arianertums angegriffen; Ludwig unterwarf die Grafschaft Toulouse der königlichen Macht, weil dort die Ketzerei der Albigenser herrschte. In beiden Fällen diente aber die religiöse Frage nur dazu, eine in jedem Fall unvermeidliche Entwicklung zu beschleunigen. Die geographische Einheit Frankreichs forderte notwendig auch seine politische Einheit. Der Norden und der Süden sind in Frankreich keine schroffen Gegensätze, beide Regionen gehen vielmehr ineinander über. Dazu kommt die Anziehungskraft des Mittelmeeres, welches das wichtigste Meer für den großen Handel jener Zeit und der Weg zum Orient war. Diese Eigenschaften hatte das Mittelmeer unter Chlodwig noch von der Antike her, im Anfang des dreizehnten Jahrhunderts aber hatte es seine (durch den Vorstoß des Islams verminderte) Bedeutung zurückgewonnen. Die Macht der Könige von Frankreich mußte sich von Paris aus zum Mittelländischen Meer hin ausdehnen, ebenso wie dies einst bei den fränkischen Königen der Fall war. Übrigens erstreckte sich die oberste Lehensherrschaft der französischen Monarchen bereits bis zu den Pyrenäen. Vielleicht gab es zu Beginn des dreizehnten Jahrhunderts in ganz Europa kein Gebiet, das mehr Lebensfülle und größeren Glanz gezeigt hätte als das Languedoc. Dort gab es dank der Schiffahrt im Mittelmeer viele Städte, die zu großer Wohlfahrt aufgeblüht waren. Marseille und Montpellier sandten wie Genua und Pisa ihre Schiffe zu den Häfen Ägyptens und Syriens. Cahors widmete sich dem Geldhandel ebenso wie Siena und Florenz, und der Ruf der Bankiers von Cahors drang bis in die Niederlande. Toulouse hatte in der Ebene der Garonne eine Bedeutung, die mit derjenigen Mailands in der Po-Ebene vergleichbar war. Freilich waren die Städte des französischen Südens im Gegensatz zu den italienischen Städten keine selbständigen Republiken. Wie in den Niederlanden erkannten in Südfrankreich die Städte die Autorität der territorialen Fürstentümer an, die sich aus dem Zerfall des Karolingischen Reiches gebildet hatten. Das bedeutendste dieser Fürstentümer Südfrankreichs aber war die Grafschaft Toulouse. Die Stellung der Grafen von Toulouse an den südlichen Grenzen des Königreiches ähnelte in mancher Hinsicht der Position der

Grafen von Flandern an den Nordgrenzen. Beide waren reich und mächtig und nutzten ihre vom Zentrum Frankreichs weit entfernte Lage aus, um dem König gegenüber eine fast völlige Freiheit zu bewahren. Schließlich sprachen die Untertanen der Grafen von Toulouse Provenzalisch, so wie ein Teil der Untertanen der Grafen von Flandern Niederländisch (thiois) sprach. Die sprachliche Eigenart der Grafschaft Toulouse verstärkte noch die politische Besonderheit, welche dieses Gebiet von den übrigen Teilen Frankreichs unterschied. Dies war um so mehr der Fall, als die provenzalische Literatur im zwölften Jahrhundert jede andere überstrahlte. Die auf aktuelle Anlässe bezogenen Gedichte mit ernstem (lobendem, rügendem, klagendem) oder auch sarkastischem Inhalt – der Gedichttypus des »sirventes« – begeisterten den Adel überall in Südfrankreich; diese Dichtungen wurden auch in Italien gesungen und drangen sogar bis in die Länder nördlich der Alpen. Die Gesänge wurden von den Gebildeten in ähnlicher Weise verbreitet und bevorzugt wie später, im sechzehnten und siebzehnten Jahrhundert, die Werke zunächst der italienischen und dann der spanischen Schriftsteller. Richard Löwenherz, Kaiser Friedrich II. und Herzog Heinrich II. von Brabant dichteten nach der Weise der Provenzalen, deren Sprache früher zu literarischer Entwicklung gelangt war als alle anderen romanischen Sprachen. Schon dies beweist, daß die geistige Regsamkeit im Süden Frankreichs hinter der wirtschaftlichen keineswegs zurückstand. So stark und vielfältig war dort das geistige Leben, daß in dem gleichen Augenblick, in welchem es Poesie hervorbrachte, auch noch eine religiöse Krise großen Ausmaßes entstehen konnte.

Im Languedoc wimmelte es gegen Ende des zwölften Jahrhunderts von Mystikern, welche die Kirche und das Jahrhundert zu apostolischer Einfachheit zurückführen wollten. Sie verdammten die religiöse Hierarchie wie auch die gesellschaftliche Rangordnung als teuflische Herrschaft des Fleisches und forderten, daß man diese beiden Ordnungen durch die Herrschaft des Geistes ersetze. Diese Katharer waren in der Grafschaft Albi, die von der Grafschaft Toulouse abhing, besonders zahlreich und wurden daher »Albigenser« genannt. Ihre Propaganda führte ihnen nicht nur unter dem einfachen Volk der Städte, sondern auch unter den reichen Kaufleuten und dem Adel Anhänger zu. Trotz der Rügen seitens des Klerus und der päpstlichen Beschwerden zeigte Graf Raimund VI. von Toulouse, ein Urenkel des Helden aus dem ersten Kreuzzuge, gegenüber den Ketzern eine Toleranz, die ihn selbst verdächtig machte. Papst Innocenz III. ließ ihn im Jahre 1208 durch einen Legaten, Peter Castelnau, exkommunizieren. Ein Ritter Raimunds stieß diesen Legaten in zorniger Erregung mit der Lanze nieder. Natürlich benutzte der Papst die Gelegenheit, zugleich mit dem Fürsten auch seine Länder, welche die Majestät Roms und des Katholizismus so schwer beleidigt hatten, in den Bann zu tun. Unter Führung Simons von Montfort eilten nun Scharen von Rittern aus Nordfrankreich herbei, die ebenso von Haß gegen die Ketzerei wie von Hoffnung auf Beute beseelt waren. Der Krieg wurde grausam und mitleidlos geführt. Béziers und Carcassonne wurden gebrandschatzt. König Peter II. von Aragonien, der seinem Verwandten Raimund VI. zu Hilfe kommen wollte, fiel im Kampf, doch auch Simon von Montfort hatte im Jahre 1218 das gleiche Schicksal. Simon von Montfort hinterließ seinem Sohn Amalrich die Gebiete, die er den Grafen von Toulouse abgenommen hatte. Indessen war Raimund VII. seinem Vater auf den Thron gefolgt, und Amalrich rief gegen ihn den französischen König zu Hilfe. Ludwig VIII., der schon als Thronfolger an dem Kreuzzug gegen die Albigenser teilgenommen hatte, erschien als königlicher Schiedsrichter an der Spitze eines Heeres im Languedoc; Amalrich trat ihm seine Rechte ab, und Raimund VII. wagte keinen Widerstand. Auch der Süden Frankreichs war nunmehr der Krone unterworfen. Freilich kam Ludwig VIII. nicht mehr dazu, die begonnene Eingliederung des Gebietes zu vollenden; denn der Tod ereilte ihn plötzlich (am 8. November 1226), noch während des Feldzuges.

Das französische Königreich ging auf ein elfjähriges Kind über, und eine lange Regentschaft war infolgedessen zu erwarten. Der verstorbene König hatte damit letztwillig seine Gemahlin Blanca von Kastilien beauftragt. Er hatte ihr damit eine Rolle zuerteilt, wie sie bis zu Katharina von Medici keine französische Königin mehr spielen sollte.

Natürlich benutzten die großen Vasallen die gute Gelegenheit und machten den Versuch, das, was sie an Macht seit den Anfängen Philipp Augusts verloren hatten, zurückzugewinnen; aber ihr Aufstand scheiterte, obgleich König Heinrich III. von England ihn unterstützte. Dies zeigt auf das deutlichste, wie sehr die königliche Macht in Frankreich sich gefestigt hatte. Die soziale Struktur hatte sich geändert. Während der Auflösung des Karolingischen Reiches und in einer agrarischen Kultur ohne Handel hatte die Gesellschaftsordnung die großen Vasallen begünstigt; die Bevölkerung hatte sich damit abgefunden, da nur die Territorialherren die öffentliche Ordnung sichern konnten und die Könige dazu nicht mehr imstande waren. Jetzt aber herrschte eine Gesellschaft, welche von dem System der sich selbst versorgenden großen Domänen frei geworden war und Kaufleute mit einschloß. Diese Gesellschaft wurde durch die neuartigen Bedürfnisse der Bürger umgestaltet, und die kleinen lokalen Gemeinschaften strebten begreiflicherweise danach, sich unter den mächtigen Schutz der Krone zu stellen. Sie lösten sich von der Gewalt der Territorialfürsten, deren Ansprüche mit den Bedürfnissen der Zeit nicht mehr im Einklang standen. Der Widerspruch der Fürsten war aber weder einheitlich noch sehr energisch. Ihnen fehlten, wie das bei allen reaktionären Gruppen der Fall ist, Begeisterung und Selbstvertrauen, da sie nur persönliche Interessen vertraten. Die Fürsten fanden sich schließlich mit der Macht der Krone ab, als sie die Unmöglichkeit eines erfolgreichen Widerstandes einsahen. Graf Raimund von Toulouse, welcher sich natürlich der Macht seines Oberherrn, Ludwigs VIII., beugte, verlor die Hälfte seines Gebietes und mußte seine Erbin dem Bruder des Königs, Alphons von Poitiers, verloben. Dieser erbte nach dem Tode seines Schwiegervaters im Jahre 1249 die Grafschaft.

Die Regierung des später heilig gesprochenen Königs Ludwig IX. (1226–1270) begann, ebenso wie später die Ludwigs XIV., unter den Wirren einer oft bedrohten Regentschaft. Ludwig der Heilige erinnert an Ludwig XIV. auch durch den Ruhm, den er Frankreich verschaffte. Sonst haben diese beiden Könige freilich nichts gemeinsam; ihre Politik ist so verschieden wie ihre Persönlichkeiten, deren jede für die Nachwelt zur Verkörperung ihrer Zeit geworden ist. Der absolutistische Staat des siebzehnten Jahrhunderts hat in Ludwig XIV., der christliche Staat des Mittelalters in Ludwig dem Heiligen seinen klassischen Vertreter gefunden. Religiöse Menschen werden dieses sanfte, einfache und fromme Antlitz, welches an das des heiligen Franziskus von Assisi erinnert und trotzdem einem großen Könige gehörte, immer den als Herrscher auftretenden Päpsten jener Zeit vorziehen. In der Regierung Ludwigs IX. hat sich das christliche Ideal des Friedens, der Gerechtigkeit und der Liebe weit vollkommener verwirklicht als in der päpstlichen Herrschaft eines Innocenz III. oder Innocenz IV. Man darf aber nicht vergessen, daß diese Blüte mittelalterlichen Königtums sich nur durch ein glückliches Zusammentreffen von besonderen Umständen so schön entfalten konnte. So war es für Ludwig den Heiligen ein Glück, daß er erst nach dem Ende des »Kreuzzuges« gegen die Albigenser den Thron bestieg und sich also nicht durch diese blutigen Metzeleien zu beflecken brauchte, in welche ihn sein

Eifer für den Glauben sonst sicher verwickelt hätte. Vor allem aber hatte Ludwig der Heilige das Glück, ein mächtiges und gefürchtetes Königreich von seinem Vater und Großvater zu übernehmen. Man stelle sich einmal vor, daß er im zwölften Jahrhundert geboren wäre und zu Pferde gegen seine Vasallen zu kämpfen gehabt hätte, und daß er sich an der Grenze der Normandie mit dem König von England in harten Kämpfen hätte messen müssen! Unter solchen Umständen wäre er nur ein »Ludwig der Fromme« geworden, denn er war weder ein großer Politiker noch ein großer Krieger. Der König war nur groß in seinem Edelmut und hätte seine Tugenden nicht zur Geltung bringen können, wenn er sich die Macht selbst hätte erkämpfen müssen; seine Vorzüge entfalteten sich, weil er die Macht, die ihm eine Verwirklichung seines Ideals ermöglichte, bei Antritt seiner Regierung bereits besaß. Ludwig hatte das Glück, über ein Königreich ohne Ketzer und ohne Feinde zu herrschen, und es war ihm vorbehalten, das, was das Schwert seiner Vorfahren geschaffen hatte, friedlich zu veredeln, zu festigen und zu vollenden.

Die königliche Autorität setzte sich mühelos durch und wuchs ohne Hindernisse, denn ihre zunehmende Macht wirkte sich wohltätig aus. Bisher hatte die monarchische Verwaltung vor allem dazu gedient, die Rechte der Krone zu verbürgen, ihre richterliche Gewalt zu fördern und ihre Finanzen zu regeln und zu fördern. Unter der neuen Regierung wurde die königliche Autorität dazu verwendet, die öffentliche Ordnung zu sichern und die Lage des Volkes zu verbessern. Die Verordnungen Ludwigs des Heiligen erinnern an die Kapitularien Karls des Großen; ebenso wie bei Karl beseelt ein praktisches Christentum auch die Maßnahmen Ludwigs, und in seinen Dekreten findet man sogar die *missi dominici* wieder. Sie erscheinen dort als königliche Untersuchungsbeamte und haben die Aufgabe, die Tätigkeit der königlichen Amtsmänner *(baillis)* – also Träger hoher administrativer, insbesondere polizeilicher Gewalt – zu beaufsichtigen und sie an der Bedrückung der Untertanen zu hindern, welche ihrer richterlichen und administrativen Rechtsprechung unterworfen waren. Wir haben gesehen, daß Karl der Große seine Pläne nur unvollkommen durchführen konnte, da ihm die Mittel für ihre Verwirklichung fehlten; aber Ludwig der Heilige besaß in dem Pariser Parlament und in der Beamtenschaft, die beide unter Philipp August zu permanenten Staatsinstitutionen geworden waren, die ausgebildeten Leute, die für die Ausführung seiner Pläne unentbehrlich waren. Die privaten Fehden wurden abgeschafft, die persönliche Leibeigenschaft wurde auf den königlichen Gütern aufgehoben, und die Rechtsprechung wurde durch die Einrichtung einer Berufungsmöglichkeit vervollkommnet; auch wurden die Abgaben nach gerechteren Grundsätzen als bisher erhoben. Das Parlament zu Paris unterwarf die provinzialen Gerichtshöfe seiner Aufsicht, und seine Tätigkeit trug zur Vereinheitlichung des Rechtes und zur Abschaffung veralteter Rechtsbräuche (beispielsweise des gerichtlichen Zweikampfes und der Gottesurteile) bei. Eine Rechnungskammer brachte Ordnung in die Finanzen und wirkte dahin, die Lasten der Steuerpflichtigen zu erleichtern. Die chaotische Unordnung im Münzwesen hörte auf; denn eine große Reform machte das Recht, Münzen zu schlagen, praktisch zu einem Kronrecht oder zwang wenigstens die großen Vasallen, welche immer noch Münzen schlugen, dazu, sich den Regeln anzupassen, die für die königlichen Münzen galten. In der laufenden Verwaltung nahm die französische Sprache ganz den Platz des Lateinischen ein, und die Sprache der Geschäftsführung war nun den Menschen, welche der Verwaltung unterworfen waren, nicht mehr unverständlich. Zum erstenmal fühlte das Volk, daß die Regierung nicht nur ein Instrument zu seiner Bedrückung und zur Erpressung von Abgaben war. Zum erstenmal erschien der Beamte dem Volk nicht mehr nur als eine Art Herrscher, sondern auch als Beschützer. Zum erstenmal auch sahen die einfachen Leute, daß die Macht des Königs mit der Gerechtigkeit gepaart ging, daß er aus der Ferne über das Volk wachte und an seinen Leiden teilnahm. Das Königtum wurde beliebt, verwurzelte sich in allen Provinzen und gewann die öffentliche Meinung für sich. So erschien das Königtum ein unentbehrliches Erfordernis, weil es wohltätig wirkte. Von Ludwig dem Heiligen an scheint in Frankreich jene Form des Nationalgefühls aufzutreten, die sich im Kult der Monarchie ausdrückt. Frankreich wurde zu einem Vaterland, in dem alle Menschen in einer gemeinsamen Liebe zum König verbunden waren. Zweihundert Jahre später wurde die Jungfrau von Orléans zum unvergleichlichen Sinnbild dieses Gefühles. Ludwig der Heilige hat es jedoch als erster den Franzosen eingeflößt, und es war so dauerhaft, daß es auf alle Nachfolger Ludwigs überging.

Friede und Gerechtigkeit, wie Ludwig sie bei seinen Untertanen zur Herrschaft bringen wollte, bildeten auch die ständige Richtschnur seiner auswärtigen Politik. Ludwig hätte dem König von England mit der größten Aussicht auf Erfolg seine letzten Besitzungen auf dem Kontinent entreißen können, und ebenso wäre er stark genug gewesen, dem König von Aragonien die Lehensgebiete, die dieser noch im Languedoc besaß, zu entreißen. Aber Ludwig bot beiden Königen freundschaftliche Regelungen an, obwohl seine Ratgeber sich dagegen aussprachen. Er erkannte König Heinrich III. von England im Vertrag von Abbeville (1259) die Herrschaft über Périgord und Limousin zu; Heinrich entsagte dafür den englischen Ansprüchen auf die Normandie, Anjou, die Touraine, die Maine und Poitou: Gebiete, die ja bereits unter Philipp August mit der französischen Krone vereinigt worden waren! Ludwig erhielt ferner im Vertrag von Corbeil von Jakob II., dem König von Aragonien, dessen Länder im Languedoc und trat ihm dafür die Lehenshoheit über Katalonien ab (1258).[6] Das Verhalten Ludwigs des Heiligen in dem erbitterten Kampf zwischen dem Papst und Kaiser Friedrich II. ging über Neutralität nicht hinaus, und dies kann bei einem so kirchlich gesinnten König wohl als ein leiser Tadel für die Heftigkeit Papst Innocenz' IV. gelten. Das Vertrauen, das Ludwigs Gefühl für Billigkeit bei anderen erweckte, verschaffte ihm außerhalb seines Reiches ein politisches Prestige, das gerade deshalb so groß war, weil er es niemals erstrebt hatte. In den Niederlanden wählten ihn die Dynastie Avesnes und die Grafen von Dampierre zum Schiedsrichter über ihren langen Streit. König Heinrich III. von England und die aufständischen Barone unterwarfen ihre Streitfrage ebenfalls dem Schiedsspruch Ludwigs des Heiligen.

Aber während für König Ludwig, ebenso wie für die großen Scholastiker seiner Zeit, ein Krieg zwischen Christen stets ein Unglück und oft ein Verbrechen war, erschien ihnen der Krieg gegen die Heiden eine Notwendigkeit. Der Glaubenseifer Ludwigs war zu leidenschaftlich und hingebungsvoll, als daß er den Versuch, das Heilige Grab zurückzuerobern, nicht als die erste seiner Pflichten empfunden hätte. Die Berechnungen oder Interessen, durch die sich die Zeitgenossen Ludwigs des Heiligen dem Gedanken eines Kreuzzuges immer mehr entfremdeten, waren für diesen Idealisten belanglos. Für ihn blieb, ebenso wie dies für die Päpste der Fall war, ein Kreuzzug die Ehre und wesentliche Aufgabe der Christenheit. Vergeblich führte die Umgebung Ludwigs ihm die Gefahren, die Kosten, die Zwecklosigkeit und die beinahe gewisse Niederlage vor Augen. Ihre rationalen Erwägungen konnten ja einen König, welcher bei seiner Würde vor allem an die Pflichten dachte, die ihm als Monarchen gegen Gott und also auch gegen die Kirche erwuchsen, nicht überzeugen. Je friedlicher Ludwigs Königreich gedieh, desto mehr sehnte er sich nach einem Kreuzzug.

Die Begeisterung der ersten Kreuzfahrer erstand in diesem Fürsten, mit welchem die Geschichte der Kreuzzüge endet, aufs neue. Man kann freilich die Frage stellen, ob die beiden Züge, die Ludwig der Heilige in den Jahren 1248 und 1270 gegen den Islam unternahm, noch den Charakter wirklicher Kreuzzüge trugen. Beide Unternehmen waren ihrem Ziel nach Kreuzzüge, aber ihrer Organisation nach waren sie es nicht mehr. Die Christenheit als Ganzes beteiligte sich an Ludwigs Fahrten in keiner Weise. Die beiden Züge Ludwigs waren rein französische Unternehmen, bei denen die Ritterschaft dem König weit weniger aus religiöser Begeisterung als aus Ergebenheit, Loyalität und Abenteuerlust folgte. Beide Züge scheiterten völlig. Erst nach sechs dornenvollen Jahren (1248–1254) entschloß sich der König zum Abbruch seines ersten Kreuzzuges und zur Rückkehr; er hatte sich auf die Belagerung von Damiette versteift und war in türkische Gefangenschaft geraten. Außerdem waren seine ihm liebsten Begleiter gefallen, und er mußte mit Schmerz die Vorwürfe der übrigen erdulden. In seinem zweiten Zug gegen den Islam (1270) würde Ludwig sicherlich die gleiche Beharrlichkeit gezeigt haben, wenn ihm nicht die Pest kurz nach seiner Ausschiffung im Feldlager vor Tunis das stets von ihm ersehnte Ende gebracht hätte: den Tod im Kampf für den katholischen Glauben. Ludwigs Tod beendete ein Unternehmen, an dem sich mit Ausnahme des Königs selbst wohl kaum jemand aus tief religiöser Gesinnung beteiligt hatte. Ludwig war, anstatt unmittelbar nach Ägypten zu fahren, zunächst im Interesse seines Bruders nach Tunesien gezogen; denn dieser Bruder, Karl von Anjou, der neue König von Sizilien, beanspruchte die oberste Lehensherrschaft über die Stadt Tunis. Ohne daß er es ahnte, wurde Ludwig der Heilige damit zum Werkzeug jener realistischen und eroberungssüchtigen Politik, die gerade durch seine Regierung für einige Zeit eine Unterbrechung erfahren hatte.

Das Problem des Königreiches Sizilien, um dessentwillen der Kampf zwischen dem Papst und Kaiser Friedrich II. ausgebrochen war, war durch den Tod des Kaisers nicht gelöst worden. Nach dem vorzeitigen Tode seines Sohnes Konrad IV. maßte sich Friedrichs unehelicher Sohn Manfred die Königsherrschaft an (1258), anstatt das Land für Konrads Erben zu verwalten, der in der Geschichte den aus der italienischen Bezeichnung des jungen Staufers abgeleiteten Namen Konradin behalten hat. Papst Alexander IV., der Nachfolger Innocenz' IV., hatte zuerst den Vorstellungen des Königs von England nachgegeben und dessen Sohn Edmund – ein Kind noch, das nichts unternehmen konnte und auch tatsächlich nichts unternahm – mit dem Königreich Sizilien belehnt. Diese Lage konnte aber nicht von Dauer sein; denn das Papsttum mußte einen mächtigen Fürsten, auf den Rom zählen konnte, damit beauftragen, Sizilien endgültig der obersten Lehensherrschaft des Heiligen Stuhls wieder zuzuführen. Nur ein französischer Fürst konnte hierfür in Betracht kommen. Ludwig der Heilige hatte die Krone für seinen ältesten Sohn ausgeschlagen; daher setzte sich Papst Urban IV. mit dem jüngsten Bruder des Königs, Karl von Anjou, in Verbindung. Karl war durch seine Heirat (1246) Graf der Provence geworden.

Schon lange verfolgte Karl von Anjou die Ereignisse mit gespannter Aufmerksamkeit. Die Guelfen im Süden Italiens sahen in Karl ihren künftigen Schutzherrn. Karl empfing im Jahre 1266 aus den Händen Papst Clemens' IV. die Krone des Königreiches Sizilien und brach an der Spitze einer zahlreichen und glänzenden Ritterschaft auf, um sein Königreich in Besitz zu nehmen. Ihn lockten die Reichtümer des Landes. Die französischen Waffen bestätigten den glänzenden Ruf, welchen sie seit dem Tage der Schlacht von Bouvines erworben hatten: in der Schlacht von Benevent (Februar 1266) wurde Manfreds Heer vernichtet, und er selbst fiel im Kampfe. Wenige Jahre später wurde auch das Heer, das Konradin aus Deutschland herbeiführte, von den Franzosen bei Tagliacozzo aufgerieben (1268). Dem jungen Fürsten selbst gelang zwar zunächst die Flucht, aber man griff ihn wieder auf und lieferte ihn dem Sieger aus, der ihn in Neapel wegen Majestätsbeleidigung zum Tode verurteilen und enthaupten ließ. Damit war das Geschlecht der Staufer – dieses »Natterngeschlecht«, wie Papst Innocenz IV. sich einmal ausgedrückt hatte – gänzlich ausgelöscht. Der Papst erlaubte nicht einmal, daß Konradin, den er exkommuniziert hatte, in geweihter Erde begraben würde. Kurze Zeit zuvor hatte schon der Erzbischof von Cosenza die Leiche Manfreds aus dem Grabe, das ihm die französischen Ritter zur Ehrung seiner persönlichen Tapferkeit errichtet hatten, ausgraben und am Ufer des Verde verscharren lassen. Die Gemahlin Manfreds starb im Gefängnis. Die Erbitterung, welche die Kirche bei ihrem Siege zeigte, genügt, das Schicksal des armen Konradin zu erklären. Die deutschen Romantiker des neunzehnten Jahrhunderts haben ihn als ein Opfer Frankreichs beklagt, das Deutschlands Erbfeind sei. Diese romantische Empörung hat den nationalen Haß, dessen sich schlaue Politiker später geschickt bedienten, angefacht. In Wirklichkeit ist aber nichts weniger begründet als eine solche nachträgliche Unterstellung nationaler Haßgefühle. Die Feindschaft zwischen Frankreich und Deutschland, der man gegenwärtig so sorgfältig nachgeht, ist in Wirklichkeit sehr jungen Datums, und im dreizehnten Jahrhundert gab es noch keine Spur davon. Konradin war nur der Staatsraison zum Opfer gefallen, und die Schuld an seinem Tode traf in erster Linie zwar den Papst und Karl von Anjou, in zweiter Linie aber den Staufer Friedrich II.; denn Friedrich II. hatte das Prinzip, daß der Wille des Fürsten das höchste Gesetz sei, als erster bis zum äußersten getrieben und seine Gegner danach behandelt. Im übrigen diente das römische Recht zur Legitimierung dieses Grundsatzes, der sich so gut mit der Hemmungslosigkeit Friedrichs vertrug. Die Richter Konradins waren nur Friedrichs gelehrige Schüler. Später sollte er in den italienischen Tyrannen freilich noch viele andere finden.

Man kann sagen, daß die Handlungsweise Karls von Anjou sich von der Politik der letzten Staufer kaum unterscheidet. Nur wurde Karl vom Papsttum nicht bekämpft, sondern unterstützt. Karl behielt den Absolutismus Heinrichs VI. und Friedrichs II. tatsächlich bei und verstärkte ihn sogar noch. Wie jene Staufer versuchte auch Karl von Anjou, ganz Italien seiner Leitung zu unterwerfen, und genau wie sie träumte auch er davon, seine Macht bis zum Orient auszudehnen. Rom geriet über die schnell wachsende Macht dieses Bundesgenossen in Schrecken. Die Kurie hatte geglaubt, in Karl ein abhängiges Geschöpf zu finden, während er in Wirklichkeit seinen Willen durchsetzte und sie als Instrument für seinen Machtwillen benutzen wollte. Um sich Karls Willen zu entziehen, hätte die Kurie über einen Fürsten verfügen müssen, der ein Rivale Karls gewesen wäre; aber ein solcher Rivale hätte sich notwendigerweise auf die Ghibellinen und die unzufriedenen Bewohner des Königreiches Sizilien, die man unter den Anhängern der (der Kurie so tief verhaßten) Staufer fand, stützen müssen. Außerdem war Karl von Anjou ein eifriger Sohn der Kirche, so unbequem er ihr auch sein mochte. Karl hat der Geistlichkeit des Königreiches Sizilien ihre Vorrechte zurückgegeben. Auch schien der Kirche die von Karl geplante Eroberung Konstantinopels, wo das Lateinische Kaisertum untergegangen war (1261) und die Paläologen die byzantinische Kirche wieder aufgerichtet hatten, geeignet, die geistliche Vereinigung des Ostens mit Rom wieder herzustellen; diese Wiedervereinigung aber blieb stets eines der wesentlichen Ziele der Politik des Heiligen Stuhls. Kaiser Michael VIII. von Byzanz sah die Gefahren, die ihm drohten, deutlich. Er förderte heimlich die Gärung, die auf Sizilien durch das hochmütige Betragen und die Anmaßung der Franzosen im Gefolge des neuen Königs täglich wuchs. Michaels Intrigen wurden auch von König Peter III. von Aragonien, der eine Tochter Manfreds geheiratet hatte, aktiv unterstützt. König Peter III. erstrebte die Nachfolge seines Schwiegervaters auf dem Thron des sizilischen Königreiches.

Damit erschien Spanien, wo die christlichen Königreiche sich im Gegensatz zu den dortigen islamischen Monarchien seit dem Anfang des dreizehnten Jahrhunderts immer stärker entwickelt hatten und Barcelona am Handel des Mittelmeeres lebhaft teilzunehmen begann, zum erstenmal auf dem Schauplatz der europäischen Politik. Die geographische Lage zwang Spanien, sobald es mächtig genug dazu wurde, eine Politik als Seemacht zu führen und im westlichen Mittelmeerbecken, das ja durch die Iberische Halbinsel geschlossen wird, eine aktive Rolle zu spielen. Peter III. von Aragonien handelte taktisch geschickt und tatkräftig. Vorwiegend auf seine Anstiftung ging der Aufstand zurück, der im Jahre 1282 in Messina gegen die Franzosen ausbrach und später die »Sizilianische Vesper« genannt wurde. Der Aufstand verbreitete sich sofort über ganz Sizilien. Karl sandte seine Flotte, die bereitlag, um Konstantinopel anzugreifen, nun nach Sizilien; aber sie wurde von Ruggiero di Lauria, dem aus Italien gebürtigen Admiral von Aragonien, in einer Seeschlacht bei Trapani vernichtet. Mit dieser Schlacht nahm die Geschichte der spanischen Flotte ihren ruhmvollen Anfang. Karl starb kurz danach (1285); es war ihm nicht geglückt, den sizilianischen Aufstand niederzuzwingen. Karls Sohn, Karl II. (der Lahme), wurde sein Nachfolger und mußte trotz aller Bemühungen und trotz der Hilfe des Papstes die Insel Sizilien den Spaniern überlassen. Seitdem gab es zwei Königreiche Sizilien. Das eine gehörte der Dynastie von Aragonien und lag westlich der Meerenge von Messina, das andere blieb bei der Dynastie Anjou. Dieses Herrscherhaus nahm seine Residenz in Neapel.[7]

Obwohl das Eingreifen Karls von Anjou in Italien ein Zeichen des wachsenden Prestiges Frankreichs gewesen war, kann man es doch nicht als eine Aktion der französischen Politik ansehen. Ludwig der Heilige ließ seinem Bruder freie Hand, aber er unterstützte ihn nicht aktiv und betrachtete die Politik Siziliens als eine Angelegenheit, die mit Frankreich kaum etwas zu tun hatte. Unter Ludwigs Nachfolger, König Philipp dem Kühnen (1270–1285), wurde aber die französische Politik expansiv. Bis zu Philipp war die Handlungsweise der französischen Könige ausschließlich von der Sorge um die Festigung des Königreiches, die Ausschaltung ausländischer Einflüsse und die Vereinigung der Teile Frankreichs unter der monarchischen Macht geleitet. Der große Feind der französischen Könige war zugleich ihr einziger Feind: England. Wenn die französischen Könige auswärtige Bundesgenossen heranzuziehen versucht hatten, so hatten sie dabei nur das Ziel, in Frankreich über England zu siegen. Das Werk der Könige war nun vollendet, Frankreich war eine große Macht geworden. Ludwig der Heilige hatte sich dieser Macht nur bedient, um den Frieden zu sichern, aber sein Nachfolger, Philipp der Kühne, stürzte sich in eine Politik der Expansion. Diese Politik war sicherlich von dem ehrgeizigen und unruhigen Geist seines im Königreich Sizilien regierenden Onkels, Karl von Anjou, inspiriert. Philipp ließ sich von Karl nach dem Tode Richards von Cornwall (1272) dazu bewegen, für die Würde eines Königs der Römer zu kandidieren oder vielmehr zu erlauben, daß von dieser Kandidatur gesprochen wurde. Wenn Philipp König der Römer geworden wäre, wäre Frankreich zum Nutzen des Königs von Sizilien in das unentwirrbare Dickicht der innerdeutschen Kämpfe verwickelt worden; glücklicherweise wurde die Verwirklichung dieses Gedankens dann durch die Wahl Rudolfs von Habsburg zum deutschen König verhindert. Der Plan hatte immerhin das Ergebnis, Rudolf zu einer unbegrenzten Nachgiebigkeit gegen die französische Dynastie zu veranlassen. Karl benutzte das, um von ihm den Verzicht auf alle Ansprüche hinsichtlich Siziliens zu erreichen, und Philipp erlangte tatsächlich im Jahre 1281 von dem Habsburger die Schutzherrschaft über das Bistum Toul. So viel guter Wille konnte den französischen König nur ermuntern, seinen Zugriff immer weiter über die westlichen Grenzen des Kaiserreiches hin auszudehnen. Schon ließ sich Philipp der Kühne vom Erzbischof von Lyon den Treueid schwören (1272). Er unterstützte Wilhelm von Dampierre, den Grafen von Flandern, gegen das Hennegauer Haus Avesnes, sorgte dafür, daß der Graf auch die Grafschaft Namur erhielt und beeilte sich, einem Sohn Wilhelms das Bistum Lüttich zu verschaffen; so sicherte er Frankreichs Einfluß in den Niederlanden, wo sich Flanderns Macht durchgesetzt hatte. Der Graf von Hennegau, Johann von Avesnes, versuchte vergeblich, Rudolf von Habsburg an seiner Sache zu interessieren, und bat ihn leidenschaftlich, sich nach den Niederlanden zu begeben, wo Johanns Feind sich übermütig über das stumpfe Schwert des Kaiserreiches lustig machte. In diesen reichen Gegenden war die Lehensherrschaft des Kaiserreiches faktisch längst verschollen, und es schien, als ob sie bald durch die Frankreichs ersetzt werden sollte.

Diese Ausdehnung der kapetingischen Macht nach Norden und Osten zu den Gebieten hin, welche durch ihre geographische Lage, ihre Lebensformen und zum Teil sogar durch ihre Sprache zu Frankreich neigten, war nur die unvermeidliche Folge der Schwäche Deutschlands. Diese Entwicklung war natürlich und mußte sich daher in dem Augenblick offenbaren, da hinter der künstlichen Grenze, über die Frankreich hinwegschritt, nicht mehr ein an Kraft überlegener und entschlossener Staat stand: ein Staat, der bereit gewesen wäre, die französische Macht zurückzudrängen und das festzuhalten, was die alten karolingischen Verträge des neunten Jahrhunderts ihm zugeteilt hatten. Philipp der Kühne brauchte nur die Umstände zu benutzen und die Zeit für sich arbeiten zu lassen. Im Süden des französischen Königreiches lag die Sache aber anders. Dort bildeten die Pyrenäen eine natürliche Grenze zwischen den Ländern und Völkern, und ihr mußten sich alle politischen Ziele und Eroberungszüge auf die Dauer anpassen. Chlodwig hatte die Pyrenäen nicht überschritten, und wenn die Araber es getan hatten, so waren sie doch schnell wieder hinter das Gebirge zurückgeworfen worden. Die Spanische Mark, die von Karl dem Großen jenseits der Pyrenäen errichtet worden war, löste sich schon bald von Frankreich. Es blieben nur ein paar unklare Rechte der französischen Könige auf die oberste Lehensherrschaft in Katalonien übrig. Sie waren ebenso unbestimmt wie die Rechte der Könige von Aragonien auf die oberste Lehensherrschaft im Languedoc; aber Ludwig der Heilige hatte diese wirren Verhältnisse aus Liebe zum Frieden durch klare Verständigung geregelt. Seit dem Vertrag von Corbeil grenzten die Pyrenäen nicht nur beide Länder, sondern auch beide Staaten gegeneinander ab. Man ist erstaunt, daß König Philipp der Kühne diese befriedigende Regelung einfach umstieß und sich in die Angelegenheiten Spaniens mischte; denn keine Gefahr bedrohte ihn ja von dieser Seite, und er hatte in Spanien weder etwas zu fordern noch ein französisches Interesse zu schützen. Die dynastischen Fragen, welche Philipp seit 1275 zum Anlaß nahm, in Navarra und Kastilien einzugreifen, waren nur Vorwände. Er griff sie auf, weil er einen Krieg wollte: eine *guerre de magnificence,* wie man unter Ludwig XIV. gesagt haben würde, einen »Kampf um der Hegenonie willen«, wie man sich heute ausdrückt. Philipp hatte die Macht und bediente sich ihrer, wobei er an kein anderes Ziel als an die Vermehrung seines eigenen Ruhmes dachte. Vermutlich war dieser Krieg Philipps der erste Krieg in der Geschichte Europas, der nur aus politischem Ehrgeiz geführt wurde. Übrigens muß man das

Eingreifen König Philipps des Kühnen in Spanien vielleicht dem Wunsche zuschreiben, die Pläne Karls von Anjou in Sizilien zu unterstützen; die kastilische Dynastie war ja diesen Plänen ebenso feindlich gesinnt wie das Haus von Aragonien. Jedenfalls war die Unterstützung Karls ein Motiv Philipps, als er im Jahre 1283 seinen Feldzug gegen Aragonien unternahm. Nach der Sizilianischen Vesper hatte der Papst den König von Aragonien exkommuniziert und bot dessen Reich, das ein Lehen der Kirche war, dem König von Frankreich für einen seiner Söhne an. Philipp der Kühne bestimmte hierfür Karl von Valois und überschritt die Pyrenäen, um den Thron Peters III. zu erobern. Philipp der Kühne starb aber im Jahre 1285 auf diesem Feldzug, ohne sein Ziel erreicht zu haben.

Das Lebenswerk Ludwigs des Heiligen war nun ganz vernichtet. Sein Sohn, Philipp der Kühne, hinterließ bei seinem Tode ein Frankreich, das in die Angelegenheiten Italiens und Spaniens verwickelt war. England, das die Wirren während der Regierung König Heinrichs III. überstanden hatte, wurde von den neuen Feinden Frankreichs angestachelt und griff wieder zu den Waffen. Aber wenn Frankreichs Position auch nicht mehr so stark war wie zwanzig Jahre zuvor, so war sie doch glanzvoller geworden. Frankreich hatte sich auf Kosten des Kaiserreiches vergrößert und außerdem die Pyrenäen überschritten. Zudem gab es eine machtvolle französische Dynastie, die (trotz der Sizilianischen Vesper) auch in Neapel endgültig zur Herrschaft gelangt war; bald sollte sie einen ihrer Zweige auf dem Thron von Ungarn sehen. Frankreich hatte im Europa des dreizehnten Jahrhunderts keinen ernsthaften Nebenbuhler zu fürchten. Kein Staat war damals so ausgedehnt und hatte einen so vorzüglichen Zugang zur Nordsee und zum Mittelmeer wie Frankreich; kein Staat war so dicht bevölkert und keiner – mit Ausnahme von England – hatte so feste politische Institutionen wie das französische Königreich.

2. *Die französische Kultur*

Die geistige Vorherrschaft entspricht nicht immer der politischen. Deutschland beherrschte beispielsweise im elften Jahrhundert Europa politisch, ohne es geistig zu beherrschen; denn die Macht genügt nicht, um die Welt auch kulturell zu leiten. So kommt es vor, daß Länder von unbedeutender Macht wie das Italien des fünfzehnten Jahrhunderts ihre Sitten, ihre Gedanken und ihre Kunst nur durch ihre offensichtliche geistige Überlegenheit in der Welt verbreiten. Das Frankreich des dreizehnten Jahrhunderts aber hatte das Glück, als Staat und zugleich auch in seiner geistigen Entwicklung dem übrigen Europa überlegen zu sein. Die militärische Macht hat Frankreichs kulturellen Aufstieg zwar beschleunigt und unwiderstehlicher gemacht; aber dieser Aufstieg selbst ging der Macht zeitlich voraus und hatte an sich mit den militärischen und politischen Erfolgen des Königreiches nichts zu tun.

Betrachtet man den allgemeinen Zustand der europäischen Kultur nach der Zeit der Karolinger, so bemerkt man, daß beinahe alle ihre wesentlichen Züge in Frankreich früher als anderswo auftauchten und dort auch klareren Ausdruck fanden. Das gilt für das religiöse wie für das weltliche Gebiet. Die Orden von Cluny sowie die Orden der Zisterzienser und der Prämonstratenser sind in Frankreich entstanden. In Frankreich hat sich das Rittertum herausgebildet, und hier fanden die Kreuzzüge die zahlreichsten und leidenschaftlichsten Teilnehmer. In Frankreich entstand zu Beginn des zwölften Jahrhunderts plötzlich die Gotik und setzte sich von dort aus in der Welt durch. In jener Zeit erschienen auch die ersten Heldenlieder *(chansons de geste)* in Frankreich. Das alles war kein bloßer Zufall. Daß gerade im Gebiet des Seinebeckens seit dem zehnten Jahrhundert so viele hervorragende Menschen erschienen, so viele Energien fruchtbar wurden und so viele neue Gestaltungen auftauchten, muß daran gelegen haben, daß dort, wie im griechischen Attika des fünften Jahrhunderts v. Chr., ein für die Entfaltung geistiger Tatkraft besonders günstiges Milieu zu finden war. Tatsächlich waren die beiden großen sozialen Kräfte, die auf den Trümmern des karolingischen Imperiums an der Bildung eines neuen Europa arbeiteten – das Mönchtum und das Lehenswesen –, nirgendwo so aktiv und vorherrschend wie in Nordfrankreich. Zwar gab es überall Mönche und feudale Herren, aber nur in Nordfrankreich war der frühere Zustand so vollständig verschwunden, daß ihrem Wirken freie Hand gelassen wurde und nichts ihre freie Entfaltung behinderte. Von Nordfrankreich gingen denn auch die Einflüsse der Mönchsorden und des Ritterwesens aus; beide Erscheinungen wurden vom übrigen Europa übernommen, wie langsam sich dort auch die Entwicklung vollzog, die diesen geschichtlichen Phänomenen in Frankreich zugrunde lag. Die Mönchsorden und der Ritterstand waren die Träger der außerordentlichen Leidenschaft der Nordfranzosen für die Kreuzzüge; denn hier fand die nordfranzösische Gesellschaft, die zugleich von

religiösem und militärischem Geist beherrscht war, ihren vollkommensten Ausdruck. Aus der gleichen einheitlichen Gedanken- und Empfindungswelt wurde in dieser Landschaft die Gotik, die eine umstürzende Veränderung der christlichen Baukunst mit sich brachte, zugleich mit dem ritterlichen Epos geboren. Mit dieser Form des Epos gelangte – zuerst in Frankreich und dann von ganz Europa nachgeahmt – die Volkssprache in die Literatur.
So ging der Aufstieg der französischen Kultur dem Aufstieg des französischen Königtums zeitlich weit voraus, denn die kulturelle Entfaltung Frankreichs begann zu einer Zeit, da die Kapetinger noch im Schatten ihrer großen Vasallen lebten. Wenn man es ganz scharf formulieren will, muß man sagen, daß sowohl die französische Kultur als auch die französische Politik in feudalistischer Gestalt begannen. Man darf nicht vergessen, daß das Kloster Cluny durch den Herzog von Burgund erbaut worden ist, und daß die Grafen von Flandern und die Grafen der Champagne zu den begeisterten Schutzherren der Bewegung von Cluny und des Zisterzienser- und Prämonstratenserordens gehörten. Die wirklichen oder sagenhaften Ahnen gerade dieser fürstlichen Bauherren der Klöster wurden in den Heldenliedern besungen. Die Helden dieser Lieder sind die Barone, und die Tugenden, die in diesen Liedern verherrlicht werden, sind Mut, Treue und Frömmigkeit. Ihr schönster Typus, Roland, verkörperte das ritterliche Ideal, das den Söhnen der ersten Kreuzfahrer vorschwebte. Diese mit dem Lehenswesen eng zusammenhängende Kultur vervollkommnete ihre Form im Lauf des zwölften Jahrhunderts und trat immer reiner hervor. Das Hofleben mit seinen verfeinerten und strengen Formen, die im Mittelalter durch den sehr treffenden Ausdruck »höfische (höfliche) Sitten« bezeichnet wurden, entstand nicht in der Umgebung des Königs, welcher der karolingischen Tradition noch lange treu blieb, sondern an den Residenzen der großen Vasallen. Dort bildeten sich die Regeln und Zeremonien der Ritter, dort entwickelten sich das ritterliche Ehrgefühl und der Frauenkult (Minnedienst). An den Höfen der großen Vasallen gelangte auch eine neue Literatur zur Blüte; römische oder keltische Motive bereicherten die französische Dichtung, und die verschiedenen Formen der provenzalischen Lyrik wurden nunmehr im Französischen heimisch. Die aus dem Lehenswesen erblühende französische Kultur war aber schon bald nicht mehr auf Frankreich beschränkt; sie wurde von den Begleitern Wilhelms des Eroberers am Ende des elften Jahrhunderts nach England verpflanzt und dehnte sich später auf alle von Christen bewohnten Teile des

Nahen Ostens aus. Man sprach damals in Jerusalem, Antiochia und Akkon Französisch. Seitdem ist das Französische die internationale Sprache der Europäer in der Levante geworden; sie blieb es bis in das zwanzigste Jahrhundert hinein.

In Europa selbst verbreitete sich das Französische seit dem Beginn des dreizehnten Jahrhunderts außerordentlich stark; hierbei hat die politische Macht, welche das französische Königtum erlangt hatte, die innerhalb der damaligen Gesellschaft bereits bestehende Vorherrschaft der französischen Sprache und ihre Expansionskraft gefördert. So wie es auch später, im siebzehnten und achtzehnten Jahrhundert, der Fall war, wurde das Französische für den hohen Adel des Mittelalters zu einer zweiten Muttersprache. In den Gebieten, in denen Niederländisch gesprochen wurde, wurden französische Lehrer beauftragt, der adligen Jugend das Französische als ein unentbehrliches Element ihrer vornehmen und höfischen Erziehung beizubringen. Sogar in Italien erkannte Brunetto Latini, der Lehrer und väterliche Freund Dantes, dem Französischen einen Vorrang über die anderen Sprachen zu.

Früher noch als seine Sprache hat Frankreichs Literatur sich über Europa verbreitet. Sie kam über die Niederlande seit der Mitte des zwölften Jahrhunderts nach Deutschland und gelangte von da aus in die skandinavischen Staaten. Man übersetzte die französische Literatur in alle germanischen und romanischen Sprachen und ahmte sie nach. Alle literarischen Werke, die aus Frankreich kamen, wurden damals beachtet und fanden Leser. Das geht so weit, daß man gewisse Teile aus der französischen Dichtung um Karl den Großen heute nur noch aus norwegischen Übersetzungen kennt.

Die größten deutschen Dichter des dreizehnten Jahrhunderts – Gottfried von Straßburg, Wolfram von Eschenbach und Hartmann von Aue – enthalten in ihren Werken viele Reminiszenzen und Abwandlungen französischer Epen. Ein ähnliches kulturelles Prestige, wie Frankreich es damals genoß, findet man (trotz aller sozialen und historischen Unterschiede) nur noch in der Antike, als die griechische Literatur und Sprache sich vom zweiten vorchristlichen Jahrhundert an überall im Römischen Reich verbreitete.

Diese Analogie ist um so mehr erlaubt, als man sie zwischen Frankreich und Griechenland nicht nur hinsichtlich der Sitten und der Literatur, sondern auch hinsichtlich der bildenden Kunst ziehen kann. Man braucht hier nur an den Siegeszug der gotischen Baukunst zu denken; denn die Gotik, die ihren Namen einer verächtlichen Bezeichnung seitens italienischer Humanisten verdankt, war ja eine im wesentlichen französische Schöpfung. Die Erfindung des Spitzbogens und des Kreuzrippengewölbes erfolgte zu Beginn des zwölften Jahrhunderts irgendwo an der Grenze der Normandie und der Isle de France; sie hat durch die Arbeit bedeutender Baumeister die Struktur und den Stil der europäischen Baukunst gänzlich umgeformt. Bis dahin war die künstlerische Ausführung der Bauten im großen und ganzen nicht wesentlich von der Form der Antike verschieden; aber die Gotik veränderte die Bauweise plötzlich. Die Voraussetzungen des Gleichgewichtes, die Beziehungen zwischen Stütze und Last, gefüllten oder leeren Räumen, Horizontalen und Vertikalen wurden umgeformt, und aus dieser Umformung entstand die große Bewegung, welche in der Baukunst als einzigartig neben der griechischen Klassik genannt werden darf. Die Kathedrale Notre Dame in Paris wurde schon im Jahre 1163, die Kathedrale von Reims 1212 begonnen; das Kirchenschiff von Amiens wurde 1220, die Vorderseite der Kathedrale von Chartres 1194 gebaut. Man wird die Bewunderung, die man jenen Bauten entgegenbrachte, ohne weiteres verstehen. Sie wird zudem durch die Fülle ausländischer Aufträge bestätigt, die den französischen Baumeistern bald zuteil wurden. Ein Franzose baute den Chor im Magdeburger Dom, ein anderer den Dom von Lund (Schweden). Villart de Honnecourt, dessen Skizzenbuch uns durch einen glücklichen Zufall erhalten ist, zeichnete Baupläne, die in verschiedenen Ländern Europas ausgeführt wurden. Freilich beschränkten sich die auswärtigen Schüler der französischen Baumeister nicht einfach auf eine mechanische Wiederholung der Motive ihrer Lehrer. Sie paßten die neue Kunst dem Material an, über das sie verfügten, veränderten diese Kunst im Sinne ihrer persönlichen Eigenart und brachten sie mit den Traditionen ihrer Heimat in einen gewissen Einklang. Es gibt eine englische und eine deutsche Gotik, wie es auch eine spanische und eine italienische gibt; aber sie alle stammen unmittelbar von der französischen Gotik ab und haben deren Meisterschaft nicht erreicht. Die französischen Kathedralen stehen an Umfang, an Reichtum und Ornamentik und an Kostbarkeit der Baustoffe hinter den anderen Domen zurück; aber die Harmonie und Hoheit sind in der französischen Gotik unvergleichlich größer als in der Gotik anderer Völker. Die Kathedralen Frankreichs sind innerhalb der gotischen Architektur ebensolche Meisterwerke wie in der Antike das Parthenon.

Die Vorherrschaft Frankreichs auf dem Gebiet der Literatur und der Kunst des zwölften und dreizehnten Jahrhunderts erklärt sich leicht aus der damaligen allgemeinen Überlegenheit der französischen Kultur. Nicht ganz so eindeutig wie bei der Kunst war der Vorrang der französischen Wissenschaft, obwohl auch sie die Zeitgenossen in Erstaunen setzte. Hiermit wenden wir uns von den Gebieten des nationalen Lebens zur Welt der Kirche. Die ganze Wissenschaft des Mittelalters war (mit Ausnahme eines Teils der Rechtswissenschaft und der Medizin) kirchlich und bediente sich ausschließlich der lateinischen Sprache. Sie war also universal und international. Dennoch befand sich gerade in Frankreich oder, genauer gesagt, in Paris das eigentliche Zentrum der Wissenschaft. Die beiden grundlegenden Wissenschaften jener Zeit waren Theologie und Philosophie. Sie herrschten damals über alle anderen Wissenschaften und schienen geradezu ihren Sitz seit dem zwölften Jahrhundert an der Seine aufgeschlagen zu haben. Dort bildete sich die scholastische Methode heraus, die bis zur Renaissance die Gedanken ebenso vollkommen beherrschte, wie der gotische Stil die Kunst gestaltete. In Paris haben die Bedürfnisse des Unterrichts ein neues Latein geschaffen, das seine Syntax dem Französischen entnahm. Dieses scholastische Latein war trocken und unpersönlich, aber unvergleichlich klar und genau. Daher konnten die späteren Spöttereien der Humanisten dieser Sprache nicht den Ruhm nehmen, drei Jahrhunderte hindurch von allen gebildeten Menschen ganz Europas nicht nur geschrieben, sondern auch gesprochen worden zu sein. Von Abälard bis zu Gerson hat jeder bedeutende Denker Europas in Paris studiert oder sogar gelehrt. Die Universität Paris hatte sich seit der Regierung König Philipp Augusts durch den Zusammenschluß der Lehrer und Schüler verschiedener Schulen gebildet und zog die Gelehrten aus allen Ländern, selbst aus den entferntesten Gebieten der katholischen Welt, mit beispielloser Kraft in ihren Bann. Johann von Osnabrück erkannte am Ende des dreizehnten Jahrhunderts Frankreich ein Monopol in der Wissenschaft zu, der flämische Dichter Jacob von Maerlant wiederum pries Frankreich als das im höchsten Grade »geistliche Land«. Bekanntlich hat das Beispiel der Universität Paris Karl IV. zur Gründung der Universität Prag angeregt; denn Karl gründete im Jahre 1348 diese Hochschule, die früheste deutsche Universität, nach dem französischen Vorbild. Dem universalen Einfluß, welchen die Universität Paris ausübte, entsprach die geradezu kosmopolitische Zusammensetzung der dort unterrichtenden Lehrer. Sie kamen nicht nur aus Frankreich, sondern auch, wie Albert der Große, aus Deutschland, wie Siger von

Brabant aus den Niederlanden, wie Duns Scotus aus Schottland und wie Thomas von Aquino aus Italien. Man kann also sagen, daß ebenso wie Rom der Sitz der Regierung der Kirche war, Paris nun zum Sitz ihrer theologischen und philosophischen Wirksamkeit wurde. Paris war gleichsam der Eckstein im Bau des kirchlichen Hochschulunterrichtes.

Diese Funktion von Paris scheint zunächst merkwürdig; denn die katholische Wissenschaft ließ sich ja damit in einer Stadt nördlich der Alpen nieder: in einer Stadt, die durch keine literarische oder religiöse Tradition für die Mission, die ihr zufiel, vorbestimmt zu sein schien. Dies läßt sich nur mit den besonderen Eigenheiten erklären, die Paris als den Sitz des königlichen Hofes ausgezeichnet haben. Die karolingischen Traditionen der französischen Könige machten sie in hervorragender Weise dazu geeignet, sich für die kirchlichen Schulen zu interessieren und diesen Lehrstätten Förderung und Schutz zu gewähren. Wenn die großen Lehensleute des Königs die kirchlichen Gründungen mystischer Art (Orden und Klöster) förderten, so haben die Könige die wissenschaftlichen Gründungen der Kirche unter ihre Obhut genommen. Es ist also begreiflich, daß die Schulen von Paris schon sehr früh eine bevorzugte Stellung innehatten. Der Aufstieg des französischen Königtums schritt seit dem Beginn des dreizehnten Jahrhunderts immer mehr fort, und dadurch stieg auch die Bedeutung und die Anziehungskraft der Hauptstadt: eine Tatsache, die ebenfalls zur Zentralisierung der katholischen Wissenschaft in Paris beitrug. So wurde diese Stadt zum Mittelpunkt der europäischen Wissenschaft jener Zeit. Sicherlich haben auch Ausländer und nicht nur Franzosen das lateinische Wort verbreitet, das wohl einem studentischen Wortspiel entsprang und im dreizehnten Jahrhundert häufig zitiert wurde: *Paris absque pari* (Paris ist ohnegleichen).

Freilich war der Einfluß, den die französische Kultur im zwölften und dreizehnten Jahrhundert ausübte, nicht überall gleich stark. Seinen Gipfel erreichte dieser Einfluß dort, wo die Franzosen sich niederließen und diese Kultur mitbrachten: in England und in den Siedlungsgebieten der Kreuzfahrer im Orient. Anderswo hat sich der Einfluß der französischen Kultur nur durch Entlehnungen, Nachahmungen, Mode, lokale Berührungen und durch das bloße Beispiel verbreitet. Aber die Kultur Frankreichs hat außerhalb des eigenen Landes überall nur die oberen Schichten der Gesellschaft (unter den Laien den hohen Adel und unter den Geistlichen die Gelehrten) beeinflußt. In dieser Hinsicht kann man die französische Kultur des Mittelalters mit derjenigen der Renaissance des fünfzehnten Jahrhunderts vergleichen; denn beide haben nur auf die gesellschaftliche oder die geistige Aristokratie Einfluß ausgeübt. Das ist leicht zu erklären. Das mittelalterliche Frankreich hatte in Wirklichkeit kein wirtschaftliches Leben, das stark genug war, seinen Einfluß auf das Gewerbe und den Handel des Auslandes geltend zu machen. Auf diesem Gebiet stand Frankreich sogar weit hinter Italien und Flandern zurück. Trotzdem drang der Einfluß der französischen Kultur in Flandern durch die enge Nachbarschaft, die politischen Beziehungen und die Handelsinteressen bis in das Bürgertum. Das Patriziat der großen flämischen Städte war im dreizehnten Jahrhundert mehr als zur Hälfte in kultureller Hinsicht stark französiert. Das ging so weit, daß seine Mitglieder sich des Französischen als Sprache der Verwaltung und der Geschäfte bedienten; der zweisprachige Charakter, den Belgien teilweise bewahrt hat, hat seine Wurzeln in jener Zeit. Diesen Zug verdankt Belgien aber nicht – wie das bei Böhmen der Fall war – der Niederlassung von Ausländern in seinen Gebieten; es handelt sich hier vielmehr um eine natürliche, friedlich sich vollziehende Auswirkung der Nachbarschaft zu Frankreich: um eine Beeinflussung, die den deutlichsten Beweis für die Anziehungskraft der französischen Kultur bildet.

Viertes Kapitel

PHILIPP DER SCHÖNE UND BONIFAZ VIII.

1. Die Gründe der Krise

Der Tod und die Katastrophe Friedrichs II. (1250) hatte den Jahrhunderte währenden Kampf zwischen dem Papsttum und dem Kaisertum beendet. Seitdem hatte der Papst keine Feinde mehr. Die universale Gewalt, die er über die Kirche ausübte, wurde nun nicht mehr bestritten, und er konnte sich der Verwirklichung der großen Ziele der päpstlichen Politik widmen. Diese Ziele aber waren: die Vereinigung der griechischen Kirche mit der römischen und der Kreuzzug. Einen Augenblick schien es, als ob das erste Ziel erreicht würde. Der Kaiser von Byzanz, Michael Paläologos, wünschte die Hilfe des Westens gegen die Türken zu erlangen und erklärte sich bereit, dafür den Primat Roms anzuerkennen. Gregor X. konnte daher auf dem Konzil von Lyon (1274) das Ende der Kirchenspaltung verkünden, durch welche die Christenheit schon seit drei Jahrhunderten auseinandergerissen war; aber diese Ankündigung auf dem Konzil von Lyon war nur der Sieg und die Illusion eines Augenblickes. Die griechische Kirche war in dem religiösen Gefühl und in den volkstümlichen Traditionen der östlichen Christen zu tief verwurzelt, um sich freiwillig unter das Joch der Lateiner zu beugen. Die Vorschläge des Kaisers wurden von ihr abgewiesen, und Papst Martin IV., der die Vereinigung der griechischen Christen mit Rom nicht mehr erhoffen konnte, mußte von neuem den Bannfluch gegen sie schleudern (1281). Ferner denn je lag jetzt das Ziel, das man in Rom schon erreicht zu haben glaubte. Auch der Kreuzzug, der auf dem Konzil zugleich mit der Versöhnung mit der griechischen Kirche feierlich angekündigt worden war, wurde nicht verwirklicht. Ludwig IX. war der letzte Kreuzfahrer gewesen. Freilich bereitete Karl von Anjou, den dabei weit mehr politischer Ehrgeiz als religiöses Gefühl leitete, einen Feldzug gegen die Moslems, die Jerusalem beherrschten, vor; aber dieser Feldzug wäre – wenn Karls Schiffe überhaupt hätten aufbrechen können – ebensowenig geglückt wie der Kreuzzug seines Bruders; denn die Sizilianische Vesper (1282) zwang Karl, die Flotte, die schon für den Kreuzzug bereit war, nach Messina zu senden und sich ausschließlich der Verteidigung seines bedrohten Königreiches zu widmen.

So sah das Papsttum auf dem Gipfel der Macht seine großartigen Planungen scheitern, durch welche die byzantinische Welt dem Katholizismus wieder zugeführt und das Heilige Grab dem Islam entrissen werden sollte. Den Päpsten stand jedoch noch Schlimmeres bevor, denn selbst im Westen war ihre Stellung erschüttert. Das Papsttum hatte zwar in Europa gesiegt, aber die Stunde seines Sieges war zugleich ein Beginn des Verfalls seiner Machtposition.

Für diesen Verfall gibt es mehrere Ursachen. Zunächst war nach dem päpstlichen Siege über die Kaiser in Italien das Interesse des Papstes und das der Guelfen (vor allem also das Interesse der lombardischen Städte, die einst ebenso wie der Papst vom Kaiser bedroht waren) nicht mehr identisch. Der Papst war jetzt nur noch ein italienischer Fürst, und seine weltliche Macht wurde dadurch so klein wie seine territorialen Staatsinteressen, die weltliche Macht des Papsttums aber war so unbedeutend, daß es nicht einmal Karl von Anjou Widerstand zu leisten vermochte. Das machtmäßige Übergewicht dieses Monarchen machte sich bald in ganz Italien geltend und erstreckte sich auch auf die kirchenstaatlichen Gebiete und sogar auf Rom selbst, wo sein Senatortitel ihn zum Schutzherrn, das heißt zum Beherrscher des Volkes machte. Der Einfluß Karls ging sogar noch wesentlich weiter und ergriff die Kurie selbst. Früher, als noch die Geistlichkeit und das Volk die Päpste wählten, versuchten die römischen Barone, den Kandidaten ihrer Wahl mit Gewalt oder Bestechung bei der Masse durchzusetzen. Diese Gewohnheit hatte erst aufgehört, als Papst Nikolaus II. im Jahre 1059 durch die Gründung des Kardinal-Kollegiums die Freiheit der Papstwahl sicherte und sie vor dem Aufruhr der Straße schützte. Um die Freiheit der Papstwahl noch besser zu verbürgen, hatte Papst Alexander III. beschlossen, daß mindestens zwei Drittel der Kardinäle sich bei der Wahl des Papstes einigen mußten, wenn eine Einstimmigkeit nicht zu erzielen war (1179). Je stärker der Einfluß des Papsttums auf die Angelegenheiten Europas wurde, desto mehr schlichen sich natürlich auch politische Erwägungen in die religiösen Motive bei der Wahlentscheidung ein. Da aber fast alle Kardinäle Italiener waren, spielte das Ausland bei den Beschlüssen des Kollegiums sehr lange Zeit hindurch nur eine untergeordnete Rolle. Das änderte sich aber, seitdem Karl von Anjou König geworden war. Sein beständiges Streben ging dahin, sich eine Partei im Kardinalskollegium zu

schaffen, und er arbeitete mit aller Kraft daran, Neapolitaner, Provenzalen und Franzosen, die er in der Hand hatte, in dieses Kollegium hineinzubringen. Das gelang ihm auch. Papst Clemens IV. lieh als geborener Provenzale den Anschauungen Karls, dem er völlig ergeben war, sein Ohr und ließ die Bildung einer Clique von Anhängern des Hauses Anjou unter den Kardinälen zu. Der Tod dieses Papstes (1268) führte im Kardinalskollegium zu einem scharfen Gegensatz zwischen der »Anjoupartei (Angevini)« und ihren Gegnern. Erst nach dreijährigen Kämpfen und Intrigen fand sich die erstere mit der Wahl Gregors X. ab (1271). Es ist daher begreiflich, daß Gregor einen Zustand, welcher der Kirche so sehr schadete, beenden wollte. Auf ihn geht die Organisation des Konklave, wie es im wesentlichen noch heute besteht, zurück.
Gregor X. ordnete an, daß die Kardinäle nach dem Tode eines Papstes sich in einer abgeschlossenen Räumlichkeit ohne Verbindung mit der Außenwelt versammeln mußten. Es war ihnen bei Strafe der Exkommunikation untersagt, diese Räumlichkeit vor der Beendigung der Wahl des Papstes zu verlassen. Freilich verhinderten diese Vorsichtsmaßregeln nicht, daß Karl von Anjou das Konklave mit Gewalt zu der Wahl des Franzosen Martin IV. nötigte, welcher die Pläne Karls leidenschaftlich unterstützte (1280). Nach dem Tode Karls war die Clique der Anhänger des Hauses Anjou zwar nicht mehr so mächtig wie vorher, entfaltete aber eine unverminderte Aktivität. Das Konklave bestand nur der Form nach. Nikolaus IV. wurde erst nach langen, etwa ein Jahr dauernden Zerwürfnissen zwischen den Kardinälen zum Papst gewählt (1288), und nach seinem Tode (1292) lebten die Streitigkeiten in einer noch heftigeren Form wieder auf. Nach zwei Jahren ergebnisloser Aufregungen beschloß man daher, den Streit zu beenden. Man sah die Unmöglichkeit ein, einer von den Parteien innerhalb des Kardinalskollegiums den Kandidaten der anderen Partei aufzuzwingen; man entschloß sich nunmehr, einen alten weltfremden Klausner namens Angelari da Murrone, der vom Volk wie ein Heiliger verehrt wurde, zum Papst zu wählen. Der alte Mann war, ohne es zu ahnen, ein Spielball von Intrigen, die ihn tief erregt haben würden, wenn er sie jemals begriffen hätte. Dieser Klausner, der als Cölestin V. Papst wurde, beherrschte kaum die lateinische Sprache. Als er aus der Einsamkeit seiner Berge zur Papstwürde gelangte, ahnte er in seiner Bestürztheit und Verwirrung nicht, daß er nur ein Werkzeug des Königs von Neapel, Karls II. von Anjou, war, der ihn in seine Residenz kommen ließ, um ihn besser in der Hand zu haben. Bald kannte Cölestin nur

noch einen Wunsch: den Wunsch, als Papst abzudanken. Die Kardinäle benutzten die Gelegenheit und nahmen ihn beim Wort. Cölestin hatte ihnen ja Zeit gegeben, sich zu einigen. So wählten sie an Stelle des hilflosen Greises am 24. Dezember 1294 einen Adligen aus Rom, Benedetto Gaetani; er nahm den Namen Bonifaz VIII. an. Bonifaz VIII. war der letzte Papst von der Geistesart eines Innocenz III. oder Innocenz IV. Sein Streben ging unverkennbar dahin, dem Heiligen Stuhl wieder den Glanz, den Rang und die moralische Autorität sowie auch den mit großer Meisterschaft ausgeübten weltpolitischen Einfluß jener beiden Päpste wiederzugeben. Der Glanz, mit welchem sich Bonifaz VIII. bei den öffentlichen Zeremonien umgab, die beiden Schwerter, die er vor sich hertragen ließ, und die Krone, mit der er die päpstliche Tiara schmückte, sollten nicht nur den Primat des Papstes innerhalb der Kirche bestätigen, sondern auch die weltliche Macht daran erinnern, daß sie der geistlichen untergeordnet sei; die weltliche Macht, deren Träger ja Christen sind, dürfe also die Autorität des höchsten kirchlichen Leiters niemals antasten. Alle diese Ideen waren älteren Datums: sie waren schon von Päpsten wie Nikolaus I. und Gregor VII. zum Ausdruck gebracht, von Innocenz III. klar formuliert und von den Scholastikern logisch bewiesen worden. Die berühmten Bullen, welche Bonifaz an Philipp den Schönen richtete, enthielten über die Beziehungen zwischen den beiden Gewalten nur die Lehren, die von allen früheren Theologen gebilligt waren. Bonifaz ließ die Grundsätze seiner großen Vorgänger auf dem Thron der Päpste nur zusammenstellen. Er griff bloß auf diese Lehren zurück und hat ihnen nichts Neues hinzugefügt.

Der Sturm, den diese Grundsätze jetzt hervorriefen, und die Katastrophe, in die sie den Papst Bonifaz hineinführten, sind indes gerade aus der Unveränderlichkeit der Dogmen zu erklären. Jene Grundsätze paßten nicht mehr zu der politischen Wirklichkeit, wie sie jetzt, zur Zeit Bonifaz' VIII., bestand. Die Zeiten hatten sich geändert, und das, was der Papst, getreu der Tradition, als die Wahrheit selbst verkündete, erregte nunmehr Widerspruch bei den am meisten fortgeschrittenen Nationen. Nicht nur die Könige dieser Nationen, sondern auch die Völker selbst sahen in den alten Prinzipien, die der Papst noch immer verkündete, jetzt einen unzulässigen Eingriff in ihre legitimen Rechte und Interessen.

Bonifaz VIII. geriet, wie besonders betont werden muß, keineswegs nur mit Frankreich in Differenzen; denn König Eduard I. von England zeigte sich gegen ihn nicht unterwürfiger als Philipp der Schöne, und das englische Parlament hat die Ansprüche des Papstes nicht weniger scharf zurückgewiesen, als es die Versammlung der Generalstände (Stände Frankreichs) in Paris tat. Zwar kam es nur bei dem päpstlichen Zwist mit Frankreich zu einem völligen Bruch zwischen der weltlichen und der geistlichen Gewalt; aber die päpstliche Politik hat in den beiden Ländern, die seit dem Ende des dreizehnten Jahrhunderts eine wirkliche Staatsverfassung zu entwickeln vermocht hatten, aus den gleichen Gründen Widerstand hervorgerufen.

Bis dahin hatte das Papsttum nur einen Feind gekannt: das Kaiserreich oder vielmehr die Kaiser, und die Frage, um die es dabei ging, hatte sich, wie wiederholt werden muß, nicht auf einzelne Nationalstaaten bezogen, sondern sie betraf die ganze Christenheit. Freilich untergrub der Papst mit der kaiserlichen Macht notwendig auch die des deutschen Königs; aber die öffentliche Meinung Deutschlands war darüber nicht erregt, sondern sah die Schwächung der Zentralmacht mit Genugtuung. Die Territorialfürsten, die damals diese öffentliche Meinung bildeten, leisteten der Aktivität Roms gegen das Kaiserreich keinen Widerstand und beteiligten sich sogar an ihr, indem sie Rom unterstützten. Mit der Regierung Kaiser Friedrichs II. änderte sich allerdings die Lage, denn der Kampf zwischen ihm und dem Papst betraf in Wirklichkeit nur noch das Königreich Sizilien, das wirklich ein Staat war. Man darf jedoch niemals vergessen, daß dieser Staat nicht unabhängig, sondern ein Lehen war, das dem Heiligen Stuhl gehörte. Vor allem aber war Sizilien kein nationaler Staat. Seine Bevölkerung bestand aus Menschen verschiedenen Stammes und war seit Jahrhunderten ein Spielball fremder Eroberer gewesen. Die Bewohner des Königreiches waren zwar den absolutistischen Regierungen, welche ihnen durch die Eroberer auferlegt waren, gehorsam; aber von einer Neigung des Volkes, die Angelegenheiten der Herrscher etwa zu seiner eigenen Sache zu machen, ist nichts zu spüren. Zwar haben die Bewohner des Königreiches Sizilien Friedrich II. Soldaten gestellt und Steuern gezahlt, aber der Kaiser wußte sehr wohl, daß sein Streit mit dem Papst ihnen gleichgültig war, und er dachte keinen Augenblick daran, sie nach ihrer Meinung über die Legitimität seiner Rechte zu fragen. Friedrich beschränkte sich darauf, diese Rechte theoretisch durch Juristen verteidigen zu lassen.

Zwischen diesem absolutistischen Staufer, der durch die Heirat seines Vaters zum unumschränkten Herrn über das Königreich Sizilien geworden war, und den Königen von England und Frankreich bestand ein großer Unterschied: Seit der Regierung König Johanns ohne Land hatten sich die Freiheiten Englands, die mit der Magna Charta gesetzlich geworden waren, noch stärker konsolidiert. Unter der langen Regierung Heinrichs III. (1216–1272) hatten die Barone und Bürger unter der Führung Simons von Montfort der Krone die Beaufsichtigung durch einen Staatsrat aufgezwungen. In der nationalen Versammlung, die der König dreimal im Jahre berufen mußte und die im Jahre 1258 zum erstenmal öffentlich den in der modernen Geschichte Europas so ruhmvollen und bedeutungsreichen Namen »Parlament« annahm, saßen Vertreter der Städte neben Vertretern des Adels. Die Aufgaben dieser Versammlung wurden unter Eduard I. genau umschrieben, und das wichtigste Recht, von dem diese erste freie Verfassung der Welt ausging, war die Befugnis, Steuern zu bewilligen und abzulehnen. Diese Befugnis wurde dem Parlament im Jahre 1298 formell zuerkannt. Künftig waren Fürst und Volk in der Regierung Englands verbunden. Der persönlichen Gewalt des Monarchen wurde in England eine Schranke gesetzt: der englische König war unter den europäischen Souveränen der einzige, welcher schon damals auf Kriege, soweit sie einem rein dynastischen Ehrgeiz entspringen, verzichten mußte. Er durfte sich nur solchen kriegerischen Unternehmungen zuwenden, die von seinem Volk gebilligt und finanziert wurden. Gerade diese Bindungen des Königs gaben aber der englischen Monarchie eine gewaltige Kraft! Seit dem Ende des dreizehnten Jahrhunderts war nunmehr die englische Politik wahrhaft national – nach innen ebenso wie nach außen.

Aus der nationalen Einheit und der Schwächung des Absolutismus ergibt sich ein erstaunlicher Gegensatz, der England jahrhundertelang kennzeichnet: Unruhe und innere Kämpfe in der britischen Innenpolitik, aber in der Außenpolitik eine Kontinuität sowie eine Beharrlichkeit und Ausdauer bei der Durchführung der Ziele, wie man sie nur in einem Lande trifft, in welchem die Handlungen der Krone zwangsläufig stets mit denen des Volkes zusammenfallen.[8]

Diese große Kraft, die England schon am Ende des Mittelalters moderne Wesenszüge verlieh, fehlte Frankreich. Frankreich besaß aber eine andere, zwar weniger tiefe, aber zu jenem Zeitpunkt ebenso mächtige Kraft: das unvergleichliche Ansehen seines Königs. Frankreich verdankte ja das, war es geworden war, seinem Königtum. Das Königtum hatte Frankreich von dem Partikularismus der großen Vasallen frei gemacht und gegen den äußeren Feind verteidigt. Die Kapetinger hatten die Städte, welche in

Frankreich entstanden waren, geschützt und dem Staat die finanziellen und verwaltungsmäßigen Formen gegeben, durch die das Volk vor Gewalt und Erpressung behütet wurde. Gegen die Unterdrückung durch ein allmächtiges Königtum schuf sich England den Schutz eines Parlamentes; gegen die Mißbräuche, die sich aus der Übermacht der großen Vasallen ergaben, wurde Frankreich von seinem König geschützt. Aus diesem Grunde genoß der König in Frankreich die gleiche Popularität wie in England das Parlament. In beiden Ländern befand sich das nationale Gefühl in Einklang mit der politischen Verfassung: es entwickelte sich gleichzeitig mit ihr. Dieses Gefühl drückte sich in England vor allem durch einen gewissen Nationalstolz, in Frankreich durch Ehrfurcht vor dem Monarchen aus. Das gab den beiden Völkern ihre besonderen Wesenszüge und ihren (wenn ich es so nennen darf) Kollektivgeist, der aus der historischen Entwicklung abzuleiten ist. Jedenfalls würde man sich einer sonderbaren Täuschung hingeben, wenn man diesen Geist der Völker mit dem mysteriösen Faktor »Rasse«, der ja gar nichts besagt und mit dem man deshalb scheinbar alles begründen kann, in Verbindung brächte.

König Philipp IV., der Schöne, folgte seinem Vater, Philipp dem Kühnen, im Jahre 1285 und brachte mit seiner Thronbesteigung dem französischen Königreich neuen Machtzuwachs. Seine Gemahlin war die Erbin des Königreiches Navarra und der für Frankreich noch bedeutenderen Grafschaft Champagne, die nun mit dem königlichen Gebiet vereinigt wurde. Mit Ausnahme von Guyenne (der dem König von England gehörenden Provinz), der Bretagne (die seit jeher eine angesichts ihrer Abgelegenheit bedeutungslose Unabhängigkeit bewahrte) und der Grafschaft Flandern waren jetzt alle großen Lehen unter die unmittelbare Gewalt der Krone zurückgekehrt. Philipp der Kühne hatte sich durch Karl von Anjou in einen Prestigekrieg mit Aragonien verwickeln lassen. Sein Sohn beeilte sich sogleich, diesen Krieg zu beenden, und hütete sich, seine Kräfte zugunsten der ehrgeizigen Ziele des Königs von Neapel zu vergeuden. Philipp der Schöne widmete seine volle Kraft nützlicheren und praktischeren Zielen. Seine Politik hatte wohl ein zweifaches Ziel: sie wollte das Königreich durch die Angliederung von Guyenne und Flandern abrunden und sich außerdem auf Kosten des Kaiserreiches nach Norden und Osten auch weiterhin kräftig ausbreiten. Hierin folgte Philipp zwar nur seinem Vorgänger, aber er wandte dabei eine andere Methode an. Bis dahin regierten die Könige inmitten ihres Hofstaates, und alle Mitglieder ihres täglichen Gefolges besaßen das volle Vertrauen des Königs. Das wurde unter Philipp dem Schönen anders. Mit seiner Regierung traten die geheimen Beratungen an die Stelle der früheren allgemeinen Vertraulichkeit innerhalb des Palastes. Philipp verbarg sich gewissermaßen hinter den Ministern, die er berufen hatte. Damit wurden seine eigenen Auffassungen so unergründlich, daß man sich naiverweise gefragt hat, ob nicht seine Politik in Wirklichkeit die seiner Beamten war und er sich vielleicht damit begnügt hat, sie nur gewähren zu lassen. Man kann diese Frage aber bei allen modernen Fürsten stellen, soweit sie nicht genial waren, und die Tatsache, daß die Historiker gerade bei Philipp dem Schönen dieses Problem sehen, ist der beste Beweis dafür, daß er die Praxis der monarchischen Gewalt umgestaltet hat. Die Monarchie war schon so stark und des Gehorsams im Lande so sicher geworden, daß der König seine wichtigsten Angelegenheiten nunmehr Menschen von unbedeutender Herkunft – Söhnen des Bürgertums oder des kleinen Adels – anvertrauen konnte: Männern, die sich durch juristische Kenntnisse oder praktische Fähigkeiten empfahlen und deren Ergebenheit durch die Aussicht, im Dienste des Herrschers ihr ursprünglich geringes Vermögen zu vermehren, gewährleistet war. Freilich waren schon vor Philipp dem Schönen solche *homines novi* gelegentlich zu Beratern der Krone emporgestiegen. Unter Philipp dem Kühnen hatte Pierre de la Brosse, der vom einfachen Leibarzt des Königs zu seinem vertrauten Ratgeber geworden war, Ärgernis erregt und schließlich seine in den Augen des Hofes allzu glänzende Laufbahn am Galgen beendet; doch das Emporkommen von Leuten einfacher Geburt bedeutete zur Zeit Philipps des Kühnen immerhin noch eine Ausnahme. Erst unter Philipp dem Schönen wurde eine solche Laufbahn zur Regel. Alle, die von ihm in die Regierung berufen und mit diplomatischen Aufgaben oder mit der Verwaltung der Finanzen betraut wurden, waren einfache *clercs de loi* (Juristen) wie Pierre Flotte, Enguerrand de Marigny, Wilhelm (Guillaume) von Nogaret oder Bankiers aus Florenz wie die Brüder Guidi (Guy). Mit diesen Typen kamen politische Funktionäre auf, die ganz außerhalb des Hofes standen und mit dem König allein berieten; sie waren die einzigen, die sein Vertrauen besaßen und die in seine Pläne eingeweiht wurden.

In der Hand ihres königlichen Herrn waren diese Leute nur Werkzeuge; er konnte sie vernichten, sobald er wollte. Sie kannten den tiefen Haß, der sie umgab, und wußten, daß ihr Sturz sie augenblicklich aufs Schafott bringen konnte. Um sich die königliche Gunst zu bewahren, wurden diese Männer einfacher Herkunft

zu wetteifernden Rivalen und schonten niemanden. Sie hatten keine Standesvorurteile und standen den Vorrechten des hohen Adels feindlich gegenüber. Der hohe Adel verachtete diese Funktionäre. Sie aber arbeiteten mit voller Hingabe an der Festigung des königlichen Absolutismus; denn ihre Überzeugungen standen mit ihren ehrsüchtigen Wünschen und Interessen im Einklang, fanden sie doch im römischen Recht geradezu das politische Evangelium des Absolutismus. Sie waren schroff und kurz angebunden, ironisch und mitleidlos. Aus ihrem Munde sprach nicht der König als Mensch, sondern das abstrakte Königtum, das allen überlegen ist und alles unter seine Macht beugt; sie machten sich mit Triumphgefühl zu Helfern dieses Königtums und sahen mit Stolz, wie die großen Herren ihre Protektion suchen mußten und im Volke als ihre politischen Kreaturen galten. So ist es begreiflich, daß die durch den Rat dieser Leute beeinflußte Politik Philipps des Schönen durch kalt überlegte Gewalttätigkeit und völlige Gewissenlosigkeit gekennzeichnet ist. Der ausschließliche Gesichtspunkt des Interesses der Krone trat nun an die Stelle des Ideals von Gerechtigkeit und Mitleid: des Ideals, das noch für Ludwig den Heiligen maßgebend gewesen war. Die ständige Vergrößerung der Macht gestattete dem Königtum, jedes Hemmnis zu beseitigen und seine Mittel durch die Ziele zu rechtfertigen, die es sich setzte.
Dies bestätigt sich sogleich, wenn man das Eingreifen der Krone in den Niederlanden betrachtet. Bisher hatte sie ständig das Haus Dampierre (die Grafen von Flandern) gegen die rivalisierende Dynastie Avesnes (die Grafen von Hennegau) unterstützt. Die französische Krone hatte dem Haus Dampierre geholfen, sich die Gebiete von Namur, Lüttich, Geldern und Luxemburg zu unterwerfen. Durch das Geschlecht Dampierre führten die französischen Könige diese Teile des früheren Lothringen, das formell noch immer unter deutscher Oberhoheit stand, der Gewalt eines ihrer Vasallen zu. Die Hilfe, welche die Krone Frankreichs den Grafen von Flandern gegen die Grafen von Hennegau gewährt hatte, gehörte zu der geschickten Politik, mit der Frankreich sich auf Kosten des Kaiserreiches Vorteile verschaffte. Johann von Avesnes, Graf von Hennegau, hatte vergeblich versucht, den deutschen König Rudolf von Habsburg an seinem Streit gegen das Haus Dampierre zu interessieren; er erlangte nur wertlose Urkunden, die sich gegen Guido von Dampierre richteten.
Den (außerhalb der Grafschaft Flandern) eingesessenen Fürstengeschlechtern der Niederlande wurde es täglich deutlicher, daß ihr traditioneller Lehensherr, der deutsche König, nichts für sie tun

konnte, und daß sie deshalb im eigenen Interesse die Freundschaft des Königs von Frankreich suchen mußten: die Freundschaft, aus der die Grafen von Flandern so große Vorteile gezogen hatten. Johann von Avesnes, Graf von Hennegau, vollzog diese grundsätzliche Wendung. Er hatte den Mut, am Hofe von Paris vorsichtig anzufragen, und fand den König sehr geneigt, auf seine Wünsche einzugehen.

Johann von Avesnes brach nun ganz mit seiner Vergangenheit und wurde endgültig in die Schutzherrschaft der Kapetinger aufgenommen (1293). König Philipp der Schöne verbündete sich also mit dem Todfeind des Hauses der Grafen von Flandern, obgleich diese Dynastie unter seiner Lehensherrschaft stand und somit einen rechtlichen Anspruch auf die Hilfe und den Beistand Philipps hatte! Das Lehensrecht wurde jetzt von der Krone nur noch zitiert, wenn es zum Vorwand für ihre Ansprüche diente; aber es wurde kraft der Souveränität für unmaßgeblich erklärt, sobald es die Krone durch Verpflichtungen band. Die Krone Frankreichs hatte die lehensrechtlichen Dienste der Grafen von Flandern angenommen; sie fand es jedoch zu einem Zeitpunkt, da die Territorialfürsten des Kaiserreiches Frankreichs Gunst suchten, unzweckmäßig und sogar gefährlich, die Macht jener Grafen in Lothringen noch zu vermehren. Der Augenblick war gekommen, da der französische König seinen Lehensleuten, den Grafen von Flandern, zeigen konnte, daß ihre Macht ohne seine Unterstützung nichts bedeutete. Es schien ihm an der Zeit, diese Grafen zu einem bloßen Werkzeug der Krone Frankreichs zu machen.

Die sozialen Bewegungen, die seit der Mitte des dreizehnten Jahrhunderts in den flämischen Städten zutage traten, gaben der Politik des französischen Königs einen neuen Anlaß zum Eingreifen; er nahm die Gelegenheit sogleich wahr und zog den erstaunlichsten Nutzen daraus. Die arbeitenden Massen des flämischen Tuchgewerbes – die Tucharbeiter, Walker, Schafscherer, Weber usw. – waren in den großen gewerblichen Zentren wie Gent, Brügge, Ypern, Lille und Douai von einem wirklichen Klassenhaß gegen das Patriziat erfüllt, welches die Gemeinden regierte. Die arbeitenden Massen warfen den Schöffen nämlich vor, die Verwaltung ausschließlich zum Vorteil der Großbürger zu führen und das Volk den reichen Kaufleuten, welche in Tuch und Wolle handelten, zur Ausbeutung durch Hungerlöhne preiszugeben. Streiks *(takehans)* waren ausgebrochen, man hatte Verschwörungen entdeckt, und die Erbitterung wuchs im Volk, je mehr man Vorsichts- und Verteidigungsmaßnahmen gegen die Menge ergriff.

Ein allgemeiner Aufstand brach in allen flämischen und wallonischen Städten aus (1280), und es kam in vielen dieser Städte zu wahrhaften Straßenschlachten. Guido von Dampierre, Graf von Flandern, benutzte die Gelegenheit und mischte sich ein. Da er nicht imstande war, seine Herrschaft den patrizischen Schöffen aufzuerlegen, die seiner Territorialgewalt mit offener Mißachtung gegenüberstanden, zeigte er sich gegen die Menge wohlwollend; er hoffte, sie damit für die Verteidigung seiner fürstlichen Vorrechte zu gewinnen. Die Patrizier der Städte suchten gegen diese bedrohliche Verbindung des Grafen mit dem Volk sogleich bei seinem Lehensherrn, dem König von Frankreich, Schutz. Die neununddreißig Schöffen – die regierenden Vertreter des Patriziates von Gent – waren von Guido von Dampierre abgesetzt worden und hatten gegen diesen Beschluß im Jahre 1275, also noch unter der Regierung Philipps des Kühnen, an das Parlamentsgericht von Paris appelliert. Das Urteil war gerecht und unparteiisch ergangen; das Gericht hatte die Klage abgewiesen, da es von den Mißbräuchen, die den Schöffen vorgeworfen waren, überzeugt war. Andererseits hatte das Gericht aber auch die neue Organisation, die der Graf der Stadt gegeben hatte, als ungesetzlich betrachtet. Diese unparteiische Rechtsprechung mußte nun von den Kronjuristen Philipps des Schönen durch eine rein politische Konzeption ersetzt werden. Ihre Auffassung stand von vornherein fest, denn als Juristen der französischen Krone ließen sie sich nur durch das Interesse des Königs leiten. Für sie handelte es sich nicht darum, die Streitfrage zwischen dem Grafen von Flandern und den Patriziern zu beurteilen, sondern sie wollten nur diese gegen jenen unterstützen. Man ließ den Patriziern gegenüber immer wieder deutlich durchblicken, daß sie ganz auf Frankreich rechnen könnten, und der Schutz, der ihnen gewährt wurde, trat um so eindrucksvoller hervor, als er sich in einer Form zeigte, die für den Grafen demütigend war: einfache »Sergeanten« (bloße Polizeikommissare zur Überwachung der Ordnung) wurden im Namen der Krone Frankreichs als »Wächter« in die Städte Flanderns gesandt; Frankreichs Lilienbanner wurde auf den Glockentürmen dieser Städte aufgepflanzt und verlieh den Patriziern eine Immunität, die es ihnen ermöglichte, dem Grafen von Flandern, das heißt ihrem Territorialherrn und seinen Amtsleuten offen zu trotzen. Die hochmütige Plutokratie, welche die Städte beherrschte, brauchte vor nichts mehr zu erschrecken, seit sie von dem gefürchteten Symbol der königlichen Macht Frankreichs gedeckt wurde. Sie konnte nun über die Macht des Grafen und des »gemeen«

(einfachen Volkes) lachen. Des Namens »Lilienleute« *(leliaerts)*, welchen das Volk seiner Plutokratie als Scheltnamen gab, rühmte diese sich nur.

Den neuen Methoden einer mitleidlosen Politik, welche Frankreich gegen Guido von Dampierre anwendete, hätte dieser angesichts der außenpolitischen Bedrohung durch das Bündnis Philipps des Schönen mit Johann von Avesnes und angesichts der inneren Bedrohung durch die Schutzherrschaft des französischen Königs über die großen Städte Flanderns eigentlich keinen Widerstand entgegensetzen können; aber der gerade wieder ausbrechende Krieg zwischen Frankreich und England gab ihm Hoffnung, die Gewalt, die ihm angetan worden war, selbst mit Gewalt beantworten zu können.

Das englische Königtum war seit dem Beginn des dreizehnten Jahrhunderts durch die innerpolitischen Wirren, aus denen schließlich die englische Verfassung glorreich hervorging, in Anspruch genommen und hatte daher die von Heinrich II. begonnene Gebietsausdehnung nicht fortsetzen können. In dem westlichen Bergland der Insel bewahrte das Fürstentum Wales noch seine Unabhängigkeit, und im Norden dachten die schottischen Könige längst nicht mehr daran, daß der große Plantagenet sie einst zu Vasallen der englischen Krone gemacht hatte. Dieser Zustand konnte nicht lange unverändert bleiben, denn die geographische Einheit von Inseln zeitigt stets die Tendenz, auch ihre politische Einheit zustande zu bringen. Außerdem waren die Waliser und Schotten für England höchst unbequeme und sogar gefährliche Nachbarn; deshalb unterstützte das englische Volk begeistert die Pläne König Eduards I., der beschlossen hatte, Wales und Schottland zu unterwerfen. Wales wurde im Jahre 1284 dem Königreich angegliedert, behielt aber dabei eine gewisse Autonomie, für die seitdem der Name des englischen Thronfolgers »Prinz von Wales« ein Sinnbild wurde. Schwieriger war es allerdings, den Krieg gegen Schottland zu führen. Die Schotten hingen leidenschaftlich an ihrer Selbständigkeit, obgleich sie verschiedener Abstammung waren und verschiedene Sprachen hatten. In den Tieflanden des schottischen Südens sprach man Angelsächsisch, in den Hochlanden des Nordens Keltisch. Als der König von Schottland, John Baliol, die Oberherrschaft Englands anerkannt und dem englischen König Eduard I. den Treueid geleistet hatte (1292), zwang die Empörung des schottischen Volkes John Baliol, die Verpflichtungen, die er gerade eingegangen war, zu brechen und den Kampf gegen England zu führen. Vielleicht hätte John Baliol noch gezögert, wenn er nicht von Philipp dem Schönen zu einer kämpferischen Haltung ermutigt worden wäre. Der König von Frankreich glaubte, den Augenblick, da das Verhältnis Eduards zu Schottland schlechter geworden war, zur Vertreibung Englands aus seinen letzten kontinentalen Gebieten benutzen zu können. Philipp gab daher den Befehl, die Provinz Guyenne zu besetzen, während er gleichzeitig mit John Baliol einen Vertrag schloß. Der französische König leitete damit eine Bündnispolitik zwischen Schottland und Frankreich ein. Diese Konstellation aber tauchte in späteren Jahrhunderten, unabhängig von den Schwankungen der europäischen Geschichte, immer wieder auf und einigte Schottland und Frankreich gegen den gemeinsamen Feind. Der erste Versuch, das Bündnis wirksam zu machen, verlief aber unglücklich. Eduard beschränkte sich in Guyenne auf die bloße Defensive. Er konnte daher seine ganze Streitmacht gegen Baliol wenden, ihn bei Dunbar besiegen (1296) und sich seiner Person bemächtigen. Eduard ließ den Stein, auf dem man die Könige von Schottland krönte, in die Abtei von Westminster schaffen, wo er sich noch heute befindet. Das Königreich Schottland hörte vorübergehend auf zu bestehen; es wurde in eine englische Provinz verwandelt.

Eduard konnte sich nun gegen Frankreich wenden; aber es war ziemlich aussichtslos, dies nur mit englischen Streitkräften zu unternehmen. Er versuchte daher, gegen Frankreich eine ähnliche Koalition zustande zu bringen, wie sie König Johann ohne Land achtzig Jahre zuvor gegen König Philipp August zusammengebracht hatte. Obwohl die Königsmacht in Deutschland sehr herabgekommen war, setzte sich England mit Adolf von Nassau in Verbindung. Diese Verbindung bestand eigentlich nur darin, daß König Eduard I. den deutschen König besoldete und ihn dem französischen König den Krieg erklären ließ. Den Vorwand für diese Kriegserklärung bildete das für Adolf von Nassau in Wirklichkeit gar nicht maßgebende Motiv, daß Frankreich kurz zuvor Gebiete des Reiches annektiert hatte. Vor allem aber setzte Eduard I. seine Hoffnungen auf die Feindseligkeit der niederländischen Landesfürsten gegen den französischen König. Eduards Plan bestand darin, Frankreich von Norden aus anzugreifen, denn nur dort war das Land nicht durch natürliche Grenzen geschützt. Eduard strebte denn auch vor allem danach, den Grafen von Flandern zu gewinnen, und seine Angebote fielen auf einen durch die Übergriffe Philipps des Schönen gut vorbereiteten Boden. Guido von Dampierre sagte sich von seinem französischen Lehensherrn am 9. Januar 1297 los; der Krieg begann im Juni. Adolf von Nassau, der nur die englischen Pfunde hatte einstecken wollen, erschien aber überhaupt nicht. Eduard selbst ging zwar in Flandern an Land, doch kaum war er dort angekommen, als ein allgemeiner Aufstand in Schottland ausbrach. Seitdem versuchte Eduard nur noch, sich von seinem aussichtslos gewordenen Feldzug gegen Frankreich freizumachen. Er schloß am 9. Oktober 1297 einen Waffenstillstand mit dem französischen König und zog eiligst den schottischen Feinden entgegen. So wurde der drohende Zusammenstoß zwischen den beiden großen Staaten Westeuropas aufgeschoben. Guido von Dampierre war von England im Stich gelassen worden: Eduard schloß, ohne seinen Bundesgenossen einzubeziehen, endgültig Frieden mit Frankreich (1299). So blieb Guido von Dampierre allein und mußte dem französischen Heer ohne Unterstützung Widerstand leisten. Dieses Heer konnte aber die Grafschaft Flandern, in welcher die »Lilienleute« die Verteidigung sabotierten, schnell erobern (Mai 1300). Der alte Graf wurde als verräterischer Vasall behandelt und zusammen mit seinen Söhnen eingekerkert. Flandern wurde von Frankreich annektiert und erhielt einen französischen Gouverneur.[9] Die Eingliederung Flanderns schien eine baldige Annexion der ganzen Niederlande durch Frankreich anzukündigen. Johann von Avesnes, Graf von Hennegau, der zum engen Verbündeten Philipps des Schönen geworden war, erbte die Grafschaften Holland und Seeland und drängte den neuen deutschen König, Albrecht von Österreich, zurück, der, um von diesen Grafschaften Besitz zu ergreifen, bis Nimwegen vorgedrungen war. Albrechts Vorstoß scheiterte jämmerlich. Schon damals begann man in Frankreich, den Rhein als die natürliche Grenze des französischen Königreiches anzusehen. Die Macht der Kapetinger war jetzt auf ihrem Gipfelpunkt angelangt.

2. *Die Krise*

Anläßlich dieser Ereignisse kam es zu einer Krise, die der schiedsrichterlichen Gewalt des Papsttums bald einen tödlichen Schlag versetzen sollte. Diese Gewalt des Papstes war nicht klar umschrieben. Die Päpste nahmen aber die schiedsrichterliche Stellung über die Fürsten und Völker in Anspruch und begründeten dies mit der Gehorsamspflicht gegenüber der Kirche.

Philipp der Schöne von Frankreich und Eduard I. von England hatten sich kurz vor ihrem Kriege mit den militärischen Vorbereitungen und den damit verbundenen Ausgaben geradezu überboten. Beide Herrscher hatten die Kirchengüter in großem Maßstabe besteuert, als ob es sich um einen Kreuzzug gehandelt hätte. Proteste gegen diese Steuermaßnahmen waren erfolgt, Rom war davon unterrichtet worden, und Bonifaz VIII. glaubte, die Gelegenheit zur Darlegung der päpstlichen Auffassungen wahrnehmen zu dürfen; der Papst erinnerte die Fürsten feierlich an die Grenzen, welche der weltlichen Macht nach Überzeugung der Theologen gesetzt waren. Die Bulle *Clericis laicos* vom 24. Februar 1296 verbot den Laien die Besteuerung des Klerus ohne päpstliche Zustimmung aufs strengste, hob alle Ausnahmen, welche in dieser Hinsicht etwa früher gewährt sein mochten, auf und bedrohte jeden, der diesem Verbot zuwiderhandeln würde, mit der Exkommunikation. Der Wortlaut der Bulle richtete sich an die Christenheit im allgemeinen. Weder der König von Frankreich noch der König von England waren im Text genannt, aber jedermann erkannte sogleich, daß die Bulle gegen diese beiden Monarchen gerichtet war. Im übrigen enthielt sie nur die Grundsätze, die von den Trägern der kirchlichen Macht stets verkündet und aufrechterhalten worden waren. Seit dem Ende des römischen Kaiserreiches hatten die Freistellungen der Kirche von Abgaben sich immer mehr verbreitet, und man betrachtete diese Sonderrechte seit Jahrhunderten als ebenso natürlich wie die Privilegien der Geistlichkeit auf dem Gebiet der Rechtsprechung.

In dem jetzigen Streit verletzte nicht der Papst die Tradition, sondern die Könige brachen mit ihr. Die Rollen lagen hier umgekehrt wie bei dem Investiturstreit des elften Jahrhunderts. Damals hatte Heinrich IV. gegenüber Gregor VII. als Wahrer alter Rechte gegen die revolutionären Ansprüche der Kirche gehandelt. Im gegenwärtigen Fall aber lagen die alten Rechte bei Bonifaz VIII., und die revolutionären Ansprüche gingen jetzt von Philipp und Eduard aus. Das Problem in dem Kampf zwischen Heinrich IV. und Gregor VII. lag freilich auf religiösem Gebiet, und deshalb hatte sich die öffentliche Meinung damals zugunsten des Papstes ausgesprochen. Zwischen Bonifaz und den beiden Königen handelte es sich dagegen um politische Fragen. Der Streitfall betraf hier in Wirklichkeit die monarchische Souveränität und die Existenz des souveränen Staates überhaupt, so daß die bedeutendsten Interessen der Nationen entschieden wurden. Daher konnte die öffentliche Meinung Rom in diesem Kampf nicht unterstützen und wandte sich gegen den Papst.

Der Papst hatte den Widerspruch, der sich bald erhob, augenscheinlich nicht erwartet. Sein ganzes Verhalten zeigt, daß er die Veränderungen, welche Europa seit Friedrich II. und Innocenz IV. durchgemacht hatte, nicht begriff. Ebensowenig verstand er anscheinend, daß Frankreich und England im Jahre 1296 nicht mehr dieselben Staaten waren wie ein Jahrhundert zuvor. Bonifaz VIII. hatte noch nicht erkannt, daß die Hoheitsrechte der Krone jetzt von der Zustimmung des Volkes getragen wurden und daß das nationale Empfinden bei den Laien und sogar bei den Geistlichen mächtig geworden war. Das Nationalgefühl war in Westeuropa so sehr erstarkt, daß es jeden Versuch, in die Angelegenheiten des Königs einzugreifen, seine Regierung matt zu setzen und seine Finanzen oder seine Militärmacht in Gefahr zu bringen, zurückwies. Die Tatsache, daß dieser Versuch mit kirchlichen Vorrechten begründet werden konnte, änderte an der abweisenden Haltung der westeuropäischen Nationen nichts. Wenn Philipp der Schöne und Eduard I. von ihren Untertanen aus religiösen Bedenken oder aus Gleichgültigkeit im Stich gelassen worden wären, wäre ihnen freilich nichts anderes übriggeblieben als demütige Unterwerfung! Aber der französische und der englische König siegten tatsächlich, weil sie der Zustimmung ihrer Völker sicher waren. Sie hatten eine moralische Macht hinter sich: die einzige, die ihnen in einem solchen Konflikt den Sieg ermöglichen konnte.

Weder Philipp noch Eduard verantworteten sich gegenüber dem Papst. Eduard betrachtete die päpstliche Bulle einfach als nicht abgesandt und erhob die in ihr verbotene Steuer weiter. Philipp aber wollte dem Papst zeigen, wie gefährlich es sei, in die Angelegenheiten eines Königs einzugreifen. Da Philipp sich in seinen Finanzen bedroht sah, bedrohte er seinerseits die Finanzen des Papstes. Er verbot die Ausfuhr von Geld und Kreditbriefen aus Frankreich. Damit waren alle Einkünfte, die der Papst aus Frankreich bezog, und alle, welche er durch Vermittlung seiner italienischen Bankiers über Frankreich gehen ließ, gesperrt. Da das Geldbedürfnis des Heiligen Stuhls damals viel größer, sein Finanzwesen weit komplizierter und empfindlicher geworden war als früher, traf dieser Schlag die Kirche sehr hart. Hundert Jahre zuvor hätte das französische Königtum noch nicht über die Mittel verfügt, um einen solchen Schlag zu führen; aber nun besaß der König eine so weitreichende Gewalt und eine so vollständige und ausgebildete Verwaltung, daß sein Befehl genau ausgeführt wurde. Der angegriffene Staat verteidigte sich mit den Mitteln des Staates, und Europa erlebte es zum erstenmal, daß ein Fürst den Befehlen des Papstes durch eine bloße Verwaltungsmaßnahme Widerstand bieten konnte. Diese unerwartete Wendung ließ Bonifaz VIII. einlenken, denn sein Eingreifen in den Krieg in Sizilien sowie der Aufstand der Colonna im Kirchenstaat machten sein Geldbedürfnis dringend. Wenn der Papst das hierfür benötigte Geld erhalten wollte, mußte sich vor allem die französische Grenze wieder öffnen. Um das durchzusetzen, machte Bonifaz dem französischen König schließlich Konzessionen, welche gerade diesem stolzen Papst schwer geworden sein müssen. Bonifaz zog zwar die Bulle nicht zurück, aber er schwächte ihren Inhalt so ab, daß sie jede praktische Bedeutung verlor, und die im Jahre 1297 erfolgende Heiligsprechung Ludwigs IX. konnte als eine Huldigung an das französische Königshaus aufgefaßt werden.

Kaum aber war dieser Zwischenfall beendet, als schon ein neuer auftauchte. Bonifaz VIII. wiegte sich, ebenso wie seine Vorgänger, in der Hoffnung, Europa zu einem neuen Kreuzzug vereinen zu können. Da der Krieg zwischen Frankreich und England, den zwei mächtigsten Staaten des Abendlandes, die Verwirklichung dieser Hoffnung aber aussichtslos machte, bot Bonifaz beiden kriegführenden Parteien seine Vermittlung an. Um ihre Empfindlichkeit zu schonen, wurde der Schritt des Papstes als rein private, im eigenen Namen unternommene Aktion hingestellt. Als aber Bonifaz den danach unterzeichneten Frieden in einer Bulle feierlich bekanntmachte, sah Philipp der Schöne darin einen Eingriff in seine Herrscherrechte und die Anmaßung eines Anspruches auf päpstliche Oberherrschaft über die französische Krone. Der König zeigte seine Abneigung sogleich; er unterstützte die Colonna nun ganz unverhüllt.

Zu diesem Zeitpunkt, da die Spannung immer stärker wurde, begann das feierliche Jubeljahr 1300. Europa sah zum erstenmal eine Feier dieser Art, und sie wurde zu einem unvergleichlichen Triumph des Papstes. Von allen Orten der Christenheit her strömten die Gläubigen nach Rom. Es waren Hunderttausende, man sprach von 200 000 Menschen. Die Gläubigen wollten den Ablaß erlangen, der allen denen, welche die Gräber der Apostel besuchten, zugesagt worden war. Die Huldigungen der Verehrung und Liebe, die Bonifaz von der begeisterten Menge reichlich empfing, verblendeten ihn aber. Der Papst vergaß nun den schlechten Ausgang seiner in den letzten Jahren unternommenen Versuche, der weltlichen Macht Vorschriften zu machen. Da er so viele Pilger zu seinen Füßen knien sah, glaubte er wohl, daß auch die Könige und die Völker nun ganz bereit seien, sich seinen Befehlen zu beugen; aber er mußte bald erkennen, daß ihr aufrichtiger religiöser Eifer und ihre Anhänglichkeit an die Kirche nicht so weit gingen, gleichzeitig auch ihre Unabhängigkeit und ihr Selbstgefühl zu opfern.

König Eduard I. hatte den Frieden mit Philipp dem Schönen dazu benutzt, gegen die Schotten vorzugehen, und diese wandten sich an den Papst. Bonifaz VIII. mischte sich nun in den Streit ein, klagte den englischen König der Gewaltsamkeit und Ungerechtigkeit an und nahm das Recht in Anspruch, Schiedsrichter zwischen beiden Parteien zu sein. Bonifaz wandte sich nur an den König; dieser aber beschloß, sich an das Parlament zu wenden. Es wurde im Januar 1301 einberufen, um über die Ansprüche des Papstes zu urteilen. Bis dahin hatten sich mit der berühmten Frage, welches der Inhalt und die Grenzen der irdischen Gewalt seien, nur weltabgewandte Asketen, Theologen und Juristen beschäftigt. Nun wurde sie von den Vertretern eines ganzen Volkes behandelt. Die Antwort des englischen Parlaments bestand in einer kategorischen Bejahung der souveränen Rechte der Krone. Hohe Geistliche, Barone, Ritter und Bürger waren gleichermaßen über die Einmischung des Papstes in einen populären und durch die Schlacht bei Falkirk (22. Juli 1298) ruhmreich beendeten Krieg empört. »Niemals«, erklärten die Mitglieder des Parlaments, »werden wir dulden, daß der König sich diesen unerhörten Ansprüchen unterwirft.«

Bonifaz VIII. steckte diese Worte ein. Als sie ihn erreichten, waren seine Beziehungen zu Frankreich schon so gespannt, daß er sich eine weitere Komplikation durch einen Streit mit England nicht mehr erlauben konnte. Der Erzbischof von Narbonne hatte sich bei dem Papst über die Beschlagnahme gewisser Lehen beklagt, die nach seiner Auffassung der Kirche gehörten. Bonifaz entsandte den Bischof von Pamiers, Bernhard Saisset, als Legaten mit der Vollmacht, über den Streitfall zu unterhandeln, an den Hof von Paris, aber der allzu selbstbewußte Ton dieses Unterhändlers verletzte den König. Philipp ließ sich indes nichts anmerken und hinderte Saisset auch nicht, zur Berichterstattung nach Rom zu gehen. Kaum war Saisset jedoch in sein Bistum zurückgekehrt, als der König ihn verhaften und von Pierre Flotte, seinem Kanzler, unter Anklage stellen ließ; sie lautete auf Majestätsbeleidigung, Aufruhr, Ketzerei, Gotteslästerung und Simonie. Eine Versammlung hoher Geistlicher und Theologen sprach den Bischof schuldig, und der Papst wurde aufgefordert, ihm seine bischöflichen Befugnisse zu nehmen.

Der Papst antwortete auf diese Maßnahmen mit der Aufforderung, Saisset sogleich freizulassen, und setzte auch das Verbot, die Güter der Kirche zu besteuern, wieder in Kraft. Gleichzeitig berief er die Geistlichkeit Frankreichs nach Rom, um mit ihr über die Buße zu beraten, welche dem König aufzuerlegen sei. Bonifaz wandte sich auch sogleich mit der Bulle *Ausculta fili* (Höre, mein Sohn) persönlich an den König. Diese Bulle mahnte Philipp daran, daß Gott den Nachfolger des heiligen Petrus über die Fürsten und Staaten gesetzt hatte: »Daher« – so sagte Bonifaz VIII. dem französischen König – »glaube jenen nicht, die Dich davon überzeugen wollen, daß niemand über Dir stehe! Wer so denkt, der irrt, und wer in diesem Irrtum verharrt, ist ein Ungläubiger.« Auch ein Innocenz III. hätte nicht anders gesprochen, und Thomas von Aquino hatte die Theorie, welche diesen Worten zugrunde lag, noch um die Mitte des 13. Jahrhunderts ausführlich dargestellt. Die päpstlichen Worte riefen aber bei den Juristen und Theologen diesesmal leidenschaftlichen Widerstand hervor. Pierre Dubois und Jean de Paris, der Verfasser des »Dialoges zwischen einem Geistlichen und einem Ritter«, lehnten den Anspruch des Papstes, in weltliche Angelegenheiten eingreifen zu können, entrüstet ab. Die päpstliche Zuständigkeit erstreckte sich nach ihrer Ansicht nicht weiter als auf rein religiöse Angelegenheiten. Sie gingen selbst so weit, die Gesetzlichkeit der päpstlichen Souveränität über Rom in Zweifel zu ziehen, und Jean de Paris erklärte rückhaltlos, daß die konstantinische Schenkung den Verfall der Kirche herbeigeführt habe. Schon Friedrich II. und sein Kanzler, Petrus von Vinea, hatten mehr oder weniger ähnliche Behauptungen aufgestellt. Diese Streitfragen erregten freilich nur die Gebildeten, und die Krise wäre auch jetzt nicht bedeutend geworden, wenn sie nur ein Kampf geblieben wäre, der in Schmähschriften geführt wurde. Aber Philipp der Schöne wollte ebenso handeln wie Eduard I., der ein Jahr zuvor seinen Kampf mit dem Papst in einen Streit seines ganzen Volkes mit dem Papst verwandelt hatte. Freilich hatte Frankreich kein Parlament wie das englische. Noch nie waren Männer, die vom ganzen französischen Volk abgeordnet waren, zur Beratung der Krone versammelt worden. Der große Streit, in welchem es um das Prinzip der Souveränität der französischen Krone selbst ging, bildete nun den Anlaß zu der ersten Einberufung der Stände ganz Frankreichs (Generalstände): ein würdiger Beginn der Versammlungen, deren letzte fünf Jahrhunderte später die Menschenrechte verkündete und zum Ausgangspunkt der Französischen Revolution wurde.

Die Delegierten der Geistlichkeit, des Adels und des Bürgertums versammelten sich am 10. April 1302 in der Kathedrale Notre Dame in Paris. Die Gefühle der Menge waren schon vorher durch Mittel aufgepeitscht worden, in welchen sich die Mentalität einer Regierung verrät, der alles recht war, was Erfolg versprach. Gefälschte Bullen, die für den König beleidigend waren, und eine den Papst nicht weniger beleidigende, ebenfalls gefälschte Antwort des Königs wurden überall verbreitet. Das waren primitive Mittel, aber sie sind bezeichnend für eine Zeit, in der sich die Politik zum erstenmal auf die öffentliche Meinung stützen mußte. Pierre Flotte setzte die Streitfrage vor den Ständen auseinander. Alle – die Geistlichkeit ebenso wie die Laien – erklärten sich mit Begeisterung für den König. Die Geistlichkeit ließ ihre Antwort dem Papst in lateinischer Sprache zugehen, während die beiden anderen Stände ihre Antworten französisch abfaßten und sie an die Kardinäle richteten.

Damit aber war die Sache des Papstes verloren. Die französischen Stände entschieden mit weit stärkerem Nachdruck als im Jahr zuvor das englische Parlament zugunsten der Krone und damit zugunsten des Staates selbst.

Eine einfache Nationalversammlung konnte also durch ihr Urteil ein Ergebnis erzielen, um das sich die Kaiser zwei Jahrhunderte bis zur Erschöpfung in vergeblichen, für Deutschland und Italien blutigen Kämpfen bemüht hatten. Der rohen Macht dieser germanischen Cäsaren hatte Rom seine moralische Macht siegreich entgegengestellt; der Widerstand Roms gegen die kaiserlichen Versuche, die Welt zu beherrschen, hatte die Völker damals auf die Seite der Päpste gezogen, und Italien hatte, als es sich mit Rom gegen die Staufer vereinigte, zugleich für die eigene Freiheit gekämpft. Nunmehr ließen die früheren Bundesgenossen den Papst im Stich, denn jetzt bedrohte er ihre eigene Freiheit und Unabhängigkeit. Deutschland hatte sich einst mit der Politik der Kaiser nicht solidarisch erklärt, aber Frankreich stand nun hinter der Politik seines Monarchen. An wen sollte sich der Papst wenden? An England heranzutreten, war für Bonifaz VIII. zwecklos, denn Frankreichs Kampf gegen die päpstliche Intervention war damals im wesentlichen auch der Kampf Englands und sogar der Kampf aller Nationen. Frankreich wollte ja nicht, wie einst die deutschen Kaiser, dem Papst Gewalt antun und ihn zum Werkzeug für politische Zwecke machen; es verlangte nur, daß das Papsttum sich keinen Eingriff in die Regierung des Landes anmaße, und diese Forderung bedeutete für niemanden eine Bedrohung. Frankreich verlangte ja nichts als die volle Selbständigkeit in seinen weltlichen Angelegenheiten, und jeder Staat hatte aus eigenem Interesse den Wunsch, daß die große Monarchie dieses Ziel erreiche. Bonifaz VIII. war also gegenüber Frankreich isoliert. Die Ironie der Geschichte wollte, daß Bonifaz sich nunmehr in seiner Verzweiflung an den deutschen König Albrecht von Österreich wenden mußte, dessen Wahl er früher nicht hatte anerkennen wollen. Der Papst versuchte nun, weil ihm nichts anderes übrigblieb, die Majestät des Kaisertums wieder zu erhöhen, obwohl die früheren Päpste das Kaisertum so tief gedemütigt hatten. Bonifaz VIII. erinnerte Albrecht daran, daß sein Kaisertitel den Primat über alle Königreiche enthalte und daß die französische Behauptung, niemand stehe über dem französischen König, eine Lüge sei; denn die Franzosen seien dem Kaiser rechtlich untergeordnet. Die Bulle *Unam sanctam*, die der Papst am 18. November 1302 verkündete, ist die letzte feierliche Erklärung Roms, daß es den Primat über die weltliche Macht besitze. Diese Bulle enthält eine ausführliche Darstellung der kirchlichen Theorie vom geistlichen und weltlichen Schwerte. Man findet dort ferner die Auffassung, daß alle Fürsten als Sünder *(ratione peccati)* dem Nachfolger des heiligen Petrus untergeordnet seien.

So stießen die einander widersprechenden Ansprüche des Staates und der Kirche aufeinander. Dabei hätte es freilich bleiben können, denn die Darstellung der kirchlichen Prinzipien in der Bulle war nur eine Erklärung, sie enthielt keine Ankündigung künftiger Angriffe. Aber Philipp der Schöne war entschlossen, seinen Gegner unschädlich zu machen. Er konnte eine gefährliche Waffe gegen den Papst verwenden, und seine Politik pflegte den Feind nicht zu schonen.

Die Lage, in welcher sich Bonifaz VIII. persönlich gegenüber Philipp befand, war sehr ungünstig. Die strenge Gläubigkeit des französischen Königs war zu bekannt, als daß der Papst gegen ihn wie einst seine Vorgänger gegen Friedrich II. die gefürchtete Anklage der Ketzerei hätte schleudern können. In religiöser Hinsicht war Philipps Position unerschütterlich, die des Papstes aber ganz und gar nicht. Bonifaz VIII. war noch zu Lebzeiten seines Vorgängers Cölestin V. (der ja zurückgetreten war) zum Papst gewählt worden, und dies war etwas so Außergewöhnliches, daß einige Feinde des Papstes seine Wahl schon lange als nichtig angesehen hatten. Das Geschlecht der Colonna wurde nicht müde, die Auffassung zu verbreiten, daß Bonifaz auf dem Stuhl des heiligen Petrus nur als Eindringling sitze. Diese Konzeption entsprach

Philipps Interessen: er glaubte an ihre Richtigkeit oder tat wenigstens, als ob er an sie glaubte. Im Juni 1303 genehmigte eine neue Versammlung der Stände ganz Frankreichs den Plan Philipps, einem allgemeinen Konzil die Frage vorzulegen, ob Bonifaz der legitime Papst sei. Der Anstoß war gegeben, und das Interesse an der Angelegenheit wurde von den Anhängern der Krone eifrig wachgehalten. Die Universität Paris, manche Klöster und einige Städte wetteiferten in der dringlichen Forderung, daß ein solches Konzil einberufen werden müsse, und die französische Regierung suchte auch das Ausland für diesen Plan zu gewinnen.

Wilhelm von Nogaret wurde inzwischen nach Italien gesandt, um Beziehungen zu der Familie Colonna anzuknüpfen, sich der Person des Papstes zu bemächtigen und ihn zur Abdankung zu nötigen. Er überfiel den Papst am 15. August 1303 in Anagni. Aber Gewalt konnte den schon bejahrten Bonifaz nicht beugen. Obwohl Sciarra Colonna den Papst mit dem Tode bedrohte, zeigte er sich unerschütterlich. Er setzte dem Wüten des Feindes eine stolze Hoheit entgegen und blieb auch im Unglück sich selbst getreu. Der Schicksalsschlag hatte den Papst jedoch körperlich gebrochen. Unmittelbar nachdem eine Volkserhebung der Bewohner von Anagni ihn befreit hatte und er nach Rom zurückgekehrt war, starb er (11. Oktober 1303).

Der Tod dieses Papstes brachte aber keine Lösung der Probleme. Die Forderung Philipps, daß die Frage des Verhältnisses zwischen der geistlichen und der weltlichen Gewalt durch ein Konzil entschieden werde, lag als Drohung über dem Pontifikat der folgenden Päpste. Benedikt XI. (1303–1304) lebte nicht lange genug, um dieses beunruhigende Problem lösen zu können. Clemens V. (1305–1315) wich der Frage nur dadurch aus, daß er das Papsttum selbst in eine schwere Krise verwickelte; sie zerstörte den Rest jenes unvergleichlichen Ansehens, das Rom im dreizehnten Jahrhundert genossen hatte.

Die Kardinäle hatten elf Monate gezaudert, bis sie Clemens V. schließlich zum Papst wählten. Diese Wahl bedeutete an sich schon eine offenbare Verleugnung der Politik, die Bonifaz VIII. geführt hatte; denn der neue Papst war Franzose, und das Konklave hatte sich mit seiner Entscheidung dem Willen Philipps des Schönen gebeugt. Bald bemerkten die Kardinäle, daß sie einen Mann zum Papst gemacht hatten, der niemals vergaß, daß er als Untertan des Königs von Frankreich geboren war. Clemens V. begnügte sich nicht damit, viele Verwandte und Schützlinge Philipps des Schönen in das Kardinalskollegium hineinzubringen, sondern war auch von dem Vorrang seines Vaterlandes so erfüllt, daß ihn selbst die Hoheit Roms kaltließ. Clemens hatte für die zwölf Jahrhunderte alte Tradition, welche aus der Stadt der Kaiser die Stadt der Päpste gemacht hatte, kein Empfinden. Für diesen Franzosen war die *aurea Roma* (das goldene Rom) nur eine Stadt unter vielen: eine Stadt mit ungesundem Klima und einer Bevölkerung von so veränderlicher Gesinnung, daß dort kaum die Sicherheit des Lebens verbürgt war. Clemens betrachtete zweifellos Paris als eine Stadt, die weit über Rom stand. Das Papsttum war nach Ansicht des neuen Papstes überall dort, wo der Papst war; ob er im Lateran wohnte und die Messe in der Peterskirche las oder nicht, war nach der Auffassung Clemens' unerheblich. Er ließ sich in Avignon nieder, und seine Nachfolger blieben dort bis zum Jahre 1378. Freilich war Avignon ein Besitz des Heiligen Stuhls; aber es war vom Gebiet des französischen Königs umgeben und gehörte, wenn auch nicht rechtlich, so doch tatsächlich zu Frankreich. Das Ausland betrachtete Avignon denn auch als französisch. Die Päpste, die nun die Stadt am Tiber mit der Stadt an der Rhône vertauscht hatten, gaben damit die bedeutende Position auf, die sie ein Jahrhundert lang zwischen Gott und den Königen innegehabt hatten. Sie sanken nun – zwar nicht immer tatsächlich, aber doch mindestens dem Ansehen nach – zu bloßen Schützlingen und Werkzeugen der französischen Krone herab. Dahin hatte also die Politik Bonifaz' VIII. geführt! Es war überflüssig geworden, die Legitimität dieses Papstes noch nach seinem Tode durch einen Prozeß anzufechten. Philipp der Schöne schüchterte Clemens zwar noch einige Jahre hindurch ein und nötigte ihn zur Verurteilung der Templer, deren Reichtum den König schon lange gelockt hatte (1312), aber er erwähnte den Prozeß gegen den toten Bonifaz nicht mehr. Das hätte auch keinen Sinn gehabt; denn von den stolzen Worten der Bulle *Unam sanctam* blieb nichts mehr übrig, und die Möglichkeit, daß die Päpste künftig im Ton dieser Bulle zu einem König von Frankreich reden könnten, bestand nicht mehr. Freilich waren die Prinzipien der Bulle *Unam sanctam* noch gültig, so daß die Ansprüche des Papstes theoretisch bestehenblieben; aber in Wirklichkeit bedeuteten sie, mindestens für Frankreich, nur noch eine harmlose Rhetorik, und Philipp kümmerte sich nicht mehr um sie. In der Politik gilt nur das praktische Ergebnis, und es war schneller und entscheidender eingetroffen, als die weltliche Gewalt hatte hoffen können. In dem Zusammenstoß zwischen der Kirche und dem nationalen Staat hatte sich dieser als das stärkere Element gezeigt, und das Papsttum selbst wankte nun, tödlich getroffen, auf den Trümmern der kaiserlichen Macht, die durch die Päpste selbst vernichtet worden war. Es schien beinahe, als hätte das Papsttum Rom gegen Avignon nur eingetauscht, um einen weniger auffälligen Schauplatz für seine Erniedrigung zu finden.

So sah das dreizehnte Jahrhundert sowohl die höchste Macht als auch das Absinken des Papsttums. Als Rom das Kaisertum besiegt hatte, glaubte es die Führung im Abendlande übernehmen zu können. Die Päpste wollten es zu einer Bewegung gegen den Islam vereinen und alle Völker unter ihre geistliche Hut stellen; aber die politischen und wirtschaftlichen Veränderungen, die sich, von der Kurie zu wenig beachtet, vollzogen hatten, machten die Verwirklichung dieser Pläne unmöglich. Das hohe Ideal, das vom Papsttum in einer Zeit agrarischer und feudalistischer Lebensformen aufgestellt worden war, entsprach der gesellschaftlichen Wirklichkeit nicht mehr. Der Glaube war noch ebenso lebendig und allgemein wie früher, und die Kirchenzucht setzte sich bei den Geistlichen sogar stärker durch denn je zuvor, aber in einem Kreuzzug sah man nur noch ein Hirngespinst. So tief hatte die Entwicklung des Handels und des städtischen Lebens die Sitten und Lebensformen verändert. Gleichzeitig mußte das Entstehen von Nationalstaaten wie England und Frankreich, die einer selbständigen Verwaltung und unabhängigen Politik bedurften, um von Dauer zu bleiben, zu dem Konflikt führen, in welchem Bonifaz VIII. unterlag. Und doch hatte sich während des kurzen geschichtlichen Augenblicks, da Ludwig der Heilige regierte, eine vom Christentum getragene Politik entfalten können. Dies war denn auch der schönste Augenblick des dreizehnten Jahrhunderts: eine Windstille in dem ständigen Sturm, in welchem die wilden Kräfte des Lebens die Menschheit umherwirbeln.

Achtes Buch

DIE EUROPÄISCHE KRISE (1300–1450)

Das Papsttum in Avignon, das große Schisma und der Hundertjährige Krieg

Erstes Kapitel

DIE ALLGEMEINEN MERKMALE DER ZEIT

1. *Die wirtschaftlichen und sozialen Vorgänge*

Die Zeit, die vom Beginn des vierzehnten Jahrhunderts bis zur Mitte des fünfzehnten Jahrhunderts reicht, war in höchstem Maße zerklüftet, widerspruchsvoll und verwirrend. Die Gesellschaft Europas war während jener Zeit in allen ihren Schichten aufgewühlt. Die Kirche – zunächst von der Verbannung der Päpste nach Avignon, später von dem großen Schisma und schließlich von dem Kampf der Päpste mit den Konzilen heimgesucht – wurde von Wirren und Unruhen erschüttert, die ihren gefährlichsten Ausdruck in den Ketzereien eines Wyclif und Johann Hus fanden. England und Frankreich lagen in ständigem Kampfe. Das Kaiserreich löste sich in den Zwisten der Dynastien, die um Deutschland stritten, vollends auf. Italien war mehr denn je zerstückelt, und auf seinem Boden gab es damals die verschiedenartigsten Staaten und Regierungsformen. Die slawischen Staaten wehrten sich gegen den Druck der Deutschen und geboten deren Expansion Einhalt. Die Türken wurden zu Nutznießern der Zerrissenheit Europas, drangen in den Balkan ein und bemächtigten sich schließlich Konstantinopels. Das Leben der Völker wurde von sozialen Aufständen und leidenschaftlich geführten Parteikämpfen erschüttert. Mißstände wurden spürbar, die zuweilen in Reformversuche mündeten, zuweilen aber auch in der Bedrückung der schwächsten durch die mächtigsten Volksschichten zutage traten. Erregung und Unruhe beherrschten die Gedanken der Menschen, die Politik und die Religion so sehr, daß man fast von Verwirrung sprechen kann. Man litt und war von Unruhe getrieben, ohne daß man wesentlich vorwärtskam. Das einzige, was der Menschheit damals deutlich bewußt war, waren ihre Leiden selbst; sie wollte ihnen entfliehen, aber sie sah keine Richtung und keinen Weg. Die Tradition lastete schwer auf den Menschen, und sie wußten nichts, was sie an die Stelle des Überlieferten setzen und wie sie sich von den Formen der Vergangenheit befreien könnten. Die alten Denkformen waren schon unterhöhlt, und doch herrschten sie noch überall. Zwar wurden sie in mehrfacher Hinsicht abgewandelt, aber im wesentlichen blieben sie doch unverändert. Kirche und Staat, Sozialordnung und Wirtschaftsverfassung blieben während dieser hundertundfünfzig Jahre in ihren hauptsächlichen Zügen die gleichen wie am Ende des dreizehnten Jahrhunderts. Nicht anders stand es mit Kunst und Wissenschaft. Die gotische Baukunst und die Scholastik waren noch kraftvoll genug, um Bedeutendes hervorzubringen, aber die Zeit ihrer Hauptwerke war vorbei. Überall zeigte sich trotz ernster Arbeit ein Versagen.

Die Welt wartete damals auf eine Erneuerung, aber nur langsam kam es dazu, obgleich ein Schimmer der künftigen Morgenröte schon hier und da zu erkennen war. Die Menschen jener Zeit waren unruhig, nervös und sehr empfindlich. Keiner von ihnen ist wirklich groß. Man vergleiche nur Päpste wie Johann XXII. oder Clemens VII. (dessen Erwählung das Schisma einleitete) mit Innocenz III. oder mit Bonifaz VIII., den französischen König Karl V. mit Ludwig dem Heiligen, und den Luxemburger Karl IV. mit dem Staufer Friedrich II.! Zweifellos waren auch jene Päpste und Monarchen aus dem vierzehnten Jahrhundert merkwürdige und anziehende Charaktere, aber sie bleiben doch zweitrangige Persönlichkeiten. Man kann auch keinen von ihnen als wirklichen Repräsentanten seiner Epoche ansehen; denn die Zeit war dauernden Veränderungen ausgesetzt und entbehrte dadurch einer eigenen Physiognomie. Ihr fehlte ein ideales Ziel, für das sie sich hätte begeistern können.

Neu und merkwürdig berühren uns aber in jener Zeit – wenn wir sie einmal im Fluge als Ganzes betrachten – ihre revolutionären Bestrebungen. Diese Tendenzen gelangten zwar nirgends zum Siege, aber sie waren überall spürbar. Staat und Kirche waren vor ihnen ebensowenig sicher wie die Gesellschaft. Alle traditionellen Autoritäten verloren ihre Unantastbarkeit oder wurden sogar angegriffen: die Päpste und Könige ebenso wie die großen Grundherren und die Kapitalisten. Die unteren Schichten des Volkes hatten bis dahin die Macht der Herren ertragen oder unterstützt, aber nun wurden sie aufsässig. Keine frühere Zeit kannte so viele »Tribunen«, Volksredner, Agitatoren und Reformatoren. Doch fehlte es all diesen Menschen an Zusammenhalt und Stetigkeit. Die Krisen waren zahlreich und heftig, aber kurz und zusammenhanglos; sie tauchten an den verschiedensten Orten auf und waren Symptome sozialer Mißstände, welche freilich nicht überall gleich stark empfunden wurden und sich in den verschiedenen Gebieten Europas auch verschieden äußerten. Um den Verlauf und die Bedeutung dieser Krisen zu erfassen, muß man sie zunächst in den allgemeinen und einfachsten Erscheinungen des sozialen Lebens beobachten: in der Wirtschaftsverfassung.

Im Vergleich mit den Auswirkungen, die einst von der Wiedergeburt des Handels und der Bildung der Städte ausgegangen waren, zeigte das wirtschaftliche Leben Europas jetzt keine wesentlich neuen Formen. Die abendländische Einflußsphäre hatte sich seit der Errichtung italienischer Niederlassungen im Osten und seit der Gründung deutscher Städte an der Ostsee nicht erweitert. Auch nahm die Bevölkerung seit dem Ende des dreizehnten Jahrhunderts und den ersten Jahren des vierzehnten Jahrhunderts nicht mehr zu. Venedig blieb im Süden, Brügge im Norden das bedeutendste Handelszentrum. In Venedig begegneten sich Westen und Osten, und Brügge war der Treffpunkt zwischen dem Norden und den italienischen Städten. Die Süddeutschen hatten ihren »fondaco« (ein Kaufhaus zur Abwicklung von Zollerhebung und Handelstransaktionen unter venezianischer Staatsaufsicht) in Venedig, die deutsche Hansa ihr Kontor in Brügge.

In Italien entwickelte sich ein echter Kapitalismus, obgleich ihn die Städte durch eine immer engherzigere Handelspolitik hemmten.

Noch immer war das flämische Tuchgewerbe in Nordwesteuropa und das florentinische im Süden die Grundlage des Exporthandels. Man begann gerade erst, Baumwolle zu verarbeiten; technische Fortschritte gab es noch nicht: die Werkzeuge und Verfahren waren noch fast die gleichen, die im alten Ägypten angewendet worden waren. Das »haringkaken« (das Konservieren der Heringe auf dem Schiff durch Wegschneiden von Eingeweiden, Einsalzen und vorläufiges Verpacken des Fisches in Tonnen), gegen Ende des vierzehnten Jahrhunderts in Holland oder in Flandern methodisch entwickelt, scheint die einzige erhebliche Neuerung auf technischem Gebiet gewesen zu sein.

Der Verkehr entwickelte sich freilich weiter. Zwar waren die Landwege gewöhnlich noch mangelhaft, aber die Schiffahrt erhielt eine stetig wachsende Bedeutung: die Schiffe waren größer geworden und unternahmen längere Reisen. Seit dem Anfang des vierzehnten Jahrhunderts fuhren die Galeeren Venedigs und Genuas regelmäßig bis Brügge und London und wieder zurück. Am Atlantischen Ozean betätigte sich eine rege Küstenschiffahrt der Basken und Bretonen, und überall auf der Nordsee und der Ostsee traf man damals die Koggen der Hansa. Die Schiffahrt in Holland und England aber beschränkte sich damals noch auf lokale Verbindungswege.

Der Geldumlauf war noch lebhafter als der Handel in Waren und

Lebensmitteln. Daraus erklärt sich die Tatsache, daß die Prägung von Goldmünzen seit dem Ende des vierzehnten Jahrhunderts in Frankreich, Flandern, England, Polen und Ungarn regelmäßig weiterging. Die italienischen Händler, unter deren Einfluß sich der Zahlungsverkehr schon im dreizehnten Jahrhundert sehr vervollkommnet hatte, trugen noch immer zu seiner Weiterentwicklung in den Handelszentren bei.

Die ersten Wechsel mit Akzept gab es in der ersten Hälfte des vierzehnten Jahrhunderts. Barducci (Pegolotti) schrieb seine *Pratica della Mercatura,* und die doppelte Buchführung kam anscheinend im Jahre 1494 auf. Trotzdem genügten alle diese bedeutenden Tatsachen nicht, um den Ausgangspunkt einer neuen Epoche der Wirtschaftsgeschichte zu bilden. Sie deuten zwar auf eine unverkennbare Tendenz zur Entfaltung des Kapitalismus, des Handels und des Geschäftsgeistes; wenn man jedoch jene Zeit als Ganzes betrachtet, so bemerkt man, daß einer ihrer auffälligsten Züge gerade in der Abneigung gegen den Kapitalismus bestand: einer Abneigung, die nur in Italien fehlte.

Der Grund für die damals allgemeine Feindschaft gegen den Kapitalismus lag in der Veränderung, die sich im Bürgertum vollzog: in jener sozialen Schicht, bei der sich der ganze Handel und das gesamte Gewerbe konzentrierte. Die Zünfte hatten seit dem Ende des dreizehnten Jahrhunderts in beinahe allen Städten eine mehr oder weniger vollkommene Übermacht über die patrizischen Geschlechter erlangt. Freilich gab es auch aristokratische Städte – wir denken sogleich an Venedig –, in denen die Patrizier die Macht behielten, doch handelt es sich hierbei um seltene Ausnahmen.

Auch dort, wo es den Handwerkern nicht gelang, sich der lokalen politischen Regierung zu bemächtigen, glückte es ihnen in fast allen Städten wenigstens, die organisatorische Macht über das Wirtschaftsleben zu erlangen. Nicht mehr die großen Kaufleute, sondern die kleinen Produzenten kontrollierten die Wirtschaft, und diese Tatsache drückte sich bald in der Mentalität der Verwaltung und Regierung der Städte aus.

Ursprünglich waren die Zünfte durch freiwilligen Zusammenschluß gebildete Verbände von Handwerkern gleichen Berufes und dienten nur der Verteidigung gemeinsamer Interessen. Man kann ihre Ziele insofern ohne weiteres mit denen der freien Gewerkschaften unserer Tage vergleichen. Die hauptsächliche Tätigkeit der Zünfte bestand in der Regelung der lokalen Konkurrenz. Jeder Neuankömmling in der Stadt mußte sich der Zunft anschließen, wenn er nicht boykottiert werden wollte. Daher gab es anfangs auch Wirren und Streitigkeiten zwischen den angeschlossenen Handwerkern und denjenigen, welche ihre Freiheit nicht aufgeben wollten und deshalb den Eintritt in die Zunft verweigerten. Die Verwaltung der Stadtgemeinde war aber, ebenso wie die Handwerker, daran interessiert, daß diese Wirren aufhörten, und gewährte deshalb den Zünften eine gesetzliche Sanktion: man verwandelte den freiwilligen Zusammenschluß der Handwerker in die obligatorische Vereinigung innerhalb der Zunft, die von der städtischen Behörde als öffentliche Korporation anerkannt wurde. Diese Veränderung begann in vereinzelten Fällen im zwölften Jahrhundert und setzte sich bis zum Anfang des vierzehnten Jahrhunderts in ganz Europa durch, da die gleichen Ursachen ja überall die gleichen Wirkungen haben. Nunmehr wurde jeder Beruf in jeder Stadt zum Monopol einer Gruppe bevorrechteter Meister. Nur diejenigen, welche öffentlich als Mitglieder der Zunft zugelassen sind, konnten einen Beruf ausüben. In ihren wesentlichen Zügen war die Organisation der Zunft überall gleich: zwischen dem französischen »métier«, dem flämischen »ambacht«, dem englischen »craft«, der italienischen »arte« und der deutschen »Zunft« gab es nur unbedeutende Unterschiede, die sich aus der Verschiedenheit der Sitten oder des Grades der Selbständigkeit erklären, welche die Verbände gegenüber den Stadtregierungen jeweils besaßen. Bei den Völkern germanischer Sprache war die Struktur dieser Verbände die gleiche wie bei den Völkern des romanischen Sprachgebietes. Auch bei den Korporationen beschränkte sich (wie bei allen grundlegenden Erscheinungen der europäischen Geschichte) das nationale Element auf die Oberfläche; denn das Wesentliche an den geschichtlichen Phänomenen ergibt sich aus Erfordernissen, die unter gleichen Umständen an jeden Menschen herantreten.

Überall gab es bei den Zünften leitende Männer (Älteste, gardes, Dekane, vinders usw.), die mit öffentlicher Autorität bekleidet waren, überall arbeitete der Verband Berufsstatuten aus, deren Durchführung er überwachte. Überall hatten die Zünfte das Recht, Versammlungen abzuhalten. Die Zunft war eine juristische Person und besaß als solche Vermögen sowie ein ihr selbst gehörendes Haus. In jeder Zunft gab es die gleichen Kategorien der Mitgliedschaft: man trat als Lehrling ein, stieg dann zum Gesellen auf und wurde schließlich Meister.

Man muß sich den Meister im allgemeinen als den Leiter und gleichzeitigen Besitzer einer Werkstätte vorstellen. Er beschäftigte meist einen oder zwei Gesellen und einen Lehrling. Der Meister war denn auch der typische Vertreter des Handwerks: ein kleiner unabhängiger Produzent, der zu Hause arbeitete. Der Rohstoff, den er bearbeitete, gehörte ihm selbst, und er verkaufte die Produkte, die er daraus herstellte, auf eigene Rechnung. Die Bürger der Stadt und die Bauern der Bannmeile waren die Verbraucher, von welchen der Meister lebte. Die Kleinheit seines Betriebes und seines Kapitals entsprach denn auch dem geringen Umfang dieses Marktes. Wenn er existieren wollte, mußte er vor der Konkurrenz geschützt werden – nicht nur vor der auswärtigen Konkurrenz, sondern auch vor der seiner Zunftgenossen. Mit diesem Schutz aber beschäftigte sich die Zunft vor allem. Um die Selbständigkeit der Meister zu verbürgen, beschränkte die Zunft ihre Freiheit und engte sie durch Verordnungen ein, so paradox diese Tatsache auch erscheinen mag. Die wirtschaftliche Unterordnung des einzelnen im Rahmen des Verbandes verbürgte die Sicherung aller Mitglieder, und daher beschränkte die Zunft den Handwerker durch (zahllose, die Einzelheiten regelnde) Verordnungen in seiner gewerblichen Freiheit: sie verbot den Verkauf zu einem niedrigeren als dem zunftmäßig vorgeschriebenen Preis und untersagte die Arbeit bei Kunstlicht sowie den Gebrauch außergewöhnlicher Werkzeuge. Die Zunft verbot ferner die Verbesserung der überkommenen Technik und die Beschäftigung von mehr Arbeitern, als die übrigen Zunftgenossen beschäftigten. Die Einschaltung der eigenen Frau oder der minderjährigen Kinder in den Betrieb wurde ebenfalls verboten. Außerdem wurde noch jede Reklame und jede Anpreisung auf Kosten der Waren anderer Zunftgenossen streng unterdrückt. So erhielt jeder einen Platz an der Sonne, aber dieser Platz blieb streng zugemessen, und infolge des Zunftzwanges konnte ihn keiner verlassen.[1] Freilich wollte ihn auch niemand verlassen, denn die Sicherung der Existenz durch die Zunft stand in Einklang mit den bescheidenen Wünschen der damaligen Menschen. Die Korporationen haben dem Kleinbürgertum den Rahmen gegeben, der vortrefflich zu seiner Art paßte. Sicherlich lebte diese Volksschicht niemals glücklicher als unter den Zünften. Die Zünfte lösten die soziale Frage aber auch nur für das Kleinbürgertum, sie lösten sie für keine andere Gruppe. Die kleinen Gewerbetreibenden wurden von den Zünften vor Konkurrenz geschützt, und das war gleichzeitig ein Schutz gegen den Eingriff des Kapitalismus. Bis zur Französischen Revolution blieb diese Schicht den Korporationen, die ihre Interessen so gut gewahrt hatten, ständig treu. Nur wenige wirtschaftliche Institutionen haben sich so widerstandsfähig gezeigt wie die Zünfte.

Die erste Hälfte des vierzehnten Jahrhunderts war die Blütezeit der Zünfte. Mit ihnen entwickelten sich die Hauptprinzipien, auf denen sie beruhten – Monopol und Privileg –, zu einem System scharf durchgeführter protektionistischer Maßnahmen: jede Gruppe von Handwerkern war unaufhörlich bemüht, den gesetzlichen Schutz der Korporationsmitglieder zu verstärken und sich mit ihm wie mit einem Panzer zu umgeben. Die Zulassung neuer Zunftmitglieder wurde immer mehr behindert, die Lehrzeit stets länger und schwerer. Der Erwerb des Meistertitels vollends wurde so kostspielig, daß ein Ärmerer sich kaum noch Hoffnung auf ihn machen konnte. Es kam gleichsam zu einer Geburtenbeschränkung der Gewerbe; das Fehlen der Konkurrenz wirkte sich wie eine Vorzugsprämie aus dem Nutznießungsrecht am Verbrauchermarkt aus, das die Zunft einer beschränkten Anzahl von Meistern verschaffte. Die um das Jahr 1350 überall eingetretene Stagnation der Bevölkerungsziffer ging sicher auf die Exklusivität der Zünfte zurück; denn diese machten es den Landleuten immer schwerer, sich in der Stadt niederzulassen. In der Stadt wiederum gab es zahllose Beschwerden innerhalb der Bürgerschaft selbst. Die exklusive Politik der Zünfte führte dauernd zu Klagen der einen Zunft über die andere; denn jede tadelte bei der anderen das Übermaß des Monopols und fand nur das eigene Monopol begründet. Gleichzeitig verschwand aber auch die ursprüngliche Brüderlichkeit unter den Handwerkern: es entstanden ständig größere Interessengegensätze zwischen den Meistern und den immer mehr zu bloßen Angestellten herabsinkenden Gesellen. Erhebungen gegen die Meister und Streiks ergaben sich als Folge dieser Gegensätze, und in manchen Ländern wurden »Gesellenschaften« gegründet. Diese Gesellenschaften (im französischen Sprachgebiet meist »compagnonnages« genannt) waren Verbindungen von Arbeitern untereinander; sie haben sich gebildet, um die Interessen der Gesellen gegen die Meister zu verteidigen. Die Mißbräuche in den Zünften wurden durch alle diese Vorgänge so offenkundig, daß einzelne Stimmen seit dem Anfang des fünfzehnten Jahrhunderts die Abschaffung der Verbände und die Gewerbefreiheit forderten.

Am schwierigsten jedoch waren die Verhältnisse in den Städten des Tuchgewerbes wie in Florenz und in den Gemeinden Flanderns und Brabants. In allen diesen Städten gab es eine wirkliche Exportindustrie. Die Zunftorganisation, die auf kleine Handwerker mit einem lokalen Markt zugeschnitten war, war gänzlich außerstande, die Arbeiter, welche für einen unbegrenzten Markt massenhaft produzierten, sozial zu sichern; sie konnte die Weber, Walker und Scherer – die Gesellen wie die Meister –, welche sich in den Gassen Gents, Yperns und Brügges oder in den *vicoli* von Florenz drängten, nicht gegen die Kapitalisten schützen. Hier war der Handwerker von dem Großhändler, der ihm Wolle lieferte, und in dessen Hände nach vielen Veränderungen schließlich das hergestellte Produkt zurückkam, völlig abhängig. Formell wich freilich auch hier die Korporation von den anderen Zünften nicht ab, denn die Hausarbeit herrschte, wie überall, auch hier vor; tatsächlich aber war der Meister oder Arbeitgeber nur ein besoldeter Angestellter, wenn er auch selbst Arbeitnehmer bezahlte. Dazu kommt noch, daß die Arbeiter im Tuchgewerbe (anders als bei den Gewerben, die nur dem Unterhalt eines lokalen Bürgertums dienten) nicht wenige waren, sondern in die Hunderte und sogar in die Tausende gingen. Der Großhandel, der alle Zweige des Tuchgewerbes in Händen hatte, war aber Krisen unterworfen. Wenn ein Krieg ausbrach oder England die Ausfuhr von Wolle verbot, gab es Arbeitslosigkeit und damit viel Elend. Sogar in normalen Zeiten kam es im Tuchgewerbe unaufhörlich zu Lohnkämpfen zwischen den das Geschäftsrisiko tragenden Großhändlern und den Meistern der Werkstätten oder zwischen diesen Meistern und ihren Gesellen. Die Stellung des Arbeiters im Tuchgewerbe näherte sich also in den Städten, die einen nennenswerten Export aufwiesen, der Lage des modernen Proletariats. Diese mittelalterlichen Proletarier waren auch organisiert. Sie schlossen sich ebenso wie die eigentlichen Handwerker zu Korporationen zusammen. Zwar wurden diese Korporationen durch den mächtigen Einfluß des Großhandels daran gehindert, den Markt zu beherrschen und die Preise und Löhne durch Verordnungen festzusetzen; aber die Korporationen der im Tuchgewerbe beschäftigten Arbeiter, die für den Export tätig waren, errangen immerhin genügend Macht, um sich einer allzu harten Ausbeutung widersetzen und die gegenseitige Hilfe während der Krisenzeit organisieren zu können. Das politische Ergebnis der Zusammenschlüsse bestand notwendig darin, daß den patrizischen Oligarchien, die den Städten im dreizehnten Jahrhundert ihr Gepräge gegeben hatten, die Alleinherrschaft genommen wurde. Es war jetzt unmöglich geworden, daß ein paar »Geschlechter« von Grundbesitzern und Händlern als Schöffen oder Ratsherren noch weiterhin die exklusive Macht zur Regelung des Gewerbes oder Handels oder zur Festsetzung von Steuern, persönlichen Leistungen und so weiter behielten. Diese patrizischen Familien traten freilich nicht ab, ohne Widerstand zu leisten;

ihre Regierung war im wörtlichen Sinne eine Klassenherrschaft gewesen, und sie strebten hartnäckig danach, ihre Machtstellung zu behalten. Das ganze vierzehnte Jahrhundert war von Kämpfen erfüllt, in denen die »Großen« und die »Kleinen« um die Herrschaft rangen. Man wird dabei unwillkürlich an die Kämpfe erinnert, die sich im neunzehnten Jahrhundert um das Wahlrecht abspielten: in beiden Fällen erhob die von der Regelung ihrer eigenen Angelegenheiten ausgeschlossene Menge hartnäckig den Anspruch auf Einfluß. Auch die tieferen Ursachen der beiden Krisen, die wir soeben verglichen haben, waren dieselben. Obwohl die Sitten, Ideen und Auffassungen des Mittelalters von denen des neunzehnten Jahrhunderts sehr verschieden waren, war das, was die Patrizier gegen die Zünfte verteidigten, im Grunde die gleiche Übermacht, welche in den nach dem Zensuswahlrecht gewählten Parlamenten so lange und hartnäckig gegen das allgemeine Wahlrecht kämpfte. Das vierzehnte Jahrhundert kannte, wie das neunzehnte Jahrhundert, vom Anfang bis zum Ende demokratische Bewegungen. Erst in unserer Zeit – und darin liegt ein bedeutsamer Unterschied zum Mittelalter – gewährt die Demokratie jedem Bürger politische Rechte. In den Kleinstaaten, als welche die mittelalterlichen Städte anzusehen sind, war die Auffassung von der Demokratie, nicht anders als der Umfang der Städte selber, mehr eingeschränkt. Das war unvermeidlich. Die Gesellschaft war dort zu sehr ständisch gespalten, zu sehr abgegrenzt und zu ortsgebunden, als daß ein Gefühl für allgemeine Freiheit hätte entstehen können. Die mittelalterliche Stadt war eine kleine, abgeschlossene Welt, die aus sich und für sich lebte und den Empfindungen und Interessen der Bevölkerungsschichten, welche ihr fremd waren, gleichgültig gegenüberstand. Der Handwerker war ebenso ausschließlich Bürger wie der Patrizier, und er verhielt sich auch abwehrend gegen die Menschen, die außerhalb seiner Stadt lebten. Noch wußte er nichts vom Geist der Nivellierung, der später Schule machte und weder lokale Berufsgruppen berücksichtigt noch juristische Standesunterschiede gelten ließ. Die Nivellierung der Rechte, wie wir sie in der modernen Demokratie als typisch für die Volksherrschaft überhaupt anzusehen gewöhnt sind, war den mittelalterlichen Städten unbekannt. Im Grunde war die Demokratie, wie sie von den Handwerkern des Mittelalters verstanden wurde, nur eine Demokratie von Privilegierten, wie ja das Bürgertum selbst ein gegenüber der Landbevölkerung bevorrechteter Stand war.

Die reine Demokratie hat nur in wenigen Städten gesiegt. Fast immer lief der Streit auf einen Kompromiß hinaus. Das Patriziat räumte den Zünften freiwillig oder unter dem Druck von Volksaufständen einen Platz ein. Sodann traten verfassungsartige Regelungen der Regierungsform in Kraft. Sie unterschieden sich in zahllosen Einzelheiten voneinander, stellten aber im wesentlichen nur Vertretungen von Interessen dar. Diese Verfassungen erstarrten meistens zur Unbeweglichkeit, da die verschiedenen Interessen schnell zu einem Gleichgewicht gelangten. Die städtische Gesetzgebung ist im dreizehnten Jahrhundert zweifellos aktiver und mehr zur Selbsterneuerung befähigt gewesen als im vierzehnten Jahrhundert. Diese Demokratien bevorrechteter Kleinbürger zeichneten sich im vierzehnten Jahrhundert vor allem durch Gruppenegoismus und wirtschaftliche Schutzmaßnahmen aus; die städtische Politik war am starrsten und exklusivsten dort, wo sie nicht – wie in England und Frankreich – auf den Staat Rücksicht nehmen mußte. Das Ziel der Städte bestand in völliger politischer Freiheit, wie sie beispielsweise die »Freie Stadt« in Deutschland genoß. Auch die wirtschaftliche Entwicklung wurde durch diese Ziele bestimmt und gehemmt: das Kapital wurde durch eine feindselige und mißtrauische städtische Gesetzgebung eingeengt und konnte sich nur außerhalb ihrer Reichweite, auf dem Gebiete des interlokalen Handels, betätigen. Dadurch entstanden zwar noch einige große Vermögen, aber sie bildeten sich viel seltener als im vorhergehenden Jahrhundert.

Das örtliche Patriziat spielte in der Entwicklung des Kapitalismus keine Rolle mehr und wurde zu einer Schicht von Rentnern. Neben diesem Patriziat kam aber jetzt eine Schicht von »homines novi« auf, die sich bemühte, die protektionistischen Behinderungen des freien Wirtschaftsverkehrs zurückzudrängen. Über ihren Einfluß, der bedeutend wurde, werden wir an späterer Stelle sprechen.

Freilich hatten nicht alle Städte den gleichen Typus und die gleiche Mentalität. Nicht alle wurden vom Kleinbürgertum beherrscht, und dort, wo das Exportgewerbe ein Proletariat hervorbrachte, war die Lage ganz anders. Ein schlagendes Beispiel dafür bilden die Wirren innerhalb der Demokratie von Florenz. Hier konnten sich die Zünfte nicht so einfach wie anderswo der Regierung bemächtigen: die Tuchindustrie und andere für den Export arbeitende Gewerbe waren hier zu mächtig, sie beanspruchten eine Sonderstellung. Tatsächlich wurde der Adel im Jahre 1282 von der Regierung der Stadt Florenz ausgeschlossen; an seine Stelle traten die sechs *priori delle arte*. Diese Männer wurden den zwölf großen

Zünften entnommen: jeder von ihnen vertrat eines der sechs Stadtviertel, und sie wurden alle zwei Monate abgelöst. In Florenz herrschte somit eine von Händlern und Fabrikanten beherrschte Regierung des *popolo grasso*; aber die kleinen Leute, das *popolo minuto*, fühlten sich dadurch unterdrückt. Sie unterstützten Walter von Brienne, der die herrschende Plutokratie stürzte (1341) und eine Diktatur errichtete; aber zwei Jahre danach wurde er verjagt, und das *popolo grasso* erhielt wieder die Macht. Das *popolo grasso* wurde jedoch im Jahre 1378 durch den demokratischen Aufstand der *ciompi* (der weniger angesehenen Zünfte von Florenz, die von der Zunft des Tuchgewerbes geleitet wurden) gewaltsam beseitigt. Schon im Jahre 1382 kam das *popolo grasso* aber von neuem zur Macht.

Nicht anders verlief die Entwicklung in den flämischen Städten. Die Weber und Walker, die unter dem Patriziat lebten, waren seit dem Beginn des dreizehnten Jahrhunderts unzufrieden. Das Patriziat stützte sich auf Frankreich. Die Schlacht bei Kortrijk (Courtrai) war denn auch ein sozialer Sieg der Handwerker; aber ihre Herrschaft, die sich auf die Wollarbeiter stützte, konnte sich nicht halten.[2] Die Macht fiel wieder den reichen Kaufleuten zu, und so gab es in Flandern während des ganzen vierzehnten Jahrhunderts Wirren und Aufstände. Die Arbeiter träumten damals von einem vage umschriebenen Gottesreich und anderen kommunistischen Utopien. Unter den Aufständischen an der Seite des Bauernführers Wat Tyler in England (1381) gab es flämische Weber, wie sie später auch unter den Hussiten und bei der Sekte der Adamiten auftauchten. Die aufständischen Bewegungen erhielten in Gent, wo die Weber zahlreicher waren als anderswo, einen tragisch-leidenschaftlichen Charakter. Unter der Herrschaft des Grafen von Flandern Ludwig von Maele (1346–1384) brach ein Aufstand von außerordentlicher Wildheit aus. Sechs Jahre hindurch boten die Weber dem Grafen, dem Adel und »allen guten Leuten, die etwas zu verlieren haben«, unter zahllosen unerhörten Wechselfällen Trotz. Überall verfolgten die Unterdrückten den Kampf der revolutionären Weber von Gent und hofften auf ihren Sieg. In den Straßen von Paris und Rouen ertönte damals der Ruf: »Es lebe Gent!« Schon bald bedeutete der Kampf der Weber eine Gefahr für die bestehende Gesellschaftsordnung, und es bedurfte eines Eingreifens des Königs von Frankreich, um ihnen – im Jahre 1382 bei Roosebeke – eine vernichtende Niederlage beizubringen. Die Weber von Gent waren im vierzehnten Jahrhundert zweifellos die leidenschaftlichsten Vorkämpfer der Demokratie; aber sie konnten trotz aller Hartnäckigkeit und aller Mühen ihr Ziel nicht erreichen: sie konnten dem Kapitalismus, der sie unterdrückte, nicht entkommen, denn seine Ursachen lagen außerhalb ihres Zugriffs und sogar außerhalb ihres Gesichtsfeldes. Sie erhoben sich ständig und wurden immer wieder geschlagen. Die anderen Zünfte wandten sich gegen sie. Die Walker, noch ärmer als die Weber und von ihnen bedrückt, machten mit den Feinden ihrer Unterdrücker gemeinsame Sache. Das Ergebnis bestand darin, daß die Händler und Geschäftsleute sich an die Grafen von Flandern wandten, um mit ihrer Hilfe die Gewerbe von der Stadt auf das Land zu verlegen.

Die Städte waren unruhig und innerpolitisch veränderlich; aber im Verhältnis zum Staat wurden sie einflußreicher denn je, obgleich sie das keineswegs erstrebt hatten. Der Staat oder die Territorialherren waren durch die wachsenden Kosten der Kriege, in denen Söldner und Flotten eine immer größere Rolle spielten, gezwungen, eine neue Quelle für die Auffüllung ihrer Schätze zu suchen. Die früheren Einkünfte genügten nicht mehr. Freilich konnten die Staaten oder Territorialherren von den italienischen Bankiers Geld leihen, und das geschah denn auch häufig; aber diese Anleihen wurden nur gegen drückende Verpflichtungen gewährt. Man konnte auch den Münzgehalt verschlechtern, aber das war ein gefährlicher Weg. Neue Steuern auszuschreiben war unmöglich, höchstens konnte man die Binnenzölle erhöhen. Im Mittelalter gab es nun einmal keinen finanziellen Absolutismus. Es blieb den Staaten und Territorialherren also nur noch die Möglichkeit, sich an den dritten Stand, das heißt an die Städte zu wenden und sie zu bitten, die Geldbörse zu öffnen. Die Städte fanden sich im allgemeinen dazu bereit, verlangten aber auch gewisse Sicherungen. Der Staat kannte damals nur das Ausgeben und verstand noch nicht, sich aus sich selbst heraus neue Einnahmequellen zu verschaffen: er hing völlig von dem Eingang von Steuern ab, deren Bewilligung er mit Machtverlust erkaufen mußte. Die Notwendigkeit, sich Steuereinkünfte zu verschaffen, beherrschte die landesherrliche Politik seit dem Beginn des vierzehnten Jahrhunderts. Der Territorialherr war gezwungen, den Forderungen der Städte und der Stände nachzugeben. Diese Forderungen zwangen ihm Vorrechte ab oder enthielten sogar den Anspruch auf Beteiligung des Bürgertums an der Staatsregierung. So kamen im Herzogtum Brabant Freibriefe wie der »Brief von Kortenberg«, später der »wallonische Brief« und schließlich der »Frohe Einzug des Landesherrn« (flämisch: blijde inkomst, französisch: joyeuse entrée) zustande: eine von der Brabanter Herzogin Johanna und ihrem Gemahl im Jahre 1356 beschworene und von den späteren Herzögen beim Regierungsantritt durch Eid bekräftigte Verfassung, die die städtische Freiheit sicherte und seit dem fünfzehnten Jahrhundert auch in Limburg zur Anwendung gelangte. Im Lütticher Land gab es den »Frieden von Fexhe«, und in der Grafschaft Flandern sprach man offiziell von den »Drei Gliedern« (Brügge, Gent und Ypern). Die Steuern riefen in Frankreich zur Zeit Etienne Marcels Unruhen hervor. Die Stände von Frankreich (Generalstände) versuchten in ihrer Versammlung (1355), die Rechte der Krone einzuschränken. Im Jahre 1413 nötigten die Pariser Zünfte dem König die sogenannte *ordonnance cabochienne* ab (der Leiter der revolutionären Bewegung war der Abdecker Simonet Caboche). In England wurde der Einfluß der Städte im Parlament immer größer. Das vierzehnte Jahrhundert war die Zeit, in welcher das Bürgertum begann, als Stand politisch aufzutreten. Es schuf sich eine Stellung neben dem Adel und der Geistlichkeit. Auch die Städte von Aragonien zwangen König Peter IV. (1336–1387) ihren Willen auf. In Kastilien wiederum zeigt sich deutlich, daß die Steuer faktisch von den Städten aufgebracht wurde. Dort wurde anläßlich des Krieges gegen die Mauren unter Alfons XI. von Kastilien (1312–1358) zuerst in Burgos eine Umsatzsteuer *(alcabala)* dekretiert: eine Institution, die später auf das gesamte Königreich Kastilien ausgedehnt wurde.

Die finanziellen Bedürfnisse der Fürsten haben aus dem vierzehnten Jahrhundert ein Jahrhundert des Parlamentarismus oder – wenn man es so nennen will – ein Jahrhundert der Stände gemacht. In allen auf dem Gebiet von Belgien liegenden Territorialstaaten wurden die Stände jährlich einberufen. In Frankreich setzten sie sich entgegen dem Widerstand der Krone durch. Jede Versammlung der Stände von Frankreich aber war ein Gewinn für den dritten Stand. Er allein unterstützte den ständischen Aufbau und zog Vorteil von ihm, denn er allein verfügte über Finanzmittel. Nur er stellte Bedingungen und forderte Garantien.

Aber der dritte Stand war selber nur eine Klasse bevorrechteter Menschen: die Mehrheit des Volkes lebte unter diesem Rang als ein »vierter Stand«. Von ihm sprach man nicht, aber er trug die Lasten. Seine Stellung war trotz seines Umfanges seit dem vierzehnten Jahrhundert zweifellos weit schlechter als in den beiden vorangehenden Jahrhunderten. Wir haben bereits gesehen, wie die Stände bei ihrem Erscheinen die wirtschaftliche Verfassung der ländlichen Gebiete erschütterten, als sie die Domänenwirtschaft brachen und die Ländereien sowie die Menschen weitgehend frei machten. Man entfaltete auf dem Land zunächst gewaltige Energien, machte Neuland fruchtbar, wanderte aus, und die Bevölkerung vermehrte sich schnell. Aber das alles hörte im Verlauf der ersten Hälfte des vierzehnten Jahrhunderts auf: die Auswanderung bildete keinen Ausweg mehr, denn der verfügbare Raum war durch die Kolonisierung Ostdeutschlands besetzt, und die Städte schlossen sich ab; es gab einen Überschuß an Arbeitskräften, und durch dies alles verschlechterte sich die Lage der Bauern. Der Adel nutzte das aus; er versuchte seine früheren Feudalrechte wiederherzustellen und den Bauern, zu dem er schon nicht mehr die patriarchalischen Beziehungen aus der Zeit der reinen Grundherrschaft hatte, ganz allgemein auszubeuten. Im Küstengebiet von Flandern kam es zu einem furchtbaren Aufstand, der von 1324 bis 1328 wütete. Dabei machten die Bauern auf die Ritter Jagd und verweigerten der Kirche den Zehnten. Ein echter Klassenhaß äußerte sich damals seitens der Ritter im *Kerelslied* (Lied von den Bauernkerlen). Die furchtbaren Unruhen endeten mit der Metzelei von Cassel und mit großen Enteignungen des Bauernlandes. Der als Jacquerie bezeichnete Bauernaufstand in Frankreich (1357) ist sicherlich teilweise durch das Elend, welches der Krieg verursachte, entstanden; aber die tiefe Feindschaft zwischen den Massen der Landleute und dem Adel zeigte sich in diesem Aufstand so radikal, daß sie auf allgemeinere Ursachen als das Kriegselend zurückgeführt werden muß. Der englische Aufstand von 1381 ist uns genauer bekannt; seine Ursachen lagen in dem Streben des englischen Adels, die früheren Fronen wiederherzustellen, um die Erhöhung der Löhne – als Folge der Menschenverluste durch den Schwarzen Tod – auszuschalten. In Deutschland kam es zwar erst im Beginn des sechzehnten Jahrhunderts zu einer ähnlichen Bewegung; aber die Lage – vor allem diejenige der süddeutschen Bauern – wurde schon seit dem Ende des vierzehnten Jahrhunderts immer schlechter. Der Adel nutzte den Mangel an Ackerland aus und bedrückte die Bauern.[3]

Seither verachtete man den Bauern ganz allgemein; man sah in ihm nur noch einen Heloten, der außerhalb der Gesellschaft steht. Im vierzehnten Jahrhundert gab es fast keine für die Landleute geltenden Freibriefe mehr. Nur in wenigen neuen Ländern wie beispielsweise im Norden von Holland, dessen Boden noch nicht lange kultiviert war, fand man noch solche Freibriefe. Die Städte unterdrückten die Landbevölkerung ebenfalls und wachten sorgfältig darüber, daß auf dem Lande keine Gewerbe betrieben wurden.

Gent organisierte im vierzehnten Jahrhundert dauernd Feldzüge, um in den ländlichen Burgen und Dörfern die Webstühle und Walkbottiche zu vernichten. Auch die Klöster schützten die Bauern nicht mehr und vermehrten deren Elend noch durch die Erhebung des Zehnten.

Der Adel machte damals ebenfalls eine schwere Krise durch. Zwar bewahrte er noch die alten Formen des Rittertums, aber der Geist des Rittertums war dahin: er war seit den Kreuzzügen allmählich verschwunden. Von dem früheren Idealismus blieben nur äußerliche Manieren übrig. Die Treue gegen den Herrn war eine bloße Phrase geworden, das Lehensgut war das einzige, was für den Ritter noch etwas bedeutete. Die Lehenstreue hatte für ihn keinen Inhalt mehr und war zu einer bloßen Formalität herabgesunken. Nur der militärische Zug war noch von dem früheren Wesen des Adels übriggeblieben; aber er nahm häufig die Gestalt eines söldnerischen Militärdienstes an. Die ritterlichen Herren, welche am Rhein, in Österreich oder im Hesbaye (Hasbengau) wohnten, verdangen sich seit dem Beginn des vierzehnten Jahrhunderts oft den Königen von Frankreich. Es gab auch nicht wenige irrende Ritter, die überall und für jede Sache kämpften. Froissart hat solche Gestalten häufig dargestellt. Sie waren berufsmäßige Anführer von Soldaten. Diese Führer standen den Condottieri nicht fern; sie waren Bandenführer und Haudegen, und für sie war der Krieg nur noch ein einträglicher Beruf. Der französische Feldherr Bertrand Du Guesclin, der Typ eines solchen Ritters im vierzehnten Jahrhundert, war nichts als Soldat. Es gab keine neue Ritterpoesie mehr, man beschränkte sich höchstens auf Wiederholungen. Die Ritter lasen Berichte von Feldzügen, ganz gleichgültig, warum und für wen sie geführt worden waren; darin wurde in Prosa, wie auch Froissart sie schrieb, über herrliche Beute, über die Eroberung von Frauen und über festliche Gelage gesprochen. Im Grunde genommen waren die Ritter beutegierige, wenn auch tapfere Abenteurer geworden. Sie waren zu Bravourleistungen aller Art bereit. Man kann das an ihren Turnieren, ihren Menschenjagden im Winter in Litauen und sogar an einem Feldzug wie dem gegen Nikopolis an der Donau erkennen, wo sie von den Türken geschlagen wurden (1396). Später führten sie auch den Handstreich aus, durch den Granada den Moslems entrissen wurde.

Weit schlimmer noch war der Niedergang des Rittertums in Ländern wie beispielsweise Deutschland: Ländern, in denen die Sitten roher als in Westeuropa geblieben waren. In Deutschland gab es die Raubritter, die den Bravi der Italiener ähnelten und die Fehde (eine Art Privatkrieg) zum Vorwand nahmen, um ein Gebiet zu brandschatzen. Sie waren Banditen, welche den Kaufmann brutal plünderten. Die deutschen Ritter waren gegenüber den Bauern in den Dörfern bei ihren Burgen Tyrannen, aber vor den Hussiten oder vor den Schweizer Bauern liefen sie davon.

Der berittene Militäradel war nämlich nicht mehr der Faktor, der für den Sieg in den Schlachten entscheidend war. Die Artillerie, die in der für die Engländer siegreichen Schlacht bei Crécy (1346) zum erstenmal donnerte – die Engländer verwendeten bei Crécy eine Waffe, die zunächst noch nicht sehr wirkungsvoll war, aber als Vorläufer der Kanone betrachtet werden kann –, spielte allerdings in den Feldzügen jener Zeit noch eine Rolle zweiten Ranges; aber die Infanterie gewann allmählich wieder die Bedeutung zurück, die sie seit der Zeit der Karolinger verloren hatte. Bei Kortrijk (Courtrai) wurde die Kavallerie der französischen Ritter im Jahre 1302 durch das flämische Fußvolk vernichtet. Auch die Siege der Schweizer seit 1315 und die Kraft des englischen Heeres, dessen Bogenschützen Infanteristen waren, gingen auf das Fußvolk zurück; das gleiche gilt für die Kriegskunst eines Johann Ziska, der die Hussiten führte. Auf diese Weise wurde die Rolle des Adels und damit der Kriegswert der zu Pferde kämpfenden Ritter, trotz allen äußeren Glanzes, immer bedeutungsloser. Es ist sehr bezeichnend, daß die militärisch bedeutendste Gestalt jener Zeit, Jeanne d'Arc, ein Bauernmädchen war. Der Adel verlor in militärischer Hinsicht immer mehr an Wert, und auf anderen Gebieten zeichnete er sich ebenfalls nicht aus. In der Landesregierung spielte er kaum eine Rolle, und seine Kultur machte keine Fortschritte über ihr früheres Niveau hinaus. Die Leistungen des Adels entsprachen offenbar nicht seiner Stellung, und das war um so auffälliger, als diese Stellung damals größer war denn je. Die hohen geistlichen Würden, auch die Zugehörigkeit zum Domkapitel, wurden zum Monopol der jüngeren Söhne des Adels. Der demokratische Wesenszug der Kirche verschwand. Man denke nur an feudalistische Kanoniker wie die Chronisten Jean le Bel und Froissart oder an kriegerische Bischöfe wie Adolf van der Marck! So ergab sich bald ein ungeheurer Verfall der Wissenschaft und der Sitte innerhalb der hohen Geistlichkeit, die nun weltlich geworden war und dem Geschmack ihrer Zeit unterlag.

Bei genauer Betrachtung bemerkt man beim Adel im großen und ganzen eine Tendenz, die man auch bei dem bürgerlichen Patriziat beobachten kann: beide Gruppen entwickelten sich nicht mehr weiter; sie festigten sich nur noch in der Position, die sie erlangt hatten. Ihre Sorge bestand nur noch darin, ihre Vorrechte und Güter zu bewahren. Bei diesen Leuten gab es keinen Idealismus mehr, Uneigennützigkeit war ihnen fremd geworden. Ich denke einen Augenblick an die großen Beispiele der Aufopferung, welche man in jener Zeit antrifft: die Bürger von Calais, Etienne Marcel, Jakob van Artevelde; aber ich finde keinen Adligen unter ihnen. Ein Simon von Montfort (der Engländer), ein Villehardouin und ein Joinville kamen im vierzehnten Jahrhundert nicht mehr vor. Die Sitten hatten zwar einen Firnis von Eleganz, aber sie waren im Grunde primitiv. Wenn man Froissart liest, erkennt man, daß der Adel damals nur das Geld liebte. Die Adligen waren ziemlich rohe Genießer. Keiner von ihnen zeichnete sich durch Frömmigkeit oder Wohltätigkeit besonders aus. Ich spreche dabei nur von denen, welche sich in der großen Welt jener Zeit bewegten. Die anderen Adligen jagten, verwalteten ihre Güter und bedrückten ihre Bauern. Dieser Ritteradel des vierzehnten und des beginnenden fünfzehnten Jahrhunderts war erstaunlich unproduktiv.

Trotzdem begann sich für die feudale Schicht eine neue Zukunft zu erschließen. Im vierzehnten Jahrhundert werden die ersten Umrisse einer Klasse sichtbar, die man als Hofadel bezeichnen könnte. Diese Schicht war im dreizehnten Jahrhundert noch nicht vorhanden. Zwar bestand auch damals, wie stets, die Umgebung des Königs aus Adligen; aber die soziale Stellung dieser Herren war vom Hofe unabhängig. Sie waren Begleiter des Königs. Der fränkische Hofstaat war ein ziemlich unsystematisches Gemisch von Würdenträgern und Dienern gewesen (deren Bezeichnungen sich in den Titeln der hohen Chargenträger der Krone erhalten haben); aber seitdem die Monarchie sehr erstarkt war, waren alle diese Leute verschwunden oder zu Beamten oder rein repräsentativen Funktionären geworden. Jedenfalls war die Erblichkeit ihrer Ämter und damit die enge Bindung an den König weggefallen. Der Hofstaat war ursprünglich aus unfreien Leuten zusammengesetzt, bestand in der Feudalzeit aus erblichen Großämtern und verschwand ganz nach der Wiederherstellung der königlichen Macht über die Vasallen. Aber das starke Königtum, das im zwölften Jahrhundert dem früheren, von den mächtigen Vasallen gebildeten Hofstaat ein Ende gemacht hatte, schuf sich einen anderen Hof.

Der Kern dieses neuen Hofes bestand, wie mir scheint, nicht aus Adligen, sondern aus einfachen Bürgern. Es gab dort Räte, Diener für das Silbergerät, die Garderobe und so weiter sowie ein paar »Schreiber«. Aber konnte der König auf die Dauer von Bürgern umgeben sein? Der Hof ist nun einmal ein Aufenthaltsort für den Adel, und daher begann der König, seine Beamten und Funktionäre in den Adelsstand zu erheben. Es handelt sich hier um einen neuen Adel, der von dem früheren militärischen Ritterstande ganz verschieden war. Der zivile Amtsdienst und die Intelligenz oder die Bildung schufen diesen Adel, nicht der militärische Dienst oder die Tapferkeit. Dieser neue Adel hing ausschließlich vom Fürsten ab. Ursprünglich durfte jeder Ritter einen anderen Mann ebenfalls zum Ritter schlagen, aber im vierzehnten Jahrhundert war das nicht mehr der Fall. Der Monarch war nun die einzige Quelle für die Erhebung in den Adelsstand, und das änderte sich nicht mehr bis zur Französischen Revolution. Seit dem Ende des dreizehnten Jahrhunderts wurde man nur noch durch den Herrscher zum Edelmann. Der Amtsadel *(noblesse de robe)* trat neben den Schwertadel. Der Kanzler Nicolas Rolin im Herzogtum Burgund, der zum Rat des Königs von Frankreich ernannte Jacques Coeur und viele andere Persönlichkeiten wurden im 15. Jahrhundert auf Grund ihrer Dienste in den Adelsstand erhoben.

Die soziale Bedeutung dieser Entwicklung ist groß; denn sie hat, wie ich glaube, den Adel gerettet (der als militärische Kaste durch die Veränderung des Kriegswesens in Verfall geraten war und als ein immer stärker abgeschlossener Geburtsadel seinen Reichtum nicht vermehren konnte). Die Aristokratie rekrutierte sich nun aus neuen Edelleuten, die in den meisten Fällen sehr reich waren. Ihr Reichtum war aus ihrer Beteiligung an der Regierung entstanden, und der alte Adel verachtete diese Leute; dennoch waren sie es, die ihn vor dem Untergang bewahrt haben.

Hierbei zeigt sich indes wieder deutlich die Macht der Tradition. Durch seine Entstehung und seine Beschäftigung war der Amtsadel eine Art weltlicher Klerus. Er hatte nichts mit dem alten Adel, in welchen er eindrang, gemeinsam und war nur in den Adelsstand getreten, weil es in der damaligen Gesellschaft keinen anderen Platz für ihn gab. Der Amtsadel, der an den Hof kam, konnte nicht im Bürgertum verbleiben; denn dieses hätte sonst Einfluß auf ihn bewahrt und versucht, ihn vom Fürsten zu trennen. Einige dem Bürgertum entstammende Beamten traten freilich in den geistlichen Stand und erhielten als Belohnung Bistümer oder den Kardinalsrang, aber der Rest mußte in den Adelsstand treten; denn in der damaligen Gesellschaft gab es neben Geistlichkeit, Adel und Bürgertum beinahe nur noch die große Unterschicht der Bauern. So kam es zwar nicht nach der Anlage dieser Menschen, aber durch die Umstände dahin, daß sich die hohen Regierungsbeamten schließlich doch einer ursprünglich rein militärischen Klasse anschlossen. Ihre Lebensformen und Interessen verschmolzen auf die Dauer mit denen des alten Adels. Nunmehr erhielt der Adel eine sozial weit bedeutendere Position und schloß die gesamte Elite ein. Nur der Adelige wurde jetzt gesellschaftlich für voll angesehen. Die Folgen dieser Tatsache waren im vierzehnten und im beginnenden fünfzehnten Jahrhundert noch nicht zu erkennen, aber später wurden sie unabsehbar. Viele Staaten sind noch im Anfang des 20. Jahrhunderts über die Auffassung, daß die Gesellschaft durch den Adel repräsentiert werde, kaum hinausgekommen. Die Renaissance war nicht imstande, dieses Vorurteil aufzuheben; hierzu bedurfte es vielmehr erst der modernen Demokratie. Zwar war der Einfluß, den das Bürgertum vor der Französischen Revolution auf den Staat ausübte, recht bedeutend, aber der Adel behielt gesellschaftlich den ersten Rang, und jeder, der, aus dem Bürgertum stammend, emporstieg, strebte nach dem Adelstitel.

2. *Die religiösen Bewegungen*

Im dreizehnten Jahrhundert erreichte die Macht der katholischen Kirche ihren Höhepunkt. Sie bot den grandiosen Anblick einer Herrschaft, die über alle für das Regieren erforderlichen Organe verfügte und nicht nur alle Angriffe siegreich abschlug, sondern sogar durch jeden dieser Angriffe nur noch mächtiger wurde. Der Form nach war die Regierung der katholischen Kirche eine Monarchie. Sie erinnerte stark an das römische Imperium, in dessen Mitte sie entstanden war und dessen Sprache und Hauptstadt sie übernommen hatte. Auch bewahrte die Kirche mit gewissen Abänderungen, die sich notwendig aus den Umständen ergaben, das römische Recht und die römische Verwaltungspraxis. Wie einst der Kaiser in Rom, stand auch das Haupt der Kirche, der Papst, über den anderen Menschen. Er galt als geheiligte Persönlichkeit, seine Befehle waren Gesetz, und er unterstand keinem Richter. Doch sind es nicht diese Faktoren, welche die Ursache der außerordentlichen historischen Lebenskraft des Papsttums bildeten. Die Lebensfähigkeit dieser Institution ging vielmehr auf den religiösen Zug der christlichen Gesellschaft zurück. Die Gläubigen lebten damals in echter Gemeinschaft mit dem Papst und waren seine begeisterten Anhänger. Das Papsttum erhielt aus ihrer Mitte einen dauernden Zustrom an frischen Kräften, und diese bildeten eine ständige Quelle der Erneuerung. Die Frömmigkeit führte immer wieder zur Gründung neuer geistlicher Orden, welche den wechselnden Zeiten angepaßt waren. Sie waren der Leitung des Papstes unterworfen und lieferten ihm das geistige Heer, das er brauchte, um die Kirche zu disziplinieren oder zu verteidigen: die Cluniazenser im elften Jahrhundert, die Zisterzienser und Prämonstratenser im zwölften Jahrhundert, die Franziskaner und Dominikaner im dreizehnten Jahrhundert. Gegen die Ketzer besaß der Papst nun in der Inquisition eine Polizei. Er brauchte seine Völker nur um Hilfe anzurufen, und Tausende von Verteidigern des kirchlichen Glaubens fielen über die Ketzer her, um sie auszurotten. Endlich war auch der gesamte Unterricht dem Papst unterstellt. Die Wissenschaft der Hochschulen folgte Roms Autorität ebenso eifrig wie die gläubige Gemeinde. Man kann jedoch sagen, daß die Macht des Papsttums um die Mitte des dreizehnten Jahrhunderts ihren Höhepunkt erreicht hat; nach dieser Zeit wuchs sie nicht mehr und begann bald zurückzugehen. Die wichtigste Ursache hierfür lag, wie wir bereits gesehen haben, in der Haltung der Laienwelt und ihrer Gesellschaft gegenüber der Kirche. Einerseits schüttelten die nationalen Staaten um ihrer Unabhängigkeit willen die Vormundschaft des Papsttums ab. Andererseits begannen die aktivsten, zielstrebigsten und am meisten durch wirtschaftliche Interessen beherrschten Völker (die jetzt dem naiven Idealismus der Kreuzzüge kein Verständnis mehr entgegenbringen konnten) sich gleichfalls der ausschließlichen Leitung durch die Kirche zu entziehen. So wurde deutlich, daß die Kirche nicht einmal mehr für die Gläubigen die einzige Herrscherin war. Der Einfluß der Kirche auf die Seelen hatte gewissermaßen Rivalen gefunden. Die Autorität der Kirche war nicht mehr allmächtig, weil sie nicht mehr für das ganze politische und soziale Leben maßgebend war. Es vollzog sich eine Art seelischen Entgleitens aus den Händen der Kirche, ohne daß diejenigen, welche sich von ihr innerlich entfernten, es selbst bemerkten. Aber auch die Kirche selbst bemerkte es nicht. Obwohl ihre innere Kraft und ihr politischer Einfluß kleiner wurden, gab sie keinen ihrer Ansprüche und keine ihrer Hoffnungen auf. Sogar nach der Katastrophe Bonifaz' VIII., selbst nach dem Auszug der Päpste nach Avignon und während der Kämpfe, welche die Päpste mit den Konzilen führten, blieb die Kirche dem Gedanken des Kreuzzuges beharrlich treu. Sie forderte noch immer die Oberhoheit über die Völker und Könige. Die Kirche nahm sogar ihren alten Kampf mit dem Kaiserreich wieder auf, und Papst Johann XXII. exkommunizierte den deutschen König Ludwig den Bayern im Jahre 1324, wie einst Gregor IX. den Staufer Friedrich II. Aber wie groß war der Unterschied zwischen diesem Epilog und dem großartigen Drama des dreizehnten Jahrhunderts! Die Schmähungen der beiden Parteien ertönten nun in einem Europa, das gleichgültig blieb. Nur Mönche, Juristen und Theologen ereiferten sich jetzt noch über diesen Streit, während die Staaten ihm gleichgültig zusahen. Die Spiritualen des Minoritenordens, deren Lehre von der evangelischen Armut vom Papst verurteilt worden war, beeilten sich, Ludwig den Bayern zu unterstützen, und der Herrscher ließ notgedrungen diese seltsamen Helfer gewähren. Ludwig war dabei nicht wenig von Skrupeln beunruhigt, aber er ließ immerhin zu, daß die Spiritualen ihn in ihre Angriffe gegen Papst Johann XXII. hineinzogen, den sie der Ketzerei anklagten. In der Polemik der von beiden Parteien lancierten Schmähschriften, in denen die Allmacht des Papsttums scharf umstritten wurde, kam es zu Formulierungen, die bleibende Bedeutung erlangten. Der *Defensor Pacis* des Marsilius von Padua legte Gedanken dar, die in ihren Ursprüngen zwar auf die herrschenden Auffassungen in der Umgebung Friedrichs II. und Philipps des Schönen zurückgingen, aber erst jetzt in ihrer ganzen Konsequenz und mit erstaunlicher Kühnheit formuliert wurden. In dieser Schrift, die bald aus dem Lateinischen in die italienische und die französische Sprache übersetzt wurde, wurden die Ansprüche des Papsttums als eine untragbare Machtanmaßung hingestellt. Marsilius meint, daß solche Ansprüche mit der Heiligen Schrift und den Auffassungen der Urkirche unvereinbar und für den Frieden der Welt verhängnisvoll seien. Der Papst war für Marsilius nur ein Bischof wie jeder andere: seine einzige Aufgabe bestehe in der Predigt des Glaubens und der Verwaltung der Sakramente; jede Einmischung in weltliche Angelegenheiten und Rechtsprechung über Laien müsse dem Papst also verweigert werden. Marsilius von Padua erweiterte außerdem noch sein eigentliches Thema und definierte die Kirche als »die Gemeinschaft derer, welche an Jesus Christus glauben«. Den Gedanken von Wyclif und Hus vorauseilend, erklärte er, daß der Laie der Kirche nicht anders zugehöre als der Priester. Auch verlangte er schon die Unterordnung der Geistlichen unter die weltliche Macht in allen irdischen Fragen.

Man darf freilich den Einfluß der Ansichten des Marsilius von Padua nicht überschätzen; eine praktische Wirkung ging von ihnen nicht aus. Diese Ansichten hatten zunächst nur eine symptomatische Bedeutung, und auf religiösem wie auf sozialem Gebiet bemerken die Zeitgenossen ja beinahe niemals die Symptome, welche den Krisen vorausgehen.

Inwiefern haben die religiösen Tendenzen der Zeitgenossen die Auffassungen des Marsilius von Padua beeinflußt? In jedem Fall bestand zwischen der Konzeption, die Marsilius von der Kirche hatte, und der Mystik seiner Zeit eine Übereinstimmung. Diese ist wohl der geheimnisvollen Harmonie zuzuschreiben, welche die verschiedensten gedanklichen Äußerungen einer bestimmten Zeit stets miteinander verbindet. In ihren spontansten und tiefsten Äußerungen war die Frömmigkeit des vierzehnten Jahrhunderts wesentlich mystisch. Dieser unmittelbar nach Gott strebenden Frömmigkeit genügte die Kirche nicht mehr. Der Mensch schwang sich in ihr unmittelbar zu Gott empor. Er wollte Gott in der Tiefe seines Gewissens unmittelbar gegenübertreten, ohne priesterliche Vermittlung. Diese Frömmigkeit drückte sich – was besonders kennzeichnend und neu ist – auch nicht mehr in der Sprache der Kirche aus. Fast alle Mystiker, wie Meister Eckhart (1260–1327), Tauler (1300–1361) oder der wahrscheinlich unweit Brüssel geborene Südniederländer Jan van Ruusbroec (1293–1381), schrieben in der Sprache des Volkes. Sie machten auf diese Weise die religiösen Gedanken zum erstenmal den Laien zugänglich; aber sie untergruben damit auch das Prestige der Geistlichkeit, welche diese Gedankenwelt früher allein beherrscht hatte.[4]

In jedem Fall war der Einfluß der Geistlichkeit – der Weltgeistlichen wie der Ordensgeistlichen – nicht mehr so bedeutend wie einst. Zwar zog das asketische Ideal des Mönchtums noch viele junge Menschen an; aber dieses Ideal bedeutete nicht mehr für alle die höchste und vollkommenste Form des christlichen Lebens. Die Mystiker scheuten sich vor dem (mit der klösterlichen Regel notwendigerweise verbundenen) Verzicht auf die geistige Freiheit. Sie zogen entweder die einsame, freiwillig geübte Beschaulichkeit des Eremitentums oder Kongregationen ohne die ewigen Gelübde vor, wie beispielsweise die Beghinenschaften oder die von Geert Groote (1340–1384) gestiftete Gemeinschaft der Brüder vom Gemeinsamen (Gemeinen) Leben.[5] Dort quoll gleichsam die Frömmigkeit über die Dämme, die von der Kirche zur Lenkung des religiösen Lebens errichtet worden waren; denn weder die Beghinen noch die Begharden noch auch die Brüder des Gemeinsamen Lebens bildeten religiöse Orden. Sie teilten nicht die Auffassung, daß das Leben des Laien mit der tiefsten Andacht unvereinbar sei und daß man die Welt fliehen müsse, um zu Gott zu gelangen. Man trifft daher die ursprünglichsten und leidenschaftlichsten

Offenbarungen der Frömmigkeit des vierzehnten Jahrhunderts außerhalb der Mönchsorden. Diese entwickelten sich übrigens kaum mehr. Neue Orden wurden damals nicht mehr gegründet (mit Ausnahme einiger Gemeinschaften, welche den Franziskanern so sehr verwandt waren, daß man sie von ihnen nur schwer trennen kann).

Die Verbreitung der Mystik unter den Laien aber barg für die Kirche zwei Gefahren. Die erste bezog sich auf die dogmatische Rechtgläubigkeit, denn ohne den Druck einer Regel und ohne die dauernde Vormundschaft seitens einer Autorität überschreitet das beschauliche Leben leicht die Grenzen der Dogmen. Diese Gefahr war um so größer, als den naiven Eiferern, die meist aus dem Volk oder aus dem Kleinbürgertum hervorgegangen waren, die theologische Ausbildung fehlte. Tatsächlich erregten sie im vierzehnten Jahrhundert immer wieder die Aufmerksamkeit der Inquisition und kamen den gefährlichen Grenzen der Ketzerei oft sehr nahe. Der Papst erklärte sogar die Religiosität der Beghinen für verdächtig. Während der Schwarze Tod wütete (1347 und 1348), eilten Rotten von Büßern, die wie orientalische Fakire von einer Art ekstatischer Raserei getrieben wurden, von Stadt zu Stadt und brachten das Volk durch ihre Gesänge, Tänze und öffentlichen Geißelungen in Erregung. In Italien fand man Sekten, von denen wir nur wenig wissen, die aber offenbar etwas von den Lehren und Utopien der Albigenser bewahrt hatten. Diese Sekten, welche übrigens auch in Frankreich und Deutschland hervortraten, nannte man »Spiritualen«, »Apostoliker« oder »Gottesfreunde«. Alle diese Mystiker – und hierin lag die zweite Gefahr für die Kirche – strebten danach, die Welt zu der evangelischen Armut zurückzuführen. Das Thema der evangelischen, aus freien Stücken übernommenen Armut hat die Menschen im vierzehnten Jahrhundert immer wieder in Unruhe versetzt und innerlich erschüttert. Bei den Arbeitern der fabrikmäßig produzierenden Städte und bei den englischen aufständischen Bauern von 1381 hat der Gedanke der evangelischen Armut kommunistische Bestrebungen hervorgerufen, zu deren Unterdrückung der Staat Gewalt anwenden mußte. Vor allem aber verbreitete sich die viel schwerer zu bekämpfende Kritik an den Vertretern der Kirche. Diese Kritik begann bei der höchsten religiösen Autorität, beim Papst selbst; denn je monarchischer die Kirche regiert wurde, mit desto mehr Luxus und Glanz umgab sich ihr Oberhaupt. Die Kirche zog viele Künstler heran und beschäftigte sie, und die Zeremonien waren voller Pomp; auch hatte die Kirche ein zahlreiches Personal in ihren

Diensten. Der Verwaltungsapparat der Päpste war bis ins einzelne organisiert, die Einkünfte waren groß, das Zeremoniell glanzvoll. Dies alles verlieh dem Hof von Avignon eine unvergleichliche Überlegenheit selbst gegenüber den Residenzen der französischen und der englischen Könige. Auch die Kardinäle in der Umgebung des Papstes wetteiferten in Üppigkeit und Glanz. Das päpstliche Finanzwesen, das schon im dreizehnten Jahrhundert hoch entwikkelt war, wurde noch erweitert; die Kurie suchte neue Mittel zur Deckung der großen Ausgaben. Von Johann XXII. an unterwarf sie die Geistlichen einem System von Steuern und Gebühren, so daß sich fromme Seelen kaum dem Gedanken entziehen konnten, daß das Papsttum von der Simonie befleckt sei. Durch die Institution der *Reservationes* und *Provisiones* verfügte der Papst überall in der Christenheit über zahlreiche Präbenden, das heißt Stellen für Kanoniker, die er nach seinem Belieben gegen Bezahlung besetzte.[6] Die Folge war natürlich, daß die Kurie von Anwärtern belagert wurde, und daß die kirchlichen Würden immer mehr in die Hände von Günstlingen oder von Leuten gerieten, die ihr geistliches Amt mit Geld erkauften. Der persönliche Wert der Kandidaten spielte dabei kaum mehr eine Rolle, und Erkundigungen, ob sie die für den begehrten Posten erforderlichen Eigenschaften hätten, wurden kaum mehr eingezogen. Man braucht nur die Bischofslisten des vierzehnten und fünfzehnten Jahrhunderts an beliebiger Stelle aufzuschlagen, um merkwürdige Verhältnisse zu gewahren: man sieht dann sogleich, daß die Italiener und Franzosen stark vorherrschten, daß sie nur kurze Zeit im Amt blieben und daß fast alle dem hohen Adel zugehörten. Das waren die unvermeidlichen Ergebnisse des Systems, denn es überließ die höchsten Posten der Hierarchie den Söhnen der großen Familien und setzte in vielen Bistümern hohe Geistliche ein, welche die Sitten und Sprache ihrer Gläubigen überhaupt nicht kannten. Außerdem ergab sich aus diesem System – wie auch aus den Listen erkennbar wird – eine immer häufigere Versetzung der Bischöfe; jede Ernennung war für die Kurie eine Quelle von Einnahmen, deren Höhe nach den Jahreseinkünften des freiwerdenden Amtes bemessen wurde *(annates)*. So ist es begreiflich, daß die heilige Birgitta den Papst Gregor XI. (gestorben 1378) beschwor, das »Lupanar«, das heißt Bordell, niederzureißen, zu welchem die heilige Kirche herabgesunken sei.

Zu der Empörung, die durch die erwähnten Gepflogenheiten bei den Frommen erregt wurde, kam noch eine Unzufriedenheit von Gruppen, welche in ihren Interessen oder in ihrem Selbstbewußtsein verletzt waren. Die hohe Geistlichkeit und die Fürsten Deutschlands waren darüber empört, daß die Kurie systematisch die Italiener und Franzosen begünstigte und daß die hohen Steuern, die ihr aus den deutschen Bistümern zuflossen, hauptsächlich Ausländern zugute kamen. Aber Deutschland war zersplittert, ohne Einheit und daher kraftlos; seine Klagen bezeugten nur seine Ohnmacht. Anders war es in England. Seit dem Ende der Regierung Eduards III. begann das Parlament seinen energischen Angriff gegen das angemaßte Recht der Kurie auf Besteuerung der englischen Kirche sowie auf die Besetzung der Würden und der Pfründen mit Geistlichen, die keine Untertanen des Königs von England waren. Die Feindseligkeit, die der Krieg gegen Frankreich erregt hatte, richtete sich nun auch gegen die Päpste; denn ihre Parteilichkeit zugunsten Frankreichs trat deutlich hervor, seit sie nicht mehr in Rom, sondern in Avignon residierten. Das »Gute Parlament« verlangte im Jahre 1376 die Beseitigung der *Provisiones* und *Reservationes*, die Verbannung der päpstlichen Steuereinnehmer und das Verbot, Geld aus dem Königreich wegzuführen. Schon damals erhoben sich in den Städten gelegentlich Stimmen, welche die Säkularisierung der englischen Kirchengüter forderten.

Inmitten dieser politischen Erregung begann Wyclif eine Rolle zu spielen; er handelte auf Grund seiner religiösen Ideen, war aber zweifellos auch von den politischen Gedanken seines Landes und seiner Zeit beeinflußt. Bei ihm findet man zum erstenmal in der englischen Geschichte den Einklang oder, besser gesagt, die unbewußte Verbindung von Theorie und Praxis, von universalem Streben und Sorge für das Wohl des eigenen Volkes. Diese Verbindung, welche später den Geist so vieler englischer Denker prägte, erklärt sich zwanglos aus der starken nationalen Solidarität, die in England wesentlich früher als in allen anderen Ländern zutage trat und die das englische Volk auszeichnet.

Mit Wyclif begann in der Geschichte der Religion der Weg, welcher später zur Reformation führte. Wyclif hat mit den Ketzern, die vor ihm die Kirche beunruhigt hatten und deren Theorien, wie diejenigen der Albigenser, im wesentlichen auf dem Dualismus von Geist und Fleisch beruhten, nichts mehr gemeinsam. Im Gegensatz zu diesen Ketzern brachte Wyclif in das Christentum selbst kein Element hinein, das in ihm nicht schon vorhanden war. Er trat weder für noch gegen das Dogma auf, weder für noch gegen die geltende christliche Moral. Er wandte sich ganz einfach gegen die Kirche und noch mehr gegen das

Papsttum. Christus ist nach der Lehre Wyclifs der einzige Führer der Kirche. Das Wort Christi, wie es in der Bibel aufgezeichnet wurde, genüge für das Heil dessen, der den Glauben hat; der Bibel sei die mächtige und üppige Hierarchie unbekannt, zu der die Kirche geworden ist; das Ideal der Bibel sei die Armut, und die Heilige Schrift mache keinen Unterschied zwischen Priester und Laien. Daraus folgert Wyclif, daß die Priester, wie alle anderen Gläubigen, den weltlichen Gesetzen unterworfen seien und kein Vorrecht beanspruchen dürfen. England sei vom Papst vollkommen unabhängig, denn die weltliche Macht seines Königs komme ebenso unmittelbar von Gott wie die geistliche Macht der Kirche. Der Papst sei alles andere als der Stellvertreter Christi, er sei vielmehr der Antichrist in eigener Person. Das Volk müsse vom Papsttum zur Bibel zurückkehren, von der es nichts wisse, sonst kenne es die wahre Religion nicht einmal. Um dem Volk die Bibel bekannt zu machen, hat der Reformator Wyclif denn auch eine Übersetzung der Heiligen Schrift in die Volkssprache angefertigt, und mit diesem großen Werk beginnt die Geschichte der englischen Prosa.

Bis dahin war England so streng katholisch gewesen, daß man eine günstige Ausnahme machte und die Inquisition dort nicht einführte, weil dies nicht nötig war. Kein Volk war den Belehrungen der Kirche mehr geneigt als das englische, wenn es auch seit der Regierung Eduards I. den deutlichen Willen gezeigt hatte, den Päpsten jede Einmengung auf weltlichem Gebiet zu untersagen. Wyclif vereinigte nun in seinem Angriff auf das Papsttum die religiöse mit der politischen Frage. So konnte es nicht ausbleiben, daß seine religiösen Anschauungen bei denen Anklang fanden, welche sich schon aus politischen Gründen gegen die kirchliche Einmischung ereifert hatten. Nach einigen Jahren schon hatte Wyclif begeisterte Anhänger unter dem Adel und den Bürgern Englands; aber auch zahlreiche Mitglieder der niederen Geistlichkeit bekannten sich dort zu seinen Anschauungen und verbreiteten sie. Diese Geistlichen (simple priests) fanden bei dem durch die evangelische Einfachheit ihrer Lebensführung überraschten Volke schnell Bewunderung und Anhang. Je mehr der Einfluß Wyclifs wuchs, desto kühner und radikaler wurden seine Lehren, und schließlich leugnete er im Namen der Bibel sogar die Transsubstantiation im Abendmahl. Vergeblich beschuldigte der Kanzler der Universität Oxford, der Erzbischof von Canterbury, den Reformator der Ketzerei, vergeblich klagten seine Feinde ihn an, für den großen Bauernaufstand von 1381 verantwortlich zu sein.

Das Parlament war Wyclif so offensichtlich günstig gesinnt, daß er in seiner Pfarre zu Lutterworth friedlich sterben konnte (1384). Erst mit dem Beginn der Regierung Heinrichs von Lancaster (Heinrichs IV.) nahm die Krone, welche sich als neue Dynastie die Unterstützung des Papstes sichern wollte, gegen die Lehren Wyclifs oder – um den Ausdruck der Gegner des Reformators zu gebrauchen – gegen die Sekte der »lollards« (Lollarden)[7] Stellung. Sogleich nach der Thronbesteigung Heinrichs (1399) wurde das erste englische Gesetz ausgefertigt, welches die Ketzer zum Feuertode verurteilte und die Übersetzung der Bibel in die nationale Sprache untersagte. Heinrichs Nachfolger, Heinrich V., brachte Lord Cobham, den Gönner der Lollarden im Oberhause, auf den Scheiterhaufen (1417). Diese Gewaltsamkeiten beeinträchtigten und hemmten zwar die Bewegung, erstickten sie jedoch nicht. Bis zum Erscheinen des Protestantismus wühlten die Anhänger Wyclifs immer wieder das religiöse Leben Englands auf und bereiteten auf diese Weise der großen Reformation des sechzehnten Jahrhunderts den Boden. Während die Anhänger Wyclifs in seinem Vaterlande schwerer Verfolgung ausgesetzt waren, begeisterten sich am anderen Ende Europas schon leidenschaftliche Eiferer für seine Lehren. Diese Lehren wurden nämlich durch Johann Hus nach Böhmen verpflanzt und verbanden sich dort mit dem heißen Nationalgefühl und dem demokratischen Streben des tschechischen Volkes. Bald sollten sie die Kirche und das Kaiserreich mit furchtbaren Stößen erschüttern.

In der Zeit, da – wie man annehmen sollte – das Papsttum alle Kräfte zum Widerstand gegen seine Feinde hätte sammeln müssen, geriet es in die furchtbare Krise, welche als das große Schisma bezeichnet wird und die weltliche Christenheit vierzig Jahre lang spaltete (1378–1417). Die Ursachen dieser Katastrophe waren nicht religiöser, sondern politischer Art. Die doppelte Papstwahl, der Anlaß zum Schisma, wäre kein bedeutendes Ereignis geworden, wenn nicht die (in zwei feindliche Gruppen unter der Führung Frankreichs einerseits und Englands andererseits zerfallenden) Staaten Europas diese Angelegenheit sehr bald kompliziert und verschlimmert hätten: jede dieser Gruppen wollte aus dem Ereignis Vorteile ziehen. Man darf freilich nicht vergessen, daß die weltliche Politik das Schisma zwar förderte, ausnutzte und verlängerte, daß sie es aber nicht selbst verursachen konnte. Die alte Auffassung der Karolingerzeit hatte den Papst und den Kaiser in die Regierung der Kirche einbezogen und es den Kaisern einst ermöglicht, Gegenpäpste zu ernennen, aber diese Auffassung hatte mit Friedrich II. ihren letzten Vertreter verloren; das Papsttum hatte über das Kaisertum vollständig gesiegt und jede weltliche Einmischung in die Leitung der Kirche unbedingt zurückgewiesen. Die Kirche hatte die Papstwahlen mit vielen Garantien in ihrer Unabhängigkeit geschützt und wurde von den Gläubigen als eine Autorität göttlichen Ursprungs tief verehrt, daher wäre schon der Gedanke sinnlos gewesen, der Kirche etwa mit Gewalt und im Gegensatz zu den Regeln des Konklave einen Papst aufzudrängen. Der Staat konnte – wenigstens in England und Frankreich – gegen Ende des dreizehnten Jahrhunderts zwar die Einmischung der Kirche in seine Angelegenheiten abwehren, aber er konnte sich auch nicht in die Angelegenheiten der Kirche einmischen und dachte auch gar nicht daran, dies zu versuchen. Der Staat wollte von der Kirche nur Wohlwollen oder Neutralität und verständigte sich auf dieser Grundlage gern mit ihr, denn dadurch hinderte er die gewaltige Macht ihrer Hierarchie daran, seine Pläne oder Interessen zu durchkreuzen, und machte sie, soweit er es vermochte, zum Verbündeten gegen seine äußeren Feinde. Die französischen Könige benutzten den Aufenthalt der Päpste in Avignon geschickt dazu, sich diese Vorteile zu sichern; ihre Haltung gegenüber den Päpsten war daher ganz anders als diejenige der Kaiser zu der Zeit, da das Reich noch Bedeutung hatte. Im Gegensatz zu den Kaisern beanspruchten die französischen Könige keinerlei Anteil an der Leitung der universalen Kirche; sie hatten zu ihr nur die auswärtigen Beziehungen einer Macht zu der anderen. Die Abgrenzung der weltlichen und geistlichen Gewalt zwischen Kaiser und Papst war stets umstritten, denn beide Gewalten wurzelten im universalen Imperium und hatten um die Vormacht in Italien gekämpft. In Frankreich, dessen Herrscher außerhalb des Kaiserreiches stand, war die Grenze zwischen der weltlichen und der geistlichen Gewalt ganz deutlich gezogen, da er als König innerhalb seines Staates eine unabhängige Macht besaß. Die Päpste hatten von dem Schutz der französischen Monarchie zu viele Vorteile, als daß sie ihre guten Beziehungen zu ihr hätten verändern wollen, und eine solche Veränderung wäre eingetreten, wenn das Papsttum die früheren Streitfragen wieder aufgeworfen hätte. Die Päpste, die gegenüber Deutschland alle Ansprüche aufrechterhielten, schwiegen also gegenüber Frankreich. Sie umringten sich immer mehr mit französischen Kardinälen und vergaben – wie wir sahen – eine erhebliche Anzahl der Pfründen, die zu ihrer Verfügung standen, an Franzosen. So herrschte zwischen der Kirche und Frankreich Eintracht, jede der beiden Mächte wollte einen Konflikt vermeiden. Tatsächlich bestand ein zwar ungeschriebenes, aber doch wirksames Konkordat zwischen ihnen. Die Beziehungen zwischen den französischen Königen und dem Papsttum wurden noch dadurch begünstigt, daß das Problem der weltlichen Macht des Papstes für Frankreich, wo der König herrschte, gar nicht bestand. Avignon und die Grafschaft Venaissin waren territorial so unbedeutend, daß kein französischer König daran dachte, dem Papst diesen Besitz streitig zu machen. Es wurde vielleicht bisher zu wenig darauf hingewiesen, daß der modus vivendi zwischen dem Papsttum und der französischen Monarchie während des Verbleibs der Päpste in Avignon (1309–1377) in mancher Hinsicht schon die heutige Zeit mit ihrer gegenseitigen Anpassung von Staat und Kirche vorwegnahm.

Aber diese Lage nützte nur Frankreich, und man wußte das im Ausland, wo man diese Zeit als die »Babylonische Gefangenschaft der Päpste« bezeichnete, sehr genau. Der Gedanke, daß der Papst nicht mehr bei den Gräbern der Apostel residierte, war vielen frommen Seelen unerträglich. Die Staaten außerhalb Frankreichs waren denn auch über die französischen Päpste, die einander folgten, entrüstet: Clemens V. (Bertrand de Goth), Johann XXII. (Jacques d'Eux aus Cahors, 1316–1334), Benedikt XII. (Jacob Fournier aus Saverdun bei Toulouse, 1334–1342), Clemens VI. (Pierre Roger, 1342–1352), Innocenz VI. (Etienne Aubert, 1352–1362), Urban V. (früher Abt des Klosters St. Victor zu Marseille, 1362–1370), Gregor XI. (aus der Familie Roger, 1370–1378).[8]

Natürlich war Avignon nur ein verlängertes Provisorium, man wollte dort ursprünglich nicht lange bleiben. Johann XXII. wurde erst gewählt, nachdem er versprochen hatte, den Sitz der Päpste wieder nach Rom zu verlegen (1316). Die Lage in Italien, das dem Papsttum nicht gleichgültig sein konnte, war jedoch für eine Verwirklichung dieses Wunsches zu schlecht. König Robert von Neapel (1309–1342), der Nachfolger Karls II., hatte zwar seine Krone aus den Händen des Papstes in Avignon erhalten und brachte den Italienzug Kaiser Heinrichs VII. zum Scheitern; aber in Rom selbst herrschte bald die Anarchie. Cola di Rienzo wurde zum »Volkstribunen« ausgerufen (1347) und träumte schon nach ein paar Monaten seiner Diktatur von einer Erneuerung der römischen Republik. Der Kirchenstaat befand sich in einem Zustand der Zersetzung. Innocenz VI. sandte den Kardinal Albornoz nach Rom, um die Ordnung im Kirchenstaat wiederherzustellen, und ernannte den Kardinal zum Generalvikar (1353). Rienzo verband sich mit ihm, wurde aber nun vom Volke erschlagen (1354). In Neapel brach nach dem Tode König Roberts ein Kampf zwischen seiner Enkelin Johanna I. und König Ludwig I. (dem Großen) von Ungarn aus, der als Mitglied des Hauses Anjou die Krone beanspruchte. Dieser Kampf dauerte bis zum Jahre 1350, dann folgten neue Wirren, aus denen das Haus Durazzo (eine Nebenlinie der Anjous) als Sieger hervorging.

Urban V. (1362–1370), der beste unter den Päpsten von Avignon, kämpfte gegen den Luxus und die Mißbräuche innerhalb der Kirche und strebte die Rückkehr des Papsttums nach Rom an. Tatsächlich kehrte er auch dorthin zurück (1367). Die Stadt war damals halb entvölkert. Die »großen Kompanien« entlassener Söldner brandschatzten das Land. Der deutsche König kam bald danach nach Rom, ließ sich vom Papst zum Kaiser (Karl IV.) krönen und blieb mit einer Unterbrechung bis zum Jahre 1369 in Italien, aber seine einzige Tätigkeit bestand darin, sich durch die Bestrafung einiger Städte die Geldtasche zu füllen. In diese Anarchie hinein kam der byzantinische Kaiser Johannes V. Paläologos und flehte den Papst um Unterstützung gegen die Türken an. Die Lage war so traurig, daß der Papst im Jahre 1370 wieder nach Avignon zurückkehrte, wo er im gleichen Jahre starb.

Sein Nachfolger, Gregor XI. (1370–1378), aber mußte wieder den Weg in die Ewige Stadt gehen. Die Stimmen der heiligen Birgitta und der heiligen Katharina von Siena ertönten zu eindringlich und reichten zu weit, als daß er sich ihren Vorwürfen gegenüber hätte taub stellen können. Die Rückkehr des Papstes nach Rom war zudem vom politischen Standpunkt aus sogar noch dringlicher als vom religiösen: Bologna hatte sich gerade jetzt erhoben, und die Florentiner, bis dahin die treuesten Verbündeten Roms in Italien, vereinigten sich mit anderen toskanischen Städten gegen die Herrschaft der päpstlichen »Legaten«. Der Papst verließ Avignon (1376) und starb zwei Jahre später, ohne daß es ihm gelungen wäre, die Anarchie zu beenden. Die Wahl des neuen Papstes sollte nun zum erstenmal seit Bonifaz VIII., der fünfundsiebzig Jahre zuvor gewählt worden war, wieder in Rom stattfinden. Das Volk wollte natürlich einen Römer zum Haupt der Kirche. Der Vatikan war vom Aufstand bedroht. Bewaffnete Banden umringten ihn. Die im Konklave versammelten Kardinäle berieten, während das Toben des Volkes zu hören war und die Glocken von Sankt Peter läuteten. Es war ein »großer« Tag, der, freilich unter revolutionärem Druck, mit der Wahl des Bartolomeo Prignano, Erzbischofs von Bari, endete. Der neue Papst nahm bei seiner Krönung den

Namen Urban VI. (1378–1389) an; aber die französischen Kardinäle, die bei der Wahl mitgewirkt hatten, hatten nur unter der Drohung des Terrors gehandelt, und ein paar von ihnen hatten sogar protestiert. Auch die anderen Kardinäle gerieten bald mit dem neuen Papst in Uneinigkeit, denn dieser neigte dazu, das Kardinalskollegium zu reformieren und die finanziellen Mißbräuche abzustellen, die ihnen zu Vermögen verhalfen. Dazu kam noch das Drängen des französischen Königs Karl V. und die katastrophalen Wirren im Königreich Neapel. Dies alles war für die französischen Kardinäle ein genügender Grund, um die Wahl Urbans VI. für nichtig zu erklären. Sie versammelten sich am 20. September in Fondi und gaben ihre Wahlstimmen für Robert von Genf, den Bischof von Thérouanne, ab. Der Name seines Rivalen Urban erinnerte an Rom (»urbs«). Robert von Genf aber wählte einen päpstlichen Namen, der auf Avignon deutete, und nannte sich Clemens VII. (1378–1394).

Früher war die Frage nach der Legitimität eines Papstes, wenn zwei Päpste einander die Tiara streitig machten, einfach zu beantworten: einer von ihnen war der Kirche vom Kaiser aufgezwungen und daher ein bloßer Eindringling, von dem sich die Christenheit entschlossen abwandte. In diesem Fall war also der illegitime Papst stets deutlich erkennbar gewesen. Aber jetzt war der echte Nachfolger des heiligen Petrus nicht ohne weiteres herauszufinden. Hatten die Kardinäle, die Urban anerkannten, oder die Anhänger Clemens' recht? Die Theologen an den Universitäten stritten sich um diese Frage mit einer Überzeugung, die bei beiden Parteien gleich stark war. Die einen, wie Katharina von Siena, beteten für Rom, die anderen, wie Vinzenz Ferrier und Peter von Luxemburg, beteten für den Papst in Avignon. Aber wie in allen Rechtsfragen, welche die Politik berühren, wurde die Lösung des Problems auch hier von den Interessen bestimmt. Frankreich und alle Staaten, die sich auf Frankreich stützten – Neapel, Schottland, Kastilien und Aragonien –, sprachen sich für Clemens aus. Schon dies brachte England an die Seite Urbans. Kaiser Karl IV. erkannte ebenfalls Urban an; er folgte der Tradition, die das Kaiserreich mit Rom verband. Böhmen und Polen waren ebenfalls für Urban, zeigten sich aber an der Frage nicht sehr interessiert. Der König von Ungarn war der Königin von Neapel feindlich gesinnt und trat, da sie zu Clemens neigte, seinerseits für Urban ein. So ließ sich die Christenheit nur von Gesichtspunkten weltlicher Zweckmäßigkeit leiten, obwohl der Streit, um den es ging, für die Kirche sehr schwerwiegend war. Das Papsttum, das noch ein Jahrhundert zuvor so mächtig gewesen war, erlitt nun die tiefe Erniedrigung, daß der Gehorsam gegen die Kurie der bloßen politischen Opportunität untergeordnet wurde, und es fand sich mit dieser Lage nicht nur ab, sondern verlieh ihr durch seine Haltung gleichsam die Weihe. Beide Päpste zeigten sich ihren fürstlichen Anhängern gegenüber höchst entgegenkommend, denn sie wollten sie sich als Beschützer erhalten. Wie weit war dies alles von den stolzen Erklärungen entfernt, in welchen die Päpste einmal die Macht über Königreiche beansprucht hatten! Die beiden Leiter der Christenheit wetteiferten bei ihrem gegenseitigen Kampf, sich den Wünschen ihrer fürstlichen Parteigänger anzupassen. Die Völker folgten der Haltung ihrer Herrscher willig. Nur wenn ein Volk in Streit mit seinem Fürsten lag, ergriff es aus Opposition die Partei des Papstes, der von ihm nicht anerkannt wurde.

In diesen Wirren mußten sich die Mißbräuche, an welchen die Kirche seit dem Beginn des fünfzehnten Jahrhunderts immer sichtbarer krankte, noch tiefer einfressen. Die päpstlichen Höfe von Rom und Avignon holten aus der Kirche mehr denn je heraus, weil ja jetzt nur eine Hälfte der Christenheit dem betreffenden Hof ebenso viele Einkünfte liefern sollte wie vorher die ganze Christenheit. Das System der *Provisiones, Annates* und *Reservationes* wurde in extremem Umfang angewandt. Simonie, Nepotismus und Günstlingswirtschaft wurden bei der Besetzung der Pfründen leider sehr häufig, und die geistliche Rangordnung wurde immer mehr vom Gelde bestimmt.

Diese Lage war unhaltbar geworden. Sie mußte, wenn alles so weiterging, zum Untergang der Kirche führen. Der Erfolg Wyclifs in England war bezeichnend, und in Böhmen begann Johann Hus, nach Wyclifs Vorbild das Volk aufzurütteln (1403); im Gegensatz zu diesen gegen die Kirche agitierenden Reformatoren suchte die alte Universität Paris, die man geradezu als ein theologisches Konservatorium bezeichnen kann, eifrig nach einer Lösung, die mit den Dogmen des Katholizismus vereinbar sein sollte. Pierre d'Ailly, Gerson und Clémangis standen auf der einen, Wyclif und Hus auf der anderen Seite. Dies etwa waren die Fronten in dem großen religiösen Konflikt, der zu Beginn des fünfzehnten Jahrhunderts leidenschaftlich ausgefochten wurde. Wenn man nach dem gegenwärtig zur Mode gewordenen Rezept den Begriff der Rasse in die Geschichtsbetrachtung hineintragen will, könnte man allerdings geneigt sein, zu erklären: die lateinischen Völker waren Anhänger, die germanischen aber Gegner der Kirche; doch müßte man den Germanen dann die Slawen zugesellen! In Wahrheit beruhte aber die Verschiedenheit der Haltung gegenüber der Kirche auf leicht begreiflichen, konkreten Motiven. In England hatten die wachsenden Differenzen des Landes mit dem Papst die Auffassungen hervorgerufen, die von Wyclif theologisch formuliert worden waren. Hus hat Wyclifs Prinzipien nur wieder aufgenommen und sie dem tschechischen Nationalgefühl angepaßt. In Frankreich aber hatte der Staat, seit die Päpste in Avignon residierten, alle Ursache, mit ihnen zufrieden zu sein. Die französische Monarchie hatte keinen Grund, mit dem Papsttum zu brechen, und im Volk gab es keine feindselige Stimmung gegen die Päpste. Man wollte dort die Mißbräuche ausmerzen und die gesunkene Kirchenzucht wieder aufrichten, ohne das Papsttum zu stürzen, ohne die Vergangenheit zu verleugnen und ohne mit einem Schlage zur Bibel und zum Urchristentum zurückzukehren; ein ökumenisches Konzil konnte – so lautete die öffentliche Meinung in Frankreich – diese Fragen behandeln, das Schisma ein für allemal beenden und der Kirche die Reformen, welche nötig geworden sind, bringen. Leider wollte aber keiner der beiden Päpste den Platz räumen. Die Staaten konnten sich ebenfalls nicht dahin einigen, eine Gehorsamsentbindung gegenüber beiden Päpsten zu proklamieren, um sie zum Nachgeben zu zwingen. Frankreich drängte mit aller Macht auf eine Beendigung des Schismas; aber innere Streitigkeiten hemmten das Königreich in seinem Willen. Die Ermordung des Herzogs von Orléans brachte Frankreich aber bald unter den Einfluß Johanns ohne Furcht,[9] des Herzogs von Burgund. Der Herzog veranlaßte Frankreich wieder zu einer entschiedeneren Haltung gegenüber dem Schisma; denn seine eigenen flämischen Untertanen waren für Rom, und er befand sich hinsichtlich des Schismas in einer gewissen Verlegenheit. Er drängte bald mit aller Kraft auf eine Lösung. Die Kardinäle beider Parteien glaubten sich nunmehr unterstützt und faßten Mut. Endlich beriefen sie ein allgemeines Konzil nach Pisa (1409), das am 15. März eröffnet wurde.

Die Einberufung eines Konzils durch die Kardinäle war eine unerhörte Neuigkeit in der Geschichte der Kirche. Der revolutionäre Geist, der in der weltlichen Gesellschaft wirkte, teilte sich nun auch der Geistlichkeit mit. Beide Päpste, Gregor XII. (Rom) und der aus Aragonien gebürtige Benedikt XIII. (Avignon), protestierten gleichermaßen; beide bemühten sich vergeblich, die Versammlung, die in Pisa tagte, scheitern zu lassen. Das Konzil wollte aber das Schisma durchaus beenden und erklärte am 5. Juni feierlich, daß Pedro de Luna (Benedikt XIII.) und Angelo Corrario

(Gregor XII.) Schismatiker und Ketzer seien. Die Versammlung setzte beide Päpste ab und sprach die Vakanz des Heiligen Stuhles aus. Zehn Tage danach vergaben die Kardinäle die Papstwürde an Alexander V. (1409–1410). Dann gingen die Kardinäle auseinander und überließen die Aufgabe der Kirchenreform einem künftigen Konzil. Die Zukunft erschien düsterer denn je; weder Gregor noch Benedikt erkannten nämlich das Urteil, das gegen sie entschieden hatte, als rechtsgültig an, und es gab nun drei Päpste, die um die Leitung der Christenheit stritten. Aber die Kirche war nicht nur durch das Schisma gespalten, sondern wurde auch gleichzeitig durch die Ketzerei bedroht. Das erinnerte an das Schauspiel, welches das verfallende Karolingerreich geboten hatte, als die Söhne Ludwigs des Frommen um die Krone kämpften und die mächtig gewordenen großen Lehensleute das Staatssystem vernichteten.

Die Lehre Wyclifs hatte in Johann Hus einen Apostel gefunden, der sie weit leidenschaftlicher verkündete als der Gründer selbst; Hus wurde zudem auch durch die Umstände ein viel gefährlicherer Gegner der Kirche. Die Erfolge Wyclifs in England sind – wie wir sahen – mit der politischen Unzufriedenheit zu erklären, die das Papsttum im Lande erregt hatte; die Erfolge Hus' sind durch die wachsende Feindseligkeit verursacht, in die die Tschechen in Böhmen seit der Mitte des vierzehnten Jahrhunderts gegenüber Deutschland gerieten. Das Nationalgefühl begünstigte die Verbreitung der Lehre beider Theologen; aber in ihren Heimatländern geschah dies auf ganz verschiedene Art. Dies ist mit der Verschiedenheit der nationalen Zusammensetzung Englands einerseits und Böhmens andererseits zu erklären. In England, wo die Bevölkerung einheitlich war, wandten sich alle diejenigen Wyclif zu, welche im Papsttum eine fremde Macht sahen, die sich in die englischen Verhältnisse einmischte und daher zurückgewiesen werden mußte. In Böhmen lebten die Tschechen neben den Einwanderern, die aus Deutschland seit dem zwölften Jahrhundert dorthin gekommen waren, und der gesamte slawische Teil der Nation wandte sich Hus zu; denn die Slawen erblickten in ihm den Befreier von einer Kirche, in der sie hauptsächlich eine Kirche der Deutschen sahen. Hus stützte sich denn auch von Anfang an nur auf seine tschechisch sprechenden Landsleute. Der auf tiefer Überzeugung ruhende Glaubenseifer, zu welchem er sie durch seine Beredsamkeit entflammte, wuchs zugleich mit der Gewalt ihrer nationalen Leidenschaft. Man sieht hier das merkwürdige Schauspiel, daß ein Theologe in solchem Maße zum Verkünder seines Volkes wurde, daß keine Behörde es wagte, ihm Widerstand zu leisten. Die Exkommunikation, die der Papst gegen Hus schleuderte, und das Interdikt, das gegen die Stadt Prag erging (1412), dämmte die Verbreitung seiner Lehren nicht ein. Bald hatte Hus sogar Anhänger in Polen, Ungarn und Kroatien.

Die Reform der Kirche war zwar vom Konzil von Pisa aufgeschoben worden, aber sie schien das einzige Mittel zur Rettung des Christentums zu sein. Johann XXIII. (1410–1415) war Alexander V. gefolgt und berief ein neues Konzil nach Rom (April 1412); aber der König von Neapel, Ladislaus aus dem Hause Anjou-Durazzo (einer Nebenlinie der Anjous), fiel gerade damals in Rom ein, so daß das Konzil auseinandergehen mußte. Der deutsche König Sigismund, der glücklich war, in einer wichtigen Funktion hervorzutreten, die Frankreich und England – sie waren miteinander im Kriege und daher faktisch ausgeschaltet – ihm ließen, schlug Konstanz als den Sitz einer neuen Versammlung vor. Dieser Vorschlag wurde angenommen, und das Konzil begann am 5. November 1414. Nach dreijährigen Beratungen und Verhandlungen glückte es den Teilnehmern, dem Schisma ein Ende zu machen. Johann XXIII. wurde abgesetzt und Gregor XII. zum freiwilligen Verzicht auf die Tiara veranlaßt, während Benedikt XIII., der nicht verzichten wollte, als Schismatiker und Ketzer verurteilt wurde. Am 11. November 1417 wurde dann Martin V. gewählt: nicht durch ein Konklave, sondern durch eine Kommission von Kardinälen und Abgesandten der auf dem Konzil vertretenen Nationen. Endlich war also die Einheit in der Führung der katholischen Kirche wiederhergestellt. Mit ihrer von den besten Geistern sehnsüchtig erhofften Reform »an Haupt und Gliedern« war freilich kaum ein Anfang gemacht; sie bestand nur in einigen Maßnahmen, welche die angemaßte Gewalt der Kurie bei der Verteilung der Pfründen einschränken sollten. Das Konzil, das eine wirkliche Kirchenreform überhaupt nicht vornahm, beschloß die Ketzerei der Tschechen auszurotten und verurteilte Johann Hus zum Tode auf dem Scheiterhaufen. Hus war mit einer Zusicherung freien Geleites seitens des deutschen Königs Sigismund nach Konstanz gekommen; er hatte gehofft, die Teilnehmer am Konzil zu seiner Lehre zu bekehren. Sein Schüler, Hieronymus von Prag, wurde einige Monate danach ebenfalls verurteilt und hingerichtet. Beide starben als Märtyrer, doch ihr Tod (1415) förderte nur die Sache, für die sie starben, und trieb die religiöse und nationale Leidenschaft der Tschechen auf den Gipfelpunkt. Ihr Haß gegen die Kirche und ihr Haß gegen Deutschland verschmolz nun und wuchs immer mehr. Hus war ja zugleich ein Opfer des Konzils und Sigismunds. Die Tschechen konnten in der Zusicherung freien Geleites, die Hus von dem deutschen König – er war seit 1410 auch Kaiser – empfangen hatte, nur eine schändliche Hinterlist erblicken.

Bisher hatten die Anhänger Hus', ebenso wie er selbst, sich darauf beschränkt, treue Anhänger von Wyclifs Lehren zu sein. Eine Anzahl dieser Anhänger blieb dieser Theologie auch weiterhin treu; man nannte sie Utraquisten, weil sie – wie Hus in seinen letzten Lebensjahren – der Ansicht waren, daß das Abendmahl den gläubigen Laien in beiderlei, d. h. doppelter Gestalt (als Brot und Wein) zu spenden sei. Aber die Volksmassen Böhmens zogen sogleich die äußersten Konsequenzen aus den Lehren Wyclifs und Hus', da sie von religiösem Fanatismus getrieben wurden: der Bibel als dem Worte Gottes müsse man nicht nur in seelischer, sondern auch in physischer Hinsicht gehorchen, und daher müßten die kirchliche Organisation und die weltliche Organisation verschwinden; man müsse das Königreich Gottes errichten, das nach der Heiligen Schrift die ganze Menschheit umfasse. Es ist der begeisterte Traum eines jungen, leidenschaftlich begeisterten Volkes, dessen revolutionäres Verhalten geschichtlich nur mit dem der russischen Bolschewisten von 1917 zu vergleichen ist. Man machte sich in der Überzeugung, daß das tschechische Volk das auserwählte Volk Gottes sei, schnell ans Werk. Die katholischen Geistlichen wurden verjagt, ihre Güter wurden beschlagnahmt und die Kirchen und Klöster zerstört. Das Volk erhielt eine patriarchalische Verwaltung, die man dem Alten Testament entlehnte, und man gründete auf dem Territorium von Kozihradek, wo Hus seine letzten Lebensjahre verbracht hatte, die heilige Stadt Tabor: ein mit einem biblischen Namen bezeichnetes Lager, nach welchem die radikalen Hussiten als die neuen Hebräer »Taboriten« genannt wurden. Der plötzliche Tod König Wenzels von Böhmen (16. August 1419) gab ihnen um so mehr Anlaß zu revolutionärer Entwicklung, als sein Nachfolger der verhaßte Sigismund, der Judas des Prozesses von Konstanz, war. Die Revolution beherrschte unwiderstehlich das Land, und die Deutschen in Böhmen, die der Kirche treu geblieben waren, beugten ihr Haupt unter dem aufziehenden Sturm. Von überall her eilten erregte Mystiker, wie sie sich unter den zur Ketzerei neigenden Begharden oder unter dem Proletariat der Städte fanden, nach Böhmen, wo das Reich Gottes proklamiert worden war. Ihre kommunistischen Bestrebungen und ihre Visionen vom Paradies riefen inmitten des streng biblischen Milieus der sittenstrengen Taboriten merkwürdige Sekten hervor. Die von einem südniederländischen Weber gegründete Sekte der Adamiten ist kennzeichnend für die seltsame Exaltiertheit der Mitglieder dieser Gruppen. Die Jünger des neuen Adam begannen ihr Treiben auf einer Insel im Flusse Nezarka und wollten dort im vollkommensten Kommunismus ein Leben wie im Garten Eden führen. Um wie die ersten Menschen zu sein, gingen sie unbekleidet, und ihre Sitten waren nicht weniger primitiv als ihre Nacktheit. Bald verursachten die Adamiten solche Skandale, daß Johann Ziska sich genötigt sah, diese Sektierer ausrotten zu lassen (1421).

Der Glaube der Hussiten war so stark, daß sie seine systematische Verbreitung erstreben mußten. Seit dem Jahre 1419 wurde Böhmen ein Herd feuriger Propaganda. Von dort aus ließ eine revolutionäre Religion ihre glühende Lehre wie Lava überall hinfluten. Die slawischen Nachbargebiete Polens sowie eines Teils von Mähren und Schlesien, wo man die Sprache der Verkündung von Hus' Gedanken leicht verstand und wo die Volksmassen elend und vom Adel bedrückt dahinlebten, stellten den neuen Lehren sogleich Tausende von Anhängern. Diese Lehren fanden sogar bei manchen armen Leuten innerhalb der deutschen Gegenden Österreichs Eingang. Die Achtung vor den Hussiten und die Zahl ihrer Anhänger stiegen um so mehr, als sie nunmehr ihre Feinde zu schlagen begannen. Die Siege Johann Ziskas und Prokops über die deutschen Ritter, die vom Papst und von Sigismund gegen sie eingesetzt wurden, erinnerten die Gläubigen stark an die Siege Davids oder Gideons über die Amalekiter.

Alle Glieder der Kirche, welche die Einberufung eines neuen Konziles forderten, wiesen auf die Gefahr der hussitischen Bewegung hin. Papst Martin V. konnte die Angelegenheit noch hinziehen; aber sein Nachfolger Eugen IV. (1431–1447) mußte dem Drang der Umstände und der öffentlichen Meinung nachgeben und berief das Konzil, das im Juli 1431 in Basel zu tagen begann. Zwei große Fragen wurden dort besprochen: die Ketzerei in Böhmen und die Reform der Kirche. Durch den Lauf der Ereignisse konnte die erste Frage gelöst werden.

Der religiöse und soziale Radikalismus der Taboriten hatte schließlich zwischen ihnen und den weit mehr gemäßigten Utraquisten zu einem endgültigen Bruch geführt. Fast der ganze Adel Böhmens war zu den Utraquisten übergegangen und hatte den Taboriten am 30. Mai 1434 bei Lipan eine blutige Niederlage beigebracht. Böhmen war durch den Krieg erschöpft und ersehnte nur noch Ruhe; die Verhandlungen, welche zwischen dem Konzil und den Utra-

quisten eingeleitet worden waren, kamen nun zu einem Ergebnis, mit dem sich beide Parteien trotz seiner Verschwommenheit zufriedengaben (1436). Die schwierigen Probleme wurden dabei eher umgangen als gelöst: alle Mühen, alle Begeisterung und alles bisher vergossene Blut nützten im großen und ganzen nur dem tschechischen Adel, welcher sich jetzt die Güter der Klöster teilte und sich mit der Kirche versöhnte, nachdem er sie geplündert hatte. So erwarben sich die tschechischen Aristokraten eine große Macht, wodurch die entmutigten Eiferer im Volke viel weniger gefährlich wurden. Man hielt die Niederzwingung des Aufstandes nur noch für eine Frage der Zeit und meinte, daß die alten Verhältnisse sich allmählich wiederherstellen würden.
Zuerst sah es so aus, als ob die Kirchenreform (gemäß dem Programm, das Männer wie Pierre d'Ailly und Gerson schon in Konstanz vorgelegt hatten) diesesmal wirklich zustande kommen würde. Die meisten Geistlichen schienen entschlossen zu sein, die monarchische Verfassung der Kirche durch eine konziliare zu ersetzen. Diese Mehrheit verkündete den Vorrang des Konzils über den Papst energischer als einst in Konstanz und vereitelte die Bemühungen Eugens IV., die Versammlung aufzulösen. Diese Geistlichen wollten nicht nur die finanziellen Mißbräuche der Kurie beseitigen, die Sitten des Klerus verbessern, den hohen kirchlichen Würdenträgern bei der Kirche festen Wohnsitz zur dringlichen Pflicht machen, die Simonie bekämpfen und die Anhäufung von Pfründen verbieten; darüber hinaus zeigten sie auch gegenüber dem Papst eine so revolutionär wirkende kritische und mißtrauische Gesinnung, daß sich schließlich in ihren eigenen Reihen Meinungsverschiedenheiten bemerkbar machten. Diese Meinungsverschiedenheiten aber wurden von Eugen IV. geschickt ausgenutzt. Der byzantinische Kaiser Johannes VIII. Paläologos und der Patriarch von Konstantinopel waren gerade nach Italien gekommen und versuchten nochmals, die Hilfe des Abendlandes gegen die Türken zu erlangen. Als Gegenleistung versprachen sie den Anschluß der griechischen Kirche an Rom. Der Papst verlegte das Konzil sogleich nach Ferrara und dann nach Florenz. In Italien sollte es über diesen Vorschlag des byzantinischen Kaisers beraten. Durch dieses diplomatisch geschickte Manöver setzte der Papst alles auf eine Karte. Die Teilnehmer am Konzil taten so, als ob sie seine Motivierung ernst nahmen, und einige glaubten vielleicht wirklich an die Reinheit von Eugens Absichten. Ein Teil der Geistlichkeit entsprach der Bitte des Papstes, und die am 6. Juli 1438 verkündete Vereinigung der griechischen Kirche mit Rom

verschaffte ihm und seinen Anhängern für den Augenblick einen glänzenden Erfolg. Die griechische Kirche aber verwarf die Vereinigung mit Rom schon vier Jahre später.

Die Gegner des Papstes hatten Basel nicht verlassen und waren durch seinen vorläufigen Erfolg nunmehr geschlagen. Sie versuchten ihre Schwäche hinter radikalen Beschlüssen zu verbergen, setzten Eugen IV. am 5. Juni 1439 ab und benannten an seiner Stelle Felix V.; aber dieser letzte Gegenpapst der Geschichte wurde von niemandem ernst genommen. Das Konzil verharrte noch in seinem nunmehr aussichtslos gewordenen Widerstand gegen Eugen, fristete zehn Jahre ein schattenhaftes Leben und löste sich schließlich am 25. April 1449 auf. Felix V. dankte ab und nahm seinen Platz unter den Kardinälen wieder ein. Die große Krise, die das Papsttum durchgemacht hatte, war nun zu Ende, der Papst hatte schließlich doch gesiegt. Vom Werk des Konzils blieb nichts übrig, und die Kirche bewahrte ihre monarchische Form. Nach vielen Mühen und Hoffnungen kehrte man also zum Ausgangspunkt zurück.

Aber die ganze Aktion, die dem Katholizismus, wie es einen Augenblick schien, eine neue Gestalt geben sollte, hatte doch ein dauerndes Ergebnis: eine (von niemandem innerhalb der Kirche gewollte) ständig wachsende Unabhängigkeit der Staaten in kirchlichen Angelegenheiten. Die Meinungsverschiedenheiten zwischen den Päpsten und dem Konzil hatten es den von beiden Parteien sorgfältig geschonten und umworbenen Fürsten ermöglicht, die Einmischung Roms in ihre Staaten einzudämmen und einen gewissen Einfluß auf die Ernennung und die Kirchenzucht ihrer Geistlichen zu erlangen. Die von König Karl VII. von Frankreich im Jahre 1438 aufgestellte Pragmatische Sanktion, von welcher die berühmten gallikanischen Freiheiten der französischen Kirche ausgingen, kann als das bedeutendste Resultat dieser Entwicklung angesehen werden. Zwar regierte das Papsttum die Kirche auch weiterhin; aber die Kirche war nicht mehr die umfassende Autorität, welche sie im Hochmittelalter gewesen war. Ihr Einfluß auf weltlichem Gebiet ging zurück. Die Kirche spezialisierte sich gewissermaßen auf ihre religiöse Rolle. Nach dem Kaiser war nun auch der Papst als universale Macht vom Schauplatz der Geschichte verschwunden. Seit der Mitte des fünfzehnten Jahrhunderts gab es zwar nie wieder einen Gegenpapst; andererseits unterwarfen aber die Päpste – nach der Absetzung des böhmischen Königs Georg von Podiebrad durch Papst Paul II. im Jahre 1486 – auch niemals mehr Streitigkeiten zwischen Monarchen dem Schiedsspruch des Heiligen Stuhls.

Zweites Kapitel

DER HUNDERTJÄHRIGE KRIEG

1. Bis zum Tode Eduards III. (1377)

Seit dem Ende des dreizehnten Jahrhunderts besaß Frankreich nicht mehr die unbeschränkte Hegemonie, die es von Philipp August bis zu Philipp dem Schönen innegehabt hatte. Um die Herrschaft über Europa zu behalten, hätte die französische Kultur sich weiter entwickeln und die französische Macht sich behaupten müssen; aber die Kultur des Landes stagnierte, und seine Macht sank. Die Kunst, die Literatur und die Wissenschaft brachten nichts wesentlich Neues hervor, obgleich sie noch immer bedeutend blieben. Die Kraft und der Wohlstand des französischen Volkes aber wurden den furchtbaren Belastungen des Hundertjährigen Krieges ausgesetzt.

Die Bedeutung dieses großen Kampfes ging über den Bereich Westeuropas weit hinaus. Die beiden Staaten, welche nun gegeneinander kämpften, waren zu einflußreich, als daß die politische Reichweite ihres Krieges nur auf sie selbst beschränkt bleiben konnte. Tatsächlich zog dieser Kampf alle Monarchen in seinen Bannkreis, er erlangte europäische Bedeutung, da er unter den Herrschern Allianzen hervorrief oder wenigstens ihr Verhalten bestimmte. Der Kampf zwischen Frankreich und England bildete in Europa, das durch das Ende der Hegemonie des Papsttums sein Gleichgewicht verloren hatte, einen entscheidenden historischen Faktor. Dieser Kampf ist denn auch das wesentliche Ereignis, das in den Wirren der von ihm beherrschten Zeit einige gemeinsame Tendenzen erkennen läßt.

Ein so langer und weit um sich greifender Krieg war nur zwischen Frankreich und England möglich. Nur diese beiden Staaten hatten damals ausreichende Mittel und genügend Menschen, die national so weit geeinigt waren, eine derartige Prüfung aushalten zu können. Aber man ist bestürzt, wenn man die gewaltigen Opfer und Anstrengungen mit dem nichtigen Ergebnis des Krieges vergleicht. Im Grunde genommen hat der Kampf zwischen England und Frankreich einen ähnlichen Verlauf wie der Kampf des Papstes mit den Konzilen. Der Krieg zwischen den beiden großen Staaten des

Westens endete gleichsam mit einer Fehlgeburt: viel Blut wurde vergossen, und es gab viel Elend und viele Zerstörungen, und nachher befanden sich die Gegner fast in der gleichen Lage, in welcher sie den Kampf begonnen hatten, so daß der Hundertjährige Krieg schließlich doch nur ein furchtbares und sinnloses Unglück war. Nachträglich gesehen, erweist sich dieses negative Ergebnis nur als eine Selbstverständlichkeit. Es ist ja für jeden Betrachter der Geschichte klar, daß die Könige von England die Krone Frankreichs für die Dauer nie hätten erobern können. Diese Eroberung aber war das eigentliche Ziel der Engländer, denn kein anderer Grund kann die Könige von England zum Kriege veranlaßt haben. Das englische Volk hatte keine Ursache, diesen Kampf zu führen: Frankreich bedeutete für England keine Gefahr, ja nicht einmal eine Behinderung. Beide Völker waren noch nicht zu seefahrenden Nationen geworden. Ihre Kaufleute trafen noch nicht als Rivalen aufeinander, wie das später der Fall sein sollte oder schon im dreizehnten Jahrhundert bei den genuesischen und venezianischen Kaufleuten in den Häfen der Levante der Fall war. Die Provinz Guyenne, die noch immer den Königen von England als kontinentaler Besitz gehörte, hatte für das englische Volk im vierzehnten Jahrhundert keine größere Bedeutung als etwa im achtzehnten Jahrhundert Hannover. Man hätte noch verstehen können, wenn Frankreich zur Wiedergewinnung von Guyenne, des letzten Brockens vom Besitze des Hauses Anjou, England angegriffen hätte, da ja diese Provinz noch zur vollständigen Einigung Frankreichs fehlte; aber gerade England hat damals den Krieg gegen Frankreich begonnen. Der Vorwand war der erneute Anspruch Eduards III. auf die Krone der Kapetinger; ein nationales Interesse Englands an diesem Anspruch gab es nicht, eher war das Gegenteil der Fall.[10] Das Bündnis Frankreichs mit Schottland kann den Hundertjährigen Krieg ebenfalls nicht verursacht haben, denn es ist deutlich, daß die Eroberung Schottlands den Engländern durch den Krieg mit Frankreich unendlich erschwert und sogar unmöglich wurde. Wo man also noch die Ursprünge des Hundertjährigen Krieges suchen mag, er erscheint uns sinnlos, da keine entscheidende Notwendigkeit für ihn vorlag. Man kann in ihm nur einen aus Gründen des Prestiges entstandenen Krieg erblicken, und gerade deshalb unterstützte das englische Volk seine Könige mit solcher Leidenschaft bei der Führung des Kampfes.

Die parlamentarische Verfassung hatte sich unter König Eduard I. (1272–1307) immer mehr befestigt. Er hatte das Recht des Parlamentes, Steuern zu genehmigen und abzulehnen, formell anerkannt (1297). Der Nachfolger Eduards I. war Eduard II. (1307–1327), der zu einer absoluten Herrschaft zurückkehren wollte und damit – wie einst Heinrich III. – sogleich einen Aufstand des von den Lords geführten Volkes hervorrief. Der König wurde immer verhaßter, zumal da er in Schottland erfolglos blieb, wo Robert Bruce wieder die Waffen gegen England ergriffen und den König selbst bei Bannockburn (24. Juni 1314) geschlagen hatte. Die unzufriedenen Engländer scharten sich um die Königin und den Thronfolger (1326), und das Parlament sprach am 7. Januar 1327 die Absetzung des Königs aus.

Die Regierung Eduards III. (1327–1377) begann also, wie diejenige Eduards I., mit einem neuen Sieg des Volkes über die Krone. Eduard III. erkannte, wie einst sein Großvater, die vollendete Tatsache an und verband sich freiwillig mit dem Parlament. Gerade dadurch konnte Eduard den Sieg der Nation für die Krone nutzbar machen; denn je mehr der König das Parlament in seine Politik einbezog, desto volkstümlicher wurde die Dynastie. Die Lords und die »Commons« (Vertreter der Grafschaften und der Städte), die sich unter Eduard III. in zwei Kammern gruppierten, gaben der Politik des Königs ihre Zustimmung. Dadurch erklärten sich die Volksvertreter mit diesen Unternehmungen solidarisch. Wie teuer die Politik des Königs auch war, die Ehre der Nation war nun mit im Spiele, und die Ehre des Landes fiel mit der Ehre des Königs zusammen. Freilich hat das englische Parlament Eduard III. keineswegs zum Krieg gegen Frankreich gedrängt. Der König scheint sogar im Anfang des Krieges der parlamentarischen Genehmigung so wenig sicher gewesen zu sein, daß er schon begann, bei den Bankiers von Florenz Geld für die Vorbereitung des Feldzuges zu leihen; aber sein Bankrott (1339) zwang ihn, sich künftig stets an sein getreues Parlament zu wenden, und so wurde der Kampf des Königs auch zum Kampf seines Volkes. England betrachtete den Krieg seines Monarchen als Ehrensache des Landes. Das Motiv seines hartnäckigen Kampfes war der Nationalstolz, das mächtigste aller geschichtlich wirksamen Motive.

Natürlich konnte zu Beginn des Hundertjährigen Krieges niemand wissen, wohin der Kampf führen würde. Wahrscheinlich waren die Engländer überrascht, als sie in Frankreich auf ein dem ihrigen ebenbürtiges Selbstbewußtsein und Nationalgefühl stießen. England hatte den Krieg entfesselt, und ein Kompromiß war nicht mehr möglich, da es um die Frage ging, ob das britische Volk seinem König die Krone Frankreichs bringen werde. So mußten die Engländer den Kampf bis zum bitteren Ende führen und legten die Waffen erst nieder, als sie gänzlich erschöpft waren.

Wie kann man die Tatsache erklären, daß es Frankreich nicht glückte, den Angriff Eduards III. sofort und entscheidend abzuschlagen? Alles schien tatsächlich Frankreich zu begünstigen: es konnte sich auf eigenem Boden verteidigen, hatte sicherlich die doppelte oder sogar dreifache Bevölkerungszahl und war außerdem wesentlich reicher als England. Selbst Frankreichs Niederlagen bei Crécy, Maupertuis und Azincourt waren keineswegs entscheidend; diese Niederlagen waren zwar schwer, aber sie haben Frankreichs Kräfte nicht zerstört und haben es auch nicht daran gehindert, den Krieg fortzusetzen. Die wahre Ursache von Frankreichs Machtlosigkeit lag vielmehr in den Wirren, die das Land seit der Mitte des vierzehnten Jahrhunderts heimsuchten. Diese Wirren aber gehen zum großen Teil auf die Institutionen des französischen Staates zurück, die sich seit Philipp August und Philipp dem Schönen herausgebildet hatten.

Frankreichs Verfassung war, wie bereits dargelegt wurde, vor allem monarchisch: außer dem König gab es keine unabhängige politische Gewalt. Es gab nur Beamte und beratende Funktionäre; keiner von ihnen aber erhielt sein Mandat von einer Stelle, die – wie in England das Parlament – von der Krone verschieden war. Die königliche Autorität, die sich von Herrscher zu Herrscher immer mehr über Frankreich verbreitet und die von den großen Lehensleuten abgesplitterten Landesteile wieder zusammengebracht hatte, äußerte sich vor allem im Schutze der Schwachen und in der Gewährung von Recht. Der König war Schutzherr seines Reiches, höchster Gerichtsherr seines Landes und Hüter seiner Untertanen. Daraus ergab sich seine soziale Funktion und zugleich auch seine Volkstümlichkeit. Der Staat, welchem der König vorstand, hatte einen juristischen Grundzug: seine wichtigsten Funktionäre waren die *baillis*, also Beamte mit fest umschriebenen administrativen Entscheidungsbefugnissen, sein bedeutendstes Zentralorgan war das Pariser Parlament: ein Gerichtshof. Hier stand das Volksempfinden mit seinen Erinnerungen an Ludwig den Heiligen, der unter der Eiche von Vincennes Recht sprach, in vollem Einklang mit der Wirklichkeit. Philipp der Schöne hat sich diese Auffassung des Königtums im höchsten Grade zu eigen gemacht; sein Kampf mit dem Papst war im Grunde genommen nur ein Streit um die souveräne Rechtsprechungsgewalt des Königs.

Aber der Staat hatte, um sich behaupten zu können, immer mehr

Geld nötig. Das, was von den römischen Abgaben übriggeblieben war: alte Steuern, die zu Grundzinsen der Pächter geworden waren, war seit dem zehnten Jahrhundert auf die großen Vasallen übergegangen. Der Hof hatte zum Leben ursprünglich nur den königlichen Domänenbesitz und dessen Erträge. Dazu kamen die erheblichen Einkünfte aus dem Münzwesen, das die Krone seit Philipp August in starkem Umfang den großen Vasallen entzogen hatte. Die Krone nahm ihre Zuflucht auch zu Anleihen, aber das genügte nicht. Ebensowenig genügten die Steuern.[11] Daraus erklärt sich der unter Philipp dem Schönen unternommene Versuch, durch Münzverschlechterungen und durch eine Besteuerung des Klerus – sie veranlaßte dann den Papst zu seinem Kampf gegen den König – einen Ausweg zu finden. Auch die Aufhebung des Templerordens, die mit Schandtaten gepaart ging, sowie die geschäftlichen Manipulationen mit den Italienern, unter denen der Staatsschatz zu leiden hatte, erklären sich aus dem Geldbedürfnis der französischen Krone. Der Gedanke, den Untertanen regelmäßige und beständige Abgaben im heutigen systematischen Sinne aufzuerlegen, kam noch nicht auf; er entsprach nicht dem Rechtsgedanken jener Zeit. Der Begriff eines Staates, dessen Zuständigkeit so weit ging, dem privaten Vermögen der von ihm geschützten Menschen die erforderlichen Mittel zu entnehmen, bestand damals noch nicht. Die Entwicklung Frankreichs war finanztechnisch also weit weniger fortgeschritten als juristisch. Im großen und ganzen war man gegen Ende des dreizehnten Jahrhunderts über die Auffassung, welche die Staatsfinanzen als eine Art Privatangelegenheit des Königs betrachtete, noch nicht wesentlich hinausgekommen. Das war mit die Ursache für die außerordentlichen Schwierigkeiten nach Ausbruch des Hundertjährigen Krieges. Der König mußte sich in Schulden stürzen, um die Heere zu bezahlen und Söldner zu dingen. Die finanzielle Zerrüttung wurde bald so groß, daß er die Hilfe seiner Untertanen, die er nicht wirksam zu besteuern imstande war, in Anspruch nehmen mußte. Bald war der König genötigt, die Stände von Frankreich (Generalstände) zusammenzurufen und sie um das Geld zu bitten, das er brauchte. Dies alles führte zu einer schweren Krise und verursachte mitten im Kriege gegen England eine Art Umwälzung, vergleichbar jener Entwicklung, welche in England zur Magna Charta geführt hatte. Aber die Lage in Frankreich war weit ernster; dort fehlte der nationale Zusammenhalt, den in England einst der Zentralismus der normannischen Eroberer zustande gebracht hatte. Indem sich das französische Königtum, das die *membra disiecta,* die losgerissenen

Territorien des Landes, vereinigt hatte, nunmehr an das Volk wandte, stellte es diese Einigung wieder in Frage.
Die Folgen waren katastrophal. Adel, Geistlichkeit und Bürgertum, aus denen sich die Generalstände zusammensetzten, waren uneinig. Der dritte Stand, der die Städte vertrat und über das Geld verfügte, wollte Reformen einführen, die vom König abgelehnt wurden. Die mächtigen Adligen benutzten die schwierige Lage der französischen Krone und strebten danach, den Einfluß, den sie längst verloren hatten, zurückzugewinnen. Die Kämpfe der Parteien weckten den politischen Ehrgeiz der hohen Aristokratie wieder auf. Etienne Marcel bereitete auf diese Weise dem Kampf der Anhänger des Hauses Burgund mit den Parteigängern der Armagnac den Boden. Man kann sagen, daß Frankreich – wenn man von der (für das Land heilsamen) Regierungsperiode König Karls V. absieht – von der Einberufung der Stände Frankreichs (1355) bis zur Regierung Ludwigs XI. einem doppelten Bürgerkrieg zum Opfer fiel: der dritte Stand kämpfte gegen den König, und auch die hohe Aristokratie wandte sich gegen die Krone. Die Kämpfe ergaben sich aus der Steuerkrise, die sich wiederum aus den Institutionen des französischen Königreiches ergab; aber diese »Vertrauenskrise« war notwendig, um den Staat von der rein kapetingischen Konzeption zu lösen und ihn auf eine breitere Grundlage zu stellen. Dies alles geschah während des Krieges mit England. Frankreich schien damals dem Untergang geweiht.
In den Jahren, die dem großen Kriege zwischen Frankreich und England vorausgingen, deutete noch nichts auf den Kampf. Philipp der Schöne hatte drei Söhne, welche selbst keine Söhne hatten und deshalb die Herrschaft der Reihe nach antraten: Ludwig X. (1314–1316), Philipp V. (1316–1322) und Karl IV. (1322–1328). Diese drei Herrscher genossen die ererbte günstige Position der Krone, ohne indes besonders aktiv hervorzutreten. Neue Probleme tauchten nicht auf. Das in Avignon residierende Papsttum verhielt sich gegen die Könige von Frankreich sehr zuvorkommend; das Land lebte in Frieden mit England, dessen König Eduard II. gemäß den Bestimmungen des Vertrages von Montreuil die Schwester der drei genannten Könige, Isabella, heiratete. Nur der Krieg in Flandern zog sich noch ein paar Jahre hin und endete schließlich unter König Philipp V. mit dem Vertrag von Paris (1319–1320), gemäß welchem die französische Krone die Herrschaft über Lille, Douai und Orchies erhielt und der Enkel und Erbe des Grafen von Flandern, Ludwig von Nevers, durch Heirat in die französische Königsfamilie aufgenommen wurde.[12]

Als Karl IV. von Frankreich starb, genoß das Königreich noch volle Ruhe. Selbst das Erlöschen der kapetingischen Dynastie führte zu keinen Schwierigkeiten; schon nach dem Tode Ludwigs X. war seine Tochter von der Thronfolge ausgeschlossen worden. Philipp VI. von Valois, der nunmehr den Thron bestieg, machte sich dabei ein Prinzip zunutze, das schon zwölf Jahre zuvor angewendet worden war: das Prinzip der männlichen Erbfolge gemäß dem alten französischen Recht. Dieses Prinzip wurde vom ganzen Volk gebilligt und war offensichtlich so unanfechtbar, daß Eduard III. (durch seine Mutter ein Enkel Philipps des Schönen) bei der Thronbesteigung des ersten Valois nicht protestierte. Übrigens hätten sogar bei weiblicher Erbfolge die Rechte Johannas, der Tochter Ludwigs X. und Gattin Philipps von Evreux, vor den Erbrechten Eduards den Vorrang gehabt. Dieser Johanna übertrug der neue König von Frankreich aus Vorsicht das Königreich Navarra, wo das sogenannte »salische« Gesetz, das Verbot der weiblichen Erbfolge, nicht so unbedingt wie in Frankreich anwendbar war.

Die Regierung des ersten Valois begann hoffnungsvoll. Der Graf von Flandern hatte seine Hilfe gegen den furchtbaren Aufstand der Weber in den Städten (Brügge und Ypern) und der Bauern in den Küstengebieten von Flandern angerufen; diese beiden sozialen Gruppen hatten sich seit dem Jahre 1325 zu gemeinsamem Kampfe vereinigt: die Bauern Flanderns kämpften gegen den Adel, die Weber gegen das Patriziat. Der französische König siegte bei Cassel (in der Grafschaft Flandern) am 13. August 1328 und setzte damit dem Aufstand ein Ende. Im folgenden Jahr leistete Eduard III. der französischen Krone den Lehenseid für Guyenne. Ein Krieg erschien damals so unwahrscheinlich, daß der König von Frankreich im Einverständnis mit dem Papst einen Kreuzzug vorbereitete oder, besser gesagt, einen französischen Feldzug nach dem Nahen Osten. Im Jahre 1332 wollte man in See stechen.

König Eduard III. von England hatte zu Beginn seiner Regierung wenig Glück. Neue militärische Erfolge der Schotten hatten ihn gezwungen, die Unabhängigkeit ihres Landes anzuerkennen (1328), und der schottische König Robert Bruce zerriß das Band des Lehensverhältnisses zur englischen Krone, das Eduard I. einst den hartnäckigen Feinden im Norden aufgezwungen hatte; aber gegen David Bruce, der Nachfolger von Robert Bruce geworden war, brach zum Glück für Eduard III. der Aufstand Eduard Baliols aus (1331). Eduard III. konnte daher seine Niederlage

wettmachen. Er erklärte sich für Baliol und schlug die Truppen des rechtmäßigen Königs David Bruce bei Halidon Hill (1333). Dadurch zwang er David Bruce, nach Frankreich zu Philipp VI. zu flüchten, der ihn ähnlich aufnahm wie, Jahrhunderte später, Ludwig XIV. den englischen König Jacob II. Baliol suchte schnell seine Stellung zu sichern, trat dem Sieger Eduard die Gebiete von Berwick, Lothian, Roxburgh, Dumfries sowie den Osten von Galloway ab und erkannte die Oberherrschaft Englands an, das ihm Schottland verschafft hatte (Februar 1334).[13]
Eduard III. empfand die Sympathie, die der französische Hof dem König von Schottland, David Bruce, zeigte, als Herausforderung. Er schlug daher zurück, überhäufte Robert von Artois, den Todfeind Philipps VI., mit Sympathiebeweisen und empfing ihn ostentativ in London. Eduard glaubte, Anrechte auf die französische Krone zu haben, er behauptete dies jedenfalls. So mußte er zwangsläufig auf den Gedanken kommen, den Krieg, den sein Großvater so jäh hatte abbrechen müssen (1297), wiederaufzunehmen. Eduard war jung, energisch und seit seinem Sieg über die Schotten auch volkstümlich. Er ließ sich durch seinen Ehrgeiz in den Krieg hineinziehen. Aber wie alle ehrgeizigen Menschen von großer Begabung war auch Eduard vorsichtig; er wollte sich auf das Abenteuer erst nach einer gründlichen Vorbereitung, die Erfolg versprach, einlassen. Nach dem Beispiel seines Großvaters machte Eduard III. es sich zunächst zur Aufgabe, ein Bündnis mit den Landesherren der niederländischen Territorialfürstentümer zustande zu bringen und sich dadurch zu sichern. Der bedeutendste unter ihnen, Ludwig von Nevers, der Graf von Flandern, blieb König Philipp VI. treu, der ihn ja vor einem Volksaufstand gerettet hatte.[14] Aber jenseits der Schelde, im früheren Lothringen, das jetzt aus kraftvollen, seit dem Interregnum unabhängigen Fürstentümern bestand, war es anders. Diese Fürstentümer, die unter der (gänzlich bedeutungslosen und nur der Form nach bestehenden) Oberherrschaft des Heiligen Römischen Reiches standen, konnte Eduard III. gegen Bezahlung leicht zu Parteigängern gegen Frankreich machen. Eduard hatte reichliche Geldmittel zur Verfügung, da florentinische Bankiers ihm einen sehr großen Kredit gegeben hatten; er gab Wilhelm III. von Hennegau-Holland, dessen Tochter Philippine (als Königin die Gönnerin des Geschichtsschreibers Froissart) er geheiratet hatte, eine Generalvollmacht. Bald gewann Wilhelm III. gegen gutes Geld den Herzog von Brabant und ein paar weniger bedeutende Persönlichkeiten, die Grafen von Geldern, Kleve und Jülich, für England. Ebenso wie einst Eduard I.

(1297) die Unterstützung des deutschen Königs Adolf von Nassau gekauft hatte (1297), hielt Eduard III. es für nützlich, Kaiser Ludwig den Bayern in Sold zu nehmen. Natürlich hoffte Eduard III., daß dieser stets erfolglose Herrscher, der kurz zuvor von Papst Johann XXII. exkommuniziert worden war, aus Groll gegen das Papsttum von Avignon geneigt sein würde, sich an Frankreich zu rächen.

Der französische König Philipp VI. setzte der englischen Koalition in den Niederlanden einen alten Klienten Frankreichs, den Bischof von Lüttich, sowie den König von Böhmen, Johann den Blinden, entgegen. Dieser war der französischen Dynastie verbündet und brachte einige Ritter aus seiner Grafschaft Luxemburg mit. Philipp VI. schickte außerdem in Schottland den Anhängern David Bruces Hilfe, und sie griffen tatsächlich zu den Waffen. Die Feindseligkeiten zwischen Frankreich und England begannen im Jahre 1337. Die Franzosen steckten überraschend Guernsey und Portsmouth in Brand, und die Engländer griffen flämische Truppen auf der Insel Kadzand[15] an. Im folgenden Jahre, am 22. Juli 1338, landete Eduard III. in Antwerpen; er wollte sogleich einen strategisch bedeutsamen Vorstoß unternehmen. Aber seine Bundesgenossen blieben im wesentlichen passiv: Ludwig der Bayer begnügte sich damit, König Eduard den Titel eines Vikars (Statthalters) des Kaiserreiches zu verleihen, und rührte sich nicht; der Herzog von Brabant und Graf Wilhelm IV. von Hennegau-Holland (der seinem Vater in der Regierung gefolgt war)[16] versuchten, sich ihrer Bündnispflicht zu entziehen. Um solche Freunde zum Kämpfen zu bringen, hätte man sie geradezu ewig bezahlen müssen, denn der Krieg war für sie nichts als eine Gelegenheit, zu Geld zu kommen. Aber Eduard hatte soeben Bankrott gemacht und sogar seine florentinischen Darlehensgeber mit hineingezogen. Glück brachte ihm dagegen sein Versuch, den Grafen von Flandern zwangsweise auf seine Seite zu bringen; er wandte dabei eine Taktik an, die schon bei den früheren Differenzen zwischen England und den Grafen von Flandern zum Erfolg geführt hatte: die Verhängung einer Ausfuhrsperre für die englische Wolle, die für das Tuchgewerbe von Gent, Brügge und Ypern unentbehrlich war. Obwohl diese Maßnahme eine Krise verursachte, blieb Ludwig von Nevers in seiner Treue zu Frankreich fest. Die Handwerker und Kaufleute aber wollten nicht zugrunde gehen oder verhungern, und da ihr Fürst ihre Interessen weniger wahrte als die Treue gegen seinen französischen Oberherrn, nahmen sie ihr Schicksal selbst in die Hand. Gent, wo seit einigen Jahren die Zünfte des

Tuchgewerbes herrschten, übernahm unter der Führung eines reichen Patriziers, Jakob van Artevelde, die Führung in der Grafschaft. Van Artevelde aber setzte sich mit Eduard III. in Verbindung. Das Verbot der Wollausfuhr aus England wurde nun aufgehoben, und Eduard ließ sich auf dem Freitagsmarkt zu Gent, wohin er persönlich gekommen war, feierlich als König von Frankreich huldigen. Er tat dies, um etwaige Gewissensängste der Bürger zu beschwichtigen, die ja ihren obersten Herrn, Philipp VI., im Stich gelassen hatten und nun wenigstens pro forma einen König von Frankreich als Lehensherrn von Flandern anerkannten.[17] So knüpfte sich ein Bündnis zwischen der herrscherlichen, von dynastischen Motiven geleiteten Politik König Eduards III. von England und der bürgerlichen, von wirtschaftlichen Erwägungen ausgehenden Politik der flämischen Städte: eine auf gemeinsame Interessen gegründete Allianz, der Flandern unerschütterlich treu blieb. In diesem städtereichen, vom Gewerbe beherrschten Gebiet mit einem machtvollen Bürgertum wurde die Politik früher als in den anderen nördlich der Alpen gelegenen Ländern von wirtschaftlichen Gesichtspunkten bestimmt.

Der Eintritt Flanderns in das Bündnis mit England sicherte König Eduard einen starken Stützpunkt im Norden. Bis dahin hatte sich der Krieg an den Staatsgrenzen Frankreichs hingezogen; es war nur zu Scharmützeln und zum Niederbrennen von Dörfern gekommen. Vergeblich hatten indes die von Avignon gesandten Kardinäle versucht, einen Frieden zu vermitteln; man hielt sie nur hin, um Zeit zu gewinnen.

Nun aber konnten endlich die militärischen Operationen das von Eduard III. ersehnte Ausmaß erreichen. Sehr bald bat er das Parlament um Geld; ihm blieb nach seinem Bankrott nur noch dieser Weg, und angesichts der politischen Situation in England wurden ihm die Mittel auch bewilligt. Eduards Schiffe siegten bei Sluis (23. Juni 1340) ruhmreich über die französische Flotte. Darauf begann er mit Hilfe der durch diesen großen Erfolg ermutigten Fürsten, die er gewonnen hatte, und mit den flämischen Bürgerwehren die Belagerung von Tournai (22. Juli bis September). Diese Belagerung aber scheiterte, und so kam es schließlich zum Waffenstillstand von Esplechin, der in den folgenden Jahren wiederholt verlängert wurde.

Damit war Eduards Plan, Frankreich von Norden aus anzugreifen, trotz Flanderns Hilfe mißglückt. Jakob van Artevelde wurde im Jahre 1345 bei einem Aufstand ermordet, dessen tragende Macht die Weber von Gent waren. Der Verband der Fürsten auf eng-

lischer Seite entzog sich seiner Bündnispflicht: Ludwig der Bayer ging sogar zu Philipp VI. von Frankreich über, und er gab nicht einmal das Geld zurück, das er von den Engländern erhalten hatte; doch war ja Ludwigs neues Bündnis mit Frankreich ebenso bedeutungslos wie seine frühere Allianz mit England. Die Lage Frankreichs schien nun besser als die seiner englischen Feinde, und es benutzte den Waffenstillstand, um sich an seiner Ostgrenze zu vergrößern. Frankreich kaufte gegen eine Barsumme die Dauphiné von ihrem Herrn, Humbert II., dessen Titel »Dauphin« seither dem Erben der französischen Krone als Kronprinzentitel vorbehalten blieb (1343).
Der Waffenstillstand zwischen Frankreich und England hinderte Eduard III. nicht daran, nach der Bretagne zu gehen und der Gräfin von Montfort zu Hilfe zu eilen, welche dem von Frankreich unterstützten Karl von Blois das Recht auf dieses Herzogtum streitig machte; auch ließ der König den Grafen Derby einen Angriff auf die Gascogne unternehmen. Dann aber landete Eduard selbst im Jahre 1346 mit einem großen Heer von Rittern und Bogenschützen unerwartet in La Hougue (Normandie), und damit kam es zu einer völligen Wendung der Kriegslage. Eine neue Taktik, die auf der Rolle der Bogenschützen in der Schlacht beruhte, ermöglichte den Engländern nach der Landung eine Anzahl glänzender Siege. Die rein englische Zusammensetzung seines Heeres muß Eduard III. gegenüber dem Gegner, der viele fremde Söldner verwendete, eine ähnliche Kraft verschafft haben, wie sie im sechzehnten Jahrhundert den spanischen Armeen eigen war. Die französische Niederlage bei Crécy (26. August 1346) bewies die Kraft des englischen Heeres; denn die Franzosen erlitten trotz ihrer zahlenmäßigen Überlegenheit eine Niederlage, die Froissart *moulte grande et moulte horrible* (sehr groß und fürchterlich) nennt. Der König von Böhmen, der Graf von Flandern und viele andere mächtige Herren fielen im Kampf, und der englische Sieger benutzte den unerwarteten Erfolg zu einer Belagerung von Calais. Die Stadt wurde nach elf Monaten genommen und kam erst im Jahre 1558 wieder an Frankreich! Einige Monate nach der Schlacht von Crécy wurde auch David Bruce, der nach Schottland zurückgekehrt war, bei Neville's Cross (am 17. Oktober 1346) geschlagen und gefangengenommen. Überall siegten die Engländer über ihre Feinde. Aber bei beiden Gegnern meldete sich nun gleichermaßen das Bedürfnis nach einer Ruhepause. Unter Vermittlung des Papstes wurde im September 1347 ein Waffenstillstand geschlossen. Das Auftauchen einer Seuche, des Schwarzen

Todes, trug zur Verlängerung dieses Waffenstillstandes bei, und nach wiederholter Erneuerung währte er bis zum Jahre 1355.

Die Waffenruhe wurde von Frankreich und England dazu benutzt, eine entscheidende Kriegshandlung vorzubereiten. Dank der finanziellen Unterstützung seitens des Parlamentes hatten die Engländer drei Armeen aufstellen können: ein Heer wurde in Guyenne, das zweite in der Bretagne und das dritte in der Normandie bereitgehalten. König von Frankreich war nun Johann II. der Gute (1350–1364).[18] Er entschloß sich zur Einberufung der Generalstände, welche ihm die Mittel zur Ausrüstung von 30 000 Mann bewilligten. Johann führte sie gegen den englischen Thronfolger, den Schwarzen Prinzen, der Guyenne brandschatzte. Die Schlacht, die Johann den Engländern am 19. September 1356 bei Maupertuis – manchmal auch als Schlacht bei Poitiers bezeichnet – lieferte, endete mit einer noch furchtbareren Katastrophe, als Crécy gewesen war. Johann selbst geriet in Gefangenschaft und wurde nach England gebracht.

Diese Niederlage rief in Frankreich sofort die erste jener Krisen hervor, die das Königtum seitdem bis zur Mitte des fünfzehnten Jahrhunderts durchmachen sollte. Die im Jahre 1355 einberufene Versammlung der Generalstände stand unter dem mächtigen Einfluß des Bürgertums, das von dem Vorsteher der Pariser Kaufmannschaft, Etienne Marcel, geleitet wurde; die Generalstände hatten die vom König erbetenen Steuern nur bewilligt, weil ihnen ein erheblicher Anteil an der Regierung zugesichert worden war. Sie hatten sich das Recht der Einziehung und Verwaltung der von ihnen bewilligten Steuerbeträge, Garantien für ihre künftige Versammlungsfreiheit sowie bestimmte Verwaltungsreformen ausbedungen. Ein großer Sieg hätte es dem französischen König freilich ermöglicht, diese Opposition im Keim zu ersticken, aber sein Mißgeschick machte sie unwiderstehlich; sie offenbarte sich um so kühner, als sie von Karl dem Bösen, dem König von Navarra, ermutigt wurde. Dieser gewissenlose und ehrgeizige Intrigant war nur allzusehr geneigt, Wirren zu begünstigen, da er ja allein durch Herbeiführung eines Chaos hoffen konnte, als Sohn der Johanna von Evreux seine angeblichen Rechte auf die Krone Frankreichs durchsetzen zu können.

Plötzlich also sah das französische Königtum sich in der Mitte des vierzehnten Jahrhunderts genötigt, dem Bürgertum Rechnung zu tragen: jenem Bürgertum, das einst der Krone gegen die mächtige Aristokratie und bei der Schaffung der Einheit geholfen hatte. Die monarchische Gewalt, schon seit einem Jahrhundert innerpolitisch unangefochten und über jeder Kritik stehend, wurde nun gemahnt, einen Teil ihrer Rechte dem Volke abzutreten. Frankreich bot nach der Schlacht bei Maupertuis einen ähnlichen Anblick wie England hundertfünfzig Jahre zuvor nach der Schlacht bei Bouvines. In beiden Ländern kam es durch chaotische Finanzverhältnisse und militärische Niederlagen zu einer Revolution. Es ist begreiflich, daß diese Revolution in Frankreich viel später reifte als in England; denn in England war die politische und nationale Einheit, eine Bedingung der Revolution überhaupt, gegen Ende des elften Jahrhunderts nach dem Einfall Wilhelms des Eroberers erzwungen worden, während diese Einheit in Frankreich erst unter Philipp dem Schönen nach langem Streben zustande gekommen war. Dieser historische Unterschied zwischen den beiden Völkern bedeutete aber mehr als eine bloß zeitliche Differenz: In England war der Widerstand gegen Johann ohne Land von den Baronen organisiert und geleitet worden. Der Widerstand war dort von dem militärischen Stand ausgegangen, und hinter ihn hatte sich der Rest des Volkes geschart, der die gleichen Beschwerden hatte und die gleichen Rechte verlangte. Ganz anders aber war die Lage in Frankreich unter König Johann dem Guten. Hier stand das Bürgertum, die kaufmännische und gewerbetreibende Schicht also, an der Spitze der gegen die absolute Macht des Königtums gerichteten Bewegung. Zwischen diesen Bürgern und dem Adel gab es damals keine Möglichkeit des Zusammengehens: die Privilegien beider Stände wirkten einander notwendig entgegen, und die Niederlagen von Crécy und Maupertuis steigerten ihre Feindseligkeit bis zum äußersten, denn die Bürger gaben den Rittern die Schuld. In der Mitte des fünfzehnten Jahrhunderts konnte der französische Adel keinen Mann mehr hervorbringen, welcher die Rolle eines Simon von Montfort (des Trägers von Reformgedanken in England) hätte spielen können. Wenn ein paar große Grundherren Frankreichs die Bestrebungen des dritten Standes unterstützten, geschah dies nur aus persönlichem Interesse, Groll oder Ehrgeiz. Bei der ersten Gelegenheit ließen sie den bürgerlichen Bundesgenossen, den sie nur verachteten, im Stich. Bei der Geistlichkeit war es nicht anders; denn ihre Vertreter wollten ebenfalls nur Vorrechte und Standesprivilegien verteidigen. Im ganzen gesehen war also der Gegensatz zwischen den französischen Generalständen und dem englischen Parlament denkbar groß. Das englische Parlament vereinte in sich gegenüber dem König die verschiedenen Volksschichten, die gemeinsam berieten und in gemeinsamem Einverständnis ihren Willen zum Ausdruck brachten. Die französischen Generalstände, die aus drei Einzelschichten bestanden, diskutierten dagegen als gesonderte Gruppen und faßten auch ihre Beschlüsse getrennt. Sie bildeten in Wirklichkeit drei verschiedene Versammlungen Bevorrechteter, die nicht zusammenwirken konnten. Ihre Meinungsverschiedenheiten und Konflikte gaben der Krone denn auch ein allzu leichtes Mittel, jede Einmischung der Stände in die Landesregierung zu verhindern. Das englische Parlament gelangte im Laufe des dreizehnten Jahrhunderts zu einer (für die wichtigsten Angelegenheiten gewohnheitsrechtlich festgelegten) Form in der Wahrnehmung seiner Kompetenzen und Aufgaben, so daß es ein unentbehrliches Instrument der Staatsbeherrschung wurde. Dagegen waren die Stände von Frankreich nur ein Gelegenheitsorgan, eine ultima ratio gleichsam, auf die man nur in Augenblicken der Geldnot zurückgriff. Jeder Einberufung dieses Organs ging eine Krise der Finanzen voraus. Man berief sie nur mit der Absicht ein, sie zu Geldzahlungen aufzufordern. Dadurch spielte das Bürgertum bei diesen Versammlungen die Hauptrolle, denn es genoß nicht die fiskalen Freistellungen und Privilegien, durch die der Adel und die Geistlichkeit vor dem königlichen Zugriff geschützt waren; auf den Bürgern lag also die Hauptlast der Geldbeschaffung. Es ist nur selbstverständlich, daß sie nach Garantien strebten, wenn sie Steuern bewilligten. Soweit man auf Grund der siebenundsechzig Artikel urteilen kann, die Etienne Marcel dem Dauphin zusandte, bestand das Ideal der damaligen Bürger darin, die Verwaltung des Königreiches mit dem gleichen Geist der Kontrolle und Gesetzlichkeit zu durchdringen, der den städtischen Verwaltungen schon eigen war; die Beamten des Königs, vor allem seine Finanzbeamten, sollten den Abgabepflichtigen Rechenschaft schuldig sein; die Regierung sollte mit den Ständen Frankreichs dauernd zusammenwirken und sie in ihre Arbeit einbeziehen. Aber wenn Marcel von den Ständen sprach, dachte er hauptsächlich an das Bürgertum und besonders an dasjenige von Paris. Seit dem frühesten Kontakt zwischen König und Volk stand Paris an der Spitze der bürgerlichen Bewegung, ohne daß jemand etwas dagegen unternahm. Die Bedeutung als Hauptstadt hatte Paris der Krone zu verdanken, und diese Bedeutung kehrte sich nun in der Hand des Volkes gegen die Herrscher. Die Residenz der französischen Könige war von unvergleichlicher Bedeutung und wurde denn auch als *sans pair* bezeichnet; sie ließ alle anderen Städte Frankreichs an Volkszahl, Reichtum, Regsamkeit (und allerdings auch oft an politischer Unruhe) weit hinter sich und war bereits das überall beachtete geistig-politische Zentrum des Landes. Daher fanden seit der Mitte des vierzehnten Jahrhunderts alle Unruhen, die in Paris in Erscheinung traten, in ganz Frankreich Widerklang, und die Stimme der Volksredner von Paris erreichte die ganze Nation; Aufstände in Paris wurden »historische Tage«. Der Dauphin war sich alles dessen bewußt und führte nun eine Taktik ein, die später bis in das neunzehnte Jahrhundert hinein mit Parlamenten häufig wiederholt wurde: er versuchte, die Generalstände aus Paris zu entfernen, und berief sie nach Compiègne (1358). Die Opposition in Paris wurde dadurch aber nur noch schärfer. Der Bürgerkrieg schien auszubrechen; Etienne Marcel verhandelte mit dem König von Navarra, und König Eduard von England ermahnte Gent und die flämischen Städte, sich mit ihm am Widerstand gegen die »bösen und verrückten Unternehmen zu vereinigen, so daß wir Alle in voller Freiheit leben können«. Der Ausbruch des Bauernaufstandes: der »Jacquerie«, löste diese Krise jedoch auf.

Die Lasten der neuen Steuern und die grausamen Ausschreitungen der nach der Niederlage bei Maupertuis (1356) entlassenen Söldnertruppen, die massenweise im Lande umherschweiften, trieben die Bauern in der Grafschaft Orléans, in der Champagne und vor allem in den ländlichen Gebieten um Beauvais zum äußersten. Die militärischen Mißerfolge des französischen Adels bei den Niederlagen von Crécy und Maupertuis hatten die Furcht und Ehrerbietung, die er den Bauern eingeflößt hatte, zerstreut; sie schrieben ihr Elend der Feigheit der Aristokraten zu. Die Bauern ahnten wohl dunkel, daß die Vorrechte des Adels nur auf seiner militärischen Funktion beruhten und daß er untauglich geworden war, diese Rolle weiterzuspielen. So erschien ihnen der Edelmann als ein Feind des Volkes.[19] Mit eisenbeschlagenen Knüppeln bewaffnete Bauern begannen durch Nordfrankreich zu schwärmen und die Schlösser anzugreifen. Die ersten Erfolge machten ihnen Mut. Bald waren die Massen im Aufstand; aber in dieser Erhebung gab es keinen Gesamtplan, keine anerkannten Führer und keine fest umschriebenen Ziele. Der Aufstand war nur ein Ausdruck jäher Verzweiflung und Wut der Landbevölkerung. Das Bürgertum war zwar erschreckt und wartete, ohne einzugreifen, hinter seinen schützenden Mauern den Ausgang des Kampfes ab. Offenbar dachte man im Bürgertum daran, den Aufstand auszunutzen, falls er gelingen würde. Aber er mußte mißglücken; die schwer gepanzerten Ritter konnten zwar von den englischen und den Waliser Langbogenschützen niedergemacht werden, den Bauern aber waren sie überlegen: jenen »schmutzigen, kleinen und schlecht bewaffneten gemeinen Leuten« (Froissart, *Chroniques V, 105*), welche die Kinder der Adligen töteten, ihre Frauen vergewaltigten und ihre Schlösser anzündeten. Diese Überlegenheit über die Bauern läßt sich mit der Übermacht vergleichen, welche militärische Truppen über streikende Arbeiter besitzen. Nach dem ersten Augenblick der Verwirrung und Bestürzung zog der Adel gegen die Bauern zu Felde und richtete unter ihnen ein Blutbad an. Die »Jacques« – so lautete der Spottname für die Aufständischen nach dem Spitznamen »Jacques Bonhomme« für den Bauern – wurden dezimiert, und die Überlebenden wurden sich ihrer Ohnmacht bewußt; sie kehrten in ihre Dörfer zurück. Seitdem gab es in Frankreich bis zur großen Revolution keinen Bauernaufstand mehr!

Die gefährliche Jacquerie hatte den Adel an die Seite des Dauphin gebracht, und die schwache Verbindung einiger Aristokraten zur Partei des bürgerlichen Reformprogramms riß nun ab. Die Feinde Etienne Marcels faßten neuen Mut; man schmiedete ein Komplott gegen ihn, und er wurde am 31. Juli 1358 ermordet. Dreizehn Jahre zuvor hatte Jakob van Artevelde, mit dessen Politik diejenige Marcels eine erstaunliche Ähnlichkeit hat, das gleiche Schicksal erlitten. Der Tod Etienne Marcels beendete allerdings die Tagung der Generalstände nicht: der Dauphin hatte bei der finanziellen Erschöpfung, in der sich Frankreich befand, die Hilfe der Versammlung nötig. Eduard III. belagerte damals Reims (von 1359 bis 1360) und drang, ohne auf Widerstand zu stoßen, bis nach der Bourgogne vor. Ein Friedensschluß wurde also notwendig, und man unterzeichnete den Vertrag am 8. Mai 1360 in Brétigny (bei Chartres). Eduard III. erhielt dabei die unbeschränkte Souveränität über die Gascogne, Guyenne, Poitou, Périgord und Limousin. Abgesehen von der unbeschränkten Souveränität über diese Gebiete erhielt Eduard III. noch drei Millionen Goldtaler, wofür er seine Ansprüche auf das übrige Frankreich fallenließ! England war nun auf Kosten Frankreichs wieder eine kontinentale Macht geworden. Die Lage, die nunmehr entstand, erinnert stark an die territorialen Verhältnisse unter den ersten Plantagenets. Die Expansion der französischen Könige war rückgängig gemacht worden. Frankreich hatte jetzt beinahe nur noch den Umfang, den es bei der Thronbesteigung von König Philipp August (1180) gehabt hatte.

Aber schon diese nüchterne Tatsache zeigt, daß die Ergebnisse des Friedens von Brétigny nicht dauernd aufrechterhalten werden konnten. Der französische Staat war nicht, wie beispielsweise die damaligen territorialen Besitzungen der Wittelsbacher, Luxemburger oder Habsburger, ein bloßes Konglomerat von Ländern, die man durch dynastische Vereinbarungen ebenso schnell zusammentragen wie trennen konnte. Frankreich ruhte vielmehr auf einer festen geographischen und nationalen Einheit und auf der Gemeinsamkeit von Interessen seiner Bewohner. Die Könige von Frankreich hatten das Land nach seiner Zerstückelung durch die großen Lehensleute allmählich wieder geeint, seitdem die vom Lehenswesen getragene Agrarverfassung, in der die Ursache jener Zerstückelung zu suchen war, nicht mehr bestand. Die Franzosen hatten sich um jeden neuen Herrscher noch enger als um seinen Vorgänger geschart. Der Einfluß dieser Könige war ja nur deshalb so mächtig gewachsen und so fruchtbar geworden, weil er der geschichtlichen Einheitstendenz und damit einer organischen Entwicklung entsprach. Daher konnte England die neuen französischen Provinzen, zu deren Übertragung es die Franzosen gezwungen hatte, auf die Dauer ebensowenig behalten, wie etwa Frankreich die Grafschaft Kent hätte behalten können, wenn es sie erobert hätte. Die Annexion französischer Provinzen durch Eduard III. konnte nur vorübergehend sein, nur zeitweilig konnte Frankreich zu dieser Preisgabe gezwungen werden. Der Friede von Brétigny war augenscheinlich nur ein Waffenstillstand. Wie konnte man erwarten, daß Frankreich eine erniedrigende und sogar von ständigen Gefahren umwölkte Position als einen dauernden Zustand anerkennen würde? England hatte keine Aussicht, die gegen den Willen der französischen Bevölkerung eroberten Gebiete, die ebensogroß waren wie England selbst, zu behalten.

Karl V., »der Weise« genannt (gestorben 1380), der seinem Vater Johann dem Guten im Jahre 1364 auf den Thron von Frankreich folgte, konnte allerdings nicht daran denken, den kaum geschlossenen Frieden zu brechen. Das Königreich war durch vernichtende Steuern erschöpft und wurde schlimmer denn je von Söldnerscharen gebrandschatzt, die auf Kosten der Bevölkerung lebten. Dem sehr geschickten König glückte es aber, seine Untertanen von diesen Söldnern zu befreien und sie gegen England einzusetzen: Heinrich von Trastamara, der in Kastilien gegen seinen Halbbruder Peter den Grausamen, den Bundesgenossen Englands, kämpfte, hatte sich an Frankreich um Hilfe gewandt. Bertrand Du Guesclin erhielt den Befehl, an der Spitze seiner Scharen Heinrich zu helfen. Peter der Grausame wurde tatsächlich besiegt (1369), und Heinrich von Trastamara schloß mit Karl V. von Frankreich ein Bündnis. Heinrich saß nun als Feind Englands in der Flanke der englischen Territorien in Südfrankreich. Die Diplomatie des französischen Königs erzielte im Norden noch einen zweiten Erfolg. Der Graf von Flandern, Ludwig von Maele,[20] ein Sohn des bei Crécy gefallenen Ludwig von Nevers, hatte mit der rein französischen Politik seines Vaters gebrochen; er hatte eine nicht eindeutige, »neutrale« Haltung angenommen, durch die er sowohl Frankreich wie auch England zwang, ihn zu schonen. Das brachte ihn in eine vorteilhafte Position; er konnte zudem, da er keinen männlichen Nachkommen hatte, mit Frankreich und England Verhandlungen über eine Heirat seiner Tochter Margarete führen. In diesem Kampf um das höchste Gebot für die Hand Margaretes, der künftigen Erbin von Flandern, siegte schließlich König Karl V. von Frankreich. Ludwig von Maele willigte gegen Rückgabe der Städte Lille, Douai und Orchies, die im Jahre 1320 Frankreich übertragen worden waren, in die Verbindung seiner Tochter Margarete mit dem Bruder des Königs (29. Juni 1369). Dieser Bruder war Philipp der Kühne, der von seinem Vater das Herzogtum Burgund (1361) als Abfindung erhalten hatte. Die »flandrische Frage«, die das französische Königshaus schon seit Philipp August immer wieder beschäftigt hatte, schien jetzt vor der definitiven Lösung zu stehen: die Nachfolge in der bedeutenden Grafschaft Flandern war einem Prinzen des französischen Königshauses gesichert.

Jetzt fühlte sich König Karl V. stark genug, um Eduard offen anzugreifen. Ein Aufstand von Guyenne gegen den Schwarzen Prinzen diente Karl zum Vorwand, den Frieden von Brétigny zu kündigen. Die Stände von Frankreich gewährten sogleich die erforderlichen Kredite, und der von Bertrand Du Guesclin tatkräftig geleitete Krieg brachte Frankreich ununterbrochen Erfolge. Die Flotte von Kastilien schlug die englische Flotte bei La Rochelle (1372). Zu Lande hielten die Engländer beinahe nur noch Calais, Bordeaux und Bayonne, und Eduard III. starb – zwei Jahre nach dem Schwarzen Prinzen – im Jahre 1377. Der Sohn des Schwarzen Prinzen, Richard II., damals noch ein Kind von neun Jahren, wurde König von England. Karl V. von Frankreich, der im Jahre 1380 starb, hinterließ sein Land ebenfalls einem Kinde: Karl VI. gelangte im Alter von zwölf Jahren auf den französischen Königsthron.

2. Die Zeit Burgunds (1377–1432)

Die Regentschaften für die minderjährigen Herrscher von Frankreich und England begannen ungefähr gleichzeitig und stürzten beide Reiche in Wirren. Obwohl sich die Ereignisse in beiden Ländern verschieden gestalteten, waren sie doch durch die gleichen Motive bestimmt: die auf die drückenden Kriegssteuern zurückgehende Unzufriedenheit im Volke und die ehrsüchtigen Pläne der Fürsten, die mit der Regentschaft betraut waren.

Die Herrschaft Richards II. ist noch heute durch den großen Bauernaufstand von 1381 allgemein bekannt. Die wichtigste Ursache für die Bewegung war, ebenso wie bei der Jacquerie in Nordfrankreich, das Elend der Landbevölkerung, deren Leiden vom englischen Parlament ebensowenig beachtet wurden wie die Leiden der französischen Bauern von den Generalständen. Diese Organe kümmerten sich nicht um die Landbevölkerung, die außerhalb der von ihnen vertretenen bevorrechteten Volksschichten stand. Die Landbevölkerung war für das englische Parlament oder für die Stände von Frankreich etwas Ähnliches wie später, im Anfang des neunzehnten Jahrhunderts, das industrielle Proletariat für die Regierungen, die auf Grund des Wahlrechtes nach dem Steuerzensus zustande kamen: eine rechtlose Masse, auf welcher die eigentliche soziale Gliederung ruhte und um die man sich nur kümmerte, wenn ihre Bewegungen das über ihr errichtete Gebäude der Gesellschaftsordnung erschütterten.

Wie überall, hatte sich auch in England die Lage der Bauern im dreizehnten Jahrhundert erheblich gebessert. Aber in der ersten Hälfte des vierzehnten Jahrhunderts war der Fortschritt auf Grund der bereits dargelegten allgemeinen Ursachen zum Stehen gekommen. Die Teuerung der Lebenshaltung und das Steigen der Löhne durch die Verheerungen des Schwarzen Todes hatten den Adel im Jahre 1350 dazu veranlaßt, das Parlament um eine gesetzliche Zurückschraubung der Löhne für Landarbeiter auf den Stand des Jahres 1347 zu ersuchen. Dies wurde bewilligt *(Statute of Labourers)*, und der Adel, durch seinen Erfolg kühn geworden, ging weiter; er wollte die alten grundherrlichen Rechte wiederherstellen, verlangte Frondienste, die gewohnheitsrechtlich schon weggefallen waren, und wollte die Bauern zur Hörigkeit zurückführen. Berücksichtigt man noch die gleichzeitige Zunahme des Steuerdrucks, so wird begreiflich, daß die Aristokratie den Bauern verhaßt wurde. Die von Wyclif ausgehende religiöse Erregung rief schließlich die gleiche Katastrophe hervor wie später, im sechzehnten Jahrhundert, die Propaganda Luthers den deutschen Bauernkrieg. Freilich haben weder Wyclif noch Luther die Bauern zum Aufstand bringen wollen, aber beide erschütterten die Achtung vor der kirchlichen Obrigkeit, und dadurch gelangte das Volk dahin, sich gegen die drückenden sozialen Verhältnisse zu erheben, die es nach dem Gebot der herrschenden Kirche mit Ehrfurcht betrachten sollte. Es gibt aber einen bedeutenden Unterschied zwischen dem englischen Bauernaufstand des Jahres 1381 und der vierundzwanzig Jahre früher liegenden Jacquerie: diese war auf die Not der französischen Landleute zurückzuführen; die englischen Aufständischen von 1381 wurden zwar ebenfalls erst durch das wachsende Elend gefährlich, aber sie wurden – und das machte sie furchtbarer als die »Jacques« – zugleich von der Idee vorwärtsgetrieben, Opfer einer Kirche und einer Gesellschaft zu sein, welche in ihrer Gier nach Reichtum verdorben waren. An der Spitze des englischen Aufstandes standen nicht nur Tagelöhner wie Wat Tyler, sondern auch Priester, die, wie etwa John Ball, in evangelischer Armut lebten und mit ihren »lollardischen« Predigten in vielen armen Leuten leidenschaftliche Hoffnungen und einen naiven Kommunismus erweckten.

Aber die Bauern konnten sich gegen eine gepanzerte Polizeimannschaft, wie es der Adel faktisch war, auch in England nicht halten. Ihr Aufstand endete – nicht anders als einst die Jacquerie – in einem furchtbaren Blutbad und hatte ebensowenig Erfolg wie die französische Bewegung.

Der Krieg gegen Frankreich brachte den Engländern indes dauernd Niederlagen; sie mußten tatenlos zusehen, wie das französische Heer die englandfreundlichen Genter in der Schlacht von Roosebeke vernichtend schlug (1382). Der Feldzug, den England im folgenden Jahr unter der Leitung des Bischofs Heinrich (vom Bistum Norwich) gegen das in französischer Hand befindliche Ypern unternahm, scheiterte kläglich. England mußte sich (1389) mit einem Waffenstillstand abfinden, der dann im Jahre 1396 für die Dauer von dreißig Jahren verlängert wurde. Diese Rückschläge verstärkten die Unzufriedenheit des englischen Volkes mit der Regierung des Königs. Kaum war König Richard II. der Vormundschaft entwachsen, als er den während der Herrschaft Eduards III. gewachsenen Einfluß des Parlamentes einzuschränken suchte. Dieser Versuch endete jedoch für Richard demütigend: seine Ratgeber wurden mit dem Tode bestraft (1388). Richards Oheim, Thomas von Gloucester, hatte den Widerstand gegen die antiparlamentarischen Pläne seines Neffen geleitet. Der junge König verband sich nun mit seinem anderen Oheim, Johann von Lancaster, und es glückte ihm dadurch, Thomas Gloucester unter Anklage wegen Hochverrats stellen zu lassen. Andererseits gelang es Richard aber, vom Parlament eine ständige Steuer zu erlangen, und er nutzte diesen Erfolg dazu aus, um das gefürchtete Organ fortan überhaupt nicht mehr einzuberufen. Dieser neue Versuch, das englische Parlament auszuschalten und die persönliche Königsmacht wiederherzustellen, hatte jedoch ebensowenig Erfolg wie die gleichartigen Bestrebungen eines Heinrich III. und Eduard II. Der König konnte dem englischen Parlament, das die drei Mächte: Adel, Geistlichkeit und Bürgertum umfaßte, nicht die Gewalt entreißen. König Richard II. scheint mit dem Gedanken gespielt zu haben, sich auf die Anhänger Wyclifs, die »Lollarden«, und auf die Volksmassen zu stützen, die noch von dem Mißerfolg ihres Aufstandes erregt waren. Als aber Heinrich von Lancaster nach dem Tode seines Vaters den Adel gegen Richard zu den Waffen rief, verteidigte niemand den König. Das Parlament machte von dem Recht, das es unter Eduard II. für sich in Anspruch genommen hatte, zum zweitenmal Gebrauch und nahm Richard die Krone (1399); es übertrug Heinrich von Lancaster die Königswürde.

Der neue König befand sich in einer ähnlichen Lage wie viel später, im Jahre 1689, Wilhelm III. von Oranien nach der Flucht König Jakobs II. Das Parlament, dem Heinrich IV. den Thron verdankte, erwartete von ihm Garantien, und er gab sie sogleich. Er brach, um die geistlichen Lords zu versöhnen, offen mit den »Lollarden«, führte die Inquisition in England ein und verbot die Übersetzung der Heiligen Schrift in die Volkssprache.

Kämpfe mit Schottland und mit Wales, wo ein Aufstand ausgebrochen war, verhinderten Heinrich, den kriegerischen Ehrgeiz des Adels zu befriedigen und den mit Frankreich geschlossenen Waffenstillstand zu brechen. Erst seinem Sohn, Heinrich V., war die Rolle vorbehalten, diesen sinnlosen Kampf wieder aufzunehmen und Siege zu erringen, die ebenso glänzend und flüchtig waren wie einst die Schlachten bei Crécy und bei Maupertuis.

Richard II., Heinrich IV. und Heinrich V. folgten einander zwischen 1377 und 1419 auf dem englischen Königsthron. Nahezu gleichzeitig gab es in Frankreich jene lange Regentschaft, deren Anlaß zunächst die Jugend und bald danach der periodisch stark hervortretende Irrsinn König Karls VI. (1380–1422) war. Die Regentschaft aber stürzte Frankreich wieder in Wirren und Unruhen. König Karl V. hatte die früheren Wirren zwar erstickt, aber ihre

Ursachen nicht beseitigt. Die Oheime Karls VI. waren während seiner Minderjährigkeit mit der Regierung Frankreichs beauftragt und benutzten dieses Amt vor allem zur Anwendung der Macht im Dienste ihrer persönlichen Interessen. Ludwig I. von Anjou, der das Gebiet der Königin von Neapel beanspruchte, bereitete einen Feldzug nach Italien vor, und Herzog Philipp von Burgund behielt stets Flandern im Auge: sein künftiges Erbe.

Seitdem die Seuche des Schwarzen Todes Flandern heimgesucht hatte, verursachte die Teuerung – sie wurde durch die Erhöhung der Löhne nicht ausgeglichen – unter der gewerbetreibenden Bevölkerung der Städte eine gefährliche Gärung. Die Weber, die zahlreichsten, am besten organisierten und mutigsten Tucharbeiter, nahmen überall eine drohende Haltung an und warfen sich zu Verteidigern der armen Leute gegen die Reichen auf. Die sozialen Gegensätze wuchsen von Jahr zu Jahr und wurden durch Sekten mit kommunistischem Einschlag, deren Anhänger in großer Zahl unter den Proletariern zu finden waren, noch schärfer. Den Webern von Gent war es im Jahre 1379 geglückt, die Macht an sich zu reißen, und ihre Berufsgenossen in Brügge und Ypern machten es ihnen nach. In Flandern, wo das Exportgewerbe schon lange das Leben der Städte beherrschte und die Mehrzahl der Handwerker im Lohndienst stand, brach der latente wirtschaftliche Streit zwischen Arbeitgebern und Arbeitnehmern als echter Klassenkampf aus. Die Aufständischen forderten viel mehr als bloß politische Rechte. Sie hätten aber ihre eigentlichen Forderungen nicht einmal selbst präzisieren können; denn sie wollten jenen undefinierbaren Zustand, auf den sich die rohesten Instinkte ebenso wie die reinste Liebe zur Gerechtigkeit richten. Die vom Schicksal Enterbten werden durch die Hoffnung auf einen solchen Zustand getröstet und zugleich gequält. Der Sieg der Proletarier in den drei flämischen Städten hatte die unmittelbare Wirkung, daß alle diejenigen, welche »etwas zu verlieren hatten«: Kaufleute, Fabrikanten, Makler und reichgewordene Handwerker, sich zur Abwehr gegen das Proletariat vereinigten und sich um den Grafen von Flandern scharten. Sie alle verteidigten eine Gesellschaftsordnung, die ihnen ihr Vermögen garantierte, gegen den drohenden Umsturz. Die Weber von Brügge und Ypern konnten ihren vereinigten Feinden keinen Widerstand leisten, doch die Weber von Gent blieben unbezwingbar. Gent wurde von den Rittern Ludwigs von Maele umzingelt, aber er wagte es nicht, die Stadt zu stürmen. Der Kampf der Weber von Gent wurde damals von allen, die unter der Herrschaft der Reichen und Mächtigen litten, mit tiefer Sympathie verfolgt. Die Zünfte von Lüttich sandten Lebensmittel, und Mecheln erhob sich nach dem Beispiel Gents. In Frankreich kam es in Paris und Rouen zu Volksaufständen, und immer wieder erklang der Ruf: »Es lebe Gent!« Diese heldenhafte Stadt, die trotz des Hungers an keine Übergabe dachte, wirkte in ihren sozialen Umsturzgedanken äußerst ansteckend. Philipp van Artevelde, den Gent an die Spitze gestellt hatte, riß die Stadt zu einer letzten, äußersten Anstrengung hin und lieferte nach geglücktem Durchbruch durch die Umzingelung dem Ritterheer Ludwigs von Maele bei Brügge eine Entscheidungsschlacht, in welcher dieses Heer, entgegen aller Erwartung, vernichtet wurde. Wieder wurde Gent zur Herrin von Flandern, und wieder gaben die Weber in allen flämischen Städten den Ton an.

Es fiel Herzog Philipp dem Kühnen von Burgund nicht schwer, den französischen Hof davon zu überzeugen, daß man den flämischen Aufstand, den Herd der Ansteckung, niederwerfen müsse. Der Hof beschloß daher, einen Feldzug zur Sicherung von Philipps künftigem Erbe zu führen. Die Genter und ihre Bundesgenossen wurden durch ein französisches Heer bei Roosebeke (Westrozebeke) besiegt (1382), und Ludwig von Maele nahm von seiner Grafschaft wieder Besitz. Er hatte gerade von seiner Mutter das Artois und die Franche-Comté geerbt, so daß Philipp der Kühne diese Gebiete nach Ludwigs Tod zugleich mit Flandern erhielt (1384). Das Gebiet wurde nun mit Philipps Herzogtum Burgund verbunden und gab diesem Fürsten eine Macht, wie sie bisher kein Vasall der französischen Könige besessen hatte. Jedoch sah man in seiner glänzenden Position damals nur einen Erfolg von Frankreichs dynastischer Politik. Das von König Karl V. erstrebte Ziel schien nun erreicht; denn die Tatsache, daß Flandern an einen französischen Fürsten, einen nahen Verwandten des Königs, kam, galt als der endgültige Bruch des Bündnisses zwischen der Grafschaft und England: als Vorspiel einer künftig sicher noch engeren Vereinigung mit Frankreich.

Herzog Philipp machte sich sogleich die vorteilhafte Tatsache zunutze, daß sein eigenes Interesse mit dem des französischen Königreiches zusammenfiel. Die Könige von Frankreich hatten seit dem Beginn des dreizehnten Jahrhunderts in ihrer Politik ununterbrochen daran gearbeitet, alle Territorialfürsten der Niederlande ihrem Einfluß zu unterwerfen. Obwohl diese Fürsten (mit Ausnahme der Grafen von Flandern) formelle Vasallen des Kaiserreiches waren, waren sie tatsächlich seit dem großen Interregnum von ihm völlig unabhängig; sie standen denn auch den

Kämpfen, in welche die deutschen Lande verwickelt waren, ganz gleichgültig gegenüber. Ebenso wie die gesamte Wirtschaft der niederländischen Fürstentümer sich auf die Küsten Flanderns orientierte, war auch ihre Politik ganz auf den Westen gerichtet. Sie hatten dem Kaiserreich gleichsam den Rücken gekehrt, und ihre Neigungen teilten sich, entsprechend ihren wechselnden politischen Interessen, zwischen Paris und London. Die hohe Kultur der niederländischen Gebiete, die weite Verbreitung französischer Sitte und die Gemeinsamkeit der staatlichen Institutionen, die sich aus der Ähnlichkeit der wirtschaftlichen Verhältnisse und dem Übergewicht des Bürgertums überall herausgebildet hatten, hatten trotz der Verschiedenheit der Bewohner – Flamen im Norden und Wallonen im Süden – die Entstehung von Kämpfen des einen Volkstums gegen das andere verhindert. Solche Kämpfe blieben den Niederländern erspart, während in Nordosteuropa östlich der Elbe die Deutschen, Slawen und Balten oft mit primitivem und triebhaftem, auf den Stamm gerichteten Haß gegeneinander wüteten. In den Niederlanden waren infolge der Ähnlichkeit der Verhältnisse und Institutionen auch die dynastischen Verbindungen, durch die im Laufe des dreizehnten Jahrhunderts verschiedene, ursprünglich voneinander unabhängige Gebiete vereinigt worden waren, dauerhaft geblieben. Seit dem Jahre 1288 war die Vereinigung der Herzogtümer Brabant und Limburg, seit dem Jahre 1299 die Vereinigung der Grafschaften Hennegau, Holland und Seeland gleichsam das Vorspiel einer Verschmelzung, die sich in der Folgezeit immer mehr vollziehen sollte. Das Erlöschen kleiner örtlicher Dynastien hatte zwei um die Vorherrschaft in Deutschland kämpfenden Fürstenhäusern diese niederländischen Gebiete als Erbe eingebracht, kurz bevor Herzog Philipp der Kühne in Flandern Fuß faßte: die Dynastie Wittelsbach hatte im Jahre 1345 die Grafschaften Hennegau, Holland und Seeland geerbt, und die Heirat Johannas (der Erbin von Brabant und Limburg) mit Wenzel, einem Bruder Kaiser Karls IV., erlaubte es seit dem Jahre 1347 dem Hause Luxemburg, mit dem künftigen Besitz dieser beiden wertvollen Provinzen zu rechnen. Aber die Wittelsbacher und die Luxemburger waren mit ihren Machtkämpfen in Deutschland beschäftigt und konnten die Herrschaft ihrer Familienmitglieder in den Niederlanden nicht wirksam stützen. So war Herzog Philipp der Kühne, der über die Mittel und die Macht seines Neffen, des französischen Königs Karl VI., verfügte, bald imstande, diese Dynastien in den Niederlanden matt zu setzen. Philipp verheiratete im Jahre 1385 seinen Sohn Johann mit Margarete von Bayern und seine Tochter mit Wilhelm von Bayern, Grafen von Hennegau. Im gleichen Jahr veranlaßte Philipp zur Sicherung dieser Verbindung, die in Wirklichkeit ein Protektorat über das Wittelsbacher Gebiet in den Niederlanden war, die Heirat des französischen Königs Karl VI. mit Isabella von Bayern, der Tochter des Herzogs von Bayern-Hennegau. Als sich drei Jahre später die Herzogin von Brabant im Kriege mit dem Herzog von Geldern befand, überredete Philipp seinen Neffen, Karl VI., das französische Heer gegen diesen Bundesgenossen Englands zu führen. Das einzige Ergebnis des Feldzuges bestand aber darin, daß auch das Herzogtum Brabant an Herzog Philipp den Kühnen kam: Wenzel von Luxemburg war kurz zuvor gestorben, und die Herzogin von Brabant brach nun den Vertrag, in welchem sie das Haus Luxemburg als Erben anerkannt hatte; sie sicherte nunmehr Philipp dem Kühnen die Erbfolge zu. Philipp aber, welcher die Neigung der Brabanter zur Selbständigkeit schonen wollte, übertrug das Recht auf die Erbfolge in Brabant seinem zweiten Sohn, Anton. Auf diese Weise hatte Philipps Dynastie bei seinem Tode (1404) bereits ungeheuren Einfluß in den Niederlanden gewonnen. Aber der Reichtum dieser Länder war so groß und ihre politische Lage so vorteilhaft, daß die burgundische Dynastie dort bald heimisch wurde und ihren französischen Charakter verlor; das Machtstreben des Hauses Burgund verschmolz zwangsläufig mit den Interessen und Wünschen seiner niederländischen Untertanen. König Karl V. von Frankreich hatte seinerzeit die Grafschaft Flandern der französischen Krone wieder zuführen wollen und hatte sie deshalb seinem Bruder gesichert. Die Ironie der Geschichte aber wollte, daß die Heirat von 1369 zum Ausgangspunkt der burgundischen Macht wurde, die bald der bitterste und furchtbarste Feind von Frankreich werden sollte.

Schon an Herzog Johann ohne Furcht (1404–1419), dem Nachfolger Philipps des Kühnen, kann man die Entwicklung vom reinen Valois, wie es noch Johanns Vater gewesen war, zu einem vorwiegend burgundisch denkenden Fürsten beobachten. Ganz unverkennbar wurde Johanns Politik durch die Interessen seiner im Norden gelegenen Länder, vor allem durch die Interessen Flanderns, bestimmt. Die Bedürfnisse des flämischen Gewerbes nötigten Johann, England nicht zu verstimmen, und er suchte sofort nach seinem Regierungsantritt Annäherung. Ferner bemühte er sich mit aller Macht, das Ende des päpstlichen Schismas herbeizuführen, da die Flamen nicht Avignon, sondern Rom anerkannten. Gleichzeitig war Johann auch bestrebt, die Stellung seines Hauses

in den Niederlanden noch zu festigen; er veranlaßte die Heirat seines Neffen, Johann von Brabant, mit Jakobäa von Bayern, der künftigen Erbin von Hennegau-Holland. Herzog Johann ohne Furcht dehnte schließlich seine Einflußsphäre bis zur Maas aus: der Bischof von Lüttich, Johann von Bayern, verdankte ihm die entscheidende Hilfe gegen die aufständischen Lütticher, denen der Herzog im Jahre 408 bei Othée eine schwere Niederlage beigebracht hatte.
Der Aufstieg der burgundischen Macht im Norden bedrohte aber Frankreich zu unmittelbar, als daß es dieser Entwicklung gleichgültig hätte zusehen können. König Karl VI. war freilich durch seine Geisteskrankheit ausgeschaltet; doch sein Bruder, der Herzog von Orléans, gab der ganzen französischen Staatsführung eine feindselige Richtung gegenüber Johann ohne Furcht. Johann ließ den Herzog von Orléans am 23. November 1407 ermorden, und diese Tat brachte Frankreich den offenen Bürgerkrieg, der schon seit langem schwelte.
Die Niederlage der Genter bei Roosebeke (1382) hatte auch das Schicksal des Aufstandes von Paris entschieden. Sobald der König von Frankreich im Triumph in seine Hauptstadt zurückgekehrt war, war er als unumschränkter Herrscher aufgetreten; er unterdrückte die städtischen Freiheiten und beendete die Zeit der Reformen und Einberufungen der Generalstände. Die Zeit, die mit Etienne Marcel begonnen hatte, schien endgültig dahin; aber die Opposition war durch ihre Niederlage nur noch mehr erbittert. Sie brauchte nur einen Führer, um zu den Waffen zu greifen. Johann ohne Furcht, gegen den die Anhänger des Herzogs von Orléans sich unter Führung des Grafen Bernard von Armagnac erhoben, verbündete sich sogleich mit der städtischen Demokratie. Er spielte den Befreier des Volkes gegenüber der Ausbeutung durch Adel und Hof und nahm die Haltung eines Demagogen an. Bald erklang in Paris der Ruf: »Es lebe Burgund!«, ebenso wie man dort fünfundzwanzig Jahre zuvor gerufen hatte: »Es lebe Gent!« Auf diese Weise trat Herzog Johann ohne Furcht, der in den Niederlanden aus dynastischen Gründen ein Feind der Handwerker von Lüttich war, aus gleichfalls dynastischen Motiven an die Spitze von Pariser Handwerkern. Johann ohne Furcht unterstützte in Paris alle Forderungen dieser Volksschicht, ging Hand in Hand mit dem Abdecker Caboche vor und ließ von dessen Mordgesellen die Anhänger der Armagnac niedermachen. Als die Generalstände im Jahre 1413 zum erstenmal seit dreißig Jahren wieder einberufen wurden, befürwortete Johann sämtliche von den »Cabochiens«

geforderten Reformen, da er vor allem auf die Erhaltung seiner Popularität bedacht war. Die Interessen des französischen Königreiches wurden in der Politik Johanns ohne Furcht überhaupt nicht berücksichtigt. Als König Heinrich V. von England im Jahre 1415 wieder gegen Frankreich zu Felde zog, beschränkte sich Johann auf eine so wohlwollende Neutralität gegen den Landesfeind, daß sie fast einem Bündnis glich.

Die anarchische Zerrüttung, der Frankreich anheimgefallen war, machte das Land zu tatkräftigem Widerstand unfähig. Der König war geisteskrank, das Bürgertum stand in der Opposition, und der Herzog war ein hartnäckiger Gegner einer wirksamen Bekämpfung der Engländer. Daher ruhten die Lasten des Kampfes auf der Partei der Armagnacs, als wäre der auswärtige Krieg nur ein Bestandteil des Bürgerkrieges. Durch die Niederlage Frankreichs bei Azincourt (25. Oktober 1415) kam die Normandie in englische Hand. Man wollte nun verhandeln; aber die Ansprüche des Siegers waren so maßlos, daß Johann ohne Furcht, der Frankreich und England nur im Gleichgewicht der Kräfte erhalten wollte, sich nunmehr dem Dauphin, dem späteren König Karl VII., näherte, um den sich die Partei der Armagnacs scharte. Die Leidenschaften des Bürgerkrieges waren jedoch noch zu stark, um sich dem nationalen Interesse unterordnen zu können: Johann ohne Furcht, der einst den Herzog von Orléans hatte ermorden lassen, mußte die Tat büßen und starb am 29. September 1419 bei der Zusammenkunft mit dem Dauphin auf der Brücke von Montereau durch einen Beilhieb.

Gerade in dem Augenblick, da das Haus Burgund sich wieder Frankreich annähern wollte, wurde der Mord an Herzog Johann begangen. Dieses Verbrechen trieb die Dynastie Burgund mit aller Macht wieder in das Bündnis mit England zurück. Herzog Philipp der Gute (1419–1467), der Sohn Johanns ohne Furcht, arbeitete sechzehn Jahre lang immer wieder daran, Frankreich zu Fall zu bringen. Diese Leidenschaft war aber nicht nur vom Durst nach Rache, sondern auch von politischen Interessen bestimmt; denn wenn Philipp seine Macht dem englischen Staat zur Verfügung stellte, tat er es unter der Bedingung, daß England ihm in den Niederlanden freie Hand ließ und ihm bei ihrer Eroberung behilflich war. Er seinerseits half den Engländern bei der Eroberung Frankreichs. Die Volkstümlichkeit, die Johann ohne Furcht bei dem französischen Bürgerstande genossen hatte, erleichterte seinem Sohn diese Aufgabe. Die Generalstände erkannten ohne Hemmung Heinrich V. von England als Nachfolger Karls VI. von

Frankreich an. Der Dauphin hatte weder Tatkraft noch militärische Begabung; auch war er nicht volkstümlich. Zudem besaß er nur schwache Truppen, deren Führer kein Selbstvertrauen hatten. So war er bald gezwungen, sich hinter die Loire zurückzuziehen. Karl VI. und Heinrich V. starben ganz kurz nacheinander (1422), und diese Todesfälle ermöglichten es den Engländern und der burgundischen Partei, in Paris Heinrich VI. (ein Kind von einigen Monaten) zum König von Frankreich und England ausrufen zu lassen. Nach sechzig Kriegsjahren war das von Eduard III. verfolgte und seinen Nachfolgern vermachte Ziel erreicht! Der Herzog von Bedford wurde mit der Regentschaft und mit der Vollendung der Eroberung Frankreichs beauftragt. Die Zukunft des Dauphin, der sich nach Bourges zurückgezogen und nach dem Tode Karls VI. sogleich den Königsnamen Karl VII. angenommen hatte, sah sehr dunkel aus.

Doch diese Gefährdung war weit mehr Schein als Wirklichkeit. Die Fortschritte der Engländer in Nordfrankreich wurden durch das Bündnis mit Burgund zweifellos unterstützt. Aber Herzog Philipp der Gute konnte seine Truppen nicht allzu weit von den Niederlanden entfernt einsetzen; denn gerade dort betätigte sich seine Politik nun aktiver denn je. Günstig für Frankreich wirkte sich ferner das sehr gespannte Verhältnis zwischen dem Herzog von Bedford und seinem Bruder Gloucester aus, der die Regentschaft in England führte; denn dadurch verminderte sich schon bald der Schwung der militärischen Operationen. Schließlich mußten die Feinde Frankreichs aber auch noch mit einem anderen, höchst bedeutsamen Faktor rechnen: mit dem französischen Nationalgefühl. Allerdings hatte die Proklamation Heinrichs VI. zum König von Frankreich nicht eigentlich Empörung im französischen Volk hervorgerufen; man übersah diese Proklamation einfach oder betrachtete sie als nicht geschehen. Für die öffentliche Meinung Frankreichs gab es niemals zwei Könige, die das Land regierten, sondern nur einen einzigen. Nur einer war legitim und somit als der wahre König von Frankreich denkbar, nur einer erschien den Franzosen von Gott und der Tradition zu ihrem Herrscher bestimmt: Karl VII., der Erbe des verstorbenen Königs. Weder das Elend des Krieges noch die Steuerlasten, weder die Unzufriedenheit mit der Regierung noch der Irrsinn des letzten Königs oder die (durch die offenkundige Sittenlosigkeit seiner Gemahlin hervorgerufenen) Skandale hatten die Treue zur Dynastie im Herzen des französischen Volkes zu schwächen vermocht. Diese Treue blieb ebenso allgemein und tief verwurzelt wie die Religiosität Frankreichs; sie sicherte dem König bis in die abgelegensten Landstriche und bis zu den Nachkömmlingen der im Jahre 1358 massenhaft hingemordeten aufständischen »Jacques« herab eine Ehrerbietung, die der Heiligenverehrung ähnelte. Aus der Anhänglichkeit des französischen Volkes, das seinem Königshause treu blieb, erklärt sich das Wesen der Jungfrau von Orléans freilich noch nicht, da sich ja das Überirdische nicht erklären läßt, aber die allgemeine Liebe zur Dynastie ist der Boden, in welchem Jeanne d'Arc wurzelt, ebenso wie der Glaube die unentbehrliche Voraussetzung des Martyriums ist. Ohen die tiefe Verehrung der französischen Bevölkerung für die Dynastie hätte das heldenhafte und seherische Bauernmädchen aus Domremy niemals die Stimmen vernommen, die sein Schicksal bestimmten. Diese Stimmen hätten zu Jeanne d'Arc auch nicht gesprochen, wenn sie aus dem Adel oder dem Bürgertum hervorgegangen wäre; denn in jenen Ständen verband sich die monarchische Idee zu stark mit Erwägungen der Politik oder des Interesses. Die hohe, einfache, reine und kindliche Vorstellung, die Jeanne d'Arc vom Königtum hatte, war nur bei einem Volkskinde möglich. Die Jungfrau von Orléans war zweifellos nur der edelste Ausdruck der Vaterlandsliebe, die in den französischen Bauern lebte: eines Nationalgefühls, das sich mit dem religiösen Glauben vermischte und das durch das Andenken an Ludwig den Heiligen, den guten König von Frankreich, unauflöslich mit dem Königtum verbunden war.

Dieses Nationalgefühl der französischen Bauern stand im Gegensatz zu dem feudalen Royalismus der Armagnacs. Aber gerade die aus dem Volke hervorgehende Königstreue der Jungfrau mußte auf die besten Soldaten Karls VII., einen La Hire oder Dunois, tiefen Eindruck machen. Die Entsetzung von Orléans (1429) brachte dem entmutigten und enttäuschten Volke eine ganz unerwartete Hilfe, richtete es auf und gab ihm neue Tatkraft. Die Jungfrau von Orléans zerstreute durch ihr Auftreten die alten dumpfen Streitigkeiten der Parteien. Man wagte wieder, Hoffnung zu schöpfen, und erinnerte sich alter Prophezeiungen, wonach das französische Königreich durch eine Jungfrau gerettet werden würde. Die reine Erscheinung Jeanne d'Arcs genügte, Frankreich gegenüber den Engländern und den Burgundern sich selbst wiederzugeben. Das kurze Wirken der »guten Lothringerin«[21] reichte aus, die latenten Kräfte des französischen Volkes wieder zu erwecken. Ihre Gefangenschaft in Compiègne und die ein Jahr später verhängte Todesstrafe zu Rouen (1431) hielten die Entfaltung der Kräfte, die sie geweckt hatte, nicht auf. Obwohl der König wenig Tatkraft zeigte und die Umstände schlecht benutzte, hatte er nunmehr gewonnenes Spiel. Dazu kam, daß der Herzog von Bedford, der in seiner Aktionsfreiheit durch den Herzog von Gloucester behindert wurde, den Krieg ziemlich schwunglos führte. Als Herzog Philipp der Gute dann noch mit Karl VII. zu Arras Frieden schloß (1435) und damit England gegenüber den Franzosen allein ließ, war die Befreiung Frankreichs von den Engländern binnen kurzer Frist zu erwarten. Paris öffnete den königlichen Truppen im Jahre 1436 die Tore, und der »König von Bourges« nahm endlich von seiner Hauptstadt Besitz. Als der Krieg nach einem Waffenstillstand dann im Jahre 1449 wieder ausbrach, erzielte Frankreich einen Erfolg nach dem anderen: Rouen wurde zurückerobert (1449), und der Sieg von Formigny (1450) brachte die gesamte Normandie wieder in die Hände der Franzosen. Bordeaux und Bayonne kamen im Jahre 1451 in französische Gewalt, und schließlich räumte der Feind nach der Schlacht bei Castillon im Jahre 1452 die letzten Stützpunkte, die er noch im Süden Frankreichs gehalten hatte. Von allen ihren Eroberungen blieb den Engländern nur noch Calais und – für ihren Herrscher – der inhaltlose Titel eines Königs von Frankreich: ein Titel, der noch bis zum Jahre 1808 auf englischen Münzen prangte.

Das einzige dauerhafte Ergebnis des Hundertjährigen Krieges war die Entstehung eines mächtigen burgundischen Staates an der Nordgrenze Frankreichs. Herzog Philipp der Gute hatte bei seinem Zusammengehen mit England in Wirklichkeit nur dieses Ziel verfolgt. Er benutzte die Schwäche König Karls VII. eifrig dazu, die Früchte der von seinem Großvater und Vater eingeleiteten Politik zu ernten und die verschiedenen Gebiete der Niederlande unter seiner Oberhoheit zu vereinen. Er kaufte die Grafschaft Namur (1421), ließ sich von Jakobäa von Bayern als Erben von Hennegau, Holland und Seeland anerkennen (1428) und folgte seinem Vetter Philipp von St.-Pol als Herrscher in den Herzogtümern Brabant und Limburg (1430). Auch schloß Philipp der Gute im Jahre 1435 den Frieden von Arras nur unter der Bedingung, daß ihm der König von Frankreich das Artois und die Städte an der Somme übertrug. Die folgenden Jahre brachten ihm auch noch den Besitz des Herzogtums Luxemburg, das er durch Kauf erwarb, sowie die Schutzherrschaft über die geistlichen Fürstentümer Lüttich und Utrecht.

Man darf aber in der Gestaltung des burgundischen Staates nicht einfach eine Zusammenfassung von Territorien erblicken, wie dies auf deutschem Gebiet bei dem etwa zur gleichen Zeit zusammengetragenen Besitz der Dynastien Luxemburg und Habsburg der Fall war; denn die wahllos gehäuften Länder dieser beiden Herrscherfamilien wurden nur durch das brüchige Band der Vereinigung unter der Dynastie zusammengehalten, und dieser Besitz zerstreute sich so schnell, wie er zusammengekommen war. Zwar war auch die Bevölkerung des burgundischen Staates nicht homogen, aber die allgemeine Kultur und die Interessen dieser Bevölkerung hatten doch eine einheitliche Richtung. Wenn die Bewohner der unter dem Zepter Burgunds zusammengefaßten Gebiete nicht selbst die Vereinigung ihrer Länder gewollt hätten, hätten sie der Einverleibung in den burgundischen Staat leicht opponieren können; denn die Rechte, auf die sich Philipp der Gute für seine Erbfolge im Hennegau, Holland und Seeland berief, waren höchst zweifelhaft. Kaiser Sigismund protestierte scharf dagegen, daß Philipp der Gute Lehenslande, die zum Kaiserreiche gehörten, der burgundischen Staatsgewalt eingliederte, und rief die Stände jener Länder zum Widerstand auf. Aber die Stände folgten der Aufforderung des Kaisers nicht; das dynastische Ziel Philipps des Guten stand so sehr mit ihren eigenen Wünschen in Einklang, daß die Völker der niederländischen Territorialfürstentümer bei der Vereinigung ihrer Gebiete die Pläne des Hauses Burgund von sich aus unterstützten.

Der burgundische Staat besaß eine glänzende geographische Lage. Seine Küsten waren weit ausgedehnt, seine Gebiete reich an Städten mit einer gewerbefleißigen und wohlhabenden Bevölkerung. So hatte der Staat der Herzöge von Burgund, wenn man einmal von Italien absieht, in Europa nicht seinesgleichen. Aber dieser Staat bedeutete für Frankreich das Ende der Pläne, welche es von einer Herrschergeneration zur anderen verfolgt hatte: Pläne, die – schon im Beginn des dreizehnten Jahrhunderts entstanden – darauf gerichtet waren, die blühenden Gebiete an Frankreichs Nordgrenze dem Einfluß des Königreiches zu unterwerfen. Frankreich hat denn auch nach Überwindung der furchtbaren Krise, die Philipp der Gute so tatkräftig ausgenutzt hatte, immer wieder versucht, an Schelde und Maas das an Burgund verlorene Übergewicht wiederzugewinnen. Frankreichs Gegner wiederum durchkreuzten diese Herrschaftsansprüche in den Niederlanden mit der gleichen Hartnäckigkeit. So erhob sich mit dem Werden des burgundischen Staates die »niederländische Frage«, die erst im neunzehnten Jahrhundert endgültig gelöst werden sollte. Sie hat viele europäische Krisen hervorgerufen und war gleichsam ein Manometer, an welchem man die Spannungen in den Beziehungen zwischen den Großmächten ablesen konnte.

Drittes Kapitel

DAS KAISERREICH – DIE SLAWISCHEN STAATEN – UNGARN

1. Das Kaiserreich

Deutschland hat in der Zeit des großen Interregnums die politische Form angenommen, die es bis in späte Zeiten behielt. Man kann seine Verfassung nur schwer umschreiben, denn seine Organe waren kaum zu koordinieren: eine Monarchie ohne Souveränität, eine Vielheit von geistlichen und weltlichen Territorialfürsten, städtischen Republiken (Freien Städten) und reichsunmittelbaren Adeligen, die von jeder fürstlichen Gewalt unabhängig waren; ferner ein bizarr zusammengesetzter »Reichstag« mit unklaren Befugnissen. Das Reich war ein anarchisches Gebilde in monarchischer Form; so kann man vielleicht dieses außergewöhnliche politische Phänomen, das weder eine Gesetzgebung noch Finanzen oder Beamte kannte, am besten charakterisieren. Es trifft tatsächlich genau zu, wenn man das Reich als eine Summe von Teilen bezeichnet, die kein Ganzes bildeten. Das Reich erscheint dem Betrachter gestaltlos, irrational und geradezu monströs, wenn er es mit Frankreich oder England vergleicht. Die Achse dieses seltsamen Apparates war ja allzu früh einer übermächtigen Belastung ausgesetzt worden, der sie nicht gewachsen war und unter der sie brach. Es zeigte sich schon seit dem Ende des Investiturstreites, daß das Königtum in Deutschland nicht imstande war, einen Staat zu bilden, während die Monarchie im übrigen Europa diese Aufgabe erfüllte. Die imperialen Bestrebungen der deutschen Herrscher haben das Imperium in Abenteuer gestürzt, aus denen es halb gebrochen hervorging. Als dieses Königtum unter den Staufern den Rest seiner Kraft zusammennahm, um alles wieder wettzumachen, endete es zuletzt in einer entscheidenden Katastrophe. Seit der Wahl Rudolfs von Habsburg (1273) fehlte es dem deutschen Königtum so sehr an Prestige und Achtung, daß man sich fragen muß, weshalb sich die Kurfürsten denn noch die Umstände machten, einen König zu wählen. Vielleicht ist aber die weltkaiserliche Idee, die ja die tiefste Ursache des Abstieges der deutschen Königsmacht war, auch die Ursache dafür, daß man den deutschen König weiter beibehielt. Die Notwendigkeit, daß ein Kaiser da sei, entsprach zwar keineswegs mehr den wirklichen Verhältnissen, aber das Kaisertum als Institution entsprach den Forderungen der Tradition. Da der deutsche König nun einmal zum Träger der Kaiserkrone bestimmt war, hätte man mit der Abschaffung des deutschen Königstitels auch das Kaisertum abgeschafft. So ließ man das deutsche Königtum bestehen, und ein höchst paradoxes Schicksal hat es gewollt, daß der deutsche Herrscher seine auf Schein beruhende Königsmacht behielt, um eine noch unwirklichere Kaisergewalt zu behalten.

Das, was vom Kaisertum seit dem Tode des Staufenkaisers Friedrich II. übriggeblieben war, war nämlich nur noch eine Summe inhaltloser Formen. Die Stellung, die das Papsttum seit Innocenz III. einnahm, und die Bildung nationaler Staaten in Frankreich und England hatten dem Kaiserreich jede Möglichkeit genommen, einen weltlichen Vorrang tatsächlich durchzusetzen. Von einem solchen Vorrang des Kaisertums war manchmal noch an den Hochschulen die Rede, wo die Professoren des römischen Rechtes im Kaiser immer noch den Herrn der Welt sahen. Auch appellierte man zuweilen gegenüber einem politischen Gegner an den Kaiser – Papst Bonifaz VIII. tat dies bei seinem Kampf gegen König Philipp den Schönen von Frankreich –, und in vereinzelten Idealisten wie Dante lebte noch der Gedanke an ein machtvolles Kaisertum wie ein schöner, von der harten Wirklichkeit zerstörter Traum. Tatsächlich aber war der Kaisergedanke tot und nur mehr ein Überbleibsel der Vergangenheit. Das Reich würde vielleicht majestätisch gewirkt haben, hätte die schwache Kaisermacht den stolzen Erinnerungen, die es wachrief, nicht allzu eindrücklich widersprochen. Man erkannte dem Kaiser noch immer einen zeremoniellen Vorrang vor den anderen Souveränen zu. Auch ließ man ihm das Recht, den Adel zu verleihen, sowie das Recht, in den Territorialfürstentümern Notare zu ernennen und uneheliche Kinder zu legitimieren; aber von seiner einstigen Universalgewalt hatte er nicht mehr viel behalten. Ein wenig Prestige verliehen dem Kaiser im übrigen nur noch seine Beziehungen zum Papsttum, mit welchem er zwangsläufig verbunden blieb. Diese Beziehungen riefen im vierzehnten Jahrhundert, zur Zeit Ludwigs des Bayern, einmal einen (freilich unbedeutenden) Epilog zu den großen Konflikten der Vergangenheit hervor und machten aus dem deutschen König Sigismund im fünfzehnten Jahrhundert eine Art Impresario des Konzils von Konstanz. Diese Bezeichnung von Sigismunds Rolle klingt despektierlich, aber sein anspruchsvolles Gehaben rechtfertigt den Ausdruck bis zu einem gewissen Grade.

Rudolf von Habsburg (1273–1291) hatte während seiner langen Regierung keine Zeit, sich in Rom zum Kaiser krönen zu lassen. Man brauchte kein großer Politiker zu sein, um die Unmöglichkeit einer Wiederherstellung der monarchischen Macht im Reiche einzusehen. Die erste Bedingung dafür wäre die Erblichkeit der Kaiserwürde gewesen, und daran konnte man nicht denken: weder der Papst noch die Kurfürsten und die anderen Territorialherren hätten dies geduldet. Noch sinnloser wäre der Versuch gewesen, die Städte mit der Sache des Monarchen zu verbinden; denn die Städte hätten dieses Bündnis nur geschlossen, wenn sie einen Schutzherrn nötig gehabt hätten, und dieses Bedürfnis bestand für sie nicht. Die Fürsten waren ja nicht stark genug, um die Städte zu bedrohen, und die regionalen Städtebündnisse genügten im Falle einer Gefahr, um die Unabhängigkeit ihrer Partner zu sichern. Der König konnte die deutsche Nation aber auch nicht gegen das Ausland zusammenschließen und etwa die Eingriffe Frankreichs an der Westgrenze des Reiches dazu ausnutzen, sich an die Spitze Deutschlands zu stellen und so dem Lande seinen Willen als Verteidiger des Reiches aufzuzwingen; dazu hätte es in Deutschland ja ein allen Territorien gemeinsames Nationalgefühl geben müssen, und gerade dieses fehlte völlig. Jeder dachte nur an sich, und die einzige Grenze, die jeden beschäftigte, war die des eigenen Gebietes. Rudolf von Habsburg dachte bei diesem allgemeinen Egoismus denn auch nicht daran, sich einem Königtum zu widmen, das keine Anhänger hatte. Er war nicht wohlhabend und hatte eine große Familie. So begnügte er sich, die Stellung, die ihm zugefallen war, für seine eigenen Angelegenheiten oder vielmehr für die Macht seines Hauses auszunutzen. Idealismus war ihm gänzlich fremd, und er hielt es für eine Torheit, sich selbst zurückzustellen und die Macht so arm wieder zu verlassen, wie er sie angetreten hatte. Die Umstände waren seinem Streben günstig. Der Sieg, den Rudolf bald nach dem Beginn seiner Regierung mit Hilfe des ungarischen Königs über den König von Böhmen, Ottokar II., davontrug (1278), machte die Herzogtümer Österreich und Steiermark frei. Er gab sie sogleich seinem Sohn Albrecht zu Lehen. So verschaffte ein glücklicher Zufall dem damals noch unbedeutenden Hause Habsburg mit einem Schlage zwei wertvolle Herzogtümer im Donaugebiet. Dies war freilich das einzige Ergebnis von Rudolfs Politik. Er hatte regiert, ohne wirklich zu herrschen, aber er hinterließ wenigstens seiner Familie ein gutes Erbe und ein bleibendes Vorbild für die Kunst, glückliche Zufälle auszunutzen. Die Habsburger sollten sich später nur zu sehr an diese Kunst halten.

Die Kurfürsten hatten Rudolf nur deshalb gewählt, weil er machtlos und unbegütert war. Da er sie aber durch sein Machtstreben enttäuscht hatte, ersetzten sie ihn durch einen noch schwächeren und ärmeren Fürsten und gaben die Krone an den Grafen Adolf von Nassau (1292–1298). Adolf von Nassau wurde natürlich durch den Erfolg seines Vorgängers angeregt, den gleichen Weg zu beschreiten; aber er hatte keine so gute Gelegenheit wie Rudolf, sein Glück zu machen. Mangels einer besseren Möglichkeit, zu Vermögen zu kommen, entschloß sich der neue König dazu, seine Bundesgenossenschaft dem englischen König Eduard I. zu verkaufen, der gegen Philipp den Schönen von Frankreich kämpfte (1294). Die Übergriffe Frankreichs an der deutschen Grenze dienten als Vorwand, diesen Handel Adolfs von Nassau durch ehrenvolle Motive zu verschleiern; aber Frankreichs Übergriffe an der Reichsgrenze waren dem deutschen Herrscher ebenso gleichgültig wie der Kampf des englischen Königs, dem er sich verkauft hatte. Adolfs einziges Ziel war die Angliederung Thüringens an seinen eigenen Territorialbesitz; und die englischen Pfunde, die er von Eduard empfangen hatte, dienten nur zur Finanzierung eines Krieges, von dem er sich eine Vergrößerung seiner Hausmacht versprach. Die Kurfürsten waren nun nicht mehr geneigt, wieder einen Emporkömmling zu begünstigen: sie setzten Adolf von Nassau ab und wählten an seiner Stelle Albrecht (1298–1308), den Sohn Rudolfs von Habsburg, zum König. Albrecht folgte der Tradition, die von seinem Vater ausgegangen war, und strebte nach der Angliederung Böhmens an Österreich; aber bevor er seinen Plan verwirklichen konnte, wurde er von seinem Neffen ermordet (1308). Das starke politische Gedächtnis der Erben Albrechts ließ sie diesen Plan jedoch nie vergessen.
Zum drittenmal kam nun ein kleiner Fürst auf den deutschen Königsthron, da man glaubte, von einem solchen Herrscher sei nichts zu fürchten. Graf Heinrich von Luxemburg (1308–1313), der dank dem Einfluß seines Bruders, des geistlichen Kurfürsten von Trier, gewählt wurde, war einer der Territorialherren in den Niederlanden: Fürsten, die zwar innerhalb der Grenzen des Kaiserreichs herrschten, aber nur theoretisch von ihm abhingen.
Heinrich VII. war (ebenso wie die Territorialfürsten in den unweit von Luxemburg gelegenen Gebieten: in Lüttich, im Hennegau, in Brabant und Flandern) ganz von französischer Kultur und Sitte geprägt. Da er außerdem in Wallonien[22] geboren war, erschien er jenseits des Rheins als reiner Ausländer. Trotzdem hat gerade dieser »Welsche« die kaiserliche Tradition erneuert, die von seinen

Vorgängern um der eigenen Geschäfte willen im Stich gelassen war, und das Wallonentum Heinrichs war sogar eine Voraussetzung für seine Initiative; denn als Niederländer blieb er gegenüber den spezifisch deutschen Angelegenheiten gleichgültig und lenkte sein Interesse auf das universale Reich. Heinrich träumte davon, sich in Rom die Krone, die seit Friedrich II. kein Herrscher mehr getragen hatte, aufsetzen zu lassen, das Kaiserreich mit dem Papsttum zu versöhnen und dem Imperium durch diesen Friedensschluß eine neue und segensreiche Würde zu geben.

Die Nachricht, daß er nach Italien kommen werde, rief dort leidenschaftliche Hoffnungen hervor. Die Vernichtung der Staufer hatte den unruhigen Stadtgemeinden der Lombardei und Toskanas keine Ruhe gebracht. Cliquen spalteten noch immer diese Gemeinden. Noch immer legten sie sich die alten Namen Guelfen und Ghibellinen zu und kämpften deshalb so hemmungslos gegeneinander, weil der Zusammenstoß der wirtschaftlichen Interessen, vor allem bei den Streitigkeiten zwischen Handwerkern und städtischem Patriziat, und der Haß zwischen den einander bekämpfenden Adelsfaktionen die Grundlage der Gegensätze bildeten. Pisa war im Jahre 1284 der Macht des aristokratisch regierten Genua erlegen, und Florenz nutzte die Machtverschiebungen und die entstandene Unsicherheit dazu aus, seiner stärker vom Volk beeinflußten Regierung möglichst viele Gebiete in der Toskana zu unterwerfen. In der Lombardei war die Mehrzahl der Städte durch die gegenseitigen Kämpfe erschöpft. Sie nahmen daher die »Signoria« erfolgreicher Soldaten oder absolutistischer Podestà hin und fanden sich mit ihrer Tyrannei ab, um zu einer Ruhepause zu gelangen. So herrschte das Geschlecht della Torre in Mailand. Die della Scala hatten die Macht in Verona, die Este in Ferrara. In Rom, das ja von den Päpsten verlassen war, kämpften die Colonna mit den Orsini erbittert um die Macht. Nur Venedig konnte sich unter seiner mächtigen Aristokratie die innerpolitische Ruhe erhalten. Dadurch war die Republik imstande, sich mit großer Energie dem Seekrieg gegen Genua zu widmen.

Heinrich VII. erschien inmitten dieser leidenschaftlichen Kämpfe und Bestrebungen als der Wiederhersteller der Ordnung und des Friedens. Sicherlich wollte er die Parteien versöhnen und sie durch Gerechtigkeit seinem Kaisertum verbinden. Aber wie sollte er die Gerechtigkeit ohne Macht durchsetzen? Der Monarch führte nur dreitausend bis viertausend Reiter mit sich, und die Hoffnung, die man auf seine Ankunft gesetzt hatte, machte sogleich dem Gefühl der Enttäuschung Platz. Trotz seiner guten Absichten sah sich

Heinrich genötigt, in Kämpfen zwischen Gegnern, die er zu versöhnen gehofft hatte, Partei zu ergreifen. Nur dadurch konnte er noch hoffen, sich Hilfsmächte zu schaffen. König Robert von Neapel, der Enkel Karls I. von Anjou, fürchtete, seine Macht in Italien an Heinrich zu verlieren, und nahm daher eine bedrohliche Haltung gegen ihn an. Als Heinrich in Rom ankam, wo die Truppen seiner Feinde den größten Teil der Stadt besetzt hatten, konnte er nicht zur Peterskirche gelangen. Er mußte sich daher begnügen, die Krone beinahe heimlich aus der Hand von Kardinälen, die der Papst damit beauftragt hatte, im Lateran in Empfang zu nehmen. Es wäre für Heinrich VII. wohl besser gewesen, die Krone in Rom gar nicht zu empfangen als auf diese Weise (Juni 1312). Sein Plan, das Ansehen des Kaisertums wiederherzustellen, erwies sich als unausführbar. Ohne Finanzen und beinahe ohne Heer, mußte er seine Politik von derjenigen des Königreichs Neapel abhängig machen und schließlich sogar den König von Sizilien um Unterstützung gegen die Neapolitaner bitten. In Toskana verschloß Florenz dem Kaiser die Tore, und er mußte sich zur Bekämpfung dieser Stadt auf die Pisaner stützen. Der Verlust der hochfliegenden und so kurzen Illusionen, die Heinrich sich gemacht hatte, war zu schwer für ihn. Er starb, von Gram über sein Unglück erschöpft, im August 1313 zu Buonconvento und wurde in Pisa begraben. Der Sarkophag des Kaisers steht in dieser Stadt in der Halle des Camposanto – dort wo die furchtbaren Fresken eines Malers aus dem Trecento die Eitelkeit des menschlichen Trachtens und Begehrens geißeln.[23]

Trotz seines Scheiterns hatte Heinrich VII. die Verbindung zwischen Italien und Deutschland wiederhergestellt, und Ludwig der Bayer (1314–1347) versuchte nun, den gleichen Weg wie Heinrich VII. zu beschreiten. Kaum hatte Ludwig den Habsburger Friedrich den Schönen besiegt und gefangengenommen – einige Kurfürsten hatten diesen als Gegenkönig aufgestellt –, als er auch schon den Plan faßte, die Alpen zu überschreiten. Aber der Papst leistete diesem Unternehmen erbitterten Widerstand. Der Heilige Stuhl hatte zwar vor Frankreich und England zurückweichen müssen, aber es war für ihn unmöglich, vor dem deutschen Herrscher zu kapitulieren. Sobald dieser die Kaiserfrage für aktuell erklärte, erinnerte er das Papsttum ja an die verhaßten Staufer. Der Papst mußte fürchten, daß sich alle Feinde des Heiligen Stuhls und der mit ihm verbündeten Könige von Neapel um den deutschen Monarchen scharen würden. Die Haltung der Kurie stand also von vornherein fest, zumal da die politische Macht der deutschen

Könige im Verhältnis zu ihren großen Zielen gering war und man bei einer tatkräftigen Aktion auf einen sicheren Sieg rechnen konnte. Es war somit vorauszusehen, daß die Kurie kämpfen werde.

Schon der Bruch Heinrichs VII. mit Robert von Neapel hatte den Kaiser in Differenzen mit Papst Clemens V. gebracht, und nur Heinrichs früher Tod hatte den Ausbruch einer offenen Feindschaft zwischen ihm und der Kurie verhindert. Papst Johann XXII. war entschlossen, die Suprematie, die seine großen Vorgänger im zwölften Jahrhundert über das Kaisertum gewonnen hatten, in keinem Punkte preiszugeben. Unmittelbar nach seiner Wahl erklärte Johann XXII. feierlich, der Papst habe nicht nur die geistliche, sondern auch die weltliche Herrscherautorität vom Apostel Petrus empfangen, und über die letztere müsse er in Abwesenheit des Kaisers ebenfalls wachen. Der Papst zog aus dieser Theorie sogleich die praktische Folgerung, Robert von Neapel zum Reichsvikar (Statthalter des Kaiserreiches) für Italien einzusetzen.

Ludwig der Bayer hielt sich, von den Gegnern des Königreichs Neapel darin bestärkt, für mächtig genug, den Kampf aufzunehmen. Johann XXII. tat ihn in den Bann und setzte ihn ab (1324). Dies machte Ludwig den Minoritenbrüdern sympathisch, deren radikale Lehre von der evangelischen Armut der Papst gerade als Ketzerei verurteilt hatte. Sie erklärten sich für Ludwig, und Marsilius von Padua benutzte den Streit des deutschen Kaisers dazu, die Schrift *Defensor pacis* gegen den Papst zu schleudern. Der verblendete Monarch wurde in diese gegen das Papsttum gerichtete Opposition theologischer und zugleich politischer Art förmlich hineingerissen: eine Opposition, für die er weniger die beherrschende Gestalt als ein Deckmantel war. Ludwig sah nicht, daß die Opposition gegen den Papst sich seiner, unter der Parole der Ergebenheit, nur zu eigenen Zwecken bedienen wollte. Damit wurde der König in ein völlig aussichtsloses Abenteuer getrieben. Er ließ sich im Jahre 1324 auf dem Kapitol von zwei exkommunizierten Bischöfen und vier als Volksvertretern fungierenden Abgeordneten der Stadt Rom zum Kaiser krönen. Dieser Akt war aber nur eine schlechte Parodie auf eine wahre Krönung: Reminiszenzen an die anarchischen Zustände im zehnten Jahrhundert mischten sich hier mit solchen an das mystisch-religiöse Republikanertum eines Arnold von Brescia. Nachdem Ludwig auf diese Weise die Kaiserkrone erhalten hatte, konnte er dem römischen Volk, das wieder einmal einen Anfall von maßlosem Dünkel hatte und sich für den

Beherrscher der Welt hielt, nichts mehr verweigern. So mußte Ludwig allzu vielen, die von Groll, Utopien und Illusionen verblendet waren und den Papst Johann XXII. wütend haßten, willfahren; der Monarch stand allein und hing von ihnen allen ab. Der Kaiser ließ den Papst durch eine Volksversammlung in Rom der Ketzerei und der Majestätsbeleidigung anklagen, seine Absetzung aussprechen und an seiner Stelle von einer geistlichen Kommission einen Bettelmönch ernennen, der sich als Papst Nikolaus V. nannte. Erst jetzt erkannte der unglückselige Kaiser, daß er nur Statist in einer revolutionären Komödie gewesen war. Über seine eigene Handlungsweise erschrocken, entschloß er sich zum Rückzug. Weniger als zwei Jahre später flehten die Römer den Papst an, ihnen Absolution zu verleihen, und Nikolaus V. pilgerte mit einem Strick um den Hals zu Fuß nach Avignon, um die Verzeihung des wirklichen Papstes zu erflehen.

Der Tod Johanns XXII. (1334), welcher noch einige Tage zuvor in einer feierlichen Bulle die Trennung zwischen Italien und dem Kaiserreich ausgesprochen hatte, änderte an der Stellung der Kurie gegen Ludwig den Bayern nichts. Benedikt XII. und Clemens VI. verharrten in strengerer Unnachgiebigkeit, als es die ungefährlich gebliebenen Anschläge auf den Heiligen Stuhl verdient hätten. Ludwig war nun gänzlich verwirrt und erschöpfte sich in Versöhnungsversuchen, aber alle wurden hochmütig abgewiesen. Er scheint freilich einen Augenblick geglaubt zu haben, Avignon zum Frieden zwingen zu können, indem er sich mit König Eduard III. von England gegen Frankreich verbündete. Aber diese Ansicht war nur eine neue Illusion, die bald verflog, denn Ludwig war ganz unfähig zu einem solchen Kriege. Er verweigerte Eduard nicht nur die Unterstützung, sondern brachte es sogar fertig, sich sofort mit Eduards Feind, König Philipp VI. von Frankreich, zu verbünden. Wenn Deutschland damals ein wirklicher Staat gewesen wäre, hätte es die Gelegenheit benutzt, so zu handeln, wie Frankreich und England einst gegenüber Bonifaz VIII. gehandelt hatten; Deutschland hätte dann den Demütigungen, mit denen das Papsttum seinen König überhäufte, ein Ende gesetzt. Die Kurfürsten begnügten sich aber damit, im Jahre 1338 zu Oberlahnstein und Rhense mit Unterstützung des Reichstages jeden Rechtsanspruch Roms auf eine päpstliche Genehmigung der von ihnen gewählten Könige zurückzuweisen. Sie sahen in Ludwigs Streit nichts anderes als eine Gelegenheit zur Befestigung ihres ohne Rechtsgrund in Anspruch genommenen Privilegs, allein über die Krone zu verfügen. Ludwig wurde denn auch im Stich gelassen,

sein Bruch mit dem Hause Luxemburg brachte ihn zu Fall.[24] Die Kurfürsten hielten sich nicht an den Geist ihrer kurz zuvor verkündeten Erklärung und gehorchten der Mahnung des Papstes, einen neuen König zu wählen. Sie verkauften ihre Stimmen an Karl, den Markgrafen von Mähren. Er war ein Sohn Johanns des Blinden, der König von Böhmen gewesen war, und also ein Enkel Heinrichs VII. Er nannte sich nach seiner Wahl Karl IV. (1346).
Durch einen glücklichen Zufall hatte Heinrich VII. im Anfang seiner Regierung eine Heirat seines Sohnes Johann (des Blinden) mit der Erbin des Königreiches Böhmen zustande bringen können. So wurde das Haus Luxemburg von der romanischen an die slawische Grenze des Kaiserreiches verpflanzt. Hier sollte es länger als ein Jahrhundert bleiben. Da Johann aber kurz nach der Wahl seines Sohnes Karl zum deutschen König in der Schlacht von Crécy gefallen war, trug dieser nunmehr die Kronen Deutschlands und Böhmens. Dazu fügte er im Jahre 1355 noch die Kaiserkrone, für die er sich, ohne besonderes Gefolge nach Italien mitzubringen, nach Rom begab. Karl traf dabei alle Vorsichtsmaßnahmen, die sein Verhältnis zum Papst vor Störungen bewahren konnten. Daß der Kaiser vor allem die Position seiner Dynastie, des Hauses Luxemburg, verbessern wollte, ist begreiflich. So fügte er Schlesien und die Lausitz dem ererbten Besitz von Böhmen und Mähren hinzu und gliederte diesen Gebieten schließlich noch die Mark Brandenburg an (1373). So wurde im Osten Deutschlands eine feste Macht gebildet; aber es war keine deutsche Macht, denn ihr kultureller und politischer Mittelpunkt war Böhmen, und Karl gab ihr bald eine Verwaltung, welche der französischen nachgebildet war.
Die Goldene Bulle, in der Karl die Befugnisse und die Zusammensetzung des Kurfürstenkollegiums (in einer im wesentlichen bis zum achtzehnten Jahrhundert geltenden Form) geregelt[25] hatte (1356), machte ihn den Kurfürsten sympathisch, in deren Händen die Königswahl ausschließlich lag. Karl brachte es, ohne dafür einen allzu hohen Preis zu zahlen, zustande, noch zu seinen Lebzeiten – im Jahre 1376 – seinen Sohn Wenzel von den Kurfürsten zum König der Römer wählen zu lassen. Damit folgte zum erstenmal seit den Tagen Friedrichs II. ein Sohn seinem Vater auf den deutschen Thron. Die Regierung Wenzels war aber für Deutschland in Wahrheit ein Interregnum, denn dieser König beschäftigte sich tatsächlich nur mit Böhmen, und der Rest des Reiches war ihm gänzlich gleichgültig. Wenzel dachte nicht daran, sich zum Kaiser krönen zu lassen, und mischte sich auch nicht in

die unaufhörlichen Streitigkeiten zwischen den Städten und den deutschen Fürsten. Die vier rheinischen Kurfürsten (die Erzbischöfe von Mainz, Trier und Köln sowie der Pfalzgraf bei Rhein) maßten sich im Jahre 1400 das Recht an, Wenzel abzusetzen. Man kann in dieser Absetzung vielleicht eine Art Protest gegen den König erblicken, der den Deutschen allzu deutlich zeigte, daß er Ausländer war. Als diese Kurfürsten aber ihrem böhmischen Souverän mit der Übertragung der Krone an Pfalzgraf Ruprecht einen wirklich nationalen Souverän entgegenstellen wollten, scheiterte dieser Versuch kläglich: der neue König wurde fast nur von denen anerkannt, welche ihn gewählt hatten. Er glaubte nun, ein Meisterstück zu tun, indem er einen Italienzug wagte. Der Kaisertitel hätte Ruprecht wohl etwas Prestige verschafft; er hoffte zudem, Mailand zu nehmen, unterhielt doch der Herzog von Mailand, Giangaleazzo Visconti, die besten Beziehungen zu dem von Ruprecht beiseite geschobenen Hause Luxemburg. Die Naivität dieses Planes zeigt, daß Ruprecht und seine Wähler keine ernstzunehmende Politik betrieben. Der deutsche König hatte kein Geld und hoffte, daß die Stadt Florenz als Feindin Mailands ihm wohlwollend Truppen zur Verfügung stellen werde; aber die Florentiner hatten die gleiche Verachtung für ihn wie die Mailänder. Als Ruprecht mit einer kleinen Reitermacht in Brescia angelangt war, konnte er schon nicht weiter und mußte, mit Schande bedeckt, umkehren. Er hielt sich nunmehr in der Pfalz auf, wo er zurückgezogen lebte und im Jahre 1410 das Zeitliche segnete. Erst sein Tod erinnerte die Menschen daran, daß dieser Mann einmal die Königskrone getragen hatte. Die Kurfürsten gaben, durch die trübe Erfahrung mit Ruprecht belehrt, die Krone wieder einem Luxemburger. Wenzel hatte zwei Brüder: Jobst, den Markgrafen von Mähren, und Sigismund, der nach dem Tode seines Schwiegervaters, Ludwigs I. (des Großen), König von Ungarn geworden war. Die Kurfürsten ernannten beide, da sie es nicht einmal zustande brachten, ihre Stimmen ein und demselben Kandidaten zu verkaufen. Deutschland hatte also drei Könige, da auch Wenzel seinen Titel hartnäckig weiterführte; aber die Zahl ging glücklicherweise nach dem Tode Jobsts (1416) auf zwei zurück. Nachdem auch Wenzel gestorben war (1419), blieb nur noch sein Bruder Sigismund als deutscher König übrig.

Die Geschäftigkeit dieses letzten Luxemburgers (1410–1437) steht in einem seltsamen Gegensatz zu Wenzels träger Mattheit. Die Interessen von Sigismunds ungarischem Königreich, das mit jedem Jahr stärker von den Türken bedroht wurde, gaben ihm die

Hoffnung ein, daß ein Kreuzzug gegen die Türken Ungarn retten könne. Da aber ein Kreuzzug so lange unmöglich war, wie das Schisma dauerte, förderte er – zuweilen mit einem recht zudringlichen Eifer – nach Kräften die Einberufung und später auch die Arbeit des Konzils. Sigismund hatte nach dem Tode seines Bruders das Königreich Böhmen geerbt, und der Aufstand der Hussiten war für ihn ein weiterer Grund, sich für eine Reform der Kirche zu begeistern; denn dieser Aufstand hinderte Sigismund ja daran, von Böhmen wirklich Besitz zu ergreifen. Sein Titel »König der Römer« war für ihn also ein ausgezeichneter Vorwand, sich in die Angelegenheiten des Papsttums zu mischen und dabei gleichzeitig seine eigenen Interessen zu verfolgen. Sämtliche von den Päpsten und Konzilen angeordneten Feldzüge gegen die Hussiten scheiterten übrigens zur Schande der deutschen Ritter. Erst im Jahre 1434 – nach dem Kriege zwischen Taboriten und Utraquisten und nach Annahme des modus vivendi in den »Kompaktaten« – konnte Sigismund in Prag einziehen. Er starb aber schon drei Jahre später (am 9. Dezember 1437), und seine beiden Königreiche Böhmen und Ungarn gingen auf seinen Schwiegersohn Albrecht von Österreich über. So wurden die großen Territorien des Hauses Luxemburg zu den Herzogtümern Österreich und Steiermark gefügt. Das Ziel, welches das Haus Habsburg seit seiner Festsetzung im Donaugebiet verfolgt hatte, war nun erreicht. Eine große dynastische Macht, ein innerlich unzusammenhängendes, der Dynastie zugefallenes Konglomerat von deutschen, slawischen und ungarischen Gebieten bildete sich im Südosten Deutschlands. Alle früheren Bemühungen der deutschen Könige, ihrer Dynastie eine mächtige Stellung zu verschaffen, hatten schließlich nur eines zuwege gebracht: den Aufstieg der Habsburger zu einem der mächtigsten souveränen Herrscherhäuser. Zweifellos hat der Zufall im Schicksal der Habsburger eine Rolle gespielt; aber dies ist ja bei allen großen Erbschaften der Fall. Eine Fehlgeburt, eine unfruchtbare Verbindung oder der vorzeitige Tod eines Kindes hätten allerdings genügt, um das Glück der Habsburger in Frage zu stellen. Man sollte jedoch auch hier den Anteil des Zufalls nicht überschätzen, denn er ist ja bei Kriegen ebenso groß wie bei Heiratsverträgen. Es ist unleugbar, daß die Habsburger vom Glück begünstigt waren, aber sie haben doch bei der Verwirklichung ihres Aufstiegs auch selbst mitgeholfen. Ihre ganze Politik bestand seit dem Ende des dreizehnten Jahrhunderts darin, sich durch geeignete Heiraten Anwartschaften auf Böhmen, auf Ungarn und selbst auf Polen zu verschaffen. Die Habsburger haben auf die Fruchtbarkeit ihres

Geschlechtes gebaut wie andere auf ihr Schwert, und ihre Rechnung erwies sich als richtig. Wenn sie ihre nur auf Hausmacht gerichtete Politik in Ländern von älterer Kultur und stärker entwickeltem Bewußtsein geführt hätten, so wären sie freilich gescheitert. Man braucht hierbei nur an die planende Aktivität zu denken, die Frankreich im Anfang des vierzehnten Jahrhunderts zur Ausschaltung der Könige von England von der französischen Königskrone entfaltete. Aber in Ungarn und in Böhmen war das Königtum nicht so eng mit der Nation verbunden, daß einem Ausländer die Krone grundsätzlich verweigert worden wäre. Der fremde Monarch brauchte sich dort nur mit dem hohen Adel zu verständigen und ihm Konzessionen zu machen; in diesem Falle fand man sich sofort mit dem Königtum des Ausländers ab, wie sehr dieser Adel die Deutschen auch haßte. Was in Westeuropa nicht möglich gewesen wäre, ging in Osteuropa ohne weiteres. Im Donaubecken gab es keine der politischen und nationalen Voraussetzungen, unter denen in Frankreich der Hundertjährige Krieg entstanden war. Das ungewöhnliche Glück der Habsburger ist also weit weniger, als man im allgemeinen annimmt, ein Werk des Zufalls, und auch die Heiratspolitik dieses Fürstengeschlechtes genügt nicht, seinen Aufstieg zu erklären. Die notwendige und ursprüngliche Bedingung ihres Glücks ist vielmehr das Fehlen politischen Geistes bei jenen Völkern, die ein Werkzeug oder ein Opfer der Größe Habsburgs wurden.

Politische Fähigkeiten schienen damals auch Deutschland, im ganzen gesehen, zu fehlen. Die kurze Darstellung, die wir soeben von der Regierung seiner Könige gegeben haben, beweist dies ja unwiderleglich. Vergleicht man Deutschlands Entwicklung mit der gleichzeitigen Entwicklung Frankreichs und Englands, so bestätigt sich diese Unfähigkeit. In Westeuropa waren die bevorrechteten Stände: Geistlichkeit, Adel und Bürgertum nicht nur formell – durch den Militärdienst und das Recht zur Steuerbewilligung – in die Verwaltung der Monarchie einbezogen; sie waren vielmehr auch reale Mächte und griffen unmittelbar in die Regierung des Landes ein. Die Krisen, die durch die Ansprüche der Stände oder durch ihre Konflikte entstanden, sind der Beweis für ein öffentliches Leben in Westeuropa, auch dort, wo sich dieses Leben in Form von Unruhen und Wirren äußerte. Dagegen besaß Deutschland weder Steuern noch etwas, das an eine parlamentarische Institution erinnert; denn der Reichstag war nur eine mit beschränkter Kompetenz ausgestattete Versammlung hoher Geistlicher, Fürsten, Adliger und Städte. Die Zuständigkeit dieses Organs reichte nur zur Lähmung der Macht des Souveräns aus, ohne daß es aber an seiner Stelle selbst die Herrschaft hätte ausüben können. Diese Versammlung schwächte somit nur die Macht der Regierung, indem sie alle politischen Aktionen erschwerte, aber sie leistete selbständig überhaupt nichts. Die Krone besaß keine Finanzwirtschaft und keinen Verwaltungsapparat. Die archaische Hoheit in den Formen und Symbolen der deutschen Krone stand in einem beinahe komischen Gegensatz zu ihrer wirklichen Macht. Der gleiche König Sigismund, der dem Reichsadler pompöserweise einen zweiten Kopf hinzugefügt hat, war genötigt, seine Krone zu verpfänden, und verhandelte ständig mit seinen Gläubigern, die ihm von einer Stadt zur anderen folgten. Wenn Deutschland wirklich ein Staat gewesen wäre, hätte es durch den Hundertjährigen Krieg zwischen Frankreich und England eine glänzende Gelegenheit gehabt, sich in Europa geltend zu machen; aber es war ohnmächtig, etwas auszurichten, obwohl die beiden westlichen Mächte damals durch ihren Kampf neutralisiert waren. Tatsächlich verlor Deutschland zu dieser Zeit sogar noch seine letzten Stellungen in Italien. Das Verhalten Adolfs von Nassau und Ludwigs des Bayern nach ihren Bündnisverträgen mit Eduard III. von England endete nur mit Schande für die beiden geldbedürftigen deutschen Könige, die sich ihre Dienste zwar vorausbezahlen ließen, sie aber dann nicht leisteten.

So dehnte sich Frankreich immer mehr über seine Ostgrenze hin aus, ohne daß die Kaiser auch nur dagegen protestiert hätten. Die Dauphiné wurde von Frankreich im Jahre 1349 erworben. Wenn Karl IV. sich noch im Jahre 1365 zu Arles krönen ließ und damit sein Recht auf das frühere Königreich Burgund ostentativ betonte, so tat er das wohl nur, um das Gebiet zu einem besseren Preis verkaufen zu können; denn sofort danach ernannte Karl den Grafen von Savoyen und im Jahre 1378 den Thronfolger Frankreichs zum kaiserlichen Statthalter in Arles. Die Franche-Comté ging auf Herzog Philipp den Kühnen von Burgund über. Eine französische Armee kämpfte im Jahre 1388 gegen den Herzog von Geldern, ohne daß auf deutscher Seite jemand dagegen aufgetreten wäre. Wir haben schon gesehen, wie das Haus Burgund seine Herrschaft in den Niederlanden ausdehnte: wie diese Dynastie den Hennegau, Seeland, Holland, Namur und Brabant erwarb, die geistlichen Territorien Lüttich und Utrecht unter ihre Schutzherrschaft brachte und schließlich noch Luxemburg, die Wiege eines der Kaiserhäuser, dem eigenen Besitz angliederte. Herzog Philipp der Gute von Burgund bot Kaiser Sigismund offen Trotz. Als dieser dann Philipp in die Reichsacht tat (1434), antwortete der burgundische Herrscher dem Kaiser in einem herausfordernden Manifest, das er an die Fürsten und Städte Deutschlands richtete. Philipp erhielt von allen Seiten die Neutralitätsversicherungen, auf die er gerechnet hatte. Als der Kaiser endlich (1437), zum Äußersten getrieben, gegen Philipp militärisch auftreten wollte, konnte er nur Ludwig von Hessen mit vierhundert Reitern für sein Unternehmen gewinnen. Sigismund sandte ihn nach Brabant, auf das Ludwig als Abkömmling des alten Herzoghauses Anspruch erhob; aber kleine Scharen von Bauern aus Limburg genügten schon, um diesen Beauftragten des Kaisers nach Aachen zurückzutreiben.

Das ist eine kennzeichnende Episode; denn sie zeigt das Reich, wie es wirklich war. Es war eine Häufung von Fürstentümern und Städten, und man kümmerte sich um den Souverän nur so weit, wie dies für die eigene Politik von Vorteil war. Deutschland war kein Staat, sondern eine Summe von örtlichen souveränen Gebilden: weltlichen wie geistlichen Fürstentümern und (etwa siebzig) freien Reichsstädten. Diese Städte fielen damals noch sehr wenig ins Gewicht. Nur ein paar von ihnen, beispielsweise Köln, Nürnberg und Augsburg, waren schon kräftig genug, sich selbst zu verteidigen, und keine von ihnen gelangte – wie es einigen Städten Italiens geglückt war – zu politischer Macht. Die Politik dieser deutschen Städte hatte einen rein lokalen Charakter. Zwar hat sich das deutsche Bürgertum im vierzehnten Jahrhundert stark entwickelt, aber seine Fortschritte haben nur ihm selbst, nicht aber der Allgemeinheit genützt. Die deutschen Fürsten waren bestrebt, das Bürgertum niederzuhalten, und der König unterstützte es nicht. Daher spielten die Bürger in Deutschland nicht die bedeutende Rolle, welche ihnen in der sozialen Entwicklung Frankreichs und Englands zugefallen war. Es gab in Deutschland nur eine einzige Ausnahme: die Hansa. Obwohl die Hansestädte miteinander politisch nur locker verbunden waren, einigte ihr gemeinsames Interesse sie doch in genügendem Maße, um sie gegen ihre Feinde solidarisch auftreten zu lassen. Diese waren zum Glück für die Hansa freilich recht schwach: Dänemark war noch der gefährlichste unter den Gegnern der Hansestädte. Als der dänische König Waldemar von ihnen geschlagen wurde (1369), wurde die Ostsee bis zum Anfang des fünfzehnten Jahrhunderts ein deutsches Binnenmeer.

Innenpolitisch gab es in Deutschland dauernd Kämpfe zwischen den Fürsten und den Städten. Dadurch erhielt sich in diesem

Lande, das keine zentrale Gewalt kannte, eine Rechtsunsicherheit, aus welcher der kleine Adel Vorteile zog. Für diesen kleinen Adel war die Plünderung der Kaufleute eine normale Erwerbsquelle. Der »Raubritter«, das heißt der Edelmann, der in anderen Ländern als Soldat oder in der Verwaltung diente, trat in Deutschland nicht selten als berufsmäßiger Straßenräuber auf.

Die deutschen Fürstentümer waren mit Ausnahme von Bayern und den Gebieten der Dynastien Habsburg und Luxemburg nicht sehr groß; sie waren weit weniger konsolidierte Gebilde als beispielsweise die italienischen Fürstentümer. Es gab immer wieder Teilungen des Gesamtterritoriums zugunsten der Kinder der Fürsten. Die Verwaltung war kaum entwickelt. Wenn es auch Versammlungen der Stände gab, so war das Bürgertum nirgends mächtig genug, ein Gegengewicht gegen den Adel zu bilden: einen Adel, der alles zu sagen hatte und dem Lande seinen Willen aufzwang. Die deutschen Adeligen, die zum großen Teil von Unfreien abstammten, waren im vierzehnten Jahrhundert noch zahlreich. Der Fürst umgab sich mit Menschen aus dieser Schicht und entnahm ihr die Leute, die er zu seinen Vertrauten wählte. Der Adel trat in Deutschland mit einer Gewalttätigkeit auf, wie sie anderswo ganz unbekannt war. Die Bauern, die ihm seit der Mitte des vierzehnten Jahrhunderts völlig ausgeliefert waren, verfielen von nun an wieder der Hörigkeit;[26] denn Auswanderung war nicht mehr möglich, und einen König, der wirklich hätte eingreifen können, gab es ja in Deutschland nicht. Das Sinken des deutschen Volkes in die Hörigkeit unter einen Adel, der selbst von Unfreien abstammte, ist eines der merkwürdigsten Phänomene der sozialen Entwicklung Deutschlands. Aber es gab auch Widerstände gegen diesen Vorgang. Man kann dazu die Anfänge der Schweizer Eidgenossenschaft rechnen, deren drei Waldstätten Schwyz, Uri und Unterwalden im Jahre 1315 den Herzog Leopold I. von Österreich am Berge Morgarten schlugen. Dies war der Ausgangspunkt für das Bündnis der drei Waldstätten. Später schlossen sich auch Luzern (1322), Zürich (1351) und Bern (1353) diesem Bunde an, dem die für die Schweizer siegreiche Schlacht bei Sempach gegen Leopold III. von Österreich im Jahre 1386 einen dauernden Charakter verlieh.

Die zentrifugale Richtung der deutschen Geschichte ist nicht nur aus der Schwäche des mittelalterlichen deutschen Königtums zu erklären. Man muß auch berücksichtigen, daß das wirtschaftliche Leben Deutschlands bis zum fünfzehnten Jahrhundert nur wenig entwikkelt war und keine Einheit darstellte. An der Küste führten die

Hansestädte das Getreide aus den nördlich gelegenen Ländern nach Flandern ein und nahmen von dort die Produkte der Levante als Rückfracht mit zurück. Auch das Rheinland war wirtschaftlich nach den Niederlanden hin orientiert; aber seine Bedeutung wurde geringer, seitdem die Schiffe zwischen Flandern und Italien unmittelbar verkehrten. Die süddeutschen Städte unterhielten Beziehungen zu Venedig, denn die Donau war von Wien ab kein Handelsweg. Zudem gab es mit Ausnahme der Metallgewinnung in den Erzgruben von Böhmen und Tirol im Reiche kaum Exportgewerbe.
In Mitteldeutschland gab es damals keine Städte von Bedeutung. Es war im großen und ganzen noch ländlich. Deutschland hatte also das Ausland nötig, ohne selbst für das Ausland nötig zu sein. Die Niederlande orientierten sich auf Westeuropa.
Die Seestädte Norddeutschlands nahmen an dem im Binnenlande sich abspielenden Leben Deutschlands kaum teil. Bis zur Mitte des vierzehnten Jahrhunderts blieben das Rheinland und Süddeutschland das eigentliche Deutschland. Aber seit dieser Zeit (sporadisch freilich schon früher, unter Rudolf von Habsburg) verlegte sich das Schwergewicht nach Osten. Diese Entwicklung zeigte sich schon unter der Dynastie der Luxemburger: die slawischen Länder ließen sich von Deutschland absorbieren. Wenn es auch keine deutsche Kolonisation im Osten mehr gab, so gab es doch eine dynastische Orientierung nach Osten. Dies aber rief bei den slawischen Völkern sogleich eine starke Reaktion gegen die Deutschen hervor.

2. *Die slawischen Völker. Ungarn*

Die slawischen Völker saßen bei ihrem Auftauchen in der Geschichte in dem Gebiet, das vom Oberlauf der Weichsel und den Karpaten bis zum Dnjepr reicht. Im fünften Jahrhundert zogen ihre germanischen Nachbarn nach Westen, in die Gebiete des römischen Kaiserreiches. Die Slawen folgten ihnen bald und besetzten die Gebiete, die von den Germanen verlassen waren. Die Polen setzten sich im ganzen Weichselgebiet fest, und die Wenden verbreiteten sich zwischen Elbe und Ostsee, während die Tschechen von Böhmen und Mähren Besitz ergriffen. Andere Slawen wiederum wandten sich nach Südwesten, kolonisierten das Donautal und drangen auf Kosten des Byzantinischen Reiches vor, teilweise bis tief nach Thrakien hinein: die Bulgaren, Serben,

Kroaten und Slowenen. Die Slawen, die im eigentlichen Osteuropa geblieben waren, saßen noch im Dnjeprgebiet und später wohl auch südlich vom Ilmensee; sie befanden sich also an dem Handelswege, der Byzanz mit den nordischen Staaten verband. Diese Slawen fielen, wie wir bereits dargelegt haben, im neunten Jahrhundert unter die Herrschaft der skandinavischen »Waräger«, welche halb Kaufleute und halb Krieger waren und den unterworfenen Slawen den (vielleicht ursprünglich auf eine Gruppe des ostslawischen Stammes der Anten gemünzten und dann auf die Skandinavier übergegangenen) Namen »Russen« eintrugen. Kiew, wo sich der Ahnherr des Hauses Rurik niederließ und sich »Großfürst« nannte, wurde der Mittelpunkt einer politischen Gruppierung von kleinen Fürstentümern; sie erstreckten sich von Nowgorod bis zum Schwarzen Meer.

Die wirtschaftliche Verfassung dieses Landes hatte Züge, die man bei keinem anderen primitiven Volk antrifft. Diese Organisation war im wesentlichen handelsmäßig. Die Waräger hatten sich um ihre Fürsten geschart und sich in befestigten Einfriedungen *(gorod)* niedergelassen, die am Dnjepr und an seinen Nebenflüssen errichtet waren. Die Wikinger unterwarfen nun die slawische Bevölkerung der Tributpflicht. Die Abgaben bestanden hauptsächlich in der Lieferung von Sklaven sowie von Honig, Wachs und Pelzwerk. Pelze und Honig waren durch die Jagd und die Bienenzucht in den waldreichen Gebieten Osteuropas in großen Mengen erhältlich. Jedes Jahr im Frühling sammelten sich die Barken der Wikinger bei Kiew und beförderten die drei genannten Waren sowie eine erhebliche Anzahl von Haussklaven nach Konstantinopel und brachten die dafür eingetauschten Weine, Stoffe und gewerblich bearbeiteten Produkte (Fertigwaren) zurück. Als die Skandinavier in Rußland während des elften Jahrhunderts im Slawentum aufgegangen waren, verschwand diese Art des Handels und die politische Herrschaft über die Landbevölkerung nicht: die Aristokratie, die militärische, zugleich aber kaufmännische und städtische Schicht der Bojaren, herrschte völlig über den Rest des Volkes. Dies sind die wesentlichen Züge des damaligen russischen Staatswesens.

Da die Russen in ständigen Beziehungen zu Byzanz standen, wurden sie von dort aus zum Christentum bekehrt. Das Christentum begann schon in der ersten Hälfte des zehnten Jahrhunderts bei den Bewohnern Kiews Anklang zu finden, nachdem es auf den Wegen des Handels dorthin gekommen war. Die Fürstin Olga, Witwe eines Sohnes von Rurik und Regentin von Kiew, bekannte

sich schon um das Jahr 957 offen zur christlichen Religion. Indessen hielt sich das Heidentum als herrschende Religion bis zur Regierung ihres Enkels Wladimir, der freilich noch Menschenopfer anordnete. Die achthundert Geliebten, die ihm die kirchliche Tradition wohl allzu großzügig zuschreibt, wurden in der religiösen Tradition sogar mit dem Harem von Salomo verglichen. Wenige Jahre nach der Verheiratung Wladimirs mit einer Schwester des byzantinischen Kaisers trat aber das Unvermeidliche ein, und die Bekehrung des Großfürsten Wladimir im Jahre 988 zog sofort die Bojaren zum Christentum hinüber. Die Bekehrung des russischen Volkes vollzog sich freilich in Formen, die in ihrer Primitivität ein wenig an diejenigen Karls des Großen gegenüber den Sachsen erinnern. Die Einwohner Kiews wurden massenweise im Wasser des Dnjepr getauft. Man zerschmetterte die Götzenbilder, und der Fürst befahl den Bau von Kirchen auf dem Boden, auf dem die heidnischen Tempel standen. Um den unentbehrlichen Klerus zu schaffen, ließ Wladimir einfach den bedeutendsten Familien die Kinder wegnehmen und vertraute ihre Erziehung griechischen und bulgarischen Geistlichen an. Diese Geistlichen wurden von Byzanz nach Rußland entsandt, um die ersten Schritte der jungen Kirche zu leiten.
Hätten nicht äußere Gründe Rußland daran gehindert, so würde es durch seine geschichtliche Entwicklung schicksalsmäßig immer stärker nach Konstantinopel hingelenkt worden sein. Diese große Stadt war für Rußland nicht nur das, was Rom für die Christen Westeuropas war: der Mittelpunkt der Religion schlechthin; Konstantinopel war ja außerdem der große Markt des russischen Handels. Aus diesen beiden Gründen mußte sich Konstantinopels Einfluß schließlich alle Gebiete des sozialen Lebens Rußlands erobern. Bis in die Gegenwart hinein hat die Architektur der russischen Kirchen bekanntlich byzantinische Formen bewahrt. Auch die *Ruskaja Prawda,* die älteste Sammlung russischen Rechtes, ist ganz von dem Geiste und von der Gesetzgebung der byzantinischen Kaiser durchdrungen.
Aber Rußland war durch seine Lage stets dem Gegenstoß aller Bewegungen asiatischer Völker ausgesetzt, deren Raum sich nach Westen über die große Tiefebene in Rußland bis zu den Bergen und Binnenmeeren des eigentlichen Europa ausdehnte. Die Steppen am Schwarzen Meer und im Becken von Don und Wolga waren das Gebiet nomadischer Horden von ural-altaischer oder mongolischer Abstammung. Gegen diese Horden aber mußten die russischen Fürstentümer dauernd kämpfen.

Als der Großfürst Jaroslaw (der Weise) das mächtigste dieser Völker, die Petschenegen, zurückgeschlagen hatte (1036), war die Gefahr für einige Zeit gebannt; aber mit der Ankunft der Kumanen (Polovzer) tauchte sie von neuem in noch schrecklicherer Gestalt auf. Der Khan der Kumanen drang schon im Jahre 1096 bis an die Befestigungen von Kiew vor, und seit dieser Zeit hörten die Angriffe wilder Barbarenstämme nicht mehr auf. Von der Mitte des zwölften Jahrhunderts an war man nicht mehr imstande, diesen wüsten Horden zu widerstehen. Das Gebiet um Kiew, bis dahin wohlhabend und blühend, wurde arm und menschenleer. Da die Barbaren die Mündung des Dnjepr besetzten, ging der Handel mit Konstantinopel zugrunde. Allmählich wurde das Land zu einer Wüstenei, und die Bewohner zogen fort; sie gingen teilweise nach dem erst später polonisierten Galizien und nach Wolhynien; die meisten aber wanderten in die Randgebiete des Reiches von Kiew: nach Nordosten, in das Land von Susdal am Oberlaufe der Wolga.

Diese Auswanderung wurde für die Zukunft des russischen Volkes entscheidend, denn durch sie verwandelte sich seine Lebensweise und sogar seine nationale Zusammensetzung. Die slawischen Kolonisten vermischten sich mit den Finnen, der ursprünglichen Bevölkerung in den gewaltigen Waldgebieten des Landes von Susdal, und aus dieser Vermischung gingen die Großrussen, wie wir sie heute kennen, hervor. Gleichzeitig trat an die Stelle des Handels, der dem Reich von Kiew das soziale Gepräge gegeben hatte, eine rein agrarische Lebensweise.

Die Russen, nunmehr jeder Verbindung mit dem Meere beraubt, blieben Jahrhunderte hindurch auf die Agrarwirtschaft beschränkt und kannten keinen Absatz ihrer Erzeugnisse auf den Auslandsmärkten mehr. Einst, als es in Westeuropa noch keinen Handelsverkehr gab, hatte die Nähe Konstantinopels ihn bei den Russen geschaffen. Jetzt, da der Handel sich in Westeuropa allmählich entfaltete, ging er in Rußland durch ein eisernes, unabwendbares Schicksal zugrunde. Kiew war bis zum ersten Viertel des zwölften Jahrhunderts ein Stapelplatz von internationaler Bedeutung gewesen; die binnenländischen Städte Rußlands dagegen waren, ähnlich den Burgen Westeuropas, nur Residenzen für die Fürsten, für ihre Bojaren und für die zu ihrem Lebensunterhalt notwendigen Knechte. Das im Jahre 1147 gegründete Moskau unterschied sich von seinen Nachbarn nur durch größere politische Macht sowie dadurch, daß seine Herrscher die anderen Fürsten in gewissem Grade an Bedeutung überragten. Nur Nowgorod, seit dem Beginn des dreizehnten Jahrhunderts regelmäßig von den Kaufleuten der Hansa besucht, besaß eine eigentliche wirtschaftliche Bedeutung; aber die Stadt verdankte diese Bedeutung nur den Ausländern. Nowgorod war denn auch eher eine deutsche Faktorei in Rußland als ein Zentrum russischen Wirtschaftslebens.

Diese Stadt war der einzige Ort, von dem aus sich die Kultur Westeuropas in Rußland hätte ausbreiten können. Aber die damals noch primitiven und vorwiegend habsüchtigen Kaufleute der Hansa vertraten diese Kultur in einer keineswegs anziehenden Form, und ihr Kontakt mit den Russen hatte kein anderes Ergebnis als Haß und Verachtung auf beiden Seiten. Zudem vergiftete der Religionsunterschied noch die so unglücklich angesponnenen Beziehungen. Die griechische oder ostkirchliche Orthodoxie, die die Russen auch nach dem Verfall des Reiches von Kiew beibehielten, bedeutete die Trennung von der westlichen Welt, ohne daß der Kultureinfluß des nun so ferngerückten Byzanz diese Isolierung hätte ausgleichen können.

Der große Mongolensturm im dreizehnten Jahrhundert führte zu einer verhängnisvollen Steigerung der Isolierung Rußlands. Im Jahre 1225 eroberte Dschudschi, der Sohn Dschingis-Khans, das gesamte von den Kumanen bewohnte Gebiet zwischen Don und Wolga. Sein Sohn Batu aber drang noch weiter nach Westen vor: er bemächtigte sich im Jahre 1238 Moskaus und zwei Jahre später Kiews. Seine Macht erstreckte sich über das ganze Rußland, dessen Menschen von einer Panik ergriffen waren und dessen Gebiete sich weitgehend entvölkert hatten. Die Mongolen ließen sich aber nicht westlich vom Don nieder, ihr Khan beschränkte sich vielmehr darauf, eine Oberherrschaft über die russischen Fürsten auszuüben und ihnen einen Tribut aufzuerlegen. Diese Fürsten blieben während der Zeit, da die »Goldene Horde« herrschte, demütige Vasallen eines asiatischen Despoten. Sie wurden damit zwar nicht in den asiatischen Kulturkreis einbezogen, aber ihre Lage machte es ihnen unmöglich, sich und ihr Land Westeuropa anzugleichen. Durch den nach dem Tode Usbeks (1341) einsetzenden Niedergang der Macht der »Goldenen Horde« erlangten die russischen Fürsten wieder Bewegungsfreiheit; die Großfürsten von Moskau nutzten diese Besserung der Lage aus und gliederten ihrem Lande die benachbarten Fürstentümer an. Mit Iwan III. (1462–1505) war diese Einheitsentwicklung vollendet. Er war mit dem Khan der Krimtataren verbündet und vernichtete das, was von der Macht der Mongolen in Rußland noch übriggeblieben war. Mit der Regierung dieses Großfürsten begann denn auch eine neue Epoche der russischen Geschichte.

Auch für die westslawischen Völker wurde der Einbruch von Asiaten – in diesem Fall der Ungarn – von schicksalhafter Bedeutung. Vor dem Einbruch des primitiven ungarischen Volkes standen die Slawen im Südosten und im Westen – von Thrakien bis zur Ostsee – miteinander in direkter Verbindung. Wäre diese Entwicklung nicht unterbrochen worden, so würde die griechische Kirche, die im neunten Jahrhundert die Bulgaren und die Serben bekehrt hatte, sie wohl bei den Böhmen und den Polen fortgesetzt haben: zwei sprachlich und kulturell miteinander verwandten Völkern. Die Böhmen und die Polen wären dann dem byzantinischen Christentum gewonnen worden, ebenso wie dies im zehnten Jahrhundert bei den Russen geschehen war. Aber der jähe, völlig unerwartete Einbruch der Ungarn veränderte den ganzen Lauf der Entwicklung. Die Ungarn schoben sich in der Tiefebene der Donau wie ein Keil zwischen die slawischen Völker und schieden sie in zwei Gruppen, die künftig nichts mehr miteinander gemeinsam haben konnten. Als die Böhmen und Polen einmal von Byzanz und gleichzeitig auch von den Serben und Bulgaren getrennt waren, traten sie, ebenso wie die Ungarn, zwangsläufig zur römisch-katholischen Kirche über.

Ihre Bekehrung kam nicht nur dem Glaubenseifer, sondern auch den politischen Interessen der deutschen Könige sehr gelegen. Otto der Große unterstellte die jungen slawischen Bistümer (beispielsweise Brandenburg, Havelberg und Posen) dem Erzbistum Magdeburg, ebenso wie er die Herrscher von Böhmen und von Polen – freilich unter bisher nicht völlig geklärten Umständen – in seine Schutzherrschaft aufnahm. Ottos Nachfolger, die von ihren Italienzügen und später vom Investiturstreit in Anspruch genommen wurden, setzten seine Politik im Osten nicht fort; sie konnten nicht einmal das von Otto bereits Erreichte aufrechterhalten. So wurde Gnesen ein von der Reichskirche unabhängiges Erzbistum für Polen (1000), während das Bistum Prag, das zunächst dem Erzbistum Mainz unterstellt war, die gleiche Position für Böhmen unter Karl IV. erlangte (1348). Die unter Otto dem Großen bei den Wenden am rechten Ufer der Elbe gegründeten Bistümer dagegen gingen zugrunde. Dort gelangte das Heidentum zunächst wieder zur Macht.

Wir sahen bereits, daß die große wirtschaftliche Umwälzung des zwölften Jahrhunderts die unvorhergesehene Folge einer Zurückdrängung der Slawen durch Kolonisten aus den germanischen

Ländern hatte. Der Bevölkerungsüberschuß des deutschen Bauernstandes verbreitete sich über die am östlichen Elbeufer gelegenen Gebiete. Dort hatten die sächsischen Ritter den nach Osten vordringenden Bauern durch die Ausrottung der einheimischen Slawen den Weg geebnet. Der deutsche Ritterorden setzte im dreizehnten Jahrhundert – unter dem Vorwand des Kampfes für die Bekehrung der Heiden – diese Ausrottungspolitik und Germanisierung fort. Die deutschen Ritter germanisierten Mecklenburg und Brandenburg und später auch Preußen, dessen Bewohner eine baltische Sprache sprachen. Im Küstengebiet der Ostsee traten die Deutschen an die Stelle der Slawen und Balten, und Polen, das zum Meer hinstrebte, wurde vom Meere abgeschnitten.

Die Verwaltungsinstitutionen von Böhmen und Polen hatten sich bereits bis dahin entsprechend dem natürlichen Verlauf der geschichtlichen Entwicklung herausgebildet: eine Staatsorganisation, wie sie bei allen Agrarvölkern erscheint, die in einem bestimmten Gebiet dauernd ansässig geworden sind. Daß eine andere Entwicklung nicht zustande kam, ist ein deutliches Zeichen für das Fehlen unmittelbaren Kontaktes mit der römischen Kultur, die einst die nach Westeuropa vorgestoßenen Germanen von ihren primitiven Lebensformen zu lösen vermocht hatte. Eine Gesellschaft entwikkelt sich in dem Tempo weiter, in dem fremde Einflüsse auf sie einwirken können. Die Isolierung der Westslawen war die Ursache ihres lange andauernden Rückstandes, ihrer geringen Entwicklungsmöglichkeiten und ihrer kulturellen Dürftigkeit: sie waren von der abendländischen Welt getrennt.

Es ist überflüssig, an dieser Stelle näher auf die Sitten und die Institutionen der Westslawen einzugehen; denn ihre Lebens- und Regierungsformen hatten nur lokale Bedeutung und übten nicht den geringsten Einfluß auf Europa aus. Jeder der westslawischen Fürsten umgab sich mit einer Anzahl Adeliger, von denen er noch abhängiger war als sie von ihm; einer dieser Fürsten errang dann meist eine etwas stärkere Machtstellung als die übrigen und nahm ihnen ihr Gebiet sowie ihre Gefolgsleute ab. Dies etwa ist die Quintessenz der ersten Jahrhunderte der böhmischen und polnischen Geschichte. Das Christentum, das dorthin ja nicht durch fremde Eroberer gekommen war, ließ die politischen Verhältnisse unberührt: der religiöse und kirchliche Charakter, den die Regierung der Herrscher annahm, enthob sie nicht der Notwendigkeit, auf die Aristokratie der Grundbesitzer Rücksicht zu nehmen. Der Fürst aber konnte diese Einschränkung seiner Gewalt schon deshalb nicht aufheben, weil die Aristokratie in ihrer Gesamtheit mächtiger war als er selbst.

Trotzdem hat diese Entwicklung in Böhmen und Polen nichts mit dem Lehenswesen in Westeuropa gemeinsam, das gänzlich andere Wege ging. Diese Verschiedenheit ist ohne weiteres erklärlich: die großen Lehensleute im Abendlande waren nur die Nachkommen königlicher Beamter, die die Ohnmacht der Herrscher, ihre großen Gebiete selbst zu regieren, zur Usurpation der öffentlichen Gewalt benutzt hatten: jener Gewalt, welche sie nur im Namen der Monarchen hatten ausüben sollen. In Böhmen und Polen aber hat es eine Regierungsform, wie sie sich in Westeuropa unter dem Einfluß der römischen Tradition herausgebildet hatte, niemals gegeben; der Fürst war hier nur ein von einer Anzahl Adeliger umgebener Heerführer, und diese Adeligen vertraten ihn in Friedenszeiten als »Starosten« (Burgvögte) in den verschiedenen Landesteilen; sie waren weniger seine Diener als seine durch die Umstände dazu vorbestimmten militärischen Helfer. Nur gemeinsam mit dem Herrscher waren sie Träger der Regierungsgewalt, und keiner von ihnen konnte die ihm zeitweise anvertraute Macht in seinem Distrikt usurpieren. Die geringen Machtbefugnisse des Herrschers, der noch dazu ständig vom Adel kontrolliert wurde, haben in den slawischen Staaten die Entwicklung von Herzogtümern und Grafschaften, wie sie im zehnten Jahrhundert in allen Teilen Frankreichs und Deutschlands entstanden, von vornherein ausgeschaltet. In Böhmen und in Polen regierte die Aristokratie von Grundbesitzern insofern von Anfang an, als jedes Mitglied dieser Gruppe an der Regierung des ganzen Landes beteiligt war; dadurch kam es zu keiner Zersplitterung, und mit der nationalen Einheit blieb auch die politische bestehen. Merkwürdigerweise war also die Schwäche der vom Adel abhängigen monarchischen Gewalt die Ursache der Erhaltung dieser Einheit. Ein Bürgertum aber, das die Entwicklung und Fortbildung der Institutionen hätte fördern können, entwickelte sich in Böhmen und Polen, die ja beide vom Meer abgeschnitten waren, erst sehr spät.

Die unmittelbare Nähe Deutschlands und die Ansprüche, die es auf Böhmen erhob, zogen dieses westslawische Land zwangsläufig in die Konflikte des Reiches hinein. Die böhmischen Herrscher nutzten die innerdeutschen Wirren nach dem Tode Friedrich Barbarossas (1190) zur Erlangung größerer Unabhängigkeit aus. Philipp von Schwaben verlieh, um sich die Unterstützung des böhmischen Herzogs Ottokar I. im Kampfe gegen Kaiser Otto IV. zu sichern, dem Herzog den Königstitel (1198). Später ging die

Einbeziehung der böhmischen Könige in die deutschen Angelegenheiten sogar so weit, daß diese Slawen in das Kurfürstenkollegium aufgenommen wurden. Nach der Thronbesteigung König Wenzels I. (1230–1253) schien es sogar, als ob Böhmen germanisiert werden würde; denn dieser König förderte mit allen Kräften die Einwanderung von Deutschen in sein damals noch rein agrarisches Land. In erster Linie begünstigte er die Einwanderung deutscher Handwerker und Kaufleute, und diese ließen sich im dreizehnten Jahrhundert in Menge in den »Burgen« oder Städten Böhmens nieder; sie behielten dort ihre eigene Rechtspflege und Sprache. So waren in Böhmen die Bürger lange Zeit hindurch eine im buchstäblichen Sinne fremde Bevölkerung, die inmitten der tschechischen Einwohner als Ausländer lebte. Diese Isolierung veranlaßte die deutschen Bürger dazu, sich besonders stark auf die Könige zu stützen, und ihre Treue zu den Herrschern vermehrte wiederum die Einkünfte, das Ansehen und die Macht der Krone. Wie sehr sich die Position der Könige von Böhmen verstärkt hatte, zeigte sich überzeugend unter König Ottokar II. (1253–1278). Der Adel des Herzogtums Österreich, dessen Herrscher im Kampf gegen die Ungarn gefallen war, rief Ottokar II. gegen die Feinde zu Hilfe und erkannte ihn als Oberherrn an. Später gewann Ottokar auch das Herzogtum Steiermark, aus dem er die Ungarn verjagt hatte, und schließlich ließ er sich noch vom Herzog von Kärnten die Nachfolge zusichern. So reichte die Macht Ottokars II. vom Riesengebirge bis zum südlichen Krain an der Küste des Adriatischen Meeres, und es schien, als ob das Königreich Böhmen sich nunmehr sämtliche deutschen Donauländer angliedern werde. Ottokar schritt auf seinem Wege mit großer Kühnheit fort und erstrebte nach dem Tode Richards von Cornwall sogar den Titel des »Römischen Königs«. Aber diesen Titel erhielt Rudolf von Habsburg, und damit wurde der Kampf zwischen beiden Rivalen unvermeidlich. König Ottokar wurde in der Schlacht bei Dürnkrut (nördlich von Wien) geschlagen und fiel auf der Flucht (1278). Dadurch gelangten das Herzogtum Österreich und das Herzogtum Steiermark an das Haus Habsburg, das seither auch ständig auf den Besitz von Böhmen erpicht blieb. Ottokars Nachfolger strebten nun nicht mehr danach, ihr böhmisches Königreich auf Kosten deutscher Gebiete zu vergrößern, sondern richteten ihr Augenmerk auf Ungarn und Polen. König Wenzel II. (1278–1305) konnte seinem gleichnamigen Sohn für einige Zeit die ungarische Krone verschaffen und für sich selbst im Jahre 1300 die Königsherrschaft in Polen erlangen. Mit seinem Sohn, Wenzel III., der im Jahre 1306 ermordet wurde, starb die angestammte slawische Dynastie der Przemysliden aus. Der römische König Albrecht I., ein Habsburger, verfügte nun sofort zugunsten seines Sohnes Rudolf über Böhmen als erledigtes Reichslehen. Doch dieses Mal mißglückte der Versuch des Hauses Habsburg, seine Hausmacht um weitere Länder zu vergrößern; denn Rudolf starb schon ein Jahr später, und der böhmische Adel wählte den Herzog von Kärnten, Gemahl der ältesten Tochter Wenzels II., zum König. Aber dieser zweite Deutsche auf dem Thron von Böhmen regierte nicht länger als der erste. Elisabeth, die jüngere Tochter Wenzels II., machte sich die Unzufriedenheit, welche die Regierung des Herzogs von Kärnten in Böhmen erweckt hatte, zunutze und wählte den Luxemburger Johann den Blinden zum Gemahl: den Sohn Heinrichs VII., der kurz zuvor als Nachfolger Albrechts von Österreich zum römischen König gewählt worden war. Durch die Heirat Johanns des Blinden mit Elisabeth erhielt Böhmen im Jahre 1310 eine wallonisch-lothringische Dynastie, nachdem einige Jahre zuvor mit Karl Robert von Anjou ein französisches Geschlecht in Ungarn zur Herrschaft gelangt war.

Bis dahin war der deutsche Einfluß in Böhmen ständig gewachsen. Mit der Thronbesteigung der Luxemburger aber endete diese Entwicklung. Johann der Blinde verbrachte freilich einen bedeutenden Teil seiner Regierungszeit außerhalb Böhmens: er lebte meist in Westeuropa, wo er herumreiste, sich an politischen Intrigen oder militärischen Unternehmungen beteiligte und schließlich als Fünfzigjähriger auf seiten Frankreichs in der Schlacht bei Crécy (1346) fiel. Aber er förderte sein Königreich aktiv und ließ zahlreiche Persönlichkeiten seiner Grafschaft Luxemburg nach Böhmen kommen. Diese Männer führten dort als Berater oder Regierungsfunktionäre französische Verwaltungsmethoden ein. Johanns Sohn, Karl IV., der schon seit dem Jahre 1333 im Namen seines Vaters regierte, vollendete dessen Werk. Dieser König von Böhmen, der auch »Römischer König« wurde und den Kaisertitel erwarb, war nach Erziehung, Umgangssprache und Kultur ganz und gar Franzose. Seinen tschechischen Untertanen aber erschien er als ein nationaler Herrscher. Karl IV. trat dem politischen Einfluß Deutschlands auf die Angelegenheiten Böhmens systematisch entgegen; mehr noch, sein Ziel ging dahin, sich von diesem Einfluß gänzlich frei zu machen. Böhmen war nun einmal das Zentrum seiner Macht, und deshalb war sein tatkräftiges Streben darauf gerichtet, diesem Staat eine Entwicklung aus eigenen Kräften und Mitteln zu ermöglichen. Im Jahre 1348 gründete er in Prag

– nach dem Muster der Pariser Hochschule und angeregt durch das Beispiel Bolognas – die erste Universität Mitteleuropas. Außerdem machte es dem Herrscher Freude, Prag mit Bauten und Monumenten zu schmücken, die sonst im Kaiserreiche kaum ihresgleichen hatten. Während seiner klugen und segensreichen Regierung förderte er die Wirtschaft Böhmens in fortschrittlichem Geiste; er schuf ein einheimisches Bürgertum, das nunmehr neben das deutsche trat. Darauf geht auch die dauernde Popularität zurück, die Karl IV. in Böhmen genoß. Unter diesem Herrscher entstand dort ein wirkliches Nationalgefühl, das bald zu einer Reaktion gegen die (im dreizehnten Jahrhundert im Zuge der Kolonisation im Osten) nach Böhmen gekommenen Deutschen führte.

Während der Regierungszeit Wenzels (1378–1419), des Sohnes Karls IV., gelangte diese Reaktion gegen das deutsche Element zu leidenschaftlichem Ausdruck: der Sturm des Hussitentums brach los, und Johann Hus ist für die Tschechen – ebenso wie später Luther für die Deutschen – ein Nationalheld geblieben. Er war es für sein Volk sogar in höherem Grade als Luther für die Deutschen; denn von diesen waren nicht alle Anhänger des Reformators, während sich alle Tschechen zur Lehre Hus' bekannten. Der Religionskampf, den Johann Hus in Böhmen hervorrief, ging dort mit einem Kampf zwischen den beiden tragenden Nationen gepaart: die Deutschen in Böhmen hielten am Katholizismus fest; die Tschechen aber bekannten sich zu dem »ketzerischen« Glauben, und je mehr sich dieser Glaube unter ihnen verbreitete, desto mehr verfolgten sie die Deutschen, die ja in ihren Augen ungläubig und gleichzeitig ausländische Eindringlinge waren.

Der Religionskrieg, den die Tschechen nunmehr führten, verstärkte noch ihre Abneigung gegen alles, was deutsch war; denn aus Deutschland kamen die Ritterheere, denen die beiden bedeutenden Hussitenführer – zuerst Johann Ziska und später Prokop der Große – so häufig Niederlagen beibrachten. Der Geist des Hussitentums erinnert den Betrachter unwillkürlich an die Gesinnung, welche die französischen Revolutionäre des achtzehnten Jahrhunderts beseelte: beide kämpften für ihr Ideal gegen die Ausländer, und bei beiden wurde das nationale Empfinden durch eine Weltanschauung vergeistigt, die diesem Empfinden zugrunde lag und ihm Auftrieb verlieh.

Außerdem nahmen die Hussiten bald eine revolutionäre Haltung an. Wir sahen schon, daß die Taboriten nicht nur die Kirche, sondern auch die Gesellschaftsordnung reformieren wollten. Als sie von den gemäßigten Utraquisten im Stich gelassen und bei

Lipan besiegt worden waren (1433), mußten sie sich fügen. Die »Kompaktate«, die sie im gleichen Jahre mit dem Konzil von Basel schlossen, liefen auf einen verschwommenen Kompromiß hinaus: Böhmen wurde darin zwar mit der Kirche versöhnt, erhielt aber auf religiösem Gebiet eine Autonomie, die man lieber nicht scharf umschrieb. Zudem war ein großer Teil der tschechischen Aristokratie, durch die Gewalttätigkeit der Taboriten erschreckt, zum Katholizismus zurückgekehrt. Diese Adeligen benutzten die Umstände dazu, ihren Grundbesitz durch die von den Hussiten beschlagnahmten Kirchengüter abzurunden und die ländliche Bevölkerung wieder zu Hörigen zu machen.

Sigismund, der Bruder und Nachfolger des abgesetzten Wenzel, konnte nun endlich von seinem böhmischen Königreich Besitz ergreifen. Er hatte keinen Sohn, und im Jahre 1437 wurde sein Schwiegersohn, Albrecht II. von Österreich, sein Nachfolger. In Böhmen erkannten ihn nur die Katholiken und die Utraquisten an, während die Taboriten, die noch übriggeblieben waren, die Krone an Kasimir, den Bruder des Königs von Polen, gaben. Der Augenblick einer endgültigen Vereinigung des Königreichs Böhmen mit dem Länderbesitz des Hauses Habsburg war indes noch nicht gekommen. Albrecht II. starb im Jahre 1439 während eines Feldzuges gegen die Türken. Der tschechische Edelmann Georg von Podiebrad, der Regent für Prinz Ladislaus, den nachgeborenen minderjährigen Sohn Albrechts II., gewesen war, erhielt nach dem Tode dieses Prinzen (1457) die Krone. So wurde Böhmen ein nationales und unabhängiges Königreich: ein Staat, der freilich nur eine kurze Episode in der leidvollen Geschichte des tschechischen Volkes blieb.

Zu der Zeit, da der deutsche Einfluß in Böhmen zurückging, wurde er auch in Polen kleiner. Dies lag jedoch an ganz anderen Umständen. Während das Königreich Böhmen in den Gebirgen natürliche Grenzen besaß, fehlten sie Polen fast gänzlich. Zwischen Oder und Weichsel in einem Gebiet gelegen, das eine Verlängerung der großen Tiefebene Rußlands ist, war Polen (mit Ausnahme des Südens, wo die Karpaten eine natürliche Festung bilden) den Angriffen seiner Nachbarn gänzlich ungeschützt ausgesetzt. Kein anderes Volk hat denn auch so dehnbare Grenzen gehabt wie das polnische. Wie ein Gewand den Bewegungen seines Körpers folgt, so folgten Polens Grenzen den Bewegungen und Schicksalen des polnischen Volkes; diese Grenzen verbreiteten sich wellenförmig oder schrumpften zusammen, je nachdem Polen in bestimmten historischen Momenten stark oder schwach war. Zuweilen dehnten sich die Grenzen Polens so weit aus, daß sie die verschiedenartigsten Völker (Deutsche, Litauer, Ukrainer und so weiter) umfaßten, manchmal wiederum wurden diese Grenzen so eng, daß nicht einmal die wirklichen Polen in ihnen Platz fanden.

Boleslaw Chrobry (der Tapfere), der im Jahre 1025 den Königstitel angenommen hatte, dehnte seine Macht bis zu den russischen Fürstentümern am Dnjepr aus. Die späteren Könige aber konnten dieses Großreich nicht mehr beherrschen: zu künstlich war seine Zusammensetzung, zu sehr war es auf die Persönlichkeit des Gründers zugeschnitten, als daß ein Nachfolger es hätte zusammenhalten können. Gegen Ende des elften Jahrhunderts gab es nicht einmal mehr Träger des Königstitels, und verschiedene Herzöge regierten in den Gebieten, in die Polen während vieler Kämpfe von rein lokalgeschichtlicher Bedeutung zerfiel. Aus diesen lokalen Kämpfen erklärt sich aber die Tatsache, daß der deutsche Ritterorden sich im dreizehnten Jahrhundert Preußens bemächtigen und Polen, ohne auf Widerstand zu stoßen, von der Ostsee trennen konnte. Diese Niederlassung der deutschen Ritter in Preußen war nur ein Unterteil der großen deutschen Expansion, die sich gleichzeitig auch auf Böhmen und auf Polen richtete. In Polen hieß man sie zunächst willkommen, da das Land durch den Einbruch der Mongolen aufs schwerste verwüstet war. Die Mongolen waren aus Asien über Rußland gekommen und bis nach Schlesien vorgedrungen, wo sie lange verweilten. Erst auf die Nachricht vom Tode ihres Großkhans Ögädai zogen sie sich bis zur Wolga zurück (1242). In großer Anzahl ließen sich die Deutschen aber danach nur in Schlesien nieder, das seit jener Zeit ein deutsches Land wurde. Die Deutschen, die in das Binnenland Polens einwanderten, brachten das Städtewesen dorthin und bildeten einen Bürgerstand, der durch Privilegien – vor allem durch das nach dem Vorbilde Magdeburgs geschaffene Stadtrecht – geschützt wurde und seinen nationalen Charakter Jahrhunderte hindurch behielt. Außer diesen Deutschen wohnten auch Juden in Polen; sie waren im elften und zwölften Jahrhundert dorthin gekommen, als die anläßlich der Kreuzzüge einsetzenden Verfolgungen sie aus Deutschland und Ungarn vertrieben hatten.

Mit Wenzel II. und Wenzel III. (1300–1306) gelangte in Polen eine böhmische Dynastie zur Herrschaft, und damit wurde auch der Königstitel wieder eingeführt. Nach dem Tode Wenzels III. wählten die Adeligen Herzog Wladislaw IV. Der Sohn dieses Königs, Kasimir III. der Große (1333–1370), erlangte für Polen eine ähn-

liche Bedeutung wie Karl IV. für Böhmen, und es ist nicht zu bezweifeln, daß er sich ganz nach diesem Vorbild richtete.
König Kasimir III. wollte aus Krakau, wo er eine Universität gründete (1364), das gleiche machen, was Karl IV. aus Prag gemacht hatte. Er strebte daher nach monarchischer Verwaltung, nach Gründung eines zentralen Gerichtshofes, eines Schatzamtes und einer Rechenkammer. Seinen Regierungsapparat wollte er ganz nach dem (bereits von Böhmen befolgten) westeuropäischen Vorbild aufbauen. Aber eine Monarchie kann nur dann wirklich stark werden, wenn sie durch Dienste, die sie dem Volk erweist, in ihm einen Rückhalt findet und die Bevölkerung also an der Aufrechterhaltung der monarchischen Gewalt interessiert ist. Im zwölften Jahrhundert hatten die französischen Könige das Volk für sich gewonnen, um in ihm ein Gegengewicht gegen die Macht ihrer großen Lehensleute zu finden. In Polen aber war das eingewanderte deutsche Bürgertum zahlenmäßig zu schwach, um eine entsprechende Stütze für den König bilden zu können. In diesem rein agrarischen Lande, wo der Adel sehr mächtig war und ein besonders starkes Übergewicht über die Krone besaß, war die Herrschaft der Aristokratie bis tief in das vierzehnte Jahrhundert hinein mit der vom Herrscher erstrebten streng monarchischen Regierungsform ebensowenig vereinbar wie drei Jahrhunderte zuvor im Gebiet des einstigen Fränkischen Reiches. Aber Polen unterschied sich seiner ganzen Struktur nach stark von der westlichen Welt. Bei dem westeuropäischen Adel trat die gesellschaftliche Funktion, bei dem polnischen aber die besondere Rechtsposition in den Vordergrund. Die geschichtliche Entwicklung verlief in Polen viel einfacher, denn der Adelsstand war dort nichts anderes als eine Fortsetzung des Standes der Freien aus der primitiven, der Annahme des Christentums vorhergehenden Zeit; er hatte das Selbstbewußtsein dieses älteren Standes behalten, und deshalb beanspruchte er auch ein Monopol, als das polnische Volk selbst angesehen zu werden. Für die polnischen Adeligen war der Bauer nur ein Sklave, den man ausbeutete und verachtete. Die Gewalt des Königs erkannten diese Adeligen allerdings als höherstehend an; doch nur, soweit er zu ihrem Vorteil regierte und die Herrschaft mit ihnen gemeinsam ausübte. Der Geist des polnischen Adels war tatsächlich freiheitlich, aber er wollte nur eine Freiheit der Kaste, und diese Mentalität machte den polnischen Staat bis zu seinem Ende durch die großen Teilungen des achtzehnten Jahrhunderts immer mehr zu einer paradox wirkenden »demokratischen Aristokratie«. Tatsächlich waren die Pläne König Kasimirs des Großen

illusorisch. Die Verwirklichung der Zentralisierungspläne des Königs hätte – ob er dies nun bewußt erstrebte oder nicht – zu einer Schwächung der Macht der Aristokratie führen müssen. Die Adeligen, die diese Gefahr für ihre Position erkannten, nannten Kasimir mit feindseliger Geringschätzung den »Bauernkönig«; aber die elende, bis in die jüngste Zeit hinein vom Adel beherrschte polnische Landbevölkerung gedachte noch nach Jahrhunderten mit Ehrerbietung des Königs, von dem ihr Stand einen Augenblick die Rettung aus der Misere erwartet hatte.

Mit Kasimir dem Großen starb im Jahre 1370 die Dynastie der Piasten aus, und sein Nachfolger, König Ludwig I. (der Große) aus dem Hause Anjou paßte sich sofort den Wünschen des Adels an, der ihm die Krone von Polen unter der Bedingung angeboten hatte, von allen Steuern befreit zu werden. Die Konzessionen, die Ludwig I. zu diesem Zweck machte, waren das erste Beispiel für jene »Pacta conventa« (Vereinbarungen), die die polnische Aristokratie später so häufig von der Krone erzwang und die den Adel immer mehr zum entscheidenden Faktor in Polens Schicksal machten. Als die Adeligen zum ersten Male ihre neuen Vorrechte anwendeten, wirkte sich dies freilich zunächst als eine Steigerung von Polens äußerer Macht aus.

Schon Kasimir der Große hatte Galizien und Wolhynien erobert und damit die polnischen Grenzen bis nach Litauen erweitert. Die Litauer aber waren durch den Deutschen Ritterorden von der Ostseeküste nach Süden abgedrängt worden; sie hatten dann die kleineren westrussischen Fürstentümer erobert und ihr Gebiet schließlich bis zum Schwarzen Meer erweitert. Obwohl sie während dieser Eroberungen noch Heiden gewesen waren, fand durch den Kontakt mit den von ihnen unterworfenen Völkern allmählich auch das Christentum bei ihnen Eingang, und es schien nun sicher, daß sie sich bald der griechischen Kirche anschließen würden. Als König Ludwig I. (der Große), der Nachfolger Kasimirs des Großen auf dem polnischen Königsthron, starb (1382), wollte der Adel den Luxemburger Sigismund, den Verlobten von Ludwigs ältester Tochter Maria, von der Thronfolge ausschließen; er bot deshalb dem Fürsten Jagiello von Litauen die Hand von Ludwigs zweiter Tochter Hedwig (Jadwiga) an. Die polnische Aristokratie stellte hierbei aber die Bedingung, daß er sich taufen lasse und sich zum Katholizismus bekehre. Jagiello willigte ein und bestieg nach Abschluß des Vertrages unter dem Namen Wladislaw II. den polnischen Königsthron. Mit ihm wurde sein ganzes Volk katholisch, und das Fürstentum Litauen wurde nunmehr Polen angeglie-

dert, wenn es auch de jure als selbständiger Staat weiter bestand.[27]
Die Ritter vom Deutschen Orden hatten unter dem Vorwand der Heidenbekämpfung einen Ausrottungskrieg gegen die Litauer geführt, obgleich dieses Volk, wie wir gesehen haben, gar nicht mehr fest an seinen alten Mythen hing. Es war aber für die deutschen Ritter einträglicher und – man verzeihe mir diesen Ausdruck – reizvoller, statt der Bekehrung der Litauer regelrecht Jagd auf sie zu machen. Tatsächlich veranstaltete der Deutsche Ritterorden im buchstäblichen Sinne Menschenjagden. Die Nachricht davon verbreitete sich schnell, und aus Westeuropa kamen die hohen Adeligen und vornehmen Herren zu diesen Veranstaltungen nach Litauen; sie gingen dorthin, wie man sich heute zu einem Sportereignis begibt. Die Menschenjagden des Deutschen Ritterordens fanden immer im Winter statt, weil dann die litauischen Sümpfe zufroren und das Gebiet dadurch zugänglich wurde.[28]
Wir können aus einer solchen Entartung des religiösen Gefühls und aus der dabei hervortretenden Verrohung der Sitten erkennen, wie sehr dem Deutschen Ritterorden sein aus der Zeit der Kreuzzüge stammender Bekehrungseifer allmählich abhanden gekommen war. Die diesem Orden eigene soldatisch-mönchische Struktur, ursprünglich zur Bekämpfung des Islams ausgebildet, hätte nur durch eine dauernde Konzentration auf die ursprüngliche Aufgabe zu einer bleibenden Tradition werden können, wie sie etwa bei den Johanniterrittern auf Rhodos und auch bei den Ritterorden von Alcantara und Calatrava in Spanien lebendig blieb. Die deutschen Ordensritter und die Templer aber hatten sich vom Orient abgewandt und zeichneten sich nur noch durch ungehemmtes Streben nach irdischen Zielen aus. Die Disziplin der Ordensregel hatte sich bei ihnen gleichsam gegen die religiösen Grundgedanken gewandt, auf welche die Ordensregel selbst zurückging: die Kraft, die die Templer und die Ordensritter aus ihrer Regel schöpften, gebrauchten oder mißbrauchten sie nur noch zur Jagd nach Reichtum und Macht. Die Templer wurden um die Mitte des dreizehnten Jahrhunderts zu einer gefürchteten Finanzmacht, die deutschen Ordensritter aber bebauten, nachdem sie die heidnischen Preußen nahezu ausgerottet hatten, das von ihnen eroberte Land als »vollendete Agrarier«. Man kann sie tatsächlich schon als die ersten Junker betrachten. Ihre großen Ländereien, deren Erträge sie durch einen »Großschäffer« (einen der vier »Gebietiger«) finanziell nutzen ließen, lieferten bedeutende Mengen von Getreide, das vor allem nach Brügge, dem großen Stapelplatz in Flandern,

ausgeführt wurde. Die durch die Exporte erzielten Gewinne wurden so nutzbringend wie möglich angelegt oder als Kapital ausgeliehen. Aber der Deutsche Ritterorden bildete immer nur eine Oligarchie, und die für seine Mitglieder charakteristische Mischung zwischen Eigennutz und Hochmut führte auf die Dauer dahin, daß das Volk, als dessen Herren sie sich betrachteten, dem Orden feindlich gesinnt wurde. Seit dem vierzehnten Jahrhundert ertrugen die Städte und der Landadel die Herrschaft der Ordensritter nur noch widerwillig.

Jagiello, der neue König von Polen, machte sich diese Umstände gut zunutze. Als Litauer war er ein erbitterter Feind der Deutschen, und nachdem er den polnischen Königsthron bestiegen hatte, wurde ein Krieg mit den Ordensrittern unvermeidlich. Der Krieg verlief für den Deutschen Ritterorden unglücklich: ein Jahr nach dem Ausbruch der Kämpfe brachte das polnische Heer den Ordensrittern bei Tannenberg eine vernichtende Niederlage bei (1410). Diese Niederlage des Deutschen Ritterordens bedeutete den Beginn des Niederganges seiner Macht; nach der Schlacht bei Tannenberg erhoben sich die Städte und der Adel gegen den Orden, und im Jahre 1454 unterstellten sie das Land Preußen der Oberhoheit des Königs von Polen. Schließlich schickte sich auch der Hochmeister in die Lage; der Deutsche Ritterorden trat im Jahre 1466 Westpreußen mit Danzig, Thorn, Marienburg und Elbing sowie das Bistum Ermland an König Kasimir IV. von Polen ab. Das übrige Preußen behielt zwar eine eigene, vom Orden getragene Verwaltung, wurde aber trotz dieser Autonomie ebenfalls ein Bestandteil des polnischen Staates. In Deutschland rief diese Zurückdrängung des deutschen Einflusses nicht die geringste Erregung hervor. Die Bevölkerung in Preußen wurde – wenn man von den Städten an der Küste absieht – schnell polonisiert, und damit nahmen die Slawen sich jenes Gebiet zurück, aus dem sie im dreizehnten Jahrhundert vertrieben worden waren. Das Königreich Polen hatte sich nunmehr einen bedeutenden Teil der Ostseeküste angegliedert, und im Süden grenzte es an das Schwarze Meer. Aber die Hoffnung, daß das Land einer glänzenden Zukunft entgegengehe, wurde durch das Vordringen der Türken nach Westen illusorisch; denn der türkische Vorstoß machte einen Handel zwischen den christlichen Völkern und den asiatischen Ländern unmöglich. In Polen kümmerte man sich indes nur wenig um die wirtschaftliche Entwicklung. Für die polnischen Adeligen hatte die Thronbesteigung Jagiellos eine gute Gelegenheit bedeutet, sich ihre mächtige Position endgültig zu sichern. Tatsächlich hatte Jagiello der Aristokratie neben anderen Vorrechten auch die Steuerfreiheit zugestanden, und so wurde Polen unter der Herrschaft seiner Könige ganz und gar zu einer Adelsrepublik.

Die slawischen Völker im Süden – Kroaten, Slowenen, Serben und Bulgaren – boten ein ganz anderes Bild als die Böhmen und die Polen. Da die Kroaten zu schwach waren, um sich gegen die Ungarn halten zu können, wurden sie von diesen unterworfen: die ungarischen Herrscher verweigerten ihnen jede Selbstverwaltung. Die Serben und Bulgaren dagegen, beide südlich der Donau innerhalb der Grenzen des Byzantinischen Reiches seßhaft und zur Griechischen Kirche gehörend, hatten den nach dem Tode Kaiser Justinians eingetretenen Verfall von Byzanz dazu benutzt, tief nach Mazedonien und nach Griechenland vorzudringen. In Griechenland assimilierten sie sich sprachlich und kulturell der hellenischen Bevölkerung; in Mazedonien aber behielten sie ihre eigene Sprache und ihre Sitten bei, ebenso wie die Germanen, die sich einst im Norden des römischen Kaiserreiches niedergelassen hatten. Während der Regierungszeit des byzantinischen Kaisers Romanos Lekapenos (920–944) bedrohten die Bulgaren sogar Konstantinopel und zwangen Byzanz zur Zahlung eines Tributes. Die späteren byzantinischen Kaiser: Nikephoras Phokas (963–969), Johannes Tzimiskes (969–976) und Basileios II. (976–1025), der den Beinamen »der Bulgarentöter« hatte, brachten die Bulgaren dann freilich wieder unter die Botmäßigkeit des Byzantinischen Reiches. Kurz vor dem vierten Kreuzzug aber erhoben sie sich aufs neue, und auf diesen Aufstand geht das Neubulgarische Reich, das Reich der Aseniden, zurück. Selbst Kaiser Balduin von Byzanz geriet im Kampf gegen diesen bulgarischen Staat in Gefangenschaft und ging an den dabei erlittenen Mißhandlungen zugrunde (1205).

Die Serben schüttelten unter Stefan Nemanja die byzantinische Herrschaft ab. Sein Sohn Stefan II. nahm den Königstitel an (1221). Die Nachfolger dieses Königs vergrößerten ihr Gebiet auf Kosten des byzantinischen Kaiserreichs und der Bulgaren, deren Macht von dem serbischen König Stefan III. Urosch vernichtet wurde. Sein Sohn, Stefan IV. Duschan, eroberte fast ganz Mazedonien und Thessalien sowie Albanien und dehnte sein Reich bis zum Gebiet nördlich der Sawe aus. Stefan Duschan nahm nun den Zarentitel an und machte sich durch eine Krönung in Skoplje zum »Kaiser der Serben und Griechen« (1346). Das Byzantinische Reich, seit seiner zeitweiligen Eroberung durch die Lateiner sehr geschwächt, konnte sich eines solchen Gegners nicht erwehren; es strebte nur noch danach, die Küstengebiete zu behalten. So mußten die Byzantiner zulassen, daß an ihrer Grenze ein serbisches Imperium errichtet wurde. Dieses serbische Großreich hätte sich sicher am Bosporus festgesetzt, wenn der Vorstoß der Türken nach Europa nicht die gesamte Lage auf dem Balkan jäh verändert hätte.

Die Ungarn (Magyaren) hatten lange Zeit Deutschland und sogar Norditalien und Frankreich mit ihren furchtbaren Reiterangriffen in Schrecken gesetzt und waren schließlich nach ihrer Besiegung durch Heinrich den Vogler und Otto den Großen in der Ebene der Donau seßhaft geworden, wo sie nunmehr wie ein Keil zwischen den slawischen Völkern eingezwängt waren. Die Kirche der Sieger wurde auch die Kirche der Ungarn. Unter dem Pontifikat Silvesters II. verbanden sich die Magyaren mit Rom, und die Errichtung des Erzbistums Gran gab ihnen auch ein religiöses Zentrum.

Um die Belanglosigkeit der Rasse für die geschichtliche Entwicklung darzulegen, bedarf es nur eines Hinweises auf Ungarn.[29] Dieses von Türken und Ostjaken rassenmäßig und sprachlich beeinflußte finnische Volk steht ethnographisch den indoeuropäischen Völkern ganz fern. Dennoch wurde das soziale Leben der Ungarn demjenigen ihrer Nachbarn ganz ähnlich; diese Angleichung kam also zustande, obwohl den Ungarn anderes Blut durch die Adern fließt und obwohl sie einen anderen Schädelindex sowie eine völlig andere Sprache haben als ihre europäischen Nachbarn. Das soziale Leben der Magyaren ähnelt dem ihrer Nachbarn seit dem Übertritt Ungarns zum Christentum so sehr, daß man in ihnen sicherlich niemals mehr die fremden Eindringlinge von einst wiedererkennen würde, wenn uns diese Identität nicht von vornherein bekannt wäre. Das physische Sein der Völker ist in Wahrheit ihrem geistigen Schicksal untergeordnet. Da die Ungarn noch primitiv und ohne eigene Kultur waren, hätten sie ihr finnisches Volkstum nur bewahren können, wenn sie auch ihre ursprüngliche Religion bewahrt hätten. Nachdem sie einmal Christen geworden waren, mußten sie der europäischen Gemeinschaft beitreten und bewiesen damit, daß auch sie die Fähigkeit besaßen, sich einer höheren Kultur anzugleichen: jene Fähigkeit, die eine bestimmte Schule von Historikern ausschließlich der »germanischen Rasse« zuschreibt, während sie in Wirklichkeit allen Völkern auf primitiver Kulturstufe eigen ist.

Als die Ungarn die Ebene der Donau erreicht und erobert hatten, unterwarfen sie die slawische Bevölkerung und machten sie sich hörig; doch auch dies kann nicht etwa der magyarischen Rasse zugeschrieben werden. Die Langobarden hatten im sechsten Jahrhundert, als sie in die Poebene kamen, nicht anders gehandelt. Nur wurden die Langobarden, die kulturell primitiver waren als die von ihnen besiegte Bevölkerung, von dieser schnell latinisiert, während die Ungarn, ebenso primitiv wie die von ihnen unterworfenen Slawen, ihr Volkstum ohne Mühe behaupten konnten und gegenüber diesen Slawen die Herrschernation blieben. Wie bei allen Agrarvölkern bildete sich auch bei den Ungarn bald ein Magnatenadel. Im übrigen kam ein Lehenswesen bei ihnen nicht auf: es unterblieb aus denselben Gründen wie in Böhmen und Polen. Die Großgrundbesitzer (Magnaten) wurden an der Ausübung der monarchischen Macht in Ungarn zwangsläufig beteiligt, als es König Stefan I. (997–1038) gelungen war, die Fürsten, welche sich bis dahin das Land geteilt hatten, zu beseitigen. Er nahm um das Jahr 1000 mit der Krone, die Papst Silvester II. ihm gesandt hatte, auch den Königstitel an. Die Magnaten erzwangen mehr als zwei Jahrhunderte später von König Andreas II. eine »Goldene Bulle« (1222), die ihre politische Stellung sanktionierte und ihnen das Recht gab, alljährlich mit den Bischöfen in Stuhlweißenburg eine Tagung abzuhalten; aber diese »Goldene Bulle« gab den Magnaten auch die formelle Befugnis zum Widerstand und zur Empörung, falls der König ihre Vorrechte verletzen sollte. Die ungarische »Goldene Bulle« ist ungefähr gleichzeitig mit der englischen Magna Charta gegeben worden. Die beiden Urkunden zeigen aber bezeichnende Unterschiede: in England stellten sich die Geistlichkeit und das Bürgertum hinter den Adel, und die Verfassung, die der König annehmen mußte, war wahrhaft national. In Ungarn jedoch erpreßte nur eine Kaste Vorteile auf Kosten der übrigen Volksteile.

Es wäre sicher anders gekommen, wenn Ungarn ein Bürgertum besessen hätte, aber das Land blieb, ebenso wie die beiden anderen spät entstandenen Nationen Böhmen und Polen, sehr lange rein agrarisch. Ebenso wie in Böhmen und Polen waren auch in Ungarn die einzigen Bürger, die dort seit dem zwölften Jahrhundert auftauchten, deutsche Einwanderer, und diese blieben inmitten des einheimischen Volkes Fremde. Die Deutschen wurden gerade durch die Vorrechte, welche ihnen die Könige gewährten, vom ungarischen Volk gänzlich geschieden. Vielleicht hätte die im Anfang des zwölften Jahrhunderts vollendete Eroberung Dalmatiens, durch die sich Ungarn einen Ausgang zum Adriatischen Meer sicherte, allmählich von Spalato und Zara aus im Inneren

Ungarns Handelsbestrebungen und dadurch eine Stadtbevölkerung entstehen lassen können; aber Ungarn hätte dazu Frieden haben müssen. Die Berührung Ungarns mit den vielen Nachbarn an seinen Grenzen: mit Böhmen, Polen, Deutschland sowie mit den Südslawen und mit dem byzantinischen Kaiserreich (ganz abgesehen von dem auf Bewahrung seiner Herrschaft im Gebiet der Adria eifersüchtig bedachten Venedig) versetzten das ungarische Königreich jedoch in einen dauernden Kriegszustand; denn es brachen bald an diesem, bald an jenem Punkt Kämpfe aus. Östlich von Ungarn lagen die riesigen Gebiete der asiatischen Barbaren; die Ungarn mußten die aus Südrußland vorgestoßenen Horden der Petschenegen und dann die ebenfalls von dort gekommenen Kumanen zurückdrängen oder zu unterwerfen versuchen. Das ungarische Königreich mußte sich außerdem gegen ein Volk verteidigen, das aus Slawen, Illyrern und anderen Stämmen gemischt war und aus dem Gebiet der einstigen römischen Kolonie Dazien das dort gesprochene Idiom übernommen hatte: später bildete dieses Mischvolk die rumänische Nation.

Ungarn, das – wie wir sahen – ein labiles und bedrohtes Staatengebilde war, wurde schließlich durch den Sturm der Mongolen beinahe vernichtet. Außer in Rußland waren die Brandschatzungen der Mongolen nirgends so furchtbar wie dort. Als sich die Horden wieder zurückzogen, mußte das Land gleichsam neu kolonisiert werden. König Bela IV. (1235–1270) sorgte dafür, so gut er konnte. Er rief Italiener nach Ungarn und ließ wieder Deutsche in sein Land kommen. Diese vermehrten die Anzahl der Deutschen, die sich schon vorher in Siebenbürgen niedergelassen hatten und dort bis in das zwanzigste Jahrhundert hinein verblieben. Buda wurde im Jahre 1245 gegründet. Die Italiener führten den Weinbau in Ungarn ein. Die Rumänen, die seit dem neunten Jahrhundert als Wanderhirten ihr Siedlungsgebiet von den innerbalkanischen Berglandschaften nach Norden ausbreiteten, waren um das Jahr 1210 zuerst nach Siebenbürgen gelangt. Sie leisteten im Gebiete des Königreichs Ungarn auch Landarbeit. Dreißig Jahre nach der Verwüstung durch die Mongolen war Ungarn wieder stark genug geworden, um dem deutschen König Rudolf von Habsburg gegen Ottokar von Böhmen zu helfen und zum Vorteil Deutschlands die drohende Expansion der Tschechen aufzuhalten.

Bald konnten die Magyaren bemerken, daß die Habsburger, die ihre Nachbarn geworden waren, Ungarn in ihre dynastischen Pläne einbezogen. Nach dem Tode des kinderlosen Ladislaus IV.

im Jahre 1290 verfügte Rudolf von Habsburg über Ungarn wie über ein Reichslehen und gab es seinem Sohn Albrecht. Aber die Päpste betrachteten Ungarn als ein der Kirche gehöriges Lehen, seitdem Silvester II. die Krone von Ungarn an König Stefan I. gesandt hatte; daher verlangte Papst Nikolaus IV. nach dem Tode Ladislaus' die ungarische Krone sogleich für Karl-Martell, einen Sohn Karls II. von Neapel und Schwager des verstorbenen Königs.[30] Die Magnaten wollten jedoch von diesem Ausländer nichts wissen und gaben die Krone nunmehr Andreas III., einem Abkömmling des angestammten Herrscherhauses der Arpaden. Erst nach dem Tode dieses Königs (1301) erkannten sie den Sohn Karl-Martells, Karl Robert (1308–1342), als König an. So wurde die französische Dynastie Anjou, die einst von den Päpsten aus Feindschaft gegen die Staufer nach Neapel verpflanzt worden war, nun aus Abneigung gegen eine Herrschaft der Habsburger in Ungarn anerkannt. Dort hielt sich das Herrscherhaus bis zum Jahre 1382 und trug viel dazu bei, Ungarn zu »verwestlichen«. Die bemerkenswerteste Königsgestalt aus diesem Zweige der Anjou war der bereits im Zusammenhang mit Polen erwähnte Ludwig I. der Große (1342–1382), der das von den Mongolen geräumte Moldauterritorium besetzte, Kroatien unterwarf und die Venezianer zur Abtretung der Küsten und Inseln des Adriatischen Meeres bis nach Durazzo hin zwang.

Ludwigs Politik zeugte von den Methoden und Zielen eines bedeutenden Königs, aber diese Politik wurde gerade durch ihre Größe sinnlos. Als sein Bruder Andreas, der Gemahl der Königin Johanna I. von Neapel, ermordet wurde, unternahm er zur Bestrafung der Tat (an deren Planung die Königin beteiligt war) im Jahre 1347 eine militärische Strafexpedition, der sich Königin Johanna aber durch die Flucht entzog. König Ludwig I. strebte damals – allerdings vergeblich – nach der Krone von Neapel. Doch neben seiner auf Italien gerichteten Politik trieb Ludwig auch noch eine Politik nach Norden hin; denn er war, wie wir bereits gesehen haben, seit dem Jahre 1370 auch König von Polen, so daß seine Macht sich schließlich von der Weichsel bis zur Adria und zum Schwarzen Meer erstreckte.

Ludwig I. von Ungarn war nahezu ein Zeitgenosse Karls IV. von Böhmen und Kasimirs III. von Polen und handelte nicht anders als sie. Die Handlungsweise dieser drei Könige zeigt tatsächlich eine erstaunliche Übereinstimmung. Ludwig gründete in Fünfkirchen (Pecz) eine Universität, und die verfeinerten Sitten seines Hofes begannen sich bald unter den ungarischen Magnaten zu verbreiten.

Die Mitte des vierzehnten Jahrhunderts ist für Böhmen, Polen und Ungarn durch den vielleicht nicht rein französischen, aber doch westeuropäischen Einfluß bemerkenswert, der den deutschen Einfluß aus der Zeit des dreizehnten Jahrhunderts bis zu einem gewissen Grade ablöste.

Die Politik Ludwigs I. von Ungarn konnte keine Dauer haben. Dieser König, der keinen Sohn hinterließ, hatte ein ungeheures, aber leicht vergängliches Imperium geschaffen. Polen ging schon vier Jahre nach dem Tode des Herrschers auf Jagiello von Litauen über; ein naher Verwandter Ludwigs aus dem Hause Anjou, Karl von Durazzo, der den verwaisten Thron von Ungarn besteigen wollte, wurde im Jahre 1387 ermordet, und schließlich erkannte man Sigismund von Luxemburg, der Ludwigs Tochter Maria geheiratet hatte, als König von Ungarn an.

Sigismunds Regierung war in jeder Hinsicht erfolglos. Die Türken rückten vor, und eine Politik in der Richtung zum Adriatischen Meer wurde dadurch unmöglich. Der König von Ungarn erhielt zwar den Titel eines Königs der Römer und den Kaisertitel, aber diese Würden konnten Ungarn nicht retten und trieben es sogar noch in die Hussitenkriege hinein. Die Pläne des Konzils von Konstanz ließen sich, wie wir sahen, aus der Türkengefahr erklären, aber sie führten zu nichts und brachten niemandem Nutzen.

Nach Sigismunds Tode (1437) trug Albrecht von Österreich, der Sigismunds Tochter Elisabeth geheiratet hatte, die Krone Ungarns. Albrecht starb jedoch zu früh (1439), um noch die Herrschaft des Hauses Habsburg über das Land sicherstellen zu können. Ungarns Geschichte wurde nun für lange Zeit von der Entwicklung der türkischen Macht in Europa bestimmt.

Den Gesamteindruck, den man von der Geschichte der Slawen und Ungarn bis zur Mitte des fünfzehnten Jahrhunderts gewinnt, kann man etwa folgendermaßen zusammenfassen: Diese Völker waren zwar der christlichen Gemeinschaft beigetreten, aber auch danach blieben sie der europäischen Gemeinschaft noch immer fast fremd. Ihnen ermangelte die Aufnahme in die römische Kultur, wie sie den Germanen in der Zeit des Karolingerreiches zuteil geworden war. Die Slawen und Ungarn haben nicht, wie die Germanen, unter der theokratischen Herrschaft eines solchen Imperiums gelebt. Im Karolingerreich waren die geistliche und die weltliche Macht eng verbündet gewesen; dadurch hatte die weltliche Macht schließlich die in der Kirche noch weiterlebenden römischen Verwaltungsformen, Rechtsinstitutionen, Wissenschaften und Literaturdenkmäler erhalten und verbreiten können. Das Reich der Ottonen hatte, da es sich schon früh und allzu ausschließlich auf den Besitz Italiens gerichtet hatte, auf die Unterwerfung der Ungarn und Slawen verzichtet; die Durchdringung dieser Völker mit westeuropäischer Gesittung vollzog sich bei ihnen daher nur mittels der Bischöfe und Mönche. Aber diese geistlichen Erzieher waren auf ihre eigenen Kräfte angewiesen, politisch machtlos und weit von den Quellen des religiösen Lebens entfernt, so daß ihr Einfluß ziemlich oberflächlich blieb und sich auf Kultus und Kirchenzucht beschränkte. Bei den Slawen, Balten und Ungarn hat es weder die großen Domänen noch ein Lehenswesen gegeben; sie haben an dem Investiturstreit und an den Kreuzzügen nicht teilgehabt. Die einzige Folge, die sich für die Ungarn und die Slawen aus der Ritterzeit in Westeuropa ergab, bestand darin, daß die von den gläubigen Christen im Gebiet westlich der Elbe verfolgten Juden bei ihnen eine Zuflucht suchten. Als damals das wirtschaftliche Leben des Westens sich unter dem Einfluß des Handels wieder belebte und in den Städten zwischen Mittelmeer und Nordsee ein Bürgertum entstand, bemerkten die Ungarn und Slawen diese Umwälzung nur an dem plötzlichen Zustrom städtegründender deutscher Kolonisten in ihr Gebiet. Die Slawen, Balten und Ungarn verharrten damals noch ganz in ihren primitiven agrarischen Lebensformen und zogen sich vor den Eindringlingen zurück. Die Slawen wichen östlich der Elbe vor den deutschen Kolonisten zurück und ließen diese in ihren Ländern seßhaft werden. Die Deutschen gründeten im Osten ihre Städte, die in der Masse der einheimischen Bevölkerung gleichsam kleine Inseln von Fremden blieben. Die neu hereingekommenen Deutschen verachteten die slawische, baltische und ungarische Bevölkerung, waren aber auf sie angewiesen, und andererseits kam es durch die deutschen Einwanderer zu einer oberflächlichen Germanisierung dieser Gebiete. Diese Germanisierung endete erst um die Mitte des vierzehnten Jahrhunderts; damals kam es zu jener Gegenbewegung, deren beinahe gleichzeitige Exponenten in Böhmen Karl IV., in Polen Kasimir III. und in Ungarn Ludwig I. waren. Die Durchdringung der drei Länder mit deutschem Einfluß kam damals zum Stillstand, und man bemerkt bei ihnen ein nationales Erwachen. Dieses Erwachen zeigte sich freilich in den drei Ländern unter sehr verschiedenen Formen: in Böhmen im Ausbruch der Hussitenbewegung, in Polen in der Rückgewinnung Preußens und in Ungarn im Vorstoß zum Adriatischen Meer. Der Augenblick schien nun gekommen, da die

Westslawen, Südslawen und Ungarn an der europäischen Kultur aktiv Anteil nehmen sollten; aber die Türken rückten plötzlich durch die Balkanhalbinsel vor. Gerade die Slawen und Ungarn sahen sich dem türkischen Vorstoß ausgesetzt, und sie mußten sich nun wieder nach Osten wenden. Sie mußten die abendländische Kultur verteidigen, ohne an ihrer Entwicklung teilzuhaben.

Viertes Kapitel

SPANIEN UND PORTUGAL – DIE TÜRKEN

1. Spanien und Portugal

Die Kreuzzüge hatten den Islam in einem zentralen Punkte angegriffen, denn Palästina grenzte überall an Gebiete der Moslems. Wenn Westeuropa sich in der Levante halten und den Gegenstoß der Moslems an dem dort von ihm besetzten schmalen Küstenstrich entscheidend hemmen wollte, ohne ins Meer gejagt zu werden, hätte es eine starke offensive Kraft entfalten müssen: stärker als das Potential, welches das Abendland bei den großen Entfernungen und bei den damals verfügbaren Mitteln aufbringen konnte. Nach dem Verlust der Stellungen, die Westeuropa im ersten Kreuzzuge bei seinem von Begeisterung getragenen stürmischen Vorstoß besetzt hatte, versuchte es vergeblich, diese Positionen zurückzuerobern. Nach dem Tode Ludwigs des Heiligen hörte die Levante auf, eine Basis für militärische Feldzüge zu sein. Sie wurde zum Stapelplatz für den Handel zwischen Europa und dem Osten und blieb dies bis zur Entdeckung Amerikas.
Ganz anders hatte sich jedoch das Verhältnis zwischen Moslems und Christen in Spanien gestaltet. Für beide lagen die Aussichten auf einen Sieg in Südeuropa nicht so ungleich wie die Aussichten im Orient. Beide trafen einander in Spanien frontal auf deutlich abgegrenzten Schlachtfeldern, beide hatten dort nach Niederlagen die Möglichkeit, kehrtzumachen, sich im Hinterland wieder zu sammeln und sich in Erwartung neuer Kämpfe zu erholen. Unter diesen Umständen mußte der Sieg dem zufallen, welcher die aggressive Kraft am längsten bewahrte. Dies aber konnten nur die Ärmeren und also die Spanier sein. Der primitive Wunsch, die schönen Städte und Ländereien zu besitzen, die so auffallend von der Kargheit des Berglandes der spanischen Christen abstachen, machte deren Haß gegen die Ungläubigen nur noch wilder. Der Angriff der Spanier gegen den Islam erinnert, zumindest in den Anfängen, an einen Ansturm von Barbarenvölkern; aber die Spanier waren ja gleichzeitig Christen, und das hinderte sie, sich mit dem besiegten Kulturträger zu vermischen wie einst die Germanen mit den unterworfenen Bevölkerungen des römischen Kaiserrei-

ches. Die Rasse hat damit freilich nichts zu tun; beispielsweise haben sich die Türken im zehnten und elften Jahrhundert trotz ihrer vorwiegend ostasiatischen Abkunft der ganz semitischen Kultur des Kalifates von Bagdad angeglichen. Wahrscheinlich hätten die Spanier sich gleichfalls zum Islam bekehrt, wenn sie zur Zeit ihrer Berührung mit diesem Glauben noch Heiden gewesen wären, wie dies bei den Türken der Fall war. Die mit den hohen Kulturen verbundene materielle Überlegenheit bildete gegenüber den Heiden das mächtigste Propagandamittel zu ihrer Bekehrung. Dagegen steigern der Glanz und Reichtum einer hohen Kultur die Abneigung bei Menschen, die strenggläubige Bekenner eines anderen religiösen Glaubens sind und an dieser Kultur nicht teilhaben: die Abneigung wird zum erbitterten konfessionellen Haß, und man sieht dann in jenem Glanz und Reichtum nur Gottlosigkeit und Lästerung des wahren Gottes. Damit werden dann völlige Ausplünderung und Brandschatzung von vornherein gerechtfertigt, wobei sich die rohesten Instinkte frei entfalten, ohne daß das religiöse Gewissen dadurch beunruhigt würde. Bei den spanischen Christen vereinigten sich gefühlsmäßige Momente und Hingabe an die Religion mit realer Gewinnsucht zum Motiv für den heiligen Krieg. Die Spanier nannten ihn selbst so, und es war ein heiliger Krieg im vollen Sinne des Wortes: das Ziel war nicht die Bekehrung, sondern die Ermordung oder doch die Vertreibung der Moslems. Bei den Spaniern findet man keine Spur von jener Toleranz, mit welcher die Moslems den Mozarabern – sprachlich und kulturell ganz oder fast ganz arabisierten, aber katholisch gebliebenen Untertanen spanischer Abstammung – die freie Ausübung ihrer Religion gestatteten. Die religiöse Unbedingtheit, mit der die christlichen Spanier glaubten, war so stark, daß sie sich nicht einmal mit der Abschwörung des islamischen Glaubens selber zufriedengaben und die getauften »Moriskos« (Mauren, die nach der Rückeroberung Granadas seitens der Christen in Spanien geblieben und häufig nur unter dem Zwang der Inquisition Christen geworden waren) ihnen ein unüberwindliches Mißtrauen einflößten. Es genügte den christlichen Spaniern nicht mehr, daß jemand Christ war, sondern er mußte auch »alter Christ« sein, was auf »altspanische Abstammung« herauskam. Auf diese Weise wurde die Nationalität eines jeden zum Prüfstein für seine Rechtgläubigkeit. Das Nationalgefühl der Spanier vermischte sich untrennbar mit ihrem Glaubenseifer und erhielt dadurch unerbittliche und fanatische Züge.

Wir sahen bereits, daß die Mauren, die seit der Mitte des elften

Jahrhunderts nicht mehr imstande waren, den siegreichen Waffen der Christen zu widerstehen, die Almoraviden Marokkos um Hilfe baten. Der große Sieg der Moslems bei Zallaca (1086) hielt zwar den Vorstoß der Spanier auf, doch ihr Angriffsgeist blieb ungebrochen. Der Krieg wies nunmehr ein Jahrhundert hindurch zwar keine bedeutenden Schlachten mehr auf, aber er blieb doch ein ständiges erbittertes Ringen. Die Taten der Helden inspirierten die Romanzen, die zur gleichen Zeit, da das französische Ritterepos das Rolandslied hervorbrachte, den Ruhm des Cid Campeador (Rodrigo Diaz de Viparte) priesen. Während dieser Cid Campeador, der im Jahre 1099, dem Jahr der Einnahme Jerusalems, starb, nur eine lokale Berühmtheit erlangte, wurde Roland eine große Gestalt der europäischen Literatur. Die Aufmerksamkeit der Zeitgenossen wurde durch das glanzvolle Schauspiel der Kreuzzüge so stark gefesselt, daß sie den Krieg im Spanien des zwölften Jahrhunderts wenig beachteten. Ähnliches geschah viel später, als Europa dem Krieg in Rußland im Jahr 1812 starke, dem Krieg in Spanien nur geringe Aufmerksamkeit schenkte. Dennoch hat der Untergang Napoleons in Spanien begonnen: dem Lande, das dem Katholizismus im Mittelalter die einzigen Siege über den Islam verschaffte, die von Dauer waren. Diese Siege wären schneller erfolgt und strategisch wirksamer gewesen, wenn die spanischen Christen ihre Bemühungen gegen den gemeinsamen Feind vereinigt hätten. Zum Unglück für die Christen lagen die Könige Kastiliens und Aragoniens jedoch immer wieder miteinander im Kriege oder waren innerpolitisch genötigt, sich gegen die Ansprüche ihres Adels zu verteidigen. So ließen die Christen Spaniens dem Feinde viele Möglichkeiten, sich von seinen Schlägen zu erholen und Rache zu nehmen. Der Kalif der Almohaden, al-Mansur, erfocht gegen den kastilischen König Alfons VIII. bei Alarcos (Juli 1195) einen so bedeutenden Sieg, daß dem christlichen Spanien eine allgemeine Katastrophe drohte. Aber das Papsttum hatte in seinen Plänen für einen Religionskrieg niemals jenen von Spanien gehaltenen »linken Flügel« der Christenheit aus dem Auge verloren. Innocenz III. griff sogleich ein, trieb die Gläubigen an, im Zeichen des Kreuzes zu streiten, und sandte Geld. Der Papst verlieh nunmehr der spanischen Christenheit seinen Schutz. Peter II. von Aragonien ließ sich von Innocenz III. in Rom krönen (1204) und erkannte sein Königreich als Lehen an, das ihm vom Papst verliehen sei. Auf Grund der Mahnungen des Papstes vereinigten Aragonien, Kastilien, Leon und Portugal nunmehr ihre Kräfte. Die Schlacht bei Navas de Tolosa (1212) rächte die Niederlage von Alarcos und brach den Widerstand des Islams.

Seitdem rückten die spanischen Christen unwiderstehlich und unaufhaltsam vor. Jakob I. von Aragonien (1213–1276) setzte sich auf den Balearen fest und bemächtigte sich Valencias (1238). Ferdinand III. von Kastilien eroberte im Jahre 1236 Cordoba und zwölf Jahre später Sevilla. Indessen gliederte Alfons III. von Portugal seinem Staate ganz Algarve ein und gab seinem Königreich damit die Ausdehnung, welche es noch heute hat. Den Moslems verblieb in Spanien nichts als das Gebiet von Granada, und auch dort hielten sie sich nur unter der Oberhoheit Kastiliens.

Je größer die ursprünglich so zersplitterten Staaten des christlichen Spaniens auf Kosten der Moslems durch Expansion nach Süden wurden, desto kompakter wurden sie gleichzeitig durch Zusammenschluß. Die Staaten Asturien, Galicien und Leon vereinigten sich mit Kastilien (1230), und Katalonien gliederte sich dem Königreich Aragonien an. Navarra, das an eine französische Dynastie gekommen war, lag zu abgeschlossen in den Bergen, um noch mit seinen glücklicheren Nachbarn wetteifern zu können, und behielt nur eine geringe, lokal begrenzte Bedeutung. Portugal war durch die große Entwicklung seiner Küsten und den Lauf seiner Flüsse Douro und Tejo im wesentlichen nach Westen gerichtet und kehrte der Halbinsel, in welche sich Kastilien und Aragonien teilten, gewissermaßen den Rücken. Kastilien war an Ausdehnung weit bedeutender als Aragonien; aber Aragonien lag günstiger und hatte daher weit früher einigen Kontakt mit der Außenwelt. Hierbei denke ich nicht an die keineswegs unbedeutenden Lehenslande, welche die Dynastie von Aragonien nördlich der Pyrenäen besaß. Diese Gebiete hätten Aragonien nur in Konflikte mit den Königen von Frankreich bringen können, und dann wäre das Land von vornherein verloren gewesen; daher war Jakob II. von Aragonien gut beraten, als er seine Lehensgebiete nördlich der Pyrenäen an Ludwig den Heiligen abtrat, wofür dieser auf die Oberherrschaft in Katalonien verzichtete (1258). Aragonien war mehr nach Europa gewandt als Kastilien, und sein ganzes Wesen war auch nicht so begrenzt spanisch wie der Charakter Kastiliens; denn Aragonien liegt am Mittelmeer, und diese Lage brachte es mit sich, daß das Gebiet am Levantehandel teilnahm: dem Großhandel des Mittelalters. Barcelona beschritt bald den Weg, der durch Venedig, Pisa und Genua geebnet war, und seine Seeleute begegneten den italienischen und provenzalischen Schiffen in den Häfen Syriens und Ägyptens. Aragonien hat es weit mehr dieser Seefahrt als der Verwandtschaft Peters III. (1276–1285) mit dem Staufer Manfred zu verdanken, daß es in die politischen Angelegenheiten Siziliens hineingezogen wurde; seit dem Jahre 1282 faßte Spanien in diesem Königreich Fuß. Von Sizilien aus, das immer ein empfindlicher Punkt in der europäischen Politik blieb, sollte sich Spanien dann später über das eigentliche italienische Gebiet hin ausbreiten. Unter den Nachfolgern Peters III. ging die Expansion des Königreiches Aragonien im Mittelmeergebiet weiter: Alfons III. (1285–1291) eroberte die Balearen, die einige Zeit hindurch ein dem Herrscher von Aragonien vasallenpflichtiges Königreich bildeten und dann unter Peter IV. (1336–1387) ganz annektiert wurden; Alfons IV. (1327–1337) kämpfte mit Genua um Korsika und Sardinien, und unter Alfons V. wurde das Königreich Neapel erobert (1442). So war Aragonien zu einer Macht am Mittelmeer geworden. Es hat dem spanischen Volk, das durch die Pyrenäen von Europa abgesondert war, den Weg zum Meer geebnet: den einzigen Weg, auf dem es Europa erreichen konnte. Man stelle sich nur einmal vor, wieviel schwächer die Macht Kaiser Karls V. gewesen wäre, wenn Sizilien in seinem Erbe gefehlt hätte!

Dennoch war nicht Aragonien, sondern Kastilien das echte Spanien. Kastilien hat den größten und ruhmvollsten Anteil am Krieg gegen die Moslems gehabt. Es hat dabei die volkstümlichsten Helden hervorgebracht: den Cid im elften Jahrhundert und Perez de Castro im dreizehnten Jahrhundert. Die »Romanzen«, in denen die Taten dieser Helden besungen wurden, entstanden ebenfalls auf dem Boden Kastiliens. Dort war der Adel zahlreicher und mächtiger als anderswo, dort hat sich die nationale Sprache und auch das nationale Wesen Spaniens gebildet. Das Königreich war freilich nicht völlig ohne Beziehungen zum Ausland; denn von seinen Häfen am Golf von Biskaya ging eine ziemlich lebhafte Küstenschiffahrt nach Flandern, und die kastilischen Kaufleute erhielten in Brügge Handelsprivilegien (1280). Kastilien besaß jedoch weder einen Handel noch eine Flotte, welche mit Handel und Flotte von Barcelona hätten verglichen werden können. Es ist daher begreiflich, daß die Könige von Kastilien im Gegensatz zu den Herrschern von Aragonien in die große Politik Europas nicht einbezogen wurden. Wir haben bereits gesehen, daß Alfons X. (1252–1284), der sich durch einen seltsamen Ehrgeiz dazu verleiten ließ, den Titel eines Königs der Römer zu kaufen, keinen Nutzen daraus ziehen konnte. Die dynastischen Streitigkeiten sind für die Herrschaft Sanchos IV. (1284–1295) kennzeichnend, der von den Infanten de la Cerda, Kindern des früh verstorbenen ältesten Sohnes Alfons' X. von Kastilien, angegriffen wurde; dies war für den König von Frankreich ein Anlaß einzugreifen. Freilich blieb diese Intervention erfolglos. Später verbündete sich Peter der Grausame (1350–1369) mit dem Schwarzen Prinzen – dem englischen Sieger in der Schlacht bei Maupertuis – gegen den von dem Feldherrn Bertrand Du Guesclin im Auftrage des französischen Königs Karl V. unterstützten Heinrich von Trastamara, der als Rivale seines Halbbruders Peter nach der Krone Kastiliens strebte. Diese wenigen Tatsachen bilden den wesentlichen Inhalt der äußeren Geschichte Kastiliens, bevor Spanien als eine plötzlich entstehende Großmacht Weltpolitik trieb. Jedenfalls war der Einfluß Kastiliens bis zum Ende des fünfzehnten Jahrhunderts streng auf die Halbinsel beschränkt.

Dort begnügte sich Kastilien aber nicht mit der Bekämpfung der Mauren. Das Land grenzte im Westen an Portugal, im Osten an Aragonien und wurde ständig in Konflikte mit beiden Staaten verwickelt. Die Verwandtschaft zwischen den beiden Dynastien gab oft genug Anlaß zu solchen Konflikten. Manchmal handelte es sich dabei um die Regentschaft für einen minderjährigen Prinzen, manchmal um die Frage, ob ein bestimmter Fürst der berechtigte Thronerbe sei. Das schwache arabische Königreich Granada konnte sich vor allem durch die Zwistigkeiten zwischen den christlichen Monarchien Spaniens halten. Dieser islamische Staat mischte sich sogar aktiv in ihre Streitigkeiten ein und verstand es, ihre Uneinigkeit zum eigenen Vorteil zu schüren.

Trotz ihrer dynastischen Kämpfe wiesen Kastilien, Aragonien und Portugal aber viele gemeinsame Wesenszüge auf: eine Art Familienähnlichkeit, die durch ihre analoge Geschichte leicht zu erklären ist. Mit Ausnahme von Katalonien, das durch das Übergewicht von Barcelona besondere, noch jetzt leicht erkennbare Wesenszüge erhielt, gab es überall in dem christlichen Gebiet der Halbinsel dieselben Institutionen und dieselbe Struktur der Gesellschaft. Die Aristokratie, ein typischer Militäradel, bewahrte gegenüber dem Königtum lange Zeit hindurch eine hochmütige und anmaßende Haltung. Eine harmlose, aber doch bezeichnende Erinnerung daran konnte sich sogar noch unter der absoluten Monarchie erhalten: das Recht der Granden, vor dem König den Kopf bedeckt zu halten. Um dieser Aristokratie von *ricoshombres* (Uradel) und *hidalgos* (niederer Adel) Widerstand zu leisten, stützten sich die Könige seit dem Beginn des dreizehnten Jahrhunderts auf das Bürgertum. Das politische Interesse schrieb den Königen diese Haltung vor, wie das ja auch in Frankreich seit Ludwig VII. der Fall war. Aber das Bündnis der Städte mit der Krone war in Spanien enger und dauerhafter als in Frankreich; vielleicht war die größere Anmaßung des spanischen Adels gegenüber den Königen die Ursache dieser Zusammenarbeit. Die Bürger erwarteten vom König Frieden und Sicherheit auf den Wegen. Um diese Rechtsgüter sicherzustellen, bildeten die Bürger selbst Bünde *(hermandades),* wie die deutschen Städte; die spanischen Bünde unterstützten zugleich die Justizgewalt der Könige. Es ist erstaunlich, wie sehr bei den Monarchen der gesetzgeberische und richterliche Zug vorherrschte: Unter Alfons X. wurde für Kastilien ein (in sieben Teile gegliedertes) Gesetzbuch *(Codigo de la siete pardidas)* zusammengestellt; Jakob II. von Aragonien hat seinen Ruf als Gesetzgeber noch bis heute bewahrt; König Dinis von Portugal (1279–1325) hat den Beinamen *el justo* (der Gerechte) erhalten, und an König Peter I. von Portugal (1357–1367) wurde ebenfalls seine unerbittlich strenge Rechtlichkeit gerühmt. Die spanischen Bürger unterstützten also die Monarchie in ihrer Eigenschaft als Hüterin des Rechtes und des öffentlichen Friedens gegen den Adel. Die *hermandades* bildeten gewissermaßen eine freiwillige Polizei gegen Räuber und andere Verbrecher. Natürlich durften die Städte, welche der Ausübung der königlichen Macht so eng verbunden waren, schon sehr früh zur Vertretung ihrer Interessen in die Cortes eintreten. Abgeordnete des Bürgertums saßen denn auch seit dem dreizehnten Jahrhundert neben dem Adel und der Geistlichkeit in dieser Versammlung. Die dynastischen Streitigkeiten, die im Spanien des vierzehnten Jahrhunderts Wirren hervorriefen, gaben den Cortes eine willkommene Gelegenheit, ihren Einfluß auf die Regierung zu verstärken und den Königen – vor allem in Aragonien, wo die Städte mächtiger als anderswo auf der Halbinsel waren – Konzessionen abzunötigen. Diese erinnern stark an die Zugeständnisse, welche auch die niederländischen Städte damals ihren Fürsten abgerungen haben. Weiter ging aber der Einfluß der Cortes nicht. Spanien ist ebensowenig wie die anderen Staaten des europäischen Kontinents über den politischen Dualismus hinausgekommen: einen Dualismus, bei dem der Herrscher mit jenen bevorrechteten Ständen, die eine Vertretung hatten, von Fall zu Fall Kompromisse schloß. Ein Parlamentarismus, bei dem der König und die Stände nach englischer Art zusammenarbeiteten, ist in Spanien ebensowenig wie anderswo auf dem Kontinent eingeführt worden. Die Frage der Besteuerung hat in Spanien wie überall in den Verfassungskämpfen der kontinentalen Staaten des vierzehnten Jahrhunderts eine Rolle gespielt. Die typische Steuer Kastiliens: die »Alcabala«, eine Steuer auf Käufe und Verkäufe, wurde zuerst dem König Alfons XI. (1312–1350) seitens der Stadt

Burgos bewilligt, als der Herrscher einen Feldzug gegen Algeciras führte. Seitdem verbreitete sich diese Steuer in ganz Spanien.
Dynastische Streitigkeiten und politische Zwiste über Legitimitätsfragen haben die spanischen Königreiche im vierzehnten Jahrhundert und auch während des größten Teiles des fünfzehnten Jahrhunderts so stark beschäftigt, daß sie während dieser Zeit den Streit gegen die Mauren Granadas nicht wieder aufnehmen konnten. Statt dessen bereicherten sie sich und entwickelten ihren Handel. Die Felder Spaniens wurden nun zu Schafweiden, und die spanische Wolle nahm im Handel der nördlich der Alpen gelegenen Länder den Wettbewerb mit der englischen auf. Der Export spanischer Wolle nach den Niederlanden vermehrte sich daher beträchtlich. Die Schafzucht begann Kastilien sein charakteristisches Antlitz zu geben und verschaffte dem Adel des Landes großen Reichtum. Eisen aus Bilbao sowie Olivenöl, Apfelsinen und Granatäpfel waren Güter eines wachsenden Durchgangshandels in nördlicher Richtung: Brügge blieb das Zentrum, auf das sich dieser Handel richtete. In der ersten Hälfte des fünfzehnten Jahrhunderts war die »spanische Nation« dort beinahe ebenso stark vertreten wie die Hansa. Damals zeigte sich in Spanien eine wirtschaftliche Orientierung nach Norden. Man könnte in ihr ein Vorspiel zu jener dynastischen Verbindung sehen, welche die Niederlande im Jahre 1496 an das südliche Reich kettete.[31]
Aber gleichzeitig begann an der portugiesischen Küste des Atlantischen Ozeans eine andere Expansion, die für die Zukunft der Erde eine entscheidende Bedeutung hatte. Gegenüber Algarve streckte sich die Küste Marokkos aus, und religiöser Eifer trieb die Portugiesen dazu, den Kampf gegen den Islam dorthin zu tragen. Der Sohn König Johanns I., Heinrich der Seefahrer (1394–1460), der Wißbegierde und Missionseifer in sich vereinte, widmete sein Leben der Ausrüstung und Leitung der Seefahrten, mit denen die großartige Geschichte der Entdeckungen beginnt. Heinrich hatte schon im Jahre 1415 an dem Feldzug seines Vaterlandes gegen Ceuta teilgenommen und sich auch an der Eroberung der Stadt beteiligt. Was für Länder lagen hinter diesem Gebiet? Eine unbekannte Welt wartete hinter Kap Bojador, das noch niemand umsegelt hatte. Jetzt war die Seefahrt schon so weit fortgeschritten, daß sie sich auf das offene Meer wagen durfte. Ein von Heinrich abgesandtes Schiff entdeckte Madeira (1419), ein zweites die Azoren (1431), Kap Bojador wurde im Jahre 1434 umsegelt. Heinrich konnte noch kurz vor seinem Tode (1460) den Bericht von der Entdeckung der Kapverdeschen Inseln und der Küste Senegam-

biens entgegennehmen. Der Weg nach Süden lag nun offen. Der Atlantische Ozean, der bis dahin das Ende der Welt zu sein schien, sollte zum Wege nach einer neuen Welt werden.
Spanien nahm schon vor der Heirat Ferdinands und Isabellas – eine Verbindung, durch die Kastilien für immer mit Aragonien vereinigt wurde – eine Stellung ein, die das Land für seine spätere Position gleichsam vorbereitete. Freilich konnte damals noch niemand, nicht einmal das spanische Volk selbst, die Möglichkeit ahnen, die die Zukunft bot. Immerhin nahm Spanien durch Sizilien und Barcelona am Mittelmeerhandel teil. Ferner stand es durch die Häfen am Golf von Biskaya mit dem Handel nördlich der Alpen in Kontakt und wagte sich jetzt auch an die Schiffahrt auf dem Atlantischen Ozean. Zwar war die zersplitterte Macht Spaniens noch zu unbedeutend, um eine kraftvolle Außenpolitik entwickeln zu können, aber kein anderer Staat – nicht einmal Venedig – hatte eine so große Einflußsphäre. Bedenkt man außerdem, daß das spanische Volk im Kampf mit dem Islam gestählt war, über starkes Selbstvertrauen verfügte und soldatische sowie seemännische Fähigkeiten besaß, so kann man sich vorstellen, was für ein potentieller Machtfaktor dieses Land war. Bald sollte es aktiv in die europäischen Verhältnisse eingreifen.

2. *Die Türken*

Das einzige Ergebnis des Lateinischen Kaisertums, das auf Grund des vierten Kreuzzuges in Konstantinopel aus dem Stegreif errichtet worden war, bestand darin, daß es die Zersetzung des Byzantinischen Reiches beschleunigte. Auf den meisten Inseln des Jonischen Meeres und an seinen Küsten waren venezianische und genuesische Kontore errichtet worden. Lehensfürstentümer wie das Herzogtum Athen, das Herzogtum Achaia und andere teilten sich Griechenland. Die Bulgaren und Serben hatten sich Thrakiens und Makedoniens bemächtigt. Das Byzantinische Reich hatte von seinen europäischen Gebieten beinahe nur noch Konstantinopel, Saloniki, Adrianopel und Philippopel behalten, als Michael VIII. Paläologos im Jahre 1261 dort die griechische Herrschaft wiederherstellte. Auf der anderen Seite des Bosporus, in Kleinasien, wohin die Lateiner nicht gedrungen waren, besaß das Byzantinische Kaiserreich freilich noch Westanatolien mit Brussa, Nicäa und Nikomedien.

Diesem Reiche war es offensichtlich bestimmt, in einzelne Teile zu zerfallen. Von Venedig und Genua ausgebeutet, hatte es jede wirtschaftliche Lebensfähigkeit verloren und war nicht mehr imstande, die ungeheuren Ausgaben, die zu seiner Verteidigung nötig waren, aufzubringen. Das Gewerbe und der Handel erloschen und machten dem Übergewicht großer Grundbesitzer Platz, wie dies in Westeuropa nach dem Sturz des römischen Kaiserreiches geschehen war. Die Umstände, in denen sich das Byzantinische Reich unter Kaiser Michael VIII. Paläologos (1261–1282) befand, schienen zu seiner Zerstückelung in drei Teile zu führen: Karl von Anjou richtete von Sizilien aus begehrliche Blicke auf Griechenland und bereitete offensichtlich dessen Eroberung vor, die Serben, deren Macht im Norden immer stärker wurde, verhehlten ihren Wunsch, Konstantinopel zu nehmen, nicht, und schließlich warteten in Kleinasien die Türken auf ihre Stunde! Die Katastrophe der Sizilianischen Vesper, zu der die Umtriebe Michaels VIII. beigetragen hatten, setzte die Herrscher aus der Dynastie Anjou und ihre Anhänger matt, denn sie mußten sich nun vom Osten wegwenden und sich gegen ihren Rivalen verteidigen: das Herrscherhaus von Aragonien. Das war vom europäischen Standpunkt aus gesehen ein großes Unglück; denn die Bildung eines süditalienischen Staates, der mächtig genug gewesen wäre, sich Griechenland zu unterwerfen, würde der beste Schutz gegen den türkischen Vorstoß gewesen sein. Jedenfalls stand es fest, daß die Slawen des Balkans nicht aus eigener Kraft imstande sein würden, diesen Vorstoß zum Stehen zu bringen. Da das griechische Kaiserreich sich nicht mehr ohne Hilfe verteidigen konnte, wäre die Hauptaufgabe gewesen, dafür zu sorgen, daß es der europäischen und christlichen Gemeinschaft nicht entrissen werde. Aber die Politik der Staaten kümmerte sich meist nur um ihre unmittelbaren und gegenwärtigen Interessen: Michael erblickte daher in der Niederlage Karls von Anjou nur einen Triumph der byzantinischen Politik.

Die Türken waren ein primitives, den Finnen verwandtes Volk (ursprünglich Nomaden aus dem Altaigebiet). Sie stellten seit dem zehnten Jahrhundert für das Kalifat von Bagdad etwas Ähnliches dar wie sechs Jahrhunderte zuvor die Germanen für das römische Kaiserreich. Die Türken waren in das Gebiet des Kalifates eingedrungen und hatten sich natürlich zum Islam bekehrt. Die glanzvolle Kultur des Islams war aber zu sehr verfeinert, um unter den primitiven Kriegern und Bauern, die sich nun zur Lehre Mohammeds bekannten, weiterblühen zu können. Die Türken übernahmen von dieser Kultur denn auch nur einige äußerliche Züge. Inmitten der hohen Kultur des Islams blieben sie Soldaten und Bauern. Aber je weniger dieses Volk von der arabischen Kultur durchdrungen war, desto stärker mußte sein Eifer für den Glauben werden, zu dem es sich bekehrt hatte. Der religiöse Eifer erfüllte die Türken bald mit Leidenschaft gegen die Ungläubigen, und dies konnte nur dazu beitragen, den soldatischen Geist im türkischen Volk wachzuhalten. Der große Angriff der Mongolen, der im dreizehnten Jahrhundert Vorderasien so jäh verwüstete, warf die Türken zunächst in das armenische Bergland zurück. Bald aber zogen sie von dort unter der Führung Osmans (1288–1326) in die Ebene und breiteten ihre Macht in westlicher Richtung nach Kleinasien hin aus. Dieses wurde eine leichte Beute der Türken; sie entrissen es den kraftlosen Händen der Nachfolger Michaels VIII. Paläologos ohne große Anstrengungen. Brussa (1326) und Nicäa (1331) fielen in die Hände der türkischen Eroberer. Dem Byzantinischen Reich blieb von seinen asiatischen Besitzungen nur noch Nikomedien. Die Ohnmacht dieses Reiches wurde noch durch innere Kämpfe vermehrt. Nach dem Tode Kaiser Andronikos' III. (1341) benutzte der Großdomestikos Kantakuzenos die Minderjährigkeit Johannes' V., um sich selbst zum Kaiser zu proklamieren. Der Hof rief die Bulgaren und Venezianer gegen den neuen Kaiser zu Hilfe. Dieser wollte aber an der Macht bleiben: er rief seinerseits gegen die Bulgaren und Venezianer die Hilfe der Türken an und ließ sie über den Bosporus ziehen. Die Eroberungen der Türken in Europa erfolgten unmittelbar nach der Expansion in Asien. Sultan Murad I. bemächtigte sich im Jahre 1361 Adrianopels und zwei Jahre später Philippopels. Er schlug die Serben im Jahre 1371 und warf sie nach Makedonien zurück. Später zogen Murads Truppen auch in Sofia ein (1382). Die Griechen, nunmehr in Konstantinopel eingeschlossen, überließen die Verteidigung Thrakiens den Slawen. Die Serben trugen im Jahre 1378 einige Erfolge in Bosnien davon, aber zwei Jahre später verloren sie die blutige Schlacht von Kossowo Polje (28. Juni 1389). In dieser Schlacht auf dem Amselfeld (westlich von Prischtina) fiel zwar der serbische Fürst Lazar, aber gleichzeitig starb auch der Sieger: Sultan Murad I. wurde am Tage der Schlacht in seinem Zelt von einem serbischen Edelmann erstochen. Der Widerstand gegen die Türken schien nun gebrochen zu sein. Bajesid I. (1389–1403), der Sohn Murads, unterwarf sich Bosnien, die Walachei, Bulgarien, Makedonien und Thessalien. Beinahe die ganze Balkanhalbinsel bis zur Donau hin schien nur noch eine Fortsetzung der mohammedanischen Welt zu sein. Das Kreuz erhob sich nur noch auf den Kuppeln Konstantinopels und Salonikis sowie im albanischen Bergland. Schon waren die Grenzen Ungarns und damit die Grenzen der römischen Kirche durch den Vorstoß der Türken bedroht. Die verzweifelten Hilferufe der Paläologen fanden nun endlich Gehör. Papst Bonifaz IX. predigte einen Kreuzzug gegen die Türken, und König Sigismund rief die Ungarn und Deutschen zu den Waffen. In Frankreich entsandte der Herzog von Burgund, Philipp der Kühne, dessen Wunsch, die Geltung seiner Dynastie zu erhöhen, ebensogroß war wie sein Wunsch, als Christ zu handeln, seinen Sohn zur Teilnahme am Kreuzzug. Dieser Sohn, Johann ohne Furcht, stand an der Spitze eines glänzenden Reiterheeres, das die Ungläubigen bekämpfen sollte. Aber das Streben, den türkischen Vormarsch zum Stehen zu bringen, scheiterte an der neuartigen Taktik und an dem fanatischen Kampfgeist der Türken, die in der Schlacht bei Nikopolis an der Donau (am 25. September 1396) Sieger blieben. Die Einnahme Konstantinopels durch die Türken schien bevorzustehen; aber sie wurde durch einen neuen plötzlichen Mongolensturm um ein halbes Jahrhundert verschoben.

Gerade jetzt hatte nämlich ein asiatisches Genie, Timur Lenk (Tamerlan) – glücklicherweise der, von den osmanischen Eroberern abgesehen, letzte große asiatische Kriegsherr nach Attila und Dschingis Khan – wieder einen Angriff der kriegerischen gelben Horden organisiert. Timur Lenks Eroberungen erfolgten ebenso blitzartig wie die seiner Vorgänger. Er breitete seine Herrschaft bis zur Wolga aus. Schon vorher hatte dieser Mongolenfürst unter Anwendung furchtbarer Gewaltmittel Persien, Armenien und schließlich auch Mesopotamien – die Wiege so vieler aufeinander folgender Kulturen – unterworfen. Mesopotamien hat sich von der Verwüstung, die Timur Lenk dort anrichtete, nie mehr erholt. Das Türkische Reich wurde nun durch die Mongolen ebenfalls bedroht. Sultan Bajesid I. hatte gerade mit der Belagerung Konstantinopels begonnen, gab sie aber nun auf, um Kleinasien zu verteidigen. Die beiden Barbarenvölker stießen bei Angora aufeinander, und der türkische Sultan, gegen welchen die Europäer nichts hatten ausrichten können, wurde von den Mongolen besiegt (am 28. Juli 1402). Aber die Macht Timur Lenks zerfiel so plötzlich, wie sie entstanden war. Unmittelbar nach seinem Tode (1405) erhoben sich die unterworfenen Völker bereits wieder aus den Trümmern, die er überall hinterlassen hatte. Sultan Suleiman I. (1404–1410), der Sohn Bajesids,[32] konnte die asiatische Türkei, die von den

Mongolen zerschlagen worden war, von neuem organisieren. Jetzt hätten die Christen einen entscheidenden Angriff gegen die Türken unternehmen können; aber der byzantinische Kaiser Manuel begnügte sich mit einem Vertrag, durch den er Saloniki und ein paar Inseln zurückerhielt, und setzte die Heirat einer seiner Nichten mit dem Sultan fest. Der Tribut, den die Türken von den Griechen und Serben verlangten, wurde abgeschafft, und man redete sich selbstgefällig ein, daß die türkische Gefahr nun verschwunden sei. Aber in Wirklichkeit hat eine Niederlage auf primitive Völker nur so lange hemmenden Einfluß, bis sie die zum Angriff unentbehrlichen Krieger, die in der Schlacht gefallen sind, durch neue Mannschaften ersetzt haben. Nur ein einziges Mittel hätte den türkischen Vorstoß zum Stehen gebracht: die Türken für die westliche Kultur zu gewinnen. Aber ihr Bekenntnis zum Islam machte die Anwendung dieses Mittels von vornherein unmöglich. Die Katastrophe eines Vormarsches der Türken in westlicher Richtung war zwar durch den Mongolensturm für kurze Zeit aufgeschoben worden, aber sie drohte nun stärker denn je. Sultan Murad II. (1421–1451) erschien erneut vor Konstantinopel und nahm Saloniki wieder ein. Zwar stellten sich Georg Kastriota (Skanderbeg) in Albanien und Johann Hunyadi an den Grenzen Ungarns den Türken heldenhaft entgegen; aber nach der Schlacht von Varna (1444) wurde die Herrschaft der Osmanen auf der gesamten Balkanhalbinsel wiederhergestellt.

Diesmal war das Schicksal Konstantinopels besiegelt. Byzanz konnte nichts von einem Europa erwarten, in dem Frankreich und England sich durch den Hundertjährigen Krieg erschöpft hatten und Deutschland durch die Hussitenkriege erschüttert worden war. Aber auch die katholische Kirche machte damals eine schwere Krise durch, bei der der Papst und die Konzile miteinander stritten. Die Vereinigung der griechischen Kirche mit der päpstlichen wurde zwar von Papst Eugen IV. auf Grund seiner Abmachungen mit Kaiser Johannes VIII. von Byzanz im Jahre 1439 verkündet; aber diese Union wurde im Abendlande kaum beachtet und hatte im Osten kein anderes Ergebnis als leidenschaftliche Erbitterung bei dem Pöbel von Byzanz und bei der orthodoxen Geistlichkeit, die beide noch stets »lieber türkisch als päpstlich« sein wollten. In den Niederlanden sprach zwar der Herzog von Burgund, Philipp der Gute, von einem Kreuzzug gegen die Türken, aber er schiffte sich nicht ein, und selbst wenn er es getan hätte, wäre es vergeblich gewesen. Nicht einmal der glänzendste Feldzug hätte Konstantinopel vor den Türken retten können, denn diese waren imstande, immer wieder militärische Reserven heranzuführen und den Krieg ohne große Kosten für eine Soldatenwerbung mit den primitiven Massen eines reinen Kriegervolkes durchzuhalten. Mann hätte die Türken überhaupt nur durch die Errichtung bleibender und starker militärischer Stützpunkte am Bosporus entlang, auf den Inseln und an der Donau abwehren können; aber unter den politischen und wirtschaftlichen Umständen jener Zeit war kein Staat dazu imstande, eine solche weiträumige Militärbasis einzurichten, die Kosten hierfür zu tragen und sie dauernd zu unterhalten. Die Türken waren zwar unkultiviert, aber in der Kriegskunst waren sie den Europäern gewachsen. Sie hatten Kriegsschiffe, Artillerie und eine unvergleichliche Kavallerie; gleichzeitig besaßen sie jedoch noch die kühne Wildheit und den heldenhaften Fanatismus primitiver Völker. Zudem waren die westlichen Staaten, die durch den Vorstoß der Türken am meisten in ihren Interessen bedroht waren, nicht dazu fähig, die türkische Macht zu bekämpfen, und sie hätten den Kampf auch nicht einmal gewollt, wenn sie dazu imstande gewesen wären. Die Venezianer dachten nur an die Erhaltung ihrer Faktoreien. Deutschland war gespalten und zu keiner Tat fähig; es überließ die Ungarn ihrem Schicksal, und diesen blieb nichts anderes übrig, als sich auf die Verteidigung der eigenen Grenzen zu beschränken. Die Serben und Bulgaren waren gänzlich erschöpft. Nachdem Sultan Mohammed II. (Mehmed der Eroberer) im April 1453 die Belagerung der Stadt begonnen hatte, kam den Byzantinern keine europäische Landmacht mehr zu Hilfe. Der Fall Konstantinopels war ein Verhängnis, aber man kann dem Abendlande keinen Vorwurf daraus machen, daß es nichts dagegen unternahm: einer solchen Anspannung wäre der Westen nicht fähig gewesen, und Europa fühlte das wohl. Seit dem Augenblick, da das byzantinische Kaiserreich nicht mehr dazu imstande war, Kleinasien gegen die Türken zu verteidigen, war Konstantinopel verloren. Man kann also begreifen, daß die westlichen Staaten nicht auf die Kreuzzugsideen der Päpste Nikolaus V. und Pius II. (Enea Silvio Piccolomini) eingingen. In Westeuropa wußte man, daß man sich in den unvermeidlichen Fall des Byzantinischen Reiches durch die Türken schicken mußte. Die Ehre des Byzantinischen Reiches blieb bis zum Schluß unbefleckt. Konstantin XI. beendete würdig die lange Reihe der Kaiser, welche den römischen Imperatoren gefolgt waren und deren Cäsarentitel beibehalten hatten: er fiel während der Erstürmung Konstantinopels am 29. Mai 1453 im Kampf gegen die türkischen Eroberer. Am folgenden Tage betrat der furchtbare

Sieger, Mohammed II., die Kirche der Hagia Sophia, während ringsum Mord und Plünderung wüteten. Der Herrscher verwandelte diese Kirche in eine Moschee, und damit huldigte das Barbarenvolk ungewollt der höheren Kultur, über die es militärisch gesiegt hatte.

Neuntes Buch

RENAISSANCE UND REFORMATION

Vorbemerkung

Die Zeit vom Beginn des vierzehnten Jahrhunderts bis zur Mitte des fünfzehnten Jahrhunderts bietet den Anblick einer unruhigen, labiler gewordenen Gesellschaft, die sich gegen die drückend gewordene Tradition auflehnte und doch nicht imstande war, sich von ihr freizumachen. Der Damm, den die Vergangenheit gegen den Vorstoß der neuen Kräfte aufgeworfen hatte, schien fest zu sein; aber er war durch unsichtbare Strömungen untergraben und gab dann plötzlich nach, so daß die vorher zurückgehaltenen Gewalten sich in breiter Flut ergossen und der historischen Landschaft ein ganz verändertes Antlitz verliehen.

Bis zur Renaissance war die Geschichte des europäischen Geistes nur ein Kapitel der Kirchengeschichte. Eine autonome Gedankenwelt der Laien war so wenig vorhanden, daß selbst diejenigen, welche gegen die Kirche kämpften, noch ganz in ihrem Bann standen und nur christliche Reformen erstrebten: sie waren keine Freidenker, sondern Ketzer. Erst in der Renaissance wurde die geistige Herrschaft der Kirche zu einem Problem. Die Geistlichen verloren damals das Monopol in der Wissenschaft, und die Laien begannen das Geistesleben zu beherrschen. Die Philosophie war nicht mehr Dienerin der Theologie, *ancilla theologiae,* und die bildende Kunst wie die Literatur machten sich von der Vormundschaft frei, die seit dem achten Jahrhundert auf ihnen gelastet hatte. Das asketische Ideal wurde durch ein rein humanes ersetzt, dessen höchsten Ausdruck man in der Antike verwirklicht glaubte. Der Humanist nahm den Platz des Geistlichen ein, männliche Tüchtigkeit und Wißbegierde bildeten den Inhalt der Tugend *(virtus),* die nun an die Stelle der Frömmigkeit trat. Man kann zwar sagen, daß die Renaissance an die Stelle der Christen den Menschen setzte, aber sie war deshalb nicht antireligiös, und unter ihren leidenschaftlichsten Förderern befanden sich einige Päpste. Die Renaissance war freilich antiklerikal. Nicht nur für die italienischen Humanisten, sondern auch für so überzeugte Christen wie Erasmus oder Thomas Morus war der Anspruch der Theologen, die

Wissenschaft, Literatur und Moral zu leiten, lächerlich und frevelhaft. Die großen Geister der Renaissance träumten von einer Versöhnung der Religion mit der Welt. Sie waren tolerant und wenig dogmatisch. Der geistigen Arbeit, welche die Scholastiker über die Bibel geschichtet hatten, standen sie sehr feindlich gegenüber.

Die Intellektuellen der Renaissance interessierten sich hauptsächlich für moralische Fragen. Ihr Programm, wie man es im *Enchiridion militis christiani* von Erasmus und in der *Utopia* von Thomas Morus findet, erstrebte ein großzügiges und vernünftiges Christentum, das von der Mystik losgelöst ist. Diese Männer wollten die Kirche nicht mehr als die Braut Christi und als die Quelle des Seelenheils weiterbestehen lassen, sondern nur noch als eine Institution, welche die Sittlichkeit und die Erziehung im vornehmsten Sinne des Wortes fördern solle. Die geistig bedeutenden Menschen der Renaissance fühlten, daß man die Kirche reformieren müsse, um ihr diesen Charakter zu geben; aber sie waren optimistisch und hofften, die Kirche ohne Erschütterungen und sanft auf den von ihnen ersehnten neuen Weg zu bringen.

Die Renaissance stellte das religiöse Problem also auf ihre Weise. Sie gab zwar nur den Entwurf einer Lösung, aber diese war gemäßigt, besonnen und aristokratisch. Die Reformation warf sich dagegen mit Heftigkeit, Leidenschaft und Unduldsamkeit auf das religiöse Problem, aber sie tat dies auch in dem tiefen Glauben und dem heißen Wunsch, Gottes und des ewigen Heils teilhaftig zu werden. Dadurch gewann und beherrschte sie später die Seelen. Zwischen der Reformation und der Renaissance gab es keinen gemeinsamen Zug. Sie waren eher sogar Gegensätze; denn die Reformation entthronte den Menschen wieder zugunsten des Christen. Die Reformatoren verspotteten und mißachteten die Vernunft auch da, wo sie die kirchliche Dogmatik ablehnten und verdammten. Luther war den Mystikern des Mittelalters weit mehr verwandt als den Humanisten, die seine Zeitgenossen waren, und hat die Mehrzahl dieser Humanisten sogar mit Schrecken erfüllt. Erasmus und Thomas Morus distanzierten sich darum auch bald von diesem Revolutionär, dessen radikale und unbehauene Art den geistigen Opportunismus der beiden Denker abstieß und ihren Sinn für formale Feinheit und Ebenmaß verletzte. Humanisten wie Erasmus und Morus sahen die Tragödie, die sich später abspielte, voraus und haben schon von Anfang an begriffen, daß durch den Reformator alle ihre Hoffnungen auf Versöhnung schließlich zunichte werden würden.

Trotzdem hat nicht das Luthertum die Katastrophe der Religionskriege entfesselt. Nach einer ersten heftigen Volksbewegung, wie sie im Aufstand der deutschen Bauern und im Wiedertäufertum zutage trat, unterwarf es sich gefügig der Leitung der Fürsten: es überließ die Kirche so sehr der weltlichen Gewalt, daß Kaiser Karl V. das Luthertum nur bekämpfen konnte, indem er die Fürsten bekämpfte. Dieser Streit war denn auch weit mehr politischer als religiöser Art. Rom war freilich durch die Erfolge einer Bewegung, in welcher es anfänglich nur Mönchsgezänk gesehen hatte, peinlich überrascht. Das Papsttum, ganz von weltlichen Interessen in Beschlag genommen, hatte sich mit dem Sinken des religiösen Eifers bei den meisten Katholiken abgefunden. Nun konnte Rom der steigenden Flut der Ketzerei zunächst nichts anderes entgegenstellen als ohnmächtige Bannflüche. Die skandinavischen Königreiche nahmen das neue Bekenntnis an. König Heinrich VIII. gründete in England eine halb ketzerische, halb schismatische Staatskirche; in erster Linie war sie eine englische Nationalkirche, wie sie ja schon von den Anhängern Wyclifs erstrebt worden war. Alles dies ging aber ohne schwere Kämpfe vor sich: ein paar Verbannungen und Todesurteile erfolgten, aber es gab keine Heere von Bürgern, die einander bewaffnet gegenübergestanden hätten, und viel weniger konnte von einem Blutvergießen gegen Andersgläubige die Rede sein. Jedenfalls floß hierbei weit weniger Blut als einst in den Kriegen gegen die Albigenser oder durch die Inquisition.

Aber mit dem Erscheinen Calvins war der bis dahin friedliche Weg, dem die Reformation unter der Leitung des Staates gefolgt war, jäh zu Ende. Eine strenge, exklusive und unduldsame Religion erhob nunmehr den Anspruch, den Staatsregierungen ihren Willen aufzuzwingen und sie, gegebenenfalls auch durch offenen Aufstand, dem Wort Gottes zu unterwerfen. Der Calvinismus begnügte sich nicht mehr mit einem national beschränkten Dasein, wie dies dem Protestantismus bis dahin genügt hatte. Die Propaganda der Calvinisten war vielmehr bestrebt, ihrer Lehre die Welt zu unterwerfen. Der Glauben, der die »Auserwählten« beseelte, trieb sie zur politischen Tat, und damit begann das tragische Zeitalter der Religionskriege.

Der Erfolg der Renaissance und der Reformation wäre aber unmöglich gewesen, wenn die katholische Kirche nicht, wie wir bereits dargelegt haben, seit dem Beginn des vierzehnten Jahrhunderts immer schwächer und einflußloser geworden wäre. Nur dadurch konnten sich die Freiheit des Denkens und die Erneuerung des Glaubens durchsetzen. Die europäische Gesellschaft war zu vital, um nicht die Bande, durch welche sie noch an die Vergangenheit gebunden war, zu sprengen. Nicht nur auf dem Gebiet des Glaubens und des Denkens zeigten sich seit der Mitte des fünfzehnten Jahrhunderts Erneuerungsbestrebungen; sie sind auch überall sonst feststellbar. In der gleichen Zeit, in welcher die Denker das Joch der Scholastik und die Künstler das der Gotik abwarfen, protestierten auch die Gewerbetreibenden, die Kapitalisten und die Politiker; sie wandten sich gegen die hemmende Herrschaft der Handwerkerzünfte, gegen die Beschränkungen innerhalb der Wirtschaft sowie gegen die Traditionen und Vorurteile, durch welche die freie Ausbreitung ihrer Tätigkeit erschwert wurde. Die geistige und die wirtschaftliche Welt wandelten sich gleichzeitig. Der moderne Kapitalismus kam beinahe im gleichen Augenblick auf, als die ersten wissenschaftlichen Veröffentlichungen erschienen, und trug mit ihnen zu der Entdeckung Ostindiens und Amerikas bei. Die Verfassung der Staaten erfuhr den Einfluß der Ideen, Bedürfnisse, Bestrebungen und Ziele, die in der Gesellschaft zur Wirkung gelangten. In Wahrheit faßt man den Sinn des Wortes »Renaissance« zu eng, wenn man ihn nur auf die neue Richtung des Denkens und der Kunst beschränkt. Man muß diesen Begriff vielmehr auf das gesamte Tätigkeitsfeld des Menschen ausdehnen, wie es seit der Mitte des fünfzehnten Jahrhunderts in den verschiedensten Formen hervortrat. Wir dürfen nicht vergessen, daß dieses überquellende Leben sich in einem Europa offenbarte, in dem mit Burgund gerade ein neuer Staat entstanden war, Spanien eine Großmacht wurde und der Aufstieg der türkischen Macht im Osten furchtbare Probleme stellte. Wenn man dies alles berücksichtigt, wird man die eindrucksvolle Größe des Schauspiels würdigen, das das Abendland um das Jahr 1450 bot. Die Geschichte nahm eine ganz neue Wendung und zeigte in ihrer kraftvollen Entschiedenheit und in ihrem nicht zu hemmenden Schwung ganz deutlich, wie sehr der vorhergehenden Epoche ein Zug leidvollen Tastens und Suchens anhaftete.

Erstes Kapitel

DIE SOZIALEN VERÄNDERUNGEN SEIT DER MITTE DES FÜNFZEHNTEN JAHRHUNDERTS

1. Italien und sein Einfluß

Die Renaissance im allgemeinen Sinn dieses Wortes ist als Phänomen ebensowenig spezifisch italienisch wie der Aufstieg der städtischen Kommunen am Ende des elften Jahrhunderts. Beide Phänomene hätten sich nicht so weit verbreiten können, wenn die für sie günstigen Voraussetzungen nicht auch nördlich der Alpen bestanden hätten. Freilich zeigten sich diese Voraussetzungen in Italien früher und waren dort günstiger als anderswo. Ebenso wie Florenz alle anderen Städte des Mittelalters überragte, zeugt auch die italienische Renaissance von einer Mannigfaltigkeit, Ursprünglichkeit und Kraft, wie sie sonst nirgends erreicht wurden. Hieraus ergab sich der erstaunliche Einfluß, den dieses Phänomen auf Europa ausübte.

Die Bedingungen für die Größe und Bedeutung der italienischen Renaissance waren dadurch gegeben, daß die traditionellen Mächte, die das geistige und soziale Leben beherrscht hatten, in Italien früher als im übrigen Europa geschwächt oder verschwunden waren. Das erklärt sich zum großen Teil aus der schnellen Entwicklung der italienischen Städte. Zunächst war es von Bedeutung, daß der Adel Italiens in den Städten wohnte; er wurde dadurch in die unaufhörlichen sozialen Kämpfe der Bürger hineingezogen und begann unmerklich, sich am Handel zu interessieren. Dies geschah in einem so hohen Grade, daß der Unterschied, der überall sonst zwischen den Adligen und den Nichtadligen bestand, sich in Italien verwischte, und daß dort die gemeinsamen Sitten und Interessen zu einer Angleichung zwischen den Abkömmlingen von Rittern und den Nachkommen vermögend gewordener Kaufleute führten. Die Frage der Herkunft spielte in dieser Schicht keine Rolle. Die sozialen Umstände wurden in den italienischen Städten maßgebend. Sie siegten gleichsam über die juristischen Standesunterschiede. Dazu kam, daß der italienische Adel sich im Laufe des vierzehnten Jahrhunderts der militärischen Tätigkeit entfremdete. Damit aber entfiel die Basis, auf Grund derer dieser Adel eine besondere und bevorrechtete Klasse gebildet hatte. Der Krieg wurde in Italien ein Beruf, den man speziellen »Unternehmern«, den Condottieri, überließ. Diese waren Leute sehr verschiedenartiger Abkunft, in den meisten Fällen aber nur vom Glück begünstigte Emporkömmlinge, bei denen sich keinerlei Gefühl für Ritterehre findet. Während der Adel auf diese Weise seine Standesmerkmale ablegte, vollzog sich eine ähnliche Veränderung auch bei den reichen Bürgern. Die Fortschritte der Wirtschaftsverfassung, die Entwicklung der Handelsgesellschaften und die Vervollkommnung des Kreditwesens stellten vor allem an die Geschäftsleute und Bankiers Italiens hohe geistige Anforderungen: Anforderungen, wie sie die Kaufleute nördlich der Alpen noch nicht hätten erfüllen können. Auch waren die italienischen Kaufleute und Bankiers in ihrer persönlichen Lebensweise weit weniger gebunden als die Kaufleute im Norden. Die italienischen Kaufleute und Bankiers konnten ihre Geschäfte wahrnehmen und dennoch Muße finden. Sie konnten sich geistigen Zerstreuungen widmen, ihre Wohnungen mit Kunstwerken verschönern lassen und zu einer verfeinerten Lebensweise übergehen, durch die sie sich besonders stark von den »Geschlechtern«: dem Patriziat Deutschlands, Flanderns und Frankreichs unterschieden. Seit damals bildete sich in Italien teils vom Adel, teils vom Bürgertum her – aus den Schichten also, die sich in ihrer Lebensführung, ihrer Erziehung, Geschmacksrichtung sowie auch in ihren Vergnügungen einander anglichen – eine Art weltlich gesinnter Aristokratie, wie sie in keinem anderen Lande vorhanden war. Die traditionelle soziale Ordnung zersetzte sich, und neue gesellschaftliche Gruppen entstanden. Diese waren nicht mehr durch Überlieferungen und Vorurteile voneinander abgegrenzt; sie entstanden vielmehr ungezwungen durch verwandte Auffassungen und ähnliche Lebensführung. Bei ihnen wich, wie man sagen kann, der Standesgeist dem Geist der menschlichen Persönlichkeit.

Noch andere Folgen ergaben sich aus der Entwicklung des Kapitalismus.[1] Hier sei allein auf das ganz außergewöhnliche Phänomen der (in Wahrheit fürstlichen) Herrschaft der Medici in Florenz hingewiesen: sie beruhte nur auf dem unermeßlichen Reichtum dieses von Kaufleuten begründeten Geschlechtes.

In Florenz gab es alle Formen der politischen und sozialen Problematik und die krassesten Gegensätze zwischen reich und arm. Diese Stadt zeigte alle politischen Richtungen und zahllose Schattierungen. Florenz ist die einzige Stadt, die Athen vergleichbar ist: wie dieses war Florenz ein wirklicher Staat, der ebensoviele innenpolitische wie außenpolitische Probleme zu lösen hatte. Daher ist es kein Wunder, daß die ersten politischen Theoretiker, die dieses Namens würdig sind, Niccolo Machiavelli (1469–1527) und Francesco Guicciardini (1483–1540), dieser politisch so fruchtbaren Stadtrepublik entstammten. Bei beiden war das politische Denken nicht mehr durch eine Doktrin beeinflußt; sie waren von theologischen Auffassungen und juristischen Konstruktionen, wie sie bis dahin das politische Urteil belastet hatten, gleichermaßen unabhängig. Das städtische Leben schritt über den engen Rahmen des Mittelalters hinaus und wurde zum bürgerlichen Leben in einem weiteren Sinne.[2]

Auch die anderen italienischen Städte zeigten deutlich den Bruch mit den politischen Traditionen des Mittelalters. Man hatte sich nunmehr, der inneren Machtkämpfe müde, schließlich der Herrschaft von Tyrannen unterworfen; sie waren ausnahmslos Emporkömmlinge, die, ohne irgendeine gesetzliche Berechtigung und nur auf die Gewalt gestützt, regierten. Gegen sie gab es nur einen Widerstand: den politischen Mord. Enea Silvio Piccolomini, der später unter dem Namen Pius II. Papst wurde, schrieb einmal: »In unserem neuerungssüchtigen Italien, wo nichts dauert und keine traditionelle Dynastie besteht, können Knechte leicht nach der Königswürde streben.« Die Tyrannen, die sich von den Kaisern ohne gesetzliche Grundlage Titel verleihen ließen, bauten eine monarchische Gewalt auf, die nichts mit der Herrschaftsform der Könige oder auch nur der Herzöge und Grafen nördlich der Alpen gemeinsam hatte. Eine Jeanne d'Arc wäre in Italien undenkbar gewesen. Mit solchen Persönlichkeiten umgaben sich die neuen Souveräne der italienischen Gesellschaft nicht; sie bedienten sich vielmehr wertloser Kreaturen, deren sie allerdings nicht sicher waren und die man zweckmäßigerweise aus dem Wege räumen ließ, sobald sich in ihren Händen zuviel Macht vereinigte. Das Prinzip der neuen Souveräne in Italien war die Staatsräson; sie standen außerhalb jeder Tradition. Für sie gab es keine Bindungen: keine Lehensbindung, keinen durch Eid bekräftigten Freibrief, kein Gewohnheitsrecht. Auch waren sie durch keine Privilegien irgendwelcher Art, geschweige denn durch religiöse oder juristische Gedankengänge gebunden. Sie konnten sich alles erlauben, ebenso wie die römischen Kaiser in der Antike. Unter diesen Tyrannen Italiens gab es Ungeheuer wie Giovanni Maria Visconti (ermordet 1412), der seine Hunde auf das Zerreißen von Menschen abrichten ließ, und den gänzlich skrupellos handelnden Giangaleazzo Visconti, von dem Philippe de Commines, Buch VII, 7 schreibt: »Der Stifter des Kartäuserklosters von Pavia war ein großer und übler Tyrann, und doch tat er auch Lobenswertes.«

Das von Machiavelli so tief beklagte Fehlen der politischen Einheit in Italien bildete eine Voraussetzung dafür, daß seine Bewohner mit der Vergangenheit brachen. Gerade weil Italien nicht in einem einheitlichen Staat zusammengefaßt war, wurde es gegenüber dem übrigen Europa zu etwas Ähnlichem wie einst Griechenland gegenüber Rom. Wenn es Kaiser Friedrich II. gelungen wäre, Italien zu einer Einheit zu machen, so wäre Florenz als das einzigartige geschichtliche Phänomen, als das wir es kennen, überhaupt nicht entstanden.[3]

Die Erschütterung der sozialen und politischen Traditionen ging mit einem Verfall der Sitten und der Moral gepaart. Im Mittelalter war die Sittlichkeit ganz von den Auffassungen der katholischen Kirche beherrscht und hatte daher im wesentlichen asketische Züge: das Ideal der Vollkommenheit wurde im Verzicht gesehen. Die Kirche faßte das weltliche Leben als zweitrangig gegenüber dem geistlichen Leben auf; ihr Ideal war das Mönchtum, und auch die Laien erkannten diese Rangordnung an. Dies war die Ursache für die außerordentliche Verbreitung der religiösen Stiftungen, beispielsweise der Klöster, Abteien und Krankenhäuser. Fürsten, Adelige und Bürger wetteiferten hierbei in ihrer Freigebigkeit. Wer nicht im Kloster lebte, wollte den geringeren Wert seines weltlichen Standes durch die Stiftung von Klöstern ausgleichen und sich das Seelenheil dadurch sichern, daß er sich ihr verdienstvolles Wirken wenigstens zum Teil zuschreiben konnte. Daher galt die Verehrung durchaus nicht dem Weltgeistlichen, sondern dem Pater im Kloster. Fürsten ließen sich im Kleide der Minoritenbrüder begraben, und es gab Kaufleute und Bankiers, die ihr unrechtmäßig erworbenes Gut durch ihre Testamentsvollstrecker zurückerstatten ließen: im Augenblick ihres Todes waren sie von Gewissensbissen gequält, denn die Strenge des theologischen Dogmas verurteilte jeden Handelsgewinn, jede glückliche Spekulation und jedes Termingeschäft als sündige Habsucht. Die Lehre vom gerechten Preis begrenzte den Gewinn auf ein für den Unterhalt des Verkäufers und seiner Familie notwendiges Minimum. Erst wenn man die Schriften eines Cäsarius von Heisterbach (1180–1240) oder eines Thomas von Cantimpré (1201–1263) liest, kann man sich eine genaue Vorstellung von der Einstellung machen, die das dreizehnte Jahrhundert gegenüber dem Handel hatte. Fast immer wird der Geldschrank des Kaufmanns mit dem Zusatz erwähnt, daß der Teufel auf ihm hocke. Die Kirche propagierte von Anfang an bis zum Höhepunkt ihres Einflusses das Wort des heiligen Hieronymus: *Homo mercator vix aut numquam potest Deo placere* (Ein Kaufmann kann Gott kaum oder sogar niemals wohlgefallen).

Das Klosterwesen war mit der irdisches Streben und weltliche Freude verneinenden Lebensauffassung – der Grundlage des mittelalterlichen Christentums – so sehr verschmolzen, daß es von ihr nicht zu trennen war. Das Asketentum wurde freilich zuweilen auch später noch durch plötzliche moralische Erschütterungen mächtig. Daraus erklärt sich auch der ungeheure Erfolg, den Savonarola in dem reichen, luxuriösen und freigeistigen Florenz am Ende des fünfzehnten Jahrhunderts hatte: Zierate, auffällige Kleidung, Musikinstrumente, Bücher und Kunstwerke wurden dort als Gegenstände weltlicher Eitelkeit auf den Scheiterhaufen geworfen, sobald der Eiferer gesprochen hatte. Doch diese asketische Bewegung war nur eine kurzlebige Flamme; sie entsprang einer Glut, die schon im Erlöschen war. Das Leben nahm nunmehr die Menschen so stark in Anspruch, beschäftigte sie so sehr und schlug sie so unwiderstehlich in seinen Bann, daß selbst die edelsten Geister einer dem Irdischen abgewandten Anschauung nicht mehr treu bleiben konnten. Die übrigen fanden sich um so leichter mit der Welt ab, als der größte Teil der Geistlichkeit ihnen darin voranging; denn der Klerus ließ sich durch die Zeitströmung in das weltliche Leben hineinziehen. Der päpstliche Hof entfaltete den glänzendsten Luxus, und das Betragen der Weltgeistlichkeit war alles andere als erbaulich. In der gequälten und erschütterten Kirche des fünfzehnten Jahrhunderts waren die Mönche – vielleicht sogar sie in erster Linie – als eine Ursache für das Sinken des Glaubens anzusehen. Zwar waren die Angriffe, die Sarkasmen und die Verachtung, wie sie von der Literatur jener Zeit in weitem Maße gegen die Mönche vorgebracht wurden, durch deren Sitten keineswegs gerechtfertigt, denn noch immer boten die Klöster vielen hochgesinnten und reinen Seelen Zuflucht. Aber in ihrer Gesamtheit entsprachen die Klöster nicht mehr ihrer wahren Mission; sie erfüllten nicht mehr die Bedürfnisse und Erfordernisse der Zeit. Die scholastische und mystische Bildung der Mönche hatte die Ordensgeistlichkeit den herrschenden Ideen so entfremdet, daß sie ihrerseits keinen Einfluß auf diese Ideen gewinnen konnte. Die geistige Aristokratie betrachtete damals die Mönche als Vertreter einer überwundenen Zeit. Man hatte mit ihnen Mitleid, aber der Schritt vom Mitleid zur Verachtung ist nur klein. Die Mönche selbst fühlten dies und fanden sich damit ab, nur noch ein Volksapostolat auszuüben; doch gerade dieses Apostolat setzte die Mönche in den Augen der Laien herab, da es von den Mönchen nicht frei gewählt war. Ihr Nachwuchs rekrutierte sich nur noch aus dem einfachen Volke und dem Kleinbürgertum, und viele der neu eintretenden Mönche hatten sich zum klösterlichen Stande bloß deshalb entschlossen, weil sie ein im Schutz der Klosterregel gesichertes Leben führen wollten. Tief war also die Achtung gesunken, welche den Franziskanern und Dominikanern so lange entgegengebracht worden war. Die gebildeten Laien sprachen nur noch in spottendem Ton von den Mönchen, und die frommen Berichte, die man einst über ihr Wirken verbreitete, machten schmutzigen Geschichten Platz, die durch Skandalberichte neuen Zustrom erhielten. Erst viel später, als mit den Jesuiten ein neuer Orden erschien, der sich die moderne Geistesbildung aneignete, um ihre Auswirkungen zu bekämpfen, konnten auch die Mönche ihren Einfluß auf die Welt wiedergewinnen. Man glaube aber nicht, daß bei den Menschen des fünfzehnten Jahrhunderts das Gefühl für Heiligkeit etwa verlorengegangen wäre! Das war keineswegs der Fall, und man braucht nur an die damals weitverbreitete Verehrung für die Kartäuser zu denken, um sich dessen bewußt zu werden. Ein Tyrann wie Giangaleazzo Visconti hat den Kartäusern einen künstlerisch bedeutenden Bau, die berühmte Certosa von Pavia, gestiftet und im Jahre 1396 den Grundstein zu ihr gelegt. Der Visconti handelte dabei so, wie man damals eine verehrte Reliquie mit Goldschmiedearbeit einzufassen pflegte. Die Kartäuser waren rein kontemplative Mönche und standen außerhalb der Welt. Sie überließen die Gesellschaft, welche sie bewunderte, sich selbst und wollten nur durch ihr Gebet Einfluß auf sie gewinnen.

Wenn die Renaissance sich auch von der asketischen Moral des Mittelalters freigemacht hat, so hat sie diese Moral doch durch keine neue ersetzt. Die edelsten und stärksten Seelen schufen sich damals ein Ideal der Tugend und der Ehre, für andere wiederum war der Ruhm der wichtigste Beweggrund. Die große Mehrzahl verfolgte freilich nur ihre persönlichen Interessen oder ließ sich durch Neigungen und Leidenschaften beherrschen. Die Lockerung der ehelichen Bindungen, die Häufigkeit der Meuchelmorde, die Beseitigung von Gegnern durch Gift, wie auch Falschheit jeder Art in allen gesellschaftlichen Schichten bewiesen unleugbar, daß die Moral in eine Krise geraten war. Trotzdem wurde inmitten dieser Zersetzung das Gefühl für individuelle Freiheit und Menschenwürde, für den Wert tatkräftigen Handelns und für die

Verantwortlichkeit eines jeden vor dem eigenen Gewissen geboren. Man geht wohl nicht zu weit, wenn man erst der Renaissance Verständnis dafür zuschreibt, daß die Moral nicht nur aus einer Sammlung von Vorschriften besteht, sondern zu ihrer Vollendung auch der freien Anerkennung durch die Persönlichkeit bedarf.

Freilich ist das eine aristokratische Auffassung – wenigstens in dem Sinne, daß sich nur wenige Menschen zu ihr durchringen können. Aber schließlich ist das ganze Werk der Renaissance aristokratisch; denn sie ist vor allem durch die Entstehung einer geistigen Elite gekennzeichnet, und dadurch unterscheidet sie sich ganz und gar vom Mittelalter, in dem eine Priesterkaste das Monopol des Unterrichtes und der Wissenschaft besaß. Jener Elite von Gebildeten verdankt die Renaissance auch den auffälligsten Wesenszug, der – vor allem in Italien – ihr Antlitz bestimmt: die Wendung zur Antike.

Bekanntlich hatte das Wort »Renaissance« ursprünglich nur die Bedeutung einer Wiedergeburt der Antike. Die Anwendung des Wortes in diesem Sinn bedeutet jedoch eine Einschränkung seines Inhaltes. Die Veränderung der Ideen, der Sitten und der Sittlichkeit im fünfzehnten Jahrhundert war ja, wie wir soeben sahen, keineswegs die Folge einer Lektüre der klassischen Schriftsteller. Sie entstand vielmehr zwangsläufig aus den sozialen Verhältnissen in Italien. Wenn die antike Literatur die Kraft gehabt hätte, die Renaissance hervorzurufen, wäre sie bereits am Hofe Karls des Großen entstanden; denn schließlich war die Mehrzahl der lateinischen Schriftsteller schon zu jener Zeit bekannt, und sie wurden schon damals studiert. Bis zum Ende des zwölften Jahrhunderts waren die Handschriften immer wieder abgeschrieben worden, und ihr Einfluß ist im Stil vieler Chronisten zu verspüren. Vor allem wurde Vergil von den Geistlichen des Mittelalters verehrt, und die Achtung, die er genoß, war so groß, daß man in ihm einen Vorläufer des Christentums sah. Dante läßt sich von Vergil in die Unterwelt begleiten, und die Worte, in denen er in der Göttlichen Komödie dem lateinischen Dichter huldigt: *tu duca, tu signore e tu maestro* (Doch du bist Führer, du bist Herr und Meister), sind leidenschaftlicher, aufrichtiger und inhaltsvoller als die Lobgesänge, welche die Humanisten zu Ehren des Dichters aus Mantua verfaßten. Trotzdem klafft ein Abgrund zwischen der Aeneis und der Göttlichen Komödie, aus der diese Anrufung Vergils stammt.[4] Dante hat Vergil nicht verstanden und konnte ihn auch nicht verstehen; denn Dante war dafür zu sehr und zu tief Christ und Mystiker. Aus der Welt der Antike konnte das Mittelalter nur ein paar Geschichten und »Moralia« wirklich nachempfinden und genießen – auch dies übrigens nur in einer symbolischen, aus christlichem Geiste heraus geborenen Auffassung. Form und Geist der antiken Kultur blieben dem Mittelalter fremd, und das gilt für die bildende Kunst in noch höherem Grade als für die Literatur. Die unbekannten Meister, welche die romanischen und die gotischen Dome gebaut haben, hatten noch viele antike Denkmäler vor Augen und lebten unter diesen Monumenten, ohne sie wirklich zu sehen; ihre Auffassung vom Schönen war exklusiv, wie es übrigens die Auffassungen aller kraftvollen und wahrhaft empfundenen Geistesrichtungen sind. Ebenso wie die mittelalterlichen Menschen die klassische Kunst nicht verstanden, konnte die Renaissance kein Verständnis für die mittelalterliche Kunst aufbringen. Mit dem Einfluß der Antike auf die Renaissance war es in Wirklichkeit nicht viel anders als mit dem Einfluß des Mittelalters auf die Romantik; ohne eine schon vorher wirksame Tendenz des Geistes und des Gefühls hätte weder die Renaissance gegen Ende des vierzehnten Jahrhunderts noch die Romantik im Anfang des neunzehnten Jahrhunderts so zahlreiche und begeisterte Anhänger gefunden. Lange Zeit hatte man die antiken Werke, an denen sich später die Künstler der Renaissance inspirierten, betrachtet, ohne sie wirklich zu sehen, ebenso wie man die klassischen Bücher gelesen hatte, ohne sie zu erfassen. Diese Kunstwerke und Bücher haben sich also nicht durch ihr bloßes Vorhandensein durchgesetzt. Man kam zu ihnen, bewunderte und verstand sie oder glaubte doch, sie zu verstehen, sobald die Binde von den Augen gefallen war und die Autorität, die über den Geist der Menschen geherrscht hatte, keine Macht mehr über sie besaß. Ohne Preisgabe des rationalistischen und kosmopolitischen Ideals, das sich im achtzehnten Jahrhundert anbahnte, hätten die Romantiker sich nicht am Mittelalter inspirieren können, ebensowenig aber hätten die Menschen der Renaissance ohne eine vorherige Befreiung von der theologischen und kirchlichen Tradition in der Antike eine neue Quelle des Wissens und der Kunst gefunden.

Man muß freilich zugeben, daß der Einfluß der Antike auf die Renaissance unvergleichlich tiefer und fruchtbarer war als der Einfluß des Mittelalters auf die Romantik. Das Mittelalter lieferte für die Romantik nur ein malerisches Lokalkolorit. Die Antike aber bot der Gedankenwelt der Laien in dem Augenblick, da diese geistige Welt erwachte, einen Schatz des Wissens und eine Vorstellung der Humanität in vollendeter Form. Sobald also die Kirche den Bedürfnissen des Geistes nicht mehr genügte, stand ihm durch die außerordentlich glücklichen Umstände sogleich eine unvergleichliche Kunst und Literatur zur Verfügung: der Mensch verließ die geistige Sphäre der Kathedrale, und ihm eröffnete sich in aller Größe der Tempel der Antike.

Es ist begreiflich, daß die Beschäftigung mit der antiken Kultur von Italien ausging; die Erinnerung an das alte Rom war dort immer lebendig geblieben, wie wir schon an Arnold von Brescia sahen, und ein Petrarca betrachtete die nichtitalienischen Völker sogar als Barbaren. Seit sich die Augen für die Antike öffneten und deren Schönheit wahrnahmen, glaubte man sich in Italien mit dem Altertum verwandtschaftlich verbunden. Man sprach von der mittelalterlichen Kunst abschätzig als *gotico* (von den Goten stammend), während die griechische Sprache und Literatur ihren Weg aus Byzanz nach Italien nahmen.

Wir können hier nicht einmal in flüchtigen Zügen das Wesen des italienischen Humanismus im fünfzehnten Jahrhundert beschreiben. Trotz seiner Überschwenglichkeit und seiner allzu großen Prätentionen hat er dauerhaft auf die moderne Gedankenwelt eingewirkt. Zunächst hat der italienische Humanismus des fünfzehnten Jahrhunderts aus dem Latein – nicht mehr aus dem scholastischen Latein der Universitäten und der Juristen, jener Schul- und Amtssprache, bei der die Form gänzlich der Klarheit geopfert wurde, sondern aus dem klassischen, korrekten und eleganten Latein – die internationale Sprache der Gelehrten bis in unsere Zeit hinein geschaffen. Der Humanismus hat dadurch den Gelehrten des Laienstandes die Entwicklung einer einheitlichen Kultur ermöglicht; ihre Einheitlichkeit machte sie äußerlich sogar der bis dahin als Monopol in den Händen der Geistlichkeit verbliebenen Kultur ähnlich. Damit hat der Humanismus des fünfzehnten Jahrhunderts die Bildung jener geistigen Aristokratie vollendet, die durch die soziale Entwicklung innerhalb des italienischen Volkes entstanden war. Aber dieser Humanismus hat noch mehr vollbracht, denn er wirkte gleichzeitig veredelnd auf die Entwicklung aller modernen Literaturen; die Schriftsteller, die durch das Studium der Klassiker gebildet waren, übertrugen das eben entdeckte Ideal der antiken Schönheit auf die Sprachen ihrer Nationen. Das Schreiben von Abhandlungen und Büchern wurde nun zu einer Kunst, die sich von der Antike anregen ließ, sich aber nicht an sie band und ihr gegenüber dieselbe Freiheit bewahrte wie die Plastik und die Baukunst der Renaissance gegenüber ihren griechischen und römischen Vorbildern. Man glich sich den Formen und Gedanken der Klassiker an, ohne sich von ihnen beherrschen zu lassen. Die Geister jener Zeit waren frei genug, um ihre Unabhängigkeit zu bewahren und ihre Persönlichkeit und Ursprünglichkeit nicht aufzugeben. Man ahmte die antiken Schriftsteller nach und kopierte sie sogar in gewissem Sinne, als man in lateinischer Sprache schrieb; aber seit man zum Gebrauch der eigenen Sprache überging, versuchte man, mit den antiken Schriftstellern in individuellem Streben zu wetteifern: an Stelle der Nachahmung trat nunmehr der Ehrgeiz, das Beste zu leisten. Die Bewunderung für die Antike und ihre Lehren beschwingten den schöpferischen Geist und beeinflußten seine Form in klassischem Sinn, ohne diesen Geist zu lähmen. Das gilt für Donatello, Andrea del Sarto, Bramante und Raffael ebenso wie für Ariost, Tasso, Francesco Guicciardini und Machiavelli.

Die Namen Guicciardini und Machiavelli besagen schon, wie die nationale Literatur zugleich mit ihrer formalen Vervollkommnung sich auch gedanklich erweiterte und vertiefte. Freilich blieb das Lateinische noch lange die Sprache der Wissenschaft, aber es verlor sein Monopol. Die modernen Sprachen waren nun ja geschmeidig und reich genug, um die subtilsten Gedanken ausdrücken zu können. Wer sich dieser Sprachen bediente, konnte sicher sein, innerhalb der geistigen Aristokratie, bei der ein Interesse für Philosophie erwachte, Leser zu finden. Von den antiken Denkern war bisher fast nur Aristoteles bekannt, und die Auffassungen, die ihm von den Scholastikern zugeschrieben wurden, hatten ihn in Mißkredit gebracht. Mit um so größerer Begeisterung warf man sich daher auf das Studium Platons. Die griechische Literatur, die schon vor dem Fall Konstantinopels von byzantinischen Flüchtlingen in Italien verbreitet worden war, eröffnete dem Geist neue Aussichten. Schon träumten einige Pioniere von weiteren Fortschritten und fingen an, sich mit hebräischen Studien und mit orientalischer Philologie zu beschäftigen. Schließlich begannen auch die exakten Wissenschaften ihren ruhmvollen Aufstieg: die Physik, die Astronomie und die Mathematik entfalteten sich in diesem Frühling der modernen Ideen. Das alles gab dem Italien des fünfzehnten Jahrhunderts einen unvergleichlichen Reiz. Man darf nicht außer acht lassen, daß Kopernikus in Padua und Bologna studiert hat und daß die wissenschaftlichen Arbeiten Paolo Toscanellis und Luca Paccciolis in hohem Grade zu der Entdeckung der neuen Welt beitrugen.

2. Die Renaissance im übrigen Europa

Die Renaissance war nördlich der Alpen nicht etwa eine bloße Nachahmung des italienischen Vorbildes. Wenn sie nur das gewesen wäre, würde sie nur eine ziemlich oberflächliche Erscheinung ohne epochale Bedeutung geblieben sein. Bedeutsam ist es, daß sich der Norden zu der Zeit, in welcher er die italienische Renaissance in sich aufnahm, unabhängig von Italien in der Krise einer sozialen und wirtschaftlichen Umwandlung befand. Um die Mitte des fünfzehnten Jahrhunderts begann für den Norden eine Zeit der Erneuerung in Form eines tiefgehenden Prozesses. Diese Entwicklung gestaltete zwar die Länder nördlich der Alpen in ihrer innersten Struktur nicht so um wie einst das Wiedererwachen des Handels im zwölften Jahrhundert und später die Dampfkraft im neunzehnten Jahrhundert; aber es handelte sich doch um einen Vorgang, der das nördlich von Italien gelegene Europa gänzlich erschütterte und ihm die Form gab, die es beinahe bis zur Französischen Revolution behielt. Es ist der bedeutsame geschichtliche Prozeß, der etwa in das Jahrhundert zwischen 1450 und 1550 fiel und den man niemals vergessen darf, wenn man die Renaissance und die Reformation wirklich verstehen will. Er war zwar nicht die Ursache dieser beiden Phänomene, aber er erklärt die Art, in der sie in Erscheinung traten, und er erklärt auch die von ihnen ins Leben gerufenen Kräfte des Angriffs und des Widerstandes.

Das neue Element, das damals in den Vordergrund trat, war die Entfaltung des Kapitalismus. Die Behauptung, daß er damals zum erstenmal auftauchte, ist freilich unrichtig; denn der Kapitalismus hatte schon im zwölften und dreizehnten Jahrhundert bedeutende Fortschritte gemacht, und die städtischen Patrizier waren nur die Erben reich gewordener Kaufleute jener Zeit. Zwei Ursachen hatten diese erste Ausbreitung des Kapitalismus aber aufgehalten: die unwiderstehliche Konkurrenz des italienischen Kapitals, das sich seit dem Ende des zwölften Jahrhunderts des Geldhandels bemächtigte; die zweite Ursache bestand in der Herrschaft der Korporationen, Zünfte, Gilden und ähnlicher Organe, deren Zweck in der Begünstigung des lokalen Kleinbürgertums lag. Der freien wirtschaftlichen Entfaltung war, wie wir noch näher darlegen werden, eine Zeit der wirtschaftlichen Reglementierung gefolgt.

Seitdem war der Kapitalismus in den Ländern nördlich der Alpen zwar nicht verschwunden, aber zumindest behindert, kontrolliert und gefesselt; er konnte nur noch handeln, wenn er die Statuten der Zünfte umging, und war auch noch durch die vernichtende Konkurrenz der italienischen Kaufleute geschwächt. Die kirchlichen und staatlichen Gesetze über das Leihen gegen Zins übten ebenfalls einen hemmenden Einfluß auf die Entwicklung des Kapitalismus aus. Kurzum, die Patrizier verwandelten sich in einen Rentnerstand, der keine Geschäfte mehr trieb. Man hat die Behauptung aufstellen können, daß es im Mittelalter den Beruf des Großkaufmanns nördlich der Alpen überhaupt nicht gegeben habe. Diese Ansicht ist falsch, wenn sie Geltung für das ganze Mittelalter beansprucht, aber sie ist richtig, wenn man sie auf das vierzehnte Jahrhundert beschränkt. Die einzigen, welche noch hier und da ein ansehnliches Geschäft abschlossen, waren Kaufleute, die an den italienischen Handelsgeschäften beteiligt waren, oder Makler. Einen Großhandel oder eine Großbank gab es damals nördlich der Alpen nicht. Sogar in Flandern war das Kapital, durch welches das Tuchgewerbe unterhalten und mit Wolle beliefert wurde, beinahe ausschließlich italienisch.

Diese Lage begann sich aber seit der ersten Hälfte des fünfzehnten Jahrhunderts zu ändern. Eine neue Schicht von Kapitalisten zeigte sich in den verschiedensten Gebieten: in Flandern, in Frankreich, in England sowie in den süddeutschen Städten, die Beziehungen zu Venedig unterhielten. Diese Schicht setzte sich aus emporgekommenen Leuten zusammen und war durchaus keine Fortsetzung des früheren Patriziates; sie war vielmehr eine Schar von Abenteurern und Emporkömmlingen, wie alle Gruppen, die bei wirtschaftlichen Umwandlungen in Erscheinung treten. Sie arbeiteten nicht mit einem alten, früher aufgehäuften Kapital; dazu kamen sie erst später. Ebenso wie die *mercatores* des zwölften Jahrhunderts, wie die Erfinder und Industriellen am Ende des achtzehnten Jahrhunderts und im neunzehnten Jahrhundert konnte auch diese Schicht im Spiel um das Glück nichts anderes einsetzen als Tatkraft, Intelligenz und Weltgewandtheit.

Ihre Parole war das Losungswort aller Eroberer irdischen Reichtums: Freiheit. Freiheit hatten auch ihre Vorläufer im zwölften Jahrhundert gegenüber den Behinderungen durch die agrarische und feudale Struktur verlangt, die die Entfaltung des Handels gehemmt hatten. Die Freiheit, die nun gefordert wurde, sollte die Pioniere des neuen Kapitalismus von den städtischen Statuten mit ihren Zunftmonopolen, von den Beschränkungen der Käufe und Verkäufe, von der Aufsicht über die Kaufhallen und von den Vorschriften über die obligatorische Lehrzeit der Arbeiter frei machen. Die nunmehr verlangte Freiheit sollte ferner die Vorrechte beseitigen, durch die der Handel in jeder Stadt ausschließlich deren eigenen Bürgern eingeräumt und die Fremden auf eine Pariastellung herabgedrückt wurden. Die neuen Kapitalisten wünschten, daß Gewerbe und Handel in das Gemeine Recht aufgenommen würden, und daß man für diese Erwerbszweige die Exklusivität ihrer Ausübung durch eingesessene Gemeindebürger beseitige. Handel und Gewerbe sollten von allen jenen Privilegien befreit werden, die für die Zeit der ersten Entwicklung zwar nützlich gewesen waren, jetzt aber nur noch die Entfaltung der Wirtschaft hinderten. Die neue Schicht forderte die »natürliche Freiheit«: die Freiheit schlechthin und nicht mehr die lokale, auf die Stadtbürger beschränkte, die mit der allgemeinen so unvereinbar war wie einst die »Freiheit« des Adels mit derjenigen der Bauern. Man verlangte, daß die Städte für alle Menschen zugänglich sein sollten, daß jeder an ihrem Handel teilnehmen dürfe und daß sie aufhören müßten, »nur für ihre eigenen Bürger da zu sein«. Aber man forderte außerdem das Recht, das Gewerbe in ländliche Gebiete verpflanzen zu können. Man wollte jetzt die Möglichkeit erhalten, die großen Menschenreserven der noch ländlichen Gebiete als Arbeitskräfte zu nutzen und die Hände, die den Pflug gewöhnt waren, in den Dienst des Gewerbes zu stellen. Die neuen Kapitalisten wollten mit ländlichen, niedrig entlohnten Arbeitskräften den städtischen Zünften Konkurrenz machen. Diese Konkurrenz war um so aussichtsreicher, als die Kapitalisten auf dem Lande ja keiner Zunftreglementierung unterworfen waren; dadurch konnte man die Arbeiter so viel produzieren lassen wie man wollte, man konnte nach Belieben ertragreiche Herstellungsmethoden wählen, den Richtungen der Mode folgen, die Produkte absetzen, wo man wünschte, und Verträge abschließen, wie man es jeweils für zweckmäßig hielt.

Diese Abenteurer – sie waren es genauso wie die *mercatores* des zwölften Jahrhunderts – wurden durch die politischen Veränderungen und durch die Unfähigkeit der Städte, ihre Privilegien inmitten einer fortschreitenden Kultur aufrechtzuerhalten, be günstigt. Die Fürsten, deren Geldbedürfnis mit den steigenden Kosten der Kriege dauernd zunahm, bedurften der neuen Männer. Es war bequemer, sich dieser Geschäftsleute zu bedienen, als mit den Ständen über neue Steuern zu verhandeln. Bisher waren die Geschäftsleute an den Höfen der Herrscher (beispielsweise an den Höfen Philipps des Schönen und Eduards III.) Italiener gewesen; aber jetzt begannen Geschäftsleute aus dem eigenen Volk an ihre Stelle zu treten. In Österreich erlangten die Fugger das Recht, die

Silberminen von Tirol, Böhmen und Ungarn auszubeuten. Damit schuf dieses Geschlecht die Grundlagen für sein künftiges Vermögen – fern von den Städten. In Frankreich ist vor allem die Geschichte Jacques Coeurs (1395–1456) für den neuen Kapitalismus charakteristisch. Er war sehr einfacher Abkunft, und sein Aufstieg begann damit, daß er als »Münzmeister« einem Konsortium beitrat, dem der französische König Karl VII. (1403–1461) das Münzrecht verpachtet hatte. Die Gewinne blieben nicht aus. Alle diese Münzmeister waren eigentlich Diebe, die ihre Gewinne aus der Münzverschlechterung und anderen Manipulationen für ebenso berechtigt hielten, wie dies etwa die heutigen Bankiers für die Vermittlung von Staatsanleihen tun. Jacques Coeur wandte sich nun dem Metallhandel zu und exportierte seit dem Jahre 1432 mit eigenen Schiffen Silber in die Levante (wo Silber knapper und teurer war als im Westen), während er andererseits mit seinen Schiffen aus der Levante das dort relativ billige Gold einführte und in Frankreich teuer, d. h. mit riesigem Gewinn, veräußerte. Seither vergrößerte er seine geschäftliche Tätigkeit ständig. Coeur pachtete nun die Bergwerke (Kupfer, Blei, Silber) der Krone im Lyonnais und im Beaujolais und ließ deutsche Bergarbeiter dahin kommen. Er wurde nun Schatzmeister, das heißt Bankier des Hofes, dem er erhebliche Summen zu einem Zinsfuß von 12 bis 50 Prozent vorschoß. Er dehnte indessen seine Geschäfte noch immer weiter aus und trat dabei bald allein, bald mit anderen Kapitalisten zusammen auf. Eine zeitgenössische Chronik schätzte die Anzahl der (durch Agenten und stille Vertreter verwalteten) Kontore Coeurs – solche Kontore hatte er in Brügge und Rouen, in Beirut, Damaskus und Marseille sowie in Alexandria und Barcelona errichtet – mit leichter Übertreibung auf dreihundert. Bald klagte man ihn an, die »ehrenwerten Kaufleute« zu vernichten, das heißt zu spekulieren und zu diesem Zweck die Waren aufzukaufen. Sein Leben hatte tatsächlich nichts mit dem jener »ehrenwerten Kaufleute« gemeinsam, die der Überlieferung des Mittelalters treu geblieben waren. Coeur ließ sich einen Palast in Bourges und Wohnhäuser in Paris, Tours und Montpellier bauen. Er wurde geadelt und zum königlichen Rat ernannt. Man kann das Vermögen, das er zur Zeit seines Sturzes (1451) besaß, nach heutiger Währung auf mehr als 23 Millionen Goldfranken veranschlagen.[5]

Die neue Schicht der Kapitalisten entstand nicht etwa, weil der Markt sich ausgedehnt hätte; denn er war überhaupt nicht gewachsen, und an ihm waren nicht mehr Menschen beteiligt als zuvor.

Die neuen Kapitalisten waren als Schicht das Ergebnis der neuen Bedürfnisse, die bei der Entwicklung und Differenzierung der Staaten zutage traten.

Coeur war sicherlich eine Art Rothschild des fünfzehnten Jahrhunderts, aber er stand in seinem Aufstieg nicht allein. Er war nur der glänzendste Vertreter einer neuen Gruppe von Neureichen. Diese Gruppe begann an die Stelle der Italiener zu treten, von denen die Rapondi die gleiche Rolle bei Herzog Philipp dem Guten von Burgund spielten. Das Geschlecht Laurin in den Niederlanden gelangte etwas später, ebenfalls im Dienst der Fürsten, zu Reichtum. Das Haus des Johann Laurin, Herrn von Watervliet, zu Mecheln war luxuriös, und keine geringere Persönlichkeit als Margarete von Österreich, die während der Jahre 1507–1530 als Statthalterin der Niederlande fast ununterbrochen regierende Tochter Kaiser Maximilians und Marias von Burgund, hat diesen Stadtpalast gekauft (1507). Hieronymus Laurin gründete im Jahre 1506 in seinem Filippus-Polder (Seeländisch Flandern) die Stadt Filippine. Er war durch sein Amt als Schatzmeister Philipps des Schönen im Staatsdienst »aus sehr großer Armut, da er keinen Pfennig sein eigen nannte, zu einem Reichtum von zehntausend Mark Rente« gekommen.

Tüchtige Männer hatten dreihundert Jahre zuvor inmitten des schweren Druckes agrarischer und feudalistischer Verhältnisse die ersten bürgerlichen Kapitalanhäufungen zustande gebracht. Ebenso fanden sich nun, in einer weniger engen Gesellschaftsordnung, Emporkömmlinge, welche neue Auswege aus dem Netz fanden, das der Eigennutz der Städte über Handel und Gewerbe gespannt hatte. Diese Emporkömmlinge wurden durch die Gunst der Fürsten gestützt. Die Städte konnten die neuen Männer nicht mit wirksamen Waffen bekämpfen; denn diese Leute hatten überall ihre Agenten, bildeten Konsortien, kauften Waren auf, monopolisierten die Produkte und unterstützten die neuen politischen Mächte. Durch ihre Kapitalien entstanden neue Gewerbe auf dem Lande. Wir haben schon den Bergbau erwähnt und nennen nur noch das in Flandern, in Hondschoote und Armentières, blühende »neue Tuchgewerbe«, dem die Städte vergeblich ihre Privilegien entgegensetzten. Dieselbe Erscheinung findet man auch in England, wo neue gewerbliche Zentren entstanden. Die Teppichwirkerei – Teppiche dienten damals auch als Wandbehang – wurde ebenfalls ein ländliches und also ein kapitalistisches Gewerbe. Eine ganz neue Art des Produzierens tauchte auf, als an die Stelle der reglementierenden Kontrolle, welche die Zünfte auf die Arbeiterzahl und den Absatz ausübten, eine völlige Freiheit trat. Der Bauer, der zum Weber geworden war, schloß mit dem »Meister« einen Vertrag ab, ohne daß sein Lohn und seine Arbeit durch allgemeine Vorschriften reglementiert waren. Die Meister selbst standen mit einem Großunternehmer in Verbindung und erhielten von diesem den Rohstoff. Der Großunternehmer setzte die Produkte außerhalb ab. Die kleine Werkstätte blieb zwar bestehen, aber sie verlor ihre eigentliche Unabhängigkeit; sie büßte ihre einstige Bedeutung durch ein neues System ein: die Heimarbeit. Das städtische Handwerk, das von seinen Privilegien wie von einem Schutzwall gegen das Kapital umgeben war, brachte es allerdings zustande, sich in Gewerben, die für den örtlichen Markt produzierten, zu halten; die Zünfte blieben denn auch bis zur Französischen Revolution bestehen. Aber die Produktion über die lokalen Bedürfnisse hinaus mußte – abgesehen von ein paar speziellen kunsthandwerklichen Gewerben – von den Zünften aufgegeben werden; sie konnten mit den kapitalistischen Erzeugungsmethoden nicht konkurrieren. Die gesamte Entwicklung des Gewerbes seit dem fünfzehnten Jahrhundert vollzog sich gegen den Willen der Stadtzünfte und außerhalb ihres Bereiches. Das städtische Tuchgewerbe Flanderns, das große Exportgewerbe des Mittelalters, verfiel seit der Mitte des vierzehnten Jahrhunderts immer mehr. Da die Preise zu hoch und die Methoden zu konservativ waren, konnte es die Konkurrenz, die ihm das neue Tuchgewerbe in England und in den ländlichen Gebieten auf dem Kontinent machte, nicht aushalten. Die Leinenweberei, die an die Stelle des städtischen alten Tuchgewerbes trat, wurde überhaupt nur auf dem Lande als kapitalistisches Gewerbe betrieben.

Natürlich kam der Handel unter dem Impuls des Kapitalismus und seiner Freiheit ebenso schnell vorwärts wie das Gewerbe. Alle Einschränkungen, die dem Handel auferlegt waren – Zwang zur Benutzung von Kaufhallen sowie der Maklerzwang, d. h. die Verpflichtung, Handelsgeschäfte mit Dritten nur über einen in der betreffenden Stadt ansässigen Makler, der Provision erhielt, vorzunehmen –, waren für die Kaufleute nur noch drückende Hemmnisse. Das Beispiel Brügges ist typisch. Seit der Mitte des fünfzehnten Jahrhunderts begann die internationale Kundschaft, dieser Stadt fernzubleiben, und wandte sich dem neuen Hafen Antwerpen zu. In Antwerpen drückte keine Tradition auf den Handel, und er konnte sich, entsprechend der neuen Mentalität, frei entfalten. Dieser Stadt gehörte die Zukunft; denn die Geschichte der Wirtschaft zeigt deutlich, daß neuen Bedürfnissen stets eine Verlagerung der Zentren des Geschäftslebens und zugleich eine Verlagerung der sozialen Schichten entspricht. In England erschienen damals die *merchants adventurers:* Vereinigungen englischer spekulativ-kapitalistischer Kaufleute, die sich in den britischen Hafenstädten, vor allem in London, organisierten und Auslandskontore unterhielten. Die holländische Schiffahrt begann die Schiffahrt der Hansa abzulösen. Zu dem Zeitpunkt, da diese Entwicklung schon deutlich spürbar wurde, eröffneten sich durch die Entdekkung der Neuen Welt unbegrenzte Gebiete für die wirtschaftliche Betätigung. Dieses Ereignis hat das Antlitz der Welt so eingreifend umgestaltet, daß es wie eine kosmische Katastrophe erscheint. Man kann die umstürzenden Folgen der Entdeckung der Neuen Welt nur mit den Ergebnissen der Expansion des Islam vergleichen, obwohl die letztere räumlich in viel kleineren Verhältnissen vor sich ging. Auch der Vorstoß des Islam hatte ja die Erde umgestaltet, ganze Bevölkerungen ethnisch umgewandelt, die Sprachen verändert und unter fremdem Himmel durch Verpflanzung aus dem Osten neue Kulturen geschaffen: der Islam hatte den Westen in gewissem Grade orientalisiert. Dennoch war dies alles weit weniger folgenreich als die Verwandlung des Atlantischen Ozeans in ein Meer zwischen zwei Kontinenten, die Entdeckung des Pazifischen Ozeans und die Ausbreitung des Christentums über den Äquator hinaus. Von unvergleichlicher Bedeutung waren hierbei die Verbreitung der spanischen und portugiesischen, bald auch der englischen und französischen Sprache in Amerika; die eingreifenden Veränderungen in den geschichtlichen Schicksalen so vieler Völker, die zu Mestizen gemacht oder vernichtet wurden; ferner das Auftauchen vieler neuer Produkte, wie Tee, Kaffee und Tabak, durch welche die Lebensgewohnheiten in Europa verwandelt wurden. Ungeheure Folgen auf Grund der Entdeckungen ergaben sich zudem aus der Anpflanzung von Baumwolle in Amerika, aus der Überführung der europäischen Haustiere in die erschlossenen Erdteile und aus den riesenhaften Arbeiten, die der Welt später neue Verkehrswege wie den Kanal von Suez und den Panama-Kanal eröffnen sollten. Das alles ist nicht in einem Zuge vor sich gegangen. Die unsterblichen Seefahrer, die »neue Sterne aus den Fluten tauchen« sahen, haben die Zukunft, die sie Europa erschlossen, nicht gesucht und konnten die Möglichkeiten auch gar nicht voraussehen. Das wirtschaftliche Motiv hatte keine oder höchstens eine ganz untergeordnete Bedeutung für ihre Pläne; denn das Europa des fünfzehnten Jahrhunderts war nicht übervölkert. Es bestand damals kein Bedürfnis, andere Gebiete zu kolonisieren, und gerade Portugal, von dem der Gedanke der Entdekkungsfahrten ausging, bedurfte nicht der geringsten Ausdehnung seines Handels. Heinrich der Seefahrer hat nichts von einem merkantilistischen Fürsten an sich: Wißbegier und der Wunsch, den katholischen Glauben zu verbreiten, beherrschten ihn. Tendenzen rein geistiger Art bildeten tatsächlich den Ausgangspunkt für die Entdeckung der Länder, in denen man Gold und Gewürze fand; diese Seefahrten haben daher nichts mit der phönizischen Seefahrt der antiken Welt gemeinsam. Dagegen ist es richtig, daß ohne die bedeutende Entwicklung, welche die Handelsschiffahrt im Mittelmeer zu Beginn des fünfzehnten Jahrhunderts genommen hatte, die überseeischen Entdeckungsfahrten gar nicht möglich gewesen wären; denn die Seefahrt im Mittelmeer stellte ja die Schiffe und Kapitäne für die Fahrt nach Übersee. Wie einst bei den Kreuzzügen die *excitatoria* gab es auch hier bestimmte verlockende Schilderungen: die alten Berichte über Indien, die im 13. Jahrhundert niedergeschriebenen Aufzeichnungen des Franziskanermönchs Giovanni da Plano del Carpini und die späteren Berichte von Marco Polo über ihre Ostasienreisen, und alles, was man sich in den Häfen der Levante von den fernen Ländern erzählte.

Wir können hier nicht die wunderbare Geschichte der Entdeckungen wiedererzählen. Es genügt, an die wichtigsten Daten zu erinnern. Die Entdeckung Madeiras (1419), der Azoren (1431) und dann, kurz vor dem Tode Heinrichs des Seefahrers (1460), die Entdeckung der Kapverdischen Inseln und der Küste Senegambiens. Seit dem Tode Heinrichs, der von diesen beiden Ereignissen noch Kenntnis nehmen konnte, wuchs die Zahl der Entdeckungen nach den bis dahin noch tastenden Versuchen sehr schnell. Diego Cao gelangte bis zur Mündung des Kongo (1482); Bartolomeo Diaz kam vier Jahre später bis zum Kap der Guten Hoffnung und erblickte den Indischen Ozean vor sich; Vasco da Gama befuhr dieses Meer im Jahre 1497 und landete schließlich bei Madras (1498). Das Kap der Guten Hoffnung hatte dem Namen, den ihm König Johann II. von Portugal statt des früheren Namens »Kap der Stürme« gegeben hatte, Ehre gemacht: endlich hatte man das Märchenland Indien erreicht. Die westeuropäischen Karavellen (kleine portugiesische Fahrzeuge) begegneten dort nach einer sehr langen Schiffahrt an wilden Küsten entlang und über öde Meere den arabischen Schiffen und gelangten endlich zu jener Quelle des Reichtums, von der Europa bis dahin nur die Mündung in der Levante kennengelernt hatte.

Die Portugiesen waren die ersten Pioniere auf den unbekannten

Meeren. Sie waren langsam vorgegangen, ohne zunächst die Küsten aus den Augen zu verlieren. Dann orientierten sie sich um so besser, je mehr sie vorwärts kamen; sie umsegelten das Kap, berührten Sansibar und fuhren nach Osten. Im wesentlichen bestand ihr Plan darin, mit geduldiger Energie ganz Afrika zu umsegeln, um Syrien und Ägypten wieder zu erreichen; denn hinter diesen Ländern mußte – wie damals auf Grund ausreichender Indizien bekannt war – Indien liegen. Die Seefahrer gingen von einer Summe empirischer Gegebenheiten aus und entnahmen ihnen, daß jeder Schritt, den sie vorwärts kamen, näher an ihr Ziel heranführte. Die Portugiesen bedurften nur der Fortschritte der damaligen Schiffsbautechnik, um den Seeweg nach Indien zu finden: Schiffe nämlich, die fest und groß genug waren, um einige Monate auf dem Meer bleiben zu können.

Die Seefahrten des Christoph Columbus sind dagegen ohne die Wissenschaft der Renaissance undenkbar. Wenn er nicht ein heroisches Vertrauen in die Arbeiten Paolo Toscanellis und der italienischen Geographen des fünfzehnten Jahrhunderts gesetzt hätte, hätte er sich nicht entschlossen, den Atlantischen Ozean zu durchsegeln und so den halben Erdball mit seiner Schiffsspur zu umkreisen, um nach Indien zu kommen. Die Pläne des Christoph Columbus waren so kühn, daß sie den portugiesischen Hof abschreckten; aber der spanische Hof ließ sich überreden. Die kleinen Fahrzeuge des Columbus verschwanden am 3. August 1492 am Horizont und gelangten am 12. Oktober zu der Bahamainsel Guanahani (gegenwärtig Watling Island). Noch mehr als die Hälfte der Erdkugel hätte aber befahren werden müssen, bevor man in Indien war! Die Erde war viel größer, als Toscanelli vermutet hatte, und alle seine Berechnungen waren falsch. Aber der wissenschaftliche Irrtum erwies sich, wie so oft, als fruchtbar, und hier war er der Anlaß zur Entdeckung Amerikas. Die folgenden Reisen des Columbus zwischen 1493 und 1504 sowie die Fahrt seines Landsmannes Giovanni Caboto, der in den Dienst König Heinrichs VII. von England getreten war, zeigten die ungeheure Größe des entdeckten Gebietes; denn Columbus gelangte auf diesen Reisen bis zur Orinocomündung und nach Honduras, während Caboto auf seiner Fahrt in Labrador ankam. Pedro Cabral wurde, durch die Winde getrieben, auf einen anderen Punkt des gewaltigen Kontinents geworfen: auf Brasilien (1500). Erst im Jahre 1513 wurde der Pazifische Ozean vom Bergrücken der Landenge von Panama aus durch den spanischen Seefahrer Nunez de Balboa gesichtet. Magalhaes (Magellan) durchquerte (1520) die nach ihm genannte Seestraße; er fuhr dann über das gewaltige unbekannte Meer und entdeckte die Philippinen. Nachdem er dort ermordet worden war, reisten seine Gefährten über die Molukken und den Indischen Ozean nach Spanien zurück. Die Fahrt um die Erde war vollendet.

Schon von den ersten Jahren des sechzehnten Jahrhunderts an zeigten sich im wirtschaftlichen Leben Europas die Folgen dieser wunderbaren Entdeckungen. Die erste dieser Folgen bestand darin, daß sich der Mittelpunkt des Orienthandels von den italienischen Häfen des Mittelmeeres nach den Küsten des Atlantischen Ozeans verlagerte. Die Gewürze, welche die Karawanen bisher nach den Levantehäfen zu den Schiffen der Genuesen und Venezianer gebracht hatten, verschwanden dort bald, da sie nach Quantität und Preis der neuen Konkurrenz nicht gewachsen waren: die portugiesischen und spanischen Schiffe holten die Gewürze ja unmittelbar aus den südlich vom Äquator gelegenen Gebieten, wo sie wuchsen. Italien, bisher der Vermittler zwischen Europa und den so lange geheimnisvollen Gebieten Indiens, mußte machtlos zusehen, wie die Quelle seines Wohlstandes für lange Zeit versiegte; denn das Mittelmeer war nun nicht mehr Zentrum und Pflegestätte des großen Handelsverkehrs: eine Funktion, die es von Beginn der europäischen Kultur an gehabt hatte. Es bekam erst wieder große Bedeutung für den Welthandel, als der Bau des Suezkanals (1869) das Mittelmeer zum Seeweg nach dem Indischen Ozean machte. Aber weder Spanien noch Portugal wurden die Erben der italienischen Seestädte: Cadiz und Lissabon traten nicht an die Stelle Venedigs und Genuas. Die Vorherrschaft, die diese beiden italienischen Städte bis dahin im Handel genossen hatten, fiel Antwerpen zu.

Hierfür gibt es zwei Gründe. Zunächst hängt die internationale Bedeutung eines Hafens sowohl vom Import als auch vom Export ab. Es ist nicht genug, wenn die Schiffe Waren hereinbringen; sie müssen auch Rückfracht mitnehmen. Im Mittelalter hatten Venedig und Genua im Süden, Brügge im Norden diese Voraussetzung erfüllt: Venedig und Genua, weil das Gewerbe in den italienischen Städten selbst Güter hervorbrachte, und Brügge, weil sich dort die Erzeugnisse der Niederlande aufstapelten. Auch förderte die geographische Lage dieser drei Städte die Verbindung mit dem europäischen Hinterland; dieses wandte sich ja in seinen Verkehrswegen den Seestädten Venedig, Genua und Brügge zu und konnte ihnen seine Produkte bequem senden. Solche Vorteile boten die Häfen der Iberischen Halbinsel nicht. Ihre Abgelegenheit von Europa und die geringe Entwicklung ihrer heimischen Gewerbe setzten sie außerstande, einen erheblichen Import anzulocken. Aber auch die Art, in der man in Portugal und Spanien den Handel mit Gewürzen und Edelmetallen betrieb, verhinderte von vornherein das Entstehen großer Geschäftshäuser. Die Krone, der die Handelsniederlassungen und Kolonien in Übersee gehörten, gewährte Fremden dort keinen Zugang und behielt sich den größten Teil der Waren auf Grund eines juristisch festgelegten Monopols selbst vor. Königliche Angestellte waren mit dem Verkauf der Waren beauftragt; aber damit dieser Verkauf reibungsloser und schneller vor sich gehe, hütete man sich davor, die Fremden, die man von dem Zutritt zu den Stätten der Produktion ausgeschlossen hatte, auch als Käufer auszuschalten. Deshalb beschäftigten die Antwerpener Großkaufleute seit dem Anfang des sechzehnten Jahrhunderts in Cadiz und vor allem in Lissabon besondere Agenten, »Faktoren«, welche die kostbaren Erzeugnisse von der Krone zu erwerben hatten. So wurde der Hafen an der Schelde zum großen internationalen Stapelplatz für Gewürze; erst dort wurden sie zum Gegenstand großer geschäftlicher Transaktionen und kamen in Umlauf. Die wirtschaftliche Bedeutung Antwerpens setzte, wie wir bereits dargelegt haben, schon vor der Periode der Entdekkungen ein; aber mit dem Zustrom der Reichtümer Indiens und der Neuen Welt begann für die Scheldestadt eine außerordentliche Wohlfahrt, welche selbst diejenige Venedigs in seiner höchsten Glanzzeit übertraf. Zu keiner Zeit hat ein Hafen eine so allgemeine Bedeutung gehabt, war in einem solchen Grade allen zugänglich und so kosmopolitisch im vollen Sinne des Wortes wie Antwerpen: es blieb der wirtschaftlichen Freiheit, der es schon im fünfzehnten Jahrhundert den Erfolg seiner Messen verdankte, auch weiterhin treu. Die Hafenstadt zog Kapitalisten aus allen Ländern an und nahm sie auf, denn sie konnte ihnen bei ihrer ständig wachsenden Anzahl immer größere Möglichkeiten zum Erwerb von Vermögen gewähren. Deutsche, Engländer, Franzosen, Portugiesen, Spanier und Italiener – sie alle wandten sich diesem wirtschaftlichen Zentrum schnell zu. Alle großen Bankhäuser und bedeutenden Handelsfirmen waren in Antwerpen vertreten. Die größte finanzielle Macht im sechzehnten Jahrhundert waren die Fugger. Sie hatten ihren Hauptsitz in Augsburg; doch brachte ihre Antwerpener Filiale ihnen die allergrößten Gewinne. Antwerpen wurde zum Treffpunkt der Unternehmer, Händler, Seeleute und Abenteurer: zum Zentrum des europäischen Geschäftslebens überhaupt. Es gab keinen größeren Gegensatz zu der Wirtschaftsverfassung des Mittelalters als das Treiben in dieser Stadt. In

Venedig durften die »Fremden« nur bei Venezianern kaufen, und in Brügge mußten sie sich eines Maklers bedienen, der das Bürgerrecht der Stadt besaß. In Antwerpen aber gab es keinerlei Einschränkungen dieser Art, keine Überwachung und keine Kontrolle des Geschäftslebens; die Fremden trieben ihre Geschäfte dort ebenso frei untereinander wie mit den eingesessenen Bürgern der Stadt und mit den übrigen Brabantern. In täglichen Versammlungen der Geschäftsleute fanden Angebot und Nachfrage einander ohne irgendeine zwangsmäßige Einschaltung Dritter. Die Preise bildeten sich frei, Kreditvereinbarungen zwischen internationalen Handelsgesellschaften kamen zustande. Schon forderte auch die Spekulation ihre ersten Opfer. Dieses ganze Geschäftsleben konzentrierte und entfaltete sich seit dem Jahre 1531 zweckmäßig und zugleich zwanglos in den Wandelgängen unter den Galerien eines besonderen, auf Kosten der Stadt Antwerpen errichteten Gebäudes: der Börse, Muster und Vorläufer der späteren Börsen von London und Amsterdam.

Die großen Kriege zu Beginn des sechzehnten Jahrhunderts gaben dem kapitalistischen Geist neuen Auftrieb. Vor allem war Kaiser Karl V., dessen unermeßliche Länder ihm nur Einkünfte lieferten, die in starkem Mißverhältnis zu seiner Macht standen, ein sehr großer Kunde der Antwerpener Finanzleute. Man kann sagen, daß Karls Herrschaft, die ja viele Heere und ganze Flotten erforderte, ohne den Aufschwung des Kapitalismus unmöglich gewesen wäre. Die Bankiers haben dem Kaiser große Dienste geleistet und daran entsprechend verdient. Die Wohlfahrt in den Niederlanden bildete eine Hauptgrundlage für den Kredit, den der Kaiser besaß, und ermöglichte es ihm, seine Gläubiger trotz einem Zinsfuß von zwölf bis fünfzig Prozent zu befriedigen. Die Fugger verdankten einen großen Teil ihres gewaltigen Vermögens den Darlehen, die sie Karl V. gewährt hatten. Die Bequemlichkeit, mit der die Fürsten Geld aufnehmen konnten, und die Gewinnsucht der Bankiers verführten bald zu unvorsichtigen Geschäften. Der mehrmalige Staatsbankrott Spaniens – die Einstellung von Zahlungen des Staates während der mittleren und der späten Regierungszeit Philipps II. (in den Jahren 1575 und 1596) – machte dann der Verbindung des privaten Kapitalismus mit den Herrschern und ihren politischen Zielsetzungen ein Ende.

Der Gewinnsucht der Bankiers erschloß sich übrigens gerade in diesem Augenblick eine weitere Quelle. Um das Jahr 1550 begannen die Silberminen Perus und Mexikos Spanien die Barren ihres Metalls zu liefern. Bald überschwemmten sie in Form von Münzen ganz Europa; diese Überfülle aber verminderte den Wert des Bargeldes und hatte eine allgemeine Steigerung der Preise zur Folge. Der Handel und vor allem das Gewerbe erfuhren damit einen gewaltigen Antrieb und waren deshalb um so stärker bestrebt, sich von der unerträglichen Aufsicht der Zünfte freizumachen. Die Heimarbeit, das heißt die Form der Produktion, bei welcher die Hausarbeit von einem Unternehmer organisiert und bezahlt wurde, wurde seit der Mitte des sechzehnten Jahrhunderts die maßgebende Form der gewerblichen Produktion. Dies blieb so bis zum Erscheinen des modernen Fabrikwesens, von dem man schon damals ein paar frühe Beispiele (Manufaktur) finden kann.

Wie machtvoll die Entwicklung des freien Kapitalismus sich auch gestaltete, so darf doch die Bedeutung seiner damaligen Position nicht überschätzt werden. Er wuchs über die gebundene Wirtschaft der alten Städte hinaus, aber er hat diese Wirtschaft nicht verschwinden lassen. Das Kleinbürgertum lebte im Schutze der Zünfte weiter und erhielt sich überall die Belieferung des lokalen Marktes. Bäcker, Schlächter, Tischler, Seiler usw. blieben den einschränkenden Schutzbestimmungen der Städte bis zur Französischen Revolution treu; denn diese Statuten sicherten den Handwerkern die Kundschaft ihrer Mitbürger. Nirgendwo hielten die Staaten es für ratsam oder klug, die Zunfthandwerker einfach unter das Gemeine Recht zu stellen. Freilich erkannten viele Regierungen die immer deutlicher zutage tretenden Fehler des Zunftwesens. Die gewerblichen Verfahren erstarrten in der Routinearbeit, die Preise waren hoch; zudem war jeder Beruf immer mehr in die Hände einer kleinen Anzahl von Meistern übergegangen, da die Bestimmungen den Zugang zum Handwerk in zunehmendem Maße einschränkten. Aber die Regierungen fürchteten die demokratischen Volksschichten und duldeten dies alles, um die »Gesellen« im Gehorsam zu halten. Die Staaten begnügten sich deshalb damit, nur ganz allmählich die Hemmungen zu beseitigen, welche die städtischen Verordnungen für den Aufschwung des Handels und des Verkehrs bedeuteten: den Stapelzwang, den Zwang zur Benutzung von Kaufhallen, den Maklerzwang und so weiter. Die Regierungen bemühten sich hauptsächlich, die politischen Privilegien der Zünfte abzuschaffen und sich den Zugriff auf die städtischen Verwaltungen oder doch wenigstens eine gewisse Kontrolle über sie zu sichern. Dies gelang den Regierungen überall, obwohl sich in Frankreich während der Wirren unter König Heinrich III. Widerstände dagegen erhoben, deren letzte vereinzelte Regungen noch im achtzehnten Jahrhundert feststellbar sind. Die Städte hätten ihre politische und wirtschaftliche Selbständigkeit nur bewahren können, wenn sie auch ihre militärische Kraft bewahrt hätten; aber ihre Zünfte konnten ja den regelrechten Armeen keinen erfolgreichen Widerstand leisten, und ihre Wälle waren der Artillerie nicht gewachsen. Sie hielten sich nur dort unabhängig, wo, wie in Deutschland, der Staat ohnmächtig war. Vereinzelte Aufstandsversuche wurden allerdings unternommen, beispielsweise erhoben sich in der zweiten Hälfte des fünfzehnten Jahrhunderts die Lütticher gegen die Herzöge von Burgund, später die Genter gegen Kaiser Karl V. (1539) und die Bürger von La Rochelle gegen König Franz I. von Frankreich (1542). Aber alle diese Aufstände bewiesen nur, daß die Sonderrechte, welche die Städte verteidigen wollten, auf den Voraussetzungen einer unwiderruflich vergangenen Zeit beruhten. Die politische Demokratie, wie sie von den Kleinbürgern des vierzehnten Jahrhunderts so leidenschaftlich verfochten wurde, war nunmehr aussichtslos. Ebenso wie der Kapitalismus im Handel, setzte sich der Staat in der Politik durch.

Unter dem Einfluß der neuen Verhältnisse auf sozialem Gebiet verwandelte sich auch die Auffassung vom Bürgertum. Die politischen und juristischen Wesenszüge, die diesem Stande seinen besonderen Platz in der mittelalterlichen Gesellschaft neben der Geistlichkeit und dem Adel gegeben hatten, gingen immer mehr verloren. Vom Beginn des sechzehnten Jahrhunderts an erscheint das Bürgertum hauptsächlich als eine Schicht, die von der Nutzung oder den Renten ihres Vermögens lebt: der einfache Handarbeiter gehörte nach der herrschenden Auffassung nicht mehr dazu. Das Handwerkertum wurde von den Städten nicht mehr als bürgerlich angesehen, wenn es auch früher den eigentlichen Kern des Bürgertums gebildet hatte. Das Bürgertum nahm rein plutokratische Lebensformen an, durch die es sich nach unten hin in einen Gegensatz zu den kleinen Leuten stellte und andererseits nach oben sich dem Adel annäherte. Freilich bildeten die Bürger in jedem Land besondere Formen der Lebenshaltung aus, und man kann von den Bürgern der Niederlande, Frankreichs und Englands keine für alle gültige Beschreibung geben. Es genügt, darauf hinzuweisen, daß künftig das besondere Kennzeichen des Bürgertums der Reichtum ist. Der Bürger des Mittelalters hatte eine rechtlich privilegierte Stellung, der Bürger der Neuzeit hat eine wirtschaftlich begünstigte Position.

Es gibt freilich noch einen anderen Unterschied zwischen dem mittelalterlichen und dem späteren Bürger. Im Mittelalter lebte der

Bürger nur von seiner Stadt und nur für sie. Die Gemeinde, in der er seinen Wohnsitz hatte, war die Grundlage für die Sicherung seiner Person und seiner Interessen. Das Dasein und die Gedanken des mittelalterlichen Bürgers wurden von der städtischen Gemeinschaft beherrscht, zu der er gehörte. Dies alles war nunmehr zu Ende: für den Bürger der neuen Zeit ist die Stadt nur noch Wohnsitz und Mittelpunkt der Geschäfte; die Neigungen, Ideen und Interessen sind nicht mehr wie im Mittelalter ausschließlich auf eine Stadt konzentriert. Die Quellen seines Reichtums liegen an den verschiedensten Orten und befinden sich oft weit entfernt von den Grenzen seiner Stadtgemeinde. Wenn er Fabrikant ist, so liegen die von ihm abhängigen Werkstätten auf dem Lande; ist er Händler, so sind seine Geschäftsfreunde und seine Waren über ferne Häfen und Märkte verstreut. Aber wenn er Renten bezieht, so ist sein Kapital über große räumliche Entfernung hin in Anleihen oder in Handelsgesellschaften aller Art angelegt. Sein Leben hängt jetzt von den verschiedensten Umständen ab und ist mit dem gesamten Dasein der Nation und mit deren Beziehungen zum Ausland verbunden. Durch diese veränderten Verhältnisse entwikkelt sich die Post und bald auch die Presse. Die Presse diente ja ursprünglich nur dazu, die Nachrichten, die bis dahin ausschließlich durch private Korrespondenzen verbreitet wurden, allgemein bekannt zu machen.

Die wirtschaftliche Freiheit war untrennbar mit der Entwicklung des Kapitalismus verbunden und brachte für die Menschen, die von der Handarbeit lebten, sogleich bedeutende Folgen. Zwar hatte die ständische Gesetzgebung den Handwerksmeister nicht gehindert, seine Gesellen autoritativ zu behandeln, aber sie setzte der Ausbeutung von Arbeitskräften manche Schranken. Die Zunftverordnungen setzten die Rechte des Arbeiters fest, sicherten die Höhe seines Lohnes und schützten ihn vor härtestem Mißbrauch. Oft halfen sie ihm bei Krankheit oder im Alter und gewährten ihm zuweilen ein gewisses Recht, bei der Ernennung oder der Beaufsichtigung der Zunftleiter mitzusprechen. Übrigens haben sich seit dem fünfzehnten Jahrhundert Gesellenverbände innerhalb bestimmter Berufe nicht nur bei den Gesellen einer Stadt, sondern auch innerhalb mehrerer Städte gemeinsam und sogar innerhalb eines ganzen Landes gebildet. Diese Gesellenverbände schufen ein System gegenseitiger Hilfeleistungen, so daß man schon für jene Zeit von einer (freilich noch primitiven) Arbeiterorganisation sprechen kann. Aber bei dem neuen Arbeitsprinzip, der Heimarbeit, war davon keine Spur mehr vorhanden.

Hier verhandelten der Arbeitgeber und der Arbeitnehmer nach »Gemeinem Recht« unmittelbar. Zwischen beide schob sich keine Behörde und keine Organisation: der eine verkaufte seine Arbeit, der andere kaufte sie, und der Preis bestimmte sich nur nach ihrer »freien« Vereinbarung. Tatsächlich bildete er sich also nach dem Willen, den der Stärkere dem Schwächeren auferlegte. Die Arbeiter der neuen Gewerbe hatten weder in der Stadt noch auf dem Lande eine Organisation und mußten sich dem Gesetz des Kapitalismus beugen. Die Arbeit für Stücklohn, die schon ihrer Natur nach zur Heimarbeit gehört, eignete sich dank den Bestimmungen aller Art, welche man bei ihr vereinbaren kann, besonders gut zur Ausnutzung der Arbeiter. Tatsächlich gibt es seit dem Beginn des sechzehnten Jahrhunderts sehr viele Beweise für das Elend und die Unzufriedenheit dieser Volksschicht. Die Lage der Arbeiter wurde durch das Steigen der Preise in der Mitte des sechzehnten Jahrhunderts noch bitterer und trug sehr erheblich zu dem Erfolg bei, den die halb religiöse, halb soziale Propaganda der Wiedertäufer bei ihnen hatte. Der Staat überließ die Arbeiter ihrem Schicksal und übersah sie einfach, solange sie die öffentliche Ordnung nicht störten. Während ein Vorläufer sozialer Gedanken, der englische Humanist Thomas Morus, in seiner *Utopia* (1516) von einer Arbeitergesetzgebung kommunistischer Art träumte, hatten Staat und Verwaltung eine ganz andere Einstellung: sie betrachteten zu jener Zeit – und noch viele Jahrhunderte später – das Problem, das heute die Arbeiterfrage genannt wird, nur unter polizeilichen Ordnungsgesichtspunkten. Daher trafen sie seit dem Ende des fünfzehnten Jahrhunderts Maßnahmen gegen mißbräuchliche Bettelei und führten einige Zeit später Reformen auf dem Gebiet der Wohltätigkeit ein.

Auch hier – und gerade hier – wird die Schwächung des kirchlichen Einflusses durch die sozialen Veränderungen sichtbar. Die großartige christliche Wohltätigkeit, die unter dem Einfluß der Kirche im Mittelalter entstanden war, entsprach nicht mehr dem Bedürfnis und dem Geist der Zeit; denn die zahllosen milden Stiftungen, die dem Aufschwung der christlichen Nächstenliebe ihr Dasein verdankten, beschränkten sich, entsprechend dem mystischen Ideal der Kirche, darauf, den Armen zu unterstützen, bedeuteten aber keinen Versuch, ihm zu einem besseren Lebensstandard aus eigenen Kräften zu verhelfen. Der Arme hatte seinen bestimmten Platz in der Gesellschaft, und die frömmsten Seelen haben ihn, entsprechend dem asketischen Ideal des Mittelalters, sogar verehrt; aber je mehr dieses Ideal verschwand, desto mehr verblaßte auch der

Heiligenschein, der den Bettler umgeben hatte. Man begann in ihm einen Herumtreiber zu sehen, der für die öffentliche Ordnung gefährlich sei, und betrachtete ihn einfach als berufsmäßigen Nichtstuer. Gleichzeitig aber vermehrte sich um das Jahr 1400 durch die immer exklusivere Gesetzgebung der städtischen Handwerkerzünfte, die viele Leute an einem Erwerb hinderten, sowie durch die ehemaligen, durch ihre Entlassung jeder Existenz beraubten Söldner die Zahl der vagabundierenden Menschen. Sie waren auf Almosen als einzige Hilfsquelle angewiesen und nahmen so zu, daß sie zu einer wirklichen Plage der damaligen Gesellschaft wurden. Man begann diese Elenden unbarmherzig zu verfolgen und hoffte, dadurch wenigstens die Gesunden unter ihnen zur Arbeit zu zwingen. Die ersten Verordnungen gegen die Bettelei verboten diese für alle Menschen (mit Ausnahme der Greise, Kinder und Kranken), und die Verbote wurden durch Androhung der Auspeitschung sanktioniert. Das war natürlich nur ein scheinbares Heilmittel. Seit dem Beginn des sechzehnten Jahrhunderts begriff man denn auch, daß man das Übel an der Wurzel packen müsse, und daß die Bettelei nur verschwinden würde, wenn man ihre Ursache beseitigte. Daher kam es beispielsweise in Ypern zu einer Reform des Armenwesens. Diese Reform, die im Jahre 1525 durchgeführt wurde, erfolgte unter dem persönlichen Einfluß des Humanisten Juan Luis Vives, eines geborenen Spaniers. Vives wollte durch eine Zusammenfassung der Mittel, die im Besitz der milden Stiftungen waren, sowie durch Einrichtung regelmäßiger Hausbesuche seitens angestellter Pfleger und durch andere Maßnahmen das Elend aufheben; dazu empfahl er, die Kinder der unterstützten Armen in die Schule oder in die Lehre zu schicken. Vives wollte dem Armen Arbeit verschaffen, damit er seinen Unterhalt selbständig verdienen könne. In allen Ländern wurden nun Versuche ähnlicher Art unternommen. Es ist interessant festzustellen, daß diese Versuche vor allem dort zahlreich und von Erfolg begleitet waren, wo die Entwicklung der neuen kapitalistischen Gewerbe es den Behörden ermöglichte, Kinder als Lehrlinge unterzubringen. Das Beispiel Hollands und vor allem dasjenige Englands ist bezeichnend. Die englischen Gesetze, die in den Jahren 1551 und 1562 über die Armenarbeit erlassen wurden, waren die Vorläufer der berühmten *Act for the Relief of the Poor* von 1601. Dieses Gesetz war den Bedürfnissen der neuzeitlichen Industrieentwicklung so bewundernswert angepaßt, daß seine wesentlichen Elemente noch bis in das zwanzigste Jahrhundert hinein erhalten blieben.

Der Beitrag der neuen Gesellschaft zur sozialen Gesetzgebung beschränkte sich auf die Reform der Wohltätigkeit. Die Gesellschaft begnügte sich damit, den Armen zur Arbeit zu zwingen; sie hat aber nicht, wie es die mittelalterlichen Städte getan hatten, die Arbeit selbst gesetzlich zu regeln versucht. Bis zum neunzehnten Jahrhundert wurde der Arbeitsprozeß ganz der individuellen Freiheit überlassen, und darin zeigt sich der kapitalistische Wesenszug, der nunmehr die wirtschaftliche Welt beherrschte.

Es ist daher kein Wunder, daß seit der zweiten Hälfte des fünfzehnten Jahrhunderts zugleich mit dem freien Gewerbe ein Proletariat auftauchte, das mit der Entwicklung dieser Wirtschaftsform ständig anwuchs. Die Geschichte dieses Proletariats ist noch nicht geschrieben. Schon früher hatte es allerdings bei den Arbeitern des exportierenden Tuchgewerbes in Flandern und in Florenz eine Klasse bezahlter Arbeiter gegeben, deren Lage der des Proletariats ähnelte. Trotzdem war diese Schicht durch ihre Zunftorganisation von den Proletariern verschieden. Der neue Proletarier stand ja außerhalb jeder ständischen Organisation und hing ganz von der Gnade dessen ab, der ihn beschäftigte: er konnte gegen seinen Herrn nichts unternehmen, wenn dieser ihn ausbeutete, und auch die öffentlichen Behörden griffen nicht ein. Keine Gewerkschaft übernahm es, an Stelle der passiv bleibenden Staatsorgane die Proletarier zu schützen, denn Gewerkschaften waren verboten. Auch waren die Proletarier damals zu sehr verelendet und zu unwissend, um sich organisieren zu können. Die öffentliche Gewalt war an ihnen nicht interessiert und schützte nur den Unternehmer: sie mischte sich ein und trat gegen die Proletarier auf, wenn diese, zum Äußersten getrieben, zu streiken versuchten. Man darf auch nicht vergessen, daß die Heimarbeit, welche die allgemeine Form der gewerblichen Produktion bis zum Ende des achtzehnten Jahrhunderts blieb, sich besonders gut für die Ausbeutung der Arbeiter und besonders schlecht für einen Zusammenschluß der Arbeiter und für eine Entwicklung solidarischer Zusammenarbeit eignet. Trotzdem darf man die Bedeutung des Proletariats und des freien kapitalistischen Gewerbes für die nächsten dreihundert Jahre nach der Zeit um 1450 nicht überschätzen. Die Hausindustrie, die auf der Heimarbeit beruhte, nahm trotz ihrer rein kapitalistischen Form und ihren ständigen Fortschritten bis zur Mitte des achtzehnten Jahrhunderts noch einen sehr beschränkten Platz innerhalb der gesamten Arbeit ein: selbst in den Ländern, in denen sie am meisten entwickelt war. Die städtischen Gewerbe der Zünfte, die neben dem freien Gewerbe bestanden und die meisten Städte mit ihren Erzeugnissen versahen, schränkten den Markt der freien Gewerbe außerordentlich ein. Diese Gewerbe standen an Bedeutung weit hinter dem Handel und sehr weit hinter der Landwirtschaft zurück, die ja noch immer der wichtigste und bedeutendste Zweig der Produktion war.

Aber der Ackerbau hatte sich in seinen Grundlagen ebenfalls vollkommen verändert! Auch hier war der Vorstoß des kapitalistischen Geistes in weitem Maße zu spüren. In manchen Ländern machte der Kapitalismus den Bauern ganz frei, in anderen aber stürzte er ihn in eine viel vollständigere und auch viel härtere Hörigkeit als im Mittelalter. Diese einander widersprechenden Folgen des gleichen Phänomens für die ländliche Bevölkerung sind leicht zu erklären: in den wirtschaftlich am meisten fortgeschrittenen Ländern wie Italien und den Niederlanden begünstigten die Grundeigentümer ebenso wie die Fabrikanten – und zwar aus den gleichen Gründen – systematisch die freie Arbeit.

Genauso wie die Zunftkorporationen die Ausbreitung des gewerblichen Kapitalismus hemmten, behinderten die alten erblichen Bindungen, die den Bauern rechtlich mit der Scholle verknüpften, den grundbesitzenden Kapitalismus. Die Grundherren hatten im vierzehnten Jahrhundert gehofft, ihre Einkünfte zu erhöhen, indem sie ihre traditionellen Rechte über die Bauern stärker betonten; aber sie sahen nun, daß sie sich verrechnet hatten. Auch wenn man diese feudalen Rechte auf Fronen, auf Zins aus Teilpacht (Pacht mit Fruchtquote als Zins), auf das Besthaupt (Recht auf das beste Stück Vieh des Hörigen nach dessen Tode), auf Heiratsabgaben für Erteilung der Eheerlaubnis und so weiter noch so rigoros anwandte, lieferten sie immer nur mittelmäßige Einkünfte, die im Verhältnis zu dem steigenden Wert des Bodens ganz unbedeutend blieben; der Bodenwert wuchs nämlich durch die Ausbreitung von Handel und Verkehr. Das geeignete Mittel, sich diesen gesteigerten Wert nutzbar zu machen, bestand in der freien Verpachtung des Bodens oder in seiner direkten Bearbeitung durch freie und bezahlte Arbeiter. In Italien machte denn auch der Rest von ländlicher Hörigkeit schon seit dem Beginn des fünfzehnten Jahrhunderts dem Prinzip der persönlichen Freiheit Platz. Schon im Jahre 1415 wurden in Florenz durch eine Verordnung die Leibeigenschaft und der Kopfzins abgeschafft; die Schollenpflichtigkeit, alle Fronen und jede Rechtsposition, die mit der persönlichen Freiheit unvereinbar war, wurden durch diese Verordnung ebenfalls beseitigt: sie hob jede feudale und prozessuale Unterordnung zwischen Menschen verschiedenen Standes auf. Seit dem Jahre

1515 erließ Kaiser Karl V. für die Niederlande Verordnungen, welche die Befreiung der Menschen und das Freiwerden des Bodens förderten. Den Grundherren wurde dort im Jahre 1531 verboten, von ihren Pächtern Donativgelder (in niederländischer Sprache »gevensgelder«), unbezahlte Dienstleistungen und Tagewerk zu verlangen. Falls sie dennoch Leistungen dieser Art forderten, sollten sie den geforderten Wert zur Strafe doppelt zurückgeben und von dem Monarchen nach eigenem Ermessen abgeurteilt werden. Man verbot jede bis dahin nicht gesetzlich fixierte Erhebung des Zehnten und schaffte alle auf der Grundherrschaft beruhenden Rechte ab, die noch nicht vierzig Jahre alt waren (1520). Überall trat die freie Pacht an die Stelle der früheren feudalen und erblichen Verhältnisse zwischen Grundherrn und Bauern. Die Befreiung der Bauern war in Wirklichkeit auch die Befreiung des Grundeigentümers, der seitdem freien, von seinem Boden losgelösten Menschen gegenüberstand: er konnte nunmehr über sein Land durch einfache, kündbare Verträge verfügen. Die kurze Befristung dieser Verträge gestattete es dem Grundbesitzer jetzt, ihren Inhalt jeweils dem Bodenertrag anzupassen. Man darf freilich die Tragweite dieser Entwicklung für die Allgemeinheit auch nicht überschätzen. Der Kapitalismus hat weder die persönliche Dienstbarkeit auf dem Lande abgeschafft, noch die Zunftkorporationen in den Städten. Die Abschaffung beider Institutionen wurde vielmehr erst durch die Französische Revolution proklamiert. Aber ebenso wie die Zünfte seit dem sechzehnten Jahrhundert völliger Erstarrung verfielen und sich nicht mehr weiterentwickelten, war auch die Hörigkeit seitdem nur noch ein archaisches Überbleibsel und ein Zeuge vergangener Zeiten. Sie erhielt sich nur noch auf einigen Ländereien, die Eigentum von Abteien waren, sowie in einigen Winkeln von abgelegenen Provinzen. Überall dort aber, wo die neue Entwicklung sich auswirken konnte, verschwand auch die Hörigkeit und wurde als lästiges Hemmnis beseitigt.

Ferner vervollkommnete sich die Technik der Landwirtschaft; sie schritt in dem Maße fort, in dem die Hörigkeit verschwand. Im fünfzehnten Jahrhundert wurden in der Poebene die ersten Reiskulturen angelegt. Die Zucht der Seidenraupe verbreitete sich unter der Regierung König Ludwigs XI. (1461–1483) in Südfrankreich. In Flandern hatte man die Methode der Dreifelderwirtschaft aufgegeben; durch das Besäen der brachliegenden Felder mit Klee brauchte der Boden nicht mehr zu ruhen. Übrigens brachte die allgemeine Entwicklung des Handels die Grundbesitzer dahin, ihre Produktion zu spezialisieren. Spanien und England widmeten sich der Schafzucht für den Export von Wolle und gaben dafür den Getreidebau auf. Diese Viehzucht hat allmählich aus Kastilien die steinige und baumlose Wüste gemacht, die es heute ist. Um der Herden willen bedeckte sich auch der Boden Englands immer mehr mit Viehweiden und wurde dem Pflug und dem Bauern wieder entzogen. Seit der Regierung Heinrichs VI. (1422–1461) erließ das Parlament immer wieder *enclosure acts:* gesetzliche Verfügungen, durch welche die Umwandlung bebaubaren Landes in Viehweiden der Grundherren erlaubt wurde. Die Zinsleute, die dadurch – freilich in manchen Fällen unter Zuerkennung einer kleinen Abfindung – nach Ablauf der Pachtverträge aus ihrem Besitz gesetzt wurden, sanken in das Proletariat hinab: das Proletariat, aus dem sich dann die Arbeiter der englischen Hausindustrie rekrutierten.

In Deutschland aber verlief die Entwicklung anders. Während die kapitalistische Entwicklung in Westeuropa die Tendenz hatte, aus dem Bauern einen Pächter oder einen Arbeiter zu machen, führte sie in Deutschland zu einer neuen Form der Hörigkeit. Die wichtigste Ursache für diese geschichtliche Erscheinung, die auf den ersten Blick erstaunlich ist, war die grenzenlose Macht und Brutalität des deutschen Adels, dem die Landesfürsten keinen Widerstand zu leisten wagten. Seitdem gegen Ende des dreizehnten Jahrhunderts die Kolonisation der slawischen Länder östlich der Elbe aufgehört hatte, nutzten die deutschen Adeligen das Elend, das durch die Bevölkerungszunahme bei in der Größe gleichbleibendem Gebiet entstand, dazu aus, die Landbevölkerung zu bedrücken. Wenn der Ackerbau mehr vervollkommnet oder das Gewerbe fortgeschrittener gewesen wäre, so wären die Bauern imstande gewesen, neue Existenzmöglichkeiten zu finden. Die schwache wirtschaftliche Entwicklung Deutschlands lieferte jedoch die Landleute, deren Zahl anstieg, dem Grundherren aus, und seitdem wurde die Lage der deutschen Bauern immer schlechter. Westlich der Elbe zeigte sich das beinahe nur in einer Verschärfung der Fronen, der Zwangsleistungen und der Willkür in allen Formen. Östlich der Elbe: in Brandenburg, Preußen, Schlesien, Österreich, Böhmen und Ungarn wurde die Unterdrückung des Bauern jedoch bis zum Äußersten getrieben. Die Abkömmlinge der freien Siedler aus dem dreizehnten Jahrhundert wurden systematisch ihres Landes beraubt und in die Leibeigenschaft gestoßen. Die große Ausbeutung der Bauern durch den östlich der Elbe seßhaften Adel machte die Einkünfte der Landleute aus ihrer

Arbeit illusorisch; der Junker nahm ihnen das Land und brachte sie in eine Abhängigkeit, die der Sklaverei so nahe kam, daß der Bauer zuweilen ohne den Boden, auf dem er arbeitete, verkauft werden durfte. Seit der Mitte des sechzehnten Jahrhunderts bedeckte sich das ganze Gebiet östlich der Elbe und der Sudeten mit Rittergütern, die durch die Junker bewirtschaftet wurden. Die Unmenschlichkeit, mit der die deutschen Adeligen ihre weißen Sklaven behandelten, rechtfertigt einen Vergleich dieses Adels mit den sklavenhaltenden Pflanzern Westindiens. In der Neuen Welt wurden die Neger, in der Alten Welt die deutschen Bauern die Hauptopfer des Kapitalismus, und beide wurden erst im neunzehnten Jahrhundert befreit. Diese Tatsache darf – soweit sie Europa betrifft – bei der Betrachtung der modernen Geschichte Deutschlands und Österreichs niemals außer acht gelassen werden. Viele geschichtliche Vorgänge in den beiden Ländern sind aus dem sklavenhaften Verhältnis der deutschen Bauern zu ihren adligen Herren zu erklären.

Die Ausdehnung des Kapitalismus und die Entwicklung des Handels wurden zum Ausgangspunkt einer allgemeinen Bevölkerungszunahme. Hierin liegt eine Analogie zu jenem früheren Bevölkerungszuwachs, der für das zwölfte und dreizehnte Jahrhundert kennzeichnend ist. Man muß die nunmehr wieder einsetzende Vermehrung der Volkszahl sowohl dem neuen Arbeitsfeld, das die kapitalistisch organisierten Hausindustrien den Landbewohnern erschlossen, als auch den Fortschritten des Handels zuschreiben. Durch diese beiden Faktoren waren die Ernährungskrisen beseitigt worden, unter denen noch die Menschen des vierzehnten Jahrhunderts so schwer gelitten hatten. Noch gab es gelegentlich einmal eine Lebensmittelknappheit, aber die eigentlichen Hungersnöte waren verschwunden. Leider ist es unmöglich, die Zahl der Einwohner Europas im sechzehnten Jahrhundert mit einiger Genauigkeit zu schätzen. Aber es ist ziemlich wahrscheinlich, daß die beiden am dichtesten bevölkerten Gebiete jener Zeit: Italien und die Niederlande, vierzig Einwohner auf den Quadratkilometer hatten. Frankreich scheint um das Jahr 1550 etwa achtzehn Millionen Einwohner gehabt zu haben. Zu dieser Zeit besaß Antwerpen, das damals seinen Höhepunkt erreicht hatte und die bedeutendste Handelsstadt Europas war, nicht mehr als hunderttausend Einwohner.

Die soziale Zusammensetzung Europas wies nun schärfere Gegensätze auf als im Mittelalter. Im ganzen war der Reichtum gestiegen, aber er war sehr ungleichmäßig verteilt. Den Nutzen davon hatten fast nur die Großgrundbesitzer, die Kirche, die Großkaufleute und die Unternehmer der Hausindustrie. Der aus kleinen selbständigen Unternehmern bestehende Mittelstand, der sich im dreizehnten Jahrhundert stark verbreitet und durch sein erfolgreiches Machtstreben dem vierzehnten Jahrhundert einen krisenhaften Charakter verliehen hatte, ging nun offensichtlich zurück. In den Städten unterstützte eine veraltete Gesetzgebung diesen Mittelstand durch protektionistische Verordnungen; so konnte er sich dort, wenn auch stagnierend, immerhin halten. Auf dem Lande trat die Nutzung großen Stils, die freie Verpachtung des Bodens oder die Leibeigenschaft an die Stelle der alten Verhältnisse. Dafür war aber die juristische Abgrenzung der Stände nun weniger scharf als früher. Wenn der Adel jetzt dennoch in vieler Hinsicht dünkelhafter auftrat als im Mittelalter, so lag das daran, daß er gegenüber den »neuen Reichen« einen Abstand betonen mußte, den diese Schicht durch die Ähnlichkeit von Besitz, Bildung und Interessen sonst ziemlich schnell hätte vergessen können. Für die »neuen Reichen« war es zudem sehr leicht, Adelspatente zu erhalten, um damit in die ältere Schicht einzudringen und an dem Glanz teilzunehmen, den diese einer durch Reichtum gestützten Tradition verdankte. Aristokratie und Plutokratie waren die Mächte, die für die sozialen Veränderungen während der Renaissancezeit besonders charakteristisch sind.

3. Die Ideen und Sitten

Zwischen der geistigen Entwicklung in Italien und dem kulturellen Aufschwung in den nördlich der Alpen gelegenen Ländern gab es damals einen auffallenden und bedeutsamen Unterschied. In Italien begann die neue Richtung der Ideen, Sitten und des künstlerischen Gefühls zu einem Zeitpunkt, da die wirtschaftliche Entwicklung Italiens ihren Gipfel bereits erreicht hatte. Die kulturelle Umwandlung des Weltbildes offenbarte sich dort nicht zugleich mit der wirtschaftlichen, sondern später, und die wirtschaftlichen Verhältnisse waren schon ungünstiger geworden, als die geistige Entwicklung noch fortschritt. Die kulturelle Hochblüte in Italien entsproß der gesamten vorhergehenden Entwicklung; die Leistungen auf gedanklichem und künstlerischem Gebiet erfolgten dabei später als die Entfaltung der realen Kräfte. So war es in der italienischen Renaissance, und so war es einst in der griechischen

Antike – nach dem noch unter Perikles erfolgten Ausbruch des Peloponnesischen Krieges – gewesen. Athen im vierten Jahrhundert v. Chr. und Florenz in der Mitte des fünfzehnten Jahrhunderts strahlten einen Glanz aus, welcher der politischen Macht dieser Städte nicht mehr entsprach. Das blendende Licht, das beide in die Welt sandten, bevor sie robusteren Machthabern Platz machten, hat den Glanz, aber auch die Kürze eines Sonnenunterganges. In dem gleichen Augenblick, da sich der Genius Machiavellis, Guicciardinis, Raffaels und Leonardos entfaltete, lenkte die Entdeckung der Neuen Welt den Strom des europäischen Lebens von Italien fort.

Ganz anders ging es nördlich der Alpen zu. Hier war die Renaissance kein Sonnenuntergang, sondern eine Morgenröte. Mit ihr begann in jeder Hinsicht und auf allen Gebieten des sozialen Lebens ein Aufschwung, dessen wirtschaftliche Erscheinungsformen, wie wir sie oben darstellten, nur einen Ausschnitt aus der Gesamtentwicklung bilden, und dessen geistige Züge nunmehr noch zu skizzieren sind. Leider muß der Historiker das, was sich in untrennbarer Verknüpfung abspielt, gesondert darlegen. Man darf jedoch nicht glauben, daß der Kapitalismus jene Erneuerung der Ideen, die gleichzeitig mit ihm in Erscheinung trat, hervorgerufen habe; in Wirklichkeit waren der Kapitalismus und die Erneuerung der Ideenwelt nur verschiedene Symptome eines einheitlichen Entwicklungsprozesses. Es ist bemerkenswert, daß dieser Entwicklungsprozeß bei beiden Phänomenen in zwei Abschnitte zerfällt, die sich entsprechen. Was die Entdeckung der Neuen Welt für den Kapitalismus gewesen ist, war die italienische Renaissance für den neuen Aufschwung des Geistes. Diese Entwicklung begann zwar unabhängig von der italienischen Renaissance, aber sie intensivierte sich erst und setzte sich erst durch, nachdem sie sich der Führung Italiens unterworfen hatte.

Die Symptome einer neuen Geistesrichtung in den nordwärts der Alpen gelegenen Ländern waren allerdings weder sehr zahlreich noch sehr charakteristisch. Die Scholastik behielt in der Wissenschaft, der gotische Stil in den Künsten die unbestrittene Vorherrschaft, und ebenso war es mit den überlieferten Formen in der Literatur der Volkssprachen. Auch die Mystik des vierzehnten Jahrhunderts setzte sich fort und fand in Thomas von Kempens im Jahre 1441 vollendeten Werk über die *Imitatio Christi* ihren vollkommenen Ausdruck.[6] Die großen flämischen oder wallonischen Maler der Niederlande wie die Brüder van Eyck, Rogier van der Weyden und viele andere waren nur geniale Fortsetzer einer älteren Schule von Illustratoren. Als schließlich um das Jahr 1450 die epochemachende Erfindung des Buchdruckes gemacht wurde, sah noch niemand ihre große Zukunft voraus. Gutenberg ahnte noch nicht, daß die Druckpresse in Zukunft eine Macht sein werde: er dachte nur an eine billigere Lieferung von Manuskripten an Geistliche und Studenten. Gutenbergs Gesichtspunkt war nur der eines Gewerbetreibenden. Die italienischen Humanisten haben denn auch seiner Entdeckung, die nach ihrer Meinung durch die Billigkeit und durch den mechanischen Wesenszug gedruckter Bücher den edlen Reiz geistiger Werke erniedrigte, zuerst nur Verachtung entgegengebracht.

Die Kulturentwicklung in den nördlich der Alpen gelegenen Ländern stand also nicht einmal in ihren dauerhaftesten und bemerkenswertesten Leistungen, ihren vollkommensten und mächtigsten Werken, in betontem Gegensatz zur Vergangenheit. Aber wenn die Renaissance dort zum großen Teil nur die Vergangenheit fortsetzte, so entfernte sie sich doch auch wieder von ihr. Das Leben begann der Tradition überall zu entgleiten, ebenso wie in Italien, und dies geschah schon, bevor der Einfluß des Südens fühlbar wurde. Im Norden verlor die asketische Moral, nicht anders als südlich der Alpen, die Herrschaft über die Seelen. Die Laxheit der Sitten und die Vorherrschaft der weltlichen Interessen waren im fünfzehnten Jahrhundert in den nördlichen Ländern nicht weniger stark als in Italien.

Zwischen einem durch Kriege erschöpften Frankreich und einem England, das durch innere Streitigkeiten zerrüttet war, lagen die von den Herzögen von Burgund beherrschten Niederlande. In ihrem Frieden und ihrem Reichtum zeigten sie eine erstaunliche Ähnlichkeit mit dem damaligen Italien. Der Hof, der hohe Adel, die Beamten sowie die kapitalistischen Grundbesitzer und Kaufleute hatten in den niederländischen Gebieten der burgundischen Dynastie einen Lebensstil, dessen wesentliche Züge man als charakteristisch für den Beginn der Renaissance in Oberitalien zu betrachten pflegt: allgemeine Laxheit der Sitten, Liebe zum Luxus und zu Festlichkeiten, Streben nach Eleganz und Bequemlichkeit in den Privathäusern, ausgesprochenen Geschmack für schöne Kleidung und für die edelsten Kunstgenüsse sowie weite Verbreitung der Bildung und der Höflichkeit. In den Niederlanden zeichnete sich innerhalb der Geburtsaristokratie und der Geldaristokratie sehr deutlich ein weltlicher Lebensstil ab, der mit den höfischen Sitten des Mittelalters nichts mehr gemeinsam hatte. Herzog Philipp der Gute von Burgund und sein Sohn, Karl der Kühne, unterstützten die Künstler, umgaben sich mit Malern und Musikern und schufen sich eine Bibliothek, deren glanzvolle Reste uns in Brüssel noch erhalten sind: die »Bibliothèque de Bourgogne«. Der im Dienste Herzog Philipps des Guten von Burgund stehende Edelmann Lodewijk van Gruythuyse ließ sich in Brügge ein schloßartiges Haus bauen (1465), den reizvollen, bequemen und weiträumigen Sitz eines großen Herrn. Dieser Aristokrat war übrigens ein leidenschaftlicher Liebhaber von Büchern und protegierte in Colard Mansion den Mann, der die Kunst des Buchdrucks nach Brügge verpflanzt hatte. Der Kanzler Rolin und der Schatzmeister Bladelin, ebenfalls hohe Beamte Herzog Philipps des Guten von Burgund, bestellten bei Jan van Eyck und bei Rogier van der Weyden Bilder. Man braucht nur an die wunderbaren Landschaften, die so viel zum Ruhme der flämischen Malerei des fünfzehnten Jahrhunderts beitrugen, zu denken, um zu erkennen, daß die Entdeckung der Natur in jener Zeit keineswegs auf Italien beschränkt war. Man kann das gleiche auch von der Entdeckung des Menschen sagen; denn das individuelle Porträt zeigt sich in den burgundischen Landen mit derselben Wahrheit und derselben gewissenhaften Treue in den Bildern des Jan van Eyck und des Rogier van der Weyden wie in den geschichtlichen Darstellungen und Memoiren von Georges Chastellain oder Philippe de Commines. Mit diesen beiden Schriftstellern begann übrigens, wie ich glaube, der moderne Journalismus, der bei Chastellain – freilich noch unsicher – nach einem flüssigen Stil strebt und bei de Commines schon gedankenreich wird. De Commines ist so scharfsinnig, daß man seine Memoiren beinahe nur mit Machiavellis ungefähr gleichzeitigem Buch vom Fürsten *(Il principe)* vergleichen kann.

Die »Weltlichkeit« der Sitten und Gedanken, wie sie am Hof der burgundischen Herzöge festzustellen ist, herrschte auch – freilich in geringerem Grade – in Frankreich und England. Die erste in der Geschichte erscheinende Geliebte eines französischen Königs war Agnes Sorel (1429–1450), die Freundin Karls VII. Freilich hielten sich auch die mittelalterlichen Monarchen Mätressen, und König Eduard I. von England vergab sogar ein Lehensgut *custodiendi domino regi sex damisellas scil. meretrices ad usum domini regis* (damit für den Herrn und König sechs Fräulein, das heißt Dirnen, unterhalten werden). Aber seit Agnes Sorel scheute die Geliebte des Königs nicht mehr die Öffentlichkeit: die Freundin des Königs war nun schon etwas völlig anderes geworden als eine *meretrix* (Dirne). Bei dieser Wandlung handelt es sich natürlich nicht um einen Fortschritt der Sitten, aber sie beweist immerhin, daß die Laxheit der Auffassungen nun schon mit einer gewissen Verfeinerung verbunden war. In England erregte der Herzog von Gloucester, der Gemahl von Hollands Erbin, Jakobäa von Bayern,[7] durch seine ausschweifenden Sitten Anstoß; aber er wurde gleichzeitig von den Gebildeten wegen seiner Bibliothek, die er der Universität Oxford stiftete, auch bewundert. Hier liegen die Anfänge der »Galanterie«, die von der höfischen Sitte des Mittelalters ganz verschieden war. Man darf ferner nicht den am Hofe entfalteten Luxus vergessen, dem ein Jacques Coeur teilweise sein Vermögen verdankte. Ferner sei daran erinnert, daß die privaten Paläste und Herrensitze, wie das Haus Lodewijks van Gruythuyse in Brügge, der Palast Jacques Coeurs in Bourges und das Haus Bourgtherouldes in Rouen, im fünfzehnten Jahrhundert erbaut wurden, und daß es vorher nichts Ähnliches gab. Die Gier nach Luxus hat sicher zur Verbreitung der Korruption beigetragen, die in den politischen Gewohnheiten so deutlich zum Ausdruck kam und von Philippe de Commines überzeugend dargestellt wird. Aber der Luxus jener Zeit war, wie wir schon im Hinblick auf die Malerei bemerkten, nicht rein materiell, er bestand auch in der Pflege von Kunst und Literatur. Wir können das fünfzehnte Jahrhundert die Zeit nennen, in der die Laienwelt begann, Bücher zu lesen, und es ist interessant, einmal zu prüfen, welche Werke die Lektüre bildeten. Woraus setzte sich die Literatur der Volkssprachen zusammen, und welche Bücher wurden zuerst gedruckt? Als William Caxton seine Druckerei in London eröffnet hatte (1476), verlangte seine vor allem aus Adligen bestehende Kundschaft (zu der aber auch ein Kaufmann aus der City gehörte) Übersetzungen aus dem Französischen und Lateinischen. Caxton selbst übersetzte – nach einer sehr freien französischen Bearbeitung – Vergils Aeneis und wollte vor allem den *noblemen* Lektüre verschaffen. Die antike Literatur bildete natürlich nur einen Teil der bevorzugten Bücher jener Zeit. Man las begierig und wahllos. Man verschlang unterschiedslos die »Moralischen Sprichwörter« der Christine de Pisan und ähnliche Bücher ebenso wie die *Legenda aurea* des Jacobus de Voragine; dazu kam noch eine Sammlung philosophischer Sprüche und Sentenzen und das altfranzösische, von Jean Piorat in Verse gebrachte Buch über die Ritterschaft. Alle diese Werke erschienen in zahlreichen Übersetzungen, Bearbeitungen und Varianten. Die Kunst des Buchdrucks hat die Freude am Lesen zwar nicht geschaffen, aber sie hat sie schnell verbreitet. Es ist kaum zuviel gesagt, wenn man behauptet, daß sich die

Aristokratie zum erstenmal seit Karl dem Großen wieder mit Lektüre beschäftigte. Aber der Unterschied zu den Zeiten Karls des Großen und des Mittelalters besteht darin, daß nunmehr eine reine Laienbildung entstand; die Kirche nahm an dieser geistigen Bewegung nicht teil. Das allgemeine Interesse für das Geistige erwachte in Europa offensichtlich. König Eduard IV. interessierte sich für die von Caxton herausgebrachte englische Übertragung zweier Werke Ciceros. Die ebenfalls von Caxton gedruckte englische Übersetzung des französischen Buches über die Ritterschaft war Richard III. gewidmet. König Ludwig XI. protegierte in Frankreich die junge Kunst des Buchdruckes. Die Herzöge von Burgund und Margarete von York (die zweite Gemahlin Herzog Karls des Kühnen von Burgund)[8] sowie der mit König Eduard IV. von England verschwägerte Anthony Woodville Rivers, die Herzogin Margarete von Somerset und viele andere Mitglieder des reichen Adels waren tatsächlich Mäzene.

Zweifellos gab es damals einen Wissensdurst, der gestillt werden wollte, ein Erwachen, das zwar unbewußt war, aber doch Wißbegierde bedeutete. Man wollte über die allzu eng gewordenen Grenzen der Überlieferungen des Standes und der Religion hinausblicken. Im vierzehnten Jahrhundert wollte der flämische Dichter Jacob van Maerlant den Laien nur erbauliche Bücher in die Hände geben; aber jetzt begehrte man solche Werke nicht mehr. Die ganze Laienliteratur stand der Kirche völlig fern. Es wurde viel veröffentlicht, aber noch fehlte wirkliche Schönheit. Nur die Rhetoriker zeigten einen gewissen künstlerischen Ehrgeiz.

Das Wesentliche war, wie mir scheint, die Entstehung eines für Literatur und Kunst interessierten Publikums. Die bildenden Künstler, die dadurch Aufträge erhielten, waren hervorragend, während beinahe alle Schriftsteller nur Leistungen geringen Ranges hervorbrachten. Man kann das, wie ich glaube, auch erklären.

Die Renaissance setzte sich seit dem Ende des fünfzehnten Jahrhunderts durch und eroberte alle Künste mit Ausnahme der Musik. In den bildenden Künsten trat sie im wesentlichen nicht in klassisch-antiker Form auf, sondern trug italienische Züge, ebenso wie einst die Gotik hauptsächlich von französischem Geiste geprägt war. Die Gotik hatte sich in den Ländern außerhalb Frankreichs durch die Kirche bei den Laien verbreitet. Hier aber – und das ist bezeichnend – war das Gegenteil der Fall, denn die Renaissance verbreitete sich durch die weltlichen Künste und drang erst zuletzt in die kirchliche Sphäre ein. Die Könige und die großen Herren begünstigten die Renaissance: König Franz I. von Frankreich (1515–1547) berief Leonardo da Vinci an seinen Hof, während Wilhelm von Cleve (der mit Unterstützung Frankreichs erbittert gegen Kaiser Karl V. kämpfende Herzog von Geldern und Jülich) und die Regentin Margarete von Österreich (1507–1530) den italienischen Stil in den Niederlanden einführten. Die ersten Bauten des neuen Stils in Frankreich waren die Schlösser an der Loire. Kurzum, die neue Geschmacksrichtung hatte in den bildenden Künsten zunächst ausschließlich weltlichen Charakter und war eng mit dem gesellschaftlichen Leben verbunden.

Anders stand es mit der Erneuerung auf literarischem Gebiet; sie konnte nur durch Vermittlung des Lateinischen vor sich gehen und war im Gegensatz zur Renaissance der bildenden Künste mehr antik als italienisch. Das *New Learning*, wie die Engländer sich ausdrückten, war eine unmittelbare Rückkehr zur Antike. Diese Rückkehr ist zwar von den Humanisten ausgelöst worden, war aber nicht auf die Humanisten beschränkt. Es gab natürlich auch in den Ländern nördlich der Alpen Humanisten, die ganz vom Geiste der klassischen Dichtung erfüllt waren und von ihm abhingen. Vor allem sind hier Schriftsteller wie der von König Franz I. protegierte Südfranzose Pierre Gilles (Petrus Gillius) sowie der Holländer Jan Everaerts (Johannes Secundus) zu nennen, dessen im Jahre 1541 veröffentlichte Dichtung *Basia* (Küsse) eine nachhaltige Wirkung ausübte und sogar noch drei Jahrhunderte später Anlaß zu einer Stiftung zur Förderung der Poesie in lateinischer Sprache gab: dem von dem holländischen Advokaten und Dichter Henrik Jacob Hoeufft durch ein Vermächtnis ins Leben gerufenen und noch jetzt bestehenden »Certamen Hoeufftianum« zu Amsterdam.[9] Auch der aus Mecheln stammende Christophe de Longueil (Longolius), Gelehrter und Dichter zugleich, gehörte der rein klassizistischen Richtung des sechzehnten Jahrhunderts an. Aber die großen Denker des Humanismus blieben ihr fern. Dies gilt von dem Deutschen Johannes Reuchlin, von den Engländern John Colet und Thomas Morus sowie von dem bedeutendsten aller Humanisten: Desiderius Erasmus von Rotterdam. Die Antike beeinflußte und beherrschte diese hervorragenden Männer weniger durch die Form als durch die von ihr ausgehende geistige Anregung; sie befreite die Humanisten von den scholastischen Traditionen keineswegs nur durch die klassische Sprache (die sich allerdings sogleich bei ihnen durchsetzte), sondern auch durch die aus dem Studium der Alten gewonnenen neuen Gesichtspunkte. Das im Jahre 1503 veröffentlichte *Enchiridion militis Christiani* (Handbuch des christlichen Streiters) von Erasmus kann als ein Programm des Humanismus betrachtet werden.[10] Auch dieses Werk zeigt eine unabhängige Geisteshaltung, die von der kirchlichen Lehre losgelöst war. Die Mentalität, die hier zum Ausdruck kommt, war nicht etwa religionsfeindlich. Die Humanisten bejahten die Religion sogar, aber sie sahen in ihr nur einen Aufruf zu reinem, sittlichem Lebenswandel. Die klösterliche Askese war für sie kein Ideal mehr, ihr Ideal war das bürgerliche Leben mit allen seinen Pflichten. Dieses bürgerliche Leben erschien dem Mittelalter als zweitrangig, fast war es nur geduldet; jetzt galt es als die Hauptsache. Daraus erklärt sich der Kampf des Erasmus gegen die Mönche und die *Magistri nostri.* Dieser Kampf, den Erasmus mit Sarkasmen und Ulrich von Hutten mit scharfen Bosheiten führte, fand in den *Epistolae virorum obscurorum* (Briefe unbekannter Männer) aus dem Jahre 1515 seinen Ausdruck. Die Auffassung, daß das bürgerliche Leben das wesentliche sei, rief auch einen ganzen Plan von Reformen hervor, die man künftig verwirklichen wollte. Es waren vor allem pädagogische Reformen, welche die geistlichen Schulen durch bürgerliche ersetzen sollten. Dort sollte die Jugend in der Verehrung der schönen Literatur heranwachsen und sich mit weltlicher Kultur erfüllen lassen, denn die neuen Schulen sollten ja nicht für das Kloster, sondern für das Leben vorbereiten. Die im Jahre 1500 erschienenen *Adagia* des Erasmus übten einen pädagogischen Einfluß aus, der nur mit dem des »Emile« von Rousseau verglichen werden kann. Mit der Renaissance erschien die Schule zum erstenmal als Organ, das zur Pflege des Geistes bestimmt ist. Die Auffassung, welche die nördlich der Alpen lehrenden Humanisten vom Unterricht hatten, bestimmte seine ganze Organisation bis in unsere Gegenwart hinein. Das Ziel war die freie Entwicklung der Persönlichkeit. Daher rührt offenbar der Kampf gegen die Methoden und das Asketentum der Kirche. Dieser Kampf endete schließlich mit dem »Tu, was du willst!«: dem Wahlspruch der im »Gargantua« von François Rabelais geschilderten Abtei Thélème. Morus und Erasmus sprachen sich gegen das Mönchtum, gegen das asketische Ideal, gegen das Zölibat der Priester und gegen den Kult der Reliquien aus. Sie versuchten ganz unverkennbar, das Christentum in eine »Philosophia evangelica« zu verwandeln. Aber sie gingen sogar noch weiter und wollten nicht nur die kirchliche, sondern auch die ganze gesellschaftliche Tradition verändern. Wenn man die *Adagia* des Erasmus mit dem »Emile« Rousseaus vergleichen kann, so erinnern sein *Encomium moriae* (Lob der Torheit) und die *Utopia* von Thomas Morus an Rousseaus »Contrat social«. Der Geist der

Renaissance war in den nördlich der Alpen gelegenen Ländern unverkennbar revolutionär, aber er war es nur theoretisch. Praktisch begnügte man sich mit einer gewissen Polemik oder satirischen Hinweisen, die im »Gargantua« von Rabelais ihren erschöpfenden Ausdruck fanden. Die Humanisten zogen in den Ländern nördlich der Alpen nur gegen die Kirche wirklich zu Felde; sie schonten den Staat und erwarteten die Durchsetzung ihrer Ideale von einer fortschreitenden Kenntnis und geistigen Einsicht.

Die Humanisten wurden von allen gesellschaftlichen Mächten verwöhnt, ebenso wie später die Philosophen vor der Französischen Revolution. Die führenden Mächte sahen freilich in der *Utopia,* in der Thomas Morus eine auf religiöse Toleranz gegründete Gesellschaft mit allgemeiner Schulpflicht, Gütergemeinschaft und Arbeitspflicht darstellte (1516), nur ein geistiges Spiel. Die Gesellschaft hielt sich nur an die Angriffe, die von den Humanisten gegen die Mönche und Scholastiker gerichtet wurden; denn diesen Angriffen verdankt das *Encomium moriae* (Lob der Torheit) den ungeheuren Erfolg, der aus diesem Werk das am meisten gelesene Buch der damaligen Zeit machte. Der Erfolg dieser Geistesrichtung ist angesichts der allgemein herrschend gewordenen Gesinnung begreiflich; Morus und Erasmus stellten ja das weltliche Leben über das klösterliche, und ihr Optimismus gab ihnen den Glauben, daß die Welt sich reformieren werde. Der Humanist Juan Luis Vives wünschte gar, daß man den Schülern mit den *Colloquia* des Erasmus zugleich auch die *Utopia* des Morus in die Hände gebe. Wenn die Regierungen und sogar die Päpste, die Könige und alle hohen Beamten dem humanistischen Programm Beifall spendeten, so lag das daran, daß die Humanisten sich vor politischen Äußerungen hüteten. Tatsächlich war die Haltung dieser Denker zum Staate nicht anders als die Position, die später Voltaire gegenüber den weltlichen Machthabern bezog. Um dem Humanismus zum Siege zu verhelfen, brauchten Erasmus und die Seinen eine starke Regierung und Behörden, die den Parteien und der Kirche an Macht überlegen waren. Die Humanisten waren, wenn sie das auch nicht sagten, wie alle Intellektuellen für einen »aufgeklärten absoluten Herrscher«. Die Revolution, von der sie träumten, sollte sich von oben her vollziehen, weil sie im wesentlichen als ein Ergebnis von Wissen und Vernunft anzusehen wäre. Zweifellos wollten die Humanisten, daß die Wohltaten der großen fortschrittlichen Veränderungen einmal auf alle Menschen ausgedehnt würden; aber man mußte nach ihrer Meinung mit dem Gipfel beginnen. Zur Durchführung ihrer Gedanken versuchten sie sich auf die gesellschaftliche Aristokratie zu stützen und mit ihrer Hilfe eine geistige Aristokratie zu schaffen. Auf den Rat des Erasmus gründete Hieronymus Busleyden, ein hoher Geistlicher und Mitglied des Staatsrates, durch sein Vermächtnis das »Kolleg der drei Sprachen« zu Löwen (1517). Das Ziel dieser Gründung bestand darin, durch die Kenntnis der drei den Humanisten geläufigen Sprachen Latein, Griechisch und Hebräisch die philosophische Methode auf die Heilige Schrift anzuwenden, ohne dabei Rücksicht auf die positive Theologie nehmen zu müssen. Kurz danach stiftete und finanzierte König Franz I. nach diesem Vorbild in Paris das berühmte Institut, das schon früh »Collège de France« genannt wurde; Kardinal Wolsey rief mit dem gleichen Ziel in Oxford das »Cardinal College« (das spätere »Christ Church College«) ins Leben. König Heinrich VIII. von England protegierte die Gräzisten und Humanisten ebenso wie der französische König. Als Johannes Reuchlins Streit mit der Universität Köln (veranlaßt durch die Auffassungen Roms über die rabbinischen Bücher der Juden) ausbrach, traten der Kaiser, der Bischof von Gurk, der seit dem Jahre 1511 Kardinal war, der Kurfürst von Sachsen, der Herzog von Bayern und der Markgraf von Baden für Reuchlin ein. Der Papst gebot der Universität Köln zunächst Schweigen, und dies zeigt deutlich, daß auch er der humanistischen Richtung nicht fernstand. Vergeblich erregten sich die Dominikaner und jammerten über die Ketzerei, man beantwortete ihre Klagen nur mit Verachtung. Das ungeheure Gebäude, das die Scholastiker errichtet hatten, schien abgebrochen zu werden, nicht anders als die vielen gotischen Burgen, die man damals durch Schlösser im Renaissancestil ersetzte. Nur in Spanien hielt sich das Mittelalter: dort berührte die Renaissance bloß die äußere Form, sie ließ den streng katholischen Geist unverändert.

Überall sonst schien in den zwei Jahrzehnten zwischen dem Ende des fünfzehnten Jahrhunderts und dem Erscheinen des Protestantismus, dessen Ära mit dem Anschlagen von Luthers Thesen an die Schloßkirche von Wittenberg (1517) begann, eine neue Welt zu entstehen. Alles Junge und Kräftige wandte sich damals gegen die Vergangenheit. Vielleicht haben die herrschenden Mächte noch niemals in der europäischen Geschichte so einstimmig eine geistige Bewegung unterstützt wie damals. Alles schlug die neue Richtung ein: die Staatsgewalt, die öffentliche Meinung, die Politiker, die Mode, die Frauen, die Künstler und die Humanisten. Man lebte wie im Fieber, und Freude und grenzenloses Vertrauen in die Zukunft verbreiteten sich. Die Befreiung von der Autorität, das forschende Suchen im großen Stil, das Verschwinden des geistigen Monopols in der Wissenschaft und ihre Anwendung zum Nutzen der Gesellschaft wurden überall spürbar. Die neue Wissenschaft, die sich von der freien Antike herleitete, wirkte um so anziehender, als sie sich in schöner Form darbot und mit dieser geradezu verschmolz.

Der »römische Patriotismus«, der zum Erfolg der Renaissance in Italien viel beigetragen hat, bestand nördlich der Alpen nicht. Die Antike wurde hier eher um ihrer selbst willen als Quelle der Schönheit und Weisheit angesehen und erweckte vielleicht weniger Leidenschaft als Bewunderung. Man fühlte die befreiende Kraft der Antike im Norden viel stärker als im Süden, denn die Scholastik hatte in Italien keine so bedeutende Vorherrschaft ausgeübt wie in den nördlich der Alpen gelegenen Ländern. Auch waren die Humanisten in Frankreich, England und Deutschland viel aggressiver als in Italien. Die italienischen Humanisten wollten nur die Antike fortsetzen, als sie sich das klassische Latein zu eigen machten. Die Humanisten nördlich der Alpen dagegen waren glücklich, durch den Gebrauch des klassischen Lateins ihren Bruch mit den *Magistri nostri* demonstrieren zu können. Die barbarische Form, die sie, mit Recht oder Unrecht, dem Latein der Universitäten und der Scholastiker vorwarfen – wobei sie vergaßen, daß es eine wissenschaftliche und künstlich geschaffene Sprache war, die dem vorgestellten Ziel völlig entsprach –, schien ihnen kennzeichnend für die Primitivität, Grobheit und Absonderlichkeit der darin ausgedrückten Gedanken. Sie griffen übrigens die Philosophie des Mittelalters nicht an, sondern verachteten sie einfach. Sie glaubten, daß mit allem neu begonnen werden müsse. Man müsse die Theologie neu aufbauen und dabei vom Studium der griechischen Texte ausgehen. Die große Leistung des Erasmus war seine Ausgabe des Neuen Testamentes: des griechischen Textes mit lateinischer Übersetzung und Inhaltserklärung. Die reine Moral sollte ja nach der Meinung der Humanisten auf christlicher Grundlage neu aufgebaut und den Bedürfnissen der Laienwelt angepaßt werden.

Wenn man vom Rationalismus der Renaissance spricht, muß man diesen Begriff in einem ganz bestimmten Sinne verstehen; sie ist über die Grenzen des gesunden Menschenverstandes niemals hinausgekommen. Die von ihr geforderte Gedankenfreiheit ließ die großen religiösen und philosophischen Probleme unberührt; ihr Gesichtspunkt blieb ganz irdisch und menschlich. Die Fragen nach dem Schicksal und dem Ursprung der Welt wurden von der

Renaissance gar nicht gestellt. Sie übernahm auf diesem Gebiet die christlichen Auffassungen, und ihre Philosophie überschritt nicht die Grenzen der praktischen Moral und der Politik. Die Gemeinplätze der antiken Schriftsteller über philosophische Probleme erschienen den Denkern der Renaissance als höchste Weisheit; sie zweifelten denn auch keineswegs am Bestehen geheimnisvoller und dämonischer Kräfte außerhalb der sichtbaren Welt. Es ist eigentümlich, daß die Magie gerade damals wieder stark in den Vordergrund rückte. Man protestierte in der Renaissance keineswegs gegen die furchtbaren Hexenprozesse, was man niemals vergessen darf, wenn man den Geist dieser neuen Epoche objektiv und nach seinem wahren Wert beurteilen will.

Die Renaissance brachte also keine Gedankenfreiheit im heutigen Sinn, sondern etwas, was man als einen geistigen und moralischen Liberalismus bezeichnen kann. Liberalismus aber bedeutet auch Individualismus. Es ist ja eine der unbestreitbaren Folgen der Renaissance, daß sie an die Stelle der sozialen Auffassungen des Mittelalters (das in der irdischen Welt eine Rangordnung voneinander streng getrennter Stände mit gesonderten Aufgaben, Rechten und Pflichten sah) den Gedanken einer rein persönlichen Wertung des Menschen setzte: einer Wertung nicht nach dem sozialen Rang, sondern nach dem Verdienst. Insofern verlegte die Renaissance die Bewertung des Menschen, welche die Kirche dem Himmel vorbehalten hatte, schon in das irdische Leben; denn die Kirche erkannte die Ungleichheit, die aus den irdischen Verhältnissen hervorging, an und billigte sie, aber sie ließ dafür auch das ewige Heil so ausschließlich von dem persönlichen Verhalten abhängen, daß nach ihrer Lehre der einzelne, unabhängig von seinem irdischen Rang, einst von der göttlichen Gerechtigkeit im ewigen Leben nur nach seiner persönlichen Tugend belohnt wird. Dieser Unterschied in der Bewertung des Menschen im Mittelalter und in der Renaissance zeigt die ganz und gar weltliche Auffassung, von der diese ausging.

Man muß jedoch sogleich hinzufügen, daß der Liberalismus der Renaissance aristokratisch war. Er forderte nicht die Menschenrechte schlechthin, sondern nur die Rechte der, wie Rabelais sagt, »freien, wohlgeborenen, gebildeten und in anständiger Gesellschaft einander begegnenden« Menschen. Das Ideal der Renaissance war also der *vir bonus dicendi peritus* der Antike (der wohlgesinnte Mann, der es versteht, sich auszudrücken); daraus wurde der »honnête homme« oder der »Gentleman« der neueren Zeit. Die Vorrechte der Geburt erschienen der Renaissance sinnlos, aber sie forderte um so nachdrücklicher Privilegien für die Gebildeten, und in dieser Hinsicht nähern sich ihre Auffassungen denen der Antike. Die Schrift Rousseaus, nach welcher die Künste und die Literatur die Gleichheit der Menschen zerstören, kann insofern auch als ein Protest gegen die Gesellschaft, wie sie sich in der Renaissance gebildet hatte, aufgefaßt werden. Der antike Gegensatz zwischen den Freien und den Sklaven erscheint in der Renaissance als Gegensatz zwischen den Gebildeten und den Ungebildeten. Die Renaissance hatte für die Handarbeit nur Verachtung, und ihr entstammt auch das heute noch bestehende Vorurteil zugunsten der »freien«, das heißt für Gebildete passenden Berufe. Sie trägt zweifellos einen großen Teil der Schuld an der (für die neuere Zeit charakteristischen) Gleichgültigkeit gegenüber den Volksschichten, die von ihrer Hände Arbeit leben müssen. Die Moral der Renaissance hat zu dieser Gleichgültigkeit sicher ebensoviel beigetragen wie die wirtschaftlichen Interessen der Grundbesitzer und Kapitalisten.

Überschaut man das Ganze, so kann man sagen: die Gesellschaft, wie sie sich seit dem Beginn des sechzehnten Jahrhunderts unter dem Einfluß der Renaissance entwickelt hat, bietet einen weniger großartigen Anblick als das von der Kirche beherrschte, von ihr geistig gebildete und beseelte Mittelalter mit seiner Rangordnung von Ständen: Ständen, deren jeder eine gesonderte Aufgabe hatte und den einzelnen einer begrenzten Gemeinschaft einordnete, wobei doch alle getrennten Gruppen von einem gemeinsamen religiösen Glauben und einem gemeinsamen christlichen Ideal getragen waren. Die unaufhörliche Entwicklung des Lebens hatte jedoch schließlich die Fundamente des großartigen Gebäudes untergraben. Der Geist des Mittelalters stand am Ende des vierzehnten Jahrhunderts vor dem Zusammenbruch, und die Renaissance hat den unvermeidlich gewordenen Untergang der mittelalterlichen Gesellschaft und ihrer Auffassungen nur beschleunigt. Die organische Einheit, die der europäischen Gesellschaft seit damals fehlte, kam nicht wieder, aber dieser Mangel wurde durch die einander ständig folgenden geistigen Bewegungen ausgeglichen, die durch die Befreiung der Gedanken und Handlungen von rein kirchlichen Auffassungen möglich wurden. Um die Renaissance gerecht zu beurteilen, darf man nicht vergessen, daß die Kunst und Literatur aller europäischen Völker drei Jahrhunderte hindurch den von ihr eingeschlagenen Weg gegangen sind; sobald man diesen Weg zurückverfolgt, gelangt man zu den Auffassungen, die im fünfzehnten und sechzehnten Jahrhundert auftauchten. Man kann unsere abendländische Kultur mit einem Fluß vergleichen, der erst von der Stelle an schiffbar wird, wo der Zustrom der Antike sich wieder seinen Wassern vermischt. Zweifellos kommt der Fluß von einer weit größeren Höhe her, aber diese ist uns nur schwer zugänglich. Man muß sich Mühe geben, um diese Höhe zu erklimmen, und sich an ihren Anblick erst gewöhnen. Es ist kaum länger als ein Jahrhundert her, daß die bloße Verachtung des Mittelalters einer gerechteren Würdigung Platz gemacht hat, aber trotz dieser Reaktion, die zu einer objektiveren Bewertung des Mittelalters führte, ist es doch zu weit von uns entfernt, als daß wir seine Auffassungen unserem Leben wirklich zuinnerst eingliedern könnten. Die »Neogotik« in der Baukunst, wie sie beispielsweise in Belgien vor dem Jahre 1914 zeitweilig beliebt war, ist in den meisten Fällen nur ganz äußerlich den mittelalterlichen Formen nachgebildet; sie entstand unter dem Einfluß von Gedanken und geistigen Strömungen, die in Wirklichkeit sehr modern waren. Dagegen ist die Renaissance in unserem Leben noch überall lebendig. Erst vor kurzer Zeit kamen die Möbel im Renaissancestil aus der Mode. Trotz der bedeutenden Entfaltung der gegenwärtigen Kunst unterhalten die modernen Staaten noch immer Institute für die bildenden Künste in Rom, und unsere Akademien, Lyzeen und Gymnasien sind nur eine Fortsetzung der lateinischen Schulen des sechzehnten Jahrhunderts. Seit der Renaissance entwickelten sich auch die Wissenschaften. Lange blieben sie ohne bedeutenden Einfluß auf die geschichtliche Entwicklung und sammelten ihre neuen Erkenntnisse in aller Stille. Diese Erkenntnisse aber führten gegen Ende des achtzehnten Jahrhunderts zu den großen Entdekkungen in den Naturwissenschaften, und so erneuerte sich durch die Naturforschung wiederum die ganze Gedankenwelt und verhundertfachten sich die Ergebnisse der menschlichen Arbeit durch technische Fortschritte.

Trotzdem hat die Renaissance viel weniger Macht über die Kultur erlangt, als man in den ersten Jahren ihres Aufschwunges erwarten konnte. Eine andere, noch mächtigere Gewalt: die religiöse Reformation, erhob sich und stieß auf die Renaissance gerade in dem Augenblick, da diese die Geister maßgebend zu beeinflussen begann. Der Einfluß dieser beiden Bewegungen, deren Aktionen oft die gleiche Richtung hatten, noch öfter aber einander feindlich begegneten, bestimmte das Schicksal der modernen Welt.

Zweites Kapitel

DIE REFORMATION

1. Das Luthertum

Der Sieg des Papsttums über die Konzile hatte der Kirche ihre monarchische Verfassung erhalten, aber auch diese konnte dem Heiligen Stuhl die europäische Hegemonie, die er seit Bonifaz VIII. verloren hatte, nicht zurückgeben. Um die Hegemonie der Päpste war es geschehen. Vergeblich erinnerte Pius II. im Jahre 1460 die katholischen Fürsten in feierlicher Form daran, daß sie dem Papst untergeordnet seien. Die Fürsten wußten sehr wohl, daß dieser päpstliche Anspruch nicht mehr der Wirklichkeit entsprach, und hielten es nicht einmal mehr für nötig, gegen ihn zu protestieren. Wenn der Papst von König Ludwig XI. von Frankreich im Jahre 1461 den Verzicht auf die Pragmatische Sanktion (das dreiundzwanzig Jahre zuvor von König Karl VII. in Bourges erlassene Staatsgesetz zur Zurückdrängung der päpstlichen Macht über die katholische Kirche) erreichen konnte, so bedeutete das nicht mehr als eine formale Befriedigung des päpstlichen Anspruchs. Der König, dem diese Gefälligkeit den Titel eines »Allerchristlichsten Königs« eintrug, war froh, von allen gegen die weltliche Gewalt gerichteten Garantien, mit denen die Bischofswahlen durch die Pragmatische Sanktion versehen waren, befreit zu werden. Er benutzte seine (durch den Widerstand der Stände übrigens niemals wirksam werdende) Konzession sogleich dazu, die französische Geistlichkeit noch stärker an sich zu binden. In England, in Spanien und in den burgundischen Landen, kurz überall, wo die monarchische Gewalt mächtig war, konnte Rom die Herrscher nicht daran hindern, die höchsten kirchlichen Stellen nach eigener Willkür zu besetzen. Rom begnügte sich mit den äußeren Zeichen der Ergebenheit, die ihm von diesen Herrschern reichlich zuteil wurden, solange der Papst ihnen ihren Willen ließ. Das Prestige der Kurie befand sich in so großem Verfall, daß Roms Mahnung, gegen die Türken zu rüsten, kaum Widerhall fand. Die beklagenswerte Ohnmacht, die Europa gegenüber diesen fanatischen Barbaren zeigte, ging zwar hauptsächlich auf die Rivalitäten, Eifersüchteleien und auf die verschieden gelagerten Interessen der einzelnen Staaten zurück; aber man muß auch die Gleichgültigkeit gegen das Haupt der Kirche dafür verantwortlich machen. Dem Ruf Papst Urbans II. war einst die Christenheit begeistert gefolgt, um in Syrien gegen den Islam zu kämpfen, der damals (1095) für das Abendland gar nicht gefährlich war. Die Christenheit blieb aber dem Aufruf Papst Pius' II. gegenüber gleichgültig, obwohl die türkische Gefahr viel bedrohlicher war. Die Christen sahen gleichgültig zu, wie Pius II., dem nichts anderes übrigblieb, als selbst das Kreuz zu nehmen, vor Leid und Erschöpfung in Ancona starb. Er wollte sich dort (1464) mit der venezianischen Flotte zum heiligen Krieg gegen die Türken einschiffen. Diese Flotte kehrte übrigens sofort um, als der Tod des Papstes bekannt wurde.

Seither war das Papsttum nur noch in Italien eine politische Macht, und selbst dort stand diese Macht noch erheblich hinter dem Einfluß Venedigs, des Königs von Neapel und der Medici oder Sforza zurück. Das Papsttum mußte, um sich als politische Macht in Italien halten zu können, einen bedeutenden Teil der Mittel, die ihm aus der ganzen Christenheit zuflossen, für seine politische Stellung in Italien verwenden. Dies ging so weit, daß der geistliche Primat des Papstes sich manchmal seinen Interessen als Territorialherr unterzuordnen schien. Der Papst in seiner Eigenschaft als weltlicher Fürst schien oft den Papst als Leiter der Kirche auszuschalten, und dieses Mißverhältnis wurde um so größer, als die Tiara nur noch Italienern zufiel. Der Niederländer Hadrian VI. (1522–1532) war für Jahrhunderte der letzte Papst, der nicht aus Italien stammte.[11] Freilich vermied das Papsttum dadurch, daß es italienische Züge annahm, in gewissem Grade einen unmittelbaren Einfluß seitens der Großmächte; aber es entfremdete sich ihnen auch stärker, da es einen nationalen Wesenszug erhielt, der schlecht zu seiner ökumenischen Natur paßte. Bei dieser Lage des Papsttums ist es auch erklärlich, daß der Nepotismus in der Kurie nun erschreckend um sich griff: jeder Papst benutzte seine Erhebung zum Haupt der Christenheit dazu, die Zukunft seiner Familie und ihrer politischen Stellung zu sichern. Diese Sicherung erreichte er, indem er möglichst viele Verwandte in das Kardinalskollegium brachte; bei den Ernennungen nahm er auf Begabung und Lebenswandel nicht viel Rücksicht. Schon die Kardinäle von Avignon hatten bei vielen frommen Katholiken Anstoß erregt. Zahlreiche Kardinäle des fünfzehnten Jahrhunderts waren noch weit schlimmer. Sie erregten sogar in der Renaissance, die ja an die äußerste moralische Laxheit der Höfe gewöhnt war, heftige Empörung. Seit dem zehnten Jahrhundert, der Zeit einer Theodora, einer Marozia und eines Johann XII., hatte es in Rom keine solche Zügellosigkeit mehr gegeben wie unter Alexander VI. (1492–1503) und auch noch unter seinen beiden Nachfolgern, Julius II. und Leo X. Die primitive Roheit der feudalen Adelscliquen, die Rom im zehnten Jahrhundert beherrscht hatten, konnten noch in gewissem Grade zur Erklärung der damaligen Zustände dienen; aber dieser Entschuldigungsgrund bestand am Ende des fünfzehnten Jahrhunderts längst nicht mehr. Welchen Eindruck mußte ein frommer Mensch von der Hauptstadt der Christenheit erhalten, wenn er hörte, daß sie (im Jahre 1490) nicht weniger als sechstausendachthundert Kurtisanen zählte, daß die Päpste und Kardinäle mit ihren Mätressen prahlten, die von ihnen gezeugten Kinder anerkannten und sie auf Kosten der Kirche reich machten! Es war unerträglich, daß mit Alexander VI. ein Borgia den Stuhl des heiligen Petrus besetzen konnte. Der extreme Widerspruch zwischen der Wirklichkeit und der eigentlichen Aufgabe des Papsttums hat etwas Quälendes, und man vermißt bei den Mäzenen eines Bramante, Raffael und Michelangelo die religiöse Aufrichtigkeit sehr stark. Obwohl die Renaissance in Rom bewundernswerte Leistungen aufweist, ist sie dort für unser Gefühl nicht frei von peinlichen Zügen. Sie verschönerte zwar die Hauptstadt der katholischen Welt, aber sie veränderte zugleich das Rom der großen Päpste des Mittelalters allzu sehr. Die späten Nachfolger eines Innocenz III. und eines Bonifaz VIII. waren von dem neuen Geist so durchtränkt, daß sie die Tradition, der sie doch alles verdankten, was ihnen von ihrem Einfluß auf die Welt noch geblieben war, überhaupt nicht mehr achteten. Es scheint, daß die Kirche ihnen nur ein Mittel zur Bestätigung ihrer persönlichen Größe war: die vielen Denkmäler und Kunstwerke sollten weit mehr ihren eigenen Ruhm als die Glorie Christi verherrlichen.

Die Kirche entsprach ihrer religiösen Sendung kaum besser als das Papsttum. Sie war durch die Mißerfolge ihrer Konzile unzufrieden oder entmutigt und ließ sich bis zur Apathie gehen. Sie gewöhnte sich an Mißbräuche und an Schlaffheit, welche durch lange Dauer gleichsam legalisiert erschienen. Die hohe Geistlichkeit bestand beinahe nur noch aus Menschen, die durch die Protektion der Kurie oder fürstlicher Höfe zu Prälaten geworden waren und ganz weltlich lebten. Viele Bischöfe hatten nicht einmal die Priesterweihe empfangen, andere empfingen sie erst in dem Augenblick, da sie ihren Bischofsstuhl besetzten. Die Priesterweihe war in solchen Fällen, wie die meisten dieser Herren an ihren Sitten deutlich erkennen ließen, nur eine Formalität und änderte kaum etwas an ihrer Lebensweise. Einige von ihnen huldigten dem Geschmack des Tages, widmeten sich humanistischen Studien und machten sich eine Ehre daraus, Beschirmer der Künste zu sein; andere beschäftigten sich mit Politik und lebten mehr am Hofe als in ihrem Bistum. Fast alle hohen Geistlichen jener Zeit führten ein großartiges und genießerisches Leben; sie jagten, tranken und zerstreuten sich auf alle mögliche Weise. Natürlich waren die Kanoniker nicht besser. Ihre Pfründen waren im allgemeinen den jüngeren Söhnen der vornehmen Familien vorbehalten: Aristokraten, die häufig nicht einmal die kirchlichen Weihen empfangen hatten, keine Priesterkleidung trugen, kaum bei den kirchlichen Diensten zugegen waren und sich zuweilen geradezu öffentlich Konkubinen hielten. Die Pfarrgeistlichen begnügten sich sehr oft damit, die Einkünfte ihrer Pfarre einzuheimsen, und ließen die Pfarre selbst von einem Pfarrverweser (Vikar) verwalten. Diesem wurde nur eine dürftige Entlohnung gegeben, so daß er kaum existieren konnte und schon wegen seines Elends von den Pfarrkindern verachtet wurde. Um leben zu können, war ein solcher Vikar tatsächlich genötigt, aus allen Gelegenheiten Geld zu schlagen, und er benutzte Ereignisse wie Geburten, Heiraten und Todesfälle in seiner Pfarre unverhohlen zum Erwerb. Der Verfall der Klöster war groß und um so beklagenswerter, als man gerade von ihnen mehr Eifer, Ernst oder Wissen hätte verlangen dürfen. Man kann daher sagen, daß zu Beginn des sechzehnten Jahrhunderts alle Klöster einer bloßen Routine verfallen waren oder in mechanischer Anwendung ihrer Ordensregel dahinlebten. Zwar suchten auch jetzt noch Menschen von aufrichtiger Frömmigkeit im Kloster eine gottnahe Weltflucht, aber sie fühlten sich inmitten der anderen, die ohne jedes Ideal lebten und von ihrem Kloster nur ein ruhiges, gesichertes Leben verlangten, recht unglücklich. Nur die Dominikaner zeigten noch eine gewisse Aktivität. Aber da die geistige Arbeit der Scholastik schon vollendet war, blieb ihnen nur noch die Inquisition als Tätigkeitsfeld. Ketzer aber gab es damals nicht, und so widmeten sich die Dominikaner mit Eifer der Lehre von den dämonischen Mächten: zwei Mitglieder dieses Ordens veröffentlichten im Jahre 1487 zu Straßburg den *Malleus maleficarum* (Hexenhammer), die furchtbare Abhandlung über die Verbrechen und Schandtaten der Hexen.

Ein solcher Klerus aber mußte die öffentliche Meinung empören. Seine sittliche Haltung entsprach allzu wenig der Achtung, die er forderte, und den Vorrechten und Einkünften, die er genoß. Die Aristokratie verachtete den Klerus wegen seiner Kulturlosigkeit und Unwissenheit; das Bürgertum aber war darüber entrüstet, daß die Geistlichen von Abgaben und von der gewöhnlichen richterlichen Gewalt befreit waren. Schon begannen die Staaten Maßnahmen gegen das Anwachsen des Grundbesitzes der Toten Hand zu treffen und wehrten sich gegen die Kompetenz kirchlicher Gerichte auf dem Gebiet des Zivilrechts.

Trotzdem blieb der katholische Glaube erhalten. Es scheint sogar, daß es seit dem zwölften Jahrhundert niemals so wenig Ketzer gab wie in den fünfzig Jahren vor der Reformation. Die Anhängerschaft Wyclifs in England und das Hussitentum in Böhmen waren nahezu erloschen; aber gerade der Wegfall der Ketzerei ist ein Beweis für die religiöse Gleichgültigkeit, die sich damals der Seelen bemächtigt hatte. Niemand verließ die Kirche, und niemand dachte daran, sie zu verlassen; die Religion war meist zur bloßen Gewohnheit geworden: zu einer regelmäßigen Erscheinung des Lebens. Ihre Formen wurden nun viel mehr beobachtet als ihr geistiger Inhalt. Daraus erklärt sich der Erfolg der Ablaßerteilungen, zu denen sich das immer geldbedürftige Papsttum bei jeder Gelegenheit entschloß. Die Menschen, die Ablaßbriefe kauften, vergaßen sicher, daß nach katholischer Lehre die Reue für die Wirksamkeit des Ablasses als unentbehrlich galt, und glaubten ganz naiv, mit dem Erwerb der Briefe eine billige Versicherung für das jenseitige Leben abzuschließen. Natürlich gab es auch Ausnahmen: noch fanden sich glühende und fromme Seelen, denen der Glaube ein Bedürfnis war; aber sie suchten meist ihre Befriedigung in einer persönlichen Mystik außerhalb der Kirche.

Die Mystik war zu Beginn des sechzehnten Jahrhunderts aber weit weniger verbreitet als um das Jahr 1450; die geistigen Strömungen der Zeit standen in zu großem Gegensatz zu ihr. Je mehr sich die geistigen Tendenzen der Renaissance verbreiteten, um so weniger betrachteten die besten Geister den Glauben als eine Vorbereitung zum göttlichen Leben, und um so mehr sahen sie ihn nur als eine Morallehre an. Das Ideal der Humanität, wie Desiderius Erasmus, Thomas Morus und Juan Luis Vives es auffaßten, war zwar vom christlichen Geiste durchdrungen, aber ihr Christentum war sozusagen der Forderung des Tages, den irdischen Bedürfnissen des Lebens also, angepaßt. Daraus entstand die Abneigung jener Humanisten gegen die Weltflucht und gegen die überlieferte Theologie. Sie kümmerten sich wenig um die Dogmatik, und die Tugend an sich erschien ihnen sicherlich als die höchste Form der Frömmigkeit. Aber obwohl sie heftig auf die Mönche schalten und ihre Geringschätzung für die Morallehre der Scholastik nicht verbargen, hüteten sie sich doch, offen mit der Kirche zu brechen. Die Humanisten waren zwar recht aufsässige Katholiken, aber sie blieben Glieder der Kirche, und die hohe Geistlichkeit, die Höfe, ja sogar der Papst verbargen ihre Sympathie für diese Männer nicht. Die Humanisten selbst hofften, eine maßvolle, großzügige und tolerantere Form der Religion herbeizuführen, aber sie wollten das ohne Gewaltsamkeit und ohne Krise; sie wollten die Reform durch die bloße Macht der Ideen und des gesunden Menschenverstandes und durch die Verbreitung der Bildung: mit Unterstützung seitens der Obrigkeit.

Dieser schöne Traum dauerte aber nur einen Augenblick. Die humanistische Reform des Christentums war überhaupt nicht zu verwirklichen; denn das asketenfeindliche Christentum der Humanisten hatte nichts mit dem Wesen der Kirche gemeinsam, und der Bruch zwischen den beiden Auffassungen würde sich schicksalsmäßig vollzogen haben, wenn die Entwicklung ohne den Faktor der Reformation weitergegangen wäre. Die Theologen, die gegen Erasmus eiferten, sahen den inneren Gegensatz zwischen Kirche und Humanismus wohl. Wenn aber der Papst ihnen Schweigen gebot, so lag das an seiner Vorliebe für die Renaissance: eine Vorliebe, die ihn für die Gefahr, die der Kirche drohte, zunächst blind machte. Die hohe Geistlichkeit liebäugelte mit den Ideen des Erasmus, ebenso wie später, gegen Ende des achtzehnten Jahrhunderts, der französische Adel mit den »Philosophen« kokettierte. Die Geistlichen erwarteten im sechzehnten Jahrhundert genauso wenig eine religiöse Revolution wie die den Aufklärern zujubelnden französischen Adligen am Ende des Rokoko einen politischen Umsturz. Tatsächlich konnte niemand den gewaltsamen Ausbruch des Luthertums voraussehen. Es gab freilich in Deutschland seit dem jämmerlichen Ende des Konzils von Basel eine tiefe Unzufriedenheit mit dem Papsttum. Man warf den Päpsten vor, nach Gutdünken über die höchsten kirchlichen Ämter zu verfügen, und vergaß dabei, daß dies nicht eine unmittelbare Folge schlechten Willens gegenüber dem deutschen Volk, sondern eine Folge der anarchischen Reichsverfassung selbst war; das Fehlen einer Regierung im Reiche machte es Deutschland unmöglich, die Kirche der Gewalt des Staates zu unterwerfen, wie dies in Frankreich, England und Spanien geschehen war. Die in Deutschland herrschende Unzufriedenheit mit den Päpsten wurde durch die Humanisten noch angestachelt. Diese gerieten darüber in Zorn, daß die Italiener die nördlichen Völker als Barbaren betrachteten, und aus verletztem Ehrgefühl rühmten sie sich – übrigens in klassischem

Latein – von den Germanen abzustammen, die einst der Eroberungssucht Roms mit Erfolg widerstanden hatten. Die Schriften der deutschen Humanisten – vor allem die Ulrichs von Hutten – stellten zum erstenmal und in naiver Form die These vom Gegensatz zwischen Germanentum und Romanentum auf. Über diese Konzeption würde man gerne lächeln, wenn nicht die politische Leidenschaft des neunzehnten Jahrhunderts sie mit so viel blindem Haß zum Schaden der Kultur ausgenutzt hätte. Die gegen die romanischen Völker eifernden Schriften der deutschen Humanisten waren nur einer kleinen Gruppe gebildeter Deutscher zugänglich: aber sie trugen auf ihre Weise dazu bei, eine antirömische Einstellung in Deutschland lebendig zu erhalten. Schon die Kaiser des Mittelalters hatten die Päpste ja ständig zu Gegnern gehabt, und so schien es manchem Deutschen, daß Rom auch als Mittelpunkt des Katholizismus, ebenso wie einst in heidnischer Zeit, immer ein Feind des deutschen Volkes gewesen sei.

Zu diesen Beschwerden, die einem verletzten Selbstgefühl entsprangen, kamen noch die konkreteren Beschwerden der deutschen Bürger. Dieser Stand ertrug in Deutschland, wie überall, die Vorrechte der Geistlichen nur mit Widerwillen und zeigte sich bei jeder Gelegenheit als scharfer Gegner des Klerus. Aber es gab nirgendwo Anzeichen für die absolute Notwendigkeit einer religiösen Reformation. Es wäre unrichtig, zu glauben, daß Deutschland damals von einer religiösen Leidenschaft verzehrt gewesen sei, die von der Kirche nicht mehr befriedigt wurde. Falsch wäre denn auch die Annahme, daß sich das deutsche Volk durch die Dogmen des Katholizismus beengt gefühlt habe und sich inniger mit Gott habe vereinigen wollen. Es ist allzu billig, auf dem Gebiet der Religion einen Gegensatz zwischen der germanischen und lateinischen Geistesart zu konstruieren. Die Wirklichkeit zeigt von einem solchen Gegensatz nichts. Allerdings ist der Protestantismus in Deutschland entstanden, und die Gestalt, die er anfangs annahm, sowie seine ersten Fortschritte hängen mit den deutschen Verhältnissen zusammen, in denen er entstand; aber das ist kein Beweis für die Behauptung, daß die Reformation ein Ausdruck germanischen Geistes gewesen sei. Es genügt zur Widerlegung dieser Behauptung freilich nicht, den Franzosen Calvin dem Deutschen Luther gegenüberzustellen; denn die Reformation ist ein religiöses, kein nationales Phänomen. Wenn sie sich hauptsächlich bei den Völkern germanischer Sprache verbreitet hat, so liegt das nicht daran, daß diese Nationen besser geeignet gewesen wären, die reformatorischen Gedanken zu verstehen; der wahre Grund ist darin zu suchen, daß die politischen und sozialen Umstände bei diesen Völkern die Reformation mehr begünstigten.

Luther gehört zu den Menschen, die in allen Ländern und Epochen durch die religiösen Fragen, die man eher gefühlsmäßig erfassen als begrifflich umschreiben kann, bis in ihr Innerstes erschüttert werden. Er wurde als Sohn eines Bergmanns in Eisleben (Sachsen) geboren (1483) und war, wie so viele Volkskinder, die sich auf der Schule hervorgetan haben, von seinem Vater zum Juristen bestimmt worden. Er wurde daher im Jahre 1501 Student an der Universität Erfurt, aber er wurde dort von Gedanken an den Tod ergriffen, dem er bei einem Gewitter beinahe zum Opfer gefallen wäre. Vier Jahre später brach er sein juristisches Studium ab und wurde Mönch in einem Kloster der Augustiner. Wie so viele andere Menschen, konnte Luther aber den Seelenfrieden in einem weltflüchtigen Leben nicht finden, und er war glücklich, als ihn der Oberste seines Ordens dazu ausersah, eine Dozentur an der Universität Wittenberg zu übernehmen (1508). Dort trat er durch seine berühmten Thesen gegen den Ablaßhandel im Jahre 1517 plötzlich in das Licht der Öffentlichkeit. Mit ihnen gab er das Signal für die Reformation.

War Luther nunmehr entschlossen, mit der Kirche zu brechen? Diese Frage ist schwer zu beantworten. Das eigenwillige und leidenschaftliche Temperament dieses Mannes wurde durch den Widerstand, den er erfuhr, tief erregt und trieb ihn zum Äußersten. Er fühlte sich aber bei der Verkündung seiner Ideen auch durch die öffentliche Meinung ermutigt. Die Proteste des Reichstages zu Augsburg (1518) gegen die Eintreibung von Geld seitens der päpstlichen Finanzverwaltung mußten Luther in seiner Entschlossenheit nur noch bestärken. Er war seiner selbst sicher, liebte den Kampf und hatte die Leidenschaft des Redners und Pamphletisten: Fähigkeiten, durch die er um so wirksamer gegen die Kirche auftreten konnte. Nicht anders als Wyclif und Hus wollte auch Luther sich an das eigene Volk wenden und schrieb in der Sprache, in der man redete. Sein Stil, von Humor, Leidenschaft und Zorn erfüllt, war vortrefflich dazu geeignet, die Masse für seine Sache zu gewinnen. Dazu kam, daß die Buchdruckerkunst sein mächtiges Wort von der kleinen Universität Wittenberg aus in ganz Deutschland verbreitete. Unmittelbar nachdem Luther den Streit begonnen hatte, fand er überall in Deutschland Anklang. Zum erstenmal wurde nun eine religiöse Frage vor dem Volk durchgekämpft, in seinen geistigen und sozialen Bereich gebracht und seinem Urteil unterworfen. Luthers Brief »An den christlichen Adel deutscher Nation« sowie seine kleinen Schriften »Die babylonische Gefangenschaft der Kirche« und »Von der Freiheit eines Christenmenschen« erschienen sämtlich im Jahre 1520. Sie waren gleichsam Propagandaschriften und hatten gewaltigen Erfolg. Bis dahin hatten die Gegner der katholischen Kirche ihre Lehren nur durch Predigt und Mission unter den Massen verbreitet. Aber das Luthertum hat seinen Siegeszug vermittels des gegossenen Buchstabens angetreten, und man darf in der Schnelligkeit, mit der Luthers Lehre verbreitet wurde, schon die ersten Anzeichen jener Macht sehen, die sich heutzutage in der Presse verkörpert.

Je länger Luther kämpfte, desto schärfer und kühner wurden seine Formulierungen. Der Streit über die Ablaßbriefe verwandelte sich sehr schnell in einen Angriff gegen das Papsttum und nachher in einen Kampf gegen die gesamte überlieferte Organisation der Kirche. Noch im Jahre 1518 hatte er nur das Recht gefordert, sich gegen Beschlüsse des Papstes an ein allgemeines Konzil zu wenden; aber schon ein Jahr später verkündete er, daß das Papsttum bloß menschlichen Ursprungs sei, daß ein Konzil irren könne und daß nur die Bibel unfehlbar sei. Der entscheidende Schritt wurde im Jahre 1520 vollzogen, als Luther die Auffassung vertrat, daß die Rechtfertigung des Christen nur im Glauben und nicht in seinen guten Werken zu finden sei, und daß der Glaube an Christus jeden Christen zum Priester mache. Die Messe und die Sakramente (außer der Taufe, dem Abendmahl und der Buße) wurden von Luther nun verworfen. Nach seiner Ansicht hat der Priester keine Befugnis, die der Laie nicht ebenfalls besitzt. Der Priester untersteht nach Luthers Meinung der weltlichen Obrigkeit, deren Macht sich auf Kirche und Staat erstreckt.

Luther verfolgte nur den Weg weiter, den Wyclif und Hus schon gebahnt hatten, und seine Lehre setzte die von der offiziellen Kirchenlehre abweichende Theologie des Mittelalters fort: Luthers geistige Vorfahren waren die großen Ketzer des vierzehnten Jahrhunderts. Vom Geist der Renaissance war er nicht berührt, und seine Lehre von der Rechtfertigung durch den bloßen Glauben ist der Mystik verwandt. Zwar verurteilte Luther das priesterliche Zölibat und das Klosterleben ebenso sehr, wie die Humanisten dies taten, aber seine Gründe waren von den ihren ganz verschieden; er stellte sich zu ihnen in den größten Gegensatz, als er den freien Willen und die Vernunft ganz zugunsten des Glaubens preisgab.

Trotzdem haben die Humanisten Luther in seinen stürmischen

Anfängen Beifall gezollt. Allerdings war ihr Beifall zurückhaltend, denn sie wollten sich nicht kompromittieren und waren außerdem über die große Heftigkeit, die bei Luther zutage trat, etwas beunruhigt. Doch waren sie von den rauhen Schlägen, die er gegen die Mönche und Scholastiker führte, begeistert und rechneten wohl damit, daß man nach diesen starken Ausbrüchen religiösen Zorns um so lieber auf ihre gemäßigte Weisheit hören würde. Überall dort, wo der Geist der Humanisten herrschte, wurde das Luthertum in seinen Anfängen nur mit Sympathie empfangen, beispielsweise in den Niederlanden am Hofe der Statthalterin Margarete von Österreich und in Frankreich am Hofe König Franz' I. In Deutschland aber rief das Luthertum bei seinem Auftauchen nicht bloß Sympathie, sondern Begeisterung hervor. Das Bürgertum in den süddeutschen Städten reagierte gefühlsmäßig schneller und war auch tatkräftiger als dasjenige Norddeutschlands; daher wurden vor allen anderen die Bürger der freien süddeutschen Reichsstädte sogleich zu Anhängern Luthers. Allerdings wurden die religiösen Gedanken des deutschen Reformators nur von einer sehr kleinen Anzahl wirklich frommer Seelen verstanden. Die Massen wurden hauptsächlich durch Luthers Angriffe auf die Geistlichkeit und auf Rom für die Bewegung gewonnen. Die Lehre Luthers, daß nur der Glaube den Christen rechtfertige, war dem Verständnis der Massen nicht zugänglich, und zuerst dachte noch niemand an einen dogmatischen Bruch mit der Kirche; aber die deutschen Massen waren durch Luthers flammende Worte gegen den Handel mit heiligen Dingen und Sakramenten, gegen die Mißbräuche im Klosterleben sowie gegen die Anmaßung der Priester (die sich als den Körper der Kirche ausgaben, obwohl ihn doch alle Christen bilden) tief beeindruckt. Schon verließen viele Mönche ihre Klöster, und auch Pfarrer stimmten der Bewegung zu. Man las die Bibel und legte sie selbst aus. Ein naiver Zorn entlud sich gegen die Geistlichkeit, die das Volk, wie man glaubte, so lange durch das Verbergen der wahren, in der Heiligen Schrift enthaltenen Religion getäuscht hatte. Ein Teil des Adels stimmte Luther ebenso eifrig zu wie die Bürger. Deutscher Patriotismus, Haß gegen Rom, und eine verworrene Hoffnung auf religiöse und politische Erneuerung des Heiligen Römischen Reiches beseelten die Ritter, die sich um Ulrich von Hutten und Franz von Sickingen scharten. Die Fürsten erwogen indes, welche Aussichten ihnen die neue Bewegung bot, sich die Güter der Kirche anzueignen. Diese Hoffnung machte das Wort Gottes für sie besonders anziehend: die Aufgabe, der evangelischen Sache zum Siege zu verhelfen, war für die Fürsten verlockend, da sie daraus die größten Vorteile ziehen konnten! Zusammenfassend kann man sagen, daß das Luthertum zuerst weit mehr ein Aufstand gegen das Papsttum als eine wirkliche religiöse Bewegung war.

Die Fortschritte des Luthertums vollzogen sich um so leichter, als niemand die katholische Kirche schützte: weder das Volk noch die Fürsten kamen ihr zu Hilfe, und sie selbst zeigte damals eine merkwürdige Apathie. Zwar polemisierten einige Theologen gegen Luther, aber die Kirche verzichtete darauf, die Massen, die sich nach langer Zeit des Gehorsams gegen sie wandten, wieder unter ihren Einfluß zu bekommen. Es schien, als ob die katholische Kirche damals an ihren eigenen Kräften zweifelte, und ihre Ohnmacht in dem bedeutenden Kampf vergrößerte nur die Kühnheit der Gegner. So scheute sich Luther nicht, die Bulle, in der Papst Leo X. ihm den Bann androhte, vor dem Elstertor zu Wittenberg zu verbrennen (10. Dezember 1520).

Kaiser Maximilian war am 12. Januar 1519 gerade in dem Augenblick gestorben, da die Krise in Deutschland ihren Höhepunkt erreicht hatte. Sie hatte übrigens nicht den geringsten Einfluß auf die Entscheidung der Kurfürsten bei der Kaiserwahl. Kein religiöses Motiv spielte eine Rolle, als sie Karl V. den Vorzug vor Franz I. von Frankreich gaben. Für die Entscheidung der Kurfürsten war nur das Geld des Habsburgers ausschlaggebend.

Die Haltung, die Karl V. gegenüber der Reformation annehmen würde, stand von vornherein fest. Selbst wenn Karl für diese Bewegung einige Sympathie gehabt hätte, hätte er sie aus politischen Gründen nicht zeigen dürfen. Seine Macht beruhte vor allem auf der Herrschaft über Spanien, und ein König von Spanien, der mit der Ketzerei paktierte, wäre unmöglich gewesen. Auch hätte Karl gerade jetzt einen Streit mit dem Papsttum nicht wagen können, denn er war auf Roms Unterstützung angewiesen, um der in Italien vordringenden Macht Frankreichs Widerstand leisten zu können. Seine unmittelbaren politischen Interessen trafen also mit seiner persönlichen Überzeugung zusammen, um aus ihm den Verteidiger der Kirche zu machen. Allerdings verhehlte sich Karl nicht die Mißbräuche, die dort eingerissen waren; er drängte auf Einberufung eines allgemeinen Konzils, und die weltlichen Ansprüche des Papsttums fanden in ihm einen energischen Gegner. Aber er war von katholischer und konservativer Gesinnung erfüllt. Er lebte in der traditionellen Auffassung, daß die Kirche die Voraussetzung und die feste Grundlage der gesellschaftlichen Ordnung sei. Die Erhaltung des Katholizismus erschien ihm ebenso unentbehrlich für das Heil der Seele wie die Ausübung irdischer Autorität.

Hätte Deutschland einen Staat gebildet, so wäre die Reformation unter einem Fürsten mit den Auffassungen Karls V. besonders gefährdet gewesen. In Frankreich oder England hätte die Reformation im gleichen Falle entweder sogleich der Krone weichen oder den Kampf mit ihr aufnehmen müssen. Die protestantischen Historiker Deutschlands beklagen den Mangel an Einheit im Deutschland des beginnenden sechzehnten Jahrhunderts ganz zu Unrecht; denn gerade die Schwäche der monarchischen Gewalt und das rückständige und partikularistische Wesen der deutschen Staatsformen haben das Luthertum gerettet oder ihm zumindest die schnelle und verhältnismäßig friedliche Verbreitung ermöglicht. Ganz anders als das Luthertum wurde ja der Calvinismus in den fortschrittlicheren und mächtigeren Staaten Europas von Anfang an in furchtbare Kämpfe verwickelt.

Kaum war Karl V. in Deutschland angekommen, als er sich beeilte, die umstrittene religiöse Angelegenheit vor den nach Worms einberufenen Reichstag zu bringen (April 1521). Luther wurde vor die Versammlung geladen; sie war ihm zum großen Teil von vornherein günstig gesinnt, und der Jubel der Massen umbrauste ihn noch vor den Pforten des Gebäudes. Luther brauchte ein Schicksal, wie Johann Hus es einst auf dem Konzil von Konstanz erlitten hatte, nicht zu befürchten. Er verweigerte den Widerruf seiner Lehren, und man ließ ihn frei und unversehrt aus der Stadt (18. April 1521). Ein paar Wochen danach, am 8. Mai, verhängte allerdings eine kaiserliche Verfügung, das Wormser Edikt, über Luther und seine Anhänger die Reichsacht. Aber jeder wußte, daß diese Maßnahme keine Bedeutung hatte; das Reich hatte ja kein Mittel, die Durchführung dieser Acht zu erzwingen, und sie wurde denn auch nirgends wirksam. Die Reichsacht hinderte die Verbreitung der Gedanken, welche durch sie getroffen werden sollten, nicht und brachte die Verkünder von Luthers Lehre auch nicht in persönliche Gefahr.

Karl mußte sich mit dieser Niederlage abfinden. Er befand sich im Krieg mit Franz I. von Frankreich und konnte es nicht wagen, einen Religionskrieg in Deutschland zu entfesseln; denn das hätte nur die Aussichten Frankreichs verdoppelt. Aber das, was Karl in Deutschland nicht wagen konnte, vermochte er in den Niederlanden. Er organisierte also dort eilig die mitleidlose und harte Unterdrückung der Ketzerei. In den Niederlanden hatte Karl schon im Jahre 1520 ein »Plakat« (Verordnung) gegen die Ketzerei ausgefertigt, und im folgenden Jahr gebot er die strenge Durchführung des Wormser Ediktes in den Niederlanden. Das war jedoch erst das Vorspiel für seine weiteren Pläne; denn er wollte eigentlich seinen niederländischen, von der burgundischen Dynastie her an ihn gekommenen Gebieten die spanische Inquisition aufzwingen. Zwar ließ sich Karl von diesem Plan schließlich durch die Haltung seiner Ratgeber, die sich einstimmig gegen eine solche Maßnahme aussprachen, abbringen, aber er organisierte doch eine systematische Unterdrückung der Ketzer. Dieses System war so weitgehend auf den Grundlagen des spanischen »Heiligen Offizes« aufgebaut, wie das ohne eine allzu gefährliche Provokation der öffentlichen Meinung in den Niederlanden möglich war. Karl beauftragte im Jahre 1522 ein richterliches Mitglied des Rates von Brabant mit der Verfolgung der Ketzer, aber schließlich gab er den Protesten des Papstes gegen diese weltliche, nur vom Staat ausgehende Inquisition Gehör. Karl gab die von Laien durchgeführte Inquisition im folgenden Jahr wieder auf und ersetzte ihre Träger schließlich durch päpstliche, freilich von der Regierung vorgeschlagene Inquisitoren (1524). Dazu kamen bis zum Ende von Karls Regierung immer schärfere und mitleidlosere »Plakate«: Verordnungen, die schließlich die weltlichen Gerichte anwiesen, alle Niederländer, die, ohne Theologen zu sein, über den Glauben diskutierten, zu verfolgen und zum Tode zu verurteilen. Karls Verordnungen setzten ferner für jeden Niederländer, der einen Ketzer kannte und ihn nicht anzeigte, die Todesstrafe fest.

Bei dieser Religionsverfolgung zeigten sich die gleichen Erscheinungen wie bei allen früheren. Die vornehmsten und aufrichtigsten Seelen wurden auch hier zu heldenhaften Kämpfern. Die Niederländer stellten der Reformation die ersten Märtyrer: zwei Augustinermönche aus Antwerpen, Hendrik Voes und Jan van der Eschen, wurden am 1. Juli 1523 auf dem Großen Markt zu Brüssel verbrannt. Luther besang sie in einem seiner schönsten Lieder,[12] und Erasmus erklärte im Jahre 1524, daß ihr Tod viele zu Lutheranern gemacht habe.

Man kann sich die Frage stellen, was aus Deutschland geworden wäre, wenn man sich dort zum Luthertum nur unter Lebensgefahr hätte bekennen können. Man kann jedenfalls mit Sicherheit sagen, daß die Verbreitung des Protestantismus sich dann sehr verlangsamt haben würde, denn die Schnelligkeit, mit der die neue Lehre gerade in Deutschland um sich griff, erklärt sich hauptsächlich aus dem geringen Risiko, das die Neuerer dort liefen. Die Geschichte des Luthertums in Deutschland war in ihren Anfängen völlig unheroisch. Wahrscheinlich wäre die Nachgiebigkeit, die das Luthertum später gegen die weltliche Macht bewies, niemals so groß gewesen, wenn es für seinen Glauben von Anfang an das Blut seiner Anhänger hätte opfern müssen. Das Luthertum brauchte sich gegen die Fürsten zunächst nicht zu wehren und stellte sich bald unter ihren Schutz.

Die katholische Kirche war seit Jahrhunderten so stark mit der Gesellschaftsordnung verflochten, daß jeder Angriff auf die herrschende Religion auch zugleich einen Umsturz der sozialen Verhältnisse heraufbeschworen hatte: die Ketzerei der Albigenser im zwölften Jahrhundert hatte kommunistische Unruhen hervorgerufen; Wyclif hat, ohne es zu wollen, zu dem englischen Bauernaufstand von 1381 beigetragen, und das Hussitentum war, wie wir bereits sahen, ebenfalls stark von revolutionären Ideen durchdrungen. Die lutherische Propaganda machte keine Ausnahme von dieser Regel. Freilich war niemand in weltlicher Hinsicht konservativer als Luther selbst. In scharfem Gegensatz zu den Humanisten und weit weniger gegenwartsnah als diese, billigte er die traditionelle Ordnung der gesellschaftlichen Verhältnisse. Er war nur in religiöser Hinsicht Revolutionär, und seine wilden Angriffe gegen die Autorität Roms standen in starkem Gegensatz zu seiner Fügsamkeit gegenüber den weltlichen Mächten. Aber als die Lehren Luthers in die Massen eindrangen, mußte ihre Verbreitung bald die unbestimmten messianischen Erwartungen steigern, denen Armut und Unterdrückung bei den einfachen Volksschichten den Weg bereitet hatten. Solche Erwartungen aber werden zu einer furchtbaren Macht, sobald sie, einmal entfesselt, sich jeder Leitung entziehen und nur noch dem eigenen Gesetz gehorchen.

Wir sahen bereits, daß die Lage der deutschen Bauern sich seit dem Ende des vierzehnten Jahrhunderts dauernd verschlechtert hatte. Die kapitalistischen Tendenzen des fünfzehnten Jahrhunderts hatten die Ausbeutung der Bauern durch den rohen und mitleidlosen Adel noch begünstigt. In der deutschen Literatur und bildenden Kunst des sechzehnten Jahrhunderts wird der Bauer mit außerordentlicher Verachtung behandelt. Man sah in ihm anscheinend nur ein ekelhaftes oder komisches Tier, mit dem man sich alles erlauben dürfe, und tatsächlich erlaubten sich die deutschen Adeligen mit den unglücklichen Bauern alles. So kam es vielfach zur Wiederherstellung der Hörigkeit; zur Vermehrung der Fronarbeit; zur Beschlagnahme des gemeinsamen Landes (der Allmende); zur willkürlichen Erhöhung des Pachtzinses und zur Vermehrung aller bäuerlichen Abgaben und Lasten: der Gerichtsgefälle sowie der Zwangsdienste jeglicher Art. Die armen Bauern, die unter der Grundherrschaft lebten, waren gegen die Ritterburg, von der aus sie bedrückt wurden, wehrlos. Sie hatten sich in ihr Schicksal gefunden und keinen Widerstand versucht, bis die religiöse Bewegung, welche die Städte erschütterte, sich auch unter ihnen zu verbreiten begann. Die Religion war bis dahin die älteste und heiligste der Sitten, eine unentbehrliche Form und sogar die Grundlage der Gesellschaftsordnung, in der sie lebten. Nun sahen die Bauern, wie die Kirche ungestraft angegriffen und sogar verspottet wurde und wie sie offenem Ungehorsam begegnete. Die Ehrfurcht und Achtung vor der Geistlichkeit schwanden dahin. Wie hätten die armen Bauern da noch Ehrfurcht und Achtung vor den adeligen Grundbesitzern bewahren können? Die Mißbräuche, die man der Kirche vorwarf, waren für die Bauern viel weniger augenscheinlich als das Unrecht, das ihnen von den Herren angetan wurde. Je mehr die religiöse Erregung sich unter den deutschen Bauern verbreitete, desto mehr verband sie die bedrückten Landleute in dem ihnen allen gemeinsamen Groll gegen den Adel. Die Schwäche der Bauern rührte von ihrer regionalen und gesellschaftlichen Isolation her. Sobald sie aber gemeinsam durch die neuen Ideen aufgewühlt wurden, fühlten sie sich stark, und die Aufstände wuchsen sich seit dem Jahre 1524 immer mehr aus. Die Landleute wurden vom Adel freilich zu tief verachtet, als daß er die Größe der Gefahr schon bei den ersten Anzeichen hätte erkennen können.

Die Bewegung verbreitete sich schnell über ganz Süddeutschland und reichte bald von der rheinisch-luxemburgischen Grenze bis zum Elbsandsteingebirge an der Grenze Böhmens. Hie und da schloß sich auch das einfache Volk aus den Städten den aufständischen Bauern an. Die Ziele der Bauern wurden in den zwölf Artikeln formuliert: Forderungen, die weit mehr sozialer als religiöser Natur waren. Man verlangte zwar die Rückkehr zum Evangelium, vor allem aber die Rückkehr zur Freiheit. Unter Freiheit verstanden die aufständischen Bauern das Recht, die Wälder und Wiesengründe frei zu nutzen, sowie die Aufhebung der ungesetzlichen Fronen und der Willkür der Junker. Die erregten Scharen drangen überall durch, und der Terror, den sie auf ihren Zügen ausübten, lähmte jeden Versuch, ihnen Widerstand zu leisten. Sie verbrannten die Schlösser und Klöster; sie beantworteten nun die Roheit, unter der sie so lange gelitten hatten, ihrerseits mit Roheit. Die Bewegung des Aufstandes brach so plötzlich aus, und die

Furcht vor den Bauern verbreitete sich so allgemein, daß manche Grafen, Fürsten und Kurfürsten sich zu Verhandlungen mit den erregten Massen herabließen und dabei sogar die Forderungen der Zwölf Artikel anerkannten. Aber dies genügte den erwachten Hoffnungen der vom Erfolg berauschten Bauern nun nicht mehr, und ihre Erregung trieb sie zu größeren Zielen. Die alten mystischen und kommunistischen Phantasien, die sich seit dem Mittelalter im Volk erhalten hatten, bemächtigten sich wieder der Seelen. Thomas Münzer fanatisierte die Bauern Thüringens, indem er ihnen eine Welt der Gerechtigkeit und Liebe gemäß dem Willen Gottes versprach und erklärte, daß dazu die Vernichtung der Bösen erforderlich sei. Die Wirkung dieser Predigten auf die leidenschaftlich erregten und primitiven Gemüter verwandelte den Aufstand in eine Art religiösen Terrorismus. Die Ausschreitungen, zu denen dies führte, beschleunigten die unvermeidliche Reaktion, einen Widerstand, der ja nur durch die unerwarteten großen Anfangserfolge der aufständischen Bauern so lange ausgeblieben war. Der Adel trat mit vereinten Kräften gegen die Bauern auf, und sie erlitten am 15. Mai 1525 bei Frankenhausen am Kyffhäuser eine vernichtende Niederlage. Die Sieger waren jetzt ebensosehr von Unbarmherzigkeit erfüllt wie vorher von Entsetzen; sie befriedigten ihre Rachsucht an den einfachen Leuten, die ihnen eben noch Trotz geboten hatten, ausgiebig und lange. Das Joch fiel wieder auf die deutschen Bauern und lastete nun schwerer denn je auf ihnen. Sie mußten es bis zum Beginn des neunzehnten Jahrhunderts tragen und fristeten ihr Leben in dumpfer Resignation.

Die Krise, die auf die Wiedertäufer zurückgeht, kennzeichnet die religiöse Verwirrung, welcher die einfachen Menschen nach dem allzu plötzlichen Verschwinden der kirchlichen Autorität ausgeliefert waren, noch deutlicher. Die ersten Wiedertäufer nahmen die lutherischen Predigten ganz wörtlich. Es gab schon vor dem Jahre 1525 in der Schweiz einige (von Zwingli bekämpfte) Bekenner dieser Lehre. Sie verlangten, daß man nicht nur den Glauben, sondern auch die Gesellschaftsordnung den Lehren der Heiligen Schrift unterwerfe; da die Bibel das Wort Gottes enthalte, müsse man sich streng nach ihr richten. Kirche und Staat waren in den Augen dieser Sektierer unnütze Institutionen; man brauchte sich ja nur an die biblischen Lehren zu halten, deren Befolgung sowohl für das Heil der Seelen als auch für die sozialen Beziehungen der Menschen untereinander genüge. Die früheren Ketzereien des Mittelalters beeinflußten die Auslegung der Heiligen Schrift in erheblichem Maße: die popularisierte manichäische Lehre, die auf dem Gegensatz von Geist und Fleisch beruhte, war seit der Zeit der Albigenser niemals ganz aus der Erinnerung der Volksmassen geschwunden. Diese Lehren erwachten nun zu neuem Leben und mischten sich mit apokalyptischen Visionen und mystischen Strömungen, die sich seit dem vierzehnten Jahrhundert sehr ausgebreitet hatten. Die Gerechten hielten sich für berufen, eine neue Welt zu bauen, in der alles brüderlich geteilt werden sollte – die Frauen übrigens nicht weniger als die Güter. Diese Phantasien fanden bei den unteren Schichten in den Städten leicht Eingang, vor allem bei den Gesellen der Zünfte und den Lohnarbeitern der aufkommenden kapitalistischen Gewerbe. Die Lehren verbreiteten sich unter den Handarbeitern von Ort zu Ort weiter und erreichten schnell die Niederlande, wo das Gewerbe stark entwickelt und der Boden für solche Strömungen besonders günstig war. Selbstverständlich wurden die Anhänger dieser Lehren durch die öffentlichen Gewalten grausam verfolgt. Katholiken und Protestanten wetteiferten in der Härte, mit der sie die revolutionäre Ketzerei verfolgten; aber dadurch wurde die Gefahr, die von ihr ausging, noch größer. Die Lehre der Wiedertäufer, bis dahin nur eine Utopie religiös-sektiererischer Art, wurde nun eine militante Lehre des Hasses und des erbitterten Kampfes. Die Armen erwarteten von ihr mehr als die bloße Befreiung von ihrem Elend; sie erhofften auch Rache für alle Unbilden. Viele Wiedertäufer waren äußerst fanatisch und zeigten sich dazu bereit, ihr eigenes Leben, gleichzeitig aber auch die übrige Welt bedenkenlos ihren messianischen Ideen zu opfern. Ein mystisch-sozialer Rausch scheint um das Jahr 1530 Holland ergriffen zu haben, ein großer Teil der Unterschicht und nicht wenige Handwerker fielen der neuen Lehre zu. Man nimmt an, daß in manchen nordniederländischen Städten zwei Drittel der Bevölkerung der neuen Mystik verfallen waren. Alle Blutbäder, summarischen Urteile, Ertränkungen und die Ächtung der Anhänger der neuen Sekte konnten ihr Anwachsen nicht aufhalten. Von Amsterdam und den Städten seiner Umgebung aus brachen die neuen Propheten im Jahre 1534 auf und benutzten einen Aufstand der Stadt Münster gegen ihren Bischof, um dort das »Königreich Gottes« zu errichten. Vielleicht hat sich zu keinem Zeitpunkt der Geschichte deutlicher gezeigt, wie stark der Fanatismus, die religiöse Illusion und die Hoffnung auf eine irdische Verwirklichung der sozialen Gerechtigkeit die Volksmassen mitreißen kann. Die Wiedertäufer organisierten zwölf Monate hindurch in Münster ihr »Neues Jerusalem«, obwohl sie durch die katholischen wie die protestantischen Fürsten der Nachbarschaft von jeder Zufuhr abgeschnitten waren. Die Polygamie und der Kommunismus wurden von der Bevölkerung angenommen und auch durchgeführt. Eine mystische und zugleich sozialistische Utopie wurde hier für einen Augenblick verwirklicht. Die Stadt wurde erst am 24. Juni 1535 von den fürstlichen Heeren erstürmt, und der kollektive Wahnsinn wurde in einem furchtbaren Blutbad erstickt. Erst im Jahre 1881 sind die Eisenkäfige, in denen die verkohlten Knochen des Propheten Johann von Leyden und des Bürgermeisters Knipperdolling Wind und Wetter ausgesetzt waren, vom Turm der Lambertikirche zu Münster entfernt worden. Die Vernichtung der Wiedertäufer zu Münster beendete die heftige Krise, die in dem »Neuen Jerusalem« ihren Ausdruck gefunden hatte; aber die Lehre selbst verschwand nicht gänzlich. Im Volk erhielten sich ihre revolutionären Ideen bis zum Ende des sechzehnten Jahrhunderts, ebenso wie einst die Lehre der Katharer noch nach den großen Verfolgungen des dreizehnten Jahrhunderts in den Massen nachgewirkt hatte. Aber die Mehrzahl der Anhänger kehrte vom Täufertum zu jener evangelischen Einfachheit zurück, von der es ursprünglich ausgegangen war. In diesem geläuterten Geiste hat es sich innerhalb der protestantischen Welt Europas und Amerikas bis heute erhalten.[13]

Der Bauernkrieg und das Täufertum hatten zur Folge, daß sich die Humanisten und die Anhänger des Erasmus von Luther abwandten, da sie durch die vielen Grausamkeiten abgeschreckt waren. Luther selbst war nicht minder erschrocken; er wandte sich leidenschaftlich gegen die aufständischen Bauern und begrüßte unumwunden ihre Niederlage. Nunmehr war es mit den volkstümlichen Tendenzen vorbei, die Luther bis dahin in den Vordergrund gestellt hatte. Das einzige Mittel, die Reformation zu retten, glaubte er darin zu finden, daß er sie unter den Schutz und die Leitung der Fürsten stellte. Luther kannte die Fürsten und wußte, daß ihre Religiosität im allgemeinen nur lau war. Außer den Herzögen von Bayern, die ebenso überzeugte Katholiken waren wie die Habsburger, waren alle deutschen Fürsten geneigt, sich zu dem Glauben zu bekehren, der sich mit ihren materiellen Interessen in Einklang bringen ließ. Wir finden bei diesen Fürsten nicht eine Spur von Idealismus; nichts deutet bei ihnen auf eine aufrichtige und uneigennützige Überzeugung. Sie waren freilich mit den Verhältnissen in der katholischen Kirche nicht zufrieden, aber sie hätten wohl kaum mit ihr gebrochen, wenn ihnen das nicht materiellen Vorteil gebracht hätte; sie konnten durch den Bruch mit der Kirche deren Güter in Besitz nehmen, die kirchlichen

Einkünfte beschlagnahmen und ihre Gewalt und Macht über die Untertanen verdoppeln, indem sie sich zum Haupt der auf ihrem Landesgebiet gelegenen Kirchen machten. Diese ganz weltlichen Erwägungen brachten die deutschen Fürsten dazu, sich als Verteidiger des neuen Glaubens aufzuspielen. Das Luthertum war das einzige Religionsbekenntnis, das von seinen Beschützern nicht verlangte, Gut und Leben zu opfern, und das ihnen sogar materielle Vorteile verschaffte.

Der Kurfürst von Sachsen und der Landgraf von Hessen gingen zuerst den Weg, den die anderen bald ebenfalls beschritten. Der Hochmeister des Deutschen Ritterordens, Albrecht von Brandenburg, setzte die Reformation in Preußen (1525) durch, um den Orden zu säkularisieren und das Land zum eigenen Nutzen in ein weltliches Fürstentum zu verwandeln. Zwei Herzöge von Braunschweig-Lüneburg, der Fürst von Anhalt sowie der in Franken regierende Zweig der Hohenzollern: die Markgrafen von Brandenburg-Kulmbach-Bayreuth sprachen sich ebenfalls für den evangelischen Glauben aus. Das Luthertum, das seine Anfangserfolge in den Städten Süddeutschlands erzielt hatte, wurde auf diese Weise durch die Fürsten, die sich zu ihm bekannten, zur Religion des deutschen Nordens; denn das Bekenntnis der Fürsten entschied über das Bekenntnis ihrer Untertanen ebenso, wie einst zur Zeit des großen Schisma das Bekenntnis der Herrscher maßgebend für die Gehorsamspflicht der Untertanen gegen den Papst von Rom oder den Papst von Avignon gewesen war. Die Frage des Gewissens wurde also als eine Frage des Gehorsams der Untertanen behandelt. Das überrascht uns freilich zunächst bei einer Religion, die den Wert des Menschen nur nach seinem Glauben bestimmte und jeden Christen als einen Priester ansah. Dieser unleugbare Widerspruch erklärt sich ausschließlich daraus, daß Luther immer mehr die Notwendigkeit spürte, die Zukunft seiner Gemeinde durch den Schutz der weltlichen Gewalt zu sichern. Die Untertanen ließen sich ihre Religion von den weltlichen Behörden vorschreiben. Schon die große Fügsamkeit, die das deutsche Volk hierbei zeigte, genügt, um die alten Gemeinplätze vom »germanischen Individualismus« als wertlose Phrasen zu erweisen. Obwohl die heiligsten Überzeugungen des einzelnen Deutschen auf dem Spiele standen, gab es weder Aufstände noch Widersetzlichkeit. Die deutschen Katholiken haben das Luthertum auf fürstlichen Befehl ebenso leicht angenommen, wie die Franken im fünften Jahrhundert nach der Taufe Chlodwigs ihren alten Göttern entsagt hatten. Zwar kann man aus dem widerstandslosen Übergang zum evangelischen Glauben schließen, daß der katholische Glaube damals nicht sehr lebendig war; aber die Gründe für die passive Haltung der Deutschen lagen auch in der völligen Stagnation des politischen Lebens. Niemand dachte in Deutschland daran, die Rechte der Fürsten zu bestreiten, man war daran gewöhnt, sich von ihnen beherrschen zu lassen. Nirgendwo in Deutschland bestanden Privilegien, die, wie in Spanien und in den Niederlanden, die fürstliche Gewalt einschränkten. Man ließ also ruhig zu, daß die deutschen Landesfürsten sich an die Stelle der Bischöfe setzten, die Superintendenten für die Geistlichkeit ernannten, die kirchlichen Gründungen und Stiftungen aufhoben, die Klöster schlossen, der Kirche die Güter nahmen und die Schulen umformten. Zusammenfassend kann man sagen, daß sich in Deutschland niemand widersetzte, als die Fürsten die universale, dem Papst unterworfene Kirche in eine territoriale Landeskirche verwandelten: eine Landeskirche, die der weltlichen Gewalt gehorchen mußte.

Aber das Wormser Edikt war noch in Kraft. Luther und seine Anhänger blieben in der Reichsacht, und Kaiser Karl V. fertigte gegen sie in den Niederlanden immer blutigere »Plakate« aus. Der kaiser stand indes im Kriege mit dem französischen König Franz I.; er weilte also fern von Deutschland und mußte dem Treiben der deutschen Protestanten abwartend zusehen. Karls Bruder Ferdinand, an den der Kaiser die Erblande des Hauses Habsburg abgetreten hatte und der ihn in seiner Abwesenheit vertrat, war seinerseits stark in Anspruch genommen: durch die Vorstöße der Türken im Donaugebiet und durch sein Streben, in Ungarn als Nachfolger des in der Schlacht von Mohacs gegen die Türken gefallenen Königs Ludwig anerkannt zu werden. Auch Ferdinand hatte deshalb nur wenig Zeit, die Ausbreitung der Reformation in Deutschland aufzuhalten. Die Franzosen und die Türken waren also die eigentliche Ursache dafür, daß der Protestantismus die für ihn unentbehrliche Zeit gewann, um seine Positionen in Deutschland zu sichern. Der Reichstag zu Speyer beschloß im Jahre 1526, daß bis zu einer späteren Einberufung eines Konzils jeder Fürst in Ansehung des Wormser Ediktes nach eigener Verantwortung handeln könne. Als Karl drei Jahre später den Reichstag von diesem Beschluß abbrachte, protestierten sechs Fürsten und sechzehn Städte dagegen. Seitdem nannte man die Anhänger des neuen Glaubens Protestanten.

Doch erst im Jahre 1530 kam es auf dem Reichstag zu Augsburg, den Karl V. nach seiner Kaiserkrönung einberufen hatte, zu dem unvermeidlich gewordenen Bruch. Die theologische Debatte, für die Philipp Melanchthon die von ihm verfaßte Augsburger Konfession neu redigiert hatte, bestärkte schließlich nur beide Parteien in ihrem Glauben. Auf eine Versöhnung konnte man nun nicht mehr hoffen, obwohl sie zehn Jahre früher vielleicht noch möglich gewesen wäre. Die protestantischen Fürsten verließen die Versammlung. Aber die Mehrzahl nahm, durch den Kaiser ermutigt, das Wormser Edikt feierlich an, verurteilte alle religiösen Neuerungen und ordnete eine allgemeine Rückkehr zur Kirche an.

Von diesem Zeitpunkt an bereiteten die protestantischen Fürsten den Kampf gegen den Kaiser und die katholische Kirche vor, da sie ihn für unvermeidlich hielten, und schlossen sich im Jahre 1531 in Schmalkalden mit ein paar Reichsstädten zu einem Bund zusammen. Die Verbündeten wußten genau, daß der Kaiser, noch immer in den Krieg mit Frankreich verwickelt, vor einer energischen Haltung zurückweichen würde. Tatsächlich fertigte Karl V. (1532) den Nürnberger Religionsfrieden aus, der jeden Religionskrieg bis zur Einberufung eines Konzils oder des folgenden Reichstages verbot. Dieses Eingeständnis von Karls Ohnmacht vermehrte natürlich noch das Selbstvertrauen der Protestanten. Landgraf Philipp von Hessen, der Rührigste unter ihnen, benutzte die Lage dazu, das Haus Habsburg nach Möglichkeit zu schwächen. Er setzte mit französischem Geld den einst wegen seiner Übergriffe vertriebenen Herzog von Württemberg wieder in den Besitz seines Herzogtums, das Ferdinand von Österreich an sich gebracht hatte, und auch in jenem süddeutschen Gebiet wurde der Protestantismus eingeführt (1534). Kurze Zeit darauf (1542) wurde mit dem Herzog von Braunschweig-Wolfenbüttel der letzte weltliche Fürst, der in Norddeutschland noch dem Katholizismus treu geblieben war, aus seinem Gebiet verjagt. Schon zeigte der Erzbischof von Köln die Absicht, Protestant zu werden. Das Erzbistum Magdeburg und das Bistum Halberstadt wurden säkularisiert.

Dann aber gab endlich der Friede von Crépy, den Karl mit Frankreich im Jahre 1544 schloß, dem Kaiser die Möglichkeit, in Deutschland zu intervenieren. Papst Paul III. hatte kurz zuvor die Einberufung eines allgemeinen Konzils beschlossen und damit den Kaiser von seiner in Nürnberg übernommenen Friedenspflicht entbunden. Der Augenblick, den Schmalkaldischen Bund anzugreifen, war nun gekommen.

Wenn das Interesse am Glauben bei den protestantischen Fürsten stärker gewesen wäre als ihre materiellen Interessen, so hätten sich jetzt alle vereinigt, um dem katholischen Angriff zu trotzen. Es war indessen für den Kaiser sehr leicht, mehrere protestantische Fürsten durch Versprechungen einer Gebietsvergrößerung neutral zu halten oder sogar für den Kampf gegen ihre protestantischen Glaubensgenossen zu gewinnen. Der lutherische Herzog Moritz von Sachsen tat sich beispielsweise als Bundesgenosse des Kaisers gegen die Lutheraner hervor. Die spanischen Scharen des Herzogs von Alba taten das übrige, so daß der Schmalkaldische Bund in der Schlacht bei Mühlberg am 24. April 1547 vernichtend geschlagen wurde. Das Kurfürstentum Johann Friedrichs von Sachsen wurde Herzog Moritz gegeben, während Philipp von Hessen sich unterwarf. Noch im gleichen Jahr setzte der Kaiser auf dem Reichstag zu Augsburg die Annahme des »Interim« durch: einer Regelung, durch welche er die religiösen Verhältnisse Deutschlands so lange ordnen wollte, bis das allgemeine geistliche Konzil über diese beschließen würde.[14]

Die besiegten Fürsten fürchteten nicht den Triumph des Katholizismus, sondern die Herrschaft des Kaisers. Sie hatten weit mehr Angst, ihre monarchische Autonomie zu verlieren, als unter die Herrschaft Roms zurückzufallen. Auch Moritz von Sachsen wollte keine Vorherrschaft des Hauses Habsburg über die deutschen Fürsten und schloß sich nun den besiegten Protestanten an. Der nationale Idealismus war bei den deutschen Fürsten noch geringer als ihre religiöse Überzeugung. Die deutschen Lutheraner scheuten sich nicht, die Hilfe des Königs von Frankreich zu erkaufen: sie lieferten dem französischen König Heinrich II. einen Teil dessen aus, was man überall außerhalb des Reiches das Vaterland oder wenigstens den Staat genannt hätte, und erkannten ihm im Vertrag von Chambord (1552) das Recht zu, die drei westlichen Städte und Bischofssitze des Kaiserreiches: Metz, Toul und Verdun für Frankreich zu annektieren. Unter dem Vorwand, daß Kaiser Karl V. ihnen die »spanische Knechtschaft« bringe, begrüßten die deutschen protestantischen Fürsten den französischen König im Namen der deutschen Freiheit (Libertät). In Wahrheit sahen sie aber in Heinrich II. von Frankreich nur den Beschützer ihres politischen Separatismus, der durch ihre religiöse Selbständigkeit so stark gestützt wurde.

Wieder einmal wurde das Luthertum durch Frankreich gerettet: Kaiser Karl V. war nun gezwungen, zur lothringischen Grenze zu eilen und damit dem Protestantismus das Feld zu überlassen. Bis zu seiner Abdankung hatte der Kaiser keine Gelegenheit mehr, den Angriff gegen die protestantischen Fürsten wieder aufzunehmen. Ferdinand, der ebenso streng katholisch war wie sein Bruder Karl und diesem als Kaiser folgte, war in Ungarn ständig von den Türken bedroht und beeilte sich, wenigstens in Deutschland zum Frieden zu kommen. Der Reichstag von Augsburg verkündete am 25. September 1555 einen Religionsfrieden und behandelte die Frage, wie sich die religiösen Verhältnisse gestalten sollten. Er erkannte den Fürsten das *jus reformandi* zu; sie durften also die Reformation durchführen – sei es nun, daß sie sie schon eingeführt hatten oder dies erst tun wollten. Die Untertanen mußten die Religion ihrer Fürsten annehmen, hatten aber das Recht, ihre Güter zu verkaufen und auszuwandern, wenn sie sich zu einer anderen Religion bekannten. Nur die geistlichen Fürstentümer mußten in jedem Fall katholisch bleiben: wenn ein Kirchenfürst protestantisch wurde, bedeutete das zugleich seine Abdankung.

Somit war der Augsburger Friede weniger ein Religionsfriede als ein einfacher politischer Kompromiß. Die Freiheit des Gewissens wurde radikal ausgeschaltet, die Religion des Volkes wurde als bloße Frage der inneren Landesverwaltung ganz der Entscheidung der Fürsten überlassen. Das Recht, einen Glauben nach freiem Ermessen zu wählen, wurde in Deutschland allein den Fürsten zugestanden, die anderen Deutschen hatten nur das Recht zu gehorchen. Freilich war das nur eine Folge des Grundsatzes der einheitlichen Religion im Staate; denn dieses Prinzip, das bisher ausschließlich zum Vorteil der katholischen Kirche gewirkt hatte, wurde auf Grund des Augsburger Religionsfriedens auch auf das Luthertum ausgedehnt. Die Intoleranz war bei den Katholiken und Protestanten gleich groß, und die neue Religion duldete ebensowenig wie die ältere, daß jemand von ihr abwich. Der Augsburger Religionsfriede brachte übrigens keine wirklichen Veränderungen; er legalisierte nur den tatsächlichen Zustand, der – wie dargelegt wurde – in allen evangelischen Territorien Deutschlands bereits bestand.

Der Protestantismus wurde damit eine große Macht, und seine Zukunft war gesichert. Die großartige Einheit der abendländischen Christenheit war nun zerbrochen, und der Katholizismus, der sich nicht rechtzeitig zu erneuern gewußt hatte, erlebte, wie eine feindliche Kirche sich jetzt neben der seinen erhob. Bis dahin hatte der Katholizismus die Ketzerei mitleidlos unterdrückt, nun mußte er ihre Anwesenheit dulden. Die weltlichen Gewalten kämpften nicht mehr für die katholische Kirche und waren in vielen Fällen selbst zur Ketzerei übergegangen. Die protestantischen Machthaber erkannten jetzt die Ketzerei als religiöse Wahrheit an. Mehr noch, sie zogen aus dem Bedürfnis der Protestanten nach weltlichem Schutz Vorteile. Sie setzten eine Kirchenverfassung durch, die von der weltlichen Gewalt geleitet und beherrscht wurde. Mit dem Luthertum kam nicht nur die Staatsreligion zur Herrschaft: die Staatskirche setzte sich durch. Der protestantische Staat ernannte die Geistlichen, bildete sie aus und beaufsichtigte sie; er erlangte damit große Macht über den Geist seiner Untertanen; mittels der Kirche beherrschte er bald den Unterricht, der seinem Zugriff bis dahin entgangen war. Im siebzehnten und achtzehnten Jahrhundert führten die protestantischen Fürstentümer allmählich die Schulpflicht ein (Weimar im Jahre 1619, Gotha im Jahre 1642, Preußen im Jahre 1763). Die Staatsherrschaft erstreckte sich damit auch auf das Denken, und die lutherischen Pastoren lehrten den Gehorsam gegen die Fürsten ebenso wirksam wie die Jesuiten den Gehorsam gegen den Papst. Die weltliche Macht zog aus jeder Verstärkung und Ausbreitung des Protestantismus Nutzen. Disziplin, Ehrfurcht vor der Behörde und Glaube an die Macht sind Wesenszüge, die der Protestantismus der Landesfürsten dem modernen Deutschland vermacht hat. Erst das Luthertum machte einen Staat wie Preußen möglich, in dem die Eigenschaften des Untertanen, Beamten und Soldaten, nicht aber diejenigen des freien Staatsbürgers zur Entwicklung gelangen konnten.

2. *Die Verbreitung der Reformation. Der Calvinismus*

Man findet vielleicht kein treffenderes Beispiel für die wahre Bedeutung des historischen »Helden« als Luther. Wie hoch man auch seinen Anteil am Gelingen der Reformation einschätzen muß, sein Erfolg ist doch hauptsächlich aus den geistigen und politischen Verhältnissen Deutschlands zu Beginn des sechzehnten Jahrhunderts zu erklären. Infolge der grundlegenden Veränderung der Zeitverhältnisse hatte sich der theoretische Streit um den Ablaß fast sofort in eine religiöse Reformation verwandelt. Fünfzig Jahre früher hätte ein Mann von der Überzeugung, Leidenschaft und Beredsamkeit Luthers höchstens ein paar Theologen aus seiner Provinz interessiert, und seine Lehren wären dann in demselben Schweigen begraben worden wie die seiner Vorgänger. Es läßt sich leicht nachweisen, daß die Mehrzahl der lutherischen Gedanken bereits vor Luther ausgesprochen wurden. Wessel Gansfort, der im Jahre 1484 unbeachtet starb und dessen Schriften erst viel später veröffentlicht wurden (1522), hatte in den Niederlanden schon die meisten Ideen Luthers formuliert. Man trifft ähnliche Gedanken auch in Frankreich unter den Mitgliedern des kleinen Kreises, der sich um das Jahr 1515 um Jacques Lefèvre d'Etaples geschart hatte. Gedanken, wie Gansfort oder Lefèvre d'Etaples sie formuliert hatten,[15] standen gleichsam an der Schwelle der katholischen Kirche und warteten nur auf den Augenblick, diese Schwelle zu überschreiten und weiter vorzudringen. Luther brachte die reformatorischen Ideen in den Brennpunkt der geschichtlichen Entwicklung und stellte sich an die Spitze ihrer Vorkämpfer. Er war ein großer geistiger Volksführer. Aber wenn die geistigen Führer auch für die Revolutionen unentbehrlich sind, so werden die Umwälzungen selbst doch durch andere gemacht.

Wie alle Revolutionen hatte auch die Reformation die Tendenz, von ihrem Einbruchsherd aus andere Gebiete zu ergreifen. Die Form, die das Luthertum durch seine Verbindung mit den Fürsten schon früh annahm, war die Ursache, daß es außerstande war, auch weiterhin das Schicksal der Reformation zu gestalten und sie zu leiten: es mußte sich begnügen, die Reformation entfesselt zu haben, und Wittenberg, das einen Augenblick zum Mittelpunkt aller gläubigen Menschen evangelischen Bekenntnisses zu werden schien, enttäuschte ihre Hoffnungen bald. Die Landeskirchen waren der weltlichen Gewalt tief unterworfen. Ihre Haltung war also nicht frei, und ihnen fehlte die Unabhängigkeit, so daß sie eine wirksame Propaganda nach außen nicht führen konnten. Diese Kirchen waren auch zu sehr auf die politischen Zustände Deutschlands zugeschnitten, als daß sie sich anderen Verhältnissen hätten anpassen können. Ihre nationale Bedingtheit hinderte sie, einen universalen Einfluß auszuüben. Die einzigen Eroberungen, die das Luthertum gemacht hat, sind die skandinavischen Länder, weil sich deren Könige für den neuen Glauben aussprachen. In Schweden setzte Gustav Wasa im Einverständnis mit den Adligen, die nach den Gütern der Kirche lüstern waren, die Reformation in seinem Volk durch (1527). Freilich erhoben sich die schwedischen Katholiken noch bis zum Jahre 1543 mehrmals gegen die Einsetzung des Luthertums, aber diese Erhebungen wurden mit Härte unterdrückt; die einzige Folge war die Verstärkung der königlichen Macht und eine straffe monarchische Verfassung. Hierdurch waren die schwedischen Könige bald imstande, sich in die europäische Politik einzumischen. In Dänemark hatte Christian II. (1513–1523) die Reformation gefördert, um seine Macht zu vermehren und auf die Kirche zu erstrecken. Der Adel und die Bürger Kopenhagens unterstützten den König darin: der Adel aus Begierde nach den Gütern der Kirche, die Bürger aus Feindschaft gegen die Geistlichen. Unter Christian III. wurde das Luthertum im Jahre 1536 zur Staatsreligion erklärt. Norwegen und Island standen unter dänischer Oberherrschaft, und der König benutzte ihren Widerstand gegen die dänische Kirche, um ihnen die bis dahin bewahrte Autonomie zu nehmen. Beiden Ländern wurde das Luthertum mit Gewalt aufgezwungen; der isländische Bischof Jón Areson starb auf dem Schafott.

Das Luthertum gelangte also nur dort zum Sieg, wo die Territorialfürsten oder die Monarchen es durchsetzten; die religiöse Überzeugung war für seine Verbreitung kein wesentliches Element. Die tief überzeugten und uneigennützigen Anhänger des Luthertums waren in seinen Anfängen nur eine kleine Minderheit innerhalb der neuen Glaubensgemeinschaft. Die Lehre wurde von der Behörde angeordnet und gehorsam angenommen, so daß sich das Luthertum durch Auferlegung verbreitete, als handelte es sich um eine Annexion. Die Bekehrung der Seelen erfolgte erst hinterher und ging so allmählich vor sich wie etwa die Assimilation eines unterworfenen Volkes an die herrschende Nation.

Die Verbindung zwischen der fürstlichen Macht und dem Luthertum war so vollständig geworden, daß sich die Reformation sogar im deutschen Sprachgebiet von Luthers Lehre abwandte, soweit sie nicht mehr durch fürstliche Gewalt unterstützt wurde. Es sagt viel, daß die demokratischen Kantone der Schweiz unter dem Einfluß Zwinglis auf religiösem und geistlichem Gebiet eigene Wege gingen, und anfangs schlossen sich auch viele süddeutsche Städte, die unabhängig von fürstlicher Gewalt waren, ihnen an.

Selbstverständlich hatte die katholische Kirche in den Ländern, deren Fürsten ihr treu geblieben waren, von den Lutheranern nichts zu fürchten. Dort dachten die Lutheraner in ihrer Ehrfurcht vor der weltlichen Gewalt keinen Augenblick daran, ihr Widerstand zu leisten oder ihr auch nur ungehorsam zu sein. Sie hielten sich an die »Plakate«, die gegen das Luthertum ausgefertigt waren, und predigten ihren Glauben nicht öffentlich. Die einzige Propaganda, die sich die Lutheraner erlaubten, wenn sie unter der Herrschaft katholischer Fürsten standen, war das Martyrium. Bald erkannte man, daß die Anhänger Luthers recht ungefährlich waren; sogar die Inquisition Karls V. verfolgte sie mit einer gewissen Laschheit, während sie gegen die Wiedertäufer mit äußerster Härte vorging.

Trotzdem ist wohl nicht zu bezweifeln, daß die religiöse Erschütterung Deutschlands einen gewissen Einfluß auf den Bruch Englands mit dem Papsttum ausgeübt hat. Aber dieser Einfluß war nur mittelbar und kaum mehr als eine Ermutigung zu Maßnahmen, die dem Luthertum selbst ganz fremd waren. König Heinrich VIII., der sich mit theologischen Fragen befaßte, sah in Luther einen gewöhnlichen Ketzer und hat ihn in seiner lateinisch geschriebenen »Verteidigung der sieben Sakramente gegen Martin Luther« bekämpft, was ihm seitens des Papstes Leo X. den Titel »Verteidiger des Glaubens« einbrachte. Heinrich hat den später zum Protestantismus übergetretenen William Tyndale verfolgen lassen und seine Übersetzung der Bibel in die englische Sprache verboten. Die Ursachen, aus denen Heinrich VIII. sich Rom widersetzte und schließlich die anglikanische Kirche gründete, hatten mit der Religion überhaupt nichts zu tun. Weder beim König noch gar beim englischen Volke hatte sich das geringste geistige Bedürfnis gezeigt, die traditionellen Glaubenssätze des Katholizismus abzulehnen.

Schriebe man die Haltung Heinrichs VIII. aber nur seiner Leidenschaft für Anna Boleyn zu, so würde man den bloßen Anlaß zum Abfall Englands von der katholischen Kirche schon für die wirkliche Ursache dieses Schrittes halten. Der Widerstand des Papstes gegen die Trennung Heinrichs von Katharina von Aragonien war für den König tatsächlich ein entscheidendes Motiv, sich im Jahre 1531 von der Versammlung der englischen Geistlichkeit als *Chief Protector of the Church and of the Clergy of England* (Obersten Regenten der Kirche und Geistlichkeit Englands) anerkennen zu lassen; denn dadurch konnte er seine Ehe mit Katharina für ungültig erklären (1533). Aber man hätte es ja dabei belassen können, und dann wären die Beziehungen Englands zu Rom sicher nicht unheilbar zerstört worden. Die Ernennung des Thomas Morus zum Kanzler nach dem Sturz des – zur Vorsicht in der Eheangelegenheit des Königs ratenden – Kardinals Thomas Wolsey (1529) beweist, daß die englische Regierung zunächst nicht daran dachte, sich des Katholizismus zu entledigen. Das Parlament, das mit aller Kraft die Sache des Königs unterstützte, wollte die Lage dazu benutzen, eine nationale Kirche aufzubauen, aber niemand dachte dabei schon an ein Schisma oder gar an eine Ketzerei.

Als Thomas Morus das Amt des Kanzlers annahm, hatte er wohl die Illusion, den englischen Katholizismus unauffällig und ohne Gewalt zu den gemäßigten Reformen bringen zu können, von denen die Humanisten träumten. Morus wollte, ebenso wie sein Freund Erasmus, den überlieferten Glauben erhalten und ihn nur

von Mißbräuchen, die ihn verunzierten, befreien. Er rechnete dabei auf die Hilfe der Regierung, aber er setzte voraus, daß sie auf denselben rein religiösen und uneigennützigen Gründen beruhen werde wie seine eigenen Wünsche. Aber die englische Regierung wurde damals von einem Mann geführt, der seine Kraft und Begabung dem Ziel widmete, aus England eine absolute Monarchie zu machen. Thomas Cromwell, der in jungen Jahren die Methoden der italienischen Machthaber aus der Nähe beobachtet hatte, konnte im Staat nur die absolute Monarchie erblicken. Für Cromwell war – ebenso wie vorher für Machiavelli – die Kirche nur ein politischer Faktor: ein Faktor freilich, der um so bedeutender war, je größeren Einfluß die Religion auf die Menschen hatte. Cromwell wollte die Kirche in den Dienst des Herrschers stellen und ihm somit die Kraft und Macht zuführen, welche die Kirche aus ihrem geheiligten Wesen empfing. Der Minister nutzte im Jahre 1534 die Willfährigkeit des Parlaments gegenüber dem König und die bei seinen Mitgliedern vorherrschende Feindseligkeit gegenüber Rom aus. So brachte Thomas Cromwell es dahin, daß das Parlament die »Suprematsakte« annahm. Durch dieses Gesetz wurde der König als das einzige Oberhaupt der Kirche von England auf Erden anerkannt: Alle Ehren, die höchste Gewalt in Rechtsprechung und Verwaltung, sowie sämtliche Vorrechte, Exemptionen und sonstigen Vorteile, die mit dieser Würde verbunden waren, gingen auf den Monarchen über. Ferner wurde in der Suprematsakte dem König die Vollmacht zuerkannt, »alle Irrtümer, Ketzereien, Mißbräuche, Ungehörigkeiten und Schändlichkeiten, die nach gesetzlichem Gebrauch durch geistliche Autorität oder kirchliche Gerichtsbarkeit geregelt werden können, zu bekämpfen, zu korrigieren, zu unterdrücken, abzuändern und durch Neuordnung umzugestalten«. Schon im Jahre 1535 wurde Thomas Cromwell von Heinrich VIII. zum königlichen Generalvikar in kirchlichen Angelegenheiten ernannt. Die englische Kirche wurde auf diese Weise dem Thron unterworfen, und der König trat in ihr künftig an die Stelle des Papstes. Das war ein Schisma und noch nicht Ketzerei, aber diese ging bald daraus hervor.
Cromwell machte aus der englischen Kirche in kurzer Zeit ein bloßes Werkzeug des Königtums. Beispielsweise wurden die Domkapitel dazu angehalten, nur Persönlichkeiten, die vom König angewiesen waren, zu Bischöfen zu erheben. Sogar die Prediger bedurften einer königlichen Konzession! Gleichzeitig wurden alle Klöster einer »Untersuchung« unterworfen, deren Ergebnis von vornherein feststand. Der allmächtige Minister hatte beschlos-

sen, die Güter der Klöster zu beschlagnahmen. Teilweise geschah das zugunsten der Krone, teilweise zum Vorteil des Adels, damit die Lords und die Gentry (der niedere Adel) künftig an der Erhaltung der neuen Kirchenverfassung interessiert sein sollten: eine ähnliche Interessiertheit wie die, mit der viel später die Aufkäufer des aus Konfiskationen gewonnenen »Nationaleigentums« in der Französischen Revolution an der revolutionären Verfassung hingen. Da der Adel im englischen Parlament die Herrschaft hatte, war es nicht schwer, seine Zustimmung zu den Gesetzen zu erhalten, die in den Jahren zwischen 1536 und 1545 die Beseitigung aller Klostergemeinschaften des Landes anordneten. Die »Zehn Glaubensartikel«, welche die Versammlung der Geistlichkeit (1536) ohne Protest annahm, zerschnitten das letzte Band, das auf Grund eines gemeinsamen Glaubens zwischen der englischen Kirche und der universalen Kirche bestanden hatte. Die Glaubensartikel ließen als Grundlagen des Dogmas nur die Bibel und die Glaubensbekenntnisse der drei ersten ökumenischen Konzile *(The Bible and the Three Creeds)* gelten und beseitigten die Sakramente mit Ausnahme der Taufe, der Buße und der Eucharistie. Der Ritus und die Hierarchie der Kirche blieben aber unverändert. Man nahm eine Mittelstellung zwischen Katholizismus und Protestantismus ein; sie ähnelte einigermaßen der Position, in welche die Humanisten das Papsttum ganz allmählich und ohne Anwendung von Gewalt hatten bringen wollen.

Trotzdem war der bedeutendste und berühmteste Humanist, Thomas Morus, schon im Jahre 1532 als Kanzler zurückgetreten, und zwei Jahre später fiel sein Haupt auf dem Schafott. Er hatte dem König als dem Oberhaupt der Kirche den Eid verweigert. Die frömmsten und tiefsten Seelen, die eine Reform des Katholizismus erstrebten, waren über die Gewalt empört, die man der Kirche antat. Die Art, in der die Regierung Englands vorging, erschien ihnen ein geistiger Despotismus, der sich in terroristischen Formen durchsetzte, und dieses Urteil war berechtigt. Die Polizei Thomas Cromwells bildete eine echte Inquisition aus und wählte ihre Opfer unter den edelsten Menschen des englischen Volkes, um andere abzuschrecken. Sie wurden dem absolutistischen Ziel, das sich der furchtbare Minister gesetzt hatte, mitleidlos geopfert. Vergeblich erhob sich der Adel der nördlichen und östlichen Grafschaften im Namen des Katholizismus und der Freiheit. Die Folge waren nur neue Todesurteile.

Die starre Härte, die man gegen die Katholiken anwandte, steht zu den religiös-dogmatischen Veränderungen, die der König vornahm, in einem merkwürdigen Gegensatz. Der König war nach dem Jahre 1536 durch radikale Äußerungen einer ziemlich kleinen Gruppe von Protestanten erschreckt worden und suchte sich nun wieder der Tradition anzunähern: die sechs Artikel, die Heinrich VIII. dem willfährigen Parlament im Jahre 1539 zur Genehmigung vorlegte, zeigen hinsichtlich des Kultus und des Zölibats eine deutliche Hinwendung zum Katholizismus; doch blieb die Autorität des Papstes weiterhin ausgeschaltet. Der aufsehenerregende Sturz Thomas Cromwells und seine Hinrichtung (1540) gehen zum Teil auf seine damals vom König mißbilligten Bestrebungen zurück, England zum Bundesgenossen der deutschen Lutheraner zu machen. Heinrich VIII. dachte vielleicht sogar einen Augenblick an eine Versöhnung mit Rom oder wenigstens an eine gemeinsame Kirchenreform, die durch ein allgemeines Konzil zu beschließen sei. Die unversöhnliche Haltung des Konzils von Trient ließ ihn aber auf diesen Gedanken verzichten. Kurz bevor der König starb (1547), beabsichtigte er noch, einen »christlichen Bund« mit den deutschen Fürsten zu schließen und die Messe durch einen bloßen »communion service« (eucharistischen Dienst) zu ersetzen.

Nach dem Tode Heinrichs VIII. wurden die kirchlichen Verhältnisse in England geradezu chaotisch. Da Eduard VI. (1547–1553) noch minderjährig war, konnten die Regenten: der Herzog von Somerset (Edward Seymour) und später der Graf von Warwick (John Dudley, der später Herzog von Northumberland wurde), den Protestantismus offen begünstigen. Die Messe wurde beseitigt, die Bilder und Statuen wurden aus der Kirche entfernt; den Zölibat der Priester hob man auf, und das Parlament verpflichtete im Jahre 1549 die Geistlichen zur Einführung des (von Erzbischof Thomas Cranmer zusammengestellten) ersten anglikanischen Gebetbuches: des *Book of Common Prayer*. Die zweiundvierzig Glaubensartikel – sie wurden im Jahre 1563 auf neununddreißig reduziert –, denen die anglikanische Kirche bis heute treu geblieben ist, formulierten ihre Lehre. Das alles wurde innerhalb der anarchischen Zustände des religiösen Lebens mit Gewalt durchgesetzt. Während die Katholiken überall erbittert zum Widerstand aufriefen, trat gerade jetzt eine neue religiöse Gemeinschaft hervor, die eine radikale Reform des Glaubens und der Kirche forderte: der Calvinismus.

Calvin wurde, eine Generation später als Luther, im Jahre 1509 geboren. Die religiöse Krise, die in den Anfängen der Reformation noch niemand vorausgesehen hatte, beschäftigte schon jedermann, als Calvin begann, seinen eigenen Weg zu gehen. Luther war, wie alle seine Zeitgenossen, in der Welt der scholastischen Theologie aufgewachsen. Der französische Reformator bildete sich in einer Umgebung heraus, in der Themen wie die Autorität der Heiligen Schrift, die Bedeutung der Gnade, die Rechtfertigung durch den Glauben, die Gültigkeit der Sakramente, der Zölibat der Priester und der Primat von Rom leidenschaftlich diskutiert wurden. Luther wurde durch sein Gewissen und durch die Ereignisse getrieben, die Kirche zu verlassen, in der er vergeblich den Seelenfrieden gesucht hatte; Calvin dagegen hat dieser Kirche schon als Achtzehnjähriger innerlich nicht mehr angehört, und es bedurfte für ihn keiner Konflikte, um mit ihr zu brechen. Calvin hat den Katholizismus von Anfang an als ein Organ des Irrtums und Betruges angesehen. So blieben ihm die tragischen Kämpfe erspart, die Luthers Gewissen zu bestehen hatte. Calvin brauchte Gott nicht zu suchen, denn es war ihm gewiß, daß er in der Bibel »Sein Wort« besitze: in der Bibel allein. Er wollte sein Leben der Erkenntnis dieses Wortes weihen und den Menschen die Lehre mitteilen, die er ihm entnahm. Herz und Gefühl spielen bei Calvin kaum eine Rolle, und er steht der Mystik Luthers ganz fern. Die Mittel, mit denen er zu überzeugen sucht, sind verstandesmäßige Argumentation und Logik.

In diesen Eigenschaften tritt Calvins Persönlichkeit zweifellos stark hervor. Man vergesse aber nicht, daß die Reformation nach ihren ersten leidenschaftlichen Ausbrüchen vor allem einer zusammenhängenden, klaren und strengen Lehre bedurfte, um sich halten zu können. Man kann sagen, daß die Reformation eine Dogmatik nötig hatte, um das katholische Dogma zu bekämpfen, und daß sie eine eigene Kirche bilden mußte, um der katholischen Kirche Widerstand zu leisten. Dies war um so notwendiger, als der Katholizismus, der lange kraftlos gewesen war, sich nun erholte, seine Kräfte im Konzil von Trient konzentrierte und zu einem mächtigen Gegenangriff gegen die Reformation überging; sie wäre diesen Angriffen der katholischen Kirche ohne die Hilfe des Calvinismus sicher erlegen.

Calvin hatte nichts von der kämpferischen und impulsiven Natur Luthers an sich. Das religiöse Bedürfnis des französischen Theologen richtete sich auf geistige Arbeit, und ohne die geschichtlichen Ereignisse, die schließlich für sein Schicksal entscheidend wurden, hätte er wohl nur durch seine Feder auf die Welt gewirkt. Er war gerade zum Manne herangereift, als die französische Monarchie gegen die Reformation Stellung nahm.

Die französischen Könige hatten der Reformation anfangs die gleiche Sympathie entgegengebracht wie der Renaissance. Anscheinend unterschieden die Herrscher beide Bewegungen zunächst nicht voneinander. König Franz I. (1515–1547) hegte für Erasmus, dem er auch einen Lehrstuhl am Collège de France anbot, so große Hochachtung, daß die Theologen der Sorbonne dadurch besorgt und erregt wurden. Louis de Berquin, einer der Schüler von Jacques Lefèvre d'Etaples, predigte am Hofe Franz' I., während Margarete, die Schwester des Königs, sich zu einem sehr freien Christentum bekannte: einer Mischung platonischer Richtungen mit einer dem Protestantismus sehr nahestehenden christlichen Mystik. Margarete ließ die Erneuerer des Glaubens gewähren, und Lefèvre d'Etaples verbrachte seine letzten Lebensjahre friedlich in dem kleinen Königreich Navarra, wo diese Fürstin herrschte.[16] Sogar Diana von Poitiers, die später – unter Heinrich II. – sehr mächtig wurde, galt als Freundin des Luthertums, und es steht fest, daß König Franz I. die Universität Paris und die Gerichtshöfe längere Zeit davon abhielt, gegen die Ketzerei vorzugehen. Ebenso sicher aber ist, daß der König nicht daran dachte und auch nicht daran denken konnte, sich mit dem Papsttum zu entzweien.

Franz I. hatte im Jahre 1516 mit Papst Leo X. ein Konkordat geschlossen. Es sicherte der Krone (durch Zuerkennung des Rechtes auf die Ernennung der Bischöfe und Äbte sowie durch die Beschränkung von Befugnissen, gegenüber der weltlichen Gewalt an die Kurie in Rom zu appellieren) innerhalb der Kirche eine so vorteilhafte Machtstellung, daß Franz I. keine Neigung zur Preisgabe dieser Position hatte. Die römische Kurie hatte sich schon seit Philipp dem Schönen aus Vorsicht oder aus Dankbarkeit gehütet, die Ausübung der Vorrechte, welche die Krone sich hinsichtlich der französischen Geistlichkeit vorbehielt, zu behindern, und die französischen Herrscher waren mit ihrer Machtstellung auf kirchlichem Gebiet denn auch zufrieden. Keiner der Gründe, aus denen die deutschen Fürsten und König Heinrich VIII. von England mit Rom gebrochen und den Katholizismus durch Landeskirchen ersetzt hatten, hatte für Frankreich Bedeutung: die politischen Interessen, die anderswo der Reformation starke Verbreitung verschafften, trieben Frankreich gerade zum Widerstand gegen den neuen Glauben an. So kam es dahin, daß der König seine Duldsamkeit gegen eine Bewegung, deren Feindseligkeit gegen Rom immer offenbarer wurde, nicht fortsetzen konnte; er hätte sich sonst dem Vorwurf seines Volkes ausgesetzt, die neue Bewegung zu unterstützen. Franz I. hörte denn auch seit etwa 1530 auf, sich den Bitten um Verfolgung der Ketzer zu widersetzen. Allerdings ging der König nicht so weit, nach spanischem Vorbild eine Inquisition des Staates gegen die Ketzer aufzubauen; aber er ließ die kirchlichen und zivilen Behörden nach Belieben gegen die Ketzer auftreten, und dies bedeutete eine wütende und leidenschaftliche Verfolgung des neuen Glaubens.

Als die Ketzerverfolgung Calvin aus dem Lande trieb, war er fünfundzwanzig Jahre alt (1534). Die Niederlande, die so oft ein Zufluchtsort vertriebener Franzosen gewesen waren und es später noch öfter sein sollten, waren – infolge der »Plakate« Kaiser Karls V. gegen die Ketzerei – für Calvin nicht zugänglich, und er ging nach Basel. In Genf gärte es zu diesem Zeitpunkt schon seit ein paar Jahren in religiöser wie auch in politischer Hinsicht. Die Bürger dieser Stadt hatten die Hilfe Berns erbeten und erhalten, um ihrem Erbfeind, dem Herzog von Savoyen, Widerstand zu leisten. Die Eidgenössische Partei hatte die Anhänger des Herzogs schon im Jahre 1526 aus Genf verjagt.[17] Bern aber war protestantisch, und das Bündnis, das die Genfer mit Bern geschlossen hatten, machte sie bald mit der Reformation näher bekannt. Ein französischer Flüchtling, Guillaume Farel, entfaltete in Genf eine leidenschaftliche Propaganda für sie. Die katholische Kirche, damals überall führerlos und unentschlossen, widersetzte sich auch in diesem Falle nicht oder doch nur schwach. So hatte der neue Glaube, den die Liebe zur Selbständigkeit und der Haß gegen Savoyen noch begünstigte, in Genf bald gewonnenes Spiel. In den Jahren 1534 und 1535 hatten die Anhänger Savoyens die Stadt von der Außenwelt abgeschnitten und dadurch furchtbaren Haß erregt. Am 10. August 1535 wurde die Messe auf Befehl des Rates von Genf bis auf weiteres verboten, das Volk zerstörte die Altarbilder, und der größte Teil der Geistlichen ergriff die Flucht. Im nächsten Jahr siegte Genf über Savoyen und wurde dadurch eine unabhängige Republik. Eine neue politische Regierungsform setzte sich also dort gleichzeitig mit einem neuen Glauben durch, und beide waren in Zukunft unlösbar miteinander verbunden.

Während dieser Entwicklungen wurde Calvin, der im Sommer 1536 aus Frankreich (wo er seinen Grundbesitz veräußert hatte) auf einem Umweg über Genf nach Straßburg reisen wollte, durch Guillaume Farel veranlaßt, in Genf zu bleiben. Calvins Gedanken waren damals bereits unveränderlich geprägt. Er hatte kurz zuvor seine *Institutio christianae religionis* (Lehrbuch der christlichen

Religion)[18] veröffentlicht und erhielt nun Gelegenheit, die Prinzipien dieses Buches in der jungen Republik, die noch vom Glück ihres Sieges ergriffen war, anzuwenden. Genf war im Rücken durch die Schweizer Kantone gedeckt und anderseits gegen einen erneuten Angriff seitens Savoyens durch die Politik Frankreichs geschützt. So brauchte die Stadt nichts für ihre Unabhängigkeit zu fürchten und konnte in voller Sicherheit die theokratische Regierung einsetzen, welche die vollkommenste – oder vielmehr die einzige – Anwendung der reinen calvinistischen Lehre auf den Staat wurde. Das trug später in hohem Maße dazu bei, diesen Glauben in der Welt zu verbreiten, und Genf wurde für den Calvinismus die »heilige Stadt«, wie sie die Wiedertäufer zehn Jahre zuvor in ihren mystischen Träumereien zu Münster hatten errichten wollen.

Bekanntlich besteht ein bedeutendes Dogma des Calvinismus in der Lehre von der Prädestination: das Heil hängt ausschließlich vom Willen Gottes ab, und die durch seinen Willen von Ewigkeit her auserwählten Menschen sind die Gläubigen. Die wahre und eigentliche Kirche ist für Calvin nichts anderes als die Gemeinschaft dieser Erwählten. Niemand kann wissen, ob er durch die Gnade Gottes zu den Erwählten gehört; aber gerade deshalb hat jeder einzelne die Pflicht, es durch Bewährung in der Welt gleich sam zu erproben und alle seine Kräfte in den Dienst Gottes zu stellen. Die calvinistische Prädestination führt also nicht zu passivem Quietismus, sondern zu Taten, und das geschieht um so mehr, als Gott im Calvinismus nicht in erster Linie als ein Vater, sondern als der Herr erscheint, dessen in der Bibel enthülltes Wort das höchste Gesetz der Menschheit ist. Das ganze Leben muß diesem Gesetz untergeordnet werden, und der Staat ist nur in dem Maße legitim, in dem er Gottes Wort fürchtet. Während Luther die Religion auf das Gebiet des Gewissens beschränkt und der weltlichen Macht die Organisation der Kirche sowie die willkürliche Regelung der politischen Interessen überläßt, stellt Calvin alle menschliche Tätigkeit unter die Herrschaft der Theologie. Der französische Reformator stellt ebenso universale und absolute Forderungen an die Christen wie die alte Kirche, ja eigentlich noch anspruchsvollere. Der Katholizismus hatte immerhin dem »weltlichen Schwert« eine eigene Aufgabe neben derjenigen zuerkannt, welche dem »geistlichen Schwert« vorbehalten war; die weltliche Macht regiert ja nach katholischer Auffassung die Körper, die geistliche beherrscht die Seelen, und nur in den Fragen des Glaubens ist die weltliche Gewalt der geistlichen untergeordnet. Dagegen muß nach Calvins Lehre der von Gott gewollte Staat in ein Werkzeug des von Gott geoffenbarten Willens verwandelt werden. Der Staat ist nach dieser Auffassung zwar der Geistlichkeit nicht untergeordnet, da er unabhängig von ihr besteht und auch seine Gewalt nicht von ihr erhält; aber er handelt nur dann entsprechend den Zwecken, für die er geschaffen wurde, wenn er sich sehr eng mit der Geistlichkeit verbindet. Der Staat soll also den göttlichen Befehlen auf Erden zur Herrschaft verhelfen und alles bekämpfen, was sich Gott entgegenstellt und seine Majestät verletzt: das Laster, die Ketzerei, den Götzendienst, vor allem aber den »römischen Götzendienst«. Ein solches System von Lehren führt, wenn es konsequent angewandt wird, zwangsläufig zur Theokratie, und die Regierung Genfs erhielt unter Calvins maßgebendem Einfluß tatsächlich einen theokratischen Charakter.

Das Konsistorium, eine Ratsversammlung von reformierten Pastoren und Laien, übte gleichsam die moralische Aufsicht über die Republik aus. Es regierte zwar nicht, aber überwachte und kontrollierte die Gemeinderäte und sorgte dafür, daß sie nicht vom rechten Wege abwichen. Die *Ordonnances ecclesiastiques,* in denen die Kirchenordnung von Genf festgelegt wurde (1541), wurden von den Zivilbehörden ausgeführt. Todesstrafe, Folter, Verbannung und Gefängnis wurden gegen Verletzung der Sitten oder der kirchlichen Vorschriften je nach der Schwere des Vergehens, aber stets mit exemplarischer Strenge verhängt: der Kirchenbesuch war gesetzlich vorgeschrieben; auf Ehebruch stand der Tod, und selbst das Singen eines profanen Liedes wurde mit dem Pranger bestraft. Das Verhalten jedes einzelnen Menschen wurde dauernd kontrolliert und untersucht. Diese Inquisition verfolgte ihn bis in sein Haus und erstreckte sich auf die kleinsten Handlungen seines Privatlebens. Jede Ketzerei wurde unbarmherzig unterdrückt; es sei nur an das im Jahr 1553 gefällte Todesurteil gegen den aus Frankreich nach Genf geflüchteten Naturwissenschaftler Michael Servet erinnert, der die Lehre von der Dreieinigkeit und die Taufe verworfen hatte.

Genf wurde zum Vorbild eines christlichen Staates und gleichzeitig zum Zentrum einer leidenschaftlichen religiösen Propaganda. Die französischen Flüchtlinge, welche durch die Protestantenverfolgungen unter König Heinrich II. (1547–1559) nach Genf strömten, waren Calvins erste Jünger und formten sich nach seinem Geiste. Der berühmteste unter ihnen, Théodore de Bèze (Beza), war für seinen Meister das, was einst Melanchthon für Luther gewesen war: der Organisator des Lehrwesens, ohne das eine Kirche nicht bestehen kann. Im Jahr 1559 wurde die Genfer Akademie gegründet, die im wesentlichen zur Ausbildung jener vier Ämter bestimmt war, durch die Christus nach Calvins Lehre gemäß göttlichem Willen die Kirche regiert: Pastoren, Doktoren, Presbyter und Diakone.[19] Diese »ministres« (Diener der Kirche) könnte man geradezu als calvinistische Missionare bezeichnen; denn ihre Ausbildung bedeutete vor allem eine Vorbereitung für die Verbreitung der calvinistischen Lehre. Das von Luther vollständig vernachlässigte Apostolat war für Calvin die unentbehrliche Voraussetzung der Verbreitung des rechten Glaubens. Calvin hat zwar die Zusammenarbeit mit Fürsten nicht abgelehnt, aber er kam zu spät, als daß er auf ihre Unterstützung hätte rechnen können. Die Fürsten hatten sich ja in religiöser Hinsicht bereits festgelegt. In Deutschland nahm nur der Kurfürst von der Pfalz den calvinistischen Glauben an und legte ihn seinen Untertanen auf. Außerhalb Deutschlands nahmen alle Monarchen der großen kontinentalen Länder für Rom Partei, und der König von England hatte ja seinen Untertanen (ebenso wie die skandinavischen Herrscher den ihrigen) kurz zuvor eine nationale Kirche gegeben. Die Calvinisten mußten sich also zum Kampf vorbereiten, wenn sie »das Wort Gottes« zum Siege führen wollten. Überall zeigten sich die Staaten dem Calvinismus feindselig, aber noch ein anderes Hindernis tauchte vor ihm auf. Die katholische Kirche, die der plötzliche Angriff der Reformation unvorbereitet getroffen hatte und die sich zunächst nicht zu helfen wußte, kam wieder zu Kräften und zeigte sich jetzt nicht nur zur Verteidigung ihrer noch bestehenden Positionen, sondern auch zur Rückeroberung der bereits verlorengegangenen Gebiete bereit. Papst Paul III. aus dem Hause Farnese erneuerte die Inquisition (1542) und berief im Jahre 1545 das Konzil von Trient. Schon begann der kurz zuvor (1540) gegründete Jesuitenorden gegen die Ketzerei zu kämpfen, die Seelen aus ihrer Lethargie aufzuwecken, die katholische Frömmigkeit mit neuem Leben zu erfüllen und seine ersten Kollegien zu organisieren. Die Lage war also für Calvin sehr viel schwerer, als sie für Luther gewesen war. Luther hatte den Vorteil gehabt, die katholische Kirche bei seinem Angriff unvorbereitet zu finden. Zur Zeit Calvins war sie wieder ganz kampfbereit und gerüstet. Er mußte gegen die katholische Kirche also nicht nur seine ganze Tatkraft, sondern auch seine organisatorischen Fähigkeiten einsetzen.

Die Aussichten für die Verteidigung des Katholizismus gegen die Reformation waren in der Mitte des sechzehnten Jahrhunderts zwar größer geworden als im Jahre 1517, gleichzeitig aber waren

auch die Aussichten eines Angriffs der Protestanten auf die alte Kirche gestiegen. Überall stellte sich jetzt die religiöse Frage mit furchtbarer Deutlichkeit. Die Erschütterungen des Bauernkrieges und der Bewegung der Wiedertäufer, bei denen zum erstenmal die sozialen Forderungen der unteren Schichten klar hervorgetreten waren, hatten aufgehört. Man mußte sich daher ausschließlich religiös – aus reiner Überzeugung – für den Katholizismus oder die Reformation entscheiden. Die beiden Religionen beanspruchten die Seele und appellierten an sie, nötigten sie aber dadurch auch zur Gewissensprüfung und brachten auf diese Weise bei vielen einen Umschwung hervor, den die einen Abfall, die anderen aber Bekehrung nannten. So war die Religion, die im fünfzehnten Jahrhundert nur noch wie eine Gewohnheit geübt wurde und gleichsam eingeschlafen war, zu einem brennenden Problem geworden. Nunmehr ging es darum, sich in einem geistigen Streit, von dem das ewige Heil abhing, auszusprechen. Je nach der Entscheidung stand man in einem der beiden Lager und mußte sich zum Kampf gegen die Religion der anderen Gruppe vorbereiten. Die persönliche Überzeugung hat, wie wir bereits sahen, bei der von der Obrigkeit auferlegten Verbreitung des Luthertums nur eine untergeordnete Rolle gespielt; aber bei der Verbreitung des Calvinismus, der auf die Treue seiner gläubigen Anhänger rechnen mußte, wenn er überhaupt jemals siegen wollte, hat die Überzeugung des Individuums eine gewaltige Bedeutung gehabt.
Die sozialen Verhältnisse im sechzehnten Jahrhundert förderten die Verbreitung des Calvinismus. Der Kapitalismus, den die kirchlichen Einschränkungen des Geldhandels und der Spekulation behinderten, hat dem neuen Glauben wohl viele Unternehmer und Geschäftsleute zugeführt, ohne daß sie sich freilich dieses wirtschaftlichen Motivs bewußt gewesen wären. Man darf nicht außer acht lassen, daß Calvin die Berechtigung des Zinsfußes anerkannte, während Luther, der in vielen Punkten der früheren Theologie treu blieb, den Zins weiterhin verurteilte. Die ersten materiellen Mittel, die der jungen Kirche Calvins für die Propaganda – der Ausdruck ist zwar modern, aber er entspricht hier genau der geschichtlichen Wahrheit – zur Verfügung standen, flossen ihr von reichgewordenen Kaufleuten zu. Unter den Besuchern der Börse von Antwerpen war die Zahl derer, die sich zur Lehre Calvins bekehrt hatten, schon um das Jahr 1550 bedeutend. Die Katholiken beklagten sich darüber, daß diese calvinistischen Kaufleute ihre Macht über die Arbeiter dazu benutzten, ihnen, wenigstens äußerlich, das Bekenntnis zum Calvinismus aufzunötigen. Schon

in den Anfängen der calvinistischen Bewegung gingen zahlreiche Mitglieder des Adels zu ihr über. Dieses Phänomen läßt sich damit erklären, daß die Bildung sich unter den Adeligen stärker verbreitet hatte und daß unter dem Einfluß der Humanisten die Grundlagen des katholischen Glaubens mehr oder weniger erschüttert waren: der Geschmack an Diskussionen und die Neigung zum Neuen waren erwacht, und die Aristokratie im französischen Sprachgebiet hat Calvins *Institutio christianae religionis* ebenso leidenschaftlich gelesen wie einst der deutsche Adel Luthers Sendschriften. Der Eindruck, den Calvins in der ersten Fassung noch keineswegs umfangreiches, mit scharfer Logik argumentierendes Buch hervorrief, mußte bedeutend sein; denn die Menschen, die es lasen, waren unter dem Einfluß der beinahe gleichzeitig erschienenen Werke von Rabelais schon sehr dazu geneigt, die Kirche zu verspotten und als etwas Überlebtes anzusehen. Schließlich hegte noch das gewerbliche Proletariat, in dessen Reihen das Täufertum trotz der Verfolgungen nicht ganz hatte erstickt werden können, einen hartnäckigen Groll gegen die Kirche, und so stellte auch diese Schicht ihren Anteil am Calvinismus. Freilich fand der Zuwachs, den die Religion der Reformierten durch sie erhielt, wenigstens anfangs seinen Ausdruck mehr in der Neigung zu Revolten als in wirklicher Glaubensreinheit.

Die demokratische und dennoch autoritäre Verfassung, die Calvin seiner Kirche gab, förderte ihre Verbreitung in überraschendem Maße. Diese Kirche rief in jeder Gemeinde ihre Gläubigen zur unmittelbaren Mitarbeit an der religiösen Organisation und Gemeinschaft auf. Während die »Diener am Worte« die geistlichen Leiter waren, saßen in den Kirchenräten auch Laien. Groß war die Hingabe jedes einzelnen in dieser kleinen Gruppe der »Auserwählten«, die, von Feinden umgeben, nur auf die eigene Kraft bauen konnten, wenn sie nicht untergehen wollten. Der fanatische Glaubenseifer, die Überzeugung und der Mut seiner Prediger sicherten dem Calvinismus überall, wohin seine Lehre gelangte, einen immer größer werdenden Einfluß. Die große Zahl von Geistlichen und die zähe Energie, die diese junge Kirche entfaltete, waren deutliche Beweise ihrer geistigen Kraft. Man trifft den Calvinismus um das Jahr 1540 schon überall an: in Frankreich, in den Niederlanden und in England. Die Geistlichen wurden in Genf, später auch in Lausanne, Straßburg und Heidelberg ausgebildet. Sie hatten die typischen Merkmale eines geistlichen Standes, aber hier handelte es sich um eine Geistlichkeit, die zugleich aktiv und gebildet war, während der katholische Klerus jener

Zeit doch zu einem großen Teil in Unwissenheit und Apathie verharrte.

Die Calvinisten waren gut ausgebildet; sie handelten solidarisch und traten zueinander in Beziehung. Sie widmeten sich ihrer Mission mit Leib und Seele. Sie kamen verkleidet oder unter falschem Namen in die Städte und betrieben ihr Bekehrungswerk abends hinter verschlossenen Türen: in einem Gasthaus, einem Hof oder völlig außerhalb des bebauten Geländes. Manchmal übten die Calvinisten ihre Mission auch bei der Mahlzeit in einem befreundeten Hause aus und strebten danach, die Tischgenossen durch erbauliche Gespräche oder durch die Verteilung geistlicher Bücher und Lieder zu bekehren. Die Calvinisten wußten, daß sie keine Gnade zu erwarten hatten, wenn man sie faßte; aber ihre Stimme, die sich noch aus den brennenden und rauchenden Scheiterhaufen erhob, verbreitete den Glauben, für den sie zu sterben wußten. Später steckten die Henker, die durch die betenden Calvinisten verwirrt wurden, ihnen bei dem Gang zur Richtstätte einen Knebel in den Mund. Um Ähnliches wie den Mut und die Standhaftigkeit der Calvinisten zu finden, muß man bis auf die Anfänge des Christentums zurückgehen. Ebenso wie damals wurden auch jetzt die letzten Stunden der christlichen Märtyrer mit Liebe und Ehrfurcht beschrieben. Die populären Berichte darüber wurden durch den Druck verbreitet und erwiesen sich sofort als die wirksamste Propaganda. Anderseits fachten die Verfolger gerade durch ihre Treibjagd auf die Calvinisten den Brand an, den sie ersticken wollten; denn die Flüchtlinge trugen in Frankreich und in den Niederlanden ihren Glauben von Provinz zu Provinz. Andere wanderten nach England und Schottland aus. In Osteuropa wurden Polen und Ungarn von den calvinistischen Geistlichen in ihre Missionsarbeit einbezogen, und bald bildeten sich dort in beinahe allen Städten reformierte Gemeinden.

So zeichnete sich der Calvinismus durch den internationalen Charakter seiner Verbreitung aus. Diese Verbreitung wurde weder durch die Verschiedenheit der Sprachen und Sitten noch durch die Unterschiede der politischen Verhältnisse gehemmt. Die Kirchenverfassung, die der Calvinismus sich geschaffen hatte, gab ihm eine Kraft und ein unabhängiges Auftreten, wie es dem Luthertum niemals eigen war. Der Calvinismus unterwarf sich nicht – wie das Luthertum – der Vormundschaft oder Schutzherrschaft der Fürsten, sondern verließ sich nur auf die eigene Kraft; er erbat ebensowenig Schutz, wie er den Kampf fürchtete. Überall, wo der Calvinismus durchdrang, stand er mutig für sein Dogma ein und ergriff kühn die Offensive: sein Radikalismus duldete keinerlei Kompromiß. Zwischen den Calvinisten und den Anhängern des »römischen Götzendienstes«, der von vielen damaligen Calvinisten mit der katholischen Kirche identifizierten »Hure Babylon«, war keine Versöhnung möglich. Man konnte nur für oder gegen den Calvinismus sein. Seine Anhänger setzten der Unduldsamkeit des Katholizismus eine ebenso starke eigene Intoleranz entgegen und reagierten auf die Verfolgungen sofort mit Aufständen. Die herausfordernde Kühnheit des Calvinismus, die große Schärfe und Bitterkeit seiner Polemik verletzten und reizten auch diejenigen, welche sonst in Glaubenssachen zu gleichgültig gewesen wären, um gegen die neue Religion aufzutreten. Der religiöse Streit, den der Calvinismus entfesselte, nahm für jeden einen persönlichen Charakter an, stachelte die Haßgefühle auf und mußte schließlich zum Bürgerkrieg führen.

Drittes Kapitel

DIE EUROPÄISCHEN STAATEN VON DER MITTE DES FÜNFZEHNTEN JAHRHUNDERTS BIS ZUR MITTE DES SECHZEHNTEN JAHRHUNDERTS

1. *Die internationale Politik*

Weder die großen sozialen Veränderungen noch die großen Krisen des Denkens fallen stets mit den Veränderungen der internationalen Politik zusammen. Renaissance, Reformation und Kapitalismus haben zweifellos einen tiefen Einfluß auf die innere Struktur vieler Staaten ausgeübt; aber diese Bewegungen hatten keinen Einfluß auf die ganz neuen Faktoren und Verhältnisse, welche die gegenseitigen Beziehungen dieser Staaten seit der Mitte des fünfzehnten Jahrhunderts bestimmten. Nur einem Zusammenspiel zufälliger Umstände verdankte Europa eine radikale Umwälzung im System der Kräfte, die dort seit dem Beginn des dreizehnten Jahrhunderts wirksam waren. Die neue politische Entwicklung ging in der gleichen Zeit vor sich, da Europa viele Veränderungen auf geistigem, religiösem und wirtschaftlichem Gebiet durchmachte.

Die ersten fünfzig Jahre nach dem Hundertjährigen Kriege zwischen England und Frankreich genügten, um die traditionellen politischen Verhältnisse grundlegend zu ändern. Der große Kampf zwischen Frankreich und England hatte zwar sein Ende gefunden, aber Europa stand nunmehr vor Problemen, mit deren Auftauchen man nicht hatte rechnen können. In Westeuropa kamen neue Mächte auf: an die Nordsee grenzend der burgundische Staat und als südliche Macht Spanien, das nunmehr zu einer einzigen Monarchie zusammengefaßt war und als Kern Kastilien und Aragonien enthielt. Im Osten Europas aber bedrohte das Türkische Reich die europäischen Staaten mit einem neuen Vorstoß des Islams nach Westen. Der Zufall – diese geheimnisvolle Macht, die ständig alle menschlichen Berechnungen umwirft – hat also bewirkt, daß Europa zu der gleichen Zeit, da eine kritische Periode seiner inneren Geschichte begann, auch einer äußeren Gefahr das Haupt bieten mußte.

Der Vorstoß der Türken nach Westen war unstreitig das größte

Unglück, das Europa seit dem Ende des Römischen Reiches getroffen hat. Überall, wo die Türken vordrangen, wurden die Völker wirtschaftlich und geistig zugrunde gerichtet. Alle Nationen, die dem Joch der Türkenherrschaft unterworfen wurden: Bulgaren, Serben, Rumänen, Albanier und Griechen, verfielen aufs neue in Verhältnisse, die an Barbarei grenzten, und erholten sich davon erst zu Beginn des neunzehnten Jahrhunderts. Die Germanen, die im fünften Jahrhundert in Westeuropa eingefallen waren, waren ebenso primitiv gewesen wie die Türken, aber sie hatten sich durch ihren Übertritt zum Christentum sogleich der höheren Kultur angeglichen und gingen als Stämme bald in der von ihnen beherrschten Bevölkerung auf. Im Gegensatz dazu war zwischen dem Islam, zu dem sich die Türken bekannten, und dem Christentum ihrer neugewonnenen Untertanen keine Versöhnung möglich. Die Verschiedenheit der Religion mußte die türkischen Eroberer von ihren christlichen Untertanen für immer trennen, und diese Trennung verewigte wiederum zwangsläufig die furchtbare Herrschaft eines Regimes, das nur auf der Gewalt beruhte. Diese Gewaltherrschaft der Türken über die Christen Osteuropas stützte sich auf bloße Macht und bestand nur in der Ausbeutung; bei den Türken blieb die Verachtung gegenüber ihren besiegten Untertanen, bei diesen selbst aber der Haß gegen die Sieger immer bestehen. Mit Ausnahme eines Teils des albanischen Volkes hat sich keine der Nationen, die dem Sultan unterworfen wurden, zum Islam bekehrt, und die Türken selbst haben auch keinen Versuch in dieser Richtung unternommen. In religiöser Hinsicht genügte es dem Ruhm Allahs, daß die Gläubigen über die »Giaur« herrschten. Politisch wiederum genügte es zur Aufrechterhaltung dieses Staates (der niemals über die primitiven Formen einer reinen Militärherrschaft hinauskam), die unterworfenen Christen zu bloßen Steuerzahlern herabzudrücken. So waren die Christen wegen ihrer Religion jedes Rechtes beraubt, und das sicherte ihre Knechtschaft auch besser, als wenn sie sich zur Lehre Mohammeds bekehrt hätten. Seit der Herrschaft Sultan Murads II. (1421–1451) wurde sogar das Fleisch und Blut der christlichen Untertanen zur Steuerquelle: die schönsten und kräftigsten Knaben wurden in wiederkehrenden Zeitabschnitten ausgewählt und ihren Eltern weggenommen: die Knaben wurden in den Islam aufgenommen und zu türkischen Soldaten (Janitscharen) gemacht. Viele christliche Mädchen wurden für die Harems bestimmt.[20]

Europa hatte die Einnahme Konstantinopels durch die Türken nicht verhindern können, es konnte das Fortschreiten der türkischen Macht auf dem Kontinent nun erst recht nicht mehr vereiteln. Vergeblich versuchten die Päpste, in Europa den Geist der Kreuzzüge zu neuem Leben zu erwecken. Der päpstlichen Propaganda, deren prominentester Vertreter der süditalienische Mönch Giovanni di Capistrano war, glückte es zwar, Gruppen von Freiwilligen, halb abenteuerlustigen, halb wirklich begeisterten Leuten, zusammenzubringen (1456), aber für einen Erfolg gegen die Türken wäre ein Zusammenwirken der verschiedenen Staaten zu gemeinsamer Verteidigung nötig gewesen. Eine solche Zusammenarbeit war jedoch unmöglich. Diejenigen Historiker, welche dem »nationalen Egoismus« der modernen Staaten Schuld daran geben, vergessen freilich, daß auch die Staaten des Mittelalters niemals ein Bündnis gegen den Islam geschlossen hatten; so hatte sich der universale Charakter des ersten Kreuzzuges aus der Beteiligung der Völker, nicht aber aus der Teilnahme der Herrscher ergeben. Der Mißerfolg der Kreuzzüge gegen die Araber, die weit weniger furchtbar als die Osmanen gewesen waren, beweist es: ein Kreuzzug gegen die Türken hätte nicht einmal dann zum Ziele geführt, wenn die geistigen und sozialen Verhältnisse, die für die mittelalterlichen Kreuzzüge so günstig waren, im fünfzehnten Jahrhundert nicht unwiderruflich vorüber gewesen wären. Die einzige Möglichkeit für Europa, den osmanischen Heeren erfolgreich Widerstand zu leisten, hätte in einem umfassenden Bündnis aller seiner Staaten gelegen – einem Bündnis, durch das alle finanziellen und militärischen Mittel mehrere Jahre hindurch einheitlich zusammengefaßt worden wären. Die Koalition des siebzehnten Jahrhunderts gegen Ludwig XIV. die des neunzehnten Jahrhunderts gegen Napoleon und der Bund der europäischen Mächte, die im Jahre 1914 Deutschland entgegentraten, weisen auf die Mittel hin, mit denen man vielleicht auch gegen die Türken Erfolg erzielt hätte; aber die Staaten des fünfzehnten Jahrhunderts waren zu einer solchen Anspannung materiell nicht imstande. Die Gefahr erschien außerdem den mächtigsten dieser Staaten zu weit entfernt, als daß sie ein Eingreifen für nötig gehalten hätten; sie überließen die Lasten des Verteidigungskrieges gegen die Türken anderen Ländern: den Staaten, die unmittelbar von dem Vordringen der osmanischen Macht berührt wurden.

Die unmittelbaren Nachbarn der Türken waren aber unglücklicherweise außerstande, ihnen die Stirn zu bieten. Ihre Ohnmacht, die so viele heroische Opfer wirkungslos machte, war kläglich. Wenn die Republik Venedig, die österreichischen Habsburger und die Könige von Böhmen, Ungarn und Polen ihre

Macht vereinigt hätten, so wäre den Türken der Weg nach Westen versperrt worden. Statt dessen aber ließ sich jeder dieser Staaten nur vom Ehrgeiz und von materiellen Interessen leiten, und niemals handelten sie in gemeinsamem Einverständnis. Venedig beschränkte sich auf ein paar unsystematische Verteidigungsmaßnahmen gegen die Türken; die Unternehmungen wurden zudem ohne spontanen Kampfgeist durchgeführt und endeten mit den katastrophalen Friedensverträgen von 1479 und 1503. In diesen Verträgen verlor Venedig ein Imperium: die Position in Albanien sowie alle großen Inseln und Häfen im Gebiet des Ägäischen Meeres (mit Ausnahme von Kreta). Die Habsburger hätten zwar, wenn sie einigen Weitblick besessen hätten, die Retter oder wenigstens die Vorkämpfer Europas werden können, aber sie kamen nicht über eine vorsichtig tastende Politik hinaus, die nur auf den eigenen Vorteil bedacht war. Die habsburgischen Kaiser Friedrich III. (1440–1493) und Maximilian I. (1493–1519) blieben den Schlachten vorsichtig fern und sahen die Ereignisse, deren Bedeutung zu erkennen sie außerstande waren, unter rein dynastischem Gesichtspunkt. Sie lauerten nur auf die Gelegenheit, die Königskronen von Böhmen und Ungarn einzuheimsen, die schon das höchste Ziel der trüben Machenschaften ihrer Vorfahren gebildet hatten.

Nach dem Tode Albrechts II. von Osterreich (1439) hatte seine Witwe mit Unterstützung des späteren Kaisers Friedrichs III. versucht, ihrem Sohne Ladislaus Böhmen und Ungarn zu erhalten. Dieser war ein nachgeborenes Kind, dessen langjährige Unmündigkeit verhängnisvolle Perspektiven für die Völker seiner Krone, vorteilhafte aber für das Haus Habsburg zu bieten schien. Der ungarische Adel widersetzte sich jedoch diesen Plänen und bot dem König von Polen Wladislaw III., die ungarische Krone an, während die Tschechen Georg von Podiebrad als Regenten anerkannten. König Wladislaw fiel auf dem Schlachtfeld von Varna (1444) im Kampf gegen die Türken. Ladislaus war damals fünf Jahre alt, und die ungarischen Magnaten verlangten, daß Friedrich III. ihn nach Ungarn sende; aber dieser weigerte sich, ihren Wunsch zu erfüllen. Nun vertrauten die Magnaten die Regierung und Verteidigung ihres Landes Johann Hunyadi, dem tüchtigsten ihres Standes, an. Hunyadi wurde der Retter Belgrads, starb aber schon im Jahre 1456. Als Ladislaus ebenfalls starb (1457), forderte Friedrich III. Ungarn und Böhmen für sein eigenes Haus. Da dieser Kaiser aber nur ein habgieriger Feigling war, wagte er nicht, aktiv aufzutreten. Die Tschechen kümmerten sich um seine Ansprüche nicht und wählten einen ihrer Aristokraten, Georg von

Podiebrad, zum König, während die Ungarn Matthias Corvinus, einen Sohn Hunyadis, zu ihrem Monarchen machten (1458). Matthias Corvinus war zwar der Sohn eines soldatischen Helden, trieb aber hauptsächlich Politik. Er kämpfte nicht gegen die Türken, obwohl diese ganz Serbien mit Ausnahme von Belgrad eroberten (1458), den Widerstand Albaniens gänzlich brachen (1479) – nach dem Tod von Georg Kastriota (Skanderberg) im Jahre 1467 –, Bosnien und die Herzegowina besetzten und sich außerdem noch die Fürstentümer Moldau und Walachei tributpflichtig machten. Statt die ständig wachsende Macht der Osmanen zu bekämpfen, vergrößerte Corvinus Ungarn lieber auf Kosten seiner christlichen Nachbarn. Die Tatsache, daß der Papst den König von Böhmen, Georg von Podiebrad, der sich auf die tschechischen Utraquisten gestützt hatte, exkommunizierte und seine Absetzung aussprach, wurde von Matthias Corvinus zu einem Angriff gegen diesen tschechischen Herrscher benutzt; er ließ sich von den Katholiken zum König von Böhmen proklamieren (1469). Dann wandte sich Corvinus gegen Kaiser Friedrich III., der seine Macht heimlich zu untergraben versucht hatte, griff ihn an und vertrieb ihn aus Wien (1485). Corvinus, der Ungarn nur einen vorübergehenden Glanz und unfruchtbare Erfolge gebracht hat, starb fünf Jahre später, ohne einen Erben zu hinterlassen. Die Habsburger, die immer auf der Lauer lagen, beanspruchten jetzt Ungarn aufs neue, doch es entging ihnen wieder, ohne daß sie freilich deshalb ihre Geduld verloren. Die Ungarn erkannten als König einen polnischen Fürsten an: Wladislaw Jagiello, dem die tschechischen Utraquisten sogar noch zu Lebzeiten des Matthias Corvinus die Krone von Böhmen im Jahre 1471 übertragen hatten. Kaiser Maximilian aber einigte sich mit diesem Polen durch einen jener Heiratsverträge, wie sie von den Habsburgern so geschickt und vorteilhaft geschlossen wurden. Ludwig, der Sohn des Wladislaw, heiratete später gemäß diesem Vertrag Maria von Österreich, die Enkelin Kaiser Maximilians, und der spätere Kaiser Ferdinand I., der Enkel Maximilians und Bruder Karls V., heiratete Anna von Ungarn. Der junge König Ludwig mußte nach dem Tode seines Vaters (1516) gegen Sultan Suleiman II. kämpfen, der sich nach der Eroberung Belgrads (1521) gegen Ungarn wandte. Ludwig wurde bei Mohacz geschlagen (1526) und kam auf der Flucht um. Diese Niederlage gegen die Türken war einer der größten Erfolge für Österreich, denn es kam dadurch in den Besitz Ungarns und Böhmens. Beide Länder waren von Österreich schon lange begehrt worden, nun brachte der türkische Sieg sie endlich unter die

Herrschaft der Habsburger. Ferdinand begnügte sich freilich damit, die Rechte seines durch den Vormarsch der Osmanen in den Tod getriebenen Schwagers einfach zu übernehmen. Jetzt wäre es für Deutschland an der Zeit gewesen, an die Verteidigung seiner bedrohten Grenzen zu denken; aber es war durch die Krise der Reformation erschüttert und in seiner Zerrissenheit weniger denn je imstande, als Einheit aufzutreten. Die protestantischen Fürsten Deutschlands sahen in den Türken nichts als eine Hilfe, die ihnen die Vorsehung gesandt hatte. Die katholischen Fürsten aber wollten dem Hause Habsburg nicht durch aktives Vorgehen gegen die Türken einen Zuwachs an Macht verschaffen: die Position dieser Dynastie erfüllte sie mit Eifersucht. Daher drang Sultan Suleiman II. mühelos bis Pest vor und stand schon im Jahre 1529 vor Wien; die schlechte Jahreszeit und die Seuchen, die sich in seinem Heer verbreiteten, hinderten ihn indes, die Stadt zu nehmen. Suleiman hielt aber ganz Ungarn bis zur Grenze von Österreich unter der Enns in seinen Händen, und Ferdinand war genötigt, mit ihm einen auf fünf Jahre befristeten Frieden zu schließen (1546). Der Friedensvertrag zwang den Habsburger, dem Sultan jährlich Tribute zu zahlen, und Ungarn wurde in Sandschaks (Statthalterschaften) eingeteilt; den Habsburgern verblieben nur noch kleinere Gebiete im Norden und Westen sowie einige Teile Kroatiens und Slawoniens. Siebenbürgen und der Osten Ungarns wurden besondere Fürstentümer, die von Vasallen der Pforte regiert wurden. Sultan Suleiman selbst verwandelte die Hauptkirche von Buda in eine Moschee.

Unter Suleimans Herrschaft (1520–1566) erlangte das Türkische Reich den größten Umfang, den es je gehabt hat. Schon unter Selim I. (1512–1520) erstreckte es sich bis zu den Küsten des Schwarzen Meeres, und die Tataren der Krim waren diesem Herrscher tributpflichtig. Die Insel Rhodos wurde im Jahre 1522 von den Türken genommen, und die Ritter des Johanniterordens, welche die Insel heldenhaft verteidigt hatten, begaben sich nach Malta. Dort gewährte ihnen Kaiser Karl V. Asyl, und der Orden behielt die Insel bis zur Französischen Revolution.[21] Mesopotamien, Syrien und Ägypten wurden von den Türken zwischen 1512 und 1520 erobert und ihrem Reiche angegliedert. Algier und Tunis waren nach ihrer Einnahme durch den zum Islam übergegangenen Korsikaner Chaireddin Barbarossa die Vorposten des Sultans. So besaß der Islam um die Mitte des sechzehnten Jahrhunderts in Europa eine weit stärkere Position als zur Zeit der großen arabischen Eroberungen. Aber dieser zweite Vorstoß der Moslems nach

Westen endete wie der erste: nachdem der Höhepunkt erreicht war, trat auch diesesmal sogleich der Verfall ein. Die Türken haben übrigens, ganz im Gegensatz zu den Arabern des zehnten und elften Jahrhunderts, ihren Verlust an kriegerischer Kraft niemals durch hohe Kultur ausgeglichen; sie sind die Barbaren geblieben, die sie waren. Das geht aber, wie ich glaube, nicht auf ihre Rasse zurück. Die Türken sind sowohl in Asien als auch in Europa nur mit den bereits in Verfall geratenen Kulturen des Kalifates von Bagdad und des Byzantinischen Reiches in Berührung gekommen; diese beiden Kulturen aber waren schon zu brüchig geworden, um die Sieger zu durchdringen. Auch verhinderte der rein militärische Charakter des türkischen Staates jede soziale Entwicklung. Da ein solcher Staat unproduktiv ist, kann er sich nur durch Eroberungen fremden Gebietes halten, das er ausbeutet: er verarmt völlig, wenn der Krieg aufhört, ihm die Mittel zu verschaffen, die er selbst nicht hervorbringen kann. Der reine Militärstaat muß sich fortwährend vergrößern, um bestehenzubleiben; er muß immer neue Völker der Tributpflicht unterwerfen. Der Mangel an geordneten Finanzen und die Willkür der Finanzmaßnahmen mit allen ihren wirtschaftlichen, politischen und moralischen Folgen haben das Türkische Reich unterhöhlt, sobald seine Expansion zum Stillstand kam. Zweifellos zeigte die Türkei gelegentlich auch noch später kurze Aufwallungen einer vitalen Kraft, aber im großen und ganzen zeugt ihre Geschichte seit dem Tode Sultan Suleimans II. von unheilbarem Verfall. Das Türkische Reich wäre längst aus der Reihe der Staaten getilgt worden, wenn nicht die europäischen Mächte, uneinig über die Verteilung seiner Gebiete, diesem Staat das Leben gerettet hätten. Die außerordentlich günstige Lage der Türkei an den Dardanellen hat ihr internationale Bedeutung verliehen und sie vor dem Schicksal Polens bewahrt. Europa hat bei der Teilung Polens ein Attentat auf ein christliches Volk geduldet, aber es hat die nach Westen vorgestoßenen türkischen Moslems, deren Anwesenheit auf europäischem Boden Unglück und Schande bedeutete, bis in die Gegenwart hinein nicht von dort verjagen können. Es ist merkwürdig, daß die gewerbefleißigen und harmlosen Mauren von Granada am Ende des fünfzehnten Jahrhunderts nach Afrika zurückgedrängt wurden, während die Türken noch heute Konstantinopel besitzen. Da man sie nicht vertreiben konnte, hat man sich an ihre Anwesenheit allmählich gewöhnt und ihnen einen Platz in der europäischen Geschichte eingeräumt, obwohl man sie stets als Eindringlinge betrachtete. Schlimmer noch: man hat die Türkei schon früh in europäische Konflikte

einbezogen, hat doch schon König Franz I. von Frankreich bei Suleiman II. Unterstützung gegen Kaiser Karl V. gesucht.
Dieses Bündnis – auf den ersten Blick geradezu ungeheuerlich erscheinend – war eine Folge der chaotischen politischen Verhältnisse, in die das christliche Europa seit der Mitte des fünfzehnten Jahrhunderts geraten war.
Als der Hundertjährige Krieg beendet war, befanden sich England und Frankreich in einer sehr verschiedenen Lage. In England brach unmittelbar nach dem Kriege der Kampf zwischen den Dynastien Lancaster und York aus. Während der Adel in diesen Kämpfen dezimiert wurde und Herrscher wie Heinrich VI., Eduard IV., Eduard V. und Richard III. durch furchtbare Verrätereien, Morde und sonstige Verbrechen aller Art auf den Thron gelangten, mußte England auf jedes aktive Eingreifen in die Verhältnisse des europäischen Kontinents verzichten. Mit Heinrich VII. bestieg dann der erste Tudor den englischen Thron (1485) und gab dem Lande die Ruhe zurück. Frankreich hingegen fand schon unmittelbar nach dem Hundertjährigen Krieg unter Karl VII. Frieden und konnte sich wiederaufrichten. Man sollte denken, daß Frankreich durch die furchtbare Krise, die hinter ihm lag, erschöpft gewesen wäre; aber das Land erholte sich überraschend schnell und zeigte damals zum erstenmal die Elastizität und seelische Energie, die es nach Katastrophen immer wieder bewiesen hat. Als Ludwig XI. im Jahre 1461 seinem Vater auf den Thron folgte, war Frankreich schon wieder die größte Macht des Abendlandes; aber es befand sich nun in einer ganz neuen internationalen Position, aus der sich eine radikale Änderung seiner Außenpolitik ergeben mußte.
Die Politik Frankreichs war seit dem Ende des elften Jahrhunderts dauernd von der Notwendigkeit geleitet, England von französischem Boden zu verdrängen. Frankreichs Eingreifen in die niederländischen Verhältnisse sowie seine Beziehungen zum Kaiserreich und zu den Staaten der Iberischen Halbinsel gingen im wesentlichen auf die große Auseinandersetzung mit England zurück; denn England war nicht nur der bedeutendste, sondern auch der einzige Gegner Frankreichs. Auf dem Kontinent besaß Frankreich keine Widersacher außer denen, die England zum Kampf aufgewiegelt hatte, beispielsweise im dreizehnten und vierzehnten Jahrhundert Kaiser Otto IV. und die Grafen von Flandern. Im übrigen aber hatte Frankreich an seinen kontinentalen Grenzen Ruhe und konnte mit gesammelter Kraft den Angriffen Englands Trotz bieten. Als der Hundertjährige Krieg vorüber war, änderte sich dieser Zustand durch das Erstarken Burgunds endgültig, und die

kontinentale Sicherheit, die das französische Königreich seit alters her genossen hatte, war nun für immer verschwunden. Es mußte künftig an seinen Festlandsgrenzen kämpfen. Seither änderte England seine traditionelle Kampfesweise gegen Frankreich vollständig; es griff die Franzosen fortan nur noch in der Form an, daß es sich mit ihren kontinentalen Gegnern verbündete. Die Entwicklung der burgundischen Länder ist tatsächlich der Ausgangspunkt dieser historischen Wende. Wir sahen bereits, wie Herzog Philipp der Gute von Burgund seine Beteiligung an dem Hundertjährigen Kriege dazu benutzte, seinem Staatswesen nicht nur Flandern und das Artois, sondern auch zahlreiche (theoretisch noch zum Kaiserreich gehörende) territoriale Fürstentümer von den Ardennen bis zur Zuidersee anzugliedern: die Herzogtümer Luxemburg und Brabant sowie die Grafschaften Hennegau, Namur, Holland und Seeland.

Diesem Länderblock hatte Karl VII. von Frankreich in dem Frieden, den er zu Arras mit Herzog Philipp dem Guten schloß (1435), noch die Städte an der Somme überlassen müssen. Die Bourgogne (das Herzogtum Burgund) und die Franche-Comté, in denen Herzog Philipp – wenn auch formell nur als Lehensmann der Krone Frankreichs – ebenfalls herrschte, waren von seinem reichen und ausgedehnten Länderbesitz in Nordwesteuropa nur durch Lothringen und durch das Elsaß getrennt; aber auch diese beiden Gebiete schienen dazu vorbestimmt, in die Hände der burgundischen Dynastie zu fallen. So hatte sich im Norden und Osten des französischen Königreiches in wenigen Jahren eine neue Staatsmacht gebildet, die eine ähnliche Stellung einnahm wie einst im neunten und zehnten Jahrhundert das kurzlebige Königreich Lothringen. Die einzelnen niederländischen Fürstentümer, aus dem Zerfall des Lehenswesens im Kaiserreich hervorgegangen, waren nunmehr unter einer Dynastie zu einem einzigen Staate zusammengeschmiedet, dem Vorläufer der heutigen Staaten Belgien, Luxemburg und Holland. Die Vorzüge Burgunds waren ein fruchtbarer Boden, eine unvergleichliche geographische Lage an der Nordsee, schiffbare Flüsse, hervorragende Häfen und eine arbeitsame Bevölkerung, die dichter war als in jedem anderen nördlich der Alpen gelegenen Gebiet Europas. In Burgund gab es blühende Städte, die durch ihr Tuchgewerbe oder durch ihren Handel weltberühmt waren. Brügge war schon seit drei Jahrhunderten der große Hafen des Abendlandes, und Antwerpen ging einem noch größeren Wohlstand entgegen; aber auch Holland und Seeland mit ihrer aufblühenden Schiffahrt, die immer mehr diejenige der allmählich zerfallenden Hansa ablöste, gehörten zum burgundischen Staat. Dazu kam noch in den ländlichen Gebieten Walloniens eine kraftvolle und militärisch begabte Bevölkerung. Alle Vorzüge der Länder, die den burgundischen Staat bildeten, schienen sich wunderbar vereinigt zu haben, aus ihm ein wahres »Land der Verheißung« zu machen und seinen Herrschern den außergewöhnlichen Rang zu sichern, den Philipp der Gute und sein Sohn, Karl der Kühne, auch tatsächlich eingenommen haben.

Aber je reicher und mächtiger dieser neue Nachbar wurde, desto gefährlicher wurde er für Frankreich. Burgund war – ob es nun wollte oder nicht – eine dauernde Bedrohung der französischen Monarchie. Burgundische Soldaten konnten in zwei Tagen von Amiens nach Paris vorstoßen; vor allem aber war Burgund durch seine geographische Lage von Natur aus zum Bundesgenossen Englands bestimmt. Frankreich befürchtete, daß Burgund bei dem nächsten Angriff Englands die gleiche Rolle spielen könnte, die in den Kämpfen des Mittelalters den Grafen von Flandern zugefallen war; Burgund konnte aber ein zehnmal so großes Potential wie diese Grafen einsetzen. Es schien, als ob Frankreich die Engländer aus seinem Gebiet nur vertrieben habe, um jetzt an seiner überall offenen Nordgrenze, die keine natürliche Verteidigung besaß, der Eroberungspolitik Burgunds ausgesetzt zu sein.

Der Konflikt, schon unter König Karl VII. von Frankreich und Herzog Philipp dem Guten von Burgund schwelend, brach unter ihren Nachfolgern, Ludwig XI. (1461–1483) und Herzog Karl dem Kühnen, offen aus. Die Krise war heftig, aber nur kurz. Die Bürgerkriege hinderten England, sich im geeigneten Augenblick an die Seite Burgunds zu scharen. Karl der Kühne (1467–1477) konnte anfangs nur auf den Herzog von Berry, den Bruder des Königs, und auf den Herzog der Bretagne, den letzten großen Vasallen der französischen Krone, sowie auf ein paar große Grundherren rechnen, die sich alle unter dem Vorwand, das »Gemeinwohl« Frankreichs zu verteidigen, mit Burgund verbündeten. Aber die Partner dieses Bündnisses waren untereinander nicht wirklich einig. Der König von Frankreich begann sogleich nach seiner Niederlage bei Monthléry (1465) Verhandlungen, und es fiel ihm leicht, seine Feinde zu entzweien. Nur Karl der Kühne war noch als Feind der französischen Krone übriggeblieben, deren Träger nun mit aller Kraft an der Vernichtung des Herzogs arbeitete. Ludwig XI. hetzte zunächst die Lütticher gegen Karl auf, ließ sie aber – als seine eigene Lage nach der Niederlage von Monthléry schwierig wurde – zweimal im Stich und gab sie damit der Rache des Herzogs preis (1467). Außerdem aber intrigierte der französische König in Deutschland, England, der Schweiz, Savoyen, Mailand und Venedig gegen Burgund. Dies geschah auf eine so raffinierte, unauffällige und doch zielsichere Weise, daß sich der ungestüme Gegner Ludwigs allmählich in den Netzen der verschlagenen Diplomatie des Königs verfing. Oft hat man Karl den Kühnen als den letzten Vertreter feudalen Rittertums geschildert, der mit Ludwig, dem ersten modernen Monarchen, in Kampf geraten sei. Aber diese Auffassung ist ganz und gar unrichtig: abgesehen von den Unterschieden der beiden Persönlichkeiten, von denen der französische König vorsichtig und geschickt, Karl aber impulsiv und abenteuerlustig war, sind die Unterschiede ihrer Politik aus der Verschiedenheit ihrer Staaten zu erklären. Die Politik des französischen Monarchen entsprach einer jahrhundertealten Tradition; diese Politik aber war auf defensive Ziele und auf die nationale Einheit gerichtet, und alle französischen Könige hatten sie mit wechselndem Glück und Talent verfolgt. Der burgundische Staat dagegen war beinahe traditionslos, zu schnell aufgebaut, kaum konsolidiert und ohne eine gute Verbindung zwischen seinen Gebietsteilen; daher konnte die Herrschaft über Burgund den Herzögen noch keine festen und klaren Richtlinien für die auswärtige Politik geben. Die burgundische Staatsmacht, die sich aus Eroberungen gebildet hatte, verführte den Herrscher zu neuen Eroberungen, um so mehr, als die Mittel, die ihm sein Staat verschaffte, beträchtlich waren. Karl täuschte sich aber und sah nicht die wirklichen Grenzen seiner Macht. Die Handlungsweise Karls des Kühnen ist eine Bestätigung von Machiavellis Wort, daß sich die Staaten durch die gleichen Kräfte behaupten, denen sie ihre Entstehung verdanken. Man darf freilich nicht vergessen, daß viele Unternehmungen Karls von dem Gedanken eingegeben waren, das Werk seines Vaters, Philipps des Guten, zu vollenden. Die Eingliederung Gelderns und des Lütticher Landes in den burgundischen Staat rundete im Norden den niederländischen Block ab; Karls Versuche, das Elsaß und Lothringen zu erlangen, entsprachen der Notwendigkeit, die Franche-Comté und die Bourgogne mit dem niederländischen Besitz der Dynastie zu verbinden. Jedoch auf dem einmal beschrittenen Wege der Eroberungen kann man schwer anhalten. Karl der Kühne verlor, durch Ruhmsucht und Erfolge verblendet, bald das Gefühl für die Realität und verkannte die Grenze seiner Möglichkeiten. So träumte er davon, Vikar (Statthalter) des Kaiserreiches zu werden und sich von dem greisen Herrscher René I. (dem Guten) von Anjou als Erben des (von René beanspruchten) Königreiches Neapel anerkennen zu lassen. Da Kaiser Friedrich III. bei einer Zusammenkunft mit Karl dem Kühnen in Trier die Wünsche des Herzogs auf beleidigende Weise abgelehnt hatte – der Kaiser verließ Trier ohne Abschied–, wollte sich der Herzog rächen. Karl bekämpfte mit Waffengewalt den mit kaiserlicher Unterstützung gewählten Kölner Erzbischof, der sich in Neuss aufhielt. Aber Karl versäumte (durch seinen vergeblichen Feldzug gegen Neuss, wo er sich von 1474 bis 1475 in krankhaftem Eigensinn darauf versteifte, Kaiser und Reich zu demütigen) den günstigen Augenblick, sich mit seinem Bundesgenossen Eduard IV. von England militärisch zu vereinigen. König Eduard war in Calais gelandet, um Ludwig XI. anzugreifen, und schloß nun, da er sich von seinem Bundesgenossen im Stich gelassen sah, schnell mit Frankreich Frieden. Karl besetzte im darauffolgenden Jahr (1476) Lothringen und geriet dadurch in einen Krieg mit den Schweizern, die ihm Schlag auf Schlag beibrachten und ihn bei Grandson und bald danach bei Murten besiegten. Um sein militärisches Prestige, das in Europa bis dahin unbestritten war, war es nunmehr geschehen. Ludwig XI. bereitete sich zum Angriff vor, und der mit Frankreich verbündete René II. von Lothringen kehrte nach Nancy zurück. Karl stand nun vor einer Katastrophe, die schneller, tragischer und einschneidender kam, als seine Feinde hoffen konnten. Die Schweizer griffen Karl an, während er Nancy belagerte. Verzweifelt warf er sich mit seinem Heer, das durch den Verrat der italienischen Söldner auf ein paar tausend Leute gesunken war, in den Kampf. Zwei Tage später (am 7. Januar 1477) fand man die Leiche Karls auf dem Eis eines Teiches. Sein Körper, von drei tödlichen Wunden getroffen, war, wie ein zeitgenössischer Chronist berichtete, schon halb von den Wölfen gefressen.

Wenn es nur nach Ludwig XI. gegangen wäre, wäre der burgundische Staat unmittelbar nach dem Tode Karls verschwunden. Ludwig bemächtigte sich der Städte an der Somme und drang in das Artois, in die Bourgogne und in die Franche-Comté ein. Gleichzeitig arbeitete er einen Plan zur Verteilung der Niederlande aus: sie sollten teilweise an die Krone Frankreichs fallen, der Rest sollte Mitgliedern des französischen Hochadels oder deutschen Fürsten zugeteilt werden, so daß das Gebiet zerstückelt und machtlos geworden wäre. Die partikularistische Bewegung trat nach dem Tode Karls in allen burgundischen Gebietsteilen stark hervor: eine Tendenz, die sich aus der Abneigung gegen Karls persönlichen

Despotismus erklärt und die den Plänen seines französischen Gegners vortrefflich zustatten kam. Ludwig XI. war ein schlauer Diplomat und erreichte bei den naiven Bürgern, die von den überstürzt in Gent zusammengerufenen Abgeordneten der Generalstände abgesandt waren, alles, was er von ihnen wollte; denn diese Städte waren in ihrem unbedingten Wunsch nach Frieden und nach Wiederherstellung ihrer Freiheiten und städtischen Privilegien geradezu blind für die Gefahr, die den Niederlanden drohte. Aber der geheimnisvolle Faktor der genealogischen Zufälle, von denen in Zeiten dynastischer Politik die Schicksale der Staaten hauptsächlich abhingen, stellte Ludwig vor eine noch weit größere Bedrohung Frankreichs als diejenige, welche er mittels partikularistischer Zersetzung Burgunds auszuschalten hoffte. Karl der Kühne hatte als einziges Kind eine Tochter, Maria von Burgund, hinterlassen; ihre Ehe sollte die geschichtliche Entscheidung über das Schicksal der Niederlande bringen. Die Habsburger hatten natürlich schon früh ihre begehrlichen Blicke auf diese reiche Erbin geworfen. Sie war siebenmal, je nach den Plänen und Bündnissen ihres Vaters, verlobt und schließlich Erzherzog Maximilian von Österreich, dem einzigen Sohne Kaiser Friedrichs III., versprochen worden. Die Einlösung dieses Versprechens wäre ebenso unsicher wie die der anderen gewesen, wenn ihr Vater noch gelebt hätte; das Verlöbnis mit dem Habsburger wurde nun die einzige Hoffnung Marias, aus dem Unglück, das mit dem Tode ihres Vaters begonnen hatte, herauszukommen. Um den Plänen Ludwigs XI. zu entgehen, bot sie dem Österreicher sofort ihre Hand, und diese Gelegenheit war zu günstig, als daß der Habsburger sie nicht genutzt hätte. Maximilian stimmte schnell zu, und die Ehe wurde am 28. August 1477 zu Brügge geschlossen.

Dieser Ausweg war nur unter dem Druck der Verhältnisse in aller Eile gewählt worden, und doch hat keine dynastische Verbindung größeren Einfluß auf die Geschichte Europas gehabt. Durch diese Ehe kam der junge burgundische Staat zu den wahllos zusammengebrachten Gebieten der Habsburger hinzu und mußte die Widerstände auffangen, die sich künftig gegen die Pläne der ehrgeizigsten und habgierigsten Dynastie bildeten. Zudem begann durch diese Eingliederung des burgundischen Staates der Jahrhunderte währende Kampf zwischen Frankreich und dem Hause Habsburg: ein Konflikt, der erst im neunzehnten Jahrhundert enden sollte. Österreich, dessen Politik bisher nur auf die Donauländer orientiert war, faßte nun plötzlich an der Nordsee zwischen den beiden großen Monarchien Westeuropas Fuß. Nur die Gier nach Gebieten trieb die Habsburger dazu; denn an der Nordsee hatte dieses Geschlecht keine Mission zu erfüllen und kein Interesse außer dem dynastischen zu verteidigen. Die rein dynastische Politik des Hauses Habsburg aber befand sich hier vom ersten Tage an im Gegensatz zu den Bedürfnissen und den Wünschen der Völker. Das Ziel Österreichs im burgundischen Gebiet bestand nicht etwa darin, die Herrschaft des Kaiserreiches über die Niederlande wiederherzustellen, die ja diesem Reich längst entwachsen waren. Österreich wollte vielmehr Burgund nur für sich selbst behalten und setzte alles daran, die Niederlande von Deutschland zu trennen. Die Stellung, welche die Habsburger in den Niederlanden einnahmen, war daher unter dem Gesichtspunkt der europäischen Völkergemeinschaft sinnlos und künstlich und mußte zu einer Katastrophe führen. Wenn die Interessen der Fürsten von denen ihrer Völker abweichen, rächt sich das immer, und die Geschichte des Hauses Habsburg beweist das nur zu deutlich. Als diese Dynastie die Niederlande erwarb, mußte sie nach Universalherrschaft streben und gelangte damit zu einer Politik der Gebietserweiterung als Selbstzweck; die Völker zählten dabei nur noch als Erbgut, die Länder nur noch als Krondomänen. Diese Politik mußte aus den Habsburgern bis zum gegenwärtigen Weltkriege die geschworenen Feinde jedes nationalen Strebens und jeder bürgerlichen Freiheit machen.

Es ist nicht verwunderlich, daß die Niederlande eine Entwicklung, die für sie so verhängnisvoll war, stillschweigend hinnahmen. Seit ihrer Verschmelzung zu einem Staat war damals erst so kurze Zeit verflossen, daß ein Gefühl für nationale Unabhängigkeit sich noch nicht hatte bilden können. Zudem war das Land von einer partikularistischen Welle erfaßt, und jede Provinz dachte nur an sich selbst. Die Bürger von Gent, die diese Bewegung führten, beschäftigten sich nur mit der Wiederherstellung ihrer einstigen städtischen Privilegien und kamen über die engen Grenzen einer bloß lokalen Politik nicht hinaus. Als die Partikularisten vor der vollendeten Tatsache der Eingliederung in die habsburgische Macht standen, war es zu spät, noch etwas dagegen zu unternehmen. Die Ehe ihrer »eingeborenen Fürstin« machte aus ihnen Untertanen des Hauses Habsburg, während sie noch über ihre Freiheiten diskutierten.

Die Intrigen, die Frankreich unter Ludwig XI. und unter Karl VIII. spann, entfachten und nährten in den Niederlanden die allgemeine Unzufriedenheit, veranlaßten Aufstände in Lüttich und in Geldern und lähmten auf diese Weise die Kräfte Maximilians.

Nach dem frühen Tod Marias von Burgund (1482) infolge eines Sturzes vom Pferd sahen die meisten Städte und Adeligen Maximilian nur noch als einen Eindringling an und machten ihm die Vormundschaft über seinen Sohn, Philipp den Schönen, streitig. Die Lütticher, die nach Niederschlagung ihres Aufstandes von Karl dem Kühnen unterworfen worden waren, betrachteten sich wieder als unabhängig, und die Bewohner Gelderns taten das gleiche. Maximilian, damals noch nicht Kaiser und ohne Macht im Reich, versuchte, sich trotz seiner Machtlosigkeit in diesen Wirren zu behaupten, und mußte sogar die Demütigung erdulden, daß die Bürger von Brügge, solidarisch mit dem aufständischen Gent (das sich gegen die von Maximilian nach den Niederlanden gebrachten zahlreichen deutschen Söldner und Beamten empört hatte), ihn ein paar Wochen gefangensetzten und festhielten (1488). Trotz Maximilians Bündnis mit dem König von England und mit dem Herzog der Bretagne führte sein oft unterbrochener Kampf gegen Frankreich zu keiner Entscheidung und wurde im Jahre 1493 durch den Frieden von Senlis vorläufig beendet.

Der politischen Wende, die durch die Entstehung und Entwicklung des burgundischen Staates eingetreten war, folgte eine große Umwälzung der Machtverhältnisse, als Spanien durch die Ehe Ferdinands II. von Aragonien mit Isabella von Kastilien im Jahre 1469 geeinigt wurde. Bis zu dieser Vereinigung waren die spanischen Königreiche zu schwach gewesen, um aktiv in die geschichtlichen Schicksale Europas einzugreifen. Der Krieg gegen die Mauren hatte zunächst (bis zur Mitte des dreizehnten Jahrhunderts) alle Kraft dieser Staaten beansprucht. Als dieser Kampf schon beinahe beendet war, hatten die dynastischen Feindschaften, die Streitigkeiten der Könige mit der Aristokratie und die Kämpfe der Aristokratie mit den Städten ihn vorübergehend unterbrochen und damit das labile arabische Reich von Granada gerettet. Bald aber hatte Aragonien infolge seiner günstigen Lage am Meer eine gewisse außerpolitische Macht und Aktivität entfalten können. Die Könige von Aragonien hatten die Dynastie Anjou schon früh aus Sizilien vertrieben; sie setzten eine Nebenlinie ihres Geschlechtes auf der Insel ein, eroberten die Balearen und faßten in Korsika und Sardinien Fuß; aber dieser kraftvolle Vorstoß kam in der Mitte des vierzehnten Jahrhunderts durch Streitigkeiten innerhalb der königlichen Familie sowie durch Aufstände in Barcelona und im übrigen Katalonien zum Stillstand. Kastilien wurde in seiner Entwicklung durch die Ansprüche und den Ungehorsam seines Adels gegen die Könige freilich in noch höherem Grade gestört und geschwächt als

Aragonien. Keine innerspanische Macht konnte also das starke, aber anarchische Land mit Gewalt zu einer Einheit machen. Dann aber kam die eheliche Verbindung Ferdinands II. mit Isabella zustande. Mit dieser vollkommen nationalen Vereinigung fand der lange Kampf zwischen den beiden Königreichen sein Ende, und zugleich wurden auch der Zusammenschluß und die Unterordnung ihrer Völker unter eine einheitliche monarchische Macht ermöglicht. Diese Völker waren in hohem Maße von der Dynastie geprägt worden und unterwarfen sich der monarchischen Führung so vollständig, daß die Geschichte von keiner Epoche weiß, in der Herrscher eine so tief gegründete Macht über ihre Untertanen besaßen.

Im spanischen Staat, wie er durch Ferdinand und Isabella geschaffen wurde, verschmolzen katholisches und politisches Leben so sehr, daß beide Aspekte sich völlig deckten. Die Monarchie bediente sich des eingewurzelten religiösen Fanatismus ihrer Untertanen, und diese identifizierten die Sache des Königs mit der Sache des Glaubens. Der Eifer der Monarchen für den rechten Glauben verankerte die spanische Monarchie tief im nationalen Empfinden, und inmitten des unduldsamsten Volkes wurde die Unduldsamkeit seiner Könige das Element, das ihnen den Erfolg sicherte. Die Inquisition, welche die bekehrten Juden: die Marannen in religiöser Hinsicht überwachen sollte, wurde seit dem Jahre 1480 zu einer Staatseinrichtung, ohne dadurch ihren kirchlichen Charakter zu verlieren. Der Staat ernannte nunmehr den Großinquisitor, und gegen seine Urteile gab es keine Appellation an den Papst. Die Gestalt des Großinquisitors Torquemada ist von den Herrschern Ferdinand II. und Isabella nicht zu trennen. Alle drei waren in ihrem Haß gegen die Ketzerei aufrichtig, und wenn die Krone die Güter der zum Tode durch den Scheiterhaufen verurteilten Menschen zu eigenem Nutzen einzog und sich durch ihre Todesurteile bereicherte, so erntete sie diesen Gewinn nur, um zu neuen Taten zu schreiten, die ebenso vorteilhaft für die Kirche wie für sie selbst waren. Der seit langem unterbrochene »heilige Krieg« gegen die Moslems wurde wieder aufgenommen, und zwar in einem solchen Umfang, daß die endgültige Bildung des nationalen Gebietes in Spanien wie das Ergebnis eines Kreuzzuges anmutet. Es genügte den Spaniern nicht einmal, nur die Moslems zu bekämpfen, die Juden erschienen ihnen als ebenso große Feinde Christi wie die Bekenner des Islams, und sie wurden im Jahre 1492, dem Jahre der Eroberung Granadas, aus ganz Spanien vertrieben. Die Eroberung Granadas und die Vertreibung der Juden aber bereicherten den

Schatz der Monarchen gewaltig und lieferten ihnen die nötigen Mittel, die politische Macht Spaniens und des Katholizismus auszubreiten. Während Christoph Columbus an die Entdeckung einer neuen Welt ging, die man unterwerfen und bekehren konnte, deuteten die militärischen Expeditionen der Spanier gegen die Küstengebiete von Marokko, Algerien und Tunesien darauf, daß Spanien sich mit seiner ganzen Kraft gegen den Islam wenden werde. Dies schien auch dem Wesen und der historischen Rolle Spaniens am besten zu entsprechen, zugleich aber entsprach es den Interessen des Landes als Mittelmeermacht. Die Spanier hätten den edelsten Ruhm und die größte Macht erwerben können, wenn sie sich zu Vorkämpfern der christlichen Kirche und Europas gegen die Türken gemacht hätten. Der Titel, den Ferdinand und Isabella von Papst Alexander VI. erhalten hatten, lautete »Katholische Könige«, und diese Bezeichnung wäre durch einen Kampf gegen die Türken auf das schönste gerechtfertigt worden. Aber das Land ging in diesem entscheidenden Augenblick seiner Geschichte einen anderen Weg: es wandte sich vom Kreuzzugsgedanken ab und ließ sich in den dynastischen Ehrgeiz seiner Monarchen hineinziehen. Spanien gab, ohne dies selbst gewahr zu werden, seine Mission auf und konzentrierte nun die ganze Energie, die es in Jahrhunderten durch die dauernden Kämpfe gegen den Halbmond erworben hatte, auf die Aufgabe, seinen Herrschern Europa, den christlichen Kontinent also, zu unterwerfen.

Diesem Ziel strebte Spanien dann zwei Jahrhunderte bis zur Erschöpfung nach, bis es verarmt und beinahe so unfruchtbar war wie die Küsten des benachbarten Marokko, dessen sichere und vorteilhafte Eroberung es zugunsten der Weltherrschaftsträume seiner Monarchen aufgegeben hatte.

Diese merkwürdige Veränderung der politischen Ziele Spaniens geht auf das weit zurückliegende Eingreifen der Könige von Aragonien in die Angelegenheiten Siziliens zurück. Seit damals waren die Anjou, die auf dem italienischen Festland im Königreich Neapel herrschten, mit den Herrschern von Aragonien, die über Sizilien geboten, immer wieder in Streit geraten. Der Tod der Königin Johanna II. von Neapel (aus dem Hause Anjou-Durazzo), die zuerst Alfons von Aragonien als ihren Nachfolger anerkannt hatte, aber ihre Krone später René (dem Guten) von Anjou vermachte, hätte sicherlich zu einem Kriege geführt, wenn nicht René zu matt und zu schwächlich für den Kampf gewesen wäre. René hatte aber noch auf dem Totenbett (1480) seine Anwartschaftsrechte der französischen Dynastie vermacht, und König

Karl VIII., der Erbe Ludwigs XI., war von dem Wunsche beherrscht, diese Ansprüche zur Geltung zu bringen. Als er durch den Frieden von Senlis (1493) die französische Nordgrenze gegen die Habsburger geschützt hatte, ging er über die Alpen, zog unerwartet durch Italien (1494) und ließ sich zum König von Neapel proklamieren. Dieser Zug Karls VIII. war aber nur das kurze Abenteuer eines jungen ruhmsüchtigen Fürsten. Schon ein Jahr später schmiedete der Papst das Bündnis Mailands mit Venedig, um den französischen Eindringling zu bekämpfen. Ferdinand II. und Isabella schlossen sich diesem Bunde an, da sie sich ihren bedrohten Verwandten in Sizilien solidarisch fühlten. Karl VIII. hatte gerade noch Zeit, Rückzugsgefechte zu liefern, und kehrte nach Frankreich zurück, wo er im Jahre 1498 starb. Karls Nachfolger war Ludwig XII., der unglücklicherweise den Spuren seines Vorgängers folgte. Er forderte nicht nur Neapel, sondern als Enkel einer Visconti (aus dem Geschlecht, das vor den Sforzas Mailand beherrscht hatte) auch noch Mailand. Der französische Herrscher bemächtigte sich dieser Stadt und nahm sie ohne Schwertstreich (1499). Ein Vertrag mit Ferdinand II. von Aragonien setzte die Teilung des Königreiches Neapel fest und ermöglichte es Ludwig, das von ihm beanspruchte Gebiet einfach zu besetzen. Aber Ferdinand II. von Aragonien brach seine Vereinbarung mit Ludwig nach kurzer Zeit. Der Krieg zwischen beiden brach aus, und die Franzosen wurden von den Spaniern besiegt; Ludwig XII. mußte auf alle Ansprüche auf Neapel verzichten (1505), das seither bis in die Neuzeit hinein bloß noch ein spanischer Besitz war. Ludwig behielt auch Mailand nicht mehr lange: Papst Julius II. verbündete sich im Jahre 1511 mit seiner früheren Gegnerin Venedig sowie mit Spanien zur Heiligen Liga gegen Frankreich, und zu dieser Allianz stießen bald auch noch Kaiser Maximilian und König Heinrich VIII. von England, um die Franzosen aus Mailand zu verjagen. So mußte Ludwig XII. nach einer Niederlage, die er bei Novara erlitt, Italien verlassen, um den Engländern im Artois Widerstand zu leisten. Diese schlugen ihn zwar bei Guinegate (1513), aber sie schlossen bald mit Frankreich Frieden, zumal da sie mit dem passiven Verhalten Maximilians unzufrieden waren; sie schifften sich wieder ein und verließen den Kontinent.

Im Rahmen der gesamten französischen Geschichte erscheinen die Italienzüge Karls VIII. und Ludwigs XII. nur als persönliche Angelegenheit dieser Herrscher; sie entsprachen keiner nationalen Notwendigkeit und waren ausschließlich von dynastischem Ehrgeiz eingegeben. Die Italienzüge beider Könige waren nur Luxuskriege: *guerres de magnificence* und also gänzlich nutzlos. Allerdings trugen diese Feldzüge dazu bei, in Frankreich eine leidenschaftliche Vorliebe für die Renaissance zu fördern; aber die Politik, der sie den Weg bahnten, und die erst von Heinrich II. in dem mit Spanien geschlossenen Frieden von Cateau Cambrésis (1559) eindeutig aufgegeben wurde, lief nur auf eine sinnlose Verschwendung von Menschen und Geld hinaus. Das einzige dauerhafte Ergebnis dieser Politik bestand darin, daß Spanien auf Italien hingelenkt wurde und sich damit dem Hause Habsburg, dem Feind des französischen Königreiches, nähern mußte.

Tatsächlich mußte die Entwicklung dahin führen, daß zwischen Maximilian, Frankreichs Gegner in den Niederlanden, und den Königen von Spanien, Frankreichs Widersachern in Neapel, bald eine politische und daraus schließlich auch eine dynastische Verbindung zustande kam. Seit dem Jahre 1496 wurde die Verbindung der spanischen Dynastie mit den Habsburgern sehr eng; in diesem Jahre verheiratete sich Don Juan, der Erbe Ferdinands und Isabellas, mit Margarete, der Tochter Maximilians, und gleichzeitig vermählte sich Philipp der Schöne, der Sohn Maximilians, mit der Infantin Johanna, der Tochter Ferdinands und Isabellas. Freilich konnte damals niemand ahnen, daß diese beiden großen Familien einmal zu einer einzigen verschmelzen würden. Aber die Natur arbeitete wieder einmal zum Nutzen des Hauses Habsburg: der Tod machte den Weg für diese Dynastie frei. Don Juan starb schon im Jahre 1497, seine älteste Schwester Isabella wurde im Jahre 1498 und deren Sohn Miguel im Jahre 1500 vom Tode ereilt, so daß Philipp der Schöne und seine Gemahlin Johanna anstelle dieser verstorbenen Fürsten die Herrscher Spaniens werden mußten. Aber sechs Jahre später starb Philipp selbst überraschend an einer Lungenentzündung; er hatte seinem kaum siebenjährigen Sohn Karl seine Rechte vermacht. König Ferdinand II. von Aragonien lebte freilich noch ziemlich lange und bewahrte dadurch seinen verwaisten Enkel vor dem Schicksal, als Kind zum Herrscher Spaniens berufen zu werden. Als Ferdinand in hohem Alter starb (1516), war Karl gerade für mündig erklärt worden.[22]

Karl V. ist eine der seit dem Ende der Antike seltenen Gestalten, deren Name überall bekannt ist. Er ist fast ebenso berühmt wie Karl der Große oder Napoleon, obgleich er seinen Ruhm nicht seiner Bedeutung, sondern seinen Erblanden verdankt. Karl gelangte trotz seiner mittelmäßigen Begabung durch die äußeren Umstände zu einer Machtstellung, wie sie vor ihm nur Karl der Große und nach ihm nur Napoleon innegehabt haben. In seiner

Person verschmolzen drei Dynastien und die geschichtlichen Schicksale dreier Staaten: Österreich, Burgund und Spanien. Karl V. war der Enkel Ferdinands II. von Aragonien und Isabellas von Kastilien, aber gleichzeitig war er auch der Enkel Maximilians von Österreich und der Maria von Burgund. Dadurch gelangte er in den Besitz so vieler Länder, daß Europa dazu bestimmt schien, seiner Macht völlig anheimzufallen. Karl besaß in Deutschland die österreichischen Herzogtümer, an der Nordsee die Niederlande; am Atlantischen Ozean beherrschte er Spanien und am Mittelmeer das Königreich Sizilien. Mit diesem Erbe besaß Karl natürlich auch die Anwartschaften, die dazugehörten: Österreichs Ansprüche auf das Kaisertum und damit die Herrschaft über das Reich sowie die Anwartschaft auf Böhmen und Ungarn; die Anwartschaft der Niederlande auf das Stammland des burgundischen Staates: das ursprüngliche Herzogtum Burgund (die Bourgogne); dazu kamen die Ansprüche Spaniens auf italienisches Gebiet und auf die nordafrikanische Küste, wo die Barbareskenstaaten – formell unter türkische Oberhoheit gestellt, aber in Wirklichkeit unabhängige Seeräubergemeinschaften – entstanden waren. Dazu kam noch die Neue Welt, die von den Conquistadoren für Karl erobert wurde. Ferdinand Cortez bemächtigte sich zwischen 1510 und 1521 Mexikos, und Francisco Pizarro eroberte Peru (1531–1541). Die fast unbegreifliche Eroberung Südamerikas war bereits vor dem Tode Karls beendet; freilich war sie während seiner Regierungszeit noch zu neu, um zur Vermehrung seiner Macht oder zur Beeinflussung seiner Politik führen zu können. Die Folgen der Eroberung Südamerikas durch spanische Soldatenführer zeigten sich vielmehr zuerst unter König Philipp II. von Spanien, dem Sohne Karls. Für Karl V. selbst waren alle Pläne und alle Mittel noch durch die Verhältnisse im alten Europa bestimmt. Der Titel Karls »Beherrscher der Inseln des Ozeans« und sein Wahlspruch *Plus ultra* sagten eine Zukunft voraus, die der Kaiser selbst nur ahnen konnte.

Als Spanien mit dem Tode Ferdinands (26. Januar 1516) und Österreich mit dem Tode Maximilians (12. Januar 1519) an Karl fielen, war er beiden Ländern gleich fremd. Er war in den Niederlanden durch niederländische Adlige erzogen worden, die in Karl nur ihren »eingeborenen Fürsten« gesehen und niemals daran gedacht hatten, ihm Deutsch beizubringen. Ebensowenig hatten die niederländischen Herren, die Karl erzogen hatten, daran gedacht, ihn Spanisch zu lehren. Er verletzte die Kastilier dadurch, daß er bei seinem Erscheinen vor ihnen (1517) von wallonischen, flämischen und nordniederländischen Günstlingen umgeben war und nur französisch zu sprechen pflegte. Als Kastilien erfuhr, daß Karl sich einschiffen werde, um über England und die Niederlande nach Deutschland zu reisen, brach der Aufstand der *Communeros* aus: ein Aufstand, welcher von den (über neue Abgaben erbitterten) Städten getragen wurde, von vereinzelten Aristokraten Zuzug erhielt und erst nach der Niederlage der Communeros bei Villalar (1522) sein Ende fand.

Trotz der anfänglichen Verbundenheit mit seinen burgundischen Erblanden eignete sich Karl aber schon nach kurzer Zeit die auf Abstand bedachte, kühle und unpersönliche Haltung an, die für einen Fürsten, welcher über viele Völker und Länder herrschen sollte, unumgänglich war. Freilich behielt Karl V. für die Niederländer[23] sein ganzes Leben hindurch eine gewisse Vorliebe, die sicher auf Jugenderinnerungen zurückgeht, aber der Kaiser gehörte in Wirklichkeit keinem der Völker an, deren Kronen er erbte. Es wurde Karl nicht schwer, ihnen gegenüber parteilos zu sein, denn diese Parteilosigkeit ging ja aus seiner nationalen Gleichgültigkeit hervor. Nationalgefühl irgendwelcher Art besaß er nicht, nur die Größe seiner Dynastie bestimmte seine Entscheidungen. Karl herrschte über Länder, die durch den Zufall unter seinem Zepter vereinigt waren, und interessierte sich für keines seiner Gebiete als solches, er wandte ihnen in Wahrheit sein Interesse nur so weit zu, wie dies seinen Plänen entsprach. Damit stand der Kaiser in einem auffälligen Gegensatz zu Monarchen wie Franz I. und Heinrich VIII., die Frankreich und England gleichsam verkörperten. Im Vergleich zu diesen beiden Monarchen war Karl V. ein Fürst ohne charakteristische Züge: er hatte kein Vaterland und konnte nirgendwo volkstümlich werden. Schon Ferdinand und Isabella hatten durch ihre italienische Politik begonnen, Spanien vom Kampf gegen den Islam abzulenken und in die europäischen Kämpfe einzuschalten. Karl V. machte diese Einschaltung zu einer dauernden Tendenz der spanischen Politik. Freilich verzichtete er nicht gänzlich auf die Eroberung der nordafrikanischen Küste, an der die Barbareskenstaaten lagen, und seine Feldzüge gegen Chaireddin Barbarossas Stützpunkte Tunis (1535) und Algier (1541) hingen noch mit der altspanischen Tradition zusammen; aber sie waren nur kurze Zwischenspiele und blieben ohne weitere Folgen. Spanien mußte zwischen dem Krieg in Afrika und dem Krieg in Europa wählen. Karl konnte aber auf den Krieg in Europa nicht verzichten, denn er hätte dann ererbte Gebiete aufgeben müssen. Seine Politik war nicht die eines spanischen Königs und konnte dies auch nicht sein; sie war notwendigerweise rein habsburgisch, und Spanien wandte seine ganze Kraft Zielen zu, die den wahren Landesinteressen nicht nur fremd, sondern sogar entgegengesetzt waren.

Diesen Zielen Kaiser Karls V. mußte Frankreich mit aller Macht Widerstand leisten. Der lange Kampf zwischen Karl V. und König Franz I. ging nicht auf den Gegensatz ihrer persönlichen Anlagen oder Wünsche zurück; die tiefere Ursache lag vielmehr in der Unvereinbarkeit der dynastischen Politik Karls mit der nationalen Politik des französischen Königs. Man kann sagen, daß die Kämpfe der beiden Herrscher den Konflikt zwischen einer Dynastie, dem Hause Habsburg, und einer Nation, dem französischen Volk, darstellen. Frankreich war überall von Karls Ländern umschlossen; im Süden grenzte es an Spanien, im Osten an burgundisches Gebiet (die Bourgogne und die Franche-Comté) und im Norden an die Niederlande. So fühlte sich Frankreich von einem Gegner bedroht, der im Fall eines Sieges ganz Europa beherrscht hätte. Nicht nur Frankreichs Vorrang, sondern auch seine Sicherheit war durch diese echte Einkreisung gefährdet. Dazu kam noch die Gefahr, die Frankreichs Position in Italien bedrohte. Franz I. hatte ja erst vor kurzem (September 1515) auf dem Schlachtfeld von Marignano das Herzogtum Mailand erobert und es dem Herzog von Sforza abgenommen.

Der Tod Maximilians (1519) machte Frankreichs Lage noch weit bedrohlicher. Karl, seit dem Tode seines Großvaters Ferdinand König von Kastilien und Aragonien, konnte nicht umhin, für die höchste Reichswürde zu kandidieren, die seit der Wahl Albrechts von Österreich zum Deutschen König (1438) stets einem Habsburger zugefallen war. Franz I. tat alles, um die Kurfürsten von seinem gar zu mächtigen Gegner so weit abzubringen, daß sie ihre Stimme entweder dem französischen König selbst oder wenigstens Friedrich von Sachsen gaben. Aber die Medici konnten Franz nicht so viele Bestechungsgelder für die Kurfürsten beschaffen, wie die Fugger dem Habsburger vorstreckten. Die Kurfürsten verkauften sich dem, der am meisten bot. Als die Fugger alle ihre Stimmen gekauft hatten, hielten sie sich an diesen Kauf und lieferten dem König von Spanien am 28. Juli 1519 die deutsche Krone.

Seitdem stand fest, daß der Krieg zwischen Karl und den Franzosen ausbrechen würde. Das geschah zunächst an der niederländischen Grenze, wo Heinrich VIII. von England seine Truppen mit denen Kaiser Karls verband, aber dann wurde Italien zum Kriegsschauplatz. Der Krieg wurde nun durch die gewaltige Niederlage des französischen Königs bei Pavia (am 25. Februar 1525) unterbrochen, Franz I. fiel in die Hände des Kaisers und schloß schließlich den Frieden von Madrid (14. Januar 1526); aber der französische König war entschlossen, diesen Frieden zu brechen und die Waffen wieder gegen Karl aufzunehmen. Seltsamerweise hat sich die Position Franz I. gerade durch seine Niederlage stark gebessert; denn die ganze Welt war durch den Sieg des Habsburgers erschreckt und sah nun in Frankreich den Vorkämpfer für die Freiheit Europas. Papst Clemens VII. wollte Italien vom Joch der Spanier befreien und näherte sich deshalb Frankreich. Er schloß mit Franz I. sogar ein formelles Bündnis, nachdem die deutschen Landsknechte Karls Rom geplündert hatten. König Heinrich VIII. von England schloß sich an, wenn er auch zu spät erkannte, daß er im vorhergehenden Kriege nur ein Werkzeug des habsburgischen Machtstrebens gewesen war. Schließlich blieb das Reich, durch die mit dem Protestantismus in Deutschland zusammenhängenden Wirren und durch den Einfall der Türken in Ungarn erheblich geschwächt, in dem spanisch-französischen Konflikt neutral. So stellte sich das europäische Gleichgewicht wieder her. Die Bourgogne (das Herzogtum Burgund) kam nun im Frieden von Cambrai (1529) wieder an Frankreich zurück, das dafür formell auf die Hoheitsrechte in Flandern und im Artois sowie auf seine Ansprüche auf italienisches Gebiet verzichtete. Aber Karl V. und Franz I. warteten nur auf die erste Gelegenheit, um von neuem um die Herrschaft auf dem europäischen Kontinent zu kämpfen, und die Haltung der protestantischen Fürsten in Deutschland gab dem König von Frankreich neuen Mut. Er scheute sich nicht, einen Vertrag mit Sultan Suleiman II. zu schließen. Gegen den »katholischen König« von Spanien, der Rom geschändet hatte, verbündete sich der »allerchristlichste« König von Frankreich mit Ketzern und mit Moslems! Die Kämpfe brachten indes keine Entscheidung, und schließlich ließ der Friede von Crépy (1544) alles beim alten. Karl V. freilich konnte, durch diesen Frieden gedeckt, jetzt mit ganzer Kraft gegen die protestantischen Fürsten Deutschlands kämpfen. Sein Sieg bei Mühlberg (1547) erschreckte sie und trieb sie Frankreich in die Arme. Sie wollten sich nunmehr Heinrich II., den Nachfolger Franz' I., geneigt machten und lieferten ihm zu diesem Zweck die drei Bistümer Metz, Toul und Verdun aus (1552). Damit erreichte Frankreich ein Ziel, dem es in zähem Ringen seit dem dreizehnten Jahrhundert nachgestrebt hatte: die Erweiterung seiner im Vertrag von Verdun (843) festgesetzten Grenzen. Karl V. mußte sogleich die protestantischen Feinde des

Reiches fahren lassen, um dieses im Westen zu verteidigen; aber die Angriffe des Kaisers scheiterten vor Metz, das von dem Herzog von Guise hartnäckig verteidigt wurde. Der Kaiser dankte nun ab, nachdem er kurz zuvor noch mit seinem französischen Gegner den Waffenstillstand von Vaucelles geschlossen hatte (1555).

Karl ließ Europa in einem höchst bedrohlichen Zustand zurück, der den Keim zu vielen Kriegen in sich trug. Die Nachfolge, die er seinem Sohn Philipp II. übertrug, umfaßte nicht nur Spanien, sondern auch das Königreich Neapel, das Herzogtum Mailand, die Franche-Comté und die Niederlande; dazu kam noch der ungeheure Besitz in Amerika. Italien, im Norden und im Süden unter das Joch der Fremden gebeugt, mußte erleben, wie seine hoffnungsvollen Träume von einer Befreiung sich verflüchtigten. Einst waren so verschiedene Persönlichkeiten wie Guicciardini, Machiavelli, Julius II. und Clemens VII. von diesen Hoffnungen beseelt, aber bis tief in das neunzehnte Jahrhundert hinein sollte das Land nur ein geographischer Begriff bleiben, und die schwere Last der spanischen Herrschaft vernichtete den Rest seiner Renaissancekultur. Nur der Kirchenstaat und die Republik Venedig bewahrten eine gewisse Unabhängigkeit, die sich bei ersterem durch die katholische Tradition, bei dem Staat an der Adria aber durch seine Position als Seemacht erhalten konnte. Die Niederlande, die noch durch die endgültige Angliederung des Herzogtums Geldern und der friesischen Provinzen vergrößert wurden, waren künftig eine »stählerne Festung« der spanischen Könige. Kaiser Karl V. sorgte in der Pragmatischen Sanktion von 1549 dafür, daß die Nachfolge in der Herrschaft über die Niederlande stets an seine Abkömmlinge, die Könige von Spanien, kam. Er hatte die Niederlande vorher zusammen mit der Franche-Comté durch einen zu Augsburg mit den Reichsständen geschlossenen Vertrag staatsrechtlich zu einem besonderen »Burgundischen Kreis« verbunden (1548) und ihre Beziehungen zum Reich so geregelt, daß dieses künftig keine andere Befugnis mehr in den Niederlanden besaß als das Recht, sie verteidigen zu dürfen. Die Kaiserwürde diente Karl V. nur dazu, die Zukunft seines Hauses sicherzustellen. Er hat zu diesem Zweck nicht nur die Niederlande von Deutschland getrennt, sondern es sogar dahin gebracht, daß sein Bruder Ferdinand römischer König wurde; zehn Jahre früher hatte er ihm schon die österreichischen Herzogtümer der Dynastie übertragen. Zu diesen Herzogtümern kamen außerdem noch die Kronen von Ungarn und von Böhmen, die Ferdinand im Jahre 1527 zugefallen waren, und damit war die habsburgische Großmacht in Mitteleuropa endgültig gesichert.

Freilich waren die Habsburger seither dauernd in zwei Zweige gespalten, aber diese blieben durch die dynastischen Interessen stets einig. Spanien war durch Italien mit Österreich geographisch verbunden und untermauerte durch den Besitz der Niederlande die österreichische Vormacht in Deutschland. Durch die Dienste, welche die spanischen Habsburger der österreichischen Linie ihres Hauses leisten konnten, sicherten sie sich deren Willfährigkeit.
So wurde der europäische Kontinent durch die neue dynastische Macht, die über Spanien und Österreich gebot, unter einen gewaltigen Druck gesetzt. Neben den Imperien der Habsburger schienen Frankreich und England sehr schwach und gefährdet; aber sie waren wie David gegenüber Goliath und besaßen etwas, was der ungeheuren Macht, die sie bedrohte, fehlte. Frankreich und England waren ja nicht, wie die von den Habsburgern beherrschten Imperien, eine Zusammenfassung von Völkern und Gebieten, die nur durch das zufällige Moment der Erbschaft an ein Geschlecht gefallen waren und außer dieser Tatsache nichts gemeinsam hatten. Frankreich hatte das kollektive Bewußtsein, das aus einer Schicksalsgemeinschaft, aus bleibenden politischen Zielsetzungen und aus dem Einklang der königlichen Politik mit den Bestrebungen des Volkes entsteht; England aber unterschied sich hierin nicht von Frankreich. Beide Staaten zogen ihre Kraft aus der kollektiven Einheit ihrer Völker und entgingen dadurch nicht nur den Gefahren, sondern konnten sie auch überwinden. Sie kamen unversehrt über die wechselnden Krisen der damaligen Zeit hinweg. Diese Krisen hingen mit einer immer leidenschaftlicheren Teilnahme der Völker an der religiösen Frage zusammen, die durch die Reformation aufs neue gestellt war und bald in schweren Glaubenskämpfen ausgefochten werden sollte.

2. *Die innere Politik*

Bei der allgemeinen Betrachtung über die Verhältnisse in den europäischen Staaten während des zwischen 1450 und 1550 liegenden Jahrhunderts fällt zunächst die Zunahme der monarchischen Macht auf. Diese erreichte mit Ludwig XI. in Frankreich, mit Heinrich VII. in England sowie mit Ferdinand und Isabella in Spanien eine Kraft und ein Prestige, wie es die Monarchie nie zuvor besessen hatte. Unter den Nachfolgern dieser Könige steigerte sich der mächtige Einfluß der Monarchie noch weiter. Die

Macht des Monarchen stieg in Ungarn unter Matthias Corvinus und in Schweden unter Gustav Wasa derart, daß die ganze politische Struktur sich änderte. Die herrscherliche Gewalt war auch in dem jungen burgundischen Staat unter Philipp dem Guten und Karl dem Kühnen sehr stark. Die Tendenz einer Steigerung der monarchischen Macht ergriff sogar Deutschland: Zwar blieben seine römischen Könige und Kaiser auch weiterhin auf eine bloß dem Namen nach bestehende Autorität beschränkt, aber die verschiedenen Territorialfürsten nahmen jetzt in ihren Ländern immer mehr die Stellung wirklicher Souveräne ein. So erhielten Österreich, Bayern, Sachsen und Brandenburg durch ihre Fürsten ein staatliches Gepräge, das in Wahrheit monarchisch war.

Ein so allgemeines Phänomen wie das Erstarken der monarchischen Gewalt ging natürlich auf allgemeine Ursachen zurück. Die Individualität der Fürsten, die Tradition und die Umstände haben der monarchischen Macht in jedem Lande zwar besondere Wesenszüge verliehen, aber trotz den zuweilen bedeutenden Unterschieden zeigt sich an der Ähnlichkeit der wesentlichen Merkmale, daß diese monarchische Tendenz einer unwiderstehlichen, in den sozialen Verhältnissen begründeten Entwicklung entsprach. Man findet hier einen allgemeinen historischen Impuls, wie er uns schon im zehnten Jahrhundert bei der Ausbildung des Lehenswesens und im zwölften Jahrhundert bei der Entstehung der Städte begegnet ist. Wir können denn auch das Erstarken der monarchischen Gewalt in Europa zwischen den Jahren 1450 und 1550 als eine allgemeine Bewegung in großen Linien darstellen, ohne die Einzelheiten und Schattierungen zu berücksichtigen; denn diese Tendenz erfaßte ganz Westeuropa.[24]

Die monarchische Gewalt stand in einer zu engen Beziehung zu der gesellschaftlichen Struktur, um nicht von der großen wirtschaftlichen und geistigen Veränderung, der die Gesellschaft seit der Mitte des fünfzehnten Jahrhunderts unterworfen war, ebenfalls stark berührt zu werden. Der Kapitalismus, die Renaissance und das Luthertum konnten nicht ohne Einfluß auf die monarchische Gewalt bleiben, und es ist ohne weiteres begreiflich, daß auch diese Bewegungen selbst durch die erstarkte Stellung des Monarchen neue Kräfte gewannen. Jede der drei großen Strömungen kämpfte gegen die Vergangenheit und mußte das Bündnis mit der monarchischen Autorität erstreben und auch erreichen. Die feindselige Einstellung des Kapitalismus, der Renaissance und des Luthertums gegen die alten Vorrechte, Institutionen und Ideen, durch welche die monarchische Autorität beschränkt wurde, sicherte ihnen die Unterstützung dieser Autorität. Die Fürsten nahmen gegenüber dem Kapitalismus, der Renaissance und der Reformation eine ähnliche Haltung ein wie einst die Souveräne Frankreichs und Spaniens gegenüber den Bürgern, als diese die Monarchen um Unterstützung gegen den Adel ersucht hatten. Jetzt wie damals hing die Entwicklung der monarchischen Macht von der sozialen Gesamtentwicklung ab, und indem die Herrscher die neuen Strömungen förderten, handelten sie im eigenen Interesse. Das monarchische Interesse aber gebot offensichtlich eine moderne Haltung, und es gebot auch den Kampf gegen die konservativen Tendenzen, die sich dem Sieg der Monarchie über die Mächte der Vergangenheit ebenso wie dem gesellschaftlichen Fortschritt entgegenstellten. Die monarchische Gewalt stützte also die modernen Bestrebungen im eigenen Interesse: sie half dem Kapitalismus bei seiner Zerstörung der geschlossenen Wirtschaft (in den von den Zünften beherrschten Städten), begünstigte die Propaganda der Humanisten gegen geistige und politische Vorurteile oder förderte die Lutheraner, welche die Leitung und die Güter der Kirche in die Hand der Fürsten brachten. Alle Rechte, die sich der Macht der Krone entgegenstellten, gründeten sich damals auf Traditionen. Nun gehörte nicht mehr viel dazu, aus Überzeugung jede Kritik dieser Traditionen gutzuheißen und es als die monarchische Aufgabe zu betrachten, die Untertanen und sich selbst von ihnen zu befreien.

Die Tatsachen bestätigten dies alles. In allen Ländern, in denen der Kapitalismus sich entwickelte, gaben die Fürsten ihm sehr viele Beweise des Wohlwollens. So sprachen sich die Herrscher in den Niederlanden regelmäßig zugunsten der kapitalistischen Institutionen und gegen die reaktionäre Politik der städtischen Zünfte aus und förderten die Entwicklung Antwerpens, der Stadt des freien Handelsverkehrs, mit allen Kräften. In England unterstützte die Monarchie seit König Heinrich VII. die Unternehmungen der *merchant adventurers* (Bünde der Kaufleute für den Außenhandel und Gegenspieler der Hansa) und begünstigte alle Pläne zur Entwicklung und Ausbreitung der Seefahrt. In Spanien ermöglichte das fördernde Eingreifen der Krone die Entdeckung Amerikas. König Ludwig XI. von Frankreich führte die Seidenraupenzucht im Süden seines Landes ein, förderte den Bergbau und stützte in jeder Weise den wirtschaftlichen Unternehmungsgeist seiner Untertanen; später bemühte sich König Franz I. tatkräftig darum, die in Italien blühenden Gewerbe auch in Frankreich zur Entwicklung zu bringen. Das Kapital stellte allen Herrschern für den

Schutz, den sie ihm gewährten, Geldmittel und Kredit zur Verfügung; die Bankiers befreiten die Monarchen von der hemmenden Aufsicht der Untertanen, die sonst, auf den Ständeversammlungen, das von den Herrschern erbetene Geld zur Kriegführung zu bewilligen hatten. Der lange Kampf zwischen Karl V. und Franz I. wäre ohne die Hilfe der Finanzleute nicht zu erklären. Die Fugger und viele andere Bankhäuser Antwerpens haben Karl während seiner ganzen Regierungszeit die gewaltigen Summen geliehen, die seine Politik verschlang.

Die Fürsten begünstigten damals nicht nur die wirtschaftliche, sondern im gleichen Maße auch die geistige Freiheit. Sie alle zeigten, mit Ausnahme der Könige von Spanien, ihre Sympathien für die neuen Ideen der Renaissance und kümmerten sich nicht um die Proteste, welche die Theologen dagegen erhoben. Erasmus wurde sowohl von Karl V. als auch von Franz I. gefördert, und Heinrich VIII. machte Thomas Morus zum Kanzler von England. Der Großkanzler Mercurino Gattinara und der Diplomat und spätere Kanzler Nicolas Perrenot (Granvelle)[25], die beiden bedeutendsten Minister Karls V., waren überzeugte Anhänger der neuen Geistesrichtung, die ganz offensichtlich im Staatsinteresse lag; auch die Humanisten konnten ja die erhofften Reformen nur von den Fürsten erwarten, und so sahen sie gerade in der monarchischen Macht ein wesentliches Werkzeug des Fortschritts. Die Verachtung, welche die Humanisten für die Vergangenheit hegten, ließ sie alles von der Monarchie erwarten: sie brachten dieser Institution die Zuneigung einer geistigen Aristokratie entgegen, die von nun an in jedem Lande das Monopol der öffentlichen Meinung besaß.

Die Reformation hat, zumindest in ihren Anfängen, ebensosehr wie die Renaissance zum Zusammenwirken aller starken gesellschaftlichen Mächte zugunsten der fürstlichen Gewalt beigetragen. Ob Beschützer oder Widersacher – alle Fürsten haben gleichermaßen von der Reformation Vorteile gehabt.

ANMERKUNGEN

Erstes Buch

1 Die Stelle ist gegenüber dem Original etwas geändert, da Pirenne, vielleicht im Anschluß an ein Werk seines bedeutenden Lehrers G. Kurth, »L'Eglise aux tournants des siècles«, auch Aetius für einen Germanen erklärt. Diese Auffassung ist jedoch seit längerer Zeit als unzutreffend erkannt worden. [Der Übersetzer.]

2 Die unter Attila vorgedrungenen Hunnen gehörten sprachlich zu den Türkvölkern. Daß ihr Aussehen die westeuropäischen Völker erschreckte, entnahm Henri Pirenne dem spätantiken Historiker Ammianus Marcellinus. Ob die unter Attila nach Westeuropa gezogenen Hunnen verwandt mit den Hsiung-nu waren, die das Chinesische Kaiserreich jahrhundertelang bedrängt hatten und endgültig von dort erst im Jahre 28 n. Chr. vertrieben wurden, ist nach neueren nordamerikanischen Untersuchungen sehr zweifelhaft geworden. Es ist nicht ausgeschlossen, daß die Hsiung-nu sibirische Stämme gewesen sind, die keine Türkvölker waren, sondern sprachlich zu der gegenwärtig noch von den Keten und den Samojeden vertretenen Völkergruppe gehörten. Vgl. hierzu Herbert Franke, Das Chinesische Kaiserreich, Fischers Weltgeschichte Bd. 19, Frankfurt a. M. 1968, S. 83, 84 und 345. [Der Übersetzer.]

3 Am 9. August 378 wurde Kaiser Valens bei Adrianopel geschlagen. Im Jahre 382 schloß Theodosius Frieden und gestattete den Goten, in Mösien zu wohnen. Unter Alarich brach im Jahre 395 ein neuer Aufstand gegen Rom aus.

4 Fünfundsiebzig Jahre später wurden allerdings die Ostgoten, die um das Jahr 454 von der Herrschaft der Hunnen frei wurden, wieder zu einer Gefahr für das Oströmische Reich. Unter ihren Führern Theoderich Strabon und Theoderich dem Amaler (dem späteren König Theoderich dem Großen) bedrohten sie um das Jahr 474 das Reich. Doch auch diesesmal gelang es den Byzantinern schließlich, die Gefahr auf Italien abzuwälzen. [Vom Übersetzer ergänzte Anmerkung H. Pirennes.]

5 Pirenne spricht hier von einem Lobliede des Dichters Claudius Claudianus. Noch sieben Jahre nach der Besetzung und Plünderung Roms durch den westgotischen König Alarich trat die gleiche, den gegenwärtigen Betrachter verwundernde Zuversicht hinsichtlich der Zukunft des Imperiums in einer berühmten Hymne auf Rom zutage. Diese Hymne wurde im Jahre 417 n. Chr. von Rutilius Namatianus gedichtet, einem nichtchristlichen Senator des Kaiserreiches. [Der Übersetzer.]

6 Im Original wird der französische Rechtsgrundsatz »possession vaut titre«

als römisch bezeichnet. Gemeint ist wohl: »res nullius cedit occupanti«, Gaius 2, 66 ff. [Der Übersetzer.]

7 Dazu kommt, wie Pirenne, Mahomet et Charlemagne, Paris–Bruxelles 1937, S. 18 bemerkt, ein Teil der Belgica prima (vor allem das deutsche Moselgebiet) und ein heute zu Österreich gehörender Teil Pannoniens. [Der Übersetzer.]

8 Justinian ließ die »Digesten«, den wichtigsten Bestandteil seiner Gesetzgebung, nicht in griechischer, sondern in lateinischer Sprache kodifizieren, damit sie auch im Westen angewandt werden könnten. Die Digesten traten am 30. Dezember 533 in Kraft. Schon im Jahre 535 begannen Justinians Eroberungszüge zur Rückgewinnung Italiens. [Der Übersetzer.]

9 Auf tunesischem Gebiet. Andere Schreibarten kommen in der deutschen Literatur gelegentlich vor, beispielsweise »Keirawan«. [Der Übersetzer.]

10 Vgl. dazu H. Pirenne, Mahomet et Charlemagne. [Anmerkung Jacques Pirennes.]

Zweites Buch

1 Die irischen Klöster selbst waren von den benediktinischen zwar sehr verschieden, aber die Iren gründeten die Klöster auf dem Kontinent nach benediktinischem Muster.

2 Der heilige Augustinus von Canterbury landete im Jahre 597; die Bekehrung der Angelsachsen war schon im Jahre 655 vollendet.

3 Konstans (Konstantios) II. sandte im Jahre 653 den Papst Martin I. in die Verbannung, und Justinian II. wäre mit Papst Sergius I. ebenso verfahren, wenn nicht im Jahre 695 ein Aufstand in Byzanz den Sturz des Kaisers herbeigeführt hätte.

4 Septimanien verblieb auch nach der Schlacht von Vouillé (507) im Reiche der Westgoten. Zwar besetzten die Franken und die mit ihnen verbündeten Burgunder für kurze Zeit auch Septimanien, aber die Westgoten eroberten es mit ostgotischer Hilfe schnell zurück. Nach dem Jahre 711 geriet Septimanien in die Gewalt der Araber. Erst im Jahre 759 wurde es von Pippin dem Kleinen erobert. [Der Übersetzer.]

5 Merkwürdigerweise bildete Iwan IV. im Rußland des sechzehnten Jahrhunderts seine Kavallerie auf gleiche Art. Der Zar gab zu diesem Zweck auch solchen Leuten Land, die nicht den juristischen Status der Freien hatten; vgl. P. Miljukof, Histoire de Russie I, Paris 1933, p. 117. [Der Hinweis Henri Pirennes auf Zar Iwan IV. ist vermutlich von Jacques Pirenne bibliographisch ergänzt worden. Der Übersetzer.]

6 Komischerweise haben sogar in unserer Zeit Gelehrte diesen Spott für Ernst gehalten.

7 Aistulf begann den Kampf bald von neuem, und Pippin kehrte im Jahre 756 zurück.

8 Das antike oder römische Ideal der monarchischen Macht wurde durch das christliche Ideal abgelöst und erschien erst im zwölften Jahrhundert von neuem in der Geschichte.

9 Saragossa hat seine Unabhängigkeit vom Kalifat der Omajaden erklärt, verweigerte aber den Franken dann doch den Zugang.

10 Barcelona wurde im Jahre 801 von Ludwig (der in Aquitanien für seinen

Vater als König regierte) erobert. Damals wurde die Spanische Mark gegründet.

11 Dieser Auffassung entspricht auch der offizielle Titel Karls des Großen. Er nannte sich nämlich *Deo coronatus.*

12 Die Tochter Karls des Kahlen wurde von Hukbald (aus der Abtei von St. Amand an der Schelde) erzogen.

13 Duurstede wird in der deutschen wissenschaftlichen Literatur zuweilen »Dorstadt«, im Niederländischen »Dorestad« genannt. Quentovic wurde von den Normannen im Jahre 844, Duurstede wahrscheinlich zwanzig Jahre später vernichtend heimgesucht. Die großen Raubzüge der Normannen haben aber schon gegen Ende des achten Jahrhunderts begonnen. [Der Übersetzer.]

14 So besaß die Abtei Sint-Truiden (St.-Trond) im Gebiet der heutigen belgischen Provinz Limburg beispielsweise Weingüter bei Briedel und Pommern an der Mosel.

Drittes Buch

1 Die faktische Unabhängigkeit der Grafen trat freilich erst unter den Nachfolgern Karls des Großen hervor. [Der Übersetzer.]

2 Dies ist in groben Zügen die Haltung der Parteien. Ein wirkliches Programm konnten dabei nur die Geistlichen, die zu ihnen gehörten, haben. Die Laien nahmen je nach ihren persönlichen Sympathien oder ihren Interessen Stellung zu dem Streit.

3 Papst Johann X., König Berengar und der Markgraf von Spoleto eroberten mit byzantinischen Hilfstruppen das verschanzte Lager, welches die Moslems am Garigliano errichtet hatten. Seitdem war Mittelitalien von ihnen befreit (916).

4 Die Neuankömmlinge bezeichneten sich in russischer Sprache nach einem alten schwedischen Wort für Fremde mit »Vaering« (Waräger). Dieser Bezeichnung entsprechen die βάραγγοι der Garde in Konstantinopel, die im Anfang (etwa zwischen 985 und 1075) hauptsächlich aus Schweden bestand, welche aus Rußland kamen.

5 Die von skandinavischen Fürsten beherrschten Russen haben in den Jahren 860 und 907 versucht, Konstantinopel zu erobern; sie haben auch später noch zweimal (in den Jahren 970 und 1043) das Oströmische Kaiserreich angegriffen, um sich der Hauptstadt zu bemächtigen. [Vom Übersetzer ergänzte Anmerkung H. Pirennes.]

6 Die Skandinavier assimilierten sich den Slawen erst im Laufe des 11. Jahrhunderts. Die Stadt Kiew trug noch im Jahre 1018 einen skandinavischen Charakter.

7 Freilich umfaßte das Gebiet Karls des Kahlen auch die Grafschaft Flandern. Flandern war unter seinen Grafen ein französisches Lehen. Die Grafen haben sich aber im elften Jahrhundert auch einiger kleiner Gebiete Lothringens bemächtigt: Seelands westlich der Schelde sowie des Gebietes von Hulst, Axel, Boekhout, Assenede und schließlich noch des Landes von Aalst. Für diese kleinen lothringischen Gebiete (Reichsflandern) waren die Grafen seit dem Jahre 1056 Lehensleute der Kaiser. [Der Übersetzer.]

8 Nur Karl, der Sohn Ludwigs des Deutschen, und ein minderjähriger Sohn Ludwigs des Stammlers waren noch übrig.

9 Konrad war Franke und stammte also aus einem Gebiet, das in seiner gesellschaftlichen Struktur weiter fortgeschritten und mehr differenziert war als das damalige Sachsen. Heinrich war Sachse und als solcher zwar rückständiger, aber stärker. Hier gibt es schon einen Gegensatz, der sich später noch einmal zeigen sollte, als Preußen im 19. Jahrhundert die Herrschaft über die anderen deutschen Staaten ergriff.

10 Vereinzelte Bezeichnungen wie »Teutonia« usw. kamen vor, waren aber (soweit sie nicht geographischen Charakter hatten) im wesentlichen Synonima für das Kaiserreich des Mittelalters, das staatsrechtlich als römisch bezeichnet wurde und in dessen Grenzen neben den Deutschen auch Franzosen (Lothringer), Wallonen, Provenzalen, Nordniederländer, Flamen (aus den Gebieten östlich der Schelde), Westslawen usw. lebten. Das Kaiserreich des Mittelalters war weder staatsrechtlich noch tatsächlich ein deutsches Reich. Zudem hatte das Heilige Römische Reich – im Gegensatz zu Frankreich und zu England – weder eine ständige Residenz der Monarchen noch eigene Finanzen; das Reich besaß außerdem kein eigenes, ständig funktionsbereites Beamtentum. Das Heilige Römische Reich war spätestens seit dem Jahre 1231, als Kaiser Friedrich II. das Statutum in favorem principum unterzeichnet hatte, kein funktionierender Staat. [Der Übersetzer.]

11 So mußte er Flandern gegen die Normannen in Anspruch nehmen.

12 Die Entwicklung von Paris zur Hauptstadt Frankreichs ging allmählich vor sich. Unter Ludwig VII. (1137–1180) zeichnete sich diese Entwicklung schon deutlich ab; unter Philipp August (1180–1223) vollendete sie sich. [Der Übersetzer.]

13 Die alten Lehensjuristen, die es bis zum Ende des achtzehnten Jahrhunderts gab und die an dem Axiom von dem ganz eigenen Charakter des Lehensrechtes festhielten, hatten recht. Tatsächlich ist das Lehensrecht ebenso speziell wie etwa das Handelsrecht.

14 Die Königswahl bedeutete insofern einen Fortschritt, als sie die Einheit des Staates sicherte. Teilungen unterblieben seither.

15 Die definitive Eingliederung der Ministerialen in den Adel erfolgte erst im vierzehnten Jahrhundert.

16 Es sei nur an die Gestalt des Ganelon im Rolandsliede erinnert.

Viertes Buch

1 Poppo, der spätere Abt der Benediktinerabtei in Stavelot, war ein früherer Ritter. Gottfried der Bärtige, Herzog von Lothringen, starb im Mönchskleide.

2 Beispielsweise die Männerabtei und die Frauenabtei von Caen (Normandie), ferner die Kathedrale von Tournai und der Dom zu Speyer.

3 Infolge eines Schreibfehlers Henri Pirennes oder einer Undeutlichkeit seines Manuskriptes steht im Original an dieser Stelle »impuissante« statt »imposante«. Auf die psychologische Seite dieses Versehens können wir hier nicht eingehen, zumal da es sich um einen Fehler bei der (leider recht

mangelhaften) Edition des ursprünglichen Textes handeln kann. [Der Übersetzer.]

4 Die Bistümer, deren Gründung Otto der Große den Dänen auferlegt hatte, waren in der Zeit der Reaktion gegen den deutschen Einfluß unter König Svend Gabelbart schon vor dem Jahre 988 faktisch zugrunde gegangen. [Der Übersetzer.]

5 Die Geschichte der Normannen in Unteritalien zeigt deutlich, daß dieses Gebiet wirtschaftlich weiter fortgeschritten war als die Länder nördlich der Alpen. Die italienischen Fürsten nahmen die Normannen als Söldner in Dienst. Die Normannen gingen in dem Lande, das in zwanzig Teile zerfiel, auf die gleiche Weise vor, wie es im vierzehnten Jahrhundert die »großen Kompanien« Söldner zu tun versuchten. Die Normannen als echte Söldner schnitten sich geradezu einzelne Fürstentümer aus dem Süden Italiens heraus. Da die Gewalthaber über die erforderlichen Geldmittel verfügten, konnten sie sich sofort die Unterstützung von Landsleuten verschaffen.

6 Im Original steht vermutlich infolge eines Druckfehlers statt des Papstnamens Victor II. der Name Victor III. [Der Übersetzer.]

7 In der Übersetzung wurden einige kleine Irrtümer des Originaltextes dieser Stelle beseitigt; sie beziehen sich auf Portugal und auf die Eroberung Valencias. [Der Übersetzer.]

8 Die Grafschaft Flandern, deren Westgrenze bis zum Jahre 1191 die Canche war, war bis zu den großen Gebietsabtretungen an Frankreich im Vertrag von Pontoise (1312) zu einem erheblichen Teil von Menschen wallonischer und französischer Sprache bewohnt. England wurde damals ganz von den Normannen beherrscht, die nahezu ausschließlich französisch sprachen. Dazu kamen die Ritter aus den zu Frankreich und aus den zum südlichen Belgien gehörenden Gebieten. [Der Übersetzer.]

Fünftes Buch

1 Im Original ist hier auch Kairuan genannt: eine den Moslems als Stützpunkt für die Eroberung von ganz Nordafrika dienende Binnenstadt, die durch die vernichtenden Einfälle der Hilalbeduinen schon im elften Jahrhundert ihre Bedeutung verlor. [Der Übersetzer.]

2 Aus diesem Kontakt erklärt sich der Fund von etwa vierundzwanzigtausend arabischen Münzen in Schweden sowie der Fund einer großen Anzahl dieser Münzen in Rußland.

3 Kaiser Konstantin VII. Porphyrogennetos (913–959), der als Politiker versagte, war ein vielseitiger, wenn auch vorwiegend kompilatorischer Gelehrter. [Der Übersetzer.]

4 Um uns eine Vorstellung von diesen großen Handelsgewinnen in Kriegszeiten oder während der Hungersnöte zu machen, brauchen wir nur an die Vorgänge während dieses Krieges (des Ersten Weltkrieges) zu denken.

5 Pirenne lehnte – ebenso wie der deutsche Gelehrte Lujo von Brentano – die Theorien Max Webers über die Entstehung des kapitalistischen Geistes durch den Einfluß des Calvinismus ab. Henri Pirenne hat, aus den gleichen Gründen wie der soeben genannte Nationalökonom Lujo von Brentano, den kapitalistischen Geist der oberitalienischen Kaufleute und Bankiers des

Mittelalters sowie eines Kaufmanns von der Art des streng katholischen Jacques Coeur im 15. Jahrhundert erkannt. [Der Übersetzer.]

6 Die Bezeichnung »Kaufleute, die zugleich Abenteurer waren«, erscheint mir zutreffend für diese Bahnbrecher des Handels, die man noch nicht »Großkaufleute« nennen kann.

7 Unter den Niederlanden ist bei Pirenne zunächst die Grafschaft Flandern und das Hauptgebiet von Niederlothringen sowie die (nur in ihrem nördlichen Teil zu Niederlothringen gehörende) Grafschaft Luxemburg zu verstehen. Die Niederlande waren größer als das Gebiet der heutigen Länder Belgien, Holland und Luxemburg. Doch umfaßten die Niederlande keine sprachlich und geschichtlich ausschließlich deutschen Gebiete, also auch nicht die Territorien, die einst zu Niederlothringen gehört haben und heute zu Westdeutschland gehören. Pirenne bezeichnet sodann als Niederlande jene Länder, die schon unter Herzog Philipp dem Guten von Burgund, vor allem aber unter Kaiser Karl V., als niederländisches Gebiet (die 17 Provinzen) betrachtet wurden. [Der Übersetzer.]

8 Natürlich gab es auch Ausnahmen wie beispielsweise Thérouanne, Bavai und Tongern: befestigte Städte, die abseits von den großen Verkehrswegen lagen und aus diesem Grunde niemals Wirtschaftszentren wurden. [Vom Übersetzer auf Grund von H. Pirenne, Les villes du moyen-âge, Bruxelles 1927, S. 9, 10 ergänzte Anmerkung H. Pirennes.]

9 Im Original ist nur Litauen genannt. [Der Übersetzer.]

10 Die große Kinderzahl bei den Bauern geht aus dem Pfründenbuch des Abtes Irminon und aus anderen Urkunden der Klöster hervor. Doch auch die Adligen waren, wie sich aus der Chronik des Gislebert von Mons ergibt, damals sehr kinderreich. Spuren einer Geburtenbeschränkung findet man damals nur bei den Ehen von Fürsten.

11 Das Kloster Cîteaux wurde im Jahre 1098 von Robert von Molesmes gegründet; zum Zentrum eines religiösen Ordens wurde es aber erst nach dem Eintritt des heiligen Bernhard im Jahre 1113.

12 Diese Befugnis des Grundherrn wird in den Quellen oft das »Recht der toten Hand« (droit de morte-main) genannt und auch von Henri Pirenne mit dem juristischen Ausdruck bezeichnet. [Der Übersetzer.]

13 Douai gehörte – ebenso wie beispielsweise Roubaix und Lille – zu dem romanischen Sprachgebiet der Grafschaft Flandern, die seit Graf Arnulf dem Großen (918–965) das Gebiet zwischen Canche und Schelde umfaßte. Zwar ging im Jahre 1191 auf Grund eines älteren Vertrages das Artois (mit Boulogne und Arras) an Frankreich verloren, doch bildete danach das Mündungsgebiet der Aa die Westgrenze, so daß der weitaus größte Teil der heute zum französischen Département du Nord gehörenden Territorien bei Flandern blieb. Erst im Jahre 1312 trat Flandern im Vertrage von Pontoise fast sein ganzes von Menschen romanischer Sprache bewohntes Gebiet an Frankreich ab. Bis 1369 blieb die Grafschaft nunmehr ein Territorium, in welchem die Bevölkerung nahezu ausnahmslos das Flämische als Muttersprache sprach.

Die Niederlande waren kein einheitliches Sprachgebiet. Die germanischen Sprachen zerfielen dort in zahlreiche Idiome, unter denen später das Flämische und das Holländische eine führende Stellung einnahmen: zwei Sprachen, die unter dem Einfluß von Akademien und Kulturinstitutionen einander immer ähnlicher geworden und heute fast identisch sind. Der

Osten der Grafschaft Luxemburg wurde von einer Bevölkerung mit deutschem Idiom bewohnt, und die Friesen im Osten der Niederlande hatten eine eigene Sprache.
Auch das romanische Sprachgebiet der Niederlande kannte im Mittelalter verschiedene Volkssprachen: die picardische Volkssprache herrschte im Hennegau, im Süden von Brabant (Nivelles) und in dem romanischen Sprachgebiet, das bis zum Jahre 1312 zur Grafschaft Flandern gehörte; das eigentliche Wallonisch sprach man dagegen im Gebiet von Namur, im Westen der Grafschaft Luxemburg sowie im Lütticher Lande. Das Französische verdrängte diese romanischen Volkssprachen allmählich immer stärker, wenn sie auch als Idiome fortleben. Brüssels Französierung verstärkte sich vor allem im achtzehnten und neunzehnten Jahrhundert; die Stadt ist sprachlich eine Enklave innerhalb des germanischen Sprachgebietes von Brabant. Die heutigen belgischen Provinzen Westflandern und Ostflandern werden beide von einer Bevölkerung bewohnt, die dem germanischen (niederländischen) Sprachgebiet zugehört. [Der Übersetzer.]

Sechstes Buch

1 Dies gilt natürlich nur für die Eroberung eines christlichen Staates durch einen anderen christlichen Staat. Selbstverständlich haben die Eroberungen des Islams weit größere Veränderungen verursacht.
2 Das Domesday Book ist in seinem auf uns gekommenen Zustande kein Verzeichnis aller damaligen Grundbesitzer in England. Einige Grafschaften fehlen.
3 Diese Einschränkung ist allerdings erforderlich. Die Kirche hat bis zu Fouché und Talleyrand der Krone Frankreichs immer wieder Minister und Berater gestellt; aber sie waren in den Zeiten nach Suger nicht mehr Geistliche im vollen Sinne des Wortes, sondern Politiker, an deren geistlichen Stand nur noch das Priesterkleid oder die Pfründen erinnerten.
4 Eine Ausnahme bildete Sizilien, wo die Verwaltungsinstitutionen auf byzantinischer Grundlage ruhten.
5 Der Text Henri Pirennes wurde an dieser Stelle berichtigt. Die anderen Vasallen waren die Lusignan, Vasallen des französischen Königs im Poittevin. [Der Übersetzer.]
6 Vgl. dazu das nächste Kapitel.
7 Die Beschäftigung mit dem »Corpus Iuris« Kaiser Justinians war eine alte Tradition der Universität Bologna. Der erste Lehrer, der dort Vorlesungen über die Digesten, den bedeutendsten Teil des »Corpus Iuris«, hielt, war, wie man annimmt, der im 11. Jahrhundert in Bologna unterrichtende Irnerius (Guarneri). Über sein Leben ist fast nichts bekannt. [Der Übersetzer.]
8 Heinrich dem Löwen blieben von seinen Besitzungen nur noch Braunschweig und Lüneburg. Er ging als Verbannter in die Normandie: zu seinem Schwiegervater, König Heinrich II. von England. [Der Übersetzer.]

Siebtes Buch

1 Das grundsätzliche Ziel der Päpste hatte tatsächlich theokratischen Charakter; aber sie haben dieses Ziel nicht erreicht. In jedem Fall beanspruchten sie eine Art schiedsrichterlicher Gewalt. Gegen diesen Anspruch erhob sich zwar Widerstand, aber es kam zu keinem offenen Konflikt.

2 In Spanien erhielt sich freilich der Geist der Kreuzzüge; denn dort fiel er geradezu mit dem Selbsterhaltungstrieb der christlichen Bevölkerung zusammen. Überall förderte der Kontakt mit den Mohammedanern den Handel, in Spanien aber gab er nur dem Kreuzfahrergeiste immer neue Impulse.

3 Das Wort scheint nur eine Verballhornung der italienischen Bezeichnung »Catari« (Katharer) zu sein.

4 Kaiser Friedrich II. hatte schon im Jahre 1231 für das Königreich Sizilien Goldmünzen prägen lassen: die sogenannten »Augustalen«. Doch scheint der Umlauf dieser Münzen sehr beschränkt gewesen zu sein.

5 Abgesehen jedoch von den Städten an der Ostseeküste, die der kaiserlichen Gewalt fast sämtlich entzogen waren.

6 Aragonien behielt nördlich der Pyrenäen nur die Grafschaft Roussillon und Montpellier.

7 Im Jahre 1301 kam ein definitiver Friede zwischen Robert von Anjou und Friedrich von Aragonien zustande.

8 Beispielsweise haben Simon von Montfort und seine Lords den König zur Anerkennung der Freiheitsrechte des Volkes und zum Verzicht auf die Pläne zur Erlangung der Herrschaft über Sizilien gezwungen.

9 Dennoch gab es, wie Pirenne in den späteren Kapiteln als bekannt voraussetzt, bald wieder Grafen von Flandern. Nach der Einkerkerung Guidos von Dampierre und der Annexion Flanderns erhoben sich die flämischen Städte. In der Schlacht bei Kortrijk (Courtrai) besiegten sie unter Führung eines Sohnes und eines anderen Verwandten Guidos von Dampierre das Ritterheer König Philipps des Schönen und Johanns von Avesnes (11. Juli 1302). Ein Jahr später kam es zu einem kurzen Waffenstillstand, dem nach weiteren unentschiedenen Kämpfen der Friedensvertrag von Athis-sur-Orge folgte (Juni 1305). In diesem Friedensvertrag verzichtete Frankreich auf die formelle Annexion Flanderns, behielt es aber faktisch weiter im Besitz. Als Robert von Béthune Graf von Flandern wurde (1305), stützte er sich zwar nicht mehr – wie die gräfliche Partei vor der Schlacht bei Kortrijk – auf die Handwerker; aber er setzte die gegen Frankreich und das Haus Avesnes (Hennegau-Holland) gerichtete Politik fort. Erst im Jahre 1320 wurde zwischen Frankreich und Flandern in Paris ein definitiver Friede geschlossen, nachdem im Vertrag von Pontoise (1312) Lille und Douai an Frankreich abgetreten waren. Im Jahre 1369 heiratete Herzog Philipp der Kühne von Burgund, ein Sohn des französischen Königs, Margarete, die künftige Erbin Flanderns. Damit wurde die burgundische Dynastie gegründet, die später die gesamten Niederlande unter ihrem Zepter vereinigte und eine von Frankreich unabhängige, größtenteils sogar antifranzösische Politik führte. Pirenne widmet der Blütezeit des Herzogtums Burgund in diesem Werke einen besonderen Abschnitt. [Der Übersetzer.]

Achtes Buch

1 Nicht der Kapitalismus, sondern die Beschränkung, die man ihm auferlegt, steht im Gegensatz zu den ursprünglichen Trieben des Menschen. Der Mensch strebt von sich aus nach uneingeschränkter Wirtschaftsbetätigung. Das Zunftwesen schaffte die ökonomische Freiheit deshalb ab, weil sie eine Gefahr für die Mehrheit bildete. Die Mehrheit mußte aber für diese Maßnahme über öffentlich-rechtliche Gewalt verfügen.

2 Pirenne wendet sich hier gegen die unhistorische, von einzelnen Extremisten Flanderns aufgestellte Behauptung, daß der in der Schlacht bei Kortrijk (1302) gipfelnde Kampf von Flanderns Städten gegen Frankreich auf einen Gegensatz zwischen Germanen und Romanen zurückzuführen sei. Tatsächlich riefen die Zünfte der Städte Lille und Douai (im romanischen Sprachgebiet der Grafschaft Flandern) die zum flämischen Sprachgebiet gehörenden Städte (Brügge und die Küstenstädte), welche bei Kortrijk gesiegt hatten, sofort gegen die Franzosen zu Hilfe. Auch in Douai und Lille waren ja die Zünfte erbitterte Gegner der mit dem Patriziat zusammenarbeitenden französischen Besetzer der Grafschaft. [Der Übersetzer.]

3 Der siegreiche Kampf der Bewohner von Schwyz, Uri und Unterwalden gegen Herzog Leopold von Österreich im Jahre 1315 geht nicht auf soziale Motive zurück. Freie Bauern kämpften dort für ihre Unabhängigkeit. Ihr Aufstand erinnert in mancher Hinsicht an den von den Friesen gegen die Grafen von Holland geführten Kampf, der mit der für Friesland siegreichen Schlacht bei Stavoren (1345) endete.

4 Man vergleiche hierzu die Äußerungen der heiligen Birgitta, Vincenz Ferriers und Peters von Luxemburg.

5 Geert Groote (1340–1384) war ein Schüler des Mystikers Ruusbroec (Ruysbroek ist eine inkorrekte Schreibweise), der wahrscheinlich unweit von Brüssel geboren wurde. [Der Übersetzer.]

6 Die Kurie hatte sich schon seit langem das Recht zur Besetzung gewisser Kirchenstellen, die vakant wurden, reserviert. Dieses System der »Reservationes« wurde in Avignon ausgebaut. Während einer bestehenden oder im Hinblick auf eine künftige Vakanz wurden die betreffenden Stellen gegen Geldbeträge *(Provisiones)* den Kandidaten zugewiesen. Beim Antritt einer niederen Pfarrstelle und einer Pfründe mußte der Inhaber die Einnahmen des ersten Jahres in voller Höhe an die Kurie zahlen, diese Abgaben hießen »Annates«. Die Bischöfe zahlten bei Antritt ihres Amtes an die Kurie Beträge, die man »Servitien« nannte, bei den Erzbischöfen nannte man diese Beträge »Palliengelder«. [Der Übersetzer.]

7 Der Name wurde verschieden gedeutet. Wyclifs Gegner leiteten das Wort »Lollarden« von dem lateinischen Worte »lolium« ab: der Bezeichnung für ein Giftkraut. In Wirklichkeit stammt das Wort »Lollarden« wahrscheinlich aus einem alten flämischen Wort: dem Wort »lollen«, d. h. murmeln (von Gebeten). Es ist möglich, daß Wyclif unter den in England lebenden Webern aus Flandern viele Anhänger hatte. [Der Übersetzer.]

8 Sie stammen sämtlich aus Südfrankreich, und ihre Wahl zeigt deutlich den Einfluß der in Neapel und in der Provence herrschenden Dynastie Anjou.

9 In der deutschsprachigen historischen Literatur kommen auch die Bezeichnungen »Johann der Unerschrockene«, »Johann der Furchtlose«, »Ohnefurcht« vor (vgl. die einschlägigen Werke von Schiller, Hashagen usw.).

Der Herzog, der in den französischen Quellen »Jeans sans peur«, in den niederländischen meist »Jan zonder vrees« genannt wird, war ein Sohn Herzog Philipps des Kühnen von Burgund, der im Jahre 1369 die künftige Erbin Flanderns geheiratet hatte, vgl. dazu auch Anmerkung 9 zu Buch VII. [Der Übersetzer.]

10 Ein wirtschaftliches Motiv für die Spannung zwischen England und Frankreich fehlte allerdings nicht. Die englischen Kaufleute fürchteten, daß Flandern (dessen Graf sich gegenüber der französischen Krone lehenstreu zeigte) durch Schutzzölle den Absatz der englischen Wolle in den südlichen Niederlanden unterbinden würde. König Eduard III. sperrte die Wollausfuhr nach den südlichen Niederlanden und zwang dadurch die Tuche produzierenden und ausführenden Städte Flanderns, in denen bald Arbeitslosigkeit auftrat und Unruhen ausbrachen, gegen den Willen des Grafen zum Anschluß an England. Eduard III. nahm übrigens den Titel eines Königs von Frankreich auch deshalb an, weil er den flämischen Bundesgenossen rein formell die Sicherheit geben wollte, daß sie an ihrem Lehensherrn, dem König von Frankreich, keinen Verrat begingen! Doch waren diese rabulistischen Erwägungen und das erwähnte wirtschaftliche Motiv weit weniger bedeutsam als die traditionelle Gegnerschaft zwischen den beiden westeuropäischen Großmächten. [Der Übersetzer.]

11 Diese Stelle weicht in der Übertragung vom Original etwas ab, da sich im Originaltext die unzutreffende Meinung findet, daß Frankreich zur Zeit Philipps des Schönen (1285–1314) noch keine eigentlichen Steuern gekannt habe. Es gab jedoch schon seit König Philipp dem Kühnen (1270–1285) Steuern. Unter Philipp dem Schönen gab es eine Warenumsatzsteuer, die zu Volksunruhen führte, sowie eine Einkommenssteuer. Die »taille«, die, weil sie nur dem Dritten Stand auferlegt war, kurz vor der Französischen Revolution vom Jahre 1789 als spezifisch mittelalterlich galt, war in Wirklichkeit als ständige Steuer kaum mittelalterlich. Dieser im Mittelalter nur kasuelle Beitrag zur Verteidigung wurde erst in der zweiten Hälfte des 15. Jahrhunderts zu einer jährlich vom Dritten Stande aufzubringenden Steuer, die im Languedoc wie eine Reallast auf den bäuerlichen und bürgerlichen Grundbesitz (als Last zur Sicherung des betreffenden Grundstücks zu verstehen) und in den übrigen Provinzen Frankreichs wie eine Kopfsteuer erhoben wurde.

Die Verwaltungskosten waren nach neueren Berechnungen unter König Philipp dem Schönen um das Jahr 1300 etwa sechsmal so hoch wie unter dem hundert Jahre zuvor regierenden König Philipp August. Das Geldbedürfnis des Königreichs Frankreich konnte schon zu Beginn des 14. Jahrhunderts nicht mehr durch den Verkauf von Krondomänen befriedigt werden. [Der Übersetzer.]

12 Der Graf von Flandern hatte im Vertrag von Pontoise (Juli 1312) der Übertragung von Lille, Douai und Béthune an Frankreich zugestimmt: der Städte, die schon im Jahre 1305 im Vertrag von Athis-sur-Orge dem französischen Königreich als Pfand überlassen worden waren. Aber die Kämpfe zwischen Frankreich und Flandern begannen nach 1312 aufs neue. Der Friede von Paris (1320) brachte dann diese von einer Bevölkerung mit romanischem Idiom bewohnten Städte Flanderns definitiv an Frankreich; sie wurden erst gegen Ende des vierzehnten Jahrhunderts unter der Dynastie von Burgund wieder mit Flandern vereinigt, vgl. auch Anmerkung 9 zu

Buch VIII, Anmerkung 9 zu Buch VII und Anmerkung 13 zu Buch V. [Der Übersetzer.]

13 In der deutschen und in der französischen Literatur – auch bei Pirenne – findet man meistens die Schreibweise »Balliol«. [Der Übersetzer.]

14 Der seit dem Ende des Jahres 1324 wütende, mit außerordentlich schweren Gewalttaten gepaart gehende Bauernaufstand im Küstengebiet von Westflandern sowie der später einsetzende Aufstand der Weber in den Städten Brügge und Ypern und im Waaslande fanden ihr Ende in der Schlacht bei Cassel (in dem gegenwärtig zu Frankreich gehörenden Teil von Westflandern). Diese Schlacht gewann König Philipp VI. von Frankreich als Lehensherr und Verbündeter des Grafen von Flandern (Ludwig von Nevers) im Jahre 1328; der Aufstand wurde blutig unterdrückt. Ludwig von Nevers hatte für seine Treue gegenüber Philipp VI., der ihn vor dem Volksaufstand rettete, dynastische Motive. Die gleichen Motive hatten freilich einen früheren Grafen von Flandern – Guido von Dampierre – im Jahre 1293 dazu bewogen, mit Philipp dem Schönen (dem Schirmherrn des gegen die Herrschaft des Grafen aufständischen Patriziates der Städte Flanderns) zu brechen.

15 Kadzant ist heute keine Insel mehr, sondern ein Teil des Festlandes der niederländischen Provinz Seeland. [Der Übersetzer.]

16 Als Graf von Hennegau führte er den Namen Wilhelm II., als Graf von Hennegau-Holland den Namen Wilhelm IV. [Der Übersetzer.]

17 Der Text ist an dieser Stelle durch vierzehn Wörter ergänzt, da er dem deutschsprachigen Leser sonst nicht ohne weiteres verständlich wäre. [Der Übersetzer.]

18 Johann I., der nachgeborene Sohn Ludwigs X., war ein paar Tage nach seiner Thronbesteigung gestorben. Sein Nachfolger war Philipp V.

19 Zu den Motiven und zum Verlauf der vorkapitalistischen Bauernaufstände in Westeuropa und Deutschland vgl. jetzt Wolfgang Hirsch, Philosophie und Sozialwissenschaften, Stuttgart 1974, S. 45–76. [Der Übersetzer.]

20 Ludwig von Maele, der letzte Graf von Flandern vor dem Übergang der Grafschaft an die Dynastie der Herzöge von Burgund, regierte von 1346 bis 1384. Damit schließt die alte Reihe der Grafen von Flandern ab: eine Reihe, die schon im neunten Jahrhundert begonnen hatte. [Der Übersetzer.]

21 Das von Henri Pirenne hier zitierte Wort »la bonne Lorraine«, mit dem die Jungfrau von Orléans bezeichnet wurde, ist einer Ballade des Dichters François Villon entnommen: es findet sich in der »Ballade des dames du temps jadis«, Vers 21. Villon erwähnt die Hinrichtung von Jeanne d'Arc als Tat der Engländer. Villon ist wahrscheinlich im Jahre 1432, ein Jahr nach der Hinrichtung der Jungfrau von Orléans, geboren. [Der Übersetzer.]

22 Der Kaiser war ein Sohn des Grafen Heinrich III. von Luxemburg und seiner Gemahlin, Beatrix von Avesnes. Er ist in Valenciennes (damals eine Stadt des wallonischen Hennegaus) geboren und verbrachte seine Jugend am französischen Königshofe. Dorthin hatte ihn sein Vater, ein Verbündeter Philipps des Schönen, zu Erziehungszwecken gesandt. Die Bevölkerung der Grafschaft Luxemburg (die erst unter Heinrichs Enkel, Kaiser Karl IV., im Jahre 1354 zum Herzogtum erhoben wurde) bestand zum erheblichen Teil aus Wallonen. Die Kultur der Grafschaft war im Mittelalter nahezu ausschließlich an Frankreich orientiert. Es unterliegt keinem Zweifel, daß Heinrich VII., wie Pirenne im Original andeutet, als »welscher« Südnieder-

länder (Wallone) aufwuchs und dem französischen Sprach- und Kulturgebiet angehörte. [Der Übersetzer.]

23 Die beiden bedeutenden, hier von Pirenne summarisch erwähnten Fresken »Der Triumph des Todes« und »Das Jüngste Gericht« in der Halle des Camposanto von Pisa wurden früher (auch noch von Pirenne selber) dem Maler Orcagna, später oft dem Maler Francesco Traini zugeschrieben. Gegenwärtig gelten diese Fresken als Werk des Bologneser Malers Buffalmacco.

Der Sarkophag Kaiser Heinrichs VII. wurde im Jahre 1921 anläßlich des sechshundertjährigen Todestages von Dante aus der Halle des Camposanto in den Dom von Pisa überführt. [Der Übersetzer.]

24 Ludwig erklärte die Ehe eines Mitgliedes des Hauses Luxemburg mit der Erbin Tirols aus eigener Machtvollkommenheit für nichtig, um seinen Sohn mit ihr verheiraten zu können. Dieser Eingriff, der sich auf ein Gutachten des als Philosoph bekannten englischen Franziskanermönches Wilhelm von Ockham stützte, kostete dem Kaiser viele Anhänger. [Der Übersetzer.]

25 Die drei geistlichen Kurfürsten waren die Erzbischöfe von Mainz, Trier und Köln, die vier weltlichen Kurfürsten waren der Pfalzgraf bei Rhein, der König von Böhmen, der Herzog von Sachsen-Wittenberg und der Markgraf von Brandenburg.

26 In Flandern war die Hörigkeit im dreizehnten Jahrhundert verschwunden, in Frankreich endete sie zum großen Teil im vierzehnten Jahrhundert.

27 Die endgültige Vereinigung beider Länder wurde erst im Jahre 1499 proklamiert.

28 Hinsichtlich der furchtbaren jährlichen Menschenjagden, d. h. der sogenannten »Litauerfahrten«, die der Deutsche Ritterorden im 14. Jahrhundert von der Marienburg aus organisierte und wie einen Sport für den Adel gestaltete, muß gesagt werden, daß sich nicht nur Deutsche an dem organisierten Morden beteiligten. Auch englische Prinzen und französische Ritter nahmen an diesen Menschenjagden gelegentlich teil, und sogar der österreichische Minnesänger Oswald von Wolkenstein ging auf »Litauerfahrt«. Ein besonders abscheuliches Verbrechen beging der dem Hause Habsburg entstammende Herzog Albrecht III. von Österreich. Er vernichtete auf einer dieser Fahrten eine in einem Dorf zusammengekommene, teilweise aus Frauen und sogar aus Kindern bestehende Hochzeitsgesellschaft. Für diese »Heldentat«, die Ermordung des Hochzeitspaares und jedes Gastes, wurde er zum Ritter geschlagen. Vgl. zu den »Litauerfahrten« des Deutschen Ritterordens gegen die noch nicht christianisierten Osteuropäer jetzt vor allem P. Gaxotte, Geschichte des deutschen Volkes, Bd. I, Freiburg i. Br. 1965, S. 238, und B. Tuchman, A distant Mirror (dt. Ausg. unter dem Titel »Der ferne Spiegel«, Düsseldorf 1980, S. 76). Eine Erwähnung des Themas – in der deutschen historischen Literatur der Gegenwart fast die einzige – findet man bei Rudolf Wahl, Die Deutschen, Bergisch Gladbach 1976, S. 349 f. [Der Übersetzer.]

29 Es ist nicht unamüsant, daß die Republik Finnland zu Beginn des Jahres 1918 eine Deputation nach Ungarn sandte; die Deputation sollte die Proklamation der Republik Finnland dem stammverwandten ungarischen Volke zur Kenntnis bringen.

30 Karl-Martell, der Vater Karl Roberts, des ersten in Ungarn wirklich regierenden Königs aus dem Hause Anjou, starb schon mit achtunddreißig

Jahren (1309); er war Dante persönlich bekannt, der von ihm in der Göttlichen Komödie, Paradies VIII, 49 ff. ein eindrucksvolles Bild entwarf. [Der Übersetzer.]

31 Johanna die Wahnsinnige (Tochter Ferdinands II. von Aragonien und Isabellas von Kastilien) heiratete im Jahre 1496 den Habsburger Philipp den Schönen. Philipps Mutter, Maria, war als Tochter Karls des Kühnen die Erbin des (die nördlichen und südlichen Niederlande mit enthaltenden) Burgundischen Staates. Der Sohn Philipps des Schönen und Johannas der Wahnsinnigen war Kaiser Karl V., dem durch seine erwähnten Vorfahren nicht nur das Erbe Habsburgs, sondern auch das spanische und das niederländische Erbe zufiel. [Der Übersetzer.]

32 Häufig kommt auch für Bajesid die dem Französischen entnommene Lesart »Bajazet« vor. Suleiman wird in älteren Quellen häufig als »Soliman« bezeichnet. [Der Übersetzer.]

Neuntes Buch

1 Um dies näher auszuführen, müßte ich meine Bücher hier haben.

2 Die entgegengesetzte Mentalität finden wir bei Philippe de Commines beschrieben. Er sagte von den flämischen Bürgern: »Sie waren zum größten Teil Tölpel und ›Stadtvolk‹.« Noch in den Jahren 1539 und 1540 fiel den Gentern bei ihrem Aufstand gegen Kaiser Karl V. nichts Besseres ein als die Forderung, daß das im vierzehnten Jahrhundert geltende Stadtregime der Zünfte wiederhergestellt werden solle.

3 Wir dürfen nicht außer acht lassen, daß Mailand und Florenz zwar klein waren, aber durch ihre politische Position weitreichenden Einfluß besaßen.

4 Pirenne zitiert hier Dantes Göttliche Komödie, Inferno, II, 13. [Der Übersetzer.]

5 Im Original steht »mehr als 22 Millionen Franken«. Der Erzbischof von Reims, Jean de Jouvenel, erklärte im Jahre 1445, er habe einen Brief gesehen, in welchem Jacques Coeur den Wert seines Vermögens (zu dem auch etwa vierzig Landgüter gehörten) auf 500 000 bis 600 000 Taler geschätzt habe (etwa 23,7 Millionen Goldfranken nach dem Wert von 1913). Er wäre demnach reicher gewesen als Cosimo dei Medici in Florenz, d. h. der reichste Mann von Europa überhaupt. [Der Übersetzer.]

6 Die seit den zwanziger Jahren des 20. Jahrhunderts (1929) durch J. van Ginneken vertretene Auffassung, die *Imitatio Christi* des Thomas von Kempen gehe auf ein in niederländischer Sprache verfaßtes geistliches Tagebuch von Geert Groote zurück, wurde endgültig von J. M. Delaissé widerlegt, der das Autograph des Thomas von Kempen im Jahre 1956 in Brüssel veröffentlicht und hervorragend erläutert hat. Das Werk selber ist eine Zusammenfügung von vier voneinander unabhängigen Traktaten, deren jeder von Thomas von Kempen verfaßt worden ist. Die Zusammenfügung der vier Traktate erfolgte erst nach dem Tode des Thomas von Kempen, der ein Mönch der Augustinerchorherren war. Thomas war sehr jung aus Deutschland (Kempen im Rheinland) in die Niederlande gekommen, wo er zuletzt im Kloster Sint Agnietenberg (bei Zwolle) lebte. [Der Übersetzer.]

7 Humphrey, Herzog von Gloucester (1391–1447), war ein Bruder König Heinrichs V. von England. Er konnte seine Gemahlin Jakobäa von Bayern, die Erbin von Hennegau, Holland und Seeland, bei ihren Kämpfen gegen Philipp den Guten von Burgund nicht wirksam unterstützen. Nachdem der Papst die Ehe Jakobäas mit dem Herzog von Gloucester für nichtig erklärt hatte (1424), ließ der Herzog sie im Stich und heiratete seine Geliebte Eleonore Cobham. Im Delfter Vertrag von 1428 mußte Jakobäa nunmehr Philipp dem Guten die Herrschaft und das Erbfolgerecht für ihre niederländischen Gebiete zusichern. Ein späterer Versuch Jakobäas, diese Entwicklung wieder rückgängig zu machen, mißglückte im Jahre 1432. Henri Pirenne nennt Jakobäa in seiner Geschichte Belgiens (deutsche Ausgabe, Gotha 1900 ff., Band II, S. 283) die »letzte Vertreterin des niederländischen Feudalismus«. Über das tragische Schicksal Jakobäas, die dreimal verheiratet war, gibt es in den Niederlanden eine umfangreiche Literatur teilweise wissenschaftlicher, teilweise belletristischer Art. [Der Übersetzer.]

8 Margarete von York war eine Schwester König Eduards IV. von England, der in den Jahren 1461–1483 regierte. [Der Übersetzer.]

9 Die Königliche Niederländische Akademie der Wissenschaften zu Amsterdam verteilt, entsprechend dem Vermächtnis des im Jahre 1843 verstorbenen Stifters der Goldenen Medaille für das beste lateinische Gedicht, den Preis, und zwar möglichst in jedem Jahre. Die »Basia« des Johannes Secundus (Jan Everaerts) waren von großem Einfluß auf die Dichter der französischen Plejade, beispielsweise auf Pierre de Ronsard (1523–1585). Mirabeau übersetzte die »Basia« im Gefängnis (1778–1780). Goethe schrieb (wahrscheinlich im Jahre 1776) das Gedicht »An den Geist des Johannes Secundus.« [Der Übersetzer.]

10 Der »miles Christianus«, der in dieser Schrift des Erasmus verherrlicht wird, ist der rechtschaffene Mensch, der bei freier Auslegung der Bibel ein treuer Anhänger Christi ist und bleibt. [Der Übersetzer.]

11 Hadrian VI., der Erzieher Kaiser Karls V., stammte aus Utrecht (geboren 1459). Er war also – im Gegensatz zu den Behauptungen einer neueren Biographie – kein Deutscher. Um eine Kirchenreform bemüht, starb er im Jahre 1523: kurze Zeit nach seiner im Jahre 1522 erfolgten Wahl zum Papst. Erst im Jahre 1978 wählte das Konklave wieder einen Papst, der nicht Italiener war. [Der Übersetzer.]

12 Die hier von Pirenne bewundernd erwähnte balladenhafte Dichtung Martin Luthers beginnt mit den Worten: »Ein neues Lied nun hebet an.« Das Werk stammt aus dem Jahre 1523. [Der Übersetzer.]

13 Pirenne spricht hier von der in Holland entstandenen Lehre des Niederländers Menno Simons und seiner Anhänger, die Mennoniten genannt wurden; aus dieser Lehre, die eine Vergeistigung der ursprünglich revolutionären und primitiven Auffassungen der Wiedertäufer bedeutete, ging der Baptismus hervor, den englische, aus Holland in ihre Heimat zurückkehrende Sektierer im siebzehnten Jahrhundert verbreiteten und bald nach Amerika verpflanzten. Diese beiden bedeutenden protestantischen Glaubensgemeinschaften gehen also auf die Lehre der Wiedertäufer zurück. [Der Übersetzer.]

14 In dem Werk von Paul Joachimsen »Die Reformation« (München, neue Ausgabe 1951, S. 258) wird das Augsburger Interim als ein (auf Karl V. zurückgehendes) Gegenstück zur Augsburger Konfession dargestellt. Das

Augsburger Interim wurde zusammen mit anderen, die deutschen Verhältnisse betreffenden Gesetzen (Kammergerichtsordnung, Münzordnung, Polizeiordnung usw.) im Sommer 1548 vom Reichstag zu Augsburg angenommen. [Der Übersetzer.]

15 Wessel Gansfort (etwa 1419–1484) war ein nordniederländischer, aus Groningen stammender Geistlicher, der zu den bibeltreuen Humanisten gehörte. Luther, der später eine Vorrede zu einem Buche Gansforts schrieb, lernte seine Schriften verhältnismäßig spät kennen und war über die Übereinstimmung zwischen Gansforts Gedanken und seiner eigenen Lehre erstaunt. Ähnliche theologische Auffassungen wie Gansfort vertrat auch Jacques Lefèvre d'Etaples (etwa 1450 bis 1537). Er war Professor an der Universität Paris und veröffentlichte seine Lehre unter dem Namen Faber Stapulensis im Jahre 1508. [Der Übersetzer.]

16 Margarete von Navarra, die Großmutter des später in Frankreich volkstümlichen Königs Heinrich IV., gewährte manchen aus Frankreich geflüchteten Protestanten in Navarra Zuflucht. Sie ist als Verfasserin der (unter Einfluß von Boccaccios Prosa entstandenen) Novellensammlung »Heptameron« bekannt. [Der Übersetzer.]

17 Die Herzöge von Savoyen, deren Gebiet im sechzehnten Jahrhundert die Stadt Genf umschloß, übten in der Stadt auf Grund eines aus dem Jahre 1290 stammenden Vertrages und späterer Gewohnheitsrechte als »Kapitäne« des Bischofs einzelne ziemlich dehnbare Herrschaftsrechte aus (niedere Gerichtsbarkeit in Zivilsachen, Exekution der Strafurteile, Fremdenschutz usw.). Die Herzöge versuchten mit wechselndem Erfolg, der Stadt Bischöfe aufzudrängen, die ihnen ergeben waren. Seit dem Ende des vierzehnten Jahrhunderts gehörte die Unterwerfung Genfs zu den festen Zielen des Hauses Savoyen, und um das Jahr 1500 war dieses Ziel fast erreicht. Seit etwa 1510 wird jedoch die Gegenbewegung der Bürger deutlich erkennbar. Vor der Reformation war die öffentliche Gewalt in Genf zwischen dem Bürgertum, dem Bischof und dem Vertreter des Herzogs von Savoyen geteilt. Die Anhänger Savoyens im Genfer Bürgertum wurden »Mameluken«, die Anhänger einer Anlehnung an die Schweiz »Eidgenossen« genannt. Der Anschluß Genfs an die Schweiz erfolgte endgültig erst im Jahre 1814. [Der Übersetzer.]

18 Der Titel von Calvins Hauptwerk, das im Frühjahr 1536 in Basel erschien und in späteren Auflagen von dem Reformator ständig erweitert wurde, wird hier auf die gebräuchliche Weise zitiert. In Wirklichkeit ist der Titel weit länger; er beginnt mit den Worten: »Christianae religionis institutio.« [Der Übersetzer.]

19 Die Pastoren sind die predigenden Geistlichen; die in Calvins Theologie besonders wichtigen Presbyter sind die würdigen Gemeindeältesten, die, mit den Pastoren im Konsistorium vereint, die Disziplin und Reinheit der Gemeinde aufrechterhalten; die Doktoren sind die Lehrer, die – von Calvin als »Gehilfen und Werkzeuge der Geistlichkeit« bezeichnet – die Schüler im Katechismus unterrichten und in den Wissenschaften ausbilden müssen; die Diakonen sind die Armenpfleger und Krankenpfleger.

Die Akademie, die am 5. Juni 1559 in Genf eröffnet wurde, war eine Lateinschule mit einer theologischen und einer philosophischen Fakultät. Zu den Schülern dieser Akademie gehörten der Schotte John Knox (seit 1555 Geistlicher einer englischen Flüchtlingsgemeinde) sowie die Brüder

Johann und Philipp Marnix van Sinte Aldegonde. Diese und andere Persönlichkeiten wurden für die Verbreitung des Calvinismus in Schottland und in den nördlichen Niederlanden sehr bedeutsam. [Der Übersetzer.]

20 Im Originaltext steht nicht Murad II., sondern Selim I. (1512–1520). Die »Blutsteuer« in der von Pirenne erwähnten Form ist jedoch bereits in der ersten Hälfte des fünfzehnten Jahrhunderts nachweisbar; sie wurde unter Selim I. nur stärker ausgebaut. Im Jahre 1640 wurde die Institution aufgehoben. Die »Blutsteuer« war eine in der Wegnahme von Knaben christlicher Eltern bestehende Steuer, die besonders rigoros auf dem Balkan zur Anwendung kam: die sogenannte »Knabenlese« (devshirme) für das Militär der Janitscharen. Gleichzeitig wurden auch viele Mädchen – vorwiegend in den ärmlichen, durch Steuerlasten bedrängten Balkanländern – den Türken für die Harems verkauft. Oft verschleppten die Türken nach Eroberung eines christlichen Gebietes zahlreiche Frauen einfach als Beute. Die Übersetzung der Stelle enthält einige kleine Berichtigungen des Originals. [Der Übersetzer.]

21 Napoleon I. nahm Malta während seines Zuges nach Ägypten (im Jahre 1798).

22 Henri Pirennes nunmehr im Text folgende Charakterisierung Kaiser Karls V. ist realistisch. Sie steht in schärfstem Gegensatz zu dem nach dem Zweiten Weltkrieg immer wieder erneuerten, von einer gedankenarmen Nostalgie geprägten Versuch, diesen Kaiser, der ausschließlich dynastisch dachte und den Willen der von ihm beherrschten nichtspanischen Völker teils ignorierte und teils unterdrückte, als eine Art von Vorkämpfer für moderne gesamteuropäische Ideale darzustellen. [Der Übersetzer.]

23 Zu Karls niederländischen Beratern, die in Spanien verhaßt waren, gehörte der aus Brügge stammende Jean le Sauvage, der höchste juristische Beamte der Niederlande. Er starb schon im Jahre 1518. In Spanien verhaßt war auch der ehemalige Gouverneur des Hennegaus und Erzieher Karls: Guillaume de Croy (Chièvres). Während des Aufstandes der Communeros mußte der aus Utrecht stammende Adrian Floriszoon Boeyens, der nach Bekleidung hoher Kirchenwürden in Brabant Erzbischof von Tortosa und Kardinal geworden war, nach Valladolid fliehen. Der Kardinal übte nach dem Jahre 1520 in Abwesenheit Karls V. die Regentschaft über Spanien aus und wurde im Jahre 1522 Papst (Hadrian VI.); auch er hatte Karl V. erzogen. [Der Übersetzer.]

24 Auch in Rußland begannen die Expansion des Fürstentums Moskau und die Verstärkung seiner Herrschaftsmacht gegen Ende des fünfzehnten Jahrhunderts; doch lag die Ursache hier in einem Zusammenbruch des Tatarenreiches und stand in keinem Zusammenhang mit der Entwicklung in der westlichen Welt. Polen blieb ebenfalls außerhalb dieser Entwicklung.

25 Großkanzler Mercurino Gattinara (1465–1530) stammte aus Piemont. Nicolas Perrenot Herr von Granvelle (1486–1550), dessen Sohn vor allem unter Philipp II. eine bedeutende Rolle spielen sollte, wurde im Jahre 1530 Kanzler. Er entstammte der Franche-Comté. In der spanischen sowie in der älteren deutschen Literatur wird er häufig »Granvella« genannt. [Der Übersetzer.]

NAMENREGISTER

DER FISCHER INFORMATIONS-ATLAS BUNDESREPUBLIK DEUTSCHLAND

KARTEN · GRAFIKEN TEXTE UND TABELLEN

Fischer Taschenbuch Band 4521

Der Informationsatlas Bundesrepublik Deutschland behandelt Themen aus den verschiedensten Lebensbereichen unseres Landes. Er beantwortet Fragen, die sich jedem stellen werden, der sich für die Grundlagen, Bedingungen und die Vielfalt des Lebens in der Bundesrepublik interessiert und der größere Zusammenhänge ebenso wie übergreifende Probleme besser verstehen möchte.

Lage und Größe der Bundesrepublik, Landesnatur, Bevölkerung und Siedlung, Wirtschaft, Verkehr, Verwaltung, Kultur und kulturelle Einrichtungen, Zeitgeschichte und Politik, dies sind die großen Sachgebiete, die die Autoren des Bandes untersuchen und detailliert und kenntnisreich in Karten, Texten, Grafiken und Tabellen darstellen. Dabei wird neben den notwendigen Grundinformationen, die zu einem jeden Atlas gehören, eine Fülle von Fakten vermittelt – Fakten, die im allgemeinen schwer zugänglich sind und sonst erst mühsam aus den unterschiedlichsten Nachschlagewerken zusammengetragen werden müssen. Gerade weil sich der Band auf seinen 80 Karten- und noch mehr Textseiten »nur« mit der Bundesrepublik auseinandersetzt, ist es möglich, derartig umfassend über unser Land zu informieren, so sehr ins Detail zu gehen.

Fischer Taschenbuch Verlag

Fischer Wissenschaft

Sigmund Freud
Studienausgabe
Die erste kommentierte deutsche Edition
Herausgegeben von Alexander Mitscherlich u. a. 10 Bände, 1 Ergänzungsband, Konkordanz und Gesamtbibliographie in Kassette *Band 7300.* Alle Bände sind einzeln erhältlich.

Anna Freud/Dorothy Burlingham
Heimatlose Kinder
Zur Anwendung psychoanalytischen Wissens auf die Kindererziehung, *Band 7314.*
Der Band enthält die drei klassischen Studien (Kriegskinder, Anstaltskinder, Gemeinschaftsleben im frühen Kindesalter) über die Wirkungen der Trennung von den Eltern und der Heimatlosigkeit auf die seelische Entwicklung von Kindern in den ersten Lebensjahren.

Joachim Schickel
Philosophie als Beruf
Band 7315
Zur Zeit lehrende Philosophie-Professoren wurden zu ihrem Selbstverständnis befragt. Mit Essays von Margherete v. Brentano, Ludwig Döderlein, Hans Heinz Holz u. a.

Sándor Ferenczi
Schriften zur Psychoanalyse
Auswahl in 2 Bänden. Herausgegeben von Michael Balint.
Diese Arbeiten Ferenczis zählen zu den klassischen Werken aus den Anfängen der Psychoanalyse
Band 1 / Bd. 7316 / November 1982
Band 2 / Bd. 7317 / November 1982

Fischer Taschenbuch Verlag

Fischer Wissenschaft

Hansjürgen Blinn
Informationshandbuch
„Deutsche Literaturwissenschaft"
Band 7318
Das Informationshandbuch stellt für den Studenten wie für den Fachwissenschaftler, für den Deutschlehrer wie für jeden, der sich mit Literatur beschäftigt, einen bibliographischen Wegweiser durch die Fülle des gedruckten und ungedruckten Materials dar.

Karl Abraham
Gesammelte Schriften in zwei Bänden
Neu zusammengestellt, herausgegeben und eingeleitet von Johannes Cremerius
Band 1 / Bd. 7319 / Dezember 1982
Band 2 / Bd. 7320 / Dezember 1982
Karl Abraham war der erste Psychoanalytiker in Deutschland. Er gilt heute neben Sándor Ferenczi als der bedeutendste Mitarbeiter von Sigmund Freud. Seine Schriften zählen zu den klassischen Grundlagentexten der Psychoanalyse.

Henri Pirenne
Geschichte Europas von der Völkerwanderung bis zur Reformation
Band 7321 / Oktober 1982
Eine Darstellung der wichtigsten Zusammenhänge von Gesellschaft, Wirtschaft, Kultur und Politik und ihrer Entwicklungslinien bis zur Reformation.

Fischer Taschenbuch Verlag

Fischer Weltgeschichte

1 Vorgeschichte

2 Die Altorientalischen Reiche I
Vom Paläolithikum bis zur Mitte des 2. Jahrtausends

3 Die Altorientalischen Reiche II
Das Ende des 2. Jahrtausends

4 Die Altorientalischen Reiche III
Die erste Hälfte des 1. Jahrtausends

5 Griechen und Perser
Die Mittelmeerwelt im Altertum I

6 Der Hellenismus und der Aufstieg Roms
Die Mittelmeerwelt im Altertum II

7 Der Aufbau des Römischen Reiches
Die Mittelmeerwelt im Altertum III

8 Das Römische Reich und seine Nachbarn
Die Mittelmeerwelt im Altertum IV

9 Die Verwandlung der Mittelmeerwelt

10 Das frühe Mittelalter

11 Das Hochmittelalter

12 Die Grundlegung der modernen Welt
Spätmittelalter, Renaissance, Reformation

13 Byzanz

14 Der Islam I
Vom Ursprung bis zu den Anfängen des Osmanenreiches

15 Der Islam II
Die islamischen Reiche nach dem Fall von Konstantinopel

16 Zentralasien

17 Indien
Geschichte des Subkontinents von der Induskultur
bis zum Beginn der englischen Herrschaft

18 Südostasien
vor der Kolonialzeit

Fischer Taschenbücher

Fischer Weltgeschichte

19 Das Chinesische Kaiserreich

20 Das Japanische Kaiserreich

21 Altamerikanische Kulturen

22 Süd- und Mittelamerika I
Die Indianerkulturen Altamerikas und die spanisch-portugiesische Kolonialherrschaft

23 Süd- und Mittelamerika II
Von der Unabhängigkeit bis zur Krise der Gegenwart

24 Entstehung des frühneuzeitlichen Europa 1550-1648
in Vorbereitung

25 Das Zeitalter der Aufklärung und des Absolutismus 1648-1779

26 Das Zeitalter der europäischen Revolution 1780-1848

27 Das bürgerliche Zeitalter

28 Das Zeitalter des Imperialismus

29 Die Kolonialreiche seit dem 18. Jahrhundert

30 Die Vereinigten Staaten von Amerika

31 Rußland

32 Afrika
Von der Vorgeschichte bis zu den Staaten der Gegenwart

33 Das moderne Asien

34 Das Zwanzigste Jahrhundert I
Europa 1918-1945

35 Das Zwanzigste Jahrhundert II
Europa nach dem Zweiten Weltkrieg 1945-1980
in Vorbereitung

36 Das Zwanzigste Jahrhundert III
Weltprobleme zwischen den Machtblöcken

Die Bände 35 und 36 sind als Abschlußbände neu hinzugekommen.

Fischer Taschenbücher

Geschichte: Auf der Suche nach dem Erbe

Johannes Hartmann
Das Geschichtsbuch
Von den Anfängen bis zur Gegenwart. Neuausgabe
Originalausgabe. Band 6314

Gerhard Herm
Auf der Suche nach dem Erbe
Von Karl dem Großen bis Friedrich Krupp
Band 3419

Hajo Holborn
Deutsche Geschichte in der Neuzeit
3 Bände
Band 1
Das Zeitalter der Reformation und des Absolutismus (bis 1790)
Band 6414
Band 2
Reform und Restauration, Liberalismus und Nationalismus (1790-1871)
Band 6415
Band 3
Das Zeitalter des Imperialismus (1871-1945)
Band 6416

Wanda Kampmann
Deutsche und Juden
Die Geschichte der Juden in Deutschland vom Mittelalter bis zum Beginn des Ersten Weltkrieges.
Neuausgabe. Band 3429

Hans-Christian Kirsch
Rebellen in Dublin
Legende und Wirklichkeit des irischen Osteraufstands von 1916
Originalausgabe. Band 3490

Joseph Ki-Zerbo
Die Geschichte Schwarz-Afrikas
Band 6408

Hans Kühner
Das Imperium der Päpste
Kirchengeschichte, Weltgeschichte, Zeitgeschichte.
Aktualisierte und erweiterte Ausgabe.
Von Petrus bis heute
Band 3425

Golo Mann
Deutsche Geschichte 1919-1945
Überarbeitete Ausgabe
Band 6196

Montesquieu
Größe und Niedergang Roms
Neuausgabe. Übersetzt und herausgegeben von Lothar Schuckert.
Band 3432

Gert v. Paczensky
Weiße Herrschaft
Eine Geschichte des Kolonialismus
Band 3418

Joseph Rovan
Die Geschichte der deutschen Sozialdemokratie
Übersetzt von Charlotte Roland
Deutsche Erstausgabe.
Band 3433

Leo Sievers
Revolution in Deutschland
Geschichte der Bauernkriege
Band 3434

Carola Stern / Heinrich August Winkler (Hrsg.)
Wendepunkte deutscher Geschichte 1848-1945
Originalausgabe. Band 3421

Weltgeschichte in Zahlen
Band 6330

Fischer Taschenbücher

Biographien – Erinnerungen

Geschichte/Zeitgeschichte

Rudolf Augstein
Preußens Friedrich und die Deutschen
Band 5088

Frederik Hetmann
Rosa L.
Die Geschichte der Rosa Luxemburg und ihrer Zeit.
Mit dokumentarischen Fotos
Band 2132

Danielle Hunebelle
Dear Henry
Begegnungen mit Henry Kissinger
Band 1442

Arthur Koestler
Ein spanisches Testament
Aufzeichnungen aus dem Bürgerkrieg
Band 2252

Primo Levi
Atempause
Eine Nachkriegsodyssee
Band 2105
Ist das ein Mensch?
Erinnerungen an Auschwitz
Band 2226

Rosa Meyer-Leviné
Im inneren Kreis
Erinnerungen einer Kommunistin in Deutschland 1920–1933
Band 5103

Terence Prittie
Konrad Adenauer
Vier Epochen deutscher Geschichte
Band 1713

Werner Richter
Bismarck
Band 1831

Herbert Rosendorfer
Der Prinz von Homburg
Band 2249

Leo Trotzki
Mein Leben
Band 6627
Der junge Lenin
Band 6632

Henry Vallotton
Maria Theresia
Die Frau, die ein Weltreich regierte
Band 5028

Jakob Wassermann
Christoph Columbus
Der Don Quichote des Ozeans
Band 2219

Fischer Taschenbuch Verlag

Wenn Sie schon lange ein preiswertes Lexikon kaufen wollen, greifen Sie jetzt zu.

Bei diesem Lexikon stimmt einfach alles: Der Preis. Die Leistung.

Das neue Fischer Lexikon in Farbe.
3. überarbeitete Auflage.
Taschenbuchformat.
10 Bände
in einer Geschenkkassette.
120 000 Stichwörter.
50 000 Registerverweise.
10 000 Abbildungen, davon
5000 farbig. 7012 Seiten.
Klar gegliedert,
augenfreundlich gedruckt.
Im Band 10 das Gesamtregister
für schnelles Suchen und
Finden.

Fischer
Taschenbuch Verlag